日本雑誌総目次要覧

2004-2013

●中西 裕 編●

日外アソシエーツ

Bibliographical List of Contents of Japanese Periodicals 2004-2013

Compiled by
©Yutaka NAKANISHI

2014 by Nichigai Associates, Inc.
Printed in Japan

●制作担当● 小川 修司

まえがき

　ある雑誌の各号の内容の一覧を総目次と呼ぶ。その総目次がどこにどのような形で存在するかを示すのが、この『日本雑誌総目次要覧』の役割である。この要覧も歴史を重ねて、これまでに3冊が刊行されてきた。

　　1．[1868-1983] 天野敬太郎・深井人詩共編　　1985.2
　　2．1984-1993　深井人詩・田口令子共編　　　 1995.2
　　3．1994-2003　深井人詩・中西裕共編　　　　 2005.7

　本書はそれに続く4冊目として、この10年間に発表された総目次を収録するものである。

　雑誌の総目次が作られなかったらどうなるかを想像してみる。書庫に入って、雑誌を1冊ずつ取り出し、総合誌などでは畳み込んである目次をいちいち開いて眺める、終わったら閉じて書架に戻す――一連の作業を号数分だけ繰り返さなければならない。しかも、雑誌が身近にあって初めてできることである。この手間を省くために、総目次は作られるのである。

　作るのはさぞ骨の折れる仕事だろうと察するが、一旦作られれば実に便利である。その理由は一覧性にある。ピンポイントで1編ずつの論文・記事を探すなら雑誌記事索引を使えば良いが、ある雑誌の同じ号にどんな記事が載っているか、あるいは別の号に同類の論文が載っていないかを調べるといった目的にはそぐわない。本書のような総目次が力を発揮するのはそのときである。

　総目次でも、きちんと1編ずつのタイトルなどを確認して作られるものがある一方、各号の目次からそのまま書誌事項を記述して、残念ながら、誤字の類を持ち込んでしまう総目次もある。それでも

ないよりははるかにありがたい。

　一覧性を特徴とする性格からすると、インターネット上には総目次は存在しないかというと、近年はネット上に公開されるケースも増えてきているようである。総目次から1編ずつの書誌データへたどることができるものや、さらに本文まで導いてくれるページも存在するようになった。

　本書は、総目次の所在を調べるための道具である。しかし、紙媒体に発表されたものに限っており、ネット上に存在するデータまでは対象としていない。本来であれば網羅的に取り入れるべきであろうが、調査をそこまで及ぼすことができずにいる。

　気付いたものだけでも取り込むべきかもしれないが、さて、いつ作られたものかさえも確認がむずかしい。以前に発表されたのと同じデータなのか、それとも訂正が加えられているのかさえも不分明である。なんともとらえどころがない。ネット上のデータについて臆病にならざるをえない理由である。ましてやある程度の網羅性をもって集めることも困難である。オンラインデータの有用性を認めながらも躊躇せざるをえない事情がある。この点は今後の課題となることをお許し願いたい。

　本書を広くお使いいただき、研究の成果がいっそうあげられることがあれば、編者にとってこの上ない幸いである。データの採集では各図書館を使わせていただいた。また、本書を作るにあたっては、編者が日頃集めたデータに加えて日外アソシエーツにおいて増補がなされた。担当の小川修司さんの労を多とするものである。本書をお使いいただく皆様と以上の方々とにお礼を申し上げます。

2014年3月

中西　裕

凡　例

1. 範　囲
   (1) 本書は、日本で刊行されている各種雑誌の節目の年に、それぞれの期間の「総目次」が一括して雑誌掲載や図書収録されているものの所在を案内している。

   (2) 前版『日本雑誌総目次要覧1994-2003』(深井人詩、中西裕編　日外アソシエーツ　2005.7刊　7,513p　A5) に収録した1994年から2003年の10年間に続く、2004年から2013年の10年間に発表された、雑誌3,593種の総目次5,252点を収録した。

   (3) 収録対象は2年以上にわたる期間の総目次とした。1年分の目次は12月号や1月号に掲載されることは、周知のことであり、ここに改めて掲示する必要が認められないところから、その案内は省略した。

   (4) 2年未満の目次でも、終刊・廃刊になったり、改題されたものの前誌の目次は、利用度が高いので、発見したものは採録した。

   (5) 巻号順すなわち年月順の「総目次」がほとんどであるが、主要記事・特定主題記事・特集号だけの目次、さらに筆者名・事項・記事種別などに類別された「総索引」も収録した。

2. 構　成
   (1) 雑誌名の五十音順に排列し、そのあとに欧文名のものをアルファベット順に排列した。

(2) 雑誌名を確定するにあたっては、次の資料を参考にした。
「MAGAZINEPLUS」
「NDL-OPAC」

(3) 創刊誌のあとに、後誌、改題誌などの関係誌があるときは、創刊誌を見出しとして、それぞれの発行された巻号に対応する発行年月を記し、順を追って記載して、変遷を明らかにした。

(4) 同一雑誌の総目次で、別の機会に複数作成されたものは、収録図書・掲載雑誌の発行年月順に排列している。

(5)「総目次」の発行巻号に対応する発行期間の年月は和暦年で記し、「総目次」の収録図書・掲載雑誌の発行年月は西暦年で記して、利用者の見た目に両方の年月の意味を、間違いのないようにした。

3．記　述
(1) 総目次の収録図書と掲載雑誌とがはっきり区別できるように、下記の記号を各記述の冒頭に付けた。
　　◎収録図書
　　○掲載雑誌

(2) 一般雑誌の総目次所在の記述
　　1) 収録図書
　　◎雑誌名(編者名→編者名　東京以外の発行地→発行地　発行所または団体機関名→発行所または団体機関名)〔巻号―巻号／和暦年月―年月〕総目次・総索引の名称(編者名)
　　「収録図書名　巻次」(編者名)（東京以外の発行地）発行所(叢書名)　西暦年月　総頁数　判型
　　　注記

2) 収録図書の一部
　　◎雑誌名(編者名→編者名　東京以外の発行地→発行地　発行所または団体機関名→発行所または団体機関名)〔巻号―巻号／和暦年月―年月〕総目次・総索引の名称(編者名)
　　「収録図書名　巻次」(編者名)　(東京以外の発行地)　発行所(叢書名)　西暦年月　収録始頁―終頁
　　注記

3) 掲載雑誌
　　○雑誌名(編者名→編者名　東京以外の発行地→発行地　発行所または団体機関名→発行所または団体機関名)〔巻号―巻号／和暦年月―年月〕総目次・総索引の名称(編者名)
　　「掲載雑誌名」(東京以外の発行地　編者名、発行所または団体機関名)　巻号　西暦年月　掲載始頁―終頁
　　注記

(3) 改題後誌のある総目次の記述
　　○〔または◎〕雑誌名→改題後誌(編者名→編者名　発行地→発行地　発行所または団体機関名→発行所または団体機関名)〔巻号―巻号／和暦年月―年月〕→〔巻号―巻号／和暦年月―年月〕総目次・総索引の名称(編者名)
　　「掲載雑誌名〔または収録図書名〕(東京以外の発行地　編者名、発行所または団体機関名)　巻号　西暦年月　掲載始頁―終頁
　　　注記

【あ】

◎愛護（日本精神薄弱兒愛護協會→日本精神薄弱兒童協會→京都 日本精神薄弱者愛護協会）〔1（1）—10（4・5）66／昭11.9—昭38.5〕総目次
　「『愛護』解説・総目次・索引 復刻版」 不二出版　2006.7　67,15p A5
○ICD NEWS（大阪 法務省法務総合研究所国際協力部）〔1—15／平14.1—平16.5〕掲載記事国別索引
　「ICD news＝法務省法務総合研究所国際協力部報」（16）　2004.7 p26—32
○ICD NEWS（大阪 法務省法務総合研究所国際協力部）〔1—30／平14.1—平19.3〕掲載記事国別索引
　「ICD news＝法務省法務総合研究所国際協力部報」（31）　2007.6 p183—201
◎愛泉女子短期大学紀要（堺 愛泉女子短期大学→愛泉女子短期大学愛泉学会）〔1—14／昭42.3—昭54.3〕論文総覧
　「歴史学紀要論文総覧」　日外アソシエーツ　2007.9 p3—5
　　（注）「堺女子短期大学紀要」と改題
◎愛大史学 日本史・アジア史・地理学（豊橋 愛知大学文学部史学科）〔4—15／平7.3—平18.3〕論文総覧
　「歴史学紀要論文総覧」　日外アソシエーツ　2007.9 p16—18
　　（注）「愛大史学 日本史・東洋史・地理学」の改題
◎愛大史学 日本史・東洋史・地理学（豊橋 愛知大学文学部史学科）〔1—3／平4.2—平6.3〕論文総覧
　「歴史学紀要論文総覧」　日外アソシエーツ　2007.9 p18—19
　　（注）「愛大史学 日本史・アジア史・地理学」と改題
　愛知学院大学心身科学部紀要（日進 愛知学院大学心身科学会）
　　⇨心身科学部紀要
○愛知学院大学論叢 経営学研究（日進町（愛知県） 愛知学院大学経営学会）〔1（1・2）—20（3・4）／平3.9—平23.3〕総目次
　「愛知学院大学論叢 経営学研究」（愛知学院大学経営学会編）20（3・4）
　　2011.3 p427—456
○愛知教育大学養護教育教室研究紀要→愛知教育大学養護教育講座研究紀要（刈谷 愛知教育大学養護教育講座）〔1（1）—4（1）／平8.12—平11.10〕→〔5（1）—7（1）／平12.11—平18.3〕総目次

あいち

　　「愛知教育大学養護教育講座研究紀要」（愛知教育大学養護教育講座編）7（1）
　　　2006.3 p39—41
　　愛知教育大学養護教育講座研究紀要（刈谷　愛知教育大学養護教育講座）
　　　⇨愛知教育大学養護教育教室研究紀要
○愛知県立芸術大学紀要（長久手　愛知県立芸術大学）〔1—34／昭46.3—平16〕総
　　目次
　　　「愛知県立芸術大学紀要」（愛知県立芸術大学［編］）（35）　2006.3　巻末6p
○愛知県立芸術大学紀要（長久手　愛知県立芸術大学）〔1〜39／昭46.3—平21〕総
　　目次
　　　「愛知県立芸術大学紀要」（愛知県立芸術大学［編］）（40）　2010　巻末7p
○あいち国文（長久手町　愛知県立大学文学部国文学科あいち国文の会→愛知県立
　　大学文学部国文学科あいち国文の会）〔1—3／平19.7—平21.7〕総目次
　　　「あいち国文」（4）　2010.7 p172—173
◎愛知淑徳大学論集　コミュニケーション学部・コミュニケーション研究科篇（愛
　　知淑徳大学論集編集委員会→愛知淑徳大学コミュニケーション学部論集編集委
　　員会編　長久手町（愛知県）　愛知淑徳大学）〔1—7／平13.3.10—平19.3.15〕論文
　　総覧
　　　「心理学紀要論文総覧」　日外アソシエーツ　2008.10 p5—8
○愛知大学体育学論叢（豊橋　愛知大学体育研究室）〔1—20／昭59.7—平25〕目次
　　　「愛知大学体育学論叢」（20）　2013 p39—50
○ITI季報→国際貿易と投資（国際貿易投資研究所）〔1—12（3）47／平2.7—平14.
　　春〕→〔12（4）48—17（1）59／平14.夏—平17.春〕論文総目次
　　　「国際貿易と投資」（国際貿易投資研究所編）17（2）通号60　2005.5 p154—
　　178
○アイヌ語地名研究〔1—6／平10.12—平15.12〕バックナンバー
　　　「アイヌ語地名研究」（アイヌ語地名研究会編）通号7　2005.1 p201
○アイヌ語地名研究〔1—7／平10.12—平17.1〕バックナンバー
　　　「アイヌ語地名研究」（アイヌ語地名研究会編）通号8　2005.12 p184
○アイヌ語地名研究〔1—8／平10.12—平17.12〕バックナンバー
　　　「アイヌ語地名研究」（アイヌ語地名研究会編）通号9　2006.12 p197
○アイヌ語地名研究〔1—9／平10.12—平18.12〕バックナンバー
　　　「アイヌ語地名研究」（アイヌ語地名研究会編）通号10　2007.12 p170—171
○アイヌ語地名研究〔1—10／平10.12—平19.12〕バックナンバー

「アイヌ語地名研究」(アイヌ語地名研究会編) 通号11　2008.12 p176—178
○アイヌ語地名研究〔1—11／平10.12—平20.12〕バックナンバー
　「アイヌ語地名研究」(アイヌ語地名研究会編) 通号12　2009.12 p177—179
○アイヌ語地名研究〔1—12／平10.12—平21.12〕バックナンバー
　「アイヌ語地名研究」(アイヌ語地名研究会編) 通号13　2010.12
○アイヌ語地名研究〔1—13／平10.12—平22.12〕バックナンバー
　「アイヌ語地名研究」(アイヌ語地名研究会編) 通号14　2011.12 p127—129
○アイヌ語地名研究〔1—14／平10.12—平23.12〕バックナンバー
　「アイヌ語地名研究」(アイヌ語地名研究会編) 通号15　2012.12 p171—174
○アイヌ文化(札幌　アイヌ無形文化伝承保存会)〔1—31／昭51.9—平19.3〕総目次
　「アイヌ文化」(アイヌ無形文化伝承保存会編) (32)　2008.3 p18—31
　(付)著者名索引：p32—33
◎アイハヌム〔平13—平23〕総目次(加藤九祚)
　「アイハヌム—加藤九祚一人雑誌 2012」東海大出版会　2012.12 p199—201
◎IPマネジメントレビュー(知的財産教育協会, アップロード〔発売〕)〔創刊号,1—4,別冊／平23.3—平24.3〕目次
　「IPマネジメントレビュー 2012」(知的財産教育協会編)　知的財産教育協会, アップロード〔発売〕　2012.4 pⅱ—ⅴ
◎青(三日会)〔1—13／昭39.10—昭48.10〕総目次
　「戦後詩誌総覧 7」(和田博文ほか)　日外アソシエーツ　2010.5 p3—14
◎葵〔1—5／昭9.9—昭13.3〕総目次(加治幸子)
　「創作版画誌の系譜—総目次及び作品図版」中央公論美術出版　2008.1 p916—923
○青い海(宜野湾　青い海出版社)〔1—145／昭46.4—昭60.9〕全目録(石附馨)
　「大阪大学日本学報」(大阪大学大学院文学研究科日本学研究室編) 通号27　2008.3 p91—120
○青馬(青馬社)〔1—9／昭2.5.1—昭3.6.10〕総目次(田口信孝, 渡邉綾子, 櫻井小百合〔他〕)
　「風文学紀要」(群馬県立土屋文明記念文学館‖〔編〕) (13)　2009 p84—87
　(付)執筆者索引
◎蒼馬(大阪　蒼馬)〔1—4,復刊1／昭38.7.1—昭53.12.25, 平18.5.1〕総目次
　「大阪文藝雑誌総覧」(浦西和彦, 増田周子, 荒井真理亜著)　和泉書院　2013.2

　　　　p563
◎青ガラス（VOUクラブ）〔1―5／昭28.3―昭28.11〕総目次
　　「戦後詩誌総覧 5」（和田博文ほか）　日外アソシエーツ　2009.11 p3―8
◎阿をきび〔1（3）／昭7.10〕総目次（加治幸子）
　　「創作版画誌の系譜―総目次及び作品図版」　中央公論美術出版　2008.1
　　　　p693―695
○青須我波良〔1―60／昭45.4―平19.3〕分類総目録
　　「青須我波良」（61）　2008.3 p54―77
◎あをちどり〔1／大7.4〕総目次（加治幸子）
　　「創作版画誌の系譜―総目次及び作品図版」　中央公論美術出版　2008.1 p72
　　―73
○青猫（群馬県詩学会→群馬県詩人会）〔1―25／昭25.6.5―昭33.3.20〕総目次（小林教人）
　　「萩原朔太郎記念・水と緑と詩のまち前橋文学館研究紀要」（4）　2011 p2―28
◎青森県近代文学館報（青森　青森県立図書館青森県近代文学館）〔開館準備号―29／平6.1―平24.3〕総目次（岡野裕之）
　　「文学館出版物内容総覧：図録・目録・紀要・復刻・館報」　日外アソシエーツ　2013.4 p79―82
○青森県の民俗（青森　青森県民俗の会）〔1―9／平13―平21〕バックナンバー
　　「青森県の民俗」（10）　2012.2 p86―90
○青森県立郷土館調査研究年報（青森　青森県立郷土館）〔1―32／昭49―平20〕各号目次一覧
　　「青森県立郷土館研究紀要」（青森県立郷土館編）（33）　2009.3 p91―98
　青森雇用・社会問題研究所「NEWS LETTER」（弘前　青森雇用・社会問題研究所）
　　　⇨News letter（ニューズレター）
◎あをもり―小品版画集〔1―4／昭9―昭9〕総目次（加治幸子）
　　「創作版画誌の系譜―総目次及び作品図版」　中央公論美術出版　2008.1
　　　　p924―926
○青森中央学院大学研究紀要（青森　青森中央学院大学→青森中央学院大学経営法学部）〔1―10／平11.3―平20.3〕総目次
　　「青森中央学院大学研究紀要」（青森中央学院大学研究紀要編集委員会編）

(11)　　2008.9　p57—63
○青森中央短期大学研究紀要（青森　青森中央短期大学）〔2—22・23／昭49—平22〕掲載テーマ一覧
　　「青森中央短期大学研究紀要」(24)　　2011.3　p281—287
◎青森版画〔1—2／昭14.2—昭14.5〕総目次（加治幸子）
　　「創作版画誌の系譜―総目次及び作品図版」　中央公論美術出版　2008.1
　　　p1016—1018
○青山国際政経論集（青山学院大学国際政治経済学会）〔51—75／平12.9—平20.5〕総目次
　　「青山国際政経論集」（青山学院大学国際政治経済学会編）(75)　　2008.5
　　　p169—183
◎青山史学（青山学院大学文学部史学研究室）〔1—24／昭45.3—平18.3〕
　　「歴史学紀要論文総覧」　日外アソシエーツ　2007.9　p20—24
◎青山心理学研究（青山学院大学心理学会）〔1—6／平14.3.31—平19.3.24〕論文総覧
　　「心理学紀要論文総覧」　日外アソシエーツ　2008.10　p9—10
◎青鰐（青文字書房→仙台　青鰐孵卵室）〔1—27／昭34.3—昭38.3〕目次（小泉京美）
　　「戦後詩誌総覧 6」（和田博文ほか）　日外アソシエーツ　2010.2　p3—9
◎赤門詩人（千葉　赤門詩人会）〔1—9／昭33.8—昭35.12〕目次（和田博文）
　　「戦後詩誌総覧 6」（和田博文ほか）　日外アソシエーツ　2010.2　p10—14
○秋篠文化（奈良　秋篠音楽堂運営協議会）〔1—5／平15.2—平19.3〕総目録
　　「秋篠文化」（秋篠音楽堂運営協議会「伝統芸能部会」編）(5)　　2007.3　p190
○秋篠文化（奈良　秋篠音楽堂運営協議会）〔1—5／平15.2—平19.3〕総目録
　　「秋篠文化」（秋篠音楽堂運営協議会「伝統芸能部会」編）(6)　　2008.3
◎空巣〔1—4／昭6.秋—昭7.師走〕総目次（加治幸子）
　　「創作版画誌の系譜―総目次及び作品図版」　中央公論美術出版　2008.1
　　　p545—549
○秋田県総合食品研究所報告（秋田　秋田県総合食品研究所）〔1—10／平11—平20〕総目次
　　「秋田県総合食品研究所報告」(10)　　2008　p99—109
　　　（付）人名索引

あきた

○秋田県総合食品研究所報告（秋田　秋田県総合食品研究所）〔1―11／平11―平21〕総目次
　　「秋田県総合食品研究所報告」（11）　2009 p56―66
　　　（付）人名索引
○秋田県総合食品研究所報告→秋田県総合食品研究センター報告（秋田　秋田県総合食品研究所）〔1―11／平11―平21〕→〔12／平22〕総目次
　　「秋田県総合食品研究センター報告」（12）　2010 p111―122
　　　（付）人名索引
○秋田県総合食品研究所報告→秋田県総合食品研究センター報告（秋田　秋田県総合食品研究所）〔1―11／平11―平21〕→〔12―13／平22―平23〕総目次
　　「秋田県総合食品研究センター報告」（13）　2010 p87―89
　　　（付）人名索引
○秋田県総合食品研究所報告→秋田県総合食品研究センター報告（秋田　秋田県総合食品研究所）〔1―11／平11―平21〕→〔12―13／平22―平23〕総目次
　　「秋田県総合食品研究センター報告」（14）　2012 p93―104
　　　（付）人名索引
秋田県総合食品研究センター報告（秋田　秋田県総合食品研究所）
　　⇨秋田県総合食品研究所報告
◎秋田大学臨床心理相談研究（秋田　秋田大学心理学研究室心理臨床相談室）〔1―7／平13.3.31―平19.3.31〕論文総覧
　　「心理学紀要論文総覧」　日外アソシエーツ　2008.10 p11―12
◎悪徒（悪徒の会）〔1―2／昭38.3―昭42.5〕総目次
　　「戦後詩誌総覧 7」（和田博文ほか）　日外アソシエーツ　2010.5 p15―16
◎朱美之集〔1―5／昭15.5―昭17.8〕総目次（加治幸子）
　　「創作版画誌の系譜―総目次及び作品図版」　中央公論美術出版　2008.1 p1021―1029
○あごら（BOC出版部）〔186―200／平5.7―平6.10〕総目次
　　「あごら」（あごら　新宿編）（293）　2004.4 p85―96
○あごら（BOC出版部）〔201―206／平6.11―平7.4〕目次
　　「あごら」（あごら　新宿編）（295）　2004.6 p108―112
○あごら（BOC出版部）〔207―220／平7.5―平8.8〕目次
　　「あごら」（あごら　新宿編）（296）　2004.7 p87―96
○あごら（BOC出版部）〔221―230／平8.9―平9.6〕目次

「あごら」(あごら 新宿編)(298)　2004.10 p119—128
◎あごら(BOC出版部)〔1—100〕内容目録(あごら新宿)
　　「あごら」(あごら 新宿編)(301)　BOC出版部　2005.6 136p A5
○あごら(BOC出版部)〔101—200〕内容目録
　　「あごら」(あごら 新宿編)(327)　BOC出版部　2011.1 p1—133
○あごら(BOC出版部)〔201—334〕目録
　　「あごら」(あごら 新宿編)(335)　BOC出版部　2012.9 p1—176
○朝〔1(1)—1(2)／大15.5—大15.6〕総目次(佐々木靖章)
　　「文献探索人」(文献探索研究会編)(2009)　2009.12 p56—58
○浅川地下壕の保存をすすめる会ニュース(相模原 浅川地下壕の保存をすすめる会)バックナンバー内容一覧
　　「浅川地下壕の保存をすすめる会ニュース」(50)　2006.2
◎旭川市井上靖記念館報(旭川 井上靖記念館)〔1—12／平13.4—平24.7〕総目次(岡野裕之)
　　「文学館出版物内容総覧：図録・目録・紀要・復刻・館報」　日外アソシエーツ　2013.4 p56—57
◎葦(吉行淳之介編 七曜会)〔1—3／昭21.3—昭22.12〕内容細目
　　「文芸雑誌内容細目総覧—戦後リトルマガジン篇」(日外アソシエーツ編, 勝又浩監修)　日外アソシエーツ, 紀伊國屋書店〔発売〕　2006.11 p43
○アジア・アフリカ言語文化研究(府中 東京外国語大学アジア・アフリカ言語文化研究所)〔61—70／平13.3—平17.9〕総目次
　　「アジア・アフリカ言語文化研究」(70)　2005.9 p181—187
○アジア・アフリカ言語文化研究(府中 東京外国語大学アジア・アフリカ言語文化研究所)〔71—80／平18.3—平22.9〕総目次
　　「アジア・アフリカ言語文化研究」(80)　2010.9 p153—157
◎アジア教育史研究(町田 アジア教育史学会)〔1—20／平4.3—平23.3〕総目次(古垣光一)
　　「アジア教育史学の開拓」　東洋書院(制作)　2012.12 p661—672
○亜細亜詩脈〔1(1)—2(7),2(11)／大15.10—昭2.11〕総目次(佐々木靖章)
　　「文献探索人」(文献探索研究会編)(2009)　2009.12 p58—67
○アジア社会文化研究(東広島 アジア社会文化研究会)〔1—4／平12.3—平15.3〕バックナンバー目次

あしあ

　　　「アジア社会文化研究」(5)　2004.2 p205—207
○アジア社会文化研究 (東広島 アジア社会文化研究会)〔1—5／平12.3—平16.2〕バックナンバー目次
　　　「アジア社会文化研究」(6)　2005.3 p192—194
○アジア社会文化研究 (東広島 アジア社会文化研究会)〔1—6／平12.3—平17.3〕バックナンバー目次
　　　「アジア社会文化研究」(7)　2006.3 p152—155
○アジア社会文化研究 (東広島 アジア社会文化研究会)〔1—7／平12.3—平18.3〕バックナンバー目次
　　　「アジア社会文化研究」(8)　2007.3 p145—149
○アジア社会文化研究 (東広島 アジア社会文化研究会)〔1—8／平12.3—平19.3〕バックナンバー目次
　　　「アジア社会文化研究」(9)　2008.3 p140—145
○アジア社会文化研究 (東広島 アジア社会文化研究会)〔1—9／平12.3—平20.3〕バックナンバー目次
　　　「アジア社会文化研究」(10)　2009.3 p124—130
○アジア社会文化研究 (東広島 アジア社会文化研究会)〔1—10／平12.3—平21.3〕バックナンバー目次
　　　「アジア社会文化研究」(11)　2010.3 p208—215
○アジア社会文化研究 (東広島 アジア社会文化研究会)〔1—11／平12.3—平22.3〕バックナンバー目次
　　　「アジア社会文化研究」(12)　2011.3 p142—150
○アジア社会文化研究 (東広島 アジア社会文化研究会)〔1—12／平12.3—平23.3〕バックナンバー目次
　　　「アジア社会文化研究」(13)　2012.3 p205—214
○アジア社会文化研究 (東広島 アジア社会文化研究会)〔1—13／平12.3—平24.3〕バックナンバー目次
　　　「アジア社会文化研究」(14)　2013.3 p95—105
○亜細亜大学学術文化紀要 (武蔵野 亜細亜大学総合学術文化学会)〔1—10／平14.3—平19.2〕総目次
　　　「亜細亜大学学術文化紀要」(亜細亜大学総合学術文化学会編)(10)　2007.2 p165—172
　　　(付) 執筆者索引

あしへ

○亜細亜大学学術文化紀要（武蔵野 亜細亜大学総合学術文化学会）〔11—20／平19.7—平24.1〕総目次
　「亜細亜大学学術文化紀要」（亜細亜大学総合学術文化学会編）(20)　2011　p159—167
○亜細亜大学経済学紀要（武蔵野 亜細亜大学経済学会）〔1—32／昭41.12—平20.3〕総目録
　「亜細亜大学経済学紀要」33(1・2)　2009.3 p39—54
○アジア太平洋研究科論集〔1—21／平13.4—平23.4〕目次一覧
　「アジア太平洋研究科論集」（早稲田大学大学院アジア太平洋研究科出版・編集委員会編）(22)　2011.9 巻末43p
　（付）英語文
○アジア太平洋討究〔1—10／平12.1—平20.3〕総目次
　「アジア太平洋討究」（早稲田大学アジア太平洋研究センター出版・編集委員会編）(11)　2008.10 p281—287
◎アジアの歴史と文化（山口 山口大学歴史と文化を考える会→山口大学アジア歴史・文化研究会）〔1—10／平4.3—平18.3〕論文総覧
　「歴史学紀要論文総覧」　日外アソシエーツ　2007.9 p682—684
○アジア文化（アジア文化総合研究所→国書刊行会→アジア文化総合研究所出版会）〔1—30／昭53.6—平20.12〕バックナンバーリスト
　「アジア文化」（アジア文化編集委員会編）(30)　2008.12 p204—220
○アジア文化研究（国際アジア文化学会）〔1—15／平6.6—平20.6〕バックナンバーリスト
　「アジア文化」（アジア文化編集委員会編）(30)　2008.12 p221—229
○アジア文化研究（国際アジア文化学会）〔1—19／平6.6—平24.6〕総目次
　「アジア文化研究」（『アジア文化研究』編集委員会編）(20)　2013.6 p254—276
◎足利文林（足利文林会）〔1—76／昭55.3—平24.6〕目次・目録
　「足利文林目次・目録」　足利文林会　2013.4 145p B5
○明日（菊池光好）〔1,3—4／大15.1.28—大15.4.5〕総目次（田口信孝,渡邉綾子,櫻井小百合[他]）
　「風文学紀要」（群馬県立土屋文明記念文学館‖〔編〕）(13)　2009 p84
　（付）執筆者索引
◎あしへい〔1—15／平12.12—平24.12〕総目次（岡野裕之）

あしや

「文学館出版物内容総覧：図録・目録・紀要・復刻・館報」　日外アソシエーツ　2013.4　p1047—1052

◎芦屋市谷崎潤一郎記念館（芦屋　芦屋市谷崎潤一郎記念館）〔1／平18〕総目次（岡野裕之）

「文学館出版物内容総覧：図録・目録・紀要・復刻・館報」　日外アソシエーツ　2013.4　p833—834

◎芦屋市谷崎潤一郎記念館ニュース（芦屋　芦屋市谷崎潤一郎記念館）〔1—41／平3.10—平17.10〕総目次（岡野裕之）

「文学館出版物内容総覧：図録・目録・紀要・復刻・館報」　日外アソシエーツ　2013.4　p881—883

◎葦分船（大阪　薫心社）〔1—10／明24.7.15—明25.4.15〕総目次

「大阪文藝雑誌総覧」（浦西和彦、増田周子、荒井真理亜著）　和泉書院　2013.2　p11—20

◎葦分船　第2次（大阪　薫心社）〔1—15／明25.5.15—明26.7.15〕総目次

「大阪文藝雑誌総覧」（浦西和彦、増田周子、荒井真理亜著）　和泉書院　2013.2　p20—30

◎明日（中井正晃→金子洋文編　大旗社→公友社）〔1(1)1—2(11)15／昭22.8—昭23.12〕内容細目

「文芸雑誌内容細目総覧—戦後リトルマガジン篇」（日外アソシエーツ編、勝又浩監修）　日外アソシエーツ，紀伊國屋書店〔発売〕　2006.11　p138—141

○Aspekt（立教大学ドイツ文学研究室）〔1—41／昭42—平19〕総目次

「Aspekt：立教大学ドイツ文学論集」（立教大学ドイツ文学研究室編）（増刊）　2008　p93—161

◎麻生の文化（麻生町　麻生町郷土文化研究会→麻生町教育委員会→行方　行方市教育委員会）掲載論文一覧（植田敏雄）

「常陸国麻生藩の研究」　茨城新聞社　2011.3　p412—413

○アソシエ（アソシエ21）〔1—22／平11.11—平21.3〕総目次案内

「アソシエ：批判的知性の協働をめざす「アソシエ21」機関誌」（『アソシエ』編集委員会編）（22）　2009　p87—114

○新しい教室（中等学校教科書（株）→中教出版）〔2(5)—5(4)／昭22.5—昭25.4〕目次集（丸山剛史，尾高進，志村聡子）

「工学院大学共通課程研究論叢」（工学院大学〔編〕）（44-2）　2007　p91—101

○新しい教室(中等学校教科書(株)→中教出版)〔5(4)―10(9・10)／昭25.5―昭30.9〕目次集(尾高進,丸山剛史)
　　「工学院大学共通課程研究論叢」(工学院大学〔編〕)(45-1)　2007 p99―110
◎アテネウム(岩淵兵七郎→岩淵千代子→岩淵兵七郎編　アテネウム社→アテネウム発行所→アテネウム社→アテネウム発行所)〔1―16／昭31.6―昭44.10〕内容細目
　　「文芸雑誌内容細目総覧―戦後リトルマガジン篇」(日外アソシエーツ編,勝又浩監修)　日外アソシエーツ,紀伊國屋書店〔発売〕　2006.11 p295―299
○アテルイ通信(奥州市　アテルイを顕彰する会)バックナンバー紹介
　　「アテルイ通信」(50)　2006.12
○アートマネジメント研究(美術出版社)〔1―12／平12―平23〕総目次
　　「アートマネジメント研究」(日本アートマネジメント学会編集委員会編)
　　　(12)　2011 p113―117
　跡見学園女子大学短期大学部紀要(跡見学園女子大学短期大学部)
　　⇨跡見学園短期大学紀要
○跡見学園短期大学紀要→跡見学園女子大学短期大学部紀要(跡見学園短期大学→跡見学園女子大学短期大学部)〔1―31／昭37.3―平7.1〕→〔32―43／平8.2―平19.3〕既刊号目次一覧
　　「跡見学園女子大学短期大学部紀要」(跡見学園女子大学短期大学部編)(43)
　　　2006 p26―38
◎アニメージュ(徳間書店)〔昭59―平23〕記事リスト
　　「スタジオジブリの軌跡―『月刊アニメージュ』の特集記事で見る―1984-2011」　徳間書店　2011.4 p181―185
◎アニメーション研究(八王子　日本アニメーション学会)〔1(1)A―13(1)A／平11―平24〕論文一覧
　　「アニメーションの事典」(横田正夫,小出正志,池田宏編集)　朝倉書店
　　　2012.7 p435―437
○アネルバ技報(府中　アネルバ)〔1―11／平8―平17〕総目次
　　「キヤノンアネルバ技報」(12)　2006 p63―67
　　(注)「キヤノンアネルバ技報」と改題
○アフリカ研究(京都　日本アフリカ学会)〔昭59―平15〕論文タイトル一覧
　　「アフリカ研究」(特別号)　2004.5 p142―154
○アフリカレポート(アジア経済研究所→日本貿易振興機構アジア経済研究所→

あふれ

　　千葉　日本貿易振興機構アジア経済研究所研究支援部）〔31―39／平12.9―平16.
　　9〕総目次
　　　　「アフリカレポート」(「アフリカレポート」編集委員会編）(40)　2005.3
　　　　　p66―70
◎亜ふれる（亜ふれる同伴）〔1―3／昭45.1―昭45.6〕総目次
　　　　「戦後詩誌総覧 8」（和田博文ほか）　日外アソシエーツ　2010.8 p3―4
◎あぽりあ（あぽりあ同人→あぽりあ編集室）〔1―20／昭41.12―昭50.7〕総目次
　　　　「戦後詩誌総覧 8」（和田博文ほか）　日外アソシエーツ　2010.8 p5―17
◎あまカラ（大阪　あまカラ社→甘辛社）〔1―続200／昭26.8.5―昭43.5.5〕総目次
　　　　「大阪文藝雑誌総覧」（浦西和彦, 増田周子, 荒井真理亜著）和泉書院　2013.2
　　　　　p405―531
○奄美沖縄民間文芸学（京都　奄美沖縄民間文芸学会）〔1―3／平13.3―平15.3〕
　　バックナンバー紹介
　　　　「奄美沖縄民間文芸学」（奄美沖縄民間文芸学会委員会編）(4)　2004.3 p78
○奄美沖縄民間文芸学（京都　奄美沖縄民間文芸学会）〔1―4／平13.3―平16.3〕
　　バックナンバー紹介
　　　　「奄美沖縄民間文芸学」（奄美沖縄民間文芸学会委員会編）(5)　2005.9 p83
○奄美沖縄民間文芸学（京都　奄美沖縄民間文芸学会）〔1―7／平13.3―平19.8〕
　　バックナンバー紹介
　　　　「奄美沖縄民間文芸学」（奄美沖縄民間文芸学会委員会編）(8)　2008.9 p82
○奄美沖縄民間文芸学（京都　奄美沖縄民間文芸学会）〔3―8／平15.3―平20.8〕
　　バックナンバー紹介
　　　　「奄美沖縄民間文芸学」（奄美沖縄民間文芸学会委員会編）(9)　2009.9 p22,
　　　　　94
○奄美沖縄民間文芸学（京都　奄美沖縄民間文芸学会）〔6―10／平18.9―平23.2〕
　　バックナンバー紹介
　　　　「奄美沖縄民間文芸学」（奄美沖縄民間文芸学会委員会編）(11)　2012.3 p66
○**Amami news letter**（奄美委員会編［鹿児島］鹿児島大学）〔1―33／平15.12
　　―平19.12〕バックナンバー
　　　　「Amami news letter」（奄美委員会編）(34)　2008.3 巻末5p
○アミューズメント産業（アミューズメント産業出版）〔平15.12―平19.2〕バック
　　ナンバー一覧
　　　　「アミューズメント産業」（アミューズメント産業出版［編］）36(3)通号422

2007.3　p125—138
◎あもるふ(あもるふの会)〔1—33／昭33.2—昭45.4〕目次(田口麻奈)
　　「戦後詩誌総覧 6」(和田博文ほか)　日外アソシエーツ　2010.2　p15—27
◎新珠〔1(1)—1948.8／昭23.4—昭23.7〕総目次
　　「占領期女性雑誌事典—解題目次総索引 5」(吉田健二)　金沢文圃閣　2006.3
　　　p203—204
○あらはれ：猿田彦大神フォーラム年報：ひらかれる未来神話(伊勢　猿田彦大神
　フォーラム)〔1—9／平7・10—平18〕総目次
　　「あらはれ：猿田彦大神フォーラム年報：ひらかれる未来神話」(10)　2007.
　　　10
◎有島記念館(ニセコ町(北海道)　有島記念館)〔1—11／平13.3—平24.3〕総目次
　(岡野裕之)
　　「文学館出版物内容総覧：図録・目録・紀要・復刻・館報」　日外アソシエー
　　　ツ　2013.4　p69—70
　　(注)「有島記念館報」の改題
◎有島記念館報(ニセコ町(北海道)　有島記念館)〔1—6／平7.3—平12.3〕総目次
　(岡野裕之)
　　「文学館出版物内容総覧：図録・目録・紀要・復刻・館報」　日外アソシエー
　　　ツ　2013.4　p68—69
　　(注)「有島記念館」と改題
○有島武郎研究(札幌　有島武郎研究会)〔1—9／平9.3—平18.3〕総目次
　　「有島武郎研究」(有島武郎研究会編集委員会編)(10)　2007.3　p119—122
○ありす(三鷹　『ありす』事務局)〔1—28／昭55—平20〕総目次
　　「ありす」(『ありす』事務局編)(29)　2009　p100—108
○Rim(城西大学国際文化教育センター→城西大学ジェンダー・女性学研究所)〔1
　—7(2)／平6—平17〕総目次
　　「Rim：Jouranal of the Asia-Pacific Women's Studies Association」8(1・
　　　2)通号20　2006.3　巻末4—8
○Rim(城西大学国際文化教育センター→城西大学ジェンダー・女性学研究所)〔1
　—8(1・2)／平6—平18〕総目次
　　「Rim：Jouranal of the Asia-Pacific Women's Studies Association」9(1)
　　　通号21　2007.7　巻末5—8
○Rim(城西大学国際文化教育センター→城西大学ジェンダー・女性学研究所)〔1

―9（1）／平6―平19〕総目次
　　　　「Rim：Jouranal of the Asia-Pacific Women's Studies Association」9（2）
　　　　　通号22　2007.11　p88―85
○**Rim**（城西大学国際文化教育センター→城西大学ジェンダー・女性学研究所）〔1
　　　―9（2）／平6―平19〕総目次
　　　　「Rim：Jouranal of the Asia-Pacific Women's Studies Association」9（3）
　　　　　通号23　2008.1　p91―88
○**Rim**（城西大学国際文化教育センター→城西大学ジェンダー・女性学研究所）〔1
　　　―9（3）／平6―平20〕総目次
　　　　「Rim：Jouranal of the Asia-Pacific Women's Studies Association」9（4）
　　　　　通号24　2008.3　巻末7―13
○**Rim**（城西大学国際文化教育センター→城西大学ジェンダー・女性学研究所）〔1
　　　―9（4）／平6―平20〕総目次
　　　　「Rim：Jouranal of the Asia-Pacific Women's Studies Association」10
　　　　　（1）通号25　2008.7　巻末7―13
○**Rim**（城西大学国際文化教育センター→城西大学ジェンダー・女性学研究所）〔1
　　　―10（1）／平6―平20〕総目次
　　　　「Rim：Jouranal of the Asia-Pacific Women's Studies Association」10
　　　　　（2）通号26　2008.10　巻末8―14
○**Rim**（城西大学国際文化教育センター→城西大学ジェンダー・女性学研究所）〔1
　　　―10（2）／平6―平20〕総目次
　　　　「Rim：Jouranal of the Asia-Pacific Women's Studies Association」10
　　　　　（3）通号27　2008.12　巻末3―7
○**Rim**（城西大学国際文化教育センター→城西大学ジェンダー・女性学研究所）〔1
　　　―10（3）／平6―平20〕総目次
　　　　「Rim：Jouranal of the Asia-Pacific Women's Studies Association」10
　　　　　（4）通号28　2009.3　巻末9―16
○**Rim**（城西大学国際文化教育センター→城西大学ジェンダー・女性学研究所）〔1
　　　―10（4）／平6―平21〕総目次
　　　　「Rim：Jouranal of the Asia-Pacific Women's Studies Association」11
　　　　　（1）通号29　2009.7　巻末7―11
○**Rim**（城西大学国際文化教育センター→城西大学ジェンダー・女性学研究所）〔1
　　　―10（4）／平6―平21〕総目次

「Rim：Jouranal of the Asia-Pacific Women's Studies Association」11
(2) 通号30　2009.10 巻末5—10
○**Rim**（城西大学国際文化教育センター→城西大学ジェンダー・女性学研究所）〔1
—11 (2)／平6—平21〕総目次
「Rim：Jouranal of the Asia-Pacific Women's Studies Association」11
(3) 通号31　2009.12 巻末5—10
○**Rim**（城西大学国際文化教育センター→城西大学ジェンダー・女性学研究所）〔1
—11 (3)／平6—平21〕総目次
「Rim：Jouranal of the Asia-Pacific Women's Studies Association」11
(4) 通号32　2010.3 巻末5—10
○**Rim**（城西大学国際文化教育センター→城西大学ジェンダー・女性学研究所）〔1
—11 (4)／平6—平22〕総目次
「Rim：Jouranal of the Asia-Pacific Women's Studies Association」12
(1) 通号33　2010.9 巻末5—10
○**Rim**（城西大学国際文化教育センター→城西大学ジェンダー・女性学研究所）〔1
—12 (1)／平6—平22〕総目次
「Rim：Jouranal of the Asia-Pacific Women's Studies Association」12
(2) 通号34　2010.12 巻末6—12
○**Rim**（城西大学国際文化教育センター→城西大学ジェンダー・女性学研究所）〔1
—12 (2)／平6—平22〕総目次
「Rim：Jouranal of the Asia-Pacific Women's Studies Association」12
(3) 通号35　2011.3 巻末5—11
○**Rim**（城西大学国際文化教育センター→城西大学ジェンダー・女性学研究所）〔1
—12 (3)／平6—平23〕総目次
「Rim：Jouranal of the Asia-Pacific Women's Studies Association」13
(1) 通号36　2011.9 巻末5—11
○**Rim**（城西大学国際文化教育センター→城西大学ジェンダー・女性学研究所）〔1
—13 (1)／平6—平23〕総目次
「Rim：Jouranal of the Asia-Pacific Women's Studies Association」13
(2) 通号37　2012.3 p5—11
○**Rim**（城西大学国際文化教育センター→城西大学ジェンダー・女性学研究所）〔1
—13 (2)／平6—平24〕総目次
「Rim：Jouranal of the Asia-Pacific Women's Studies Association」14

(1)通号38　2013.3　巻末17―23
◎アルビレオ（十字屋書店→アルビレオ会）〔1―42／昭26.4―昭40.3〕総目次
　　「戦後詩誌総覧 5」（和田博文ほか）　日外アソシエーツ　2009.11 p9―32
◎荒地〔第二次〕（岩谷書店→東京書店）〔1（1）―2（2）／昭22.9―昭23.6〕総目次
　　「戦後詩誌総覧 4」（和田博文ほか）　日外アソシエーツ　2009.6 p3―6
◎あんかるわ（磯貝満気付）〔1―42／昭37.8―昭50.10〕総目次
　　「戦後詩誌総覧 7」（和田博文ほか）　日外アソシエーツ　2010.5 p17―58
○安城市史研究（安城市）〔1―10／平12.3―平21.3〕総目次
　　「安城市史研究」（安城市教育委員会編）(10)　2009.3 p83―86
○安城歴史研究（安城　安城市教育委員会）〔1―30／昭50―平16〕総目次
　　「安城歴史研究」(30)　2005.3 p121―136
　　（付）執筆者別目次
○安城歴史研究（安城　安城市教育委員会）〔1―31／昭50―平17〕総目次
　　「安城歴史研究」(31)　2006.3
　　（付）執筆者別目次

【い】

○飯田女子短期大学紀要（飯田　飯田女子短期大学）〔20―29／平15.5―平24.5〕総目次
　　「飯田女子短期大学紀要」（飯田女子短期大学［編］）(30)　2013.5.27 p181―185
　　（注）「飯田女子短期大学研究紀要」の改題
○医院雑誌（東京医学校）〔1―11／明8.11―明9.12〕目次（藤元直樹）
　　「参考書誌研究」（国立国会図書館主題情報部編）(65)　2006.10 p1―154
◎イギリス哲学研究（お茶の水書房→日本イギリス哲学会）〔1―29／昭53―平18〕総目次（日本イギリス哲学会）
　　「日本イギリス哲学会30年史」　日本イギリス哲学会　2006.3 p76―98
○育療（町田　日本育療学会）〔1―50／平7.5―平23.5〕総目次
　　「育療」（日本育療学会編）通号50　2011.3 p95―121
◎池波正太郎記念文庫〔1―32／平14.3―平24.8〕総目次（岡野裕之）
　　「文学館出版物内容総覧：図録・目録・紀要・復刻・館報」　日外アソシエーツ　2013.4 p540―541

◎池波正太郎真田太平記館（上田　池波正太郎真田太平記館）〔1―42／平11.6―平24.3〕総目次（岡野裕之）
　　「文学館出版物内容総覧：図録・目録・紀要・復刻・館報」　日外アソシエーツ　2013.4　p749―752
◎異香〔1／大6.1〕総目次（加治幸子）
　　「創作版画誌の系譜―総目次及び作品図版」　中央公論美術出版　2008.1　p70―71
○諫早史談（諫早　諫早史談会）〔1―35／昭44.3―平15.3〕既刊目次
　　「諫早史談」（諫早史談会編集委員会編）（36）　2004.3　p109―120
○諫早史談（諫早　諫早史談会）〔1―36／昭44.3―平16.3〕既刊目次
　　「諫早史談」（諫早史談会編集委員会編）（37）　2005.3　p130―141
○諫早史談（諫早　諫早史談会）〔1―37／昭44.3―平17.3〕既刊目次
　　「諫早史談」（諫早史談会編集委員会編）（38）　2006.3　p92―103
○諫早史談（諫早　諫早史談会）〔1―38／昭44.3―平18.3〕既刊目次
　　「諫早史談」（諫早史談会編集委員会編）（39）　2007.3　p112―123
○諫早史談（諫早　諫早史談会）〔1―39／昭44.3―平19.3〕既刊目次
　　「諫早史談」（諫早史談会編集委員会編）（40）　2008.3　p114―126
○諫早史談（諫早　諫早史談会）〔1―40／昭44.3―平20.3〕既刊目次
　　「諫早史談」（諫早史談会編集委員会編）（41）　2009.3　p124―136
○諫早史談（諫早　諫早史談会）〔1―41／昭44.3―平21.3〕既刊目次
　　「諫早史談」（諫早史談会編集委員会編）（42）　2010.3　p142―154
○諫早史談（諫早　諫早史談会）〔1―42／昭44.3―平22.3〕既刊目次
　　「諫早史談」（諫早史談会編集委員会編）（43）　2011.3　p66―80
○諫早史談（諫早　諫早史談会）〔1―42／昭44.3―平22.3〕既刊目次
　　「諫早史談」（諫早史談会編集委員会編）（44）　2012.3　p61―82
○諫早史談（諫早　諫早史談会）〔1―42／昭44.3―平22.3〕既刊目次
　　「諫早史談」（諫早史談会編集委員会編）（45）　2013.3　p65―80
○いしがみ（森田村（青森県）　森田村歴史散歩の会→「いしがみ」刊行会）〔10―19／平11.12―平20.12〕総目次
　　「いしがみ」（「いしがみ」刊行会編）（20）　2009.12
○いしかり暦（石狩　石狩市郷土研究会）〔1―21／昭55.8―平20.3〕総目次（石橋孝夫）

「いしかり暦」(21)　2008.3
◎石川近代文学館ニュース（金沢　石川近代文学館）〔2―38／昭44.7―平24.3〕総目次（岡野裕之）
　　「文学館出版物内容総覧：図録・目録・紀要・復刻・館報」　日外アソシエーツ　2013.4　p673―678
◎石川啄木記念館［館報］〔1―18／昭63.2―平16.3〕総目次（岡野裕之）
　　「文学館出版物内容総覧：図録・目録・紀要・復刻・館報」　日外アソシエーツ　2013.4　p87―89
○医事雑誌（坪井信良）〔1―43／明6.11―明8.12〕目次（藤元直樹）
　　「参考書誌研究」（国立国会図書館主題情報部編）（65）　2006.10　p1―154
○医事雑報（大阪　大阪府病院）〔1―4／明9.5―明9.12〕目次（藤元直樹）
　　「参考書誌研究」（国立国会図書館主題情報部編）（65）　2006.10　p1―154
◎石に聴く〔1―68／平7―平16〕総目次（長曽我部光義ほか）
　　「六十六部廻国供養塔―「石に聴く」宮崎県の大塔探訪記」　岩田書院　2004.6　p361―368
○石巻専修大学研究紀要（石巻　石巻専修大学）〔11―20／平12.2―平21.2〕総目次
　　「石巻専修大学研究紀要」(21)　2010.3　p222―230
　　（付）著者名索引
○イスパニア図書（大津　行路社）〔1―11／平10.秋―平20.秋〕既刊内容目次
　　「イスパニア図書」（京都セルバンテス懇話会編）(12)　2009.秋　p135―146
○伊勢郷土史草（伊勢　伊勢郷土会）〔21―39／昭58.2―平17.10〕既刊目録
　　「伊勢郷土史草」(40)　2006.9　p93―98
○板橋史談（板橋史談会）〔1―225／昭41―平16〕既刊目次一覧
　　「板橋史談」（別冊2号）　2004.11
　　（付）著者別索引
○イタリア図書（イタリア書房）〔復刊1―47／昭63.3―平24.10〕バックナンバー
　　「イタリア図書」(48)　2013.4　p86―89
◎位置（法政大学二部文学研究会→位置編集室）〔1―10／昭46.4―昭50.12〕総目次
　　「戦後詩誌総覧 8」（和田博文ほか）　日外アソシエーツ　2010.8　p18―25
◎一滴通信〔1―7／平19.3―平22.3〕総目次（岡野裕之）
　　「文学館出版物内容総覧：図録・目録・紀要・復刻・館報」　日外アソシエーツ　2013.4　p691―692

○**伊那**（飯田 伊那史学会）掲載一覧（今村善興）
　「伊那」60(6) 通号1009　2012.6 p53—54
◎**囲繞地**（広島 知覚社→岡山 囲繞地岡山グループ→岡山 知覚社→岡山 知覚社囲繞地編集部→岡山 知覚社→呉 知覚社）〔1—10／昭29.7—昭34.12〕総目次
　　「戦後詩誌総覧 5」（和田博文ほか）　日外アソシエーツ　2009.11 p33—40
○**いのちとくらし研究所報**（非営利・協同総合研究所いのちとくらし）〔準備号—5／平14.10—平15.11〕総目次
　　「いのちとくらし研究所報」(6)　2004.2 p53—54
○**いのちとくらし研究所報**（非営利・協同総合研究所いのちとくらし）〔準備号—6／平14.10—平16.2〕総目次
　　「いのちとくらし研究所報」(7)　2004.5 p60—61
○**いのちとくらし研究所報**（非営利・協同総合研究所いのちとくらし）〔準備号—7／平14.10—平16.5〕総目次
　　「いのちとくらし研究所報」(8)　2004.8 p71—73
○**いのちとくらし研究所報**（非営利・協同総合研究所いのちとくらし）〔準備号—8／平14.10—平16.8〕総目次
　　「いのちとくらし研究所報」(9)　2004.11 p80—82
○**いのちとくらし研究所報**（非営利・協同総合研究所いのちとくらし）〔準備号—9／平14.10—平16.11〕総目次
　　「いのちとくらし研究所報」(10)　2005.2 p69—74
○**いのちとくらし研究所報**（非営利・協同総合研究所いのちとくらし）〔準備号—10／平14.10—平17.2〕総目次
　　「いのちとくらし研究所報」(11)　2005.5 p66—69
○**いのちとくらし研究所報**（非営利・協同総合研究所いのちとくらし）〔準備号—11／平14.10—平17.5〕総目次
　　「いのちとくらし研究所報」(12)　2005.8 p69—74
○**いのちとくらし研究所報**（非営利・協同総合研究所いのちとくらし）〔準備号—12／平14.10—平17.8〕総目次
　　「いのちとくらし研究所報」(13)　2005.11 p63—67
○**いのちとくらし研究所報**（非営利・協同総合研究所いのちとくらし）〔準備号—13／平14.10—平17.11〕総目次
　　「いのちとくらし研究所報」(14)　2006.2 p75—79

いのち

○いのちとくらし研究所報（非営利・協同総合研究所いのちとくらし）〔準備号―14／平14.10―平18.2〕総目次
　「いのちとくらし研究所報」(15)　2006.5　p85―89
○いのちとくらし研究所報（非営利・協同総合研究所いのちとくらし）〔準備号―15／平14.10―平18.5〕総目次
　「いのちとくらし研究所報」(16)　2006.8　p67―72
○いのちとくらし研究所報（非営利・協同総合研究所いのちとくらし）〔準備号―16／平14.10―平18.8〕総目次
　「いのちとくらし研究所報」(17)　2006.11.30　p69―74
○いのちとくらし研究所報（非営利・協同総合研究所いのちとくらし）〔準備号―17／平14.10―平18.11〕総目次
　「いのちとくらし研究所報」(18)　2007.2　p54―59
○いのちとくらし研究所報（非営利・協同総合研究所いのちとくらし）〔準備号―18／平14.10―平19.2〕総目次
　「いのちとくらし研究所報」(19)　2007.5　p56―62
○いのちとくらし研究所報（非営利・協同総合研究所いのちとくらし）〔準備号―19／平14.10―平19.5〕総目次
　「いのちとくらし研究所報」(20)　2007.8　p64―70
○いのちとくらし研究所報（非営利・協同総合研究所いのちとくらし）〔準備号―20／平14.10―平19.8〕総目次
　「いのちとくらし研究所報」(21)　2007.11　p67―73
○いのちとくらし研究所報（非営利・協同総合研究所いのちとくらし）〔準備号―21／平14.10―平19.11〕総目次
　「いのちとくらし研究所報」(22)　2008.2　p66―73
○いのちとくらし研究所報（非営利・協同総合研究所いのちとくらし）〔準備号―22／平14.10―平20.2〕総目次
　「いのちとくらし研究所報」(23)　2008.6　p65―72
○いのちとくらし研究所報（非営利・協同総合研究所いのちとくらし）〔準備号―23／平14.10―平20.6〕総目次
　「いのちとくらし研究所報」(24)　2008.8　p67―74
○いのちとくらし研究所報（非営利・協同総合研究所いのちとくらし）〔準備号―24／平14.10―平20.6〕総目次
　「いのちとくらし研究所報」(25)　2008.11　p59―65

○いのちとくらし研究所報（非営利・協同総合研究所いのちとくらし）〔準備号―25／平14.10―平20.11〕総目次
　「いのちとくらし研究所報」(26)　2009.2　p87―93
○いのちとくらし研究所報（非営利・協同総合研究所いのちとくらし）〔準備号―26／平14.10―平21.2〕総目次
　「いのちとくらし研究所報」(27)　2009.6.15　p57―63
○いのちとくらし研究所報（非営利・協同総合研究所いのちとくらし）〔準備号―27／平14.10―平21.6〕総目次
　「いのちとくらし研究所報」(28)　2009.9.15　p57―64
○いのちとくらし研究所報（非営利・協同総合研究所いのちとくらし）〔準備号―28／平14.10―平21.9〕総目次
　「いのちとくらし研究所報」(29)　2009.12.15　p68―75
○いのちとくらし研究所報（非営利・協同総合研究所いのちとくらし）〔15―29／平18.5―平21.12〕総目次
　「いのちとくらし研究所報」(30)　2010.3　p70―74
○いのちとくらし研究所報（非営利・協同総合研究所いのちとくらし）〔16―30／平18.8―平22.3〕総目次
　「いのちとくらし研究所報」(31)　2010.5　p56―60
○いのちとくらし研究所報（非営利・協同総合研究所いのちとくらし）〔17―31／平18.11―平22.5〕総目次
　「いのちとくらし研究所報」(32)　2010.8.31　p74―78
○いのちとくらし研究所報（非営利・協同総合研究所いのちとくらし）〔19―32／平19.5―平22.8〕総目次
　「いのちとくらし研究所報」(33)　2010.12　p82―86
○いのちとくらし研究所報（非営利・協同総合研究所いのちとくらし）〔20―33／平19.8―平22.12〕総目次
　「いのちとくらし研究所報」(34)　2011.3.25　p72―76
○いのちとくらし研究所報（非営利・協同総合研究所いのちとくらし）〔23―34／平20.6―平23.3〕総目次
　「いのちとくらし研究所報」(35)　2011.6　p76―79
○いのちとくらし研究所報（非営利・協同総合研究所いのちとくらし）〔23―36／平20.6―平23.9〕総目次
　「いのちとくらし研究所報」(37)　2012.1　p56―60

○いのちとくらし研究所報（非営利・協同総合研究所いのちとくらし）〔23―37／平20.6―平24.1〕総目次
　　「いのちとくらし研究所報」(38)　2012.3　p52―56
○いのちとくらし研究所報（非営利・協同総合研究所いのちとくらし）〔29―39／平21.6―平24.8〕総目次
　　「いのちとくらし研究所報」(40)　2012.10　p51―54
○いのちとくらし研究所報（非営利・協同総合研究所いのちとくらし）〔30―40／平22.3―平24.10〕総目次
　　「いのちとくらし研究所報」(41)　2013.2　p56―58
○いのちとくらし研究所報（非営利・協同総合研究所いのちとくらし）〔31―41／平22.5―平25.2〕総目次
　　「いのちとくらし研究所報」(42)　2013.3　p91―93
○いのちとくらし研究所報（非営利・協同総合研究所いのちとくらし）〔32―42／平22.8―平25.3〕総目次
　　「いのちとくらし研究所報」(43)　2013.6　p74―76
○いのちとくらし研究所報（非営利・協同総合研究所いのちとくらし）〔33―43／平22.12―平25.6〕総目次
　　「いのちとくらし研究所報」(44)　2013.9　p50―52
○イノベーション・マネジメント（法政大学イノベーション・マネジメント研究センター）〔1／平16.5〕総目次
　　「イノベーション・マネジメント」(2)　2005.Spr.　p191
○イノベーション・マネジメント（法政大学イノベーション・マネジメント研究センター）〔1―2／平16.5―平17.3〕総目次
　　「イノベーション・マネジメント」(3)　2006.Spr.　p201―202
○イノベーション・マネジメント（法政大学イノベーション・マネジメント研究センター）〔1―3／平16.5―平18.3〕総目次
　　「イノベーション・マネジメント」(4)　2007.Spr.　p245―247
○イノベーション・マネジメント（法政大学イノベーション・マネジメント研究センター）〔1―4／平16.5―平19.3〕総目次
　　「イノベーション・マネジメント」(5)　2008.Spr.　p165―168
○イノベーション・マネジメント（法政大学イノベーション・マネジメント研究センター）〔1―5／平16.5―平20.3〕総目次
　　「イノベーション・マネジメント」(6)　2009.Spr.　199―203

○イノベーション・マネジメント（法政大学イノベーション・マネジメント研究センター）〔1―6／平16.5―平21.3〕総目次
　「イノベーション・マネジメント」(7)　2010.Spr.　p181―186
○イノベーション・マネジメント（法政大学イノベーション・マネジメント研究センター）〔1―7／平16.5―平22.3〕総目次
　「イノベーション・マネジメント」(8)　2011.Spr.　p88―94
○イノベーション・マネジメント（法政大学イノベーション・マネジメント研究センター）〔1―8／平16.5―平23.3〕目次
　「イノベーション・マネジメント」(9)　2012.Spr　p174―181
○イノベーション・マネジメント（法政大学イノベーション・マネジメント研究センター）〔1―9／平16.5―平24.3〕総目次
　「イノベーション・マネジメント」(10)　2013.Spr.　p117―125
◎茨城教育（水戸　茨城県教育会）〔730―745〕表題総目録（茨城県立歴史館史料部）
　「「茨城教育」表題総目録」　茨城県立歴史館　2005.3　156p　B5
◎茨城教育協会雑誌（水戸　茨城教育協会）〔1―286〕表題総目録（茨城県立歴史館史料部）
　「「茨城教育協会雑誌」表題総目録」　茨城県立歴史館　2007.3　93p　B5
○茨城史林（茨城近世史研究会→崙書房→茨城近世史研究会→茨城地方史研究会→牛久　筑波書林）〔20―29／平8―平17〕総目録
　「茨城史林」(茨城地方史研究会編)(30)　2006.7　p157―160
○茨城の民俗（水戸　茨城民俗学会）〔1―43／昭38.12―平16.11〕総目次
　「茨城の民俗」(茨城民俗学会[編])(43)　2004.11　p14―40
○衣服学会雑誌→日本衣服学会誌（京都　衣服学会→東京　日本衣服学会）〔1―27〕→〔28―49〕総目次
　「日本衣服学会誌」(日本衣服学会編集委員会編)50(2)　2007.1　p111―120
○癒しの環境（癒しの環境研究会）〔1―11(1)／平7.3―平18.10〕既刊目録
　「癒しの環境」12(1)　2007　p77―101
○癒しの環境（癒しの環境研究会）〔1―17(1)／平7.3―平24.2〕既刊目録
　「癒しの環境」17(2)通号42　2012.11　p68―84
○伊予市の歴史文化（伊予　伊予市歴史文化の会）〔1―50〕総目次（追加）
　「伊予市の歴史文化」(50)　2004.3
○医療と社会（医療科学研究所）〔11―20／平13―平23〕総目次

いりよ

「医療と社会」(医療科学研究所[編])20(4) 2011.1 p358―367
○医療と倫理(関東医学哲学・倫理学会)〔1―4／平8.11―平15.3〕目次
「医療と倫理」(『医療と倫理』編集委員会編)(5) 2005.3 p89―91
○医療と倫理(関東医学哲学・倫理学会)〔1―7／平8.11―平19.12〕目次
「医療と倫理」(『医療と倫理』編集委員会編)(8) 2009.3 p82―87
◎いわき市立草野心平記念文学館[館報](いわき いわき市立草野心平記念文学館)〔1―24／平10.9―平22.3〕総目次(岡野裕之)
「文学館出版物内容総覧:図録・目録・紀要・復刻・館報」 日外アソシエーツ 2013.4 p162―163
◎いわき明星大学心理相談センター紀要(いわき いわき明星大学心理相談センター事務室)〔1―2／平18.3.24―平19.3.24〕論文総覧
「心理学紀要論文総覧」 日外アソシエーツ 2008.10 p21
○岩槻史林(岩槻 岩槻地方史研究会)〔1―30〕総目録(テーマ順)
「岩槻史林」(岩槻地方史研究会[編])(31) 2004.6 p87―94
○岩手考古学(盛岡 岩手考古学会)〔1―19／平1.3―平19.7〕総目次
「岩手考古学」(岩手考古学会[編])(20) 2009.2 p157―168
(付)著者別索引
◎岩手の保健(盛岡 岩手県国民健康保険団体連合会)〔1―84／昭22.8―昭45.5〕総目次細目(北河賢三)
「『岩手の保健』解説・総目次細目・索引―創刊号‐84号(1947年8月‐70年5月)」 金沢文圃閣 2009.6 p172―86
○岩波講座『日本文学』付録「文学(岩波書店)〔1―20／昭6.7―昭8.4〕総目次
「文学」14(3) 岩波書店 2013.5 p72―75
◎院生研究報告抄(別府 別府大学大学院文学研究科歴史学専攻)〔1／平10.3〕論文総覧
「歴史学紀要論文総覧」 日外アソシエーツ 2007.9 p597
◎隕石ト花々〔1／昭8.1〕総目次(加治幸子)
「創作版画誌の系譜―総目次及び作品図版」 中央公論美術出版 2008.1 p776―777
○Inter communication(NTT出版)〔0―65／平4.春―平20.夏〕総目次
「Inter communication」17(3)通号65 2008.Sum. p153―172
○International review of asthma & COPD(メディカルレビュー社)〔平

22―平23〕総目次・執筆者別目次
　　「International review of asthma ＆ COPD」12 (4) 通号49　2010.11 p46―47
　　（注）「International review of asthma」の改題
○**International review of diabetes**（メディカルレビュー社）〔1 (1)―1 (2)／平21.6―平21.10〕総目次
　　「International review of diabetes」2 (1) 通号3　2010.1 p47
○**International review of diabetes**（メディカルレビュー社）〔1 (1)―2 (1)／平21.6―平22.1〕総目次
　　「International review of diabetes」2 (2) 通号4　2010.4 p129
○**International review of diabetes**（メディカルレビュー社）〔1 (1)―2 (2)／平21.6―平22.4〕総目次
　　「International review of diabetes」2 (3) 通号5　2010.7 p187
○**International review of diabetes**（メディカルレビュー社）〔1 (1)―2 (3)／平21.6―平22.6〕総目次
　　「International review of diabetes」2 (4) 通号6　2010.10 p265
○**International review of diabetes**（メディカルレビュー社）〔1 (1)―2 (4)／平21.6―平22.10〕総目次
　　「International review of diabetes」3 (1) 通号7　2011.5　巻末2p
○**International review of diabetes**（メディカルレビュー社）〔1 (1)―3 (1)／平21.6―平23.1〕総目次
　　「International review of diabetes」3 (2) 通号8　2012.1　巻末3p
○**International review of diabetes**（メディカルレビュー社）〔1 (1)―3 (2)／平21.6―平23.4〕総目次
　　「International review of diabetes」3 (3) 通号9　2012.5　巻末3p
○**International review of diabetes**（メディカルレビュー社）〔1 (1)―3 (3)／平21.6―平23.10〕総目次
　　「International review of diabetes」3 (4) 通号10　2012.12　巻末3p
◎印度甲谷陀日本商品館館報〔1―112／昭2.12―昭12.8〕記事索引
　　「明治・大正・昭和期南アジア研究雑誌記事索引」（足立享祐編著）　東京外国語大学大学院地域文化研究科21世紀COE「史資料ハブ地域文化研究拠点」本部　2006.12 p208―278
○印度哲学仏教学（札幌 北海道印度哲学仏教学会）〔17―18／平14.10―平15.10〕

いんと

　　総目次
　　　　「印度哲学仏教学」(北海道印度哲学仏教学会編)(19)　2004.10　巻末1p
　○印度哲学仏教学(札幌　北海道印度哲学仏教学会)〔18―19／平15.10―平16.10〕
　　総目次
　　　　「印度哲学仏教学」(北海道印度哲学仏教学会編)(20)　2005.10　巻末1p
　○印度哲学仏教学(札幌　北海道印度哲学仏教学会)〔19―20／平16.10―平18.10〕
　　総目次
　　　　「印度哲学仏教学」(北海道印度哲学仏教学会編)(21)　2006.10　p400
　○印度哲学仏教学(札幌　北海道印度哲学仏教学会)〔18―21／平15.10―平18.10〕
　　総目次
　　　　「印度哲学仏教学」(北海道印度哲学仏教学会編)(22)　2007.10　巻末2p
　○印度哲学仏教学(札幌　北海道印度哲学仏教学会)〔19―22／平16.10―平19.10〕
　　総目次
　　　　「印度哲学仏教学」(北海道印度哲学仏教学会編)(23)　2008.10　巻末2p
　○印度哲学仏教学(札幌　北海道印度哲学仏教学会)〔20―23／平17.10―平20.10〕
　　総目次
　　　　「印度哲学仏教学」(北海道印度哲学仏教学会編)(24)　2009.10　p399―400
　○印度哲学仏教学(札幌　北海道印度哲学仏教学会)〔1―25／昭61―平22.10〕総目次
　　　　「印度哲学仏教学」(北海道印度哲学仏教学会編)(25)　2010.10　p413―375
　　　　(付)〔著者名,書評者名〕索引

【う】

◎VOU〔第二次〕(VOUクラブ)〔31―32／昭21.12―昭22.7〕総目次
　　　　「戦後詩誌総覧 4」(和田博文ほか)　日外アソシエーツ　2009.6　p365―368
◎VOU〔第三次〕(VOUクラブ)〔33―148／昭24.10―昭50.12〕総目次
　　　　「戦後詩誌総覧 8」(和田博文ほか)　日外アソシエーツ　2010.8　p671―799
○ヴィゴツキー学(尼崎　ヴィゴツキー学協会)〔1―10／平12.3―平21.7〕総目次
　　　　「ヴィゴツキー学」(10)　2009.7　p77―80
　　　　(付)著者毎索引
◎うぇがVEGA(うぇが同人)〔1―6／昭39.5―昭42.6〕総目次

「戦後詩誌総覧 8」(和田博文ほか)　日外アソシエーツ　2010.8 p111―114
○浮世絵芸術(国際浮世絵学会)〔1―150／昭37.9―平17.7〕総目次
　　「浮世絵芸術：国際浮世絵学会会誌」(国際浮世絵学会編集委員会編)(150)
　　　2005 巻末1―66
○うそり(下北史談会→下北の歴史と文化を語る会)〔1―40／昭40―平16.3〕総目録
　　「うそり」(下北の歴史と文化を語る会編)(41)　2005.2
◎唄(清水方→紫陽社)〔1―5／昭49.1―昭49.12〕総目次
　　「戦後詩誌総覧 8」(和田博文ほか)　日外アソシエーツ　2010.8 p26―28
◎宇大史学(宇都宮大学教育学部史学研究室編 宇都宮 宇都宮大学史学会→宇都宮大学教育学部史学研究室)〔1―6,2001―2004／昭54.12―昭62.9,平13.12―平16.11〕論文総覧
　　「歴史学紀要論文総覧」　日外アソシエーツ　2007.9 p43―45
◎宴〔1(1)1―11(45)45／昭37.9―昭47.5〕内容細目
　　「文芸雑誌内容細目総覧―戦後リトルマガジン篇」(日外アソシエーツ編,勝又浩監修)　日外アソシエーツ,紀伊國屋書店〔発売〕　2006.11 p449―459
◎宴〔復刊〕(臼井国雄編 宴の会)〔1(1)1―5(8)8／昭54.10―昭59.12〕内容細目
　　「文芸雑誌内容細目総覧―戦後リトルマガジン篇」(日外アソシエーツ編,勝又浩監修)　日外アソシエーツ,紀伊國屋書店〔発売〕　2006.11 p571―574
◎宇都宮大学生涯学習教育研究センター研究報告(宇都宮 宇都宮大学生涯学習教育研究センター)〔1―6・7／平3―平11.3〕目次
　　「近代雑誌目次文庫 54 社会学編4」(目次文庫編集委員会編)　ゆまに書房　2004.3 p1―3
◎うつわ(國學院大学第Ⅱ部考古学研究会)〔1―3／昭61.3―平2.1〕論文総覧
　　「歴史学紀要論文総覧」　日外アソシエーツ　2007.9 p269
◎宇部フロンティア大学大学院附属臨床心理相談センター紀要(宇部 宇部フロンティア大学大学院附属臨床心理相談センター)〔1―3／平17.3.30―平19.3.31〕論文総覧
　　「心理学紀要論文総覧」　日外アソシエーツ　2008.10 p22―24
○うみ(日仏海洋学会)〔38―48／平12―平22〕総目次
　　「うみ」49(3・4)　2011.12 p143―173
○海と台地(唐津 佐賀大学海浜台地生物生産研究センター)〔1―15／平7.6―平14.6〕目次

「Coastal bioenvironment」(佐賀大学海浜台地生物環境研究センター編)
　　(19)　2012.8　p87—91
○海の気象(大阪　海洋気象学会)〔47(1)—54(3)／平13.7—平21.3〕総目次
　「海の気象」55(1)　2009　p19—22
　羽陽学園短期大学紀要(天童　羽陽学園短期大学)
　　⇨山形保育専門学校研究紀要
○羽陽学園短期大学紀要(天童　羽陽学園短期大学)〔7(1)—7(4)／平15—平18〕総目次
　「羽陽学園短期大学紀要」7(4)　2006.2　巻末3p
　(注)「山形保育専門学校研究紀要」の改題
◎運〔5—10／昭6—昭10〕総目次(加治幸子)
　「創作版画誌の系譜—総目次及び作品図版」　中央公論美術出版　2008.1
　　p294—300
◎運動障害教育・福祉研究(つくば　筑波大学心身障害系運動障害教育・福祉研究会)〔2—5／平11.3—平13.3〕目次
　「近代雑誌目次文庫　54　社会学編4」(目次文庫編集委員編)　ゆまに書房
　　2004.3　p4—5
◎運動・知能障害研究(東京教育大学教育学部肢体不自由研究室)〔1—5／昭45.3—昭47.2〕目次
　「近代雑誌目次文庫　54　社会学編4」(目次文庫編集委員編)　ゆまに書房
　　2004.3　p6—7
○運輸通信公報運輸版(運輸通信省)〔1—437／昭18.11.1—昭20.5.18〕全目録(水谷昌義)
　「東京経大学会誌　経営学」(東京経済大学経営学会編)(252)　2006　p79—
　　181

【え】

◎ゑ・あをもり〔1—3／昭21.7—昭21.10〕総目次(加治幸子)
　「創作版画誌の系譜—総目次及び作品図版」　中央公論美術出版　2008.1
　　p962—963
○映画学(映画学研究会)〔1—24／昭62—平22〕バックナンバー一覧
　「映画学」(映画学研究会[編])(25)　2011　p136—148

○映画展望(三帆書房)〔1—10／昭21.10—昭23.9〕総目次(中山千枝子)
　　「福岡市総合図書館研究紀要」(福岡市総合図書館編)(9)　2009.3 p65—72
◎永久革命(自由社会主義者評議会)〔1(1)—2(2)／昭44—昭45.10〕目次
　　「近代雑誌目次文庫 54 社会学編4」(目次文庫編集委員会編)　ゆまに書房　2004.3 p8
◎盈虚集(立教大学東洋史同学会編 立教大学東洋史同学会, 緑蔭書房〔発売〕)〔1—9／昭59.3—平5.9〕論文総覧
　　「歴史学紀要論文総覧」　日外アソシエーツ　2007.9 p685—686
◎英語学論説資料(論説資料保存会)〔1—41／昭42—平19〕索引
　　「英語学論説資料索引 創刊号—第41号」　論説資料保存会　2009.6 CD—ROM1枚 12cm
○英語コーパス研究(徳島 英語コーパス学会)〔1—19／平6—平24〕既刊号目次
　　「英語コーパス研究」(英語コーパス学会編)(20)　2013 p15—24
○英語語法文法研究(大阪 英語語法文法学会)〔13—17〕執筆者索引
　　「英語語法文法研究」(18)　2011 p202—204
○英語と文化(東大阪 大阪樟蔭女子大学英米文学会)〔1／平23.3〕既刊号目次
　　「英語と文化：大阪樟蔭女子大学樟蔭英語学会誌」(大阪樟蔭女子大学樟蔭英語学会編)(2)　2012.3 巻末1p
○英語と文化(東大阪 大阪樟蔭女子大学英米文学会)〔1—2／平23.3—平24.3〕既刊号目次
　　「英語と文化：大阪樟蔭女子大学樟蔭英語学会誌」(大阪樟蔭女子大学樟蔭英語学会編)(3)　2013.3 巻末1p
◎英語文学(緑葉社)〔1(1)—5(12)／大7—大10〕総目次(早稲田大学図書館)
　　「「英語文学」総目次」　雄松堂フィルム出版　2004.3 53p A5
◎叡山学院研究紀要(大津 叡山学院)〔1—28／昭53.10—平18.3〕論文総覧
　　「歴史学紀要論文総覧」　日外アソシエーツ　2007.9 p46—52
◎エイジングアンドヘルス(長寿科学振興財団)〔1(1)—17／平4.12—平19.7〕目次
　　「近代雑誌目次文庫 54 社会学編4」(目次文庫編集委員会編)　ゆまに書房　2004.3 P9—13
○英文学(早稲田大学英文学会)〔1—93／昭25.11—平19.3〕総目次
　　「英文学」(早稲田大学英文学会編)通号94　2008.3 p58—108

えうあ

○**Evaluation**（清文社→プログレス）〔1―20／平12―平18〕総目次
　　「Evaluation」（プログレス編）（20）　2006.2　p87―91
○**Evaluation**（清文社→プログレス）〔21―30／平18―平20〕総目次
　　「Evaluation」（プログレス編）（30）　2008　p90―92
○**Evaluation**（清文社→プログレス）〔31―40／平20―平23〕総目次
　　「Evaluation」（プログレス編）（40）　2011　p90―92
◎エキス・リブリス―季刊創作蔵書票集〔1(1)―8(2)／昭6.1―昭12.10〕総目次（加治幸子）
　　「創作版画誌の系譜―総目次及び作品図版」　中央公論美術出版　2008.1　p422―425
○エクス（西宮　関西学院大学経済学部）〔1―6／平12.3―平21.3〕総目次
　　「エクス：言語文化論集」（7）　2010　p239―242
○**Explosion**〔9―18／平11―平20〕総目次
　　「Explosion」19(1)通号54　2009　中扉1枚, 巻末1―12
○エコソフィア〔1―20／平10―平20〕総目次
　　「エコソフィア」（「エコソフィア」編集委員会編）通号20　2008　p110―120
○**Economic review**（富士通総研経済研究所）〔6(1)―8(1)／平14.1―平16.1〕既刊総目次
　　「Economic review」8(1)　2004.1　p131―135
○**Economic review**（富士通総研経済研究所）〔7(1)―9(1)／平15.1―平17.1〕既刊総目次
　　「Economic review」9(1)　2005.1　p123―127
○**Economic review**（富士通総研経済研究所）〔8(1)―10(1)／平16.1―平18.1〕既刊総目次
　　「Economic review」10(1)　2006.1　p111―115
○**Economic review**（富士通総研経済研究所）〔9(1)―11(1)／平17.1―平19.1〕既刊総目次
　　「Economic review」11(1)　2007.1　p119―123
○**Economic review**（富士通総研経済研究所）〔10(1)―12(1)／平18.1―平20.1〕既刊総目次
　　「Economic review」12(1)　2008.1　p101―105
○**Economic review**（富士通総研経済研究所）〔11(1)―13(1)／平19.1―平21.

1〕既刊総目次
「Economic review」13(1)　2009.1 p110—113
◎えすとりあ〔1—4／昭56.10—昭58.2〕総目次(竹内オサム)
「マンガ研究ハンドブック」　竹内長武研究室　2008.3 p211—212
◎エスプリ(新芸術社)〔1(1)—1(2)／昭38.7—昭38.8〕総目次
「戦後詩誌総覧 8」(和田博文ほか)　日外アソシエーツ　2010.8 p115—116
◎希望(えすぽわーる)(河本英三→梶山季之編　エスポワール編集室→エスポワール社→エスポワール出版部→思潮社)〔1—4(1)／昭27.1—昭30.7〕内容細目
「文芸雑誌内容細目総覧—戦後リトルマガジン篇」(日外アソシエーツ編, 勝又浩監修)　日外アソシエーツ, 紀伊國屋書店〔発売〕　2006.11 p229—235
◎X(中央雑誌社→文映社)〔3(1)—4(2)／昭24.1—昭25.3〕総目次(山前譲)
「探偵雑誌目次総覧」　日外アソシエーツ　2009.6 p295—299
○X線工業分析→X線分析の進歩(サイエンスプレス→科学技術社→日本分析化学会X線分析研究懇談会, アグネ技術センター)〔1—4／昭39—昭43〕→〔1—34／昭45—平15〕総目次
「X線分析の進歩」(日本分析化学会X線分析研究懇談会編)通号35　2004.3　A1—32
○X線工業分析→X線分析の進歩(サイエンスプレス→科学技術社→日本分析化学会X線分析研究懇談会, アグネ技術センター)〔1—4／昭39—昭43〕→〔1—35／昭45—平16〕総目次
「X線分析の進歩」(日本分析化学会X線分析研究懇談会編)通号37　2005.3　A1—35
○X線工業分析→X線分析の進歩(サイエンスプレス→科学技術社→日本分析化学会X線分析研究懇談会, アグネ技術センター)〔1—4／昭39—昭43〕→〔1—36／昭45—平17〕総目次
「X線分析の進歩」(日本分析化学会X線分析研究懇談会編)通号37　2006.3　A1—36
○X線工業分析→X線分析の進歩(サイエンスプレス→科学技術社→日本分析化学会X線分析研究懇談会, アグネ技術センター)〔1—4／昭39—昭43〕→〔1—37／昭45—平18〕総目次
「X線分析の進歩」(日本分析化学会X線分析研究懇談会編)通号38　2007.3　A1—A38
○X線工業分析→X線分析の進歩(サイエンスプレス→科学技術社→日本分析化学

えつく

　　会X線分析研究懇談会, アグネ技術センター)〔1—4／昭39—昭43〕→〔1—38／昭45—平19〕総目次
　　　「X線分析の進歩」(日本分析化学会X線分析研究懇談会編) 通号39　2008.3
　　　　A1—34
　○**X線工業分析→X線分析の進歩**(サイエンスプレス→科学技術社→日本分析化学会X線分析研究懇談会, アグネ技術センター)〔1—4／昭39—昭43〕→〔1—39／昭45—平20〕総目次
　　　「X線分析の進歩」(日本分析化学会X線分析研究懇談会編) 通号40　2009.3
　　　　A1—35
　○**X線工業分析→X線分析の進歩**(サイエンスプレス→科学技術社→日本分析化学会X線分析研究懇談会, アグネ技術センター)〔1—4／昭39—昭43〕→〔1—40／昭45—平21〕総目次
　　　「X線分析の進歩」(日本分析化学会X線分析研究懇談会編) 通号41　2010.3
　　　　A1—36
　○**X線工業分析→X線分析の進歩**(サイエンスプレス→科学技術社→日本分析化学会X線分析研究懇談会, アグネ技術センター)〔1—4／昭39—昭43〕→〔1—41／昭45—平22〕総目次
　　　「X線分析の進歩」(日本分析化学会X線分析研究懇談会編) 通号42　2011.3
　　　　A1—37
　○**X線工業分析→X線分析の進歩**(サイエンスプレス→科学技術社→日本分析化学会X線分析研究懇談会, アグネ技術センター)〔1—4／昭39—昭43〕→〔1—43／昭45—平24〕総目次
　　　「X線分析の進歩」(日本分析化学会X線分析研究懇談会編) 通号44　2013.3
　　　　A1—40
　　X線分析の進歩(日本分析化学会X線分析研究懇談会編　アグネ技術センター)
　　　⇨X線工業分析
◎エッチング〔1—125／昭7.11—昭18.6〕総目次(加治幸子)
　　　「創作版画誌の系譜—総目次及び作品図版」　中央公論美術出版　2008.1
　　　　p696—754
◎エトアル(大阪　エトアル社)〔1(1)—2(10)／昭2.11.1—昭3.11.15〕総目次
　　　「大阪文藝雑誌総覧」(浦西和彦, 増田周子, 荒井真理亜著)　和泉書院　2013.2
　　　　p212—216
　○江戸川女子短期大学紀要→江戸川短期大学紀要(流山　江戸川女子短期大学→江

戸川短期大学)〔1―16／昭61―平13.3〕→〔17―21／平14.3―平18.3〕総目次
　　「江戸川短期大学紀要」(江戸川短期大学紀要編集委員会編)(22)　2007.3
　　　p135―147
　江戸川短期大学紀要(流山　江戸川短期大学)
　　⇨江戸川女子短期大学紀要
◎江戸期おんな考(桂書房→桂文庫)〔1―11／平2.10―平12.10〕目次
　　「近代雑誌目次文庫　54　社会学編4」(目次文庫編集委員会編)　ゆまに書房
　　　2004.3　p14―20
○絵解き研究(千葉　絵解き研究会)〔1―22／昭58.4―平21.3〕総目次
　　「絵解き研究」(絵解き研究会‖〔編〕)(23)　2011.5　p57―67
◎江戸時代文化(江戸文化研究会)〔1(1)―2(6)／昭3.8―昭6.5〕目次
　　「近代雑誌目次文庫　54　社会学編4」(目次文庫編集委員会編)　ゆまに書房
　　　2004.3　p21―24
　　(注)「江戸文化」と改題
◎江戸東京博物館開館準備ニュース〔1―78／平3.3―平24.9〕総目次(岡野裕之)
　　「文学館出版物内容総覧：図録・目録・紀要・復刻・館報」　日外アソシエーツ　2013.4　p547―553
◎江戸と東京(江戸と東京社)〔1(1)―3(4)／昭10.10―平12.4〕目次
　　「近代雑誌目次文庫　54　社会学編4」(目次文庫編集委員会編)　ゆまに書房
　　　2004.3　p25―31
　　(注)「新文化」と改題。欠番あり
◎江戸文化(江戸時代文化研究会)〔2(7)―5(5)／昭3.8―昭6.5〕目次
　　「近代雑誌目次文庫　54　社会学編4」(目次文庫編集委員会編)　ゆまに書房
　　　2004.3　p32―38
　　(注)「江戸時代文化」の改題
　NR＋(旭川　北海道東海大学北方生活研究所)
　　⇨北海道東海大学北方生活研究所所報
　NGO協力情報(国際食糧農業協会)
　　⇨NGO情報
○NGO情報→NGO協力情報(国際食糧農業協会)〔1―54／昭63.8―平17.7〕総目次
　　「NGO協力情報」(国際食糧農業協会編)(55)　2005.11　p33―39
○エネルギー政策研究(泉佐野　エネルギー政策研究所)〔1(1)―2(2)／平14.6―

33

えねる

   平16.2〕既刊号目次
   　　「エネルギー政策研究」(エネルギー政策研究所編) 3 (1)　　2004.10 p41
○エネルギー政策研究(泉佐野　エネルギー政策研究所)〔1 (1)―3 (1)／平14.6―平16.10〕総目次
   　　「エネルギー政策研究　特別号」(エネルギー政策研究所編)通号2　2005.5
   　　　p66―67
○エネルギー政策研究(泉佐野　エネルギー政策研究所)〔1 (1)―特別号 (2)／平14.6―平17.5〕既刊号目次
   　　「エネルギー政策研究」(エネルギー政策研究所編) 4 (1)　　2005.12 p61―62
○エネルギー政策研究(泉佐野　エネルギー政策研究所)〔1 (1)―4 (1)／平14.6―平17.12〕総目次
   　　「エネルギー政策研究　特別号」(エネルギー政策研究所編)通号3　2006.6
   　　　p60―61
○エネルギー政策研究(泉佐野　エネルギー政策研究所)〔1 (1)―特別号 (3)／平14.6―平18.6〕総目次
   　　「エネルギー政策研究　特別号」(エネルギー政策研究所編)通号4　2007.4
   　　　p68―70
○エネルギー政策研究(泉佐野　エネルギー政策研究所)〔1 (1)―特別号 (4)／平14.6―平19.4〕既刊号目次
   　　「エネルギー政策研究」(エネルギー政策研究所編) 5 (1)　　2007.7 p42―44
○エネルギー政策研究(泉佐野　エネルギー政策研究所)〔1 (1)―5 (1)／平14.6―平19.7〕総目次
   　　「エネルギー政策研究　特別号」(エネルギー政策研究所編)通号5　2008.4
   　　　p51―53
○エネルギー政策研究(泉佐野　エネルギー政策研究所)〔1 (1)―特別号 (5)／平14.6―平20.4〕既刊号目次
   　　「エネルギー政策研究」(エネルギー政策研究所編) 6 (1)　　2009.2 p17―20
○エネルギー政策研究(泉佐野　エネルギー政策研究所)〔1 (1)―6 (1)／平14.6―平21.2〕総目次
   　　「エネルギー政策研究　特別号」(エネルギー政策研究所編)通号6　2009.6
   　　　p46―49
○エネルギー政策研究(泉佐野　エネルギー政策研究所)〔1 (1)―特別号 (6)／平14.6―平21.6〕総目次

「エネルギー政策研究 特別号」（エネルギー政策研究所編）通号7　2010.4 p62―65
○エネルギー政策研究（泉佐野 エネルギー政策研究所）〔1（1）―特別号（7）／平14.6―平22.4〕総目次
「エネルギー政策研究」（エネルギー政策研究所編）7（1）　2011.6 p39―43
○エネルギー政策研究（泉佐野 エネルギー政策研究所）〔1（1）―7（1）／平14.6―平23.6〕総目次
「エネルギー政策研究 特別号」（エネルギー政策研究所編）通号8　2011.11 p28―32
○エネルギー政策研究（泉佐野 エネルギー政策研究所）〔1（1）―特別号（8）平14.6―平23.11〕総目次
「エネルギー政策研究 特別号」（エネルギー政策研究所編）通号9　2012.9 p97―101
○APA→先端測量技術（日本測量調査技術協会）〔1―88／昭52.4―平16.12〕→〔89・90―100／平18.1―平21.8〕目次一覧
「先端測量技術」（100）　2009.8 p46―66
◎愛媛大学歴史学紀要（松山 愛媛大学文理学部歴史学研究室）〔1―6／昭28.2―昭34.4〕論文総覧
「歴史学紀要論文総覧」　日外アソシエーツ　2007.9 p53―54
○エリザベト音楽大学研究紀要（広島 エリザベト音楽大学）〔21―30／平13―平21〕総目次
「エリザベト音楽大学研究紀要」通号30　2010 p107―114
○Erina report（新潟 環日本海経済研究所）〔1―99／平6.2―平23.5〕総目次
「Erina report」（環日本海経済研究所編）（100）　2011.7 p36―64
（付）英語文
○エール（日本アイルランド協会）〔1―29／昭43.12―平21.12〕既刊号目次一覧
「エール」（30）　2010.12 p205―228
○L ＆ T→Law ＆ Technology（民事法情報センター→民事法研究会）〔1―12／平1.1―平3.3〕→〔13―20／平13.10―平15.7〕総索引
「Law ＆ technology：L ＆ T」（22）　2004.1 巻末1―14
◎エロチック・ミステリー（宝石社）〔3（6）―5（1）／昭37.6―昭39.1〕総目次（山前譲）
「探偵雑誌目次総覧」　日外アソシエーツ　2009.6 p489―498

（注）「エロティック・ミステリー」の改題
◎エロティック・ミステリー（宝石社）〔1（1）―3（5）／昭35.8―昭37.5〕総目次（山前譲）
　　「探偵雑誌目次総覧」　日外アソシエーツ　2009.6 p479―489
　　　（注）「エロチック・ミステリー」と改題
○演劇学論集―日本演劇学会紀要（町田　日本演劇学会）〔37―50／平11―平22〕論文リスト
　　「演劇学論集―日本演劇学会紀要」（50）　2010.5 p183―192
○演劇人（演劇人会議→舞台芸術財団演劇人会議）〔1―25／平10.4―平21.8〕総目次
　　「演劇人」（舞台芸術財団演劇人会議編）通号25　2009 p157―165
◎演劇新人〔1（1）／昭5.4.10〕総目次
　　「大阪文藝雑誌総覧」（浦西和彦, 増田周子, 荒井真理亜著）　和泉書院　2013.2 p225
◎演劇評論（大阪　演劇評論社）〔創刊号―終刊号／昭28.9.1―昭31.3.5〕総目次
　　「大阪文藝雑誌総覧」（浦西和彦, 増田周子, 荒井真理亜著）　和泉書院　2013.2 p543―559
○燕人街（燕人街社）〔1―2（3）／昭5.1―昭6.3〕総目次（西田勝）
　　「植民地文化研究：資料と分析」（「植民地文化研究」編集委員会編）（5）　2006.7 p121―127
○エンジンテクノロジー（山海堂）〔24―29／平11.3―平15.12〕総目次一覧
　　「エンジンテクノロジー」6（1）通号30　2004.2 p104―105
◎円卓（榊山潤編　人物往来社→南北社）〔1（1）―6（3）／昭36.5―昭41.4〕内容細目
　　「文芸雑誌内容細目総覧―戦後リトルマガジン篇」（日外アソシエーツ編, 勝又浩監修）　日外アソシエーツ, 紀伊國屋書店〔発売〕　2006.11 p389―402
　　　（注）「南北」に吸収合併
◎えんぴつ（新日本文学会大阪支部）〔1―17／昭25.1.1―昭26.5.1〕総目次
　　「大阪文藝雑誌総覧」（浦西和彦, 増田周子, 荒井真理亜著）　和泉書院　2013.2 p399―404
○エンプティ・ホームズ（御津町（岡山県）　JSHC岡山支部空家の冒険の会）〔1―165／平1.6―平22.12〕
　　「エンプティ・ホームズ 2011年春特別号」　空家の冒険の会　2011.4 24p A4

【お】

○**おあしす**（日本沙漠学会）〔1—69／平2.8—平22.3〕総目次
　　「沙漠研究：日本沙漠学会誌」（日本沙漠学会編集委員会編）（20特別号）
　　　　2010.4 p109—115
○**オイコノミカ**（名古屋 名古屋市立大学経済学会）〔36（1）—40（3・4）／平11.9—平16.3〕既刊総目次
　　「オイコノミカ」40（3・4）　2004.3 p133—140
○**オイコノミカ**（名古屋 名古屋市立大学経済学会）〔41（1）—45（3・4）／平16.9—平21.3〕既刊総目次
　　「オイコノミカ」45（3・4）　2009.3 p121—129
◎**欧亜人間科学研究所紀要**（大宮 欧亜人間科学研究所）〔1／平9.9〕目次
　　「近代雑誌目次文庫 54 社会学編4」（目次文庫編集委員会編）ゆまに書房
　　　　2004.3 p39
○**奥羽史談**（盛岡 奥羽史談会）〔80—119・120／昭61.3—平21.3〕総目次
　　「奥羽史談」（奥羽史談会編）（119・120）　2009.3
○**奥羽大学文学部紀要**（郡山 奥羽大学文学部）〔1—18／平1.12—平18.12〕総目次
　　「奥羽大学文学部紀要」（奥羽大学文学部編）（18）　2006.12 p65—75
○**鷗外**（森鷗外記念会）〔51—85／平4.7—平21.7〕総目次
　　「鷗外」（森鷗外記念会［編］）（86）　2010.1 p87—66
◎**鷗外研究**（岩波書店）〔臨—35／昭11.6—昭14.10〕全目次
　　「鷗外全集刊行会版『鷗外全集』資料集」（鷗出版編集室編）鷗出版　2009.10 p207—212
　　（付）題名索引・執筆者索引
◎**鷗外選集月報**（東京堂）〔1—12／昭24.3—昭25.6〕全目次
　　「鷗外全集刊行会版『鷗外全集』資料集」（鷗出版編集室編）鷗出版　2009.10 p232—233
　　（付）題名索引・執筆者索引
◎**鷗外全集月報**（鷗外全集刊行会）（鷗外全集刊行会）〔1—16／昭4.6.10—昭6.11.17〕全目次
　　「鷗外全集刊行会版『鷗外全集』資料集」（鷗出版編集室編）鷗出版　2009.10 p203—206

(付)題名索引・執筆者索引
◎鷗外全集月報〔第2次〕(岩波書店)(岩波書店)〔1—52／昭26.6—昭31.2〕全目次
「鷗外全集刊行会版『鷗外全集』資料集」(鷗出版編集室編)　鷗出版　2009.10　p213—221
(付)題名索引・執筆者索引
◎鷗外全集月報〔第3次〕(岩波書店)(岩波書店)〔1—38／昭46.11—昭50.6〕全目次
「鷗外全集刊行会版『鷗外全集』資料集」(鷗出版編集室編)　鷗出版　2009.10　p222—231
(付)題名索引・執筆者索引
○桜花学園大学研究紀要→桜花学園大学人文学部研究紀要(豊田　桜花学園大学)〔1—4／平10—平13〕→〔5—14／平14—平24〕総目次
「桜花学園大学人文学部研究紀要」(桜花学園大学人文学部研究紀要編集委員会編)(14)　2012　p109—118
桜花学園大学人文学部研究紀要(豊田　桜花学園大学)
　⇨桜花学園大学研究紀要
◎黄金部落(岩下俊作→石山滋夫編　黄金部落社)〔1—8／昭25.3—昭27.9〕内容細目
「文芸雑誌内容細目総覧—戦後リトルマガジン篇」(日外アソシエーツ編, 勝又浩監修)　日外アソシエーツ, 紀伊國屋書店〔発売〕　2006.11　p217—219
◎鴨台考古(大正大学考古学研究会)〔1—4／昭47.12—平60.3〕論文総覧
「歴史学紀要論文総覧」　日外アソシエーツ　2007.9　p361
◎追手門学院大学心理学部紀要(茨木　追手門学院大学心理学部)〔1／平19.3.29〕論文総覧
「心理学紀要論文総覧」　日外アソシエーツ　2008.10　p25
◎追手門学院大学心理学論集(茨木　追手門学院大学人間学部心理学科)〔1—15／平5.2.10—平19.3.31〕論文総覧
「心理学紀要論文総覧」　日外アソシエーツ　2008.10　p26—28
◎追手門学院大学地域支援心理研究センター紀要(茨木　追手門学院大学地域支援心理研究センター)〔1—3／平17.3.31—平19.3.31〕論文総覧
「心理学紀要論文総覧」　日外アソシエーツ　2008.10　p29
◎追手門学院大学人間学部紀要(茨木　追手門学院大学人間学部)〔1—11／平7.12—平13.3〕目次
「近代雑誌目次文庫　54　社会学編4」(目次文庫編集委員会編)　ゆまに書房

2004.3 p40—44
桜美林大学・桜美林短期大学紀要（町田 桜美林大学）
　⇨桜美林短期大学紀要
桜美林大学・桜美林短期大学紀要：英語英米文学研究（町田 桜美林大学）
　⇨桜美林短期大学紀要
桜美林大学・桜美林短期大学紀要 英米文学篇（町田 桜美林大学）
　⇨桜美林短期大学紀要
◎桜美林大学国際文化研究（町田 桜美林大学国際文化研究所）〔1—14／昭55.3—平5.3〕目次
　「近代雑誌目次文庫 54 社会学編4」（目次文庫編集委員会編） ゆまに書房　2004.3 p45—49
○桜美林短期大学紀要→桜美林大学・桜美林短期大学紀要→桜美林大学・桜美林短期大学紀要 英米文学篇→桜美林大学・桜美林短期大学紀要：英語英米文学研究→紀要（桜美林大学）（町田 桜美林短期大学→桜美林大学）〔1—6／昭35—昭41〕→〔7—11／昭42—昭46〕→〔12—15／昭47—昭50〕→〔16—26／昭51—昭61〕→〔27—48／昭62—平20〕総目次
　「紀要」（桜美林大学‖〔編〕）（49）　2009.3 p117—158
○桜文論叢（日本大学法学部桜文論叢編集委員会）〔1—30／昭45.6—平3.2〕総目次
　「桜文論叢」（71）　2008.7 中付1—30, 中扉1枚
○桜文論叢（日本大学法学部桜文論叢編集委員会）〔31—60／平3.6—平16.1〕総目次
　「桜文論叢」（74）　2009.10 中扉1枚, 中付1—39
○桜門体育学研究（船橋 日本大学文理学部桜門体育学会→桜門体育学会事務局）〔1—41／昭41—平18〕総目録
　「桜門体育学研究」（42）　2007 p145—156
◎応用社会学研究（東京国際大学）（川越 東京国際大学）〔1—11／平3.2—平13.2〕目次
　「近代雑誌目次文庫 54 社会学編4」（目次文庫編集委員会編） ゆまに書房　2004.3 p50—52
○応用社会学研究（東京国際大学）（川越 東京国際大学）〔16—20／平18—平22〕総目次
　「応用社会学研究」（東京国際大学大学院社会学研究科紀要編集委員会編）（20）　2010.2 p95—96

おうよ

◎応用社会学研究(立教大学社会学部研究室)(立教大学社会学部研究室)〔1—43／昭33.6—平13.3〕目次
　　「近代雑誌目次文庫 54 社会学編4」(目次文庫編集委員会編) ゆまに書房
　　　2004.3 p53—67
○応用統計学(応用統計学会)〔31—35／平14—平18〕総目次
　　「応用統計学」35(3)　2006 p201—206,211～212
○応用統計学(応用統計学会)〔36—40／平19—平23〕総目次
　　「応用統計学」40(3)　2011 p213—217
◎鷹陵史学(佛教大学歴史研究所→鷹陵史学会編 京都 鷹陵史学会)〔1—16,17—32／昭50.3—平18.9〕論文総覧
　　「歴史学紀要論文総覧」 日外アソシエーツ　2007.9 p589—596
◎大分大学大学院教育学研究科心理教育相談室紀要(大分 大分大学大学院教育学研究科心理教育相談室)〔創刊準備号—創刊号／平17.1—平17.12〕論文総覧
　　「心理学紀要論文総覧」 日外アソシエーツ　2008.10 p30
◎大岡信ことば館だより(三島 増進会出版社大岡信ことば館)〔1—9／平21.12—平24.6〕総目次(岡野裕之)
　　「文学館出版物内容総覧：図録・目録・紀要・復刻・館報」 日外アソシエーツ　2013.4 p788—789
◎大方あかつき館報〔1—18／平11.8—平24.3〕総目次(岡野裕之)
　　「文学館出版物内容総覧：図録・目録・紀要・復刻・館報」 日外アソシエーツ　2013.4 p1018—1019
○大倉山論集(横浜 大倉精神文化研究所)〔1—50／昭27.6—平16.3〕総目録ほか
　　「大倉山論集」(50) 大倉精神文化研究所　2004.3 p440—466
○大阪大谷大学文化財研究(富田林 大谷女子大学文化財学科→大阪大谷大学文化財学科)〔1—6／平13.3—平18.3〕→〔7—10／平19.3—平22.3〕総目次
　　「大阪大谷大学文化財研究」(大阪大谷大学文化財学科編)(10)　2010.3 p37—39
○大阪学院大学外国語論集(吹田 大阪学院大学外国語学会)〔1—51／昭50.9—平16.12〕総目次
　　「大阪学院大学外国語論集」(50・51)　2005.3 22pb
◎大阪学院大学国際学論集(吹田 大阪学院大学国際学会)〔1(1)—12(1)／平2.12—平13.6〕目次
　　「近代雑誌目次文庫 54 社会学編4」(目次文庫編集委員会編) ゆまに書房

2004.3 p68―74
◎大阪ガスグループ福祉財団研究・調査報告集（大阪　大阪ガスグループ福祉財団）〔1―14／昭63.3―平13.6〕目次
　　「近代雑誌目次文庫　54　社会学編4」（目次文庫編集委員会編）　ゆまに書房　2004.3 p75―96
　大阪観光大学紀要（熊取町　大阪観光大学図書館委員会）
　　⇨大阪明浄大学紀要
◎大阪教育大学紀要　Ⅱ社会科学・生活科学（大阪→柏原　大阪教育大学）〔16―49(2)／昭43.1―平13.1〕目次
　　「近代雑誌目次文庫　54　社会学編4」（目次文庫編集委員会編）　ゆまに書房　2004.3 p97―106
　　（注）「大阪学芸大学紀要　A人文科学」より分離
◎大阪協同劇団パンフレット（大阪　大阪共同劇団）〔1／昭12.3.1〕総目次
　　「大阪文藝雑誌総覧」（浦西和彦, 増田周子, 荒井真理亜著）　和泉書院　2013.2 p310
○大阪経済大学教養部紀要（大阪　大阪経大学会）〔1―18／昭58.12―平12.2〕目録
　　「『大阪経大論集』総目録」　大阪経大学会　2008.1 p429―438
　大阪経済法科大学法学研究所紀要（八尾　大阪経済法科大学法学研究所）
　　⇨法学研究所紀要
　大阪芸術大学短期大学部紀要（大阪　大阪芸術大学短期大学部）
　　⇨浪速短期大学紀要
○大阪経大論集（大阪　大阪経大学会）〔1―300／昭25.9―平19.11〕総目録
　　「『大阪経大論集』総目録」　大阪経大学会　2008.1 p5―416
◎大阪国際児童文学館ニュース（吹田　大阪国際児童文学館）〔1―12／昭57.8―平5.3〕総目次（岡野裕之）
　　「文学館出版物内容総覧：図録・目録・紀要・復刻・館報」　日外アソシエーツ　2013.4 p831―832
　　（注）「大阪国際児童文学館news」と改題。
◎大阪国際児童文学館news（吹田　大阪国際児童文学館）〔13―20／平6.3―平13.3〕総目次（岡野裕之）
　　「文学館出版物内容総覧：図録・目録・紀要・復刻・館報」　日外アソシエーツ　2013.4 p832―833
　　（注）「大阪国際児童文学館ニュース」の改題。「大阪国際児童文学館REPORT」と

改題
◎大阪国際児童文学館REPORT（吹田　大阪国際児童文学館）〔21—29／平4.10—平22.3〕総目次（岡野裕之）
　「文学館出版物内容総覧：図録・目録・紀要・復刻・館報」　日外アソシエーツ　2013.4　p833
　（注）「大阪国際児童文学館news」の改題
○大阪産業大学経済論集（大東　大阪産業大学学会）〔1（1）—10（2）／平11.10—平21.2〕総目次
　「大阪産業大学経済論集」（大阪産業大学学会［編］）10（2）　2009.2　p235—247
◎大阪産業大学論集　社会科学編（大東　大阪産業大学）〔31—115／昭45.12—平13.3〕目次
　「近代雑誌目次文庫　54　社会学編4」（目次文庫編集委員会編）　ゆまに書房　2004.3　p107—136
　（注）「大阪産業大学論集」より分離。欠番あり
◎大阪事件研究（大阪事件研究会）〔創刊準備号—5／昭60.4—昭61.7〕目次
　「近代雑誌目次文庫　54　社会学編4」（目次文庫編集委員会編）　ゆまに書房　2004.3　p137
○大阪市公文書館研究紀要（大阪　大阪市公文書館）〔1—20／平1—平20〕総目次
　「大阪市公文書館研究紀要」（20）　2008.3
◎大阪時事新報（大阪　大阪時事新報社）〔大14.4—昭5.6〕記事目録
　「大阪時事新報記事目録　建築と社会編　昭和　1」（関西大学大阪都市遺産研究センター編）　関西大学出版部　2011.3　p17—266
◎大阪時事新報（大阪　大阪時事新報社）〔大14.4—昭5.6〕記事目録
　「大阪時事新報記事目録　文芸と映画編—昭和　1」（関西大学大阪都市遺産研究センター編）　関西大学出版部　2011.3　p41—363
◎大阪詩人（大阪　大阪詩人社）〔1（1）—1（4）／昭10.5.1—昭10.8〕総目次
　「大阪文藝雑誌総覧」（浦西和彦,増田周子,荒井真理亜著）　和泉書院　2013.2　p303—305
大阪市身体障害者スポーツセンター研究紀要（大阪　大阪市身体障害者スポーツセンター）
　⇨研究紀要（大阪市身体障害者スポーツセンター）
◎大阪社会福祉研究（大阪　大阪社会福祉協議会）〔1（2）—4（9）／昭27.2—昭33.9〕

目次
　　「近代雑誌目次文庫 54 社会学編4」(目次文庫編集委員会編) ゆまに書房
　　　2004.3 p138—158
○**大阪樟蔭女子大学英米文学会誌**(東大阪 大阪樟蔭女子大学英米文学会)〔45—46／平21.3—平22.3〕既刊号目次
　　「英語と文化：大阪樟蔭女子大学樟蔭英語学会誌」(大阪樟蔭女子大学樟蔭英語学会編)(1)　2011.3 巻末1p
○**大阪樟蔭女子大学英米文学会誌**(東大阪 大阪樟蔭女子大学英米文学会)〔46／平22.3〕既刊号目次
　　「英語と文化：大阪樟蔭女子大学樟蔭英語学会誌」(大阪樟蔭女子大学樟蔭英語学会編)(2)　2012.3 巻末1p
○**大阪女子学園短期大学紀要→大阪夕陽丘学園短期大学紀要**(大阪 大阪女子学園短期大学→大阪夕陽丘学園短期大学)〔44—48／平12—平16〕→〔49／平17〕総目次
　　「大阪夕陽丘学園短期大学紀要」(紀要編集委員会編)(50)　2006 p35—38
○**大阪女子短期大学紀要**(藤井寺 大阪女子短期大学学術研究会)〔1—30／昭50—平17〕総目次
　　「大阪女子短期大学紀要」(大阪女子短期大学学術研究会［編］)(30)　2005 p201—228
◎**大阪市立大学家政学部紀要　社会福祉学**(大阪 大阪市立大学家政学部)〔1—22／昭28.3—昭50.3〕目次
　　「近代雑誌目次文庫 54 社会学編4」(目次文庫編集委員会編) ゆまに書房
　　　2004.3 p159—163
　　(注)「大阪市立大学生活科学部紀要　社会福祉学」と改題
◎**大阪市立大学生活科学部紀要　社会福祉学**(大阪 大阪市立大学生活科学部)〔23—36／昭51.3—平1.3〕目次
　　「近代雑誌目次文庫 54 社会学編4」(目次文庫編集委員会編) ゆまに書房
　　　2004.3 p164—167
　　(注)「大阪市立大学家政学部紀要　社会福祉学」の改題。「大阪市立大学生活科学部紀要　人間福祉学」と改題
◎**大阪市立大学生活科学部紀要　人間福祉学**(大阪 大阪市立大学生活科学部)〔38—48／平3.3—平13.3〕目次
　　「近代雑誌目次文庫 54 社会学編4」(目次文庫編集委員会編) ゆまに書房

　　　　2004.3 p168—175
　　　(注)「大阪市立大学生活科学部紀要 社会福祉学」「大阪市立大学生活科学部紀要児童学」の合併改題
◎大阪市立大学東洋史論叢(大阪 大阪市立大学東洋史研究室→大阪市立大学大学院文学研究科東洋史研究室)〔10—15／平5.10—平18.11〕論文総覧
　　「歴史学紀要論文総覧」 日外アソシエーツ 2007.9 p63—65
　　　(注)「中国史研究」の改題
◎大阪市立大学文学部歴史学教室紀要(大阪 大阪市立大学文学部歴史学教室編)〔1／昭28.7〕論文総覧
　　「歴史学紀要論文総覧」 日外アソシエーツ 2007.9 p65
◎大阪大学教育社会学・教育計画研究集録(大阪 大阪大学人間科学部教育社会学研究室)〔1—9／昭55.3—平6.3〕目次
　　「近代雑誌目次文庫 54 社会学編4」(目次文庫編集委員会編) ゆまに書房
　　　2004.3 p176—177
◎大阪大学教育心理学年報(吹田 大阪大学人間科学部教育心理学講座)〔1—4／平4.3—平7.3〕論文総覧
　　「心理学紀要論文総覧」 日外アソシエーツ 2008.10 p31—32
○大阪大学経済学(大阪大学経済学会→大阪大学法経学部→大阪大学経済学会→大阪大学法経学部→大阪大学経済学部→大阪大学経済学会→大阪大学経済学部→大阪大学大学院経済学研究科→大阪大学経済学会→豊中 大阪大学大学院経済学研究科)〔1(1)—60(4)／昭26.11—平23.3〕累積総目次
　　「大阪大学経済学」60(4)通号193 2011.3 p129—223
○大阪大学経済学(大阪大学経済学会→大阪大学法経学部→大阪大学経済学会→大阪大学法経学部→大阪大学経済学部→大阪大学経済学会→大阪大学経済学部→大阪大学大学院経済学研究科→大阪大学経済学会→豊中 大阪大学大学院経済学研究科)〔1(1)—60(4)／昭26.11—平23.3〕著者別累積総索引
　　「大阪大学経済学」61(1)通号194 2011.6 p239—339
◎大阪大学大学院人間科学研究科紀要(大阪 大阪大学大学院人間科学研究科)〔26—27／平12.3—平13.3〕目次
　　「近代雑誌目次文庫 54 社会学編4」(目次文庫編集委員会編) ゆまに書房
　　　2004.3 p178—179
　　　(注)「大阪大学人間科学部紀要」の改題
◎大阪大学人間科学部紀要(大阪 大阪大学人間科学部)〔1—25／昭50.3—平11.3〕

目次
　　「近代雑誌目次文庫 54 社会学編4」（目次文庫編集委員会編）　ゆまに書房
　　　2004.3 p180―198
　　（注）「大阪大学大学院人間科学研究科紀要」と改題
◎大阪地方労働運動史研究（大阪 よしの書店→吹田 大阪地方労働運動史研究会）
〔3―10／昭34.12―平44.12〕目次
　　「近代雑誌目次文庫 54 社会学編4」（目次文庫編集委員会編）　ゆまに書房
　　　2004.3 p199
◎大阪之処女（大阪 大阪之処女社）〔1／大11.6.1〕総目次
　　「大阪文藝雑誌総覧」（浦西和彦, 増田周子, 荒井真理亜著）　和泉書院　2013.2
　　　p80―82
◎大阪ノ旗（大阪 日本プロレタリア作家同盟出版部）〔1（1）―2（5）／昭7.8.25―
昭8.9.5〕総目次
　　「大阪文藝雑誌総覧」（浦西和彦, 増田周子, 荒井真理亜著）　和泉書院　2013.2
　　　p292―295
　　（注）欠号：1（2）
○大阪の部落史通信（大阪の部落史委員会）〔1―44／平7.6―平21.3〕総目次
　　「大阪の部落史通信」（44）　2009.3
○大阪の歴史（大阪 大阪市史料調査会）〔1―65／昭55.3―平17.1〕総目次
　　「大阪の歴史」（大阪市史編纂所編）（別冊）　2005.5 23p A5
　　（付）執筆者一覧
○大阪俳文学研究会会報（姫路 大阪俳文学研究会）〔1―40／昭45.1―平18.10〕総目次
　　「大阪俳文学研究会会報」（大阪俳文学研究会［編］）（40）　2006.10 p54―60
○大阪パック（大阪 輝文館）〔35（5）―38（1）／昭15.6―昭18.1〕細目（高松敏男）
　　「文献探索」（文献探索研究会編）（2005）　2006.5 p181―197
○大阪パック（大阪 輝文館）〔35（5）―38（1）／昭15.6―昭18.1〕細目（高松敏男）
　　「高松敏男書誌選集 Ⅱ」　金沢文圃閣　2013 p39―55
◎大阪百景（大阪 京文社）〔1―2／昭42.2.1―昭42.3.1〕総目次
　　「大阪文藝雑誌総覧」（浦西和彦, 増田周子, 荒井真理亜著）　和泉書院　2013.2
　　　p568―569
◎大阪府精神薄弱者更正相談所紀要（大阪 大阪府精神薄弱者更正相談所→大阪府
知的障害者更正相談所）〔1―13／昭56.6―平12.3〕目次

45

「近代雑誌目次文庫　54　社会学編4」（目次文庫編集委員会編）　ゆまに書房　2004.3　p200—203

○大阪武道学研究（豊中　日本武道学会関西支部）〔1(1)—19(1)／昭59—平22〕バックナンバー
　「関西武道学研究」（日本武道学会関西支部［編］）20(1)　2011.3　p31—33
　（注）「関西武道学研究」と改題

◎大阪文化（大阪　(財)朝日新聞大阪厚生事業団）〔1(1)—2(8)／昭18.6.20—昭19.7.25〕総目次
　「大阪文藝雑誌総覧」（浦西和彦, 増田周子, 荒井真理亜著）　和泉書院　2013.2　p336—340
　（注）欠号：2(5)—2(7)

◎大阪文学（大阪　大阪文学編輯所）〔1／昭24.1.1〕総目次
　「大阪文藝雑誌総覧」（浦西和彦, 増田周子, 荒井真理亜著）　和泉書院　2013.2　p399
　（注）欠号：3(1)・3(3)—3(4)

◎大阪文学（大阪文学会）（大阪　輝文館）〔1(1)—3(10)／昭16.12.1—昭18.10.1〕総目次
　「大阪文藝雑誌総覧」（浦西和彦, 増田周子, 荒井真理亜著）　和泉書院　2013.2　p330—335
　（注）欠号：3(1)・3(3)—3(4)

◎大阪文学（織田作之助研究）（大阪文学の会）〔復刊1—復刊12／昭41.11.20—昭44.4.1〕総目次
　「大阪文藝雑誌総覧」（浦西和彦, 増田周子, 荒井真理亜著）　和泉書院　2013.2　p564—568

◎大阪文藝（大阪　大阪文藝社）〔1—8／明24.10.19—明25.2.1〕総目次
　「大阪文藝雑誌総覧」（浦西和彦, 増田周子, 荒井真理亜著）　和泉書院　2013.2　p30—35

◎大阪文藝雑誌（大阪　大阪文藝社）〔1—3／明25.10.12—明26.1.2〕総目次
　「大阪文藝雑誌総覧」（浦西和彦, 増田周子, 荒井真理亜著）　和泉書院　2013.2　p35—36

◎大阪民衆史研究（奈良→大阪　大阪民衆史研究会→耕文社）〔32—48／平5.7—平13.1〕目次
　「近代雑誌目次文庫　54　社会学編4」（目次文庫編集委員会編）　ゆまに書房

　　　　2004.3　p204―206
　　　（注）「大阪民衆史研究会編纂ニュース」の改題
○大阪民衆史研究(寝屋川　大阪民衆史研究会)〔37―56／平7.4―平16.12〕目次
　　「大阪民衆史研究」(大阪民衆史研究会編)（57）　2005.6
　　　（注）「大阪民衆史研究会編纂ニュース」の改題
◎大阪民衆史研究会編纂ニュース(大阪　大阪民衆史研究会)〔1―31／平2.7―平5.6〕目次
　　「近代雑誌目次文庫 54 社会学編4」(目次文庫編集委員会編)　ゆまに書房　2004.3　p207―209
　　　（注）「大阪民衆史研究」と改題
○大阪明浄大学紀要→大阪観光大学紀要(熊取町　大阪明浄大学図書館委員会→大阪観光大学図書館委員会)〔1―6／平12.4―平18.3〕→〔7―9／平19.3―平21.3〕総目次
　　「大阪観光大学紀要」（10）　2010.3　p291―297
　大阪夕陽丘学園短期大学紀要(大阪　大阪夕陽丘学園短期大学)
　　⇨大阪女子学園短期大学紀要
○大阪夕陽丘学園短期大学紀要(大阪　大阪夕陽丘学園短期大学)〔50―52／平18―平20〕総目次
　　「大阪夕陽丘学園短期大学紀要」(紀要編集委員会編)（53）　2010　巻末1枚,巻末2p
◎大阪労働運動史研究(大阪→高槻　大阪労働運動史研究会)〔13―再刊3号／昭59.9―平3.11〕目次
　　「近代雑誌目次文庫 54 社会学編4」(目次文庫編集委員会編)　ゆまに書房　2004.3　p210―211
○大塩研究(大阪　大塩事件研究会)〔42―50／平12.11―平16.3〕目次
　　「大塩研究」(大塩事件研究会編)（51）　2004.9　p77―79
○大塩研究(大阪　大塩事件研究会)〔51―60／平16.9―平21.3〕目次
　　「大塩研究」(大塩事件研究会編)（60）　2009.3　p67―70
◎大田区立郷土博物館紀要(大田区立郷土博物館)〔1―17／平3.3―平19.3〕総目次(岡野裕之)
　　「文学館出版物内容総覧：図録・目録・紀要・復刻・館報」　日外アソシエーツ　2013.4　p562―564
◎大田区立郷土博物館だより(大田区立郷土博物館)〔1―37／昭55.3―平10.3〕総

目次（岡野裕之）
　　「文学館出版物内容総覧：図録・目録・紀要・復刻・館報」　日外アソシエーツ　2013.4　p565—568
◎大谷史学（京都　大谷大学史学会）〔1—12／昭26.11—昭45.2〕論文総覧
　　「歴史学紀要論文総覧」　日外アソシエーツ　2007.9　p80—82
◎大谷女子大学文化財研究（富田林　大谷女子大学文化財学科）〔1—6／平12.11—平18.3〕論文総覧
　　「歴史学紀要論文総覧」　日外アソシエーツ　2007.9　p77—78
◎大谷大学国史研究会紀要（京都　大谷大学国史研究会）〔1—2／昭3.6—昭6.2〕論文総覧
　　「歴史学紀要論文総覧」　日外アソシエーツ　2007.9　p82
　　（注）「尋源」と改題
○大妻女子大学大学院文学研究科論集（大妻女子大学大学院文学研究科）〔1—21／平3.3—平23.3〕総目録
　　「大妻女子大学大学院文学研究科論集」(21)　2011.3　p1—12
　　（付）英語文
◎大妻女子大学人間生活科学研究所年報（大妻女子大学人間生活科学研究所）〔1—10／昭60.3—平12.7〕目次
　　「近代雑誌目次文庫　54　社会学編4」（目次文庫編集委員会編）　ゆまに書房　2004.3　p212—226
○大妻比較文化（多摩　大妻女子大学比較文化学部）〔1—11〕索引
　　「大妻比較文化—大妻女子大学比較文化学部紀要」(12)　2011.Spr　p147—149
◎大野版画〔1—4／昭8.12—昭9.7〕総目次（加治幸子）
　　「創作版画誌の系譜—総目次及び作品図版」　中央公論美術出版　2008.1　p879—883
◎大原社会問題研究所雑誌（大原社会問題研究所）〔1(1)—10(3)／大12.8—昭8.11〕目次
　　「近代雑誌目次文庫　54　社会学編4」（目次文庫編集委員会編）　ゆまに書房　2004.3　p227—229
◎大原社会問題研究所雑誌（町田　法政大学大原社会問題研究所）〔329—551／昭61.4—平13.6〕目次
　　「近代雑誌目次文庫　54　社会学編4」（目次文庫編集委員会編）　ゆまに書房

　　　　2004.3 p230—273
　　　　（注）「研究資料月報」の改題
○大原社会問題研究所雑誌〔329—599・600／昭61.4—平20.10・11〕総目次
　　　「大原社会問題研究所雑誌」（法政大学大原社会問題研究所編）通号599・600
　　　　2008.10・11 付25—94
○崗（芦屋町（福岡県）　芦屋町郷土史研究会）目次翻印（編集部）
　　　「崗」（32）　2006.1
○岡谷蚕糸博物館紀要（岡谷　岡谷市教育委員会）〔1—10／平8—平17〕総目次
　　　「岡谷蚕糸博物館紀要」（岡谷蚕糸博物館紀要編集委員会編）（11）　2007.1
○岡山県教育時報（岡山　岡山県教育委員会）〔1（2）／昭24.10〕目次ほか（奥泉栄三郎）
　　　「戦後教育史研究」（明星大学戦後教育史研究センター編）（24）　2010.12
　　　　p113—117
◎岡山県立大学保健福祉学部紀要（総社　岡山県立大学保健福祉学部）〔1—7／平7.3—平13.3〕目次
　　　「近代雑誌目次文庫 55 社会学編5」（目次文庫編集委員会編）ゆまに書房
　　　　2004.7 p1—4
○岡山民俗（岡山　岡山民俗学会）〔151—200〕目次（吉原睦）
　　　「岡山民俗」（岡山民俗学会編）（232）　2011.12 p74—79
○岡山民俗学会会報（岡山　岡山民俗学会）〔123—173〕目次（吉原睦）
　　　「岡山民俗」（岡山民俗学会編）（232）　2011.12 p79—81
◎小川未明文学館館報（小川未明文学館［編］　上越　上越市）〔1—6／平19.5—平24.5〕総目次（岡野裕之）
　　　「文学館出版物内容総覧：図録・目録・紀要・復刻・館報」　日外アソシエーツ　2013.4 p654
○沖縄県立看護大学紀要（那覇　沖縄県立看護大学）〔1—10／平12.2—平21.3〕総目次
　　　「沖縄県立看護大学紀要」（10）　2009.3 p80—99
◎沖縄国際大学社会文化研究（宜野湾　沖縄国際大学社会文化学会）〔1（1）—4（1）／平8.10—平12.10〕目次
　　　「近代雑誌目次文庫 55 社会学編5」（目次文庫編集委員会編）ゆまに書房
　　　　2004.7 p5
◎沖縄国際大学文学部紀要（宜野湾　沖縄国際大学文学部）〔1（1）—20（2）／昭48.3

おきな

　　　―平8.3〕目次
　　　　「近代雑誌目次文庫　55　社会学編5」(目次文庫編集委員会編)　ゆまに書房
　　　　　2004.7　p6―8
◎沖縄社会研究(宜野湾　沖縄社会学会)〔1―2／昭61.10―昭62.12〕目次
　　　　「近代雑誌目次文庫　55　社会学編5」(目次文庫編集委員会編)　ゆまに書房
　　　　　2004.7　p9
◎沖縄女性史研究(那覇→浦添　沖縄女性史研究会)〔2―8／昭53.6―平4.8〕目次
　　　　「近代雑誌目次文庫　55　社会学編5」(目次文庫編集委員会編)　ゆまに書房
　　　　　2004.7　p10―11
○沖縄史料編集所紀要→史料編集室紀要(那覇　沖縄県沖縄史料編集所→沖縄県立
　図書館→沖縄県文化振興会編　那覇　沖縄県沖縄史料編集所→沖縄県立図書館→
　沖縄県教育委員会)〔1―11／昭51―昭61〕→〔12―33／昭62―平18〕バックナ
　ンバー(福永隆次)
　　　　「史料編集室紀要」(沖縄県文化振興会編)(34)　2011.2　p91―104
　　　　(注)「沖縄県史料編集紀要」と改題
◎沖縄精神医療(宜野湾　沖縄精神医療編集会)〔1―11／昭52.3―昭58.7〕目次
　　　　「近代雑誌目次文庫　55　社会学編5」(目次文庫編集委員会編)　ゆまに書房
　　　　　2004.7　p12―14
◎沖縄大学地域研究所所報(那覇　沖縄大学地域研究所)〔1―22／平2.7―平13.2〕
　目次
　　　　「近代雑誌目次文庫　55　社会学編5」(目次文庫編集委員会編)　ゆまに書房
　　　　　2004.7　p15―18
◎沖縄文化(沖縄　沖縄文化協会)〔1―36(1)91／昭36.4―平12.7〕目次
　　　　「近代雑誌目次文庫　55　社会学編5」(目次文庫編集委員会編)　ゆまに書房
　　　　　2004.7　p19―38
○沖縄文化(那覇　沖縄文化協会)〔1―100／昭36.4―平18.6〕総目次(照屋理, 廬姜
　威)
　　　　「沖縄文化」(沖縄文化協会編)40(2)通号100　2006.6　p318―256
　　　　(付)著者名索引・論文名索引
◎沖縄文化研究(法政大学沖縄文化研究所)〔1―27／昭49.6―平13.3〕目次
　　　　「近代雑誌目次文庫　55　社会学編5」(目次文庫編集委員会編)　ゆまに書房
　　　　　2004.7　p39―45
○小城の歴史(小城(佐賀県)　小城郷土史研究会)目次

「小城の歴史」(50)　2004.9
○オセアニア研究（横浜　オセアニア出版社）〔1―17／昭58.6―平18.5〕総目次（沢田敬也）
　　「オセアニア研究」（オセアニア英語研究会編）（17）　2006.5　8pf
○小田原史談（小田原　小田原史談会）〔204―225／平18.1―平23.4〕目次一覧
　　「小田原史談」（小田原史談会編）（225）　2011.4　巻末1―8
○小田原地方史研究（小田原　小田原地方史研究会）〔1―24／昭44.8―平19.10〕総目次
　　「小田原地方史研究」通号25　2010.2　p116―123
◎お茶の水史学（お茶の水女子大学史学科読史会→お茶の水女子大学比較歴史学講座読史会→お茶の水女子大学文教育学部人文科学科比較歴史学コース読史会→読史会）〔1―50／昭33.6―平18.12〕論文総覧
　　「歴史学紀要論文総覧」　日外アソシエーツ　2007.9　p91―97
◎お茶の水女子大学女性文化研究センター年報（お茶の水女子大学女性文化研究センター）〔1（通号8・9）―平10（通号16・17）／昭62.12―平8.3〕目次
　　「近代雑誌目次文庫　55　社会学編5」（目次文庫編集委員会編）　ゆまに書房　2004.7　p46―48
　　（注）「お茶の水女子大学女性文化資料館年報」の改題。「ジェンダー研究」と改題
◎お茶の水女子大学女性文化資料館年報（お茶の水女子大学女性文化資料館）〔1―7／昭55.3―昭61.9〕目次
　　「近代雑誌目次文庫　55　社会学編5」（目次文庫編集委員会編）　ゆまに書房　2004.7　p49―50
　　（注）「お茶の水女子大学女性文化研究センター年報」と改題
◎お茶の水女子大学人文科学紀要（お茶の水女子大学）〔1―54／昭27.3―平13.3〕目次
　　「近代雑誌目次文庫　55　社会学編5」（目次文庫編集委員会編）　ゆまに書房　2004.7　p51―73
◎お茶の水女子大学心理臨床相談センター紀要（お茶の水女子大学心理臨床相談センター紀要編集委員会編　お茶の水女子大学心理臨床相談センター）〔6―8／平16.12.15―平18.12.15〕論文総覧
　　「心理学紀要論文総覧」　日外アソシエーツ　2008.10　p45―46
　　（注）「お茶の水女子大学発達臨床心理学紀要」の改題
○お茶の水女子大学中国文学会報（お茶の水女子大学中国文学会）〔1―29／昭57.4

—平22.4〕掲載論文総目録
　　　「お茶の水女子大学中国文学会報」(30)　2011.4 p178—163
◎お茶の水女子大学発達臨床心理学紀要(お茶の水女子大学発達臨床心理相談室)
〔1—5／平11.12.31—平15.12.15〕論文総覧
　　　「心理学紀要論文総覧」　日外アソシエーツ　2008.10 p46—47
　　　(注)「お茶の水女子大学心理臨床相談センター紀要」と改題
◎鬼(鬼クラブ)〔1—9／昭25.7—昭28.9〕総目次(山前譲)
　　　「探偵雑誌目次総覧」　日外アソシエーツ　2009.6 p476—478
○鬼ヶ島通信(鬼ヶ島通信社)〔1—49／昭58.5—平19.5〕全目次
　　　「鬼ヶ島通信」(50)　2007.11 p146—163
○面白い理科(東京図書→原田三夫)〔1((4)—6(2),3(4)／昭4.8—昭6.12,昭8.4〕総目次(菊地圭子)
　　　「ヘカッチ：日本児童文学学会北海道支部機関誌」(2)通号11　2007.5 p16—28
　　　(注)欠号あり
◎おもちゃ絵集〔1—10／昭11.3—昭11.12〕総目次(加治幸子)
　　　「創作版画誌の系譜—総目次及び作品図版」　中央公論美術出版　2008.1 p953—961
◎オリエンタリカ(東京大学東洋史学会編　翰林書院)〔1—2／昭23.8—昭24.11〕論文総覧
　　　「歴史学紀要論文総覧」　日外アソシエーツ　2007.9 p436
○オルガン研究(日本オルガン研究会)〔1—40／昭48—平24〕総目次
　　　「オルガン研究」(日本オルガン研究会［編］)(40)　2012 p95—128
◎オルフェ(花粉の会)〔1—39／昭38.9—昭50.11〕総目次
　　　「戦後詩誌総覧 7」(和田博文ほか)　日外アソシエーツ　2010.5 p59—95
　　　(注)「花粉」の改題
○音楽教育〔3(11)—5(5)／昭16.12—昭18.5〕総目次(信時裕子)
　　　「文献探索」(文献探索研究会編)(2008)　2009.6 p387—416
○音楽教育研究〔1(1)—3(10)／昭14.10—昭16.11〕総目次(信時裕子)
　　　「文献探索」(文献探索研究会編)(2008)　2009.6 p387—416
○音楽文化(日本音楽雑誌)〔1(1)—4(1)／昭18.12—昭21.1〕記事一覧(小関康幸)
　　　「文献探索」(文献探索研究会編)(2005)　2006.5 p73—83

おんこ

(注)「音楽芸術」と改題
○恩給(国立印刷局)〔231—260／平11.11—平16.11〕総目次
　　「恩給」(能率増進研究開発センター‖編,総務省人事・恩給局‖監修)(261)
　　　2005.2　p34—35
○恩給(国立印刷局)〔261—267／平17.2—平18.8〕総目次
　　「恩給」(能率増進研究開発センター‖編,総務省人事・恩給局‖監修)(267)
　　　2006.8　p35
○温古(大洲　大洲史談会)〔20—29／平10—平19〕総目録(事務局)
　　「温古」(30)　2008.3
○温故叢誌(温故学会)〔1—60／昭7—昭18〕論文等一覧
　　「温故叢誌」(温故学会編)(61)　2007.11　p113—137
○温古知新(西仙北町(秋田県)　秋田今野商店)〔1—40／昭39—平15〕バックナンバー目次
　　「温古知新」(秋田今野商店[編])(41)　2004.7　巻頭6p
○温古知新(西仙北町(秋田県)　秋田今野商店)〔1—41／昭39—平16〕バックナンバー目次
　　「温古知新」(秋田今野商店[編])(42)　2005.7　巻頭7p
○温古知新(西仙北町(秋田県)　秋田今野商店)〔1—42／昭39—平17〕バックナンバー目次
　　「温古知新」(秋田今野商店[編])(43)　2006.7　巻頭7p
○温古知新(西仙北町(秋田県)　秋田今野商店)〔1—43／昭39—平18〕バックナンバー目次
　　「温古知新」(秋田今野商店[編])(44)　2007.7　巻頭7p
○温古知新(西仙北町(秋田県)　秋田今野商店)〔1—44／昭39—平19〕バックナンバー目次
　　「温古知新」(秋田今野商店[編])(45)　2008.7　巻頭7p
○温古知新(西仙北町(秋田県)　秋田今野商店)〔1—45／昭39—平20〕バックナンバー目次
　　「温古知新」(秋田今野商店[編])(46)　2009　巻頭8p
○温古知新(西仙北町(秋田県)　秋田今野商店)〔1—46／昭39—平21〕バックナンバー目次
　　「温古知新」(秋田今野商店[編])(47)　2010　巻頭8p
○温古知新(西仙北町(秋田県)　秋田今野商店)〔1—47／昭39—平22〕バックナン

バー目次
　　　「温古知新」(秋田今野商店[編])(48)　2011　巻頭8p
○温古知新(西仙北町(秋田県)　秋田今野商店)〔1―48／昭39―平23〕バックナンバー目次
　　　「温古知新」(秋田今野商店[編])(49)　2012　巻頭8p
○温古知新(西仙北町(秋田県)　秋田今野商店)〔1―49／昭39―平24〕バックナンバー目次
　　　「温古知新」(秋田今野商店[編])(50)　2013　巻頭8p
○音声表現(名古屋　三惠社)〔1―10／平19.春―平23.秋〕総目次
　　　「音声表現」(東海・音声表現研究会編)(10)　2011.秋 p144―153
○温泉地域研究(千葉　日本温泉地域学会)〔1―10／平15.9―平20.3〕総目次(山村順次)
　　　「温泉地域研究」(日本温泉地域学会編)(10)　2008.3 p1―8
○温泉地域研究(千葉　日本温泉地域学会)〔1―20／平15.9―平25.3〕総目次
　　　「温泉地域研究」(日本温泉地域学会編)(20)　2013.3 p11―20
◎女と男(大阪　団欒社)〔1／大6.7.1〕総目次
　　　「大阪文藝雑誌総覧」(浦西和彦, 増田周子, 荒井真理亜著)　和泉書院　2013.2
　　　p78―79
◎女の世界〔1(1)―7(8)／大4.5―大10.8〕総目次(早稲田大図書館)
　　　「『女の世界』総目次」　雄松堂出版　2008.3 9,116p A5
◎女文化研究センター年報(広島　比治山女子短期大学女文化研究センター)〔1―2／昭59.3―昭60.3〕目次
　　　「近代雑誌目次文庫 55 社会学編5」(目次文庫編集委員会編)　ゆまに書房
　　　　2004.7 p74
　　　(注)「女性文化研究センター年報」と改題

【か】

◎碍(相模原　全国障碍者自立生活確立連絡会)〔2―4／昭61.1―昭63.6〕目次
　　　「近代雑誌目次文庫 55 社会学編5」(目次文庫編集委員会編)　ゆまに書房
　　　　2004.7 p75
　　甲斐(笛吹(山梨県)　山梨郷土研究会)

⇨甲斐路
◎櫂(横須賀　櫂の会→国文社→東峰書房)〔1―22／昭28.5―昭50.12〕総目次
　　「戦後詩誌総覧 5」(和田博文ほか)　日外アソシエーツ　2009.11 p41―50
○海運経済研究(国立　日本海運経済学会)〔30―37／平8―平15〕総目次
　　「海運経済研究」(日本海運経済学会編)(38)　2004.12 p209―216
○海運経済研究(国立　日本海運経済学会)〔31―38／平9―平16〕総目次
　　「海運経済研究」(日本海運経済学会編)(39)　2006.3 p169―176
○海運経済研究(国立　日本海運経済学会)〔31―39／平9―平17〕総目次
　　「海運経済研究」(日本海運経済学会編)(40)　2006.9 p254―262
○海運経済研究(国立　日本海運経済学会)〔34―42／平12―平20〕総目次
　　「海運経済研究」(日本海運経済学会編)(43)　2009 p153―161
○海運経済研究(国立　日本海運経済学会)〔36―43／平14―平21〕総目次
　　「海運経済研究」(日本海運経済学会編)(44)　2010 p121―128
○海運経済研究(国立　日本海運経済学会)〔36―44／平14―平22〕総目次
　　「海運経済研究」(日本海運経済学会編)(45)　2011.12 p126―134
○海運経済研究(国立　日本海運経済学会)〔36―45／平14―平23〕総目次
　　「海運経済研究」(日本海運経済学会編)(46)　2012.10 p123―132
○海運経済研究(国立　日本海運経済学会)〔44―46／平22―平24〕総目次
　　「海運経済研究」(日本海運経済学会編)(47)　2013.10 p144―146
◎海音寺潮五郎記念館誌(川崎　海音寺潮五郎記念館連絡事務所)〔1―32／昭55.10―平23.3〕総目次(岡野裕之)
　　「文学館出版物内容総覧：図録・目録・紀要・復刻・館報」　日外アソシエーツ　2013.4 p597―599
◎海外移住(国際社会事業団)〔379―599／昭54.11―平13.5〕目次
　　「近代雑誌目次文庫 55 社会学編5」(目次文庫編集委員会編)　ゆまに書房　2004.7 p76―148
◎海外医療(海外邦人医療基金)〔1―27／昭59.10―平13.3〕目次
　　「近代雑誌目次文庫 55 社会学編5」(目次文庫編集委員会編)　ゆまに書房　2004.7 p149―166
◎海外NGO情報(NGO情報推進センター)〔4―10／平4.11―平6.7〕目次
　　「近代雑誌目次文庫 55 社会学編5」(目次文庫編集委員会編)　ゆまに書房　2004.7 p170―172

かいか

○海外雑誌(翰林堂)〔1—3／明6.1—?〕目次(藤元直樹)
　「参考書誌研究」(国立国会図書館主題情報部編)(65)　2006.10 p1—154
◎海外産業分析(国民経済研究協会)〔1—30／昭40.5—昭45.2〕目次
　「近代雑誌目次文庫 55 社会学編5」(目次文庫編集委員会編)　ゆまに書房
　　　2004.7 p167—169
◎海外社会保障研究(国立社会保障・人口問題研究所)〔125—135／平10.12—平13.6〕目次
　「近代雑誌目次文庫 55 社会学編5」(目次文庫編集委員会編)　ゆまに書房
　　　2004.7 p173—177
　(注)「海外社会情報」の改題
○海外社会保障研究(国立社会保障・人口問題研究所)〔125—145／平10.12—平15.12〕国別総索引
　「海外社会保障研究」(国立社会保障・人口問題研究所編)(148)　2004.Aut.
　　　p55—67
○海外社会保障研究(国立社会保障・人口問題研究所)〔125—164／平10.12—平20.9〕国別総索引
　「海外社会保障研究」(国立社会保障・人口問題研究所編)(166)　2009.Spr.
　　　p57—78
◎海外調査研究報告書(国際婦人教育振興会)〔1974年度—1976年度／昭50.3—昭51.12〕目次
　「近代雑誌目次文庫 56 社会学編6」(目次文庫編集委員会編)　ゆまに書房
　　　2004.11 p1—3
◎海外通信員レポート集(北九州 アジア女性交通・研究フォーラム)〔1—9／平4.3—平13.3〕目次
　「近代雑誌目次文庫 55 社会学編5」(目次文庫編集委員会編)　ゆまに書房
　　　2004.7 p225—240
◎海外トピックス(女性職業財団)〔1—3／昭63.10—平2.8〕目次
　「近代雑誌目次文庫 55 社会学編5」(目次文庫編集委員会編)　ゆまに書房
　　　2004.7 p224
○海外の教育(全国海外教育事情研究会)〔257—262〕総目次
　「海外の教育」(全国海外教育事情研究会編)31(2)　2005.6 p66—67
◎海外の市民活動(大竹財団)〔2—90／昭50.8—平10.1〕目次
　「近代雑誌目次文庫 55 社会学編5」(目次文庫編集委員会編)　ゆまに書房

　　　　2004.7　p241—269
◎海外の市民活動　別冊（大竹財団）〔1—13／昭63.3—平8.11〕目次
　　「近代雑誌目次文庫　55　社会学編5」（目次文庫編集委員会編）　ゆまに書房
　　　　2004.7　p270—276
◎海外労働事情調査結果報告書（日本ILO協会）〔昭和62年度—平7年度／昭63—平8.3〕目次
　　「近代雑誌目次文庫　56　社会学編6」（目次文庫編集委員会編）　ゆまに書房
　　　　2004.11　p4—17
◎海外労働時報（日本労働協会→日本労働研究機構）〔1—311／平9.1—平13.6〕目次
　　「近代雑誌目次文庫　56　社会学編6」（目次文庫編集委員会編）　ゆまに書房
　　　　2004.11　p18—282
◎改革者（民主社会主義研究会議→政策研究フォーラム）〔63—541／昭40.6.1—平13.6.1〕目次
　　「近代雑誌目次文庫　57　社会学編7」（目次文庫編集委員会編）　ゆまに書房
　　　　2005.3　p1—203
　　（注）民主社会主義研究の改題
○開化之栞（公明社→清遵社）〔1—9／明8.11—明9.3〕目次（藤元直樹）
　　「参考書誌研究」（国立国会図書館主題情報部編）（65）　2006.10　p1—154
○会館記事（華族会館）〔1—20／明8.3—明8.9〕目次（藤元直樹）
　　「参考書誌研究」（国立国会図書館主題情報部編）（65）　2006.10　p1—154
◎会館藝術（大阪　朝日新聞社会事業団）〔1（1）—10（12）／昭6.5.1—昭16.12.1〕総目次
　　「大阪文藝雑誌総覧」（浦西和彦, 増田周子, 荒井真理亜著）　和泉書院　2013.2　p227—289
◎怪奇探偵クラブ（共栄社）〔1—2／昭25.5—昭25.6〕総目次（山前譲）
　　「探偵雑誌目次総覧」　日外アソシエーツ　2009.6　p347—348
◎海峡（社会評論社）〔1—25／昭49—平25〕総目次
　　「海峡」（朝鮮問題研究編）（25）　社会評論社　2013.5
◎会計（同文館→森山書店）〔48（1）—158（4）／昭16—平12〕文献リスト（山本浩二）
　　「原価計算の導入と発展」　森山書店　2010.6　p316—330
○会計学研究所研究年報（札幌商科大学・札幌短期大学会計学研究所→札幌商科

かいこ

　　　大学会計学研究所→江別　札幌学院大学会計学研究所）〔1―24〕総目次
　　　「会計学研究所研究年報」(25)　2007.3 p56―60
○**外交史料館報**（外務省外交史料館）〔11―20／昭52.6―平18.10〕総目次
　　　「外交史料館報」（外務省外交史料館編）(20)　2006.10 p212―221
◎**外国人客員研究員研究報告集（大阪国際児童文学館）**（吹田　大阪国際児童文学館）〔1989～1990―2003／平5―平16.7〕総目次（岡野裕之）
　　　「文学館出版物内容総覧：図録・目録・紀要・復刻・館報」　日外アソシエーツ　2013.4 p825―826
◎**介護福祉**（社会福祉振興・試験センター）〔1―41／平3.3.25―平13.6.25〕目次
　　　「近代雑誌目次文庫　57　社会学編7」（目次文庫編集委員会編）　ゆまに書房
　　　　2005.3 p204―214
◎**介護福祉学**（日本介護福祉学会事務局）〔1(1)―4(1)／平6.10.1―平9.9.27〕目次
　　　「近代雑誌目次文庫　57　社会学編7」（目次文庫編集委員会編）　ゆまに書房
　　　　2005.3 p215―217
◎**介護福祉教育**（日本介護福祉教育学会）〔1(1)―6(2)／平7.6.23―平12.12.25〕目次
　　　「近代雑誌目次文庫　57　社会学編7」（目次文庫編集委員会編）　ゆまに書房
　　　　2005.3 p228―233
◎**介護福祉研究**（全国介護福祉士・介護福祉研究会）〔1(1)―2(1)／平5.5.1―平6.10.1〕目次
　　　「近代雑誌目次文庫　57　社会学編7」（目次文庫編集委員会編）　ゆまに書房
　　　　2005.3 p218―219
◎**介護福祉研究**（岡山　岡山県介護福祉研究会）〔1(1)―8(1)／平5.4.1―平12.6.1〕目次
　　　「近代雑誌目次文庫　57　社会学編7」（目次文庫編集委員会編）　ゆまに書房
　　　　2005.3 p220―227
○**甲斐路→甲斐**（笛吹→石和町　山梨郷土研究会）〔100―107／平14.2―平17.2〕→〔108―125／平17.8―平23.10〕総目次（山梨郷土研究会）
　　　「甲斐」(126)　2012.2 p67―74
○**海事史研究**（日本海事史学会）〔51―60／平6.6―平15.9〕総目次
　　　「海事史研究」(61)　2004.9 p69―71
　会誌（日本海地誌調査研究会）（鶴賀　日本海地誌調査研究会）
　　　⇨紀要（日本海地誌調査研究会）

58

○会誌（阪神ドイツ語学研究会）（京都　阪神ドイツ語学研究会）〔1—19／昭63—平19〕目次（乙政潤）
　　「会誌」（阪神ドイツ語学研究会編）通号20　2008 p151—158
○海上労働科学研究会資料（海上労働科学研究会）〔1—50／昭32—平18〕目次
　　「海上労働科学研究会資料」(50)　2006 p7—56
○海上労働調査報告書（運輸省海運総局船員局→運輸省船員局→海上労働科学研究会）〔1—6／昭21—昭30〕目次
　　「海上労働科学研究会資料」(50)　2006 p1—6
○貝塚（物質文化研究会）〔1—68／昭43.7—平25.3〕総目次
　　「貝塚」(68)　2013.3 p46—52
○懐徳（懐徳堂堂友会→豊中　懐徳堂記念会）〔51—79／昭62.12—平23.1〕総目次（金城未来）
　　「懐徳」（懐徳堂記念会編）(80)　2012.1 p101—114
○開農雑報〔1—61／明8.5—明11.12〕総目次（友田清彦）
　　「農村研究」（東京農業大学農業経済学会編）(107)　2008.9 p85—94
○開発教育ジャーナル（英国・開発教育協会）〔1(1)—11(3)／平6—平17.6〕総目次
　　「開発教育」（『開発教育』編集委員会編）(53)　2006.8 p254—267
○開発金融研究所報（国際協力銀行開発金融研究所）〔1—35／平12.1—平19.1〕索引
　　「開発金融研究所報」（国際協力銀行開発金融研究所編）(35)　2007.10 p258—267
◎開発論集（札幌　北海学園大学開発研究所）〔1—81／昭40.3—平20.3〕一覧
　　「北海学園大学開発研究所五十年史」　北海学園大学開発研究所　2008.3 p89—119
○開篇：中國語學研究（好文出版）〔1—29／昭60.12—平22〕総目次
　　「開篇：中國語學研究」（『開篇』編集部編）(30)　2011.9 p352—367
○会報（日本畜産技術士会）〔43—62〕目次
　　「会報」（日本畜産技術士会[編]）(63)　2008.12 p103—108
◎解放教育（全国解放教育研究会→解放教育研究所編　明治図書出版）〔1—402／昭46.7.1—平13.6.1〕目次
　　「近代雑誌目次文庫 58 社会学編8」（目次文庫編集委員会編）　ゆまに書房　2005.7 p1—224

かいほ

○解放教育(全国解放教育研究会→解放教育研究所編 明治図書出版)〔1—532／昭46.7—平24.3〕バックナンバー
　　「解放教育」(解放教育研究所編)42(3)通号532　2012.3 p59—74
◎解放研究(東日本部落解放研究所)〔1—14／昭62.7.5—平13.3.20〕目次
　　「近代雑誌目次文庫 58 社会学編8」(目次文庫編集委員会編)　ゆまに書房
　　　　2005.7 p225—228
◎解放社会学研究(東京→浦和　日本解放社会学会)〔1—15／昭61.12.20—平13.3.22〕目次
　　「近代雑誌目次文庫 58 社会学編8」(目次文庫編集委員会編)　ゆまに書房
　　　　2005.7 p229—235
○会報(日本ワイルド協会)〔1—5／昭51.4—昭53.7〕目次(佐々木隆)
　　「日欧比較文化研究」(日欧比較文化研究会編)(12)　2009.1 p28—38
○解放の道(大阪　解放の道新聞社)〔1—100〕目次
　　「地域と人権」(300)　2009.2 p26—36
○会報(兵庫の植物)(神戸　兵庫県植物誌研究会)〔43—66／平13—平17〕総目次
　　「兵庫の植物」(16)　2006.5 p127—146
　　　(付)総タイトル・和名索引
○会報(兵庫の植物)(神戸　兵庫県植物誌研究会)〔67—86／平18—平22〕総目録(小林禧樹)
　　「兵庫の植物」(21)　2011.6 p147—154
○海洋気象台彙報→神戸海洋気象台彙報(神戸　海洋気象台→神戸海洋気象台)〔1—147／大14—昭18〕→〔147—225／昭18—平22〕総目次
　　「神戸海洋気象台彙報」(神戸海洋気象台編)(226)　2012.3 p12—32
○海洋生物環境研究所研究報告(海洋生物環境研究所中央研究所→海洋生物環境研究所)〔1—12／昭57—平21〕総目次
　　「海洋生物環境研究所研究報告」(12)　2009.3 p56—64
　　　(付)英語文
○海洋生物環境研究所研究報告(海洋生物環境研究所中央研究所→海洋生物環境研究所)〔1—13／昭57—22〕総目次
　　「海洋生物環境研究所研究報告」(13)　2010.3 巻末1—10
　　　(付)英語文
○海洋生物環境研究所研究報告(海洋生物環境研究所中央研究所→海洋生物環境研究所)〔1—14／昭57—平23〕総目次

「海洋生物環境研究所研究報告」(14)　2011.3　巻末1―10
　　（付）英語文
○**海洋生物環境研究所研究報告**（海洋生物環境研究所中央研究所→海洋生物環境研究所）〔1―15／昭57―平24〕総目次
　　「海洋生物環境研究所研究報告」(15)　2012.3　巻末1―10
○**海洋生物環境研究所研究報告**（海洋生物環境研究所中央研究所→海洋生物環境研究所）〔1―16／昭57―平25〕総目次
　　「海洋生物環境研究所研究報告」(16)　2013.3　巻末1―12
○**海洋生物環境研究所研究報告**（海洋生物環境研究所中央研究所→海洋生物環境研究所）〔1―17／昭57―平25〕総目次
　　「海洋生物環境研究所研究報告」(17)　2013.3　巻末1―12
○**海洋生物環境研究所報告**（海洋生物環境研究所中央研究所→海洋生物環境研究所）〔1―10／昭57―平19〕総目次
　　「海洋生物環境研究所研究報告」(10)　2007.3　p32―38
○**海洋生物環境研究所報告**（海洋生物環境研究所中央研究所→海洋生物環境研究所）〔1―11／昭57―平20〕総目次
　　「海洋生物環境研究所研究報告」(11)　2008.3　p51―60
　　（付）英語文
◎**カウンセリング学論集**（福岡　九州大学（六本松地区）カウンセリング学）〔9―13／平7.3.15―平11.3〕論文総覧
　　「心理学紀要論文総覧」　日外アソシエーツ　2008.10　p110―111
　　（注）「カウンセリング学科論集」の改題
◎**カウンセリング学科論集**（福岡　九州大学教養部カウンセリング学科）〔1―8／昭60.10.17―平6.3.15〕論文総覧
　　「心理学紀要論文総覧」　日外アソシエーツ　2008.10　p111―112
　　（注）「カウンセリング学論集」と改題
◎**カウンセリング研究：大阪大学学生相談室紀要**（豊中　〔大阪大学学生相談室〕）〔1―5／昭38.3.1―昭55.3.15〕論文総覧
　　「心理学紀要論文総覧」　日外アソシエーツ　2008.10　p33―34
◎**カウンセリング研究所紀要**（日立　茨城キリスト教大学カウンセリング研究所）〔1―23／昭56.5.30―平19.7.25〕論文総覧
　　「心理学紀要論文総覧」　日外アソシエーツ　2008.10　p13―17
嘉悦女子短期大学研究論集（嘉悦女子短期大学）

⇨研究論集
　嘉悦大学研究論集（嘉悦大学論集編集委員会）
　　⇨研究論集
◎顔（大阪　ローロール社）〔1／昭21.12.5〕総目次
　　「大阪文藝雑誌総覧」（浦西和彦，増田周子，荒井真理亜著）和泉書院　2013.2
　　p368—369
○科学eyes（川崎　神奈川県立川崎図書館）〔40（1）—49（2）／平10.11—平20.3〕記
　事索引
　　「科学eyes」50通号171　2009.3　p18—21
○科学技術動向（文部科学省科学技術政策研究所科学技術動向研究センター）〔1—
　100／平13.4—平21.7〕掲載レポート一覧
　　「科学技術動向」（100）　2009.7　p27—32
○科学史研究　第Ⅰ期〔1—60／昭16.12—昭36.10・12〕総目次
　　「科学史研究　第Ⅱ期」（日本科学史学会編）50（260）　2011.冬 p233—253
○科学史研究　第Ⅱ期〔61—120／昭37.1・3—昭51.12〕総目次
　　「科学史研究　第Ⅱ期」（日本科学史学会編）51（262）　2012.夏 p106—125
○科学史研究　第Ⅱ期〔121—180／昭52.3—平4.2〕総目次
　　「科学史研究　第Ⅱ期」（日本科学史学会編）52（265）　2013.春 p37—61
○科学史研究　第Ⅱ期〔181—235／平4.3—平17.秋〕総目次
　　「科学史研究　第Ⅱ期」（日本科学史学会編）52（266）　2013.夏 p103—126
○科学史研究　第Ⅱ期〔236—266／平17.冬—平25.夏〕総目次
　　「科学史研究　第Ⅱ期」（日本科学史学会編）52（267）　2013.秋 p163—172
○化学繊維紙技術講演会講演集→化繊紙研究会誌→機能紙研究会誌（高松→川之
　江　化繊紙研究会→四国中央　機能紙研究会）〔1—4／昭37.4—昭40.10〕→〔5—
　20／昭41.10—昭56.9〕→〔21—50／昭57.10—平23.10〕総目次
　　「機能紙研究会誌」（機能紙研究会会誌編集委員会編）（別冊3）　2012.4 p163
　　—183
○化学物質と環境（横浜　エコケミストリー研究会）〔19—80／平8.9—平18.11〕総
　目次
　　「資源環境対策」42（16）通号［587］（別冊）　2006.11 p121—122
○かがみ（大東急記念文庫）〔1—39／昭34.4—平21.3〕総目録
　　「かがみ」（大東急記念文庫［編］）（40）　2009.10 p183—194

○香川法学（高松 香川大学法学会）〔1―30／昭57.3―平23.3〕総目次
　　「香川法学」30（3・4）通号90　2011.3　巻末1枚, 巻末1―54
◎火急（京都 火急叢書社）〔1／昭44.11〕総目次
　　「戦後詩誌総覧 7」（和田博文ほか）　日外アソシエーツ　2010.5 p96―97
◎架橋（架橋の会）〔1―15／昭35.12―昭41.4〕総目次
　　「戦後詩誌総覧 7」（和田博文ほか）　日外アソシエーツ　2010.5 p98―105
◎学園の臨床研究：富山大学保健管理センター紀要（富山 富山大学保健管理センター）〔1―6／平12.6.30―平19.3〕論文総覧
　　「心理学紀要論文総覧」　日外アソシエーツ　2008.10 p388―389
○学際（構造計画研究所）〔0―24／平12.12―平24.4〕総目次
　　「学際：Forum for interdisciplinary dialogue」（統計研究会編）（24）　2012. Apr.　118―127
○学習院史学（学習院大学史学会）〔1―45／昭40.1―平19.3〕総目録
　　「学習院史学」（45）　2007.3 p137―151
◎学習院史学（学習院大学史学会）〔1―44／昭40.1―平18.3〕論文総覧
　　「歴史学紀要論文総覧」　日外アソシエーツ　2007.9 p98―106
○学習院大学上代文学研究（学習院大学上代文学研究会同人）〔1―30／昭50.9―平17.3〕総目次
　　「学習院大学上代文学研究」（学習院大学上代文学研究会同人編）（30）　2005.3 p105―110
◎学術研究.教育心理学編（早稲田大学教育学部編 早稲田大学教育会）〔41―55／平5.2.25―平19.2.25〕論文総覧
　　「心理学紀要論文総覧」　日外アソシエーツ　2008.10 p647―649
　　（注）「早稲田大学教育学部学術研究.教育・社会教育・教育心理・体育編」より分離
◎学生生活〔1(1)―4(1)／昭13.10―昭16.2〕総目次
　　「《国民文化研究会所蔵》日本学生協会・精神科学研究所刊行物 復刻版」　柏書房　2008.12 p179―197
◎学生文藝（大阪 大阪学生文藝部連盟）〔1―3／昭23.6.1―昭24.2.1〕総目次
　　「大阪文藝雑誌総覧」（浦西和彦, 増田周子, 荒井真理亜著）　和泉書院　2013.2 p397―398
◎影（京都 京都新星社）〔昭23.7〕総目次（山前譲）
　　「探偵雑誌目次総覧」　日外アソシエーツ　2009.6 p343

◎かけた壺〔14―23／昭6.11―昭9.7〕総目次（加治幸子）
　　「創作版画誌の系譜―総目次及び作品図版」　中央公論美術出版　2008.1
　　　p436―447
◎かごしま近代文学館・メルヘン館館報（[鹿児島] かごしま近代文学館・メルヘン館）〔1―15／平10.12―平24.3〕総目次（岡野裕之）
　　「文学館出版物内容総覧：図録・目録・紀要・復刻・館報」　日外アソシエーツ　2013.4　p1071―1076
◎鹿児島経済大学社会学部論文集（鹿児島　鹿児島経済大学社会学会）〔1(1)―8(4)／昭57.12―平2.2〕目次
　　「近代雑誌目次文庫　59　社会学編9」（目次文庫編集委員会編）　ゆまに書房　2005.11　p1―4
　　（注）「社会学部論集」と改題
○鹿児島県環境保健センター所報〔1―10／平12―平21〕総目次
　　「鹿児島県環境保健センター所報」（鹿児島県環境保健センター編）（11）　2010　p12―20
○鹿児島史学（[鹿児島]　鹿児島県高校歴史部会）総目録
　　「鹿児島史学」（55）　2010.3
◎鹿児島純心女子大学大学院心理臨床相談室紀要（鹿児島　鹿児島純心女子大学大学院心理臨床相談室）〔1―2／平18.3.31―平19.3.31〕論文総覧
　　「心理学紀要論文総覧」　日外アソシエーツ　2008.10　p48
◎鹿児島純心女子大学大学院人間科学研究科紀要（鹿児島　鹿児島純心女子大学大学院人間科学研究科）〔1―2／平18.3.31―平19.3.31〕論文総覧
　　「心理学紀要論文総覧」　日外アソシエーツ　2008.10　p49
○鹿児島純心女子短期大学研究紀要（鹿児島　鹿児島純心女子短期大学）〔31―40／平13―平22〕論文目録
　　「鹿児島純心女子短期大学研究紀要」（41）　2011　p133―140
◎鹿児島大学教養部史録（鹿児島　鹿児島大学教養部史学教室）〔16―20／昭58.12―昭63.2〕論文総覧
　　「歴史学紀要論文総覧」　日外アソシエーツ　2007.9　p108―109
　　（注）「鹿児島大学史録」の改題
◎鹿児島大学史学科報告（鹿児島　鹿児島大学教養部紀要委員会編　鹿児島大学文理学部→鹿児島大学教養部）〔13―24／昭39.9―昭50.7〕論文総覧
　　「歴史学紀要論文総覧」　日外アソシエーツ　2007.9　p109―110

(注)「鹿児島大学文科報告 史学篇」の改題。「鹿児島大学史学科報告 歴史学・文化人類学・言語」と改題
◎鹿児島大学史学科報告 歴史学・考古学・言語学・文化人類学(鹿児島 鹿児島大学教養部紀要委員会編 鹿児島大学教養部)〔33―35／昭61.7―昭63.7〕論文総覧
　　「歴史学紀要論文総覧」　日外アソシエーツ　2007.9 p110―111
　　(注)「鹿児島大学史学科報告 歴史学・文化人類学・言語学・考古学」の改題。「鹿児島大学史学科報告 歴史学・考古学・文化人類学・日本語日本事情」と改題
◎鹿児島大学史学科報告 歴史学・考古学・文化人類学・日本語日本事情(鹿児島 鹿児島大学教養部紀要委員会編 鹿児島大学教養部)〔36―43／平1.7―平8.7〕論文総覧
　　「歴史学紀要論文総覧」　日外アソシエーツ　2007.9 p111―112
　　(注)「鹿児島大学史学科報告 歴史学・考古学・言語学・文化人類学」の改題
◎鹿児島大学史学科報告 歴史学・文化人類学・言語学(鹿児島 鹿児島大学教養部紀要委員会編 鹿児島大学教養部)〔25―27／昭51.7―昭53.8〕論文総覧
　　「歴史学紀要論文総覧」　日外アソシエーツ　2007.9 p112―113
　　(注)「鹿児島大学史学科報告」の改題。「鹿児島大学史学科報告 歴史学・文化人類学・言語学・考古学」と改題
◎鹿児島大学史学科報告 歴史学・文化人類学・言語学・考古学(鹿児島 鹿児島大学教養部紀要委員会編 鹿児島大学教養部)〔28―32／昭54.7―昭60.7〕論文総覧
　　「歴史学紀要論文総覧」　日外アソシエーツ　2007.9 p113
　　(注)「鹿児島大学史学科報告 歴史学・文化人類学・言語」の改題。「鹿児島大学史学科報告 歴史学・考古学・言語学・文化人類学」と改題
◎鹿児島大学史録(鹿児島 鹿児島大学教養部史学教室)〔1―15／昭43.11―昭57.9〕論文総覧
　　「歴史学紀要論文総覧」　日外アソシエーツ　2007.9 p114―117
　　(注)「鹿大史学」より派生。「鹿児島大学教養部史録」と改題
○鹿児島大学農学部演習林研究報告(鹿児島 鹿児島大学農学部附属演習林)〔24―37／平8.12―平22.3〕総目次
　　「鹿児島大学農学部演習林研究報告」(鹿児島大学農学部附属演習林編)(37)　2010.3 p187―196
　　(注)「鹿児島大学農学部演習林報告」の改題
○鹿児島大学農学部農場研究報告(鹿児島 鹿児島大学農学部附属農場)〔1―29／昭49―平18〕総目録
　　「鹿児島大学農学部農場研究報告」(30)　2008.3 p19―24

◎鹿児島大学文科報告(鹿児島 鹿児島大学教養部)〔1―7(外国語・外国文学)／昭41.2.28―昭46.9.30〕論文総覧
　「心理学紀要論文総覧」　日外アソシエーツ　2008.10　p50―52
　　(注)「鹿児島大学文科報告.第1分冊,哲学・倫理学・心理学・国文学・漢文学篇」「鹿児島大学文科報告.第2分冊,英語・英文学篇」「鹿児島大学文科報告.第3分冊,独語・独文学・仏語・仏文学篇」に分割

◎鹿児島大学文科報告 史学篇(鹿児島 鹿児島大学文理学部編)〔1―9／昭30.3―昭38.9〕論文総覧
　「歴史学紀要論文総覧」　日外アソシエーツ　2007.9　p117―118
　　(注)「鹿児島大学史学科報告」と改題

◎鹿児島大学文科報告.第1分冊,哲学・倫理学・心理学・国文学・漢文学篇(鹿児島 鹿児島大学教養部)〔6―19第1分冊／昭45.9.30―昭58.9.25〕論文総覧
　「心理学紀要論文総覧」　日外アソシエーツ　2008.10　p53―55
　　(注)「鹿児島大学文科報告」より分離。「鹿児島大学文科報告.第1分冊,哲学・倫理学・心理学・国文学・中国文学篇」と改題

◎鹿児島大学文科報告.第1分冊,哲学・倫理学・心理学・国文学・中国文学篇(鹿児島 鹿児島大学教養部)〔20第1分冊―32第1分冊／昭59.9.22―平8.8.24〕論文総覧
　「心理学紀要論文総覧」　日外アソシエーツ　2008.10　p56―58
　　(注)「鹿児島大学文科報告.第1分冊,哲学・倫理学・心理学・国文学・漢文学篇」の改題

○鹿児島民具(加世田 鹿児島民具学会)〔1―20／昭55.4―平20.3〕既刊号総目次
　「鹿児島民具」(21)　2009　巻末4―6

○鹿児島民具(加世田 鹿児島民具学会)〔11―21／平5.3―平21.3〕既刊号総目次
　「鹿児島民具」(22)　2010　p99―100

○鹿児島民具(加世田 鹿児島民具学会)〔18―22／平18.3―平22.3〕既刊号総目次
　「鹿児島民具」(23)　2011　p100

○鹿児島民具(加世田 鹿児島民具学会)〔19―23／平19.3―平23.3〕総目次
　「鹿児島民具」(24)　2012　p100

○鹿児島民俗(鹿児島 鹿児島民俗学会)〔80―90／昭59.7―昭62.11〕目次(米原正晃)
　「鹿児島民俗」(「鹿児島民俗」編集委員会編)(125)　2004.5　p60―63

○鹿児島民俗(鹿児島 鹿児島民俗学会)〔91―100／昭63.1―平3.11〕目次(米原正晃)

「鹿児島民俗」(「鹿児島民俗」編集委員会編)(126)　2004.10 p47—49
○風早(北条　風早歴史文化研究会)〔1—60／昭53.11—平20.12〕総目次
　「風早」(60)　2008.12
　可視化情報(可視化情報学会)
　　⇨流れの可視化
　可視化情報学会誌(可視化情報学会)
　　⇨流れの可視化
○貸本文化(貸本文化研究会)〔1—20／昭52.1—平16.6〕総目次(浅岡邦雄)
　「北の文庫」(39)　2004.10 p21—26
◎貸本文化(貸本文化研究会)〔1—20／昭52.1—平16.6〕総目次(竹内オサム)
　「マンガ研究ハンドブック」　竹内長武研究室　2008.3 p204—206
◎貸本マンガ史研究〔1—18／平12.6—平19.4〕総目次(竹内オサム)
　「マンガ研究ハンドブック」　竹内長武研究室　2008.3 p222—226
○カスタニエン(京大独逸文学研究会)〔1—改巻6／昭8.2—昭13.6〕総目次(大山襄)
　「アリーナ」(中部大学国際人間学研究所編)(7)　2009 p443—470
○カスチョール(吹田　「カスチョール」編集部)〔1—22／平3.1—平17.3〕掲載作品リスト(田中静)
　「Костер」(「カスチョール」編集部編)(23)　2006.1 p111—113
○上津野(鹿角　鹿角市文化財保護協会)〔1—35／昭51.2—平22.3〕バックナンバー
　「上津野」(35)　2010.3 p90—100
○**KASUMIGAOKA REVIEW**(福岡　福岡女子大学英文学会)〔1—9／平6—平15〕総目次
　「KASUMIGAOKA REVIEW」(福岡女子大学英文学会編)(10)　2004.2 p127—131
◎飛白〔1(1)—1(4・5・6)／昭9.7—昭11.8〕総目次(加治幸子)
　「創作版画誌の系譜—総目次及び作品図版」　中央公論美術出版　2008.1 p909—915
◎風〔1—4／昭2.10—昭3.7〕総目次(加治幸子)
　「創作版画誌の系譜—総目次及び作品図版」　中央公論美術出版　2008.1 p227—231
○家政学研究(奈良　奈良女子大学家政学会)〔81—100／平6—平16〕総目録

かせい

「家政学研究」(奈良女子大学家政学会編)51(1)通号101　2004.10 p44—51
○家政経済学論叢(日本女子大学家政経済学会)〔32—40／平8.5—平16.5〕総目次
　　「家政経済学論叢」(40)　2004.5 p149—153
◎風(再刊)〔1—4／昭4.4—昭4.9〕総目次(加治幸子)
　　「創作版画誌の系譜—総目次及び作品図版」　中央公論美術出版　2008.1
　　p308—314
◎風のたより(中島寧綱)〔1／明2.4〕記事目録(寺島宏實)
　　「書物・出版と社会変容」(14)　書物・出版と社会変容研究会　2013.3 p118
◎風 文学紀要〔1—15／平9—平23.3〕総目次(岡野裕之)
　　「文学館出版物内容総覧：図録・目録・紀要・復刻・館報」　日外アソシエーツ　2013.4 p241—242
　化繊紙研究会誌(川之江　化繊紙研究会)
　　⇨化学繊維紙技術講演会講演集
○画像計測〔昭54.2.2〕総目次
　　「Sensing and perception」(16)　2009.2.26 p18—22
○家族関係学(福山　日本家政学会家族関係学部会)〔1—22／昭57—平15〕目次一覧
　　「家族関係学：日本家政学会家族関係学部会誌」(日本家政学会家族関係学部会編)(23)　2004.10 p128—134
○家族関係学(福山　日本家政学会家族関係学部会)〔1—23／昭57—平16〕目次一覧
　　「家族関係学：日本家政学会家族関係学部会誌」(日本家政学会家族関係学部会編)(24)　2005.10 p126—132
○家族関係学(福山　日本家政学会家族関係学部会)〔1—24／昭57—平17〕目次一覧
　　「家族関係学：日本家政学会家族関係学部会誌」(日本家政学会家族関係学部会編)(25)　2006.10 p131—138
○家族関係学(福山　日本家政学会家族関係学部会)〔1—25／昭57—平18〕目次一覧
　　「家族関係学：日本家政学会家族関係学部会誌」(日本家政学会家族関係学部会編)(26)　2007 p117—125
○家族関係学(福山　日本家政学会家族関係学部会)〔1—26／昭57—平19〕目次一覧

「家族関係学:日本家政学会家族関係学部会誌」(日本家政学会家族関係学部会編)(27) 2008 p84―93
○**家族関係学**(福山 日本家政学会家族関係学部会)〔1―27／昭57―平20〕目次一覧
「家族関係学:日本家政学会家族関係学部会誌」(日本家政学会家族関係学部会編)(28) 2009.11 p81―90
○**家族関係学**(福山 日本家政学会家族関係学部会)〔1―28／昭57―平21〕目次一覧
「家族関係学:日本家政学会家族関係学部会誌」(日本家政学会家族関係学部会編)(29) 2010 p112―122
○**家族関係学**(福山 日本家政学会家族関係学部会)〔1―29／昭57―平22〕目次一覧
「家族関係学:日本家政学会家族関係学部会誌」(日本家政学会家族関係学部会編)(30) 2011 p206―216
○**家族関係学**(福山 日本家政学会家族関係学部会)〔1―30／昭57―平23〕目次一覧
「家族関係学:日本家政学会家族関係学部会誌」(日本家政学会家族関係学部会編)(31) 2012 p100―112
○**家族関係学**(福山 日本家政学会家族関係学部会)〔1―31／昭57―平24〕目次一覧
「家族関係学:日本家政学会家族関係学部会誌」(日本家政学会家族関係学部会編)(32) 2013.12 p79―91
○**花袋研究学会々誌**(花袋研究学会)〔1―20／昭58―平14〕総目次
「花袋研究学会々誌」(花袋研究学会編)(21) 2003.3 p51―61
(注)「花袋研究会々報」の改題
◎**鹿大考古**(鹿児島 鹿児島大学考古学会)〔1―6／昭57.3―昭62.12〕論文総覧
「歴史学紀要論文総覧」 日外アソシエーツ 2007.9 p119―120
(注)「人類史研究」と改題
◎**鹿大史学**(鹿児島 鹿児島大学文理学部史学地理学研究室→鹿児島大学文理学部史学地理学教室→鹿児島大学教養部史学地理学教室→鹿児島大学法文学部史学地理学教室→鹿児島大学法文学部史学地理学考古文化人類学教室→鹿児島大学法文学部史学地理学考古民俗学教室→鹿大史学会編)〔1―53／昭28.9―平18〕論文総覧

「歴史学紀要論文総覧」　日外アソシエーツ　2007.9　p120—128
　　(注)「鹿児島大学史録」が派生
○**形の文化誌**（形の文化会）〔1—10／平5.12—平16.4〕総目次
　　「形の文化研究」(『形の文化研究』編集委員会事務局編)1(1)　2005.6　p127—130
○**形の文化誌**（形の文化会）〔1—10／平5.12—平16.4〕総目次
　　「形の文化研究」(『形の文化研究』編集委員会事務局編)2(1)　2006.7　p83—86
○**形の文化誌**（形の文化会）〔1—10／平5.12—平16.4〕総目次
　　「形の文化研究」(『形の文化研究』編集委員会事務局編)3(1)　2007.4　p65—68
○**形の文化誌**（形の文化会）〔1—10／平5.12—平16.4〕総目次
　　「形の文化研究」(『形の文化研究』編集委員会事務局編)4(1)　2008　p82—85
○**形の文化誌**（形の文化会）〔1—10／平5.12—平16.4〕総目次
　　「形の文化研究」(『形の文化研究』編集委員会事務局編)5(1)　2009　p84—87
○**家畜人工授精**（日本家畜人工授精研究会）〔241—250／平19.7—平21.1〕総目次
　　「家畜人工授精」(250)　2009.1　p37—38
○**家畜人工授精**（日本家畜人工授精師協会）〔251—260／平21.3—平22.9〕総目次
　　「家畜人工授精」(260)　2010.9　p36—38
○**家畜人工授精**（日本家畜人工授精師協会）〔261—270／平22.11—平24.5〕総目次
　　「家畜人工授精」(270)　2012.5　p64—66
○**家畜診療**（全国農業共済協会）〔400—500／平8.10—平17.2〕論文一覧
　　「家畜診療」52(3)　2005.3　p169—179
◎**学海**（大阪　秋田屋本社）〔1(1)—3(8)／昭19.6.10—昭21.12.10〕総目次
　　「大阪文藝雑誌総覧」(浦西和彦,増田周子,荒井真理亜著)　和泉書院　2013.2　p341—348
◎**学会通信**（日本イギリス哲学会）〔1—41／昭52.1—平16.10〕総目次（日本イギリス哲学会）
　　「日本イギリス哲学会30年史」　日本イギリス哲学会　2006.3　p98—112
○**学校心理学研究**（日本学校心理学研究会）〔1(1)—3(1)／平13.6—平15.9〕総目次

「学校心理学研究」(日本学校心理学会編集委員会編) 4 (1)　2004.9 p99—100
○**学校心理学研究**(日本学校心理学研究会)〔1 (1) —4 (1)／平13.6—平16.9〕総目次
　　「学校心理学研究」(日本学校心理学会編集委員会編) 5 (1)　2005.9 p77—78
○**学校心理学研究**(日本学校心理学研究会)〔1 (1) —5 (1)／平13.6—平17.9〕総目次
　　「学校心理学研究」(日本学校心理学会編集委員会編) 6 (1)　2006.9 p88—90
○**学校心理学研究**(日本学校心理学研究会)〔1 (1) —6 (1)／平13.6—平18.9〕総目次
　　「学校心理学研究」(日本学校心理学会編集委員会編) 7 (1)　2007.9 p74—76
○**学校心理学研究**(日本学校心理学研究会)〔1 (1) —7 (1)／平13.6—平19.9〕総目次
　　「学校心理学研究」(日本学校心理学会編集委員会編) 8 (1)　2008 p90—93
○**学校心理学研究**(日本学校心理学研究会)〔1 (1) —8 (1)／平13.6—平20〕総目次
　　「学校心理学研究」(日本学校心理学会編集委員会編) 9 (1)　2009.12 p88—91
○**学校心理学研究**(日本学校心理学研究会)〔1 (1) —9 (1)／平13—平21.12〕総目次
　　「学校心理学研究」(日本学校心理学会編集委員会編) 10 (1)　2010.12 p102—105
○**学校心理学研究**(日本学校心理学研究会)〔1 (1) —10 (1)／平13.6—平22.12〕総目次
　　「学校心理学研究」(日本学校心理学会編集委員会編) 11 (1)　2011.12 p98—101
○**学校心理学研究**(日本学校心理学研究会)〔1 (1) —11 (1)／平13.6—平23.12〕総目次
　　「学校心理学研究」(日本学校心理学会編集委員会編) 12 (1)　2012.12 p88—92
◎**学校臨床心理学研究：北海道教育大学大学院研究紀要**(札幌 北海道教育大学大学院教育学研究科学校臨床心理専攻)〔1—4／平16.3.31—平19.3.30〕論文総覧
　　「心理学紀要論文総覧」　日外アソシエーツ　2008.10 p555—557
○**甲冑武具研究**(日本甲冑武具研究保存会)〔1—160〕執筆者別索引

かてい

　　　「甲冑武具研究」(165)　2009.5 p7—34
◎家庭クラブ〔1(1)—2(3)／昭24—昭25〕総目次
　　　「占領期女性雑誌事典—解題目次総索引 2」(吉田健二)　金沢文圃閣　2004.8
　　　　p15—23
◎家庭週報〔1614—1633／昭21—昭26〕総目次
　　　「占領期女性雑誌事典—解題目次総索引 2」(吉田健二)　金沢文圃閣　2004.8
　　　　p37—49
◎家庭生活〔5(2)—1951.4／昭23—昭26〕総目次
　　　「占領期女性雑誌事典—解題目次総索引 2」(吉田健二)　金沢文圃閣　2004.8
　　　　p57—115
◎家庭と婦人〔1／昭22〕総目次
　　　「占領期女性雑誌事典—解題目次総索引 2」(吉田健二)　金沢文圃閣　2004.8
　　　　p121
◎家庭の手帖〔4,8,11,13,15／昭25—昭27〕総目次
　　　「占領期女性雑誌事典—解題目次総索引 2」(吉田健二)　金沢文圃閣　2004.8
　　　　p131—153
◎家庭文化〔1(1)—4(2)／昭20—昭23〕総目次
　　　「占領期女性雑誌事典—解題目次総索引 2」(吉田健二)　金沢文圃閣　2004.8
　　　　p163—171
○カトリック社会福祉研究(長崎　長崎純心大学カトリック社会福祉研究所)〔1—12／平13—平24〕総目次
　　　「カトリック社会福祉研究」(12)　2012 p205—207
◎神奈川近代文学館(横浜　神奈川文学振興会)〔1—118／昭58.7—平24.10〕総目次(岡野裕之)
　　　「文学館出版物内容総覧：図録・目録・紀要・復刻・館報」　日外アソシエーツ　2013.4 p317—330
○神奈川県図書館学会誌(横浜　神奈川県図書館学会)〔1—81／昭31.3—平18〕総目次
　　　「神奈川県図書館学会誌」(82)　2006 p13—22
○神奈川県立図書館紀要(横浜　神奈川県立図書館)〔1—10／昭60.3—平25.2〕総目次
　　　「神奈川県立図書館紀要」(10)　2013.2 p143—145

○神奈川県立博物館研究報告 人文科学（横浜 神奈川県立歴史博物館）〔1—30／昭43—平16〕総目録
　　「神奈川県立博物館研究報告 人文科学」（神奈川県立歴史博物館編）（30）
　　　2004 p81—91
　　（付）執筆者名索引
◎かながわ女性ジャーナル（藤沢 神奈川県立婦人総合センター→神奈川県立かながわ女性センター）〔1—19／昭58.3—平13.3〕目次
　　「近代雑誌目次文庫 59 社会学編9」（目次文庫編集委員会編） ゆまに書房
　　　2005.11 p5—17
○神奈川大学工学研究所所報（横浜 神奈川大学工学研究所）〔20—29／平9.11—平18.11〕総目次
　　「神奈川大学工学研究所所報」（30）　2007.11 p103—109
◎神奈川大学心理・教育研究論集（横浜 神奈川大学教職課程研究室）〔1—26／昭58.3.31—平19.3.31〕論文総覧
　　「心理学紀要論文総覧」　日外アソシエーツ　2008.10 p59—68
○神奈川地域史研究（横浜 神奈川地域史研究会）〔1—25／昭59.10—平19.12〕総目録
　　「神奈川地域史研究」（神奈川地域史研究会編）（25）　2007.12 p85—92
○かながわ文化財（横浜 神奈川県文化財協会）〔1—100／昭30.4—平16.5〕目次
　　「かながわ文化財」（101）　2005.3
　金沢経済大学経済研究所年報（金沢 金沢経済大学経済研究所）
　　⇨研究年報（金沢経済大学経済開発研究所）
　金沢星稜大学経済研究所年報（金沢 金沢星稜大学経済研究所）
　　⇨研究年報（金沢経済大学経済開発研究所）
◎金沢大学考古学紀要（金沢 金沢大学文学部考古学講座）〔20—28／平5.2—平18.12〕論文総覧
　　「歴史学紀要論文総覧」　日外アソシエーツ　2007.9 p133—136
　　（注）「金大考古」の改題
○金沢大学語学・文学研究（金沢 金沢大学教育学部国語国文学会）〔創刊号—終刊号／昭45.3—平20.12〕総目録
　　「金沢大学語学・文学研究」（金沢大学教育学部国語国文学会編）（終刊）
　　　2008.12 p82—93
◎金沢大学文学部論集 史学科篇（金沢 金沢大学文学部）〔1—16／昭56.3—平8.3〕

論文総覧
　　「歴史学紀要論文総覧」　日外アソシエーツ　2007.9　p136—137
　　　(注)「金沢大学法文学部論集 史学編」の改題。「金沢大学文学部論集 史学・考古学・地理学篇」と改題
○金沢大学文学部論集史学科篇→金沢大学文学部論集　史学・考古学・地理学篇（金沢　金沢大学文学部）〔1—16／昭55—平8〕→〔17—24／平9—平16〕目次一覧（金沢大学文学部史学科）
　　「金沢大学文学部論集 史学・考古学・地理学篇」（金沢大学文学部‖〔編〕）(24)　2004.3　p1—22
　　　(注)「金沢大学法文学部論集 史学編」の改題。「金沢大学文学部論集 史学・考古学・地理学篇」と改題（付）附論者・編者別索引
　金沢大学文学部論集　史学・考古学・地理学篇（金沢　金沢大学文学部）
　　⇨金沢大学文学部論集史学科篇
◎金沢大学文学部論集　史学・考古学・地理学篇（金沢　金沢大学文学部）〔17—26／平9.3—平18.3〕論文総覧
　　「歴史学紀要論文総覧」　日外アソシエーツ　2007.9　p138—139
　　　(注)「金沢大学文学部論集 史学科篇」の改題
◎金沢大学法文学部論集　史学編（金沢　金沢大学法文学部）〔12—27／昭39.12—昭55.2〕論文総覧
　　「歴史学紀要論文総覧」　日外アソシエーツ　2007.9　p139—141
　　　(注)「金沢大学法文学部論集 哲学史学編」より分離。「金沢大学文学部論集 史学科篇」と改題
◎金沢大学法文学部論集　哲学史学編（金沢　金沢大学法文学部）〔1—11／昭28.11—昭39.3〕論文総覧
　　「歴史学紀要論文総覧」　日外アソシエーツ　2007.9　p141—144
　　　(注)「金沢大学法文学部論集 哲学編」「金沢大学法文学部論集 史学編」に分割
○鹿沼史林（鹿沼　鹿沼史談会）〔40—49／平12.12.15—平21.12.15〕総目録（福田洋）
　　「鹿沼史林」(50)　2010.12　p78—80
◎鐘（大阪　大阪女性文藝研究会）〔1—22／平1.1.15—平22.2.25〕総目次
　　「大阪文藝雑誌総覧」（浦西和彦,増田周子,荒井真理亜著）　和泉書院　2013.2　p574—582
○鐘が鳴る〔1／大12.4.28〕総目次（長谷川菜穂）

「日本古書通信」(日本古書通信社[編])78(4)通号1005　2013.4 p17
○鐘が鳴る〔2―5／大12.5.28―大12.9.3〕総目次(長谷川菜穂)
　「日本古書通信」(日本古書通信社[編])78(5)通号1006　2013.5 p28
○鐘が鳴る〔6―9／大13.1.28―大13.7.30〕総目次(長谷川菜穂)
　「日本古書通信」(日本古書通信社[編])78(6)通号1007　2013.6 p34
◎加能地域史〔1―48／昭55.3―平20.10〕掲載論文総目録
　「地域社会の史料と人物―加能地域史研究会創立30周年記念論集」　加能地域史研究会　2009.12 p214―215
◎歌舞伎型の記録記事一覧表ほか(矢内賢二)
　「明治の歌舞伎と出版メディア」　ぺりかん社　2011.7 p216―238
◎歌舞伎(歌舞伎發行所)〔1―175／明33.1―大4.1〕総目次
　「「歌舞伎」解説・総目次・執筆者索引」　雄松堂書店　2013.1 p51―276
　(付)執筆者索引：p17―1
◎歌舞伎(歌舞伎發行所)〔1―175／明33.1―大4.1〕総目次
　「複刻版歌舞伎総目次　暫定版」　雄松堂出版　2010.5 167p A5
◎花粉(川崎　花粉の会)〔1―20／昭32.9―昭37.12〕目次(名木橋忠大)
　「戦後詩誌総覧 6」(和田博文ほか)　日外アソシエーツ　2010.2 p28―42
○華文「大阪毎日」〔昭15.1―昭26.6〕文芸関係目録ほか(南雲智ほか)
　「人文学報」(東京都立大学人文学部編)(352)　2004.3 p113―162
○鎌ケ谷市史研究(鎌ケ谷　鎌ケ谷市教育委員会)〔10―19／平9―平17〕総目録
　「鎌ケ谷市史研究」(鎌ケ谷市郷土資料館編)(20)　2007.3
○鎌倉(鎌倉　鎌倉文化研究会)〔1―100／昭34.5―平17.10〕総目次
　「鎌倉」(100)　2005.10
◎鎌倉文学館だより〔1―3／昭59.7―昭60.1〕総目次(岡野裕之)
　「文学館出版物内容総覧：図録・目録・紀要・復刻・館報」　日外アソシエーツ　2013.4 p353―354
○紙芝居(日本教育紙芝居協会)〔5(1)―7(10)／昭17.1―昭19.10〕目次(浅岡靖央)
　「子ども学論集」(日本児童教育専門学校編)(3)　2010 p31―48
　(注)欠号あり
◎仮面〔3(1)―臨時増刊／昭23.2―昭23.8〕総目次(山前譲)
　「探偵雑誌目次総覧」　日外アソシエーツ　2009.6 p258―260

かやく

○火薬学会誌（火薬学会）〔60—69／平11—平20〕総目次
　　「Explosion」19（1）通号54　2009　中扉1枚, 巻末1—23
○カヤバ技報→KYB technical review（KYB）〔31／平17.10〕→〔32-40／平18.4-平22.4〕総目次
　　「KYB technical review」（KYB技報編集委員会編）（40）　2010.4 p100—102
◎火曜談話会〔昭6—昭18〕目次
　　「エレクトロニクス発展のあゆみ　資料編」（エレクトロニクス発展のあゆみ調査会編）東海大学出版会　2005.2 p426—443
◎GALA（安藤一郎 編 GALAの会）〔1—5（1）／昭26.5—昭30.4〕総目次
　　「戦後詩誌総覧 5」（和田博文ほか）　日外アソシエーツ　2009.11 p51—57
○唐澤考古（佐野 唐沢考古会）〔20—29／平13.5—平22.5〕総目次
　　「唐澤考古」（唐沢考古会編）（30）　2011.5 p2—4
○Glass（ガラス工芸研究会→日本ガラス工芸学会）〔1—50／昭50.12—平19.3〕総目次
　　「Glass：Journal of the Association for Glass Art Studies, Japan」通号51（総目次）　2008 p3—27
　ガラス工芸研究会誌（ガラス工芸研究会）
　　⇨Glass（ガラス）
○Glass Newsletter（日本ガラス工芸学会）〔1—8／平16.1—平20.4〕総目次
　　「Glass：Journal of the Association for Glass Art Studies, Japan」通号51（総目次）　2008 p28—31
○樺太商工経済会報（樺太商工経済会）〔昭18.11.25—昭20.4.10〕総目次（竹野学）
　　「經濟學研究」55（1）通号192　2005.6 p124—128
◎カリオン〔1—3／昭34.6.20—昭38.2.7〕総目次
　　「ヂンダレ・カリオン—解説・鼎談・総目次・索引　一九五三（昭和二八）年二月〜一九六三（昭和三八）年二月」　不二出版　2008.11 p115—116
　　（付）執筆者索引：p12—5
◎カリオン関係年表（宇野田尚哉）
　　「「在日」と50年代文化運動—幻の詩誌『ヂンダレ』『カリオン』を読む」（ヂンダレ研究会）人文書院　2010.5 p203—208
○かりや：郷土研究誌（刈谷 刈谷市郷土文化研究会）〔20—29／平11—平20.3〕論文等

「かりや:郷土研究誌」(30)　2009.3　p111―115
◎軽井沢高原文庫通信(軽井沢町〈長野県〉　軽井沢高原文庫)〔1―80／昭61.4―平24.4〕総目次(岡野裕之)
　　「文学館出版物内容総覧:図録・目録・紀要・復刻・館報」　日外アソシエーツ　2013.4　p758―764
○カレントアウェアネス(日本図書館協会)〔272―300〕索引
　　「カレントアウェアネス」(国立国会図書館関西館図書館協力課編)(300)　2009.6　p19―32
◎川内古代史論集(仙台　東北大学古代史研究会)〔1―6／昭55.3―平4.5〕論文総覧
　　「歴史学紀要論文総覧」　日外アソシエーツ　2007.9　p462―463
○川崎医学会誌　一般教養篇(倉敷　川崎医科大学→川崎医学会)〔20―29／平6―平15〕総目次
　　「川崎医学会誌　一般教養篇」(川崎医学会誌編集委員会編)(30)　2004.12　巻末8p
○川崎市市民ミュージアム紀要(川崎　川崎市市民ミュージアム)〔1―20／昭63―平20〕総目次
　　「川崎市市民ミュージアム紀要」(川崎市市民ミュージアム編)(21)　2009.3
○河内どんこう(八尾　やお文化協会)〔47―77／平7.10―平17.10〕総目次
　　「河内どんこう」(やお文化協会〔編〕)(77)　2005.10
　　(付)執筆等協力者題名一覧
○川並総合研究所論叢→聖徳大学総合研究所論叢→聖徳大学言語文化研究所論叢〔1―2／平5―平6〕→〔3―6／平7―平10〕→〔7―12／平11―平16〕総合目次
　　「聖徳大学言語文化研究所論叢」(聖徳大学言語文化研究所編)(13)　2005　p681―703
○川並総合研究所論叢→聖徳大学総合研究所論叢→聖徳大学言語文化研究所論叢〔1―2／平5―平6〕→〔3―6／平7―平10〕→〔7―13／平11―平17〕総合目次
　　「聖徳大学言語文化研究所論叢」(聖徳大学言語文化研究所編)(14)　2006　p528―552
○川並総合研究所論叢→聖徳大学総合研究所論叢→聖徳大学言語文化研究所論叢〔1―2／平5―平6〕→〔3―6／平7―平10〕→〔7―14／平11―平18〕総合目次
　　「聖徳大学言語文化研究所論叢」(聖徳大学言語文化研究所編)(15)　2007　p750―775
○川並総合研究所論叢→聖徳大学総合研究所論叢→聖徳大学言語文化研究所論叢

〔1—2／平5—平6〕→〔3—6／平7—平10〕→〔7—15／平11—平19〕総合目次
「聖徳大学言語文化研究所論叢」(聖徳大学言語文化研究所編)(16)　2008
p422—448
○川並総合研究所論叢→聖徳大学総合研究所論叢→聖徳大学言語文化研究所論叢
〔1—2／平5—平6〕→〔3—6／平7—平10〕→〔7—16／平11—平20〕総合目次
「聖徳大学言語文化研究所論叢」(聖徳大学言語文化研究所編)(17)　2009
p503—530
○川並総合研究所論叢→聖徳大学総合研究所論叢→聖徳大学言語文化研究所論叢
〔1—2／平5—平6〕→〔3—6／平7—平10〕→〔7—17／平11—平21〕総合目次
「聖徳大学言語文化研究所論叢」(聖徳大学言語文化研究所編)(18)　2010
p424—453
○川並総合研究所論叢→聖徳大学総合研究所論叢→聖徳大学言語文化研究所論叢
〔1—2／平5—平6〕→〔3—6／平7—平10〕→〔7—18／平15—平22〕総合目次
「聖徳大学言語文化研究所論叢」(聖徳大学言語文化研究所編)(19)　2011
p422—453
○川俣史談(川俣町(福島県)　川俣町地方史研究会)総目次
「小島の民俗」(6)　2004.3
○川村短期大学研究紀要(川村短期大学)〔1—24／昭56.8—平16.3〕目次
「川村短期大学研究紀要」(川村短期大学図書・紀要委員会編)(25)　2005.3
p73—96
◎関学西洋史論集(西宮　関学西洋史研究会)〔1—29／昭46.12—平18.3〕論文総覧
「歴史学紀要論文総覧」　日外アソシエーツ　2007.9　p173—177
環境科学研究センター所報(所報編集委員会編　札幌　北海道立総合研究機構環境・地質研究本部環境科学研究センター)
　⇨北海道環境科学研究センター所報
○環境教育(日本環境教育学会)〔1(1)—19(2)／平3.3—平21.12〕目次一覧
「環境教育」(日本環境教育学会編)19(3)通号43　2010.3　p102—142
(付)著者索引
○環境社会学研究〔1—9／平7—平15〕総目次
「環境社会学研究」(環境社会学会編集委員会編)(10)　2004.11　p195—200
○環境社会学研究〔1—10／平7—平16〕総目次
「環境社会学研究」(環境社会学会編集委員会編)(11)　2005.10　p279—285
○環境社会学研究〔1—11／平7—平17〕総目次

「環境社会学研究」(環境社会学会編集委員会編)(12)　2006 p191―197
○環境社会学研究〔1―12／平7―平18〕総目次
　　　「環境社会学研究」(環境社会学会編集委員会編)(13)　2007 p244―251
○環境社会学研究〔1―13／平7―平19〕総目次
　　　「環境社会学研究」(環境社会学会編集委員会編)(14)　2008.11 p239―247
○環境情報研究(佐倉　千葉敬愛短期大学環境情報研究所→敬愛大学環境情報研究所)〔1―17／平5.3―平21.12〕総目録
　　　「環境情報研究」(敬愛大学環境情報研究所編)(17)　2010.3 p95―105
○看護学統合研究(呉　呉大学看護学部→広島文化学園大学看護学部)〔1(1)―10(2)／平11―平21〕総目次
　　　「看護学統合研究」(広島文化学園大学看護学部編集委員会編)10(2)　2009.3 p67―75
○韓国経済研究(『韓国経済研究』編集委員会編　福岡　九州大学)〔1―9／平13.3―平18.8〕既刊号目次
　　　「韓国経済研究」(『韓国経済研究』編集委員会編)(6)　2006.8 p97―98
○韓国経済研究(『韓国経済研究』編集委員会編　福岡　九州大学)〔1―7／平13.3―平20.7〕既刊号目次
　　　「韓国経済研究」(『韓国経済研究』編集委員会編)(7)　2008.7 p87―88
○韓国経済研究(『韓国経済研究』編集委員会編　福岡　九州大学)〔1―8／平13.3―平21.10〕既刊号目次
　　　「韓国経済研究」(『韓国経済研究』編集委員会編)(8)　2009.10 p75―77
○韓国経済研究(『韓国経済研究』編集委員会編　福岡　九州大学)〔1―9／平13.3―平22.12〕既刊号目次
　　　「韓国経済研究」(『韓国経済研究』編集委員会編)(9)　2010.12 p43―45
○韓国経済研究(『韓国経済研究』編集委員会編　福岡　九州大学)〔1―10／平13.3―平23.10〕既刊号目次
　　　「韓国経済研究」(『韓国経済研究』編集委員会編)(10)　2011.10 p51―53
○韓国経済研究(『韓国経済研究』編集委員会編　福岡　九州大学)〔1―11／平13.3―平24.12〕既刊号目次
　　　「韓国経済研究」(『韓国経済研究』編集委員会編)(11)　2012.12 p49―51
○韓国言語文化研究(福岡　九州大学韓国言語文化研究会)〔1―5／平13.7―平15.12〕既刊号目次

「韓国言語文化研究」(6)　2004.4 p102
○韓国言語文化研究（福岡　九州大学韓国言語文化研究会）〔1—6／平13.7—平16.4〕既刊号目次
「韓国言語文化研究」(7)　2004.7 p125—126
○韓国言語文化研究（福岡　九州大学韓国言語文化研究会）〔1—7／平13.7—平16.7〕既刊号目次
「韓国言語文化研究」(8)　2005.3 p135—136
○韓国言語文化研究（福岡　九州大学韓国言語文化研究会）〔1—8／平13.7—平17.3〕既刊号目次
「韓国言語文化研究」(9)　2005.6 p118—120
○韓国言語文化研究（福岡　九州大学韓国言語文化研究会）〔1—9／平13.7—平17.6〕既刊号目次
「韓国言語文化研究」(10)　2005.8 p127—[129]
○韓国言語文化研究（福岡　九州大学韓国言語文化研究会）〔1—10／平13.7—平17.8〕既刊号目次
「韓国言語文化研究」(11)　2005.12 p42—43
○韓国言語文化研究（福岡　九州大学韓国言語文化研究会）〔1—11／平13.7—平17.12〕既刊号目次
「韓国言語文化研究」(12)　2006.5 p121—122
○韓国言語文化研究（福岡　九州大学韓国言語文化研究会）〔1—12／平13.7—平18.5〕既刊号目次
「韓国言語文化研究」(13)　2006.12 p92—94
○韓国言語文化研究（福岡　九州大学韓国言語文化研究会）〔1—13／平13.7—平18.12〕既刊号目次
「韓国言語文化研究」(14)　2007.12 p106—108
○韓国言語文化研究（福岡　九州大学韓国言語文化研究会）〔1—14／平13.7—平19.12〕既刊号目次
「韓国言語文化研究」(15)　2008.1 p110—112
○韓国言語文化研究（福岡　九州大学韓国言語文化研究会）〔1—15／平13.7—平20.1〕既刊号目次
「韓国言語文化研究」(16)　2008.11 p76—78
○韓国言語文化研究（福岡　九州大学韓国言語文化研究会）〔1—16／平13.7—平20.

11〕既刊号目次
　　「韓国言語文化研究」(17)　2009.5 p170―173
○**韓国言語文化研究**（福岡　九州大学韓国言語文化研究会）〔1―17／平13.7―平21.5〕既刊号目次
　　「韓国言語文化研究」(18)　2010.3 p113―116
○**韓国言語文化研究**（福岡　九州大学韓国言語文化研究会）〔1―18／平13.7―平22.3〕既刊号目次
　　「韓国言語文化研究」(19)　2011.11 p131―134
○**韓国言語文化研究**（福岡　九州大学韓国言語文化研究会）〔1―19／平13.7―平23.11〕既刊号目次
　　「韓国言語文化研究」(20)　2013.6 p119―122
○**韓国朝鮮の文化と社会**〔1―10／平14.10―平23.10〕総目次
　　「韓国朝鮮の文化と社会」(11)　2012.10 p193―202
○**関西楽理研究**（京都　関西楽理研究会）〔18―20／平13―平15〕論文題目一覧
　　「関西楽理研究」(関西楽理研究会編)(21)　2004.10 p73
○**関西楽理研究**（京都　関西楽理研究会）〔20―21／平15―平16〕論文題目一覧
　　「関西楽理研究」(関西楽理研究会編)(22)　2005.10 p83
○**関西楽理研究**（京都　関西楽理研究会）〔20―22／平15―平17〕論文題目一覧
　　「関西楽理研究」(関西楽理研究会編)(23)　2006.10 p91―92
○**関西楽理研究**（京都　関西楽理研究会）〔20―23／平15―平18〕論文題目一覧
　　「関西楽理研究」(関西楽理研究会編)(24)　2007.10 p117―118
○**関西楽理研究**（京都　関西楽理研究会）〔20―24／平15―平19〕論文題目一覧
　　「関西楽理研究」(関西楽理研究会編)(25)　2008.11 p111―112
○**関西楽理研究**（京都　関西楽理研究会）〔20―25／平15―平20〕論文題目一覧
　　「関西楽理研究」(関西楽理研究会編)(26)　2009.11 p63―64
○**関西楽理研究**（京都　関西楽理研究会）〔20―26／平15―平21〕論文題目一覧
　　「関西楽理研究」(関西楽理研究会編)(27)　2010.11 p135―136
○**関西楽理研究**（京都　関西楽理研究会）〔20―27／平15―平22〕論文題目一覧
　　「関西楽理研究」(関西楽理研究会編)(28)　2011 p69―70
○**関西楽理研究**（京都　関西楽理研究会）〔20―28／平15―平23〕論文題目一覧
　　「関西楽理研究」(関西楽理研究会編)(29)　2012 p171―172
○**関西楽理研究**（京都　関西楽理研究会）〔20―29／平15―平24〕論文題目一覧

かんさ

「関西楽理研究」(関西楽理研究会編)(30)　2013.12 p304—306
◎関西大学考古学研究紀要(吹田　関西大学文学部考古学研究室)〔3—5／昭52.6—昭62.6〕論文総覧
　　「歴史学紀要論文総覧」　日外アソシエーツ　2007.9 p145—146
　　(注)「関西大学考古学研究年報」の改題
◎関西大学考古学研究年報(吹田　関西大学考古学研究会)〔1—2／昭42.12—昭43.12〕論文総覧
　　「歴史学紀要論文総覧」　日外アソシエーツ　2007.9 p146—147
　　(注)「関西大学考古学研究紀要」と改題
◎関西大学考古学等資料室紀要(大阪　関西大学考古学等資料室)〔1—11／昭59.3—平6.3〕論文総覧
　　「歴史学紀要論文総覧」　日外アソシエーツ　2007.9 p147—149
◎関西大学社会学部紀要(吹田　関西大学社会学部)〔1(1)—32(3)／昭45.3—平13.3〕目次
　　「近代雑誌目次文庫　59　社会学編9」(目次文庫編集委員会編)　ゆまに書房　2005.11 p18—40
◎関西大学社会学部論集(吹田　関西大学社会学会)〔1(1)—42／昭42.4—平13.2〕目次
　　「近代雑誌目次文庫　59　社会学編9」(目次文庫編集委員会編)　ゆまに書房　2005.11 p41—49
○關西大學商學論集(吹田　關西大學商學會)〔1(1)—50(6)／昭31.4—平18.2〕総目次
　　「關西大學商學論集」(関西大学商学会編)51(1・2・3)　2006.8 p305—379
関西大学人権問題研究室紀要(吹田　関西大学人権問題研究室)
　　⇨人権問題研究室紀要
◎関西大学新報(大阪　関西大学新報社)〔昭23—昭59〕記事一覧(「葦跡」集委員会)
　　「葦跡―関西大学新報が綴る二部の戦後史　1948-1984」　関西大新報社OB会　2004.10 巻末2—58
◎関西大学心理相談室紀要(吹田　関西大学心理相談室)〔1—9／平12.3.31—平19.6.5〕論文総覧
　　「心理学紀要論文総覧」　日外アソシエーツ　2008.10 p80—83
◎関西大学西洋史論叢(吹田　『関西大学西洋史論叢』編集部)〔1—9／平11.3—平

18.9〕論文総覧
　　「歴史学紀要論文総覧」　日外アソシエーツ　2007.9　p149—152
○関西大学中国文学会紀要(吹田　関西大学中国文学会)〔1—25／昭43—平15〕総目次
　　「関西大学中国文学会紀要」(26)　2005.3　p64—72
○関西大学図書館フォーラム(吹田　関西大学図書館)〔1—10／平7—平17〕総索引
　　「関西大学図書館フォーラム」(関西大学図書館編)(10)　2005　巻末1—8
◎関西大学部落問題研究室紀要(吹田　関西大学部落問題研究室)〔1—10／昭50.3—昭59.12〕目次
　　「近代雑誌目次文庫 59 社会学編9」(目次文庫編集委員会編)　ゆまに書房　2005.11　p50—51
　　(注)「関西大学人権問題研究室紀要」と改題
○関西大學法學論集(吹田　関西大学法学会)〔1—56〕論文索引
　　「関西大学法学論集」56(5・6)　2007.2　p1421—1486
◎関西文学(大阪　ナニハ書房→大阪　関西文学社)〔1(1)—3(5)／昭9.5.1—昭11.9.1〕総目次
　　「大阪文藝雑誌総覧」(浦西和彦, 増田周子, 荒井真理亜著)　和泉書院　2013.2　p296—302
◎関西文学(大阪　関西文学社)〔1(1)—3(1)／昭15.11.1—昭17.1.1〕総目次
　　「大阪文藝雑誌総覧」(浦西和彦, 増田周子, 荒井真理亜著)　和泉書院　2013.2　p325—328
　　(注)欠号：1(2)—2(1)・2(6)—2(8)
◎関西文藝(大阪　関西文藝協会)〔1(1)—8(5)／大14.3.7—昭7.5.1〕総目次
　　「大阪文藝雑誌総覧」(浦西和彦, 増田周子, 荒井真理亜著)　和泉書院　2013.2　p166—203
　　(注)欠号：1(2)・3(6)・4(3)・4(5)—4(11)・7(12)
○漢字文献情報処理研究(漢字文献情報処理研究会編　好文出版)〔1—10／平12—平21〕特集項目一覧
　　「漢字文献情報処理研究」(漢字文献情報処理研究会編)(10)　2009.1　p186—187
◎患者と福祉(広島　広島県医療社会事業協会)〔9—19／昭57.3—平4.4〕目次
　　「近代雑誌目次文庫 59 社会学編9」(目次文庫編集委員会編)　ゆまに書房　2005.11　p52—56

◎関西学院史学（西宮　関西学院大学史学会→関西学院大学文学部史学科）〔1—33／昭27.12—平18.3〕論文総覧
　　「歴史学紀要論文総覧」　日外アソシエーツ　2007.9　p178—183
○がん治療レクチャー：チーム医療のための（総合医学社）〔1（1）—2（4）／平22—平23〕総目次
　　「がん治療レクチャー：チーム医療のための」2（4）　2011　巻末8p
○関東学院教養論集（小田原　関東学院大学法学部）〔1—19／平4.3—平21.1〕総目次
　　「関東学院教養論集」（関東学院大学法学部教養学会編）（20）　2010.1　p133—143
○関東学園大学紀要　経済学部編（太田　関東学園大学経済学部）〔1—25／昭52.2—平10.3〕総目次
　　「関東学園大学経済学紀要」（関東学園大学経済学紀要編集担当編）31（2）　2004.7　p55—67
　　（注）「関東学園大学経済学紀要」に合併改題
○関東学園大学経済学紀要（太田　関東学園大学経済学部）〔26（1）—30（2）／平11.3—平15.3〕総目次
　　「関東学園大学経済学紀要」（関東学園大学経済学紀要編集担当編）31（2）　2004.7　p74—78
○関東学園大学大学院紀要（太田　関東学園大学経済学部）〔1—13／昭58.11—平10.3〕総目次
　　「関東学園大学経済学紀要」（関東学園大学経済学紀要編集担当編）31（2）　2004.7　p68—73
関東都市学会年報（関東都市学会事務局）
　　⇨関東都市学会論集
○関東都市学会年報（1974年～1976年）（関東都市学会事務局）〔1—3／昭49—昭51〕総目録
　　「関東都市学会年報」（12）　2010.3　p89—103
○関東都市学会論集→関東都市学会年報（関東都市学会事務局）〔1—2／平6—平8〕→〔3—11／平13—平21〕総目録
　　「関東都市学会年報」（12）　2010.3　p89—103
○漢文學會々報→國學院中國學會報（国学院大学漢文学会→国学院大学中国学会）〔1—37／昭10—平3.12〕→〔38—50／平4.10—平16.12〕総目次

「国学院中国学会報」(国学院大学中国学会[編])(50)　2004.12　p154—187
(付)著者別総目録(五十音順)
○漢文学解釈与研究(漢文学研究会)〔1—6／平10.11—平15.12〕総目次
「漢文学解釈与研究」(漢文学研究会編)(7)　2004.12　巻末3p
○漢文学解釈与研究(漢文学研究会)〔1—7／平10.11—平16.12〕総目次
「漢文学解釈与研究」(漢文学研究会編)(8)　2005.12　巻末4p
○漢文学解釈与研究(漢文学研究会)〔1—8／平10.11—平17.12〕総目次
「漢文学解釈与研究」(漢文学研究会編)(9)　2006.12　巻末4p
○漢文学解釈与研究(漢文学研究会)〔1—9／平10.11—平18.12〕総目次
「漢文学解釈与研究」(漢文学研究会編)(10)　2008.3　巻末5p
○漢文学解釈与研究(漢文学研究会)〔1—10／平10.11—平20.3〕総目次
「漢文学解釈与研究」(漢文学研究会編)(11)　2009.9　巻末5p
○漢文学解釈与研究(漢文学研究会)〔1—11／平10.11—平21.9〕総目次
「漢文学解釈与研究」(漢文学研究会編)(12)　2011.9　巻末6p
◎館報武者小路実篤記念館(調布　調布市武者小路実篤記念館)〔1—7／昭62.3—平2.3〕総目次(岡野裕之)
「文学館出版物内容総覧：図録・目録・紀要・復刻・館報」　日外アソシエーツ　2013.4　p623
◎翰林(スキート美容室→翰林社→金星堂→翰林編輯部)〔1(1)—4(9)／昭8.7—昭11.9〕総目次ほか(早稲田大図書館)
「南紀芸術・翰林・世紀・星座・行動文学・文学生活・文体総目次」　雄松堂アーカイブズ　2009.4　p27—64

【き】

○紀伊教育(和歌山　紀伊教育会)〔51—189／明30.2—明43.4〕主要記事目次
「和歌山県教育史研究」(『和歌山県教育史』編纂委員会編)(2)　2004.3　p93—104
○紀伊教育(和歌山　紀伊教育会)〔210—300／明45.6—昭3.7〕主要記事目次(編纂事務局)
「和歌山県教育史研究」(『和歌山県教育史』編纂委員会編)(3)　2005.3　p132—143

きいこ

○紀伊考古学研究（和歌山　紀伊考古学研究会）〔1―10／平10―平19.8〕総目次（事務局）
　　「紀伊考古学研究」（紀伊考古学研究会編）（10）　2007.8
◎紀尾井史学（上智大学大学院史学専攻院生会）〔1―25／昭56.12―平17.11〕論文総覧
　　「歴史学紀要論文総覧」　日外アソシエーツ　2007.9　p322―325
◎偽画（僞畫社）〔1―3／昭9.6―昭9.11〕総目次ほか（早稲田大図書館）
　　「しれえね・地平線・基調・黙示・リラ・葡萄園・青銅時代・三田文芸陣・季節の展望・素質・新三田派・七人・朱門・紅（箒）・偽画・未成年総目次」雄松堂アーカイブズ　2009.4　p217―228
○季刊iichiko（日本ベリエールアートセンター）〔1―90／昭61.10―平18.4〕バックナンバー一覧
　　「iichiko：quarterly intercultural：a journal for transdisciplinary studies of pratiques」（90）　2006.Spr.　p97―112
○季刊iichiko（日本ベリエールアートセンター）〔1―90／昭61.10―平18.4〕総目次
　　「iichiko：quarterly intercultural：a journal for transdisciplinary studies of pratiques」（90）　2006.Spr.　p113―127
◎季刊ギャロップ〔創刊準備号―1／平2.12―平3.5〕総目次（北沢夏音）
　　「Get back，SUB！―あるリトル・マガジンの魂」　本の雑誌社　2011.10　巻末8―9
○季刊銀花（文化服装学院出版局→文化学園文化出版局）〔1―160／昭45―平21〕総目次
　　「季刊銀花」通号161　2010.春　p163―194
○季刊軍縮地球市民〔1―10／平17.6―平20.秋〕総目次
　　「季刊軍縮地球市民」（明治大学軍縮平和研究所編）（10）　2008.冬　p210―215
◎季刊藝術（古山高麗雄→遠山一行編　季刊芸術出版）〔1（1）1―13（3）50，臨増／昭42.4―昭54.7，平1.10〕内容細目
　　「文芸雑誌内容細目総覧―戦後リトルマガジン篇」（日外アソシエーツ編，勝又浩監修）日外アソシエーツ，紀伊國屋書店〔発売〕　2006.11　p501―525
○季刊考古学（雄山閣）〔51―100／平7.5―平19.8〕総目次
　　「季刊考古学」（101）　2007.11　p113―141

◎季刊子規博だより(松山 松山市立子規記念博物館)〔1(1)―31(1・2)／昭56.8―平24.9〕総目次(岡野裕之)
　「文学館出版物内容総覧：図録・目録・紀要・復刻・館報」　日外アソシエーツ　2013.4　p971―985
◎季刊自閉症研究(松戸 自閉症研究センターちば)〔1(1)―1(4)／昭61.6―昭62.3〕目次
　「近代雑誌目次文庫　59　社会学編9」(目次文庫編集委員会編)　ゆまに書房　2005.11　p57―59
◎季刊社会学(東京社会科学研究所)(東京社会科学研究所編 同文舘)〔1―4／昭23.11―昭25.5〕目次
　「近代雑誌目次文庫　59　社会学編9」(目次文庫編集委員会編)　ゆまに書房　2005.11　p62―63
◎季刊社会学(日本社会学会)(日本社会学会編 天地書房)〔1―4／昭6.4―昭7.7〕目次
　「近代雑誌目次文庫　59　社会学編9」(目次文庫編集委員会編)　ゆまに書房　2005.11　p60―61
◎季刊社会保障研究(社会保障研究所→国立社会保障人口問題研究所)〔1(1)―37(1)／昭40.6―平13.6〕目次
　「近代雑誌目次文庫　59　社会学編9」(目次文庫編集委員会編)　ゆまに書房　2005.11　p64―121
○季刊 住宅土地経済(日本住宅総合センター)〔1―59／平3.夏―平18.冬〕論文一覧
　「住宅土地経済」(日本住宅総合センター編)(60)　2006.Spr　p47―49
◎季刊障害者と生活(障害者と家族の生活と権利を守る都民連絡会)〔1―9／昭55.2―昭57.6〕目次
　「近代雑誌目次文庫　59　社会学編9」(目次文庫編集委員会編)　ゆまに書房　2005.11　p122―126
◎季刊職業研究(労災問題研究所)〔1―2／昭59.8―昭59.11〕目次
　「近代雑誌目次文庫　59　社会学編9」(目次文庫編集委員会編)　ゆまに書房　2005.11　p127
　　(注)「労災職業研究」と改題
○季刊・新英米文学研究：The New perspective(新英米文学研究会事務局)〔12(1)115―20(3)149／昭56.3―平1.8〕総目次

きかん

　　「New perspective：新英米文学研究」41（秋・冬）通号192　2011.2　p117—130
○季刊人権問題（神戸　兵庫人権問題研究所）〔1—4／平17.夏—平18.春〕総目次
　　「季刊人権問題」(5)　2006.夏　p57—60
○季刊政策分析（八王子　政策分析ネットワーク）〔1(1)—4(3・4)／平16.10—平21.10〕総目次
　　「季刊政策分析」（季刊政策分析編集委員会編）5(1・2)　2010.3　p33—41
○季刊戦争責任研究（日本の戦争責任資料センター）〔1—50／平5.秋季—平17.冬季〕総目次
　　「戦争責任研究」(52)　2006.夏季　p79—89
○季刊戦争責任研究（日本の戦争責任資料センター）〔1—60／平5.秋季—平20.夏季〕総目次
　　「戦争責任研究」(62)　2008.冬季　p96—76
　　（付）執筆者索引
◎季刊それいゆ（ひまわり社）〔1—2／昭21.8—昭21.12〕総索引
　　「占領期女性雑誌事典—解題目次総索引 7」（吉田健二）　金沢文圃閣　2007.3　p169—191
○季刊中国現代小説〔1—66〕作者別目録
　　「季刊中国現代小説」（「中国現代小説」刊行会編）2(30)通号66　2004.1　p138—155
○季刊中国総研（広島　中国地方総合研究センター）〔1(1)—8(4)／平9—平16〕総目次
　　「季刊中国総研」（中国地方総合研究センター編）8(4)通号29　2004.12　p47—56
○季刊中国総研（広島　中国地方総合研究センター）〔1(1)—9(4)／平9—平17〕総目次
　　「季刊中国総研」（中国地方総合研究センター編）9(4)通号33　2005.12　p95—105
○季刊中国総研（広島　中国地方総合研究センター）〔1(1)—10(4)／平9—平18〕総目次
　　「季刊中国総研」（中国地方総合研究センター編）10(4)通号37　2006.12　p63—75
○季刊中国総研（広島　中国地方総合研究センター）〔1(1)—11(4)／平9—平19〕

総目次
　　　　「季刊中国総研」(中国地方総合研究センター編) 11 (4) 通号41　2007.12　p63
　　　　 —76
○季刊中国総研 (広島　中国地方総合研究センター) 〔1 (1) —12 (4) ／平9—平20〕
　　総目次
　　　　「季刊中国総研」(中国地方総合研究センター編) 12 (4) 通号45　2008.12　p65
　　　　 —79
○季刊中国総研 (広島　中国地方総合研究センター) 〔1 (1) —13 (4) ／平9—平21〕
　　総目次
　　　　「季刊中国総研」(中国地方総合研究センター編) 13 (4) 通号49　2009.12　p50
　　　　 —65
○季刊中国総研 (広島　中国地方総合研究センター) 〔1 (1) —14 (4) ／平9—平22〕
　　総目次
　　　　「季刊中国総研」(中国地方総合研究センター編) 14 (4) 通号53　2010.12　p57
　　　　 —74
○季刊中国総研 (広島　中国地方総合研究センター) 〔1 (1) —15 (4) ／平9—平23〕
　　総目次
　　　　「季刊中国総研」(中国地方総合研究センター編) 15 (4) 通号57　2011.12　p63
　　　　 —81
○季刊中国総研 (広島　中国地方総合研究センター) 〔1 (1) —16 (4) ／平9—平24〕
　　総目次
　　　　「季刊中国総研」(中国地方総合研究センター編) 16 (4) 通号61　2012.12　p63
　　　　 —82
○季刊中国総研 (広島　中国地方総合研究センター) 〔1 (1) —17 (4) ／平9—平25〕
　　総目次
　　　　「季刊中国総研」(中国地方総合研究センター編) 17 (4) 通号65　2013.12　p37
　　　　 —57
○季刊東北学 〔1—30／平16.10—平24.1〕総目次
　　　　「東北学 [第2期]」(30)　2012.冬　p253—300
◎季刊ドレッサージ 〔1—8／昭52.12—昭56.10〕総目次 (北沢夏音)
　　　　「Get back, SUB！—あるリトル・マガジンの魂」　本の雑誌社　2011.10
　　　　　巻末5—8
○季刊ナースアイ (桐書房) 〔17 (2) 173—24 (1) 200／平16—平23〕総目次

きかん

「Nurse eye」24(1)通号200　2011　p115—125
◎季刊年金研究(年金制度研究開発基金)〔1—5(2)／昭53.11—昭57.4〕目次
　「近代雑誌目次文庫 59 社会学編9」(目次文庫編集委員会編)　ゆまに書房
　　2005.11 p128—132
　(注)「季刊年金と雇用」と改題
◎季刊年金と雇用(年金総合研究開発基金→年金総合研究センター)〔1—20(1)／昭57.10—平13.5〕目次
　「近代雑誌目次文庫 59 社会学編9」(目次文庫編集委員会編)　ゆまに書房
　　2005.11 p132—155
　(注)「季刊年金研究」の改題
○季刊年金と雇用→年金と経済(年金制度研究開発基金→年金総合研究センター→年金シニアプラン総合研究機構)〔1—76／昭57.10—平13.10〕→〔77—100／平13.12—平19.1〕掲載論文一覧
　「年金と経済」25(4)通号100　2007.1 p66—88
　(注)「季刊年金研究」の改題
○季刊 能登((株)金沢広告)総目次
　「能登のくに」(5)　2010.2
○季刊 能登((株)金沢広告)総目次
　「能登のくに」(6)　2010.2
○季刊保育問題研究(新読書社)〔200—219／平15—平18〕主な目次
　「季刊保育問題研究」(全国保育問題研究協議会編集委員会編)通号220
　　2006.8 p124—149
　(付)執筆者一覧
○季刊・本とコンピュータ 第一期〔1—16／平9.夏—平13.春〕総目次
　「季刊・本とコンピュータ. 第二期」(「本とコンピュータ」編集室編)通号16
　　2005.夏 p173—196
○季刊・本とコンピュータ 第二期〔1—16／平13.秋—平17.夏〕総目次
　「季刊・本とコンピュータ 第二期」(「本とコンピュータ」編集室編)通号16
　　2005.夏 p173—196
○季刊民族学(吹田 千里文化財団)〔101—110〕索引
　「季刊民族学」(国立民族学博物館‖監修)28(4)　2004 p116—109
○季刊民族学(吹田 千里文化財団)〔111—120〕索引
　「季刊民族学」(国立民族学博物館‖監修)31(2)　2007.春 巻末1—8

◎季刊老人問題(内閣総理大臣官房)〔1(1)—4(4)／昭51.9—昭55.3〕目次
　　「近代雑誌目次文庫 59 社会学編9」(目次文庫編集委員会編) ゆまに書房
　　　　2005.11 p156—160
　　(注)「老人問題」と改題
◎季刊労働運動(柘植書房)〔7—41／昭50.10—昭60.4〕目次
　　「近代雑誌目次文庫 59 社会学編9」(目次文庫編集委員会編) ゆまに書房
　　　　2005.11 p161—183
◎季刊労働者自主管理研究(季刊労働者自主管理研究会議)〔1—27／昭53.1—平1.1〕目次
　　「近代雑誌目次文庫 59 社会学編9」(目次文庫編集委員会編) ゆまに書房
　　　　2005.11 p184—193
◎企業会計(中央経済社)〔1(2)—52(9)／昭24—平12〕文献リスト(山本浩二)
　　「原価計算の導入と発展」 森山書店　2010.6 p354—384
○企業と法創造(早稲田大学21世紀COE《企業法制と法創造》総合研究所)〔1(1)—1(2)／平16.4〕既掲載内容一覧
　　「企業と法創造」1(3)通号3　2004.11 p289—291
◎企業福祉(産業労働調査所→産労総合研究所)〔243—511／昭63.1—平12.3〕目次
　　「近代雑誌目次文庫 59 社会学編9」(目次文庫編集委員会編) ゆまに書房
　　　　2005.11 p194—319
　　(注)「企業福祉事情」と改題
◎企業福祉事情(産業労働調査所)〔195—242／昭60.11—昭62.12〕目次
　　「近代雑誌目次文庫 60 社会学編10」(目次文庫編集委員会編) ゆまに書房
　　　　2006.3 p1—24
　　(注)「現代賃金福祉」の改題。「企業福祉」と改題
◎きくづ〔2—2(1)／昭4.12—昭6.1〕総目次(加治幸子)
　　「創作版画誌の系譜—総目次及び作品図版」 中央公論美術出版　2008.1
　　　　p339—342
○菊池野(合志 菊池恵楓園入所者患者自治会→菊池恵楓園入所者自治会)〔0—600／昭26.5—平17.3〕目次(天田城介,羽江忠彦)
　　「社会福祉研究所報」(熊本学園大学付属社会福祉研究所［編］)(33)　2005.3
　　　　p159—309
○技研所報(東久留米 機械振興協会技術研究所)〔7(3)—24(1)／昭46.5—昭63.6〕総目次

きけん

　　　「技研所報」45(1)通号137　2009.3 p25—42
　　　　(付)英語文
○**技研所報**(東久留米　機械振興協会技術研究所)〔25(1)—45(2)／平1.3—平21.8〕総目次
　　　「技研所報」46(1)通号139　2010.3 p47—82
　　　　(付)英語文
○**技術教育研究**(技術教育研究会)〔60—70／平15.1—平23.7〕目次
　　　「技術教育研究」(70)　2011.7 p89—93
◎**技術と人間**(アグネ→技術と人間)〔昭47—平17〕関連論文一覧(高橋昇ほか)
　　　「『技術と人間』論文選—問いつづけた原子力 1972-2005」　大月書店　2012.4 p480—502
○**技術倫理と社会**(名古屋　日本技術士会中部支部ETの会)〔1—4／平18—平21〕バックナンバー
　　　「技術倫理と社会」(5)　2010 p126—130
○**寄笑新聞**(寄笑社)〔1—11／明8.3—明8.5〕目次(藤元直樹)
　　　「参考書誌研究」(国立国会図書館主題情報部編)(65)　2006.10 p1—154
◎**季節**(緑書房→二玄社)〔1—3(5)12／昭31.10—昭33.9〕目次
　　　「戦後詩誌総覧 6」(和田博文ほか)　日外アソシエーツ　2010.2 p43—60
◎**季節の展望**〔1(1)—7／昭4.11—昭5.6〕総目次ほか(早稲田大図書館)
　　　「しれえね・地平線・基調・黙示・リラ・葡萄園・青銅時代・三田文芸陣・季節の展望・素質・新三田派・七人・朱門・紅(箒)・偽画・未成年総目次」雄松堂アーカイブズ　2009.4 p121—135
○**基礎工**(<基礎工>編集委員会編　総合土木研究所)〔1(1)—36(10)／昭48.6—平20.10〕バックナンバー(藤田宏一)
　　　「基礎工：土木・建築基礎工事と機材の専門誌」(<基礎工>編集委員会編)36(11)通号424　2008.11 p81—88
○**北九州国文**(北九州　北九州地区高等学校国語部会)〔1—39／昭26.3—平23.3〕総目録(黒岩淳)
　　　「北九州国文」(39)　2012.3 p99—113
◎**北九州市立文学館**〔1—7／平19.3—平22.4〕総目次(岡野裕之)
　　　「文学館出版物内容総覧：図録・目録・紀要・復刻・館報」　日外アソシエーツ　2013.4 p1044—1045
○**北区史を考える会会報**(北区史を考える会)〔1—79／昭61.8—平18.2〕総目次

「北区史を考える会会報」(100)　2011.8 p9—15
○北区史を考える会会報(北区史を考える会)〔80—100／平18.5—平23.2〕総目次
「北区史を考える会会報」(101)　2011.8 p11—10
○北里大学保健衛生専門学院紀要(南魚沼　北里大学保健衛生専門学院)〔1—10／平7—平17〕総目録
「北里大学保健衛生専門学院紀要」(11)　2006 p49—53
◎北の女性〔1(1)—1(4)／昭21〕総目次
「占領期女性雑誌事典―解題目次総索引 2」(吉田健二)　金沢文圃閣　2004.8 p179—180
○北の青嵐(〔余市町(北海道)〕北海道史研究協議会)〔1—201／平5.1—平21〕総目次(高木崇世之)
「北の文庫」(北の文庫の会)(58)　2012.12 p23—43
○北野病院紀要(大阪　田附興風会医学研究所)〔51—52／平18—平19〕目次
「北野病院紀要」(51・52)　2006・07年度 p266—267
○北の文庫(札幌　北の文庫の会)〔30—49／平13.6—平21.2〕総目次
「北の文庫」(北の文庫の会)(50)　2009.7 p71—76
◎基調〔1(1)—1(3)／大8.9—大8.11〕総目次ほか(早稲田大図書館)
「しれえね・地平線・基調・黙示・リラ・葡萄園・青銅時代・三田文芸陣・季節の展望・素質・新三田派・七人・朱門・紅(篝)・偽画・未成年総目次」雄松堂アーカイブズ　2009.4 p23—30
◎きつゝき(竜神村(和歌山県)　キツゝキ会)〔2／昭15.7〕総目次(加治幸子)
「創作版画誌の系譜―総目次及び作品図版」　中央公論美術出版　2008.1 p1030—1031
◎きつつき〔1—3／昭5.7—昭6.6〕総目次(加治幸子)
「創作版画誌の系譜―総目次及び作品図版」　中央公論美術出版　2008.1 p426—429
◎きつつき通信(〔玉山村(岩手県)〕石川啄木記念館)〔1—2／昭59.12—昭60.8〕総目次(岡野裕之)
「文学館出版物内容総覧：図録・目録・紀要・復刻・館報」　日外アソシエーツ　2013.4 p87
◎きつつき版画集〔昭和17年版—昭和18年版／昭17.8—昭18〕総目次(加治幸子)
「創作版画誌の系譜―総目次及び作品図版」　中央公論美術出版　2008.1

きのう

　　　　p1047—1051
　　機能紙研究会誌（四国中央　機能紙研究会）
　　　⇨化学繊維紙技術講演会講演集
◎吉備国際大学臨床心理相談研究所紀要（高梁　吉備国際大学）〔1—3／平16—平18.3.31〕論文総覧
　　「心理学紀要論文総覧」　日外アソシエーツ　2008.10 p103—104
○岐阜史学（岐阜　岐阜史学会）〔1—100／昭26—平15〕総目次
　　「岐阜史学総目次　第一号～一〇〇号」　岐阜史学会　2003.12 50p A5
◎岐阜大学教育学・心理学研究紀要（岐阜　岐阜大学教育学部障害児教育講座・学校教育講座）〔11—16／平4.9—平16.11〕論文総覧
　　「心理学紀要論文総覧」　日外アソシエーツ　2008.10 p105—106
　　（注）「教育学・心理学研究紀要」の改題
◎岐阜大学教育学部障害児教育実践センター年報（岐阜　岐阜大学教育学部障害児教育実践センター）〔1—8／平6.3—平13.3〕目次
　　「近代雑誌目次文庫　60　社会学編10」（目次文庫編集委員会編）ゆまに書房　2006.3 p25—27
◎希望（全国筋無力症の会）〔36—81／昭55.10—平6.10〕目次
　　「近代雑誌目次文庫　60　社会学編10」（目次文庫編集委員会編）ゆまに書房　2006.3 p28—39
◎季報共産圏問題（欧ア協会）〔4(1)—5(1)／昭35.4—昭36.5〕目次
　　「近代雑誌目次文庫　60　社会学編10」（目次文庫編集委員会編）ゆまに書房　2006.3 p40—41
　　（注）「季報ソ連問題」の改題。「月刊共産圏問題」と改題
○季報情報公開（行政管理研究センター）〔1—12／平13.6—平16.3〕総索引
　　「季報情報公開」（行政管理研究センター編）（12）　2004.3 p56—61
○季報情報公開（行政管理研究センター）〔1—16／平13.6—平17.3〕総索引
　　「季報情報公開」（行政管理研究センター編）（16）　2005.3 p90—97
○季報情報公開→季報情報公開個人情報保護（行政管理研究センター）〔1—16／平13.6—平17.3〕→〔17—20／平17.6—平18.3〕総索引
　　「季報情報公開個人情報保護」（行政管理研究センター編）（20）　2006.3 p68—77
○季報情報公開→季報情報公開個人情報保護（行政管理研究センター）〔1—16／平13.6—平17.3〕→〔17—24／平17.6—平19.3〕総索引

「季報情報公開個人情報保護」(行政管理研究センター編)(24)　2007.3 p61—73
○季報情報公開→季報情報公開個人情報保護(行政管理研究センター)〔1—16／平13.6—平17.3〕→〔17—28／平17.6—平20.3〕総索引
　「季報情報公開個人情報保護」(行政管理研究センター編)(28)　2008.3 p65—79
　季報情報公開個人情報保護(行政管理研究センター)
　　⇨季報情報公開
◎季報ソ連問題(ソ連研究者討議会)〔1(1)—3(4)／昭32.12—昭35.2〕目次
　「近代雑誌目次文庫 60 社会学編10」(目次文庫編集委員会編)　ゆまに書房　2006.3 p42—45
　　(注)「季報共産圏問題」と改題
○季報唯物論研究(豊中 大阪唯物論研究会哲学部会→季報「唯物論研究」刊行会)〔1—100／昭56.4—平19.5〕総目次
　「季報唯物論研究」(季報「唯物論研究」刊行会編)(100)　2007.5 p1—46
◎君と僕〔1—5／大11.10—大12.8〕総目次(加治幸子)
　「創作版画誌の系譜—総目次及び作品図版」　中央公論美術出版　2008.1 p105—109
◎ぎゃあ(新芸術社→グループぎゃあ)〔1—16／昭38.7—昭43.8〕総目次
　「戦後詩誌総覧 7」(和田博文ほか)　日外アソシエーツ　2010.5 p106—109
○九州演劇(福岡 九州演劇社)〔1—3(1)／昭21.5—昭23.1〕総目次(石川巧)
　「大衆文化」(2)　2009.9 p101—111
○九州厚生年金看護専門学校紀要(北九州 九州厚生年金看護専門学校)〔1—5／平12.10—平16.12〕目次ほか(大下美智代)
　「九州厚生年金看護専門学校紀要」(九州厚生年金看護専門学校紀要編集委員会編)(6)　2005.12 p79—93
○九州国際大学経営経済論集〔1(1)—11(2・3)／平6—平17〕10年史〔総目次〕
　「九州国際大学経営経済論集」11(2・3)　2005.3 p209—222
○九州産業考古学会報(宗像 九州産業考古学会)〔1—10／平15.6—平20.3〕総索引
　「九州産業考古学会報」(10)　2008.3
○九州産業大学国際文化学部紀要(福岡 九州産業大学国際文化学会)〔1—49／平6.12—平23.9〕総目次
　「九州産業大学国際文化学部紀要」(九州産業大学国際文化学会〔編〕)(50)

2011.12 p163—194

◎九州大学教育学部紀要(福岡　九州大学教育学部)〔1—2／昭27.10.5—昭29.10.30〕論文総覧

　　「心理学紀要論文総覧」　日外アソシエーツ　2008.10 p112—113
　　(注)「九州大学教育学部紀要.教育学部門」「九州大学教育学部紀要.教育心理学部門」に分割

◎九州大学教育学部紀要　教育心理学部門(福岡　九州大学教育学部)〔3—43(1・2)／昭30.3.31—平11.3.31〕論文総覧

　　「心理学紀要論文総覧」　日外アソシエーツ　2008.10 p113—133
　　(注)「九州大学教育学部紀要」より分離

◎九州大学心理学研究：九州大学大学院人間環境学研究院紀要(福岡　九州大学大学院人間環境学研究科→九州大学大学院人間環境学研究院)〔1—8／平12.3.10—平19.3.31〕論文総覧

　　「心理学紀要論文総覧」　日外アソシエーツ　2008.10 p133—140

◎九州大学東洋史論集(福岡　九州大学文学部東洋史研究会)〔1—34／昭48.7—平18.4〕論文総覧

　　「歴史学紀要論文総覧」　日外アソシエーツ　2007.9 p184—189

　九州大学農学部演習林報告(九州大学農学部附属演習林)
　　⇨九州帝国大学農学部演習林報告

○九州帝国大学農学部演習林報告→九州大学農学部演習林報告([福岡]　九州帝国大学農学部附属演習林→九州大学農学部附属演習林)〔1—15／昭6—昭22〕→〔16—94／昭23.6—平25.5〕総目次

　　「九州大学農学部演習林報告」(94)　2013.5 p1—24

○九州ドイツ文学(福岡　九州大学独文学会)〔1—20／昭62—平18〕総目次

　　「九州ドイツ文学」(九州大学独文学会編)通号21　2007 p155—167

○九州東海大学農学部紀要(南阿蘇村(熊本県)　九州東海大学農学部)〔1—25／昭57—平18〕総目次

　　「九州東海大学農学部紀要」(25)　2006 p32—59

○九州東海大学農学部紀要→東海大学紀要　農学部(南阿蘇村　九州東海大学農学部→東海大学農学部)〔1—27／昭57—平20〕→〔28—30／平21—平23〕総目次

　　「東海大学紀要　農学部」(30)　2011 p30—61
　　(付)著者索引

◎九州版画〔1—24／昭8.9—昭16.12〕総目次(加治幸子)

「創作版画誌の系譜―総目次及び作品図版」　中央公論美術出版　2008.1
　　p853―878
◎九州ルーテル学院大学発達心理臨床センター紀要(九州ルーテル学院大学発達心理臨床センター編集事務局編　熊本　九州ルーテル学院大学発達心理臨床センター)〔1―6／平14.3.31―平19.3.31〕論文総覧
　　「心理学紀要論文総覧」　日外アソシエーツ　2008.10 p144―146
○九州歴史資料館研究論集(小郡　九州歴史資料館)〔1―28／昭50―平15〕総目次
　　「九州歴史資料館研究論集」(九州歴史資料館編)通号29　2004.3 p63―69
○九州歴史資料館研究論集(小郡　九州歴史資料館)〔1―29／昭50―平16〕総目次
　　「九州歴史資料館研究論集」(九州歴史資料館編)通号30　2005.3 p141―146
○九州歴史資料館研究論集(小郡　九州歴史資料館)〔1―30／昭50―平17〕総目次
　　「九州歴史資料館研究論集」(九州歴史資料館編)通号31　2006.3 p77―83
○九州歴史資料館研究論集(小郡　九州歴史資料館)〔1―31／昭50―平18〕総目次
　　「九州歴史資料館研究論集」(九州歴史資料館編)通号32　2007.3 p86―91
○九州歴史資料館研究論集(小郡　九州歴史資料館)〔1―32／昭50―平19〕総目次
　　「九州歴史資料館研究論集」(九州歴史資料館編)通号33　2008.3 p120―125
○九州歴史資料館研究論集(小郡　九州歴史資料館)〔1―33／昭50―平20〕総目次
　　「九州歴史資料館研究論集」(九州歴史資料館編)通号34　2009.3 p117―124
○九州歴史資料館研究論集(小郡　九州歴史資料館)〔1―34／昭50―平21〕総目次
　　「九州歴史資料館研究論集」(九州歴史資料館編)通号35　2010 p98―104
○九州歴史資料館研究論集(小郡　九州歴史資料館)〔1―35／昭50―平22〕総目次
　　「九州歴史資料館研究論集」(九州歴史資料館編)通号36　2011 p141―148
○九大言語学研究室報告(福岡　九州大学文学部言語学研究室)〔1―22／昭55―平13〕目次一覧
　　「九州大学言語学論集」(九州大学大学院人文科学研究院言語学研究室編)
　　　(23)　2003.11 p53―62
　　(注)「九州大学言語学論集」と改題
○九大日文(福岡　九州大学日本語文学会「九大日文」編集委員会)〔1―15／平14.7―平22.3〕総目次
　　「九大日文」(九州大学日本語文学会「九大日文」編集委員会編)通号16
　　　2010.10.1 p81―87
○九大法学(福岡　九州大学大学院法学研究科→九大法学会)〔51―100／昭60―平

21.2〕総目次
　　「九大法学」(100)　2009年度　巻末1―19
◎**今日**(飯島耕一編　書肆ユリイカ)〔1―10／昭29.6―昭33.12〕総目次
　　「戦後詩誌総覧 5」(和田博文ほか)　日外アソシエーツ　2009.11　p58―65
○**教育**(世界評論社)〔1(1)―3(9)／昭22.8―昭24.10〕目次(奥泉栄三郎)
　　「戦後教育史研究」(明星大学戦後教育史研究センター編)(18)　2004.12
　　　p93―105
　　(注)欠号あり
○**教育映画視覚教育研究誌**(視覚教育研究会編　七星閣教育映画部)〔1―2／昭24.4
―昭24.8〕目次(奥泉栄三郎)
　　「戦後教育史研究」(明星大学戦後教育史研究センター編)(18)　2004.12
　　　p125―126
○**教育音楽**(教育音楽協会編　(株)音楽之友社)〔1(1)／昭21.12〕目次(奥泉栄三
郎)
　　「戦後教育史研究」(明星大学戦後教育史研究センター編)(21)　2007.12
　　　p107―109
○**教育界**(日本教育会)〔806―810／昭21.9―昭22.3〕目次(奥泉栄三郎)
　　「戦後教育史研究」(明星大学戦後教育史研究センター編)(20)　2006.12
　　　p149―155
　　(注)「大日本教育」の改題。「新しい教育と文化」と改題
○**教育改造**(成城教育研究所)〔1―17／昭21.6―昭23.10〕目次(奥泉栄三郎)
　　「戦後教育史研究」(明星大学戦後教育史研究センター編)(20)　2006.12
　　　p155―168
○**教育科学**(教育科学研究会編　同学社)〔1(1)―4(2)25／昭22.7―昭24.10〕目次
(奥泉栄三郎)
　　「戦後教育史研究」(明星大学戦後教育史研究センター編)(20)　2006.12
　　　p132―144
○**教育科学研究**(中央教育研究所編　三井報恩会内中央教育出版(株))〔1(1)―1
(2)／昭24.1―昭24.10〕目次(奥泉栄三郎)
　　「戦後教育史研究」(明星大学戦後教育史研究センター編)(20)　2006.12
　　　p145―148
○**教育学研究**(日本教育学会編　目黒書店)〔14(1)―17(5)／昭21.10―昭24.9〕目
次(奥泉栄三郎)

「戦後教育史研究」(明星大学戦後教育史研究センター編)(19)　2005.12 p119―128
○**教育学研究集録**(つくば　筑波大学大学院教育学研究科)〔1―27／昭53―平15〕総目次
　「教育学研究集録」(28)　2004　巻末1―19
◎**教育学・心理学研究紀要**(岐阜　岐阜大学教育学部教育学科)〔1―10／昭39.7―平2.12〕論文総覧
　「心理学紀要論文総覧」　日外アソシエーツ　2008.10 p107―109
　　(注)「岐阜大学教育学・心理学研究紀要」と改題
○**教育学・心理学論叢**(京都　京都女子大学)〔平13―平18〕論文題目一覧
　「発達教育学研究」(京都女子大学大学院発達教育学研究科編)(1)　2007.3 p55―57
◎**教育学・心理学論叢：京都女子大学大学院文学研究科研究紀要**(京都女子大学大学院文学研究科教育学専攻(博士後期課程)編　京都　京都女子大学)〔1―6／平13.3.31―平18.3.31〕論文総覧
　「心理学紀要論文総覧」　日外アソシエーツ　2008.10 p147―148
○**教育学論叢**(国士舘大学教育学会)〔1―21／昭58.12―平15.12〕総目次
　「教育学論叢」(国士舘大学教育学会〔編〕)(22)　2004.12 p7―14
○**教育学論叢**(国士舘大学教育学会)〔1―22／昭58.12―平16.12〕総目次
　「教育学論叢」(国士舘大学教育学会〔編〕)(23)　2005.12 p91―98
○**教育学論叢**(国士舘大学教育学会)〔1―23／昭58.12―平17.12〕総目次
　「教育学論叢」(国士舘大学教育学会〔編〕)(24)　2006.12 p103―110
○**教育学論叢**(国士舘大学教育学会)〔1―24／昭58.12―平18.12〕総目次
　「教育学論叢」(国士舘大学教育学会〔編〕)(25)　2008.2 p117―125
○**教育学論叢**(国士舘大学教育学会)〔1―25／昭58.12―平20.2〕総目次
　「教育学論叢」(国士舘大学教育学会〔編〕)(26)　2009.2 p183―191
○**教育学論叢**(国士舘大学教育学会)〔1―26／昭58.12―平21.2〕総目次
　「教育学論叢」(国士舘大学教育学会〔編〕)(27)　2010.2 p133―142
○**教育学論叢**(国士舘大学教育学会)〔1―28／昭58.12―平23.12〕総目次
　「教育学論叢」(国士舘大学教育学会〔編〕)(29)　2012.2 p161―170
○**教育紙芝居**(日本教育紙芝居協会)〔1(1)―4(12)／昭13.9―昭16.12〕目次(浅岡靖央)

「子ども学論集」（日本児童教育専門学校編）（3）　2010　p31—48
　　（注）欠号あり
○**教育技術**（教育技術連盟編　（株）小学館）〔1（1）—2（6）／昭21.4—昭22.9〕目次（奥泉栄三郎）
　　「戦後教育史研究」（明星大学戦後教育史研究センター編）（19）　2005.12　p139—159
○**教育ぎふ**（岐阜　岐阜県教職員組合文化部編　岐阜県教育図書（株））〔5／昭24.9〕目次（奥泉栄三郎）
　　「戦後教育史研究」（明星大学戦後教育史研究センター編）（19）　2005.12　p138
○**教育行財政研究**（京都　関西教育行政学会）〔1—33／昭45.12—平18.3〕総目次
　　「教育行財政研究」（34）　2007.3　p37—48
○**教育経営学会会報→教育経営学会報→教育経営学会紀要→日本教育経営学会紀要**（教育経営学会事務局→教育経営学会→桜村（茨城県）　日本教育経営学会→第一法規）〔1／昭35.4〕→〔2—8／昭36—昭41〕→〔9—15／昭42—昭48〕→〔16—50／昭49—平20.5〕総目録
　　「日本教育経営学会紀要」（日本教育経営学会編）（50）　2008.5　p245—283
　教育経営学会紀要（教育経営学会）
　　⇨教育経営学会会報
　教育経営学会報（教育経営学会事務局）
　　⇨教育経営学会会報
○**教育月報**（大阪　大阪市教育委員会事務局調査課編　大阪市教育委員会事務局）〔6—8／昭24.6—昭24.8〕目次（奥泉栄三郎）
　　「戦後教育史研究」（明星大学戦後教育史研究センター編）（19）　2005.12　p133—137
○**教育研究所所報**（岡崎　清光学園岡崎女子短期大学教育研究所）総目次
　　「学術教育総合研究所所報」（岡崎女子短期大学学術教育総合研究所所報編集委員会編）（1）　2008.3　p81—87
○**教育現実**（教育文化研究会編　教育図書（株））〔1（1）—1（3）／昭24.8—昭24.10〕目次（奥泉栄三郎）
　　「戦後教育史研究」（明星大学戦後教育史研究センター編）（19）　2005.12　p129—133
○**教育公論**（教育公論協会編　明治図書出版社）〔1（1）—4（9）／昭21.4—昭24.9〕

目次（奥泉栄三郎）
　　「戦後教育史研究」(明星大学戦後教育史研究センター編)（20）　2006.12
　　　p169—192
○**教育公論**（小倉（福岡県）　教育公論社）〔24(1) 262—24(9) 270／昭4.1—昭24.9〕
目次（奥泉栄三郎）
　　「戦後教育史研究」(明星大学戦後教育史研究センター編)（21）　2007.12
　　　p95—104
○**教育思想**（精神文化会）〔1—8／昭21.6—昭22.12〕目次（奥泉栄三郎）
　　「戦後教育史研究」(明星大学戦後教育史研究センター編)（21）　2007.12
　　　p150—152
　　（注）「社会科研究」と改題。欠号あり
○**教育実践学論集**（加東　兵庫教育大学大学院連合学校教育学研究科）〔1—10／平12.3—平21.3〕論文題目一覧
　　「教育実践学論集」(10)　2009.3　p211—216
○**教育社会**（西荻書店）〔1(1)—4(9) 35／昭21.11—昭24.9〕目次（奥泉栄三郎）
　　「戦後教育史研究」(明星大学戦後教育史研究センター編)（21）　2007.12
　　　p117—144
　　（注）欠号あり
○**教育春秋**（教育春秋社）〔1(1)—1(2)／昭21.10—昭21.12〕目次（奥泉栄三郎）
　　「戦後教育史研究」(明星大学戦後教育史研究センター編)（21）　2007.12
　　　p144—146
◎**教育女性**（教育女性文化会編　学芸図書出版社）〔1(1)—1(8)／昭24.4—昭25.1〕総目次
　　「占領期女性雑誌事典—解題目次総索引 2」(吉田健二)　金沢文圃閣　2004.8
　　　p189—194
○**教育女性**（教育女性文化会編　学芸図書出版社）〔1(1)—1(6)／昭24.4—昭24.10〕目次（奥泉栄三郎）
　　「戦後教育史研究」(明星大学戦後教育史研究センター編)（20）　2006.12
　　　p127—131
　　（注）欠号あり
○**教育人**（教育人協会編　新教育協会→教育人出版部）〔1(1)—2(3)／昭22.5—昭23.3〕目次（奥泉栄三郎）
　　「戦後教育史研究」(明星大学戦後教育史研究センター編)（19）　2005.12

p159—167
○**教育新報**((株)教育新報社)〔1—7／昭24.6—昭24.9〕目次(奥泉栄三郎)
　　「戦後教育史研究」(明星大学戦後教育史研究センター編)(21)　2007.12
　　　　p146—149
　　　(注)「新しい教育と文化」の改題。欠号あり
◎**教育心理学論集**(名古屋　名古屋大学大学院教育学研究科教育心理学専攻「教育心理学論集」編集委員会→名古屋大学大学院教育発達科学研究科心理発達科学専攻「教育心理学論集」編集委員会)〔2—30／昭47—平13.3.26〕論文総覧
　　「心理学紀要論文総覧」　日外アソシエーツ　2008.10　p392—398
　　　(注)「心理発達科学論集」と改題
◎**教育心理研究**(東京高等師範學校心理學教室→東京文理科大学心理学教室編　培風館)〔1(1)—3(12)／大15.4.1—昭3.12.1〕論文総覧
　　「心理学紀要論文総覧」　日外アソシエーツ　2008.10　p337—343
◎**教育心理と近接領域**(水戸　茨城大学教育学部教養心理学研究室)〔1—7／昭51.3.15—昭57.3.31〕論文総覧
　　「心理学紀要論文総覧」　日外アソシエーツ　2008.10　p18—20
○**教育生活**(新世界社)〔昭23.2—昭23.9〕目次(奥泉栄三郎)
　　「戦後教育史研究」(明星大学戦後教育史研究センター編)(21)　2007.12
　　　　p110—117
○**教育創造**(高田(新潟県)　高田教育研究会)〔1—8／昭23.5—昭23.8〕目次(奥泉栄三郎)
　　「戦後教育史研究」(明星大学戦後教育史研究センター編)(22)　2008.12
　　　　p107—110
　　　(注)欠号あり
◎**教育相談センター年報**(広島　広島文教女子大学教育相談センター)〔1—10／平6.3—平15.3.1〕論文総覧
　　「心理学紀要論文総覧」　日外アソシエーツ　2008.10　p512—515
　　　(注)「心理教育相談センター年報」と改題
○**教育ダイジェスト**(教育ダイジェスト編集会編　東光出版社→学芸教育社)〔1(1)—1(5)／昭23.4—昭24.9〕目次(奥泉栄三郎)
　　「戦後教育史研究」(明星大学戦後教育史研究センター編)(18)　2004.12
　　　　p121—124
○**教育調査**(鹿児島　鹿児島県教育委員会事務局教育調査課)〔1／昭24.9〕目次(奥

泉栄三郎)
　　「戦後教育史研究」(明星大学戦後教育史研究センター編)(18)　2004.12
　　　　p119—120
○**教育展望**(京都　京都府教育委員会事務局編　教育展望出版社)〔3／昭24.8〕目次(奥泉栄三郎)
　　「戦後教育史研究」(明星大学戦後教育史研究センター編)(22)　2008.12
　　　　p111—113
○**教育東海人**(教育東海人編　静岡　教育東海人会事務所)〔10／昭21.10〕目次(奥泉栄三郎)
　　「戦後教育史研究」(明星大学戦後教育史研究センター編)(22)　2008.12
　　　　p114
○**教育と社会**(社会教育連合会編　印刷庁)〔1／昭21.7〕目次(奥泉栄三郎)
　　「戦後教育史研究」(明星大学戦後教育史研究センター編)(22)　2008.12
　　　　p115—123
○**〈教育と社会〉研究**(〔国立〕　一橋大学〈教育と社会〉研究会)〔1—17／平3—平19〕総目録
　　「〈教育と社会〉研究」(一橋大学〈教育と社会〉研究会編)(17)　2007 p55—59
○**〈教育と社会〉研究**(〔国立〕　一橋大学〈教育と社会〉研究会)〔1—21／平3—平23〕総目録
　　「〈教育と社会〉研究」(一橋大学〈教育と社会〉研究会編)(21)　2011 p39—45
○**〈教育と社会〉研究**(〔国立〕　一橋大学〈教育と社会〉研究会)21号掲載総目録補遺
　　「〈教育と社会〉研究」(一橋大学〈教育と社会〉研究会編)(22)　2012 p60
○**教育ネットワーク研究室年報→東北大学大学院教育学研究科教育ネットワークセンター年報**(仙台　東北大学大学院教育学研究科教育ネットワーク研究室→東北大学大学院教育学研究科教育ネットワークセンター)〔1—6／平13.3—平18.3〕→〔7—9／平19.3—平21.3〕総目次(丸山和昭)
　　「東北大学大学院教育学研究科教育ネットワークセンター年報」(東北大学大学院教育学研究科教育ネットワークセンター〔編〕)(10)　2010.3 p143—163
○**教育の研究**(宮崎　宮崎大学教育研究所)〔1—2／昭24.5—昭24.8〕目次(奥泉栄

三郎)
　　「戦後教育史研究」(明星大学戦後教育史研究センター編)(21)　2007.12
　　　p104—107
○**教育美術**(教育美術振興会)〔10(2)—10(4)／昭24.8—昭24.10〕目次(奥泉栄三郎)
　　「戦後教育史研究」(明星大学戦後教育史研究センター編)(18)　2004.12
　　　p105—107
　　(注)欠号あり
○**教育福祉研究**(札幌　北海道大学教育学部教育計画研究室→北海道大学大学院教育学研究科教育福祉論分野→北海道大学大学院教育学研究院教育福祉論研究グループ)〔1—14／平3—平20〕総目次(岩田美香)
　　「教育福祉研究」(北海道大学大学院教育学研究院教育福祉論研究グループ編)(15)　2009.3　p57—62
○**教育復興**(新日本教育文化研究所→東京書籍(株))〔1(1)—2(8)／昭23.9—昭24.10〕目次(奥泉栄三郎)
　　「戦後教育史研究」(明星大学戦後教育史研究センター編)(19)　2005.12
　　　p103—119
○**教育文化**(目黒書店)〔5(1)—6(5)／昭21.1—昭22.5〕目次(奥泉栄三郎)
　　「戦後教育史研究」(明星大学戦後教育史研究センター編)(18)　2004.12
　　　p110—114
　　(注)欠号あり
○**教育文化**(大分　大分県教職員組合)〔1—2／昭23.5—昭24.3〕目次(奥泉栄三郎)
　　「戦後教育史研究」(明星大学戦後教育史研究センター編)(18)　2004.12
　　　p109—110
　　(注)「大分県教育」の改題
◎**教育臨床心理学研究：紀要**(札幌　北海道大学教育学部→北海道大学大学院教育学研究科　教育臨床心理学・臨床教育学研究グループ)〔1—5／平12.3.27—平15.3.20〕論文総覧
　　「心理学紀要論文総覧」　日外アソシエーツ　2008.10　p558—560
◎**教育労働研究**(社会評論社)〔1—11／昭48.5—昭53.12〕目次
　　「近代雑誌目次文庫　60　社会学編10」(目次文庫編集委員会編)　ゆまに書房
　　　2006.3　p48—51
○**教院講録**(建本堂)〔1—34／明6.7—明9.5〕目次(藤元直樹)

104

「参考書誌研究」(国立国会図書館主題情報部編)(65)　2006.10 p1—154
○**教員受験生**〔4(10)—6(2)／昭5.10—昭7.2〕目次(釜田史, 山本朗登)
　「研究論叢」(神戸大学教育学会編)(18)　2011 p25—49
　　(注) 欠号あり
○**教員受験生**〔6(5)—8(7)／昭7.5—昭9.7〕目次(山本朗登, 釜田史)
　「研究論叢」(神戸大学教育学会編)(18)　2011 p51—76
　　(注) 欠号あり
○**教員受験生**〔8(9)—9(5)／昭9.9—昭10.5〕目次(山本朗登, 釜田史)
　「研究論叢」(神戸大学教育学会編)(19)　2012 p33—40
　　(注) 欠号あり
◎**共栄社会学福祉研究**(春日部　共栄学園短期大学福祉研究会)〔1—3／昭60.5—昭62.5〕目次
　「近代雑誌目次文庫 60 社会学編10」(目次文庫編集委員会編)　ゆまに書房　2006.3 p52—53
◎**饗宴**(日本書院)〔1—7,1947.10—1948.8／昭21.5—昭23.8〕細目(大屋幸世)
　「日本近代文学書誌書目抄」　日本古書通信社　2006.3 p180—188
◎**饗宴**(嘉門安雄→市村宏→宮川宝亀編　日本書院)〔1—13／昭21.5—昭23.8〕内容細目
　「文芸雑誌内容細目総覧—戦後リトルマガジン篇」(日外アソシエーツ編, 勝又浩監修)　日外アソシエーツ, 紀伊國屋書店〔発売〕　2006.11 p51—54
紀要(桜美林大学)(町田　桜美林大学)
　⇨桜美林短期大学紀要
○**境界を越えて—比較文明学の現在**(立教大学比較文明学研究室→立教大学比較文明学会)〔1—6／平13.2—平18.2〕目次
　「境界を越えて—比較文明学の現在：立教比較文明学紀要」(7)　2007.2 p274—279
○**境界を越えて—比較文明学の現在**(立教大学比較文明学研究室→立教大学比較文明学会)〔1—7／平13.2—平19.2〕目次
　「境界を越えて—比較文明学の現在：立教比較文明学紀要」(8)　2008.3 p193—199
○**境界を越えて—比較文明学の現在**(立教大学比較文明学研究室→立教大学比較文明学会)〔1—8／平13.2—平20.2〕目次
　「境界を越えて—比較文明学の現在：立教比較文明学紀要」(9)　2009.3

きよう

　　　p183—190
○**境界を越えて―比較文明学の現在**(立教大学比較文明学研究室→立教大学比較文明学会)〔1—9／平13.2—平21.2〕目次
　　「境界を越えて―比較文明学の現在：立教比較文明学紀要」(10)　2010.3
　　　p273—282
教會と神學(仙台　東北学院大学学術研究会)
　　⇨東北学院大学論集 教會と神學
○**教会の神学**(日本基督教会神学校)〔1—20／平3—平25〕総目次
　　「教会の神学」(日本キリスト教会神学校神学研究会運営委員会,『教会の神学』編集委員会編)(20)　2013 p240—247
教科外活動と到達度評価(宇都宮　全国到達度評価研究会教科外教育分科会)
　　⇨教科外教育と到達度評価
○**教科外教育と到達度評価**(小山　全国到達度評価研究会教科外教育分科会)〔1—7／平10.8—平16.8〕バックナンバー総目次
　　「教科外教育と到達度評価」(全国到達度評価研究会教科外教育分科会編)
　　　(8)　2005.8 p72
○**教科外教育と到達度評価**(小山　全国到達度評価研究会教科外教育分科会)〔1—8／平10.8—平17.8〕バックナンバー総目次
　　「教科外教育と到達度評価」(全国到達度評価研究会教科外教育分科会編)
　　　(9)　2006.8 p25—26
○**教科外教育と到達度評価**(小山　全国到達度評価研究会教科外教育分科会)〔1—9／平10.8—平18.8〕バックナンバー総目次
　　「教科外教育と到達度評価」(全国到達度評価研究会教科外教育分科会編)
　　　(10)　2007.8 p59—60
○**教科外教育と到達度評価**(小山　全国到達度評価研究会教科外教育分科会)〔1—10／平10.8—平19.8〕バックナンバー総目次
　　「教科外教育と到達度評価」(全国到達度評価研究会教科外教育分科会編)
　　　(11)　2008.8 p62—63
○**教科外教育と到達度評価**(小山　全国到達度評価研究会教科外教育分科会)〔1—11／平10.8—平20.8〕バックナンバー総目次
　　「教科外活動と到達度評価」(全国到達度評価研究会教科外教育分科会編)
　　　(12)　2009.11 p41—43
○**教科外教育と到達度評価→教科外活動と到達度評価**(小山→宇都宮　全国到達度

評価研究会教科外教育分科会)〔1―11／平10.8―平20.8〕→〔12／平21.11〕バックナンバー総目次
　「教科外活動と到達度評価」(全国到達度評価研究会教科外教育分科会編)
　　　(13)　2010.11 p31―32
○教科外教育と到達度評価→教科外活動と到達度評価(小山→宇都宮 全国到達度評価研究会教科外教育分科会)〔1―11／平10.8―平20.8〕→〔12―13／平21.11―平22.11〕バックナンバー総目次
　「教科外活動と到達度評価」(全国到達度評価研究会教科外教育分科会編)
　　　(14)　2013.6 p85―87
○**教科教育学研究**(小金井 日本教育大学協会第二常置委員会)〔1―24／昭59.3―平18〕総目次
　「日本教育大学協会研究年報」(日本教育大学協会年報編集委員会編)(25)
　　　2007 p280―286
○**共学通信**(共学通信青年文化連盟編 小金井町 共学通信社)〔1―6／昭23.6―昭24.7〕目次(奥泉栄三郎)
　「戦後教育史研究」(明星大学戦後教育史研究センター編)(18)　2004.12
　　　p88―91
◎**鏡花研究**(金沢 石川近代文学館)〔1―12／昭49.8―平22.3〕総目次(岡野裕之)
　「文学館出版物内容総覧：図録・目録・紀要・復刻・館報」 日外アソシエーツ　2013.4 p662―663
○**教科書レポート**(日本出版労働組合連合会)〔10―49／昭41―平17〕総目次
　「教科書レポート」(50)　2006.8 巻末1―7
◎**京鹿子**(京都 京鹿子発行所)〔1―1000／大9.11―平19.12〕年表(東京四季出版)
　「京鹿子――一〇〇〇号記念誌」(高木晶子)　京鹿子社　2008.5 p393―438
◎**鏡花雪うさぎ**(金沢 泉鏡花記念館)〔1―7／平17.3―平24.3〕総目次(岡野裕之)
　「文学館出版物内容総覧：図録・目録・紀要・復刻・館報」 日外アソシエーツ　2013.4 p682―683
◎**凶区**(バッテン+暴走グループ編)〔1―廃刊宣言号／昭39.4―昭46.3〕総目次
　「戦後詩誌総覧 7」(和田博文ほか) 日外アソシエーツ　2010.5 p110―132
○**行刑衞生會雜誌**(行刑衛生会)目録(池尻隆二)
　「矯正医学」54(1)　2005.6 p15―78
○**教材研究**(教材研究会)〔創刊号―5(5)／昭21.12―昭25.5〕目次集(稿)(丸山剛史,尾高進,志村聡子)

きょう

　　　「工学院大学共通課程研究論叢」(工学院大学［編］)(43-2)　2006　p121—134
　　　(注)欠号あり　(付)執筆者一覧
◎共産主義革命(怒濤社)〔1—6／昭46.2—昭50.10〕目次
　　　「近代雑誌目次文庫 60 社会学編10」(目次文庫編集委員会編)　ゆまに書房
　　　　2006.3　p73—74
◎共産主義者(解放社)(解放社)〔7—179／昭38.5—平11.3〕目次
　　　「近代雑誌目次文庫 60 社会学編10」(目次文庫編集委員会編)　ゆまに書房
　　　　2006.3　p75—130
　　　(注)「新世紀」と改題
◎共産主義者(日本革命的共産主義同盟関東ビューロー)(日本革命的共産主義同盟関東ビューロー→前進社)〔1—128／昭34.1—平13.5〕目次
　　　「近代雑誌目次文庫 60 社会学編10」(目次文庫編集委員会編)　ゆまに書房
　　　　2006.3　p131—173
◎共産主義と国際政治(日本国際問題研究所)〔1(1)—9(2)／昭51.7〜9—昭55.1〕目次
　　　「近代雑誌目次文庫 60 社会学編10」(目次文庫編集委員会編)　ゆまに書房
　　　　2006.3　p174—179
　　　(注)「月刊共産圏問題」の改題
◎共産主義(日本政治経済研究所)(日本政治経済研究所)〔1(1)—5(10)／昭54.8—昭58.10〕目次
　　　「近代雑誌目次文庫 60 社会学編10」(目次文庫編集委員会編)　ゆまに書房
　　　　2006.3　p54—69
◎共産主義(リベラシオン社)(リベラシオン社→レボルシオン社→戦旗社)〔1—7,復刊準備号,復刊1,8—12／昭34.2—昭35.2,昭40.8,昭40.12—昭43.12〕目次
　　　「近代雑誌目次文庫 60 社会学編10」(目次文庫編集委員会編)　ゆまに書房
　　　　2006.3　p70—72
○紀要(滋賀県文化財保護協会)(大津 滋賀県文化財保護協会)〔1—18／昭63—平17〕総目次
　　　「紀要」(滋賀県文化財保護協会編)(19)　2006.3　p97—103
◎暁鐘(暁社)〔1(1)—1(4)／昭21.5—昭21.10〕細目(大屋幸世)
　　　「日本近代文学書誌書目抄」　日本古書通信社　2006.3　p121—124
○教場必携(轉新社)〔1—11／明7.5—明9.?〕目次(藤元直樹)
　　　「参考書誌研究」(国立国会図書館主題情報部編)(65)　2006.10　p1—154

○**教職研究**（立教大学学校・社会教育講座教職課程）〔1―16／平3.3―平18.4〕総目次
　　「教職研究」(17)　2006年度 p88―96
○**共生**（共生会中央事務所→共生会出版部）〔1(1)―22(12)／大12.5―昭19.12〕総目次（藤森雄介）
　　「大乗淑徳学園長谷川仏教文化研究所年報」（長谷川仏教文化研究所［編］）(31)　2007.3 p29―108
○**矯正医学会誌**（日本矯正医学会）目録（池尻隆二）
　　「矯正医学」54(1)　2005.6 p15―78
　紀要（成城短期大学部）（成城大学短期大学部）
　　⇨成城大学短期大学部紀要
○**京染と精練染色**（京都 京染研究会, 精練染色研究会→京染・精練染色研究会）〔1(1)―56(1)／昭25―平17〕総目次
　　「京染と精練染色」56(2)　2005 p48―118
○**京染と精練染色**（京都 京染研究会, 精練染色研究会→京染・精練染色研究会）〔1―61／昭25―平22〕総目次
　　「京染と精練染色」61(4)　2010 p76―117
○**兄弟**（井上光晴編 影書房, 兄弟事務局）〔1―2／平1.3―平1.10〕総目次（茶園梨加）
　　「敍説. 3：文学批評」（敍説舎編）(8)　2012.6 p54―56
○**郷土**（下関 下関郷土会）〔1―50／昭35.7―平19.3〕総目録
　　「郷土」（下関郷土会編）(50)　2007.3
○**郷土石見**（浜田 石見郷土研究懇話会）〔1―67／昭51.2―平16.12〕総目次―ジャンル別
　　「郷土石見：石見郷土研究懇話会機関誌」（石見郷土研究懇話会編）(68)　2005.4 p136―153
○**郷土石見**（浜田 石見郷土研究懇話会）〔1―73／昭51.2―平18.12〕総目次―ジャンル別
　　「郷土石見：石見郷土研究懇話会機関誌」（石見郷土研究懇話会編）(75)　2007.8 p118―137
○**郷土石見**（浜田 石見郷土研究懇話会）総目次―ジャンル別
　　「郷土石見：石見郷土研究懇話会機関誌」（石見郷土研究懇話会編）(80)　2009.4

きよう

○郷土石見（浜田　石見郷土研究懇話会）総目次―ジャンル別
　　「郷土石見：石見郷土研究懇話会機関誌」（石見郷土研究懇話会編）（86）
　　　2011.4
○教導新叢書（聞信社）〔1―10／明5.6―明6.4〕目次（藤元直樹）
　　「参考書誌研究」（国立国会図書館主題情報部編）（65）　2006.10 p1―154
○郷土をさぐる（上富良野（北海道）　上富良野町郷土をさぐる会）〔1―24／昭56.
　10.10―平19.4.1〕目次
　　「郷土をさぐる」（25）　2008.4
○京都学芸大学国文学会報→京都教育大学国文学会誌（京都　京都教育大学国文学
　会）〔1―39／昭28.10―平25.7〕総目次
　　「京都教育大学国文学会誌」（40）　2013.7 p15―28
○郷土神奈川（横浜　神奈川県立図書館）〔1―50／昭49.1―平24.2〕総目次
　　「郷土神奈川」（神奈川県立図書館企画サービス部地域情報課編）（50）　2012.
　　2 p1―10
◎郷土玩具集〔1―10／昭9.6―昭10.3〕総目次（加治幸子）
　　「創作版画誌の系譜―総目次及び作品図版」　中央公論美術出版　2008.1
　　p899―908
　京都教育大学国文学会誌（京都　京都教育大学国文学会）
　　⇨京都学芸大学国文学会報
◎京都基督教福祉会洛西愛育園紀要（京都　京都基督教福祉会洛西愛育園）〔1―2／
　昭57.9―平1.10〕目次
　　「近代雑誌目次文庫 60　社会学編10」（目次文庫編集委員編）　ゆまに書房
　　2006.3 p180
○郷土研究誌みなみ（南知多（愛知県）　南知多郷土研究会）〔71―80／平13.5―平
　17.11〕目次総覧（編集部）
　　「郷土研究誌みなみ」（80）　2005.11
○郷土研究誌みなみ（南知多（愛知県）　南知多郷土研究会）〔81―90／平18.5―平
　22.11〕目次総覧（編集部）
　　「郷土研究誌みなみ」（90）　2010.11 p82―85
○郷土作家研究（弘前　青森県郷土作家研究会）〔1―28／昭34.10―平15〕目次
　　「郷土作家研究」（29）　2004.7 p71―74
○郷土作家研究（弘前　青森県郷土作家研究会）〔1―29／昭34.10―平16.7〕既刊号
　目次ほか

「郷土作家研究」(30)　2005.6 p95―105
○郷土作家研究(弘前　青森県郷土作家研究会)〔21―34／平5.3―平21.8〕目次
　「郷土作家研究」(35)　2012.3 p44―45
◎京都市女性会議報告書(京都　京都市総務局総務部)〔21／平4.3〕目次
　「近代雑誌目次文庫 60 社会学編10」(目次文庫編集委員会編)　ゆまに書房　2006.3 p181
◎京都市女性情報センターだより(京都　京都市社会教育振興財団)〔21―23／平4.6―平5.2〕目次
　「近代雑誌目次文庫 60 社会学編10」(目次文庫編集委員会編)　ゆまに書房　2006.3 p182
　(注)「京都市婦人情報センターだより」の改題
○京都詩人(越屋書店)〔1―2(2)／大15.8―昭2.2〕目次ほか(鹿子木猛郎)
　「文献探索」(文献探索研究会編)(2005)　2006.5 p91―107
○京都自治研究(京都　京都自治体問題研究所)〔1／平20.6〕目次
　「京都自治研究：Kyoto研究所報」(京都自治体問題研究所編)(2)　2009.6 p101
○京都自治研究(京都　京都自治体問題研究所)〔1―2／平20.6―平21.6〕目次
　「京都自治研究：Kyoto研究所報」(京都自治体問題研究所編)(3)　2010.6 p75―76
○京都自治研究(京都　京都自治体問題研究所)〔1―3／平20.6―平22.6〕目次
　「京都自治研究：Kyoto研究所報」(京都自治体問題研究所編)(4)　2011.6 p91―93
○京都自治研究(京都　京都自治体問題研究所)〔1―4／平20.6―平23.6〕目次
　「京都自治研究：Kyoto研究所報」(京都自治体問題研究所編)(5)　2012.6 p107―110
○京都自治研究(京都　京都自治体問題研究所)〔1―5／平20.6―平24.6〕目次
　「京都自治研究：Kyoto研究所報」(京都自治体問題研究所編)(6)　2013.6 p133―137
◎京都市婦人情報センターだより(京都　京都市社会教育振興財団)〔14―20／昭63.12―平3.12〕目次
　「近代雑誌目次文庫 60 社会学編10」(目次文庫編集委員会編)　ゆまに書房　2006.3 p183―184
　(注)「婦人教育情報センターだより」の改題。「京都市女性情報センターだより」と

改題
◎京都女子大学大学院文学研究科研究紀要史学編（京都　京都女子大学大学院文学研究科史学専攻博士後期課程編　京都女子大学）〔1—5／平14.3—平18.3〕論文総覧
　　「歴史学紀要論文総覧」　日外アソシエーツ　2007.9 p229—230
◎京都自立センター（京都　京都障害者自立センター）〔21—58／昭62.5—平6.3〕目次
　　「近代雑誌目次文庫 60 社会学編10」（目次文庫編集委員会編）　ゆまに書房　2006.3 p185—192
　　（注）「自立センター」の改題
京都聖母女学院短期大学研究紀要（京都　京都聖母女学院短期大学）
　⇨聖母女学院短期大学研究紀要
○京都大学國文學論叢（京都　「國文學論叢」編集部）〔1—30／平10.11—平25.9〕論文総目録
　　「京都大学國文學論叢」（〔京都大学大学院文学研究科国語学国文学研究室〕「國文學論叢」編集部編）（30）　2013.9 p77—82
◎京都大学人間総合学部紀要（京都　京都大学人間総合学部）〔1—3／平6.7—平8.8〕目次
　　「近代雑誌目次文庫 60 社会学編10」（目次文庫編集委員会編）　ゆまに書房　2006.3 p193—194
○京都ドイツ語学研究会会報（京都　京都ドイツ語学研究会）〔1—15／昭62—平13〕総目次
　　「Sprachwissenschaft Kyoto」(6)　2007 p64—82
○郷土と博物館（鳥取県立博物館）〔1—94／昭28—平17〕総目録（安藤重敏）
　　「鳥取県立博物館研究報告」(43)　2006.3 p63—88
○郷土新潟（新潟　新潟郷土史研究会）〔1—50／昭38.3—平22.3〕総目次
　　「郷土新潟」(50)　2010.3 p〈1〉—〈34〉
　　（付）編・著者名索引, 事項索引
○郷土の香り（保原町（福島県）　保原町文化財保存会）〔1—39〕総合目次
　　「郷土の香り：郷土文化財資料」（保原町文化財保存会〔編〕）(39)　2006.3 付1—12
◎京都ノートルダム女子大学研究紀要（京都　京都ノートルダム女子大学）〔30—37／平12.3.31—平19.3.31〕論文総覧

「心理学紀要論文総覧」 日外アソシエーツ 2008.10 p151—153
(注)「ノートルダム女子大学研究紀要」の改題
◎郷土はとがや(鳩ヶ谷 鳩ヶ谷郷土史会)〔1—67／昭52.5—平23.5〕総目録
「『郷土はとがや』総目録」 鳩ヶ谷郷土史会 2011.11 57p A5
○郷土ひたち(日立 郷土ひたち文化研究会)〔51—60／平13.3—平22.3〕記事目次
「郷土ひたち」(60) 2010.3
○京都府埋蔵文化財情報(日向 京都府埋蔵文化財調査研究センター)〔1—99／昭56.9—平18.3〕総目次
「京都府埋蔵文化財情報」(100) 2006.7 p35—53
◎京都部落史研究所紀要(京都 京都部落史研究所)〔1—12／昭56.3—平12.6〕目次
「近代雑誌目次文庫 60 社会学編10」(目次文庫編集委員会編) ゆまに書房 2006.3 p195—196
○郷土文化(名古屋 名古屋郷土文化会)〔26(1)100—59(1)199／昭46—平16〕総目次
「郷土文化」67(1)通巻217 2012.8 p98—70
○郷土文化ながと(長門(山口県) 長門市郷土文化研究会)〔11—20／平11.5—平20.5〕既刊号目次
「郷土文化ながと」(21) 2009.5
◎京都法学会雑誌〔1(1)—13(12)／明39.1—大7.12〕総目録(櫻田忠衛)
「経済資料調査論の構築—京都大学経済学部での試み」 文理閣 2011.2 p192—237
◎紀要(名古屋市児童福祉センター)(名古屋 名古屋市児童福祉センター)〔9／平3.3〕目次
「近代雑誌目次文庫 60 社会学編10」(目次文庫編集委員会編) ゆまに書房 2006.3 p47
◎紀要(南海福祉専門学校)(高石 南海福祉専門学校)〔7—9／平1.6—平3.4〕目次
「近代雑誌目次文庫 60 社会学編10」(目次文庫編集委員会編) ゆまに書房 2006.3 p46
(注)「南海保育専門学校紀要」の改題
○峡南の郷土([市川大門町(山梨県)] 峡南郷土研究会)〔40—49／平12.3—平21.3〕バックナンバー
「峡南の郷土」(50) 2010.3
○紀要(日本海地誌調査研究会)→会誌(日本海地誌調査研究会)(鶴賀 日本海地

誌調査研究会)〔1—3/平14—平16〕→〔4/平17〕総目次
「会誌」(〔日本海地誌調査研究会〕〔編〕)(4)　2005　p73
◎恐怖街(記載なし)〔昭24.10〕総目次(山前譲)
「探偵雑誌目次総覧」　日外アソシエーツ　2009.6　p345
○教法集説(三省社)〔1/明9.4〕目次(藤元直樹)
「参考書誌研究」(国立国会図書館主題情報部編)(65)　2006.10　p1—154
紀要(宝仙学園短期大学)(宝仙学園短期大学)
　⇨宝仙学園短期大学研究紀要
○紀要—椋鳩十・人と文学(加治木町(鹿児島県)　椋鳩十文学記念館)〔1—9/平8.3—平16.3〕総目録
「紀要」(椋鳩十文学記念館‖〔編〕)(10)　2005.3　p90—94
◎紀要—椋鳩十・人と文学(加治木町(鹿児島県)　椋鳩十文学記念館)〔1—13/平8.3—平20.3〕総目次(岡野裕之)
「文学館出版物内容総覧：図録・目録・紀要・復刻・館報」　日外アソシエーツ　2013.4　p1083—1085
○教門雑誌(大内青巒)〔1—4/明8.6—明8.11〕目次(藤元直樹)
「参考書誌研究」(国立国会図書館主題情報部編)(65)　2006.10　p1—154
○共立女子大学紀要→共立女子大学文芸学部紀要(共立女子大学)〔1—18/昭30.11—昭46.9〕→〔19—50/昭47.3—平16.1〕紀要一覧
「共立女子大学文芸学部紀要」(51)　2005.1　巻末5—17
○共立女子大学紀要→共立女子大学文芸学部紀要(共立女子大学)〔1—18/昭30.11—昭46.9〕→〔19—53/昭47.3—平19.1〕紀要一覧
「共立女子大学文芸学部紀要」(54)　2008.1　巻末4—5
共立女子大学文芸学部紀要(共立女子大学)
　⇨共立女子大学紀要
○教林雑誌(敬愛社)〔1—6附/明7.1—明8.?〕目次(藤元直樹)
「参考書誌研究」(国立国会図書館主題情報部編)(65)　2006.10　p1—154
○教林新報(日報社)〔1—8/明5.10—明6.2〕目次(藤元直樹)
「参考書誌研究」(国立国会図書館主題情報部編)(65)　2006.10　p1—154
○清見潟(静岡　清水郷土史研究会)〔1—17/平3.3—平20.5〕目次一覧
「清見潟：清水郷土史研究会会誌」(18)　2009.5　p213—227
◎魚類の薔薇(青森　「魚類の薔薇」会→「魚類の薔薇」詩人会→「魚類の薔薇」

の会→「蒼い貝殻」詩友会）〔3—18／昭29.2—昭32.7〕総目次
　　「戦後詩誌総覧 5」(和田博文ほか)　日外アソシエーツ　2009.11 p66—77
○**キリスト教学**(立教大学キリスト教学会)〔1—45／昭34—平15〕総目次
　　「キリスト教学」(46)　2004.12 p194—207
　　(注)「立教大学神学年報」の改題
○**キリスト教学**(立教大学キリスト教学会)〔1—46／昭34—平16〕総目次
　　「キリスト教学」(47)　2005 p310—323
　　(注)「立教大学神学年報」の改題
○**キリスト教学**(立教大学キリスト教学会)〔1—47／昭34—平17〕総目次
　　「キリスト教学」(48)　2006.12 p238—252
　　(注)「立教大学神学年報」の改題
○**キリスト教学**(立教大学キリスト教学会)〔1—48／昭34—平18〕総目次
　　「キリスト教学」(49)　2007 p207—221
　　(注)「立教大学神学年報」の改題
○**キリスト教学**(立教大学キリスト教学会)〔1—49／昭34—平19〕総目次
　　「キリスト教学」(50)　2008.12 p244—258
　　(注)「立教大学神学年報」の改題
○**キリスト教学**(立教大学キリスト教学会)〔1—50／昭34—平20〕総目次
　　「キリスト教学」(51)　2009.12 p274—288
　　(注)「立教大学神学年報」の改題
○**キリスト教学**(立教大学キリスト教学会)〔1—51／昭34—平21〕総目次
　　「キリスト教学」(52)　2010 p273—288
　　(注)「立教大学神学年報」の改題
○**キリスト教学**(立教大学キリスト教学会)〔1—52／昭34—平22〕総目次
　　「キリスト教学」(53)　2011 p210—224
　　(注)「立教大学神学年報」の改題
○**キリスト教学**(立教大学キリスト教学会)〔1—53／昭34—平23〕総目次
　　「キリスト教学」(54)　2012 p212—226
　　(注)「立教大学神学年報」の改題
○**キリスト教教育論集**(西宮　日本キリスト教教育学会)〔1—15／平3.5—平19.5〕総目次
　　「キリスト教教育論集」(日本キリスト教教育学会編)(16)　2008.3 p135—155

（付）英語文
　　キリスト教史学(横浜　キリスト教史学会)
　　　⇨基督教史学
◯**基督教史学→キリスト教史学**(横浜　キリスト教史学会)〔1―13／昭26.4―昭38.12〕→〔14―59／昭39.10―平17.7〕執筆者別論文総目次
　　　「キリスト教史学」(60)　2006.7 p17―32
◎**キリスト教社会福祉学研究**(大阪　日本キリスト教福祉学会)〔32―33／平12.1―平13.1〕目次
　　　「近代雑誌目次文庫　60　社会学編10」(目次文庫編集委員会編)　ゆまに書房
　　　　2006.3 p208―209
　　　(注)「基督教社会福祉学研究」の改題
◎**基督教社会福祉学研究**(三鷹→大阪　日本基督教福祉学会)〔6(1)―31／昭48.10―平11.2〕目次
　　　「近代雑誌目次文庫　60　社会学編10」(目次文庫編集委員会編)　ゆまに書房
　　　　2006.3 p197―207
　　　(注)「キリスト教社会福祉学研究」と改題
◎**キリスト教社会問題研究**(京都　同志社大学キリスト教社会問題研究会→同志社大学人文科学研究所第二研究→同志社大学人文科学研究所)〔1―49／昭33.5―平12.12〕目次
　　　「近代雑誌目次文庫　60　社会学編10」(目次文庫編集委員会編)　ゆまに書房
　　　　2006.3 p210―221
◯**キリスト教と文化→人文科学研究**(三鷹　国際基督教大学キリスト教と文化研究所)〔1―3／昭39.3―昭42.7〕→〔4―40／昭43.10―平21.3〕論文目録
　　　「人文科学研究」(41)　2010.3 p125―142
◯**キリスト教文藝**(西宮　日本キリスト教文学会関西支部)〔1―25／昭58.9―平21.4〕総目次
　　　「キリスト教文藝」(「キリスト教文藝」編集委員会編)(26)　2010.6 p84―94
◯**基督教論集**(青山学院大学基督教学会→青山学院大学同窓会基督教学会)〔1―49／昭28.3―平17.11〕総目次
　　　「基督教論集」(青山学院大学同窓会基督教学会編)通号50　2007.3 p167―227
◯**基督教論集**(青山学院大学基督教学会→青山学院大学同窓会基督教学会)〔1―50／昭28.3―平19.3〕総目次

「基督教論集」(青山学院大学同窓会基督教学会編)通号51　2008.3 p159―197
○キリストと世界〔1―20／平3.3―平22.3〕総目次
「キリストと世界：東京基督教大学紀要」(20)　2010.3 p131―137
○桐生史苑(桐生　桐生文化史談会)〔35―47／平8.3―平20.3〕総目次(巻島隆)
「桐生史苑」(48)　2009.3
○記録芸術の会月報〔1―14／昭32.8―昭36.1〕総目次
「二松学舎大学人文論叢」(二松学舎大学人文学会)(91)　2013.10 p130―140
◎銀河(銀河社)〔9―34／昭38.10―昭47.1〕総目次
「戦後詩誌総覧 7」(和田博文ほか)　日外アソシエーツ　2010.5 p133―149
◎銀河の道(杉克彦→「銀の会」→銀河社)〔1―8／昭36.11―昭38.8〕総目次
「戦後詩誌総覧 7」(和田博文ほか)　日外アソシエーツ　2010.5 p150―154
　(注)「銀河」と改題
　近畿医療福祉大学紀要(福崎町(兵庫県)　近畿医療福祉大学)
　　⇨近畿福祉大学紀要
○近畿大学語学教育部紀要(東大阪　近畿大学語学教育部)〔1(1)―9(2)／平13―平21〕総目次
「近畿大学語学教育部紀要」9(2)通号18　2009　巻末10p
○近畿福祉大学紀要→近畿医療福祉大学紀要(福崎町(兵庫県)　近畿福祉大学→近畿医療福祉大学)〔1(1)―8(2)／平12.12―平19.12〕→〔9(1)―10(2)／平20.6―平21.12〕総目次
「近畿医療福祉大学紀要」10(2)通号16　2009.12 p85―89
　近現代東北アジア地域史研究会ニューズレター(国立　近現代東北アジア地域史研究会)
　　⇨News letter(ニューズレター)
○近世医説(開拓使)〔1―3／明7.5―明7.9〕目次(藤元直樹)
「参考書誌研究」(国立国会図書館主題情報部編)(65)　2006.10 p1―154
◎近世史研究(立正大学古文書研究会)〔1―14／昭49.8―昭56.10〕論文総覧
「歴史学紀要論文総覧」　日外アソシエーツ　2007.9 p732―733
◎近代誌苑(近代誌苑社)〔1(1)―1(3)／昭21.1―昭21.4〕総目次
「戦後詩誌総覧 4」(和田博文ほか)　日外アソシエーツ　2009.6 p7―11
◎近代詩猟(足利　近代詩猟社)〔8―30／昭30.3―昭36.1〕総目次

「戦後詩誌総覧 5」(和田博文ほか) 日外アソシエーツ 2009.11 p78—91
(注)「挽近詩猟」の改題
○近代史料研究(つくば 日本近代史研究会)〔1—10／平13—平22〕総目次
「近代史料研究」(日本近代史研究会編)(10) 2010 p103—105
◎近代説話(寺内大吉編 六月社→近代説話刊行会)〔1—11／昭32.5—昭38.5〕内容細目
「文芸雑誌内容細目総覧—戦後リトルマガジン篇」(日外アソシエーツ編, 勝又浩監修) 日外アソシエーツ, 紀伊國屋書店〔発売〕 2006.11 p306—308
○近代中国研究彙報(東洋文庫)〔1—30／昭54—平20〕総目次
「近代中国研究彙報」(31) 2009 p95—102
○近代中国研究彙報(東洋文庫)〔1—30／昭54—平20〕総目次
「旧石器考古学」(73) 旧石器文化談話会 2010.4 p95—102
○近代日本研究(慶応義塾福沢研究センター)〔11—20／平6—平15〕総目次
「近代日本研究」(21) 2004 p1—5
◎近代婦人(近代婦人社)〔1(1)—1(3)／昭7.2—昭7.4〕目次
「近代雑誌目次文庫 60 社会学編10」(目次文庫編集委員会編) ゆまに書房 2006.3 p222—223
○近代文学資料と試論(日高 「近代文学資料と試論」の会)〔1—10／平15.11—平21.6〕既刊号総目次
「近代文学資料と試論」(10) 2009.6 p29,46, 表紙
○近代文学試論(東広島 広島大学近代文学研究会)〔40—49／平14.12—平23.12〕バックナンバー総目次
「近代文学試論」(50) 2012.12 p275—276
○金融ビジネス(東洋経済新報社)〔250—258／平19.Spr.—平21.Spr.〕バックナンバー索引
「金融ビジネス」(260) 2009.Aut. p154—159
◎金曜会パンフレット(上海 上海商工会議所内金曜会)〔1—225／昭4.1.10—昭14.5.30〕総目次
「抗日・排日関係史料—上海商工会議所『金曜会パンフレット』」(金丸裕一監修・解説) ゆまに書房 2007.2.28 p3—77
(付)索引：p79—110
○金蘭短期大学研究誌→千里金蘭大学紀要(吹田 金蘭短期大学→千里金蘭大学)〔1—34／昭41.5—平15.12〕→〔35—40／平16—平21〕総目次

「千里金蘭大学紀要」(千里金蘭大学図書委員会編) 2009年 〔2009〕p101—137
　(付)執筆者別一覧
◎勤勞者文學(徳永直編 新日本文学会)〔1—9／昭23.3—昭24.8〕内容細目
　「文芸雑誌内容細目総覧—戦後リトルマガジン篇」(日外アソシエーツ編, 勝又浩監修) 日外アソシエーツ, 紀伊國屋書店〔発売〕 2006.11 p183—186

【く】

◎艸と風—版画〔1—3／?—昭6.7〕総目次(加治幸子)
　「創作版画誌の系譜—総目次及び作品図版」 中央公論美術出版 2008.1 p494—497
◎草の根通信(公害を考える千人実行委員会→環境権訴訟をすすめる会)〔1—380／昭47.9—平16.7〕総目次
　「復刻草の根通信 別冊 解題・総目次」 すいれん舎 2008.10 p53—203
◎草の根福祉(広島→福島→倉敷 社会福祉研究センター)〔11—28／昭58.9—平10.10〕目次
　「近代雑誌目次文庫 60 社会学編10」(目次文庫編集委員会編) ゆまに書房 2006.3 p224—227
◎艸笛〔1—3／昭5.3—昭5.8〕総目次(加治幸子)
　「創作版画誌の系譜—総目次及び作品図版」 中央公論美術出版 2008.1 p418—422
九十九里総合文化研究所研究紀要(白子町(千葉県) 九十九里総合文化研究所)
　⇨研究紀要(日本村落自治史料調査研究所)
◎釧路史学(釧路 北海道教育大学釧路分校史学研究室)〔1／昭44.3〕論文総覧
　「歴史学紀要論文総覧」 日外アソシエーツ 2007.9 p644
○くちくまの→熊野(田辺 紀南文化財研究会)〔101—129／平7.5—平17.11〕→〔130—145／平18.5—平25.12〕総目録
　「熊野」(145) 2013.12.1 p59—73
○国見物語(国見町(大分県) 国見町郷土史研究会)〔1—10／昭56.3—平2.9〕目次一覧
　「国見物語」(国見町郷土史研究会〔編〕)(29) 2010.4 p90—98
◎櫟〔1—13／昭8.8—昭12.6〕総目次(加治幸子)

119

　　　　「創作版画誌の系譜―総目次及び作品図版」　中央公論美術出版　2008.1
　　　　　p826―848
○グノーシス（法政大学産業情報センター）〔1―12／平4.3―平15.3〕全巻目次
　　　　「イノベーション・マネジメント」(1)　2004.5　p159―162
○グノーシス（法政大学産業情報センター）〔1―12／平4.3―平15.3〕全巻目次
　　　　「イノベーション・マネジメント」(2)　2005.Spr.　p193―196
○グノーシス（法政大学産業情報センター）〔1―12／平4.3―平15.3〕全巻目次
　　　　「イノベーション・マネジメント」(3)　2006.Spr.　p203―206
○グノーシス（法政大学産業情報センター）〔1―12／平4.3―平15.3〕全巻目次
　　　　「イノベーション・マネジメント」(4)　2007.Spr.　p248―251
○グノーシス（法政大学産業情報センター）〔1―12／平4.3―平15.3〕全巻目次
　　　　「イノベーション・マネジメント」(5)　2008.Spr.　p169―172
◎首〔9―16／昭42.1―昭45.7〕総目次
　　　　「戦後詩誌総覧 8」（和田博文ほか）　日外アソシエーツ　2010.8　p29―36
　　　　（注）「0005」の改題
○熊谷市郷土文化会誌（熊谷　熊谷市郷土文化会）〔50―59／平7.12―平16.11〕総目録
　　　　「熊谷市郷土文化会誌」（熊谷市郷土文化会［編］）(60)　2005.12
　　熊野（田辺　紀南文化財研究会）
　　　　⇨くちくまの
○熊野誌（新宮　熊野地方史研究会）〔1―54／昭33.3―平20.9〕所収論文総目次
　　　　「熊野誌」（熊野地方史研究会編）(55)　2008.12
　　　　（付）所収論文件名索引
○熊本学園大学論集『総合科学』（熊本　熊本学園大学総合科学研究会）〔1(1)1―12(1)23／平6―平17〕バックナンバー
　　　　「熊本学園大学論集『総合科学』」（熊本学園大学総合科学研究会［編］）12(2)通巻24　2006.4　巻末1―13
◎熊本近代文学館報（熊本　熊本近代文学館）〔1―72／昭60.10―平24.3〕総目次（岡野裕之）
　　　　「文学館出版物内容総覧：図録・目録・紀要・復刻・館報」　日外アソシエーツ　2013.4　p1060―1065
◎熊本県女性地域リーダー育成事業国内・海外研修報告書（熊本　熊本県生活部県民生活総室婦人対策室）〔平成元年度―平成2年度／平2.1―平3.2〕目次

「近代雑誌目次文庫 60 社会学編10」(目次文庫編集委員会編) ゆまに書房 2006.3 p228—229
◎熊本県婦人アドバイザー養成・海外研修報告書(熊本 熊本県福祉生活部県民生活総室)〔昭和61年度—昭和63年度／昭62.2—平1.2〕目次
「近代雑誌目次文庫 60 社会学編10」(目次文庫編集委員会編) ゆまに書房 2006.3 p230—231
◎熊本社会福祉研究(熊本 熊本社会福祉研究会)〔1—4／平7.9—平11.6〕目次
「近代雑誌目次文庫 60 社会学編10」(目次文庫編集委員会編) ゆまに書房 2006.3 p232
○熊本大学英語英文学(熊本 熊本大学英文学会)〔1—49／昭32—平19〕論文題目一覧
「熊本大学英語英文学」(熊本大学英文学会編)(50) 2007 p237—258
◎くまもとの婦人(熊本 熊本県福祉生活部生活婦人課→熊本県福祉生活部県民生活総室→熊本県福祉生活部婦人対策室)〔1—17／昭57.2—平1.3〕目次
「近代雑誌目次文庫 60 社会学編10」(目次文庫編集委員会編) ゆまに書房 2006.3 p233—235
◎くまもとわたしたちの福祉(熊本 熊本短期大学付属社会福祉研究所→熊本学園大学付属社会福祉研究所)〔1—27・28／昭57.12—平7.12〕目次
「近代雑誌目次文庫 60 社会学編10」(目次文庫編集委員会編) ゆまに書房 2006.3 p236—239
◎苦楽(プラトン社)〔1(1)—7(5)／大13.1—昭3.5〕総目次(早稲田大学図書館)
「「苦楽」総目次」 雄松堂フイルム出版 2004.7 126p A5
◎苦楽(プラトン社)〔1(1)—7(5)／大13.1.1—昭3.5.1〕総目次
「大阪文藝雑誌総覧」(浦西和彦,増田周子,荒井真理亜著) 和泉書院 2013.2 p94—165
○苦楽(苦楽社)〔1(1)—4(9)／昭21.11—昭24.9〕総目次(小嶋洋輔,西田一豊,高橋孝次[他])
「千葉大学人文社会科学研究」(千葉大学大学院人文社会科学研究科編)(26) 2013.3 p28—53
○くらしき作陽大学・作陽音楽短期大学研究紀要〔40(2)70—43(1)75／平19—平22〕総目次
「くらしき作陽大学・作陽音楽短期大学研究紀要」(くらしき作陽大学・作陽音楽短期大学「研究紀要」編集委員会編)43(2)通号76 2010 p169—172

くらし

　　　（注）「くらしき作陽大学・作陽短期大学研究紀要」の改題
○くらしき作陽大学・作陽短期大学研究紀要（倉敷　くらしき作陽大学）〔50―69／平9―平19〕総目次
　　「くらしき作陽大学・作陽短期大学研究紀要」（くらしき作陽大学・作陽短期大学「研究紀要」編集委員会編）40(2)　2007　p95―102
　　　（注）「くらしき作陽大学・作陽音楽短期大学研究紀要」の改題。「くらしき作陽大学・作陽音楽短期大学研究紀要」と改題
◎暮らしとねんきん（東京都電機厚生年金基金）〔1―19／昭46.4―昭55.10〕目次
　　「近代雑誌目次文庫　60　社会学編10」（目次文庫編集委員会編）　ゆまに書房　2006.3　p240―249
　　　（注）「暮らしと年金」と改題
◎暮らしと年金（東京都電機厚生年金基金）〔61―142／昭57.5―平7.11〕目次
　　「近代雑誌目次文庫　60　社会学編10」（目次文庫編集委員会編）　ゆまに書房　2006.3　p250―269
　　　（注）「暮らしとねんきん」の改題
○暮しの手帖　第4世紀（暮しの手帖社）〔1―9／平14.12―平16.春〕索引
　　「暮しの手帖　第4世紀」(10)　2004　p168―169
○暮しの手帖　第4世紀（暮しの手帖社）〔10―19／平14.初夏―平17.冬〕索引
　　「暮しの手帖　第4世紀」(20)　2006.早春　p157―159
○久里（神戸女子大学民俗学会）〔1―16・17／昭59.12―平17.3〕バックナンバー
　　「久里」(18)　2006.1　巻末3p
◎Critic（月曜書房→蒼樹社）〔1―2／昭26.4―昭27.7〕総目次
　　「戦後詩誌総覧　5」（和田博文ほか）　日外アソシエーツ　2009.11　p92―93
○栗原郷土研究（栗原　栗原郡郷土史研究会→栗原郷土史研究会）〔1―38／昭44.12―平19.4〕研究報文総目録
　　「栗原郷土研究」（「栗原郷土研究」編集委員会編）(39)　2008.3　p115―123
◎クルー（柳香書院）〔1―3／昭10.10―昭10.12〕総目次（山前譲）
　　「探偵雑誌目次総覧」　日外アソシエーツ　2009.6　p105
◎車百合〔1(1)―2(10)／明32.10.15―明35.8.1〕総目次
　　「大阪文藝雑誌総覧」（浦西和彦, 増田周子, 荒井真理亜著）　和泉書院　2013.2　p69―77
　　　（注）欠号：1(8)―1(12)
◎胡桃（赤坂書店）〔1(1)／昭21.7〕総目次

「戦後詩誌総覧 4」(和田博文ほか)　日外アソシエーツ　2009.6 p12―13
◎久留米大学心理学研究：久留米大学文学部心理学科・大学院心理学研究科紀要
　(久留米　久留米大学文学部心理学科・大学院心理学研究科)〔1―6／平14.3.31―平19.3.31〕論文総覧
　　「心理学紀要論文総覧」　日外アソシエーツ　2008.10 p156―158
○クレジット研究(日本クレジット産業協会)〔1―40／平1.3―平20.3〕掲載原稿一覧
　　「クレジット研究」(日本クレジット産業協会クレジット研究所‖〔編〕)(41)
　　　2009.3 p239―267
◎紅(箒)〔1―1(6)／大15.9―昭2.11〕総目次ほか(早稲田大図書館)
　　「しれえね・地平線・基調・黙示・リラ・葡萄園・青銅時代・三田文芸陣・季節の展望・素質・新三田派・七人・朱門・紅(箒)・偽画・未成年総目次」
　　雄松堂アーカイブズ　2009.4 p203―215
◎黒猫(イヴニング・スター社)〔1(1)―2(11)／昭2.4―昭3.9〕総目次(山前譲)
　　「探偵雑誌目次総覧」　日外アソシエーツ　2009.6 p264―267
◎黒旗(黒色戦線社)〔2(1)―3(4)／昭5.1.1―昭6.5.10〕目次
　　「近代雑誌目次文庫 61 社会学編11」(目次文庫編集委員会編)　ゆまに書房
　　　2006.7 p1―3
　　(注)「黒色戦線」の改題。「黒色戦線 第2次」と改題
○軍記と語り物(軍記物談話会→軍記・語り物研究会)〔30―39／平6.3―平15.3〕目次一覧
　　「軍記と語り物」(軍記・語り物研究会〔編〕)(40)　2004.3 p129―132
○軍記と語り物(軍記物談話会→軍記・語り物研究会)〔31―40／平7.3―平16.3〕目次一覧
　　「軍記と語り物」(軍記・語り物研究会〔編〕)(41)　2005.3 p134―137
○軍記と語り物(軍記物談話会→軍記・語り物研究会)〔31―41／平7.3―平17.3〕目次一覧
　　「軍記と語り物」(軍記・語り物研究会〔編〕)(42)　2006.3 p166―170
○軍記と語り物(軍記物談話会→軍記・語り物研究会)〔31―42／平7.3―平18.3〕目次一覧
　　「軍記と語り物」(軍記・語り物研究会〔編〕)(43)　2007.3 p208―213
○軍記と語り物(軍記物談話会→軍記・語り物研究会)〔31―43／平7.3―平19.3〕目次一覧

くんき

  「軍記と語り物」(軍記・語り物研究会［編］)（44）　2008.3 p149—154
○**軍記と語り物**（軍記物談話会→軍記・語り物研究会）〔31—44／平7.3—平20.3〕目次一覧
  「軍記と語り物」(軍記・語り物研究会［編］)（45）　2009.3 p152—158
○**軍記と語り物**（軍記物談話会→軍記・語り物研究会）〔31—45／平7.3—平21.3〕目次一覧
  「軍記と語り物」(軍記・語り物研究会［編］)（46）　2010.3 p149—155
○**軍記と語り物**（軍記物談話会→軍記・語り物研究会）〔31—46／平7.3—平22.3〕目次一覧
  「軍記と語り物」(軍記・語り物研究会［編］)（47）　2011.3 p111—118
○**軍記と語り物**（軍記物談話会→軍記・語り物研究会）〔31—47／平7.3—平23.3〕目次一覧
  「軍記と語り物」(軍記・語り物研究会［編］)（48）　2012.3 p158—165
○**軍記と語り物**（軍記物談話会→軍記・語り物研究会）〔31—48／平7.3—平24.3〕目次一覧
  「軍記と語り物」(軍記・語り物研究会［編］)（49）　2013.3 p143—151
◎**群大史学**（前橋　群馬大学学芸学部史学会）〔8—10／昭35.5—昭41.10〕論文総覧
  「歴史学紀要論文総覧」　日外アソシエーツ　2007.9 p253
  （注）「史学会報」の改題
◎**群馬県女性国外研修報告書**（前橋　群馬県県民生活部）〔平5年度—平11年度／平6.3—平12.3〕目次
  「近代雑誌目次文庫 61　社会学編11」(目次文庫編集委員会編)　ゆまに書房　2006.7 p4—10
◎**群馬県の生涯学習**（前橋　群馬県教育委員会）〔平2—平4〕目次
  「近代雑誌目次文庫 61　社会学編11」(目次文庫編集委員会編)　ゆまに書房　2006.7 p11—12
  （注）「ぐんまの社会教育」の改題
◎**群馬県立土屋文明記念文学館文学館通信**（群馬町（群馬県）　群馬県立土屋文明記念文学館）〔1—6／平9.7—平16.3〕総目次（岡野裕之）
  「文学館出版物内容総覧：図録・目録・紀要・復刻・館報」　日外アソシエーツ　2013.4 p279—280
○**ぐんま史料研究**（前橋　群馬県立文書館）〔20—26／平15.1—平21.3〕総目次
  「双文」(30)　2013 p92—94

◎ぐんまの社会教育(前橋 群馬県教育委員会指導部)〔昭62〕目次
　　「近代雑誌目次文庫 61 社会学編11」(目次文庫編集委員会編) ゆまに書房
　　　2006.7 p13
　　(注記)「群馬県の生涯学習」と改題
○群馬歴史散歩(前橋 群馬歴史散歩の会)〔1―199／昭48.11―平19.5〕目次一覧
　　「群馬歴史散歩」(200)　2007.7
　　(付)さくいん(特集・連載)

【け】

◎ケアサイエンスフォーラム(岡山 旭川荘専門学院)〔1(1)―4(1)／平4.10―平9.6〕目次
　　「近代雑誌目次文庫 61 社会学編11」(目次文庫編集委員会編) ゆまに書房
　　　2006.7 p14
◎ケアサイエンスリサーチ(岡山 旭川荘厚生専門学院)〔1(1)―7(1)／平6.3―平13.5.26〕目次
　　「近代雑誌目次文庫 61 社会学編11」(目次文庫編集委員会編) ゆまに書房
　　　2006.7 p15―18
◎ケア・ネットワーク(日本臨床看護家政協会)〔1―18／平1.9.15―平6.3.15〕目次
　　「近代雑誌目次文庫 61 社会学編11」(目次文庫編集委員会編) ゆまに書房
　　　2006.7 p19―25
　　(注)「ケア・ネットワーク21」と改題
◎ケア・ネットワーク21(日本臨床看護家政協会)〔1―11／平6―平9〕目次
　　「近代雑誌目次文庫 61 社会学編11」(目次文庫編集委員会編) ゆまに書房
　　　2006.7 p26―28
　　(注)「ケア・ネットワーク」の改題
◎けあわーく(全国社会福祉協議会)〔1―22／平1.12.20―平7.3.25〕目次
　　「近代雑誌目次文庫 61 社会学編11」(目次文庫編集委員会編) ゆまに書房
　　　2006.7 p29―36
○経営経理研究→拓殖大学経営経理研究(拓殖大学経営研究所→拓殖大学経営経理研究所)〔1―70／昭43.11―平15.2〕→〔71―88／昭16.2―平22.3〕巻号別索引
　　「拓殖大学経営経理研究」(拓殖大学経営経理研究所編集委員会編)(88)
　　　2010.3 p107―176

（付）執筆者別索引
○経営研究（豊田 愛知学泉大学経営研究所）〔1（1）―22（1）52／昭63.2―平20.12〕総目次
　　「経営研究」（愛知学泉大学経営研究所［編］）22（2）通号53　2009.3　p193―219
○経営史学（東京大学出版会→経営史学会）〔31（1）―40（4）／平8.6―平18.3〕総目次
　　「経営史学」（経営史学会編）41（1）　2006.6　p78―97
○経営情報論集（千葉 千葉経済短期大学→千葉経済大学短期大学部）〔4―20／昭63―平16〕総索引
　　「経営情報論集」（20）　2004　巻末2p
　　（注）「千葉経済短期大学別科経営情報専修年報」の改題
○経営哲学（経営哲学学会）〔1―10（1）／平16.7―平25.3〕総目次
　　「経営哲学」10（2）　2013.8　p97―115
○経営と経済（長崎 長崎大学経済学会）〔75（3・4）218―85（1・2）254／平8.3―平17.9〕総目次
　　「経営と経済」（長崎大学経済学会［編］）85（3・4）通号255　2006.2　巻末18p
　　（注）「商業と経済」の改題
◎経営福祉研究（福山 福山平成大学経営学部）〔1―5／平8.3.15―平12.3.15〕目次
　　「近代雑誌目次文庫 61 社会学編11」（目次文庫編集委員会編）ゆまに書房　2006.7　p37
○経営法曹（経営法曹会議）〔128―160／平12.8.30―平21.3.25〕総目次
　　「経営法曹」（特別号）　2009.6　p126―142
○経営法曹研究会報（経営法曹会議）〔29―60／平12.5.15―平21.5.25〕総目次
　　「経営法曹」（特別号）　2009.6　p143―148
◎藝苑（巌松堂書店）〔昭20.9―昭24.4・5〕総目次
　　「占領期女性雑誌事典―解題目次総索引 2」（吉田健二）　金沢文圃閣　2004.8　p209―235
◎慶応義塾大学大学院社会学研究科紀要―社会学・心理学・教育学（慶応義塾大学社会学研究科）〔1―51／昭37.6.27―平12.12.25〕目次
　　「近代雑誌目次文庫 61 社会学編11」（目次文庫編集委員会編）ゆまに書房　2006.7　p38―62
◎慶應義塾大学大学院社会学研究科紀要：社会学・心理学・教育学：人間と社会

の探究（慶應義塾大学大学院社会学研究科）〔1—64／昭37.6.27—平19.11.15〕論文総覧
　「心理学紀要論文総覧」　日外アソシエーツ　2008.10　p159—178
◎桂月（桂月社）〔1(1)—2(12)／大15—昭2〕総目次（早稲田大学図書館）
　「「桂月」総目次」　雄松堂フィルム出版　2004.3　5,26p　A5
○経済（新日本出版社）〔1—100／平7.10—平16.1〕総目次
　「経済」（新日本出版社［編］）(100)　2004.1　p185—244
○經濟學研究（札幌　北海道大学大学院経済学研究科）〔1—57(1) 200／昭26.12—平19.6〕総目次
　「經濟學研究」57(1) 通号200　2007.6　p1—51
○経済学年誌（町田　法政大学大学院経済学研究科経済学専攻委員会）〔1—39／昭38.7—平16.3〕総目次
　「経済学年誌」(40)　2005.4　巻末10p
○経済学年誌（町田　法政大学大学院経済学研究科経済学専攻委員会）〔1—44／昭38.7—平21.3〕総目次
　「経済学年誌」(45)　2010.3　巻末1—12
○経済学年報〔1—14／昭33.1—昭46.3〕総目次
　「三田学会雑誌」100(1)　2007.4　p431—433
○経済学論究（西宮　関西学院大学経済学部研究会）〔53(4)—58(3)／平12.12—平16.12〕総目次
　「経済学論究」58(3)　2004.12　p677—687
○経済学論究（西宮　関西学院大学経済学部研究会）〔58(4)—63(3)／平17.3—平21.12〕総目次
　「経済学論究」63(3)　2009.12　p797—809
○経済学論集（宮崎　宮崎産業経営大学経済学会）〔0—13(1)／平3.12—平16.10〕総目次
　「経済学論集」（宮崎産業経営大学経済学会編）13(2)　2005.3　p225—261
○経済系（横浜　関東学院大学経済学会）〔201—214／平11—平15〕索引
　「経済系」（関東学院大学経済学会編）(219)　2004.4　p75—79
○経済経営研究（日本開発銀行設備投資研究所→日本政策投資銀行設備投資研究所）〔1—31(1)／昭55.7—平22.4〕目録
　「経済経営研究」（日本政策投資銀行設備投資研究所編）31(1)　2010.4　巻末

1—6
○経済研究(岩波書店)(岩波書店)〔31(1)—59(4)／昭55.1—平20.10〕総索引
　　「経済研究」(一橋大学経済研究所編)60(4)　2009.10 p338—395
　　(付)事項索引,書評索引,著者索引
○経済研究所年報(成城大学経済研究所)〔1—16／昭63.3—平15.4〕総目次
　　「経済研究所年報」(成城大学経済研究所[編])(17)　2004.4 p102—105
○経済研究所年報(成城大学経済研究所)〔1—17／昭63.3—平16.4〕総目次
　　「経済研究所年報」(成城大学経済研究所[編])(18)　2005.4 p128—132
○経済研究所年報(成城大学経済研究所)〔1—18／昭63.3—平17.4〕総目次
　　「経済研究所年報」(成城大学経済研究所[編])(19)　2006.4 p128—132
○経済研究所年報(成城大学経済研究所)〔1—19／昭63.3—平18.4〕総目次
　　「経済研究所年報」(成城大学経済研究所[編])(20)　2007.4 p150—154
○経済研究所年報(成城大学経済研究所)〔1—20／昭63.3—平19.4〕総目次
　　「経済研究所年報」(成城大学経済研究所[編])(21)　2008.4 p172—179
○経済研究所年報(成城大学経済研究所)〔1—21／昭63.3—平20.4〕総目次
　　「経済研究所年報」(成城大学経済研究所[編])(22)　2009.4 p134—139
○経済研究所年報(成城大学経済研究所)〔1—22／昭63.3—平21.4〕総目次
　　「経済研究所年報」(成城大学経済研究所[編])(23)　2010.4 p108—116
○経済研究所年報(成城大学経済研究所)〔1—23／昭63.3—平22.4〕総目次
　　「経済研究所年報」(成城大学経済研究所[編])(24)　2011.4 p132—137
○経済研究所年報(成城大学経済研究所)〔1—24／昭63.3—平23.4〕総目次
　　「経済研究所年報」(成城大学経済研究所[編])(25)　2012.4 p147—152
○経済研究所年報(成城大学経済研究所)〔1—25／昭63.3—平24.4〕総目次
　　「経済研究所年報」(成城大学経済研究所[編])(26)　2013.4 p168—174
○経済研究(東京国際大学)(川越　東京国際大学)〔6—10／平15—平20〕総目次
　　「経済研究」(東京国際大学大学院経済学研究科紀要編集委員会編)(10)
　　　2008 p97—98
○経済雇用問題論集「智慧の涵」([長岡]　新潟県経済雇用問題研究所)〔平18—平20〕バックナンバー
　　「経済雇用問題論集「智慧の涵」」2009年　2009 p316—317
○経済雇用問題論集「智慧の涵」([長岡]　新潟県経済雇用問題研究所)〔平18—平21〕バックナンバー

「経済雇用問題論集「智慧の涵」」2010年　［2010］p148—149
○経済雇用問題論集「智慧の涵」（［長岡］新潟県経済雇用問題研究所）〔平18—平22〕バックナンバー
　　「経済雇用問題論集「智慧の涵」」2011・2012年　2011 p115—117
○経済資料研究（京都　経済資料協議会）〔1—38／昭34.3—平20.9〕総目次
　　「経済資料研究」（経済資料協議会編集委員会編）(38)　2008.10 p143—156
○経済統計研究（経済産業統計協会）〔28(1)—31(3)／平12—平15〕掲載論文名一覧
　　「経済統計研究」31(4)　2004.3 p97—101
○経済統計研究（経済産業統計協会）〔28(1)—31(4)／平12—平15〕掲載論文名一覧
　　「経済統計研究」32(1)　2004.6 p59—64
○経済統計研究（経済産業統計協会）〔28(1)—32(1)／平12—平16〕掲載論文名一覧
　　「経済統計研究」32(2)　2004.9 p82—87
○経済統計研究（経済産業統計協会）〔28(1)—32(2)／平12—平16〕掲載論文名一覧
　　「経済統計研究」32(3)　2004.12 p71—77
○経済統計研究（経済産業統計協会）〔28(1)—32(3)／平12—平16〕掲載論文名一覧
　　「経済統計研究」32(4)　2005.3 p79—85
○経済統計研究（経済産業統計協会）〔28(1)—32(4)／平12—平16〕掲載論文名一覧
　　「経済統計研究」33(1)　2005.6 p125—131
○経済統計研究（経済産業統計協会）〔28(1)—33(1)／平12—平17〕掲載論文名一覧
　　「経済統計研究」33(2)　2005.9 p67—74
○経済統計研究（経済産業統計協会）〔28(1)—33(2)／平12—平17〕掲載論文名一覧
　　「経済統計研究」33(3)　2005.12 p53—60
○経済統計研究（経済産業統計協会）〔28(1)—33(3)／平12—平17〕掲載論文名一覧

「経済統計研究」33(4)　2006.3　p81―88
○**経済統計研究**(経済産業統計協会)〔28(1)―33(4)／平12―平17〕掲載論文名一覧
　「経済統計研究」34(1)　2006.6　p93―101
○**経済統計研究**(経済産業統計協会)〔28(1)―34(1)／平12―平18〕掲載論文名一覧
　「経済統計研究」34(2)　2006.9　p75―83
○**経済統計研究**(経済産業統計協会)〔28(1)―34(2)／平12―平18〕掲載論文名一覧
　「経済統計研究」34(3)　2006.12　p109―117
○**経済統計研究**(経済産業統計協会)〔28(1)―34(3)／平12―平18〕掲載論文名一覧
　「経済統計研究」34(4)　2007.3　p41―50
○**経済統計研究**(経済産業統計協会)〔28(1)―34(4)／平12―平18〕掲載論文名一覧
　「経済統計研究」35(1)　2007.7　p64―73
○**経済統計研究**(経済産業統計協会)〔28(1)―35(1)／平12―平19〕掲載論文名一覧
　「経済統計研究」35(2)　2007.9　p73―82
○**経済統計研究**(経済産業統計協会)〔28(1)―35(2)／平12―平19〕掲載論文名一覧
　「経済統計研究」35(3)　2007.12　p63―73
○**経済統計研究**(経済産業統計協会)〔28(1)―35(3)／平12―平19〕掲載論文名一覧
　「経済統計研究」35(4)　2008.3　p53―63
○**経済統計研究**(経済産業統計協会)〔29(1)―35(4)／平13―平19〕掲載論文名一覧
　「経済統計研究」36(1・2)　2008.11　p44―53
○**経済統計研究**(経済産業統計協会)〔29(1)―36(1・2)／平13―平20〕掲載論文名一覧
　「経済統計研究」36(3)　2008.12　p49―59
○**経済統計研究**(経済産業統計協会)〔29(1)―36(3)／平13―平20〕掲載論文名

一覧
　　　「経済統計研究」36(4)　2009.3　p99—109
○**経済統計研究**(経済産業統計協会)〔29(1)—36(4)／平13—平20〕掲載論文名一覧
　　　「経済統計研究」37(1)　2009.7　p31—42
○**経済統計研究**(経済産業統計協会)〔29(1)—37(1)／平13—平21〕掲載論文名一覧
　　　「経済統計研究」37(2)　2009.11　p25—36
○**経済統計研究**(経済産業統計協会)〔29(1)—37(2)／平13—平21〕掲載論文名一覧
　　　「経済統計研究」37(3・4)　2010.3　p44—56
○**経済統計研究**(経済産業統計協会)〔29(1)—37(3・4)／平13—平21〕掲載論文名一覧
　　　「経済統計研究」38(1)　2010.7　p41—53
○**経済統計研究**(経済産業統計協会)〔29(1)—38(1)／平13—平22〕掲載論文名一覧
　　　「経済統計研究」38(2)　2010.9　p53—65
○**経済統計研究**(経済産業統計協会)〔29(1)—38(2)／平13—平22〕掲載論文名一覧
　　　「経済統計研究」38(3)　2010.12　p49—61
○**経済統計研究**(経済産業統計協会)〔29(1)—38(3)／平13—平22〕掲載論文名一覧
　　　「経済統計研究」38(4)　2011.3　p168—181
○**経済統計研究**(経済産業統計協会)〔29(1)—38(4)／平13—平22〕掲載論文名一覧
　　　「経済統計研究」39(1)　2011.6　p32—45
○**経済統計研究**(経済産業統計協会)〔29(1)—39(1)／平13—平23〕掲載論文名一覧
　　　「経済統計研究」39(2)　2011　p39—53
○**経済統計研究**(経済産業統計協会)〔29(1)—39(2)／平13—平23〕掲載論文名一覧
　　　「経済統計研究」39(3)　2011.12　p65—79

けいさ

○経済統計研究(経済産業統計協会)〔29(1)―39(3)／平13―平23〕掲載論文名一覧
　　「経済統計研究」39(4)　2012.3　p53―67
○経済統計研究(経済産業統計協会)〔29(1)―39(4)／平13―平23〕掲載論文名一覧
　　「経済統計研究」40(1)　2012　p125―140
○経済統計研究(経済産業統計協会)〔29(1)―40(1)／平13―平24〕掲載論文名一覧
　　「経済統計研究」40(2)　2012.9　p26―41
○経済統計研究(経済産業統計協会)〔29(1)―40(2)／平13―平24〕掲載論文名一覧
　　「経済統計研究」40(3)　2012.12　p33―48
○経済統計研究(経済産業統計協会)〔29(1)―40(3)／平13―平24〕掲載論文名一覧
　　「経済統計研究」40(4)　2013.3　p85―100
○経済統計研究(経済産業統計協会)〔29(1)―40(4)／平13―平25〕掲載論文名一覧
　　「経済統計研究」41(1)　2013.6　p61―77
○経済統計研究(経済産業統計協会)〔29(1)―41(1)／平13―平25〕掲載論文名一覧
　　「経済統計研究」41(2)　2013.9　p82―98
○経済統計研究(経済産業統計協会)〔29(1)―41(2)／平13―平25〕掲載論文名一覧
　　「経済統計研究」41(3)　2013.12　p94―110
経済と貿易(横浜　横浜市立大学経済研究所)
　　⇨横浜経済研究所時報
○警察政策研究(警察大学校警察政策研究センター)〔1―7／平9―平15〕目次一覧
　　「警察政策研究」(警察大学校警察政策研究センター[編])(8)　2004　p226―234
○警察政策研究(警察大学校警察政策研究センター)〔1―8／平9―平16〕目次一覧
　　「警察政策研究」(警察大学校警察政策研究センター[編])(9)　2005　p264―273
○警察政策研究(警察大学校警察政策研究センター)〔1―9／平9―平17〕目次一覧

「警察政策研究」(警察大学校警察政策研究センター[編])(10)　2006　p260―272
○**警察政策研究**(警察大学校警察政策研究センター)〔1―10／平9―平18〕目次一覧
　　「警察政策研究」(警察大学校警察政策研究センター[編])(11)　2007　p346―358
○**警察政策研究**(警察大学校警察政策研究センター)〔1―11／平9―平19〕目次一覧
　　「警察政策研究」(警察大学校警察政策研究センター[編])(12)　2008　p376―389
○**警察政策研究**(警察大学校警察政策研究センター)〔1―12／平9―平20〕目次一覧
　　「警察政策研究」(警察大学校警察政策研究センター[編])(13)　2009　p250―264
○**警察政策研究**(警察大学校警察政策研究センター)〔1―13／平9―平21〕目次一覧
　　「警察政策研究」(警察大学校警察政策研究センター[編])(14)　2010　p202―214
○**警察政策研究**(警察大学校警察政策研究センター)〔1―14／平9―平22〕目次一覧
　　「警察政策研究」(警察大学校警察政策研究センター[編])(15)　2011　p219―232
○**警察政策研究**(警察大学校警察政策研究センター)〔1―15／平9―平23〕目次一覧
　　「警察政策研究」(警察大学校警察政策研究センター[編])(16)　2012　p373―386
◎**傾斜市街**(大阪　波屋書房)〔1／大13.7.1〕総目次
　　「大阪文藝雑誌総覧」(浦西和彦,増田周子,荒井真理亜著)　和泉書院　2013.2　p165―166
◎**藝術**(新庄嘉章→荻野悌→亀島貞夫編　八雲書店)〔1―4(1)／昭21.7―昭24.1〕内容細目
　　「文芸雑誌内容細目総覧―戦後リトルマガジン篇」(日外アソシエーツ編,勝又浩監修)　日外アソシエーツ,紀伊國屋書店〔発売〕　2006.11　p64―67

◎藝術前衛〔1—1(3)／昭24.2—昭24.12〕総目次
　　「戦後詩誌総覧 4」(和田博文ほか)　日外アソシエーツ　2009.6 p14—17
　　　(注)「ピオネ」と「FOU」の合併改題
◎藝術派(大阪　隆文社)〔1(1)／昭4.3.1〕総目次
　　「大阪文藝雑誌総覧」(浦西和彦,増田周子,荒井真理亜著)　和泉書院　2013.2
　　　p217
◎藝術批判(中河内　藝術批判社)〔1(1)／昭7.6.1〕総目次
　　「大阪文藝雑誌総覧」(浦西和彦,増田周子,荒井真理亜著)　和泉書院　2013.2
　　　p291—292
○芸術療法→日本芸術療法学会誌(芸術療法研究会→芸術療法学会→日本芸術療法学会)〔1—20／昭44—平1〕→〔21—34／平2—平15〕総目次
　　「日本芸術療法学会誌」35(1・2)　2004 p149—172
　　　(付)執筆者一覧
○芸術療法→日本芸術療法学会誌(芸術療法研究会→芸術療法学会→日本芸術療法学会)〔1—20／昭44—平1〕→〔21—34／平2—平18〕総目次
　　「日本芸術療法学会誌」38(2)　2007 p72—98
　　　(付)執筆者一覧
○藝術論究(大阪狭山　帝塚山学院大学美学美術史・芸術学研究室)〔1—30／昭46—平15.3〕既刊総目録
　　「藝術論究」(31)　2004.3 p35—40
◎警鐘　第1次(大福村　三協社)〔創刊号／大9.9〕目次
　　「近代雑誌目次文庫 61 社会学編11」(目次文庫編集委員会編)　ゆまに書房
　　　2006.7 p63
◎警鐘　第2次(大福村　三協社)〔創刊号—廃刊号／大9.11.15—大11.8.1〕目次
　　「近代雑誌目次文庫 61 社会学編11」(目次文庫編集委員会編)　ゆまに書房
　　　2006.7 p63—65
◎形成画報〔1／昭3.10〕総目次(加治幸子)
　　「創作版画誌の系譜—総目次及び作品図版」　中央公論美術出版　2008.1
　　　p273—275
○警世新聞(魁春社)〔1—15／明9.9—明9.12〕目次(藤元直樹)
　　「参考書誌研究」(国立国会図書館主題情報部編)(65)　2006.10 p1—154
○敬天愛人(鹿児島　西郷南洲顕彰会)〔1—24／昭58.8—平18.9〕総目次
　　「敬天愛人」(西郷南洲顕彰会専門委員会編)(24)　2006.9 p225—236

○敬天愛人（鹿児島　西郷南洲顕彰会）〔1―24／昭58.8―平18.9〕総目次
　「敬天愛人」（西郷南洲顕彰会専門委員会編）（25）　2007.9 p217―228
○敬天愛人（鹿児島　西郷南洲顕彰会）〔1―26／昭58.8―平19.9〕総目次
　「敬天愛人」（西郷南洲顕彰会専門委員会編）（27）　2009.9 p254―266
○敬天愛人（鹿児島　西郷南洲顕彰会）〔1―27／昭58.8―平21.9〕総目次
　「敬天愛人」（西郷南洲顕彰会専門委員会編）（28）　2010.9 p265―278
○芸能史研究（京都　芸能史研究会）〔1―199／昭38.4―平24.12〕総目次
　「芸能史研究」（200）　2013.1 p12―45
◎芸能の科学（東京国立文化財研究所→文化財研究所東京文化財研究所）〔1―33／昭42.3―平18.3〕総目次
　「東京文化財研究所七十五年史」（国立文化財機構東京文化財研究所編）　中央公論美術出版　2008.4 p834―838
○藝能文化史〔1―25／昭55.11―平22.3〕全目次
　「藝能文化史」（芸能文化史研究会‖〔編〕）（25）　2010.3 p70―74
○鶏病研究会報（つくば　鶏病研究会）〔1―40／昭41―平16〕総目次
　「鶏病研究会報」（鶏病研究会［編］）（総目次・総索引）　2005.10 p1―147
　　（付）項目別文献索引, 著者索引
○芸文（満洲文芸春秋社）〔1(1)―1(4)／昭19.1―昭19.4〕細目（谷本澄子）
　「植民地文化研究：資料と分析」（「植民地文化研究」編集委員会編）（4）
　　2005.7 p159―167
○芸文（満洲文芸春秋社）〔1(5)―1(8)／昭19.5―昭19.9〕細目（谷本澄子）
　「植民地文化研究：資料と分析」（「植民地文化研究」編集委員会編）（5）
　　2006.7 p111―120
○芸文（満洲文芸春秋社）〔1(9)―2(1)／昭19.10―昭20.1〕細目（谷本澄子）
　「植民地文化研究：資料と分析」（「植民地文化研究」編集委員会編）（6）
　　2007.7 p107―115
○芸文（満洲文芸春秋社）〔2(2)―2(5)／昭20.2―昭20.5〕細目（谷本澄子）
　「植民地文化研究：資料と分析」（「植民地文化研究」編集委員会編）（7）
　　2008.7 p138―145
○藝文研究（慶應義塾大學藝文學會）〔1―100／昭26―平23〕総目次
　「藝文研究」（100）　2011 p378―278
　　（付）執筆者索引

けいり

○計量史をさぐる会（日本計量史学会）〔1—30／昭54—平19〕総目次
　　「計量史研究」30（2）通号35（総目次）　2008　中扉1枚,p71—75
○計量史研究（日本計量史学会）〔1（1）1—30（1）34／昭54—平20〕記事総目次
　　「計量史研究」30（2）通号35（総目次）　2008　中扉1枚,p3—24
　　（付）索引
○計量史通信（日本計量史学会）〔1—60／昭54—平19〕記事総目次
　　「計量史研究」30（2）通号35（総目次）　2008　中扉1枚,p25—69
　　（付）索引
○藝林（藝林会）〔51—60／平14.4—平23.10〕総目次
　　「藝林」60（2）通号266　2011.10　p148—154
○藝林（藝林会）〔51—60／平14.4—平23.10〕総目次
　　「藝林」61（1）通号267　2012.4　p238—244
○桂林学叢（法華宗宗務院）〔11—21／昭57—平21〕総目録
　　「桂林学叢」（21）　2009　p237—244
　　（付）編著者別目録
◎藝林閒歩〔第1期〕（野田宇太郎編　東京出版→芸林閒歩社→洗心書林→蜂書房）
　　〔1（1）—23／昭21.4—昭23.10〕内容細目
　　「文芸雑誌内容細目総覧—戦後リトルマガジン篇」（日外アソシエーツ編、勝
　　又浩監修）　日外アソシエーツ、紀伊國屋書店〔発売〕　2006.11　p44—50
◎藝林閒歩〔第2期〕（野田宇太郎編　的場書房）〔1（1）—2（1）／昭29.10—昭30.3〕
　　内容細目
　　「文芸雑誌内容細目総覧—戦後リトルマガジン篇」（日外アソシエーツ編、勝又
　　浩監修）　日外アソシエーツ、紀伊國屋書店〔発売〕　2006.11　p281—282
○芸林　第一次〔1（1）1—5（9）42／昭29.5—昭33.11〕総目次（坂口博）
　　「叙説　Ⅲ：文学批評」（敍説舎編）通号5　2010.8　p93—114
◎劇〔1（1）—2（4）／大15.4.1—昭2.7.1〕総目次
　　「大阪文藝雑誌総覧」（浦西和彦、増田周子、荒井真理亜著）　和泉書院　2013.2
　　p208—211
◎劇作（白水社）〔1（1）—9（12）／昭7.3—昭15.12〕総目次（早稲田大図書館）
　　「「劇作」総目次」　雄松堂アーカイヴズ　2006.7　81p　A5
○げき—児童・青少年演劇ジャーナル〔1—9／平16.7—平23.3〕総目次
　　「げき：児童・青少年演劇ジャーナル」（児童・青少年演劇ジャーナル編集委
　　員会編）（10）　2012.1　p183—182

◎劇場移動〔1／昭4.11.1〕総目次
　「大阪文藝雑誌総覧」(浦西和彦,増田周子,荒井真理亜著)　和泉書院　2013.2
　　p218
◯劇場裏表(歌舞伎学会,雄山閣〔発売〕)〔1(1)—2(2)／昭5.6—昭6.3〕細目
　「歌舞伎　研究と批評—「前進座」とその時代」(歌舞伎学会編)通号42
　　2009.4 p77—82
◯劇戦(劇戦社)〔1(1)—2(3)／昭4.11—昭5.4〕細目
　「歌舞伎　研究と批評—「前進座」とその時代」(歌舞伎学会編)通号42
　　2009.4 p73—77
◯劇戦(劇戦社)〔1(2)／昭4.12〕総目次補遺(児玉竜一)
　「歌舞伎：研究と批評」(歌舞伎学会編)通号46　2011.5 p74—76
◎劇壇縦横(大阪　劇壇縦横社)〔1(1)—1(3)／大14.10.1—大14.12.1〕総目次
　「大阪文藝雑誌総覧」(浦西和彦,増田周子,荒井真理亜著)　和泉書院　2013.2
　　p204—207
◎劇と其他(大阪　劇と其他社)〔1—10／大13.1.1—大13.10.1〕総目次
　「大阪文藝雑誌総覧」(浦西和彦,増田周子,荒井真理亜著)　和泉書院　2013.2
　　p88—94
◎劇文学(劇文學社)〔1(1)—2(4)／昭9.6—昭10.8〕総目次(早稲田大図書館)
　「「劇文学(窓)・劇文学」総目次」　雄松堂出版　2008.7 29p A5
◎劇文学(窓)(劇文學社)〔1—6／大10.6—大11.9〕総目次(早稲田大図書館)
　「「劇文学(窓)・劇文学」総目次」　雄松堂出版　2008.7 29p A5
◯下水道協会誌(日本下水道協会)〔1(1)—41(506)／昭39.6—平16.12〕総目次
　「下水道協会誌」(日本下水道協会〔編〕)1-41(1-506)(総目次)　2005.3 p1
　　—557
◯下水文化研究(日本下水道協会→日本下水文化研究会)〔1—14／昭63.3—平14.11〕総目次
　「下水文化研究」(下水文化研究会編)(15)　2004.2 p190—199
◯下水文化研究(日本下水道協会→日本下水文化研究会)〔1—15／昭63.3—平16.2〕総目次
　「下水文化研究」(下水文化研究会編)(16)　2005.3 p232—242
◯下水文化研究(日本下水道協会→日本下水文化研究会)〔1—16／昭63.3—平17.3〕総目次

「下水文化研究」(下水文化研究会編)(17)　2006.1 p118—128
○下水文化研究(日本下水道協会→日本下水文化研究会)〔1—17／昭63.3—平18.1〕総目次
　　「下水文化研究」(下水文化研究会編)(18)　2007.3 p118—128
○下水文化研究(日本下水道協会→日本下水文化研究会)〔1—18／昭63.3—平19.3〕総目次
　　「下水文化研究」(下水文化研究会編)(19)　2008.3 p108—119
○下水文化研究(日本下水道協会→日本下水文化研究会)〔1—19／昭63.3—平20.3〕総目次
　　「下水文化研究」(下水文化研究会編)(20)　2009 p148—159
○下水文化研究(日本下水道協会→日本下水文化研究会)〔1—20／昭63.3—平21〕総目次
　　「下水文化研究」(下水文化研究会編)(21)　2010.3 p144—156
○下水文化研究(日本下水道協会→日本下水文化研究会)〔1—21／昭63.3—平22.3〕総目次
　　「下水文化研究」(下水文化研究会編)(22)　2011.3 p176—188
○下水文化研究(日本下水道協会→日本下水文化研究会)〔1—22／昭63.3—平23.3〕総目次
　　「下水文化研究」(下水文化研究会編)(23)　2012.3 p138—149
○下水文化研究(日本下水道協会→日本下水文化研究会)〔1—23／昭63.3—平24.2〕総目次
　　「下水文化研究」(下水文化研究会編)(24)　2013.3 p152—163
○月刊「アフリカ」(アフリカ協会)〔42—43／平14.1—平16.3〕バックナンバー巻頭言・連載一覧
　　「Africa」44(3)通号507　2004.3 p43—47
◎月刊「噂」(梶山季之編 噂発行所)〔1—昭49.3／昭46.8—昭49.3〕目次一覧
　　「梶山季之と月刊「噂」」(梶山季之資料室編)　松籟社　2007.5 p32—95,96—144
　　(付)企画別・内容一覧
◎月刊共産圏問題(欧ア協会)〔5(2)—20(3)／昭36.8.1—昭51.3.1〕目次
　　「近代雑誌目次文庫 61 社会学編11」(目次文庫編集委員会編)　ゆまに書房　2006.7 p66—97
　　(注)「季報共産圏問題」の改題。「共産主義と国際政治」と改題

○月刊下水道（環境新聞社）〔24（1）―25（16）／平13―平14〕総目次
　　「月刊下水道」（「月刊下水道」編集部編）27（10）通号385（増刊）　2004　p119
　　―133
○月刊下水道（環境新聞社）〔2（1）―31（3）／昭54.1―平20.3〕バックナンバー
　　「月刊下水道」（「月刊下水道」編集部編）31（10）通号445（増刊）　2008.7　p69
　　―84
○月刊下水道（環境新聞社）〔31（1）―33（15）／平20―平22〕総目次
　　「月刊下水道」（「月刊下水道」編集部編）35（10）通号505（（増刊））　2012
　　p84―102
◎月刊言語（大修館書店）〔1―2009.12／昭47.4―平21.12〕特集一覧（月刊『言語』編集部）
　　「『言語』セレクション　3」　大修館書店　2012.5　p299―309
○月刊交流センター（全国労働組合交流センター）〔1―81／平2.4―平8.12〕主要目次
　　「労働運動」（1）　2011.8　p21―26
　　（注）「労働運動」と改題
○月刊交流センター（全国労働組合交流センター）〔82―127／平9.1―平12.10〕主要目次
　　「労働運動」（2）　2011.9　p24―27
　　（注）「労働運動」と改題
○月刊交流センター（全国労働組合交流センター）〔128―167／平12.11―平16.2〕主要目次
　　「労働運動」（3）　2011.10　p24―27
　　（注）「労働運動」と改題
○月刊交流センター（全国労働組合交流センター）〔168―193／平16.3―平18.4〕主要目次
　　「労働運動」（4）　2011.11　p24―26
　　（注）「労働運動」と改題
○月刊交流センター（全国労働組合交流センター）〔194―229／平18.5―平21.4〕主要目次
　　「労働運動」（5）　2011.12　p24―27
　　（注）「労働運動」と改題
○月刊交流センター（全国労働組合交流センター）〔230―249／平21.5―平22.12〕

けつか

　　主要目次
　　　「労働運動」(6)　2012.1　p26—28
　　　(注)「労働運動」と改題
◯月刊交流センター→月刊労働運動(全国労働組合交流センター)〔250—256／平23.1—平23.7〕→〔1—5／平23.8—平23.12〕主要目次
　　　「労働運動」(17)　2012.12
◯月刊古地図研究(日本地図資料協会)〔1—314／昭45.3—平20.5〕総目次
　　　「古地図研究」(日本地図資料協会編)(314)　2008.10 p2—43
◎月刊滋賀の部落(大津　滋賀県同和問題研究所)〔1—322／昭51—平13.6.15〕目次
　　　「近代雑誌目次文庫 61　社会学編11」(目次文庫編集委員会編)　ゆまに書房
　　　　　2006.7 p98—146
◎月刊実践障害児教育(学習研究社)〔8(7)—29(12)／昭56.1.1—平13.6.1〕目次
　　　「近代雑誌目次文庫 61　社会学編11」(目次文庫編集委員会編)　ゆまに書房
　　　　　2006.7 p147—288
◎月刊社会教育(国土社)〔1(1)—45(6)548／昭32.12—平13.6〕目次
　　　「近代雑誌目次文庫 62　社会学編12」(目次文庫編集委員会編)　ゆまに書房
　　　　　2006.11 p1—347
◎月刊社会思潮(東京政治経済所)〔1(1)—2(11)／昭36.5—昭37.11〕目次
　　　「近代雑誌目次文庫 62　社会学編12」(目次文庫編集委員会編)　ゆまに書房
　　　　　2006.11 p348—351
　　　(注)2(3)は欠番
◎月刊社会文化(日文)〔241—264／昭42.6.15—昭44.7.15〕目次
　　　「近代雑誌目次文庫 63　社会学編13」(目次文庫編集委員会編)　ゆまに書房
　　　　　2007.3 p1—5
　　　(注)「社会文化」の復刊
◎月刊住民運動(蒼々出版)〔1(1)—1(11)／昭52.3.15—昭53.3.15〕目次
　　　「近代雑誌目次文庫 63　社会学編13」(目次文庫編集委員会編)　ゆまに書房
　　　　　2007.3 p7—11
◎月刊障害児教育(学習研究社)〔4(7)—8(6)／昭52.1.1—昭55.12.1〕目次
　　　「近代雑誌目次文庫 63　社会学編13」(目次文庫編集委員会編)　ゆまに書房
　　　　　2007.3 p12—22
　　　(注)「実践中心の障害児教育ジャーナル」の改題
◎月刊蔵票〔1—6／昭12.11—昭13.3〕総目次(加治幸子)

「創作版画誌の系譜―総目次及び作品図版」　中央公論美術出版　2008.1
　　p995―999
○月刊たかまつ〔1―11／昭31.11―昭33.3〕総目次（茶園梨加）
　　「九大日文」（九州大学日本語文学会「九大日文」編集委員会編）通号16
　　　2010.10　p54―66
◎月刊探偵（黒白書房）〔1(1)―2(6)／昭10.12―昭11.7〕総目次（山前譲）
　　「探偵雑誌目次総覧」　日外アソシエーツ　2009.6 p106―108
◎月刊ちいきとうそう（京都　ロシナンテ社）〔205―261／昭63.1.1―平4.9.1〕目次
　　「近代雑誌目次文庫 63 社会学編13」（目次文庫編集委員会編）　ゆまに書房
　　　2007.3　p23―57
　　（注）「月刊地域闘争」の改題
◎月刊地域闘争（京都　ロシナンテ社）〔1―211／昭45.10.1―昭63.7.1〕目次
　　「近代雑誌目次文庫 63 社会学編13」（目次文庫編集委員会編）　ゆまに書房
　　　2007.3　p58―162
　　（注）「月刊ちいきとうそう」の改題
◎月刊てぽ（現代社会保険）〔1―24／昭55.4.15―昭57.3.15〕目次
　　「近代雑誌目次文庫 63 社会学編13」（目次文庫編集委員会編）　ゆまに書房
　　　2007.3　p163―166
　　（注）「暮らしと年金」の改題
○月刊にひがた〔1(1)―1(12)／昭21.1―昭21.11〕総目次（大原祐治）
　　「千葉大学人文研究」（図書・紀要編集委員会編）（42）　2013 p67―95
◎月刊福祉（全国社会福祉協議会）〔44(1)―60(12)／昭36.1.1―平13.6.1〕目次
　　「近代雑誌目次文庫 63 社会学編13」（目次文庫編集委員会編）　ゆまに書房
　　　2007.3　p167―272
　　（注）「社会事業」の改題
◎月刊福祉（全国社会福祉協議会）〔61(1)―84(8)／昭36.1―平13.6〕目次（目次
　文庫編集委員会）
　　「近代雑誌目次文庫 64 社会学編14」　ゆまに書房　2007.7 p1―320
◎月刊婦人展望（婦選会館出版部→市川房枝記念会出版部）〔100―510／昭38.1―
　平11.12〕目次（目次文庫編集委員会）
　　「近代雑誌目次文庫 65 社会学編15」　ゆまに書房　2007.11 p1―120
　　（注）「婦人界展望」の改題。「女性展望」と改題
○月刊フードケミカル（食品化学新聞社）〔201―300／平14.1―平22.4〕総索引

「月刊フードケミカル」(食品化学新聞社[編])26(4)通号300 2010.4 p110―159
◎月刊部落問題(神戸 神戸部落問題研究所→兵庫部落問題研究所→兵庫人権問題研究所)〔1―294／昭49.7―平13.6〕目次(目次文庫編集委員会)
「近代雑誌目次文庫 65 社会学編15」 ゆまに書房 2007.11 p121―204
◎月刊毛沢東思想(月刊毛沢東思想社)〔2(6)14―8(9)89／昭44.5―昭50.8〕目次(目次文庫編集委員会)
「近代雑誌目次文庫 65 社会学編15」 ゆまに書房 2007.11 p205―229
◎月刊you〔1―47／昭51.9―昭25.8〕総目次(阿久悠)
「阿久悠命の詩～『月刊you』とその時代」 講談社 2007.12 p222―228
◎月刊ゆたかなくらし(本の泉社)〔創刊準備号―232／昭57.2―平13.6〕目次(目次文庫編集委員会)
「近代雑誌目次文庫 66 社会学編16」 ゆまに書房 2008.3 p1―102
○月刊ゆたかなくらし(本の泉社)〔299―322／平19.1―平21.2〕総目次
「月刊ゆたかなくらし」(全国老人福祉問題研究会編)通号323 2009.3 p50―60
○月刊ゆたかなくらし(本の泉社)〔324―334／平21.4―平22.2〕総目次
「月刊ゆたかなくらし」(全国老人福祉問題研究会編)通号335 2010.3 p58―60
○月刊ゆたかなくらし(本の泉社)〔336―358／平22.4―平24.2〕総目次
「月刊ゆたかなくらし」(全国老人福祉問題研究会編)通号358 2012.3 p63―69
 月刊労働運動(全国労働組合交流センター)
　⇨月刊交流センター
◎月刊労働運動(現代の理論社)〔5―4(3)／昭40.5―昭43.3〕目次(目次文庫編集委員会)
「近代雑誌目次文庫 66 社会学編16」 ゆまに書房 2008.3 p103―113
○月刊労働運動(全国労働組合交流センター)〔6―17／平24.1―平24.12〕主要目次
「月刊労働運動」(18) 2013.1 p28
　(注)「月刊交流センター」の改題
◎月刊労働者福祉(労働者福祉中央協議会)〔398―451／昭47.4―昭51.12〕目次(目次文庫編集委員会)
「近代雑誌目次文庫 66 社会学編16」 ゆまに書房 2008.3 p114―121

(注)「労働福祉資料」の改題
◎月刊労働調査時報（労働調査協議会，労働調査研究所）〔1—4／昭40.1—昭40.4〕目次（目次文庫編集委員会）
　　「近代雑誌目次文庫 66 社会学編16」　ゆまに書房　2008.3 p122—124
　　(注)「月刊労働運動」と改題
◎月刊労働問題（日本評論社）〔1—294／昭33.6—昭56.12〕目次（目次文庫編集委員会）
　　「近代雑誌目次文庫 66 社会学編16」　ゆまに書房　2008.3 p125—289
◎月刊労働問題増刊階級的労働運動への模索（日本評論社）〔1—7／昭52.10—昭54.3〕目次（目次文庫編集委員会）
　　「近代雑誌目次文庫 67 社会学編17」　ゆまに書房　2008.7 p1
GET九州（福岡　日本応用地質学会九州支部）
　　⇨日本応用地質学会九州支部会報
◎月報（岩波書店）〔1—19／平19.5—平21.12〕総目次
　　「網野善彦著作集 別巻」（網野善彦著）岩波書店　2009.12 p267—269
◎ゲームフリーク〔1—23／昭58.3.20—昭62.9.13〕バックナンバーリスト（宮昌太朗，田尻智）
　　「田尻智—ポケモンを創った男」　太田出版　2004.3 p55—57
◎ゲームフリーク〔1—23／昭58.3.20—昭62.9.13〕バックナンバーリスト（宮昌太朗，田尻智）
　　「田尻智—ポケモンを創った男」　メディアファクトリー　2009.4 p273—279
◎ゲロ（中上哲夫）〔1—4／昭39.3—昭42.3〕総目次
　　「戦後詩誌総覧 8」（和田博文ほか）日外アソシエーツ　2010.8 p117—118
◎幻影城（幻影城）総目録（本多正一）
　　「幻影城の時代完全版」（野地嘉文）講談社　2008.12 p606—653
○幻影：「西脇順三郎を偲ぶ会」会報（小千谷　西脇順三郎先生を偲ぶ会→西脇順三郎を偲ぶ会）〔1—22／昭59.5—平17.5〕目次一覧
　　「幻影：「西脇順三郎を偲ぶ会」会報」（23・24）　2007.5
○県央史談（県央史談会）〔1—50／昭36.9—平23.1〕総目録
　　「県央史談」(50)　2011.1 p95—115
◎研究紀要（大阪市身体障害者スポーツセンター）（大阪　大阪市身体障害者スポーツセンター）〔14—17／平2.8—平4〕目次（目次文庫編集委員会）
　　「近代雑誌目次文庫 67 社会学編17」　ゆまに書房　2008.7 p2

研究協議会集録（日本通信教育学会）
　⇨研究発表会記録
○研究紀要（衣の民俗館）→民俗と風俗（名古屋　衣の民俗館→日本風俗史学会中部支部）〔1―13／平3.3―平15.3〕→〔14―15／平16.3―平17.3〕総目次
　「民俗と風俗：the journal of the Chubu Branch, the Japanese Society for History of Manners and Customs」（日本風俗史学会中部支部編）
　　（16）　2006.3
○研究紀要（衣の民俗館）→民俗と風俗（名古屋　衣の民俗館→日本風俗史学会中部支部）〔1―13／平3.3―平15.3〕→〔14―20／平16.3―平22.3〕総目次
　「民俗と風俗：the journal of the Chubu Branch, the Japanese Society for History of Manners and Customs」（日本風俗史学会中部支部編）
　　（20）　2010.3　p172―185
○研究紀要（衣の民俗館）→民俗と風俗（名古屋　衣の民俗館→日本風俗史学会中部支部）〔1―13／平3.3―平15.3〕→〔14―23／平16.3―平24.9〕総目次
　「民俗と風俗：the journal of the Chubu Branch, the Japanese Society for History of Manners and Customs」（日本風俗史学会中部支部編）
　　（23）　2012.9　p286―299
◎研究紀要（世界人権問題研究センター）（京都　世界人権問題研究センター）〔1―6／平8.3―平13.3〕目次（目次文庫編集委員会）
　「近代雑誌目次文庫　67　社会学編17」　ゆまに書房　2008.7　p3―4
○研究紀要（長野県国語国文学会）（飯山　長野県国語国文学会事務局）〔1―5／昭63.12―平14.12〕総目次
　「研究紀要」（長野県国語国文学会事務局［編］）（6）　2005.11　p130―132
○研究紀要（長野県国語国文学会）（飯山　長野県国語国文学会事務局）〔1―6／昭63.12―平17.11〕総目次
　「研究紀要」（長野県国語国文学会事務局［編］）（7）　2008.5　p135―137
○研究紀要（長野県国語国文学会）（飯山　長野県国語国文学会事務局）〔1―8／昭63.12―平21.12〕総目次
　「研究紀要」（長野県国語国文学会事務局［編］）（9）　2011.12　p138―141
○研究紀要（奈良県立同和問題関係史料センター）（奈良　奈良県立同和問題関係史料センター→奈良県教育委員会）〔1―9／平6.3―平15.3〕総目次
　「研究紀要」（奈良県立同和問題関係史料センター編）（10）　2004.3　p128―131

○研究紀要(奈良県立同和問題関係史料センター)(奈良 奈良県立同和問題関係史料センター→奈良県教育委員会)〔1—12／平6.3—平18.3〕総目次
　　「Regional」(1)　2006.5 p31—34
◎研究紀要(奈良県立同和問題関係史料センター)(奈良 奈良県立同和問題関係史料センター→奈良県教育委員会)〔1—5／平6.3—平10.3〕目次(目次文庫編集委員会)
　　「近代雑誌目次文庫 67 社会学編17」　ゆまに書房　2008.7 p5
◎研究紀要(新美南吉記念館)(半田 新美南吉記念館)〔1／平7.3〕総目次(岡野裕之)
　　「文学館出版物内容総覧：図録・目録・紀要・復刻・館報」　日外アソシエーツ　2013.4 p791
○研究紀要(日本村落自治史料調査研究所)(九十九総合文化研究所→日本村落自治史料調査研究所)〔1—9／昭59.12—平16.7〕総目次
　　「研究紀要」(日本村落自治史料調査研究所〔編〕)通号10　2006.8 p49—51
○研究紀要(野村文華財団)(京都 野村文華財団)〔1—13／平4—平16〕総目次
　　「研究紀要」(野村美術館学芸部編)(13)　2004.3 p241—243
○研究紀要(野村文華財団)(京都 野村文華財団)〔1—14／平4—平17〕総目次
　　「研究紀要」(野村美術館学芸部編)(14)　2005.3 p98—100
○研究紀要(野村文華財団)(京都 野村文華財団)〔1—15／平4—平18〕総目次
　　「研究紀要」(野村美術館学芸部編)(15)　2006.3 p120—123
○研究紀要(野村文華財団)(京都 野村文華財団)〔1—16／平4—平19〕総目次
　　「研究紀要」(野村美術館学芸部編)(16)　2007.3 p212—215
○研究紀要(野村文華財団)(京都 野村文華財団)〔1—17／平4—平20〕総目次
　　「研究紀要」(野村美術館学芸部編)(17)　2008.3 p110—113
○研究紀要(野村文華財団)(京都 野村文華財団)〔1—18／平4—平21〕総目次
　　「研究紀要」(野村美術館学芸部編)(18)　2009 p160—163
○研究紀要(野村文華財団)(京都 野村文華財団)〔1—19／平4—平22〕総目次
　　「研究紀要」(野村美術館学芸部編)(19)　2010.3
○研究紀要(野村文華財団)(京都 野村文華財団)〔1—19／平4—平22〕総目次
　　「研究紀要」(野村美術館学芸部編)(20)　2011 p148—152
○研究紀要(野村文華財団)(京都 野村文華財団)〔1—21／平4—平24〕総目次
　　「研究紀要」(野村美術館学芸部編)(22)　2013 巻末2—6

けんき

　研究紀要（北海道中央児童相談所）（札幌　北海道中央児童相談所）
　　⇨北海道児童相談所研究紀要
○研究紀要（八尾市立歴史民俗資料館）（八尾　八尾市立歴史民俗資料館→八尾市教育委員会→八尾市文化財調査研究会）〔1—20／平2.3—平21.3〕総目録
　　「研究紀要」（八尾市文化財調査研究会 編，八尾市立歴史民俗資料館［監修］）（20）　2009.3 p82—85
○研究紀要（由良大和古代文化研究協会）（橿原　由良大和古代文化研究協会）〔1—10／平1—平17.11〕総目次（泉森皎，西川美沙子）
　　「研究紀要」（由良大和古代文化研究協会［編］）（10）　2005.11 p179—180
　研究室紀要（國學院大學文学部教育学研究室）（國學院大學文学部教育学研究室）
　　⇨國學院大學教育学研究室紀要
○研究室紀要（東京大学大学院教育学研究科基礎教育学研究室）（東京大学大学院教育学研究科基礎教育学研究室）〔1—29／昭49.10—平15.6〕総目次
　　「研究室紀要」（『研究室紀要』編集委員会編）（30）　2004.6 p220—238
　研究室紀要（東北大学大学院文学研究科東北文化研究室）（仙台　東北大学大学院文学研究科東北文化研究室）
　　⇨東北文化研究室紀要
○教育研究所所報（岡崎　清光学園岡崎女子短期大学教育研究所）〔1—16／昭63—平17〕総目次
　　「学術教育総合研究所所報」（岡崎女子短期大学学術教育総合研究所所報編集委員会編）（[1]）　2008.3 p81—87
　研究資料月報
　　⇨資料室報
○研究年報→一橋大学スポーツ研究（国立　一橋大学スポーツ科学研究室）〔1—21／昭57—平14〕→〔22—30／平15—平23〕総目次（尾崎正峰）
　　「一橋大学スポーツ研究」（一橋大学スポーツ科学研究室編）（30）　2011 p85—102
○研究年報（金沢経済大学経済開発研究所）→金沢経済大学経済研究所年報→金沢星稜大学経済研究所年報（金沢　金沢経済大学経済開発研究所→金沢経済大学経済研究所→金沢星稜大学経済研究所）〔1—3／昭56.3—昭58.3〕→〔4—22／昭59.3—平14.3〕→〔23—26／平15.3—平18.3〕総目次
　　「金沢星稜大学経済研究所年報」（27）　2007.3 p79—86
　　（注）「年報」と改題

○研究発表会記録→通信教育研究集録→研究協議会集録→日本通信教育学会研究論集(日本通信教育学会)〔昭27.1―平23.6〕総目次
　「日本通信教育学会研究論集」　2012.6　p49―81
○研究報告(グリーン・ペイパー)〔1―63／平6.1―?〕刊行一覧
　「経済研究所年報」(成城大学経済研究所[編])(26)　2013.4　p174―177
◎研究報告(奈良県立同和教育研究協議会)(奈良　奈良県立同和教育研究協議会)〔2―15／昭63.7―平13.4〕目次(目次文庫編集委員会)
　「近代雑誌目次文庫 67 社会学編17」　ゆまに書房　2008.7　p6―8
○研究レポート(シンクネット・センター21)〔1―21／平12.4―平17.6〕総目次
　「研究レポート」(21)　2005.6.20　p41―43
○研究論集→日本経済女子短期大学研究論集→嘉悦女子短期大学研究論集→嘉悦大学研究論集(日本経済女子短期大学→嘉悦女子短期大学→嘉悦大学論集編集委員会)〔1―13／昭30.12―昭41.4〕→〔14―42／昭41.11―昭57.2〕→〔43―79／昭57―平12〕→〔80―99／平13.12―平23.10〕総目次
　「嘉悦大学研究論集」(嘉悦大学論集編集委員会編)54(2)通号100　2012.3　p153―179
◎研究論叢.第3部,芸術・体育・教育・心理(山口大学教育学部広報部編　山口　山口大学教育学部)〔第24巻3部―第57巻第3部／昭50.1.15―平19.1.30〕論文総覧
　「心理学紀要論文総覧」　日外アソシエーツ　2008.10　p595―613
　　(注)「山口大学教育学部研究論叢.第3部,芸能・体育・教育・心理」の改題
◎健康文化振興財団紀要(名古屋　健康文化振興財団)〔1―30／平2.6―平13.6〕目次(目次文庫編集委員会)
　「近代雑誌目次文庫 67 社会学編17」　ゆまに書房　2008.7　p9―17
○言語態(言語態研究会)〔1―4／平12.6―平15.10〕総目次
　「言語態」(5)　2004.10　巻末2p
○言語態(言語態研究会)〔1―5／平12.6―平16.10〕総目次
　「言語態」(6)　2006.3　巻末2p
○言語態(言語態研究会)〔1―6／平12.6―平18.3〕総目次
　「言語態」(7)　2007.7　巻末2p
○言語態(言語態研究会)〔1―7／平12.6―平19.10〕総目次
　「言語態」(8)　2008.7　p148―149
○言語態(言語態研究会)〔1―8／平12.6―平20.7〕総目次

「言語態」(9)　2009 p128―129
○言語態(言語態研究会)〔1―9／平12.6―平21.5〕総目次
　「言語態」(10)　2010 p100―101
○言語態(言語態研究会)〔1―10／平12.6―平22.8〕総目次
　「言語態」(11)　2011 p120―121
○言語態(言語態研究会)〔1―11／平12.6―平23.8〕総目次
　「言語態」(12)　2012.12 p122―123
○言語と交流(言語と交流研究会)〔1―9／平10.3―平19〕総目次
　「言語と交流」(10)　2007 p146―149
○言語の世界(東松山　言語研究学会)〔21(1・2)―29(1・2)／平15―平23〕総目次
　「言語の世界」30(1・2)　2012.12 p91―93
○言語文化(京都　同志社大学言語文化学会)〔1(1)―15(4)／平10.7―25.3〕総目次
　「言語文化」(同志社大学言語文化学会運営編集委員会編)15(4)　2013.3 p455―490
○言語文化研究(豊中　大阪大学言語文化部→大阪大学言語文化部,大阪大学大学院言語文化研究科→大阪大学大学院言語文化研究科)〔1―38／昭50―平24〕掲載論文ほか
　「言語文化研究」(大阪大学大学院言語文化研究科編)(38)　2012.3 p113―140
○言語・文化・社会(学習院大学外国語教育研究センター)〔1―10／平15.3―平24.3〕論文総目次
　「言語・文化・社会」(学習院大学外国語教育研究センター編)(10)　2012.3 巻末5p
◎現在(浦和　女性問題研究会)〔3―10／昭51.11―昭61.3〕目次(目次文庫編集委員会)
　「近代雑誌目次文庫 67 社会学編17」　ゆまに書房　2008.7 p18―23
◎現在(書肆ユリイカ　月曜書房〔発売〕→現在の会)〔1―14／昭27.6―昭30.9〕総目次
　「戦後詩誌総覧 5」(和田博文ほか)　日外アソシエーツ　2009.11 p94―103
○賢治研究(市川　宮沢賢治研究会)〔80―99／平11.12―平18.6〕総目次
　「賢治研究」(100)　2006.10 p5578―5584
◎現実と文学(霜多正次編　現実と文学社)〔9―50／昭37.5―昭40.10〕内容細目

「文芸雑誌内容細目総覧―戦後リトルマガジン篇」(日外アソシエーツ編,勝又浩監修)　日外アソシエーツ,紀伊國屋書店〔発売〕　2006.11 p429―446
(注)「リアリズム」の改題
○建設技術研究所所報(建設技術研究所)〔1―10,1985―2004／昭23.1―昭30.4,昭60―平16〕目次
「建設技術研究所所報」(建設技術研究所‖〔編〕)2005年(12月)　〔2005〕p87―95
○建設業の経理〔21―30／平14.秋季―平17.冬季〕総目次
「建設業の経理」(建設産業経理研究所　編,建設業振興基金　監修)8(4)通号30　2005.冬季　p92―97
○建設業の経理〔31―40／平17.春季―平19.夏季〕総目次
「建設業の経理」(建設産業経理研究所　編,建設業振興基金　監修)11(2)通号40　2007.夏季　p106―111
○建設業の経理〔41―50／平19.秋季―平22.冬季〕総目次
「建設業の経理」(建設産業経理研究所　編,建設業振興基金　監修)14(2)通号52　2010.夏季　p94―99
○建設業の経理〔51―62／平22.秋季―平25.冬季〕総目次
「建設業の経理」(建設産業経理研究所　編,建設業振興基金　監修)16(4)通号62　2013.冬季　p88―93
○建設用原材料(資源・素材学会建設用原材料部門委員会)〔1(1)―18(1)／平3―平22〕総目次(山田優)
「建設用原材料」(資源・素材学会建設用原材料部門委員会編)19(1)　2011 p35―42
◎玄想(安藤直正→藤田秀弥編　養徳社)〔1(1)―3(3)／昭22.3―昭24.4〕内容細目
「文芸雑誌内容細目総覧―戦後リトルマガジン篇」(日外アソシエーツ編,勝又浩監修)　日外アソシエーツ,紀伊國屋書店〔発売〕　2006.11 p107―113
◎現代アナキズム研究(現代アナキズム研究会)〔1(1)―2(1)／昭32.4―昭44.5〕目次(目次文庫編集委員会)
「近代雑誌目次文庫　67　社会学編17」　ゆまに書房　2008.7 p24
◎現代建築(日本工作文化連盟)〔1―15／昭14.6―昭15.9〕総目次
「現代建築　全15号―別冊：復刻版「工作文化」/解説・総目次」(笠原一人監修)　国書刊行会　2011.12 p27―32
(注)「工作文化」と改題

◎現代詩 (廣瀬村 (新潟県) 詩と詩人社) 〔1 (1) —5 (6月号) 37／昭21.12—昭25.6〕総目次
　　「戦後詩誌総覧 4」(和田博文ほか)　日外アソシエーツ　2009.6 p18—58
◎現代詩 (新日本文学会詩委員会→現代詩の会編集部編　百合出版→緑書房→新制作社→書肆パトリア→飯塚書店) 〔1 (1) —11 (10) 142／昭29.7—昭39.10〕目次 (川勝麻里)
　　「戦後詩誌総覧 6」(和田博文ほか)　日外アソシエーツ　2010.2 p61—236
◎現代詩評論 (現代詩評論社) 〔1—11／昭28.8—昭30.9〕総目次
　　「戦後詩誌総覧 5」(和田博文ほか)　日外アソシエーツ　2009.11 p104—112
◎現代社会 (学事出版) 〔1 (2) 2—6 (1) 30／昭56.6—昭61.2〕目次 (目次文庫編集委員会)
　　「近代雑誌目次文庫 67 社会学編17」　ゆまに書房　2008.7 p25—42
◎現代社会学 (アカデミア出版会) (現代社会学編集委員会編　講談社→京都 アカデミア出版会) 〔1 (1) —14 (1)／昭49.4—平1.2〕目次 (目次文庫編集委員会)
　　「近代雑誌目次文庫 67 社会学編17」　ゆまに書房　2008.7 p43—50
◎現代社会学研究 (経営社会学会) (水戸　経営社会学会) 〔1—9／昭57.12—平5.3〕目次 (目次文庫編集委員会)
　　「近代雑誌目次文庫 67 社会学編17」　ゆまに書房　2008.7 p52—53
◎現代社会学研究 (北海道社会学会) (札幌　北海道社会学会) 〔1—14／昭63.9—平13.6〕目次 (目次文庫編集委員会)
　　「近代雑誌目次文庫 67 社会学編17」　ゆまに書房　2008.7 p54—60
◎現代社会学 (広島国際学院大学) (広島　広島国際学院大学現代社会学部) 〔1—2／平12.3—平13.3〕目次 (目次文庫編集委員会)
　　「近代雑誌目次文庫 67 社会学編17」　ゆまに書房　2008.7 p51
○現代社会学理論研究 〔1／平19〕既刊号目次
　　「現代社会学理論研究」(日本社会学理論学会編集委員会編) (2)　2008 p167
○現代社会学理論研究 〔1—2／平19—平20〕既刊号目次
　　「現代社会学理論研究」(日本社会学理論学会編集委員会編) (3)　2009 p199—200
○現代社会学理論研究 〔1—3／平19—平21〕既刊号目次
　　「現代社会学理論研究」(日本社会学理論学会編集委員会編) (4)　2010 p209—211
○現代社会学理論研究 〔1—4／平19—平22〕既刊号目次

「現代社会学理論研究」（日本社会学理論学会編集委員会編）（5）　2011　p195
　　　　—197
○現代社会学理論研究〔1—5／平19—平23〕既刊号目次
　　　「現代社会学理論研究」（日本社会学理論学会編集委員会編）（6）　2012.3
　　　　p138—141
○現代社会学理論研究〔1—6／平19—平24〕既刊号目次
　　　「現代社会学理論研究」（日本社会学理論学会編集委員会編）（7）　2013　p165
　　　　—169
◎**現代社会学論集**（広島　広島現代社会学研究会）〔1—2／平4.3—平8.3〕目次（目次文庫編集委員会）
　　　「近代雑誌目次文庫　67　社会学編17」　ゆまに書房　2008.7　p61
○**現代社会における技術と倫理**（[名古屋]　南山大学社会倫理研究所）〔1—6／昭60—平3〕総目次
　　　「社会と倫理」（南山大学社会倫理研究所編）（20）　2006　p222—230
○**現代社会の構想と分析**（こうち書房→桐書房→現代社会構想・分析研究所）〔1／平15〕総目次
　　　「現代社会の構想と分析」（現代社会構想・分析研究所編）（2）　2004.8　p174
○**現代社会の構想と分析**（こうち書房→桐書房→現代社会構想・分析研究所）〔1—2／平15—平16〕総目次
　　　「現代社会の構想と分析」（現代社会構想・分析研究所編）（3）　2005.12
　　　　p180—181
○**現代社会の構想と分析**（こうち書房→桐書房→現代社会構想・分析研究所）〔1—3／平15—平17〕総目次
　　　「現代社会の構想と分析」（現代社会構想・分析研究所編）（4）　2006.9　p182
　　　　—184
○**現代社会の構想と分析**（こうち書房→桐書房→現代社会構想・分析研究所）〔1—4／平15—平18〕総目次
　　　「現代社会の構想と分析」（現代社会構想・分析研究所編）（5）　2007年度
　　　　p182—185
○**現代社会の構想と分析**（こうち書房→桐書房→現代社会構想・分析研究所）〔1—5／平15—平19〕総目次
　　　「現代社会の構想と分析」（現代社会構想・分析研究所編）（6）　2008.7　p171
　　　　—175

○現代社会の構想と分析（こうち書房→桐書房→現代社会構想・分析研究所）〔1―6／平15―平20〕総目次
　「現代社会の構想と分析」（現代社会構想・分析研究所編）(7)　2009.7 p126―131
○現代社会の構想と分析（こうち書房→桐書房→現代社会構想・分析研究所）〔1―7／平15―平21〕総目次
　「現代社会の構想と分析」（現代社会構想・分析研究所編）(8)　2010年度 p171―177
◎現代社会文化研究（新潟　新潟大学大学院現代社会文化研究科紀要編集委員会）〔1―20／平6.12―平13.3〕目次（目次文庫編集委員会）
　「近代雑誌目次文庫　67　社会学編17」　ゆまに書房　2008.7 p62―67
○現代社会理論研究〔1―15／平3―平17〕総目次
　「現代社会学理論研究」（日本社会学理論学会編集委員会編）(1)　2007.3 p148―158
◎現代社会理論研究〔1―10／平3.9―平12.11〕目次（目次文庫編集委員会）
　「近代雑誌目次文庫　67　社会学編17」　ゆまに書房　2008.7 p68―73
◎現代人（唐澤正雄編　隅田書房）〔1(1)―1(5)／昭23.1―昭23.5〕内容細目
　「文芸雑誌内容細目総覧―戦後リトルマガジン篇」（日外アソシエーツ編, 勝又浩監修）　日外アソシエーツ, 紀伊國屋書店〔発売〕　2006.11 p167―168
○現代中国事情（三島　日本大学国際関係学部中国情報センター）〔試刊準備号―試刊3号／平16.7.5―平17.3.5〕総目次
　「現代中国事情」(1)　2005.5.10 p78―89
　（注）「中国事情」の改題
○現代中国事情（三島　日本大学国際関係学部中国情報センター）〔試刊準備号―1／平16.7.5―平17.5.10〕総目次
　「現代中国事情」(2)　2005.7.5 p101―103
　（注）「中国事情」の改題
○現代中国事情（三島　日本大学国際関係学部中国情報センター）〔試刊準備号―2／平16.7.5―平17.7.5〕総目次
　「現代中国事情」(3)　2005.9.5 p90―93
　（注）「中国事情」の改題
○現代中国事情（三島　日本大学国際関係学部中国情報センター）〔試刊準備号―3／平16.7.5―平17.9.5〕総目次

「現代中国事情」(4)　2005.11.5 p92—95
　　(注)「中国事情」の改題
○**現代中国事情**(三島　日本大学国際関係学部中国情報センター)〔試刊準備号—4／平16.7.5—平17.11.5〕総目次
　　「現代中国事情」(5)　2006.1.5 p76—80
　　(注)「中国事情」の改題
○**現代中国事情**(三島　日本大学国際関係学部中国情報センター)〔試刊準備号—5／平16.7.5—平18.1.5〕総目次
　　「現代中国事情」(6)　2006.3.5 p78—83
　　(注)「中国事情」の改題
○**現代中国事情**(三島　日本大学国際関係学部中国情報センター)〔試刊準備号—6／平16.7.5—平18.3.5〕総目次
　　「現代中国事情」(7)　2006.5.10 p74—79
　　(注)「中国事情」の改題
○**現代中国事情**(三島　日本大学国際関係学部中国情報センター)〔試刊準備号—7／平16.7.5—平18.5.10〕総目次
　　「現代中国事情」(8)　2006.7.5 p72—78
　　(注)「中国事情」の改題
○**現代中国事情**(三島　日本大学国際関係学部中国情報センター)〔試刊準備号—8／平16.7.5—平18.7.5〕総目次
　　「現代中国事情」(9)　2006.9.5 p80—85
　　(注)「中国事情」の改題
○**現代中国事情**(三島　日本大学国際関係学部中国情報センター)〔試刊準備号—9／平16.7.5—平18.9.5〕総目次
　　「現代中国事情」(10)　2006.11.5 p86—93
　　(注)「中国事情」の改題
○**現代中国事情**(三島　日本大学国際関係学部中国情報センター)〔試刊準備号—10／平16.7.5—平18.11.5〕総目次
　　「現代中国事情」(11)　2007.1.5 p91—99
　　(注)「中国事情」の改題
○**現代中国事情**(三島　日本大学国際関係学部中国情報センター)〔試刊準備号—11／平16.7.5—平19.1.5〕総目次
　　「現代中国事情」(12)　2007.3.5 p88—96

(注)「中国事情」の改題
○現代中国事情（三島　日本大学国際関係学部中国情報センター）〔試刊準備号―12／平16.7.5―平19.3.5〕総目次
　　「現代中国事情」(13)　2007.5.5　p113―122
　　　(注)「中国事情」の改題
○現代中国事情（三島　日本大学国際関係学部中国情報センター）〔試刊準備号―13／平16.7.5―平19.5.5〕総目次
　　「現代中国事情」(14)　2007.7.5　p93―103
　　　(注)「中国事情」の改題
○現代中国事情（三島　日本大学国際関係学部中国情報センター）〔試刊準備号―14／平16.7.5―平19.7.5〕総目次
　　「現代中国事情」(15)　2007.9.5　p114―124
　　　(注)「中国事情」の改題
○現代中国事情（三島　日本大学国際関係学部中国情報センター）〔試刊準備号―15／平16.7.5―平19.9.5〕総目次
　　「現代中国事情」(16)　2007.11.5　p127―138
　　　(注)「中国事情」の改題
○現代中国事情（三島　日本大学国際関係学部中国情報センター）〔試刊準備号―16／平16.7.5―平19.11.5〕総目次
　　「現代中国事情」(17)　2008.1.5　p99―106
　　　(注)「中国事情」の改題
○現代中国事情（三島　日本大学国際関係学部中国情報センター）〔試刊準備号―17／平16.7.5―平20.1.5〕総目次
　　「現代中国事情」(18)　2008.3.5　p119―126
　　　(注)「中国事情」の改題
○現代中国事情（三島　日本大学国際関係学部中国情報センター）〔試刊準備号―18／平16.7.5―平20.3.5〕総目次
　　「現代中国事情」(19)　2008.5.5　p83―90
　　　(注)「中国事情」の改題
○現代中国事情（三島　日本大学国際関係学部中国情報センター）〔試刊準備号―19／平16.7.5―平20.5.5〕総目次
　　「現代中国事情」(20)　2008.7.5　p127―135
　　　(注)「中国事情」の改題

○現代中国事情（三島 日本大学国際関係学部中国情報センター）〔試刊準備号―20／平16.7.5―平20.7.5〕総目次
　　「現代中国事情」(21)　2008.9.5　p103―111
　　　(注)「中国事情」の改題
○現代中国事情（三島 日本大学国際関係学部中国情報センター）〔試刊準備号―21／平16.7.5―平20.9.5〕総目次
　　「現代中国事情」(22)　2008.11.5　p106―115
　　　(注)「中国事情」の改題
○現代中国事情（三島 日本大学国際関係学部中国情報センター）〔試刊準備号―22／平16.7.5―平20.11.5〕総目次
　　「現代中国事情」(23)　2009.1.5　p186―195
　　　(注)「中国事情」の改題
○現代中国事情（三島 日本大学国際関係学部中国情報センター）〔試刊準備号―23／平16.7.5―平21.1.5〕総目次
　　「現代中国事情」(24)　2009.3.5　p248―257
　　　(注)「中国事情」の改題
◎現代賃金福祉（産業労働調査所）〔vol. 6,no. 133―no. 194／昭58.1―昭60.10〕目次（目次文庫編集委員会）
　　「近代雑誌目次文庫 67 社会学編17」　ゆまに書房　2008.7　p74―100
　　　(注)「賃金福祉情報」の改題。「企業福祉事情」と改題
○現代の図書館（日本図書館協会）〔平14―平23〕記事一覧
　　「現代の図書館」49(4)通巻200　2011.12　p256―267
○現代の理論〔創刊準備号―30／平16.6―平24.4〕総目次
　　「現代の理論」(『現代の理論』編集委員会編)(30)　2012.春　p274―284
◎現代の労働〔1―23／昭50.7―昭56.1〕目次（目次文庫編集委員会）
　　「近代雑誌目次文庫 67 社会学編17」　ゆまに書房　2008.7　p101―119
◎現代批評（奥野健男編 書肆ユリイカ）〔1(1)―1(5)／昭33.12―昭34.11〕内容細目
　　「文芸雑誌内容細目総覧―戦後リトルマガジン篇」(日外アソシエーツ編,勝又浩監修)　日外アソシエーツ,紀伊國屋書店〔発売〕　2006.11　p322―323
◎現代評論（奥野健男編 現代文学社）〔1―2／昭29.6―昭29.12〕内容細目
　　「文芸雑誌内容細目総覧―戦後リトルマガジン篇」(日外アソシエーツ編,勝又浩監修)　日外アソシエーツ,紀伊國屋書店〔発売〕　2006.11　p256―257

○現代ファイナンス（日本ファイナンス学会）〔1—15／平9.3—平16.3〕既刊本内容
　一覧
　　　「現代ファイナンス」(16)　　2004.9　4pb
○現代ファイナンス（日本ファイナンス学会）〔1—16／平9.3—平16.9〕既刊本内容
　一覧
　　　「現代ファイナンス」(17)　　2005.3　4pb
○現代ファイナンス（日本ファイナンス学会）〔1—17／平9.3—平17.3〕既刊本内容
　一覧
　　　「現代ファイナンス」(18)　　2005.9　4pb
○現代ファイナンス（日本ファイナンス学会）〔1—18／平9.3—平17.9〕既刊本内容
　一覧
　　　「現代ファイナンス」(19)　　2006.3　4pb
○現代ファイナンス（日本ファイナンス学会）〔1—19／平9.3—平18.3〕既刊本内容
　一覧
　　　「現代ファイナンス」(20)　　2006.9　5pb
○現代ファイナンス（日本ファイナンス学会）〔1—20／平9.3—平18.9〕既刊本内容
　一覧
　　　「現代ファイナンス」(21)　　2007.3　5pb
○現代ファイナンス（日本ファイナンス学会）〔1—21／平9.3—平19.3〕既刊本内容
　一覧
　　　「現代ファイナンス」(22)　　2007.9　5pb
○現代ファイナンス（日本ファイナンス学会）〔1—22／平9.3—平19.9〕既刊本内容
　一覧
　　　「現代ファイナンス」(23)　　2008.3　5pb
○現代ファイナンス（日本ファイナンス学会）〔1—23／平9.3—平20.3〕既刊本内容
　一覧
　　　「現代ファイナンス」(24)　　2008.9　5pb
○現代ファイナンス（日本ファイナンス学会）〔1—24／平9.3—平20.9〕既刊本内容
　一覧
　　　「現代ファイナンス」(25)　　2009.3　6pb
○現代ファイナンス（日本ファイナンス学会）〔1—25／平9.3—平21.3〕既刊本内容
　一覧
　　　「現代ファイナンス」(26)　　2009.9　6pb

○現代ファイナンス（日本ファイナンス学会）〔1—26／平9.3—平21.9〕既刊本内容
　一覧
　　「現代ファイナンス」(27)　2010.3　6pb
○現代ファイナンス（日本ファイナンス学会）〔1—27／平9.3—平22.3〕既刊本内容
　一覧
　　「現代ファイナンス」(28)　2010.9　6pb
○現代ファイナンス（日本ファイナンス学会）〔1—28／平9.3—平22.9〕既刊本内容
　一覧
　　「現代ファイナンス」(29)　2011.3　6pb
○現代ファイナンス（日本ファイナンス学会）〔1—29／平9.3—平23.3〕既刊本内容
　一覧
　　「現代ファイナンス」(30)　2011.9　7pb
○現代ファイナンス（日本ファイナンス学会）〔1—30／平9.3—平23.9〕既刊本内容
　一覧
　　「現代ファイナンス」(31)　2012.3　7pb
○現代ファイナンス（日本ファイナンス学会）〔1—31／平9.3—平24.3〕既刊本内容
　一覧
　　「現代ファイナンス」(32)　2012.9　7pb
○現代ファイナンス（日本ファイナンス学会）〔1—32／平9.3—平24.9〕既刊本内容
　一覧
　　「現代ファイナンス」(33)　2013.3　7pb
◎現代婦人（現代婦人社）〔昭23.3—昭23.6〕総目次
　　「占領期女性雑誌事典—解題目次総索引 2」(吉田健二)　金沢文圃閣　2004.8
　　　p243—244
◎現代文學〔1／昭27.10〕内容細目
　　「文芸雑誌内容細目総覧—戦後リトルマガジン篇」(日外アソシエーツ編, 勝
　　　又浩監修)　日外アソシエーツ, 紀伊國屋書店〔発売〕　2006.11　p244
○現代文学史研究（川崎　現代文学史研究所）〔1—11／平15.12—平20.12〕総目次
　　「現代文学史研究」(12)　2009.6.1　p129—133
○現代文学史研究（川崎　現代文学史研究所）〔1—15／平15.12—平22.12〕総目次
　　「現代文学史研究」(16)　2011.6.1　p87—93
◎現代文学序説〔1—5／昭37.10—昭43.9〕内容細目

「文芸雑誌内容細目総覧―戦後リトルマガジン篇」(日外アソシエーツ編, 勝又
　　　　浩監修) 日外アソシエーツ, 紀伊國屋書店〔発売〕　2006.11 p460―461
○建築史(建築史研究会編　吉川弘文館)〔1(1)―6(4)／昭14.1―昭19.7〕総目次
　(伏見唯)
　　　「文献探索」(文献探索研究会編)(2006)　2006.11 p399―434
　　　(付)挿図名付き
○建築史学(建築史学会)〔41―60／平15.9―平25.3〕総目次
　　　「建築史学」(60)　2013.3 p142―168
○建築設備＆昇降機(日本建築設備・昇降機センター)〔1―83／平8.5―平22.1〕総
　目次
　　　「建築設備＆昇降機」(日本建築設備・昇降機センター[編])(84)　2010.3.
　　　15 p24―42
○建築とまちづくり(新建築家技術者集団)〔294―400／平14.1―平23.7〕特集総
　目次
　　　「建築とまちづくり」(400)　2011.7・8 p37―45
　　　(注)「新建」の改題
○現地報告(文芸春秋社)〔1―31／昭12.8―昭15.4〕総目次(掛野剛史)
　　　「埼玉学園大学紀要　人間学部篇」(10)　2010.12 p466―451
○現地報告(文芸春秋社)〔32―67／昭15.5―昭18.4〕総目次(掛野剛史)
　　　「埼玉学園大学紀要　人間学部篇」(11)　2011.12 p368―353
◎限定版手帖(今村秀太郎)〔1―20／昭24.7―昭46.10〕細目(大屋幸世)
　　　「近代日本文学書の書誌・細目八つ」　日本古書通信社　2011.2 p46―53
◎原点(梁石日)〔昭41.6.15〕総目次
　　　「ヂンダレ・カリオン―解説・鼎談・総目次・索引　一九五三 (昭和二八) 年
　　　二月～一九六三 (昭和三八) 年二月」　不二出版　2008.11 p116
○研農会誌(研農会)〔1―31／明14.10―明18.9〕総目次(友田清彦)
　　　「農村研究」(東京農業大学農業経済学会編)(111)　2010.9 p69―79
○原爆文学研究(福岡　花書院)〔1―10／平14.8―平23.12〕総目次
　　　「原爆文学研究」(原爆文学研究会編)(10)　2011.12 p230―236
◎げんぱつ(原発問題住民運動全国連絡センター)〔35―147／昭57.2―平13.6〕目
　次(目次文庫編集委員会)
　　　「近代雑誌目次文庫　67　社会学編17」　ゆまに書房　2008.7 p120―170
　　　(注)「原発住民運動情報」の改題

○**憲法研究**(憲法学会)〔1—35／昭37—平15〕目次
　　「憲法研究」(36)　　2004.6 p174—184
○**憲法研究**(憲法学会)〔1—36／昭37—平16〕目次
　　「憲法研究」(37)　　2005.6 p154—165
○**憲法研究**(憲法学会)〔1—37／昭37—平17〕目次
　　「憲法研究」(38)　　2006.6 p163—174
○**憲法研究**(憲法学会)〔1—38／昭37—平18〕目次
　　「憲法研究」(39)　　2007.6 p163—174
○**憲法研究**(憲法学会)〔1—39／昭37—平19〕目次
　　「憲法研究」(40)　　2008 p185—197
○**憲法研究**(憲法学会)〔1—40／昭37—平20〕目次
　　「憲法研究」(41)　　2009 p200—212
○**憲法研究**(憲法学会)〔1—41／昭37—平21〕目次
　　「憲法研究」(42)　　2010 p203—216
○**憲法研究**(憲法学会)〔1—42／昭37—平22〕目次
　　「憲法研究」(43)　　2011 p92—105
○**憲法研究**(憲法学会)〔1—43／昭37—平23〕目次
　　「憲法研究」(44)　　2012 p213—226
○**憲法研究**(憲法学会)〔1—44／昭37—平24〕目次
　　「憲法研究」(45)　　2013.6 p176—190
○**憲法論叢**(［京都］関西憲法研究会)〔1—10／平6—平15〕総目次
　　「憲法論叢」(関西憲法研究会［編］)(11)　　2004.12 p97—101
○**憲法論叢**(［京都］関西憲法研究会)〔1—11／平6—平16〕総目次
　　「憲法論叢」(関西憲法研究会［編］)(12)　　2005.12 p173—178
○**憲法論叢**(［京都］関西憲法研究会)〔1—12／平6—平17〕総目次
　　「憲法論叢」(関西憲法研究会［編］)(13)　　2006.12 p198—203
○**憲法論叢**(［京都］関西憲法研究会)〔1—13／平6—平18〕総目次
　　「憲法論叢」(関西憲法研究会［編］)(14)　　2007.12 p163—169
○**憲法論叢**(［京都］関西憲法研究会)〔1—14／平6—平19〕総目次
　　「憲法論叢」(関西憲法研究会［編］)(15)　　2008.12 p195—201
○**憲法論叢**(［京都］関西憲法研究会)〔1—15／平6—平20〕総目次
　　「憲法論叢」(関西憲法研究会［編］)(16)　　2009.12 p188—195

○憲法論叢（［京都］関西憲法研究会）〔1―16／平6―平21〕総目次
　「憲法論叢」（関西憲法研究会［編］）（17）　2010.12 p168―175
○憲法論叢（［京都］関西憲法研究会）〔1―17／平6―平22〕総目次
　「憲法論叢」（関西憲法研究会［編］）（18）　2011.12 p224―232
○憲法論叢（［京都］関西憲法研究会）〔1―18／平6―平23〕総目次
　「憲法論叢」（関西憲法研究会［編］）（19）　2012.12 p172―180

【こ】

○Core（京都　同志社大学英文学会Core編集部）〔1―39・40／昭47―平23〕総目次
　「Core」（39・40）　2011 p65―88
○小出記念日本語教育研究会論文集（小出記念日本語教育研究会）〔1―11／平4.6―平15.3〕目次一覧
　「小出記念日本語教育研究会論文集」（12）　2004.3 p145―152
○小出記念日本語教育研究会論文集（小出記念日本語教育研究会）〔1―12／平4.6―平16.3〕目次一覧
　「小出記念日本語教育研究会論文集」（13）　2005.3 p112―120
○小出記念日本語教育研究会論文集（小出記念日本語教育研究会）〔1―13／平4.6―平17.3〕目次一覧
　「小出記念日本語教育研究会論文集」（14）　2006.3 p116―125
○小出記念日本語教育研究会論文集（小出記念日本語教育研究会）〔1―14／平4.6―平18.3〕目次一覧
　「小出記念日本語教育研究会論文集」（15）　2007.3.31 p152―162
○小出記念日本語教育研究会論文集（小出記念日本語教育研究会）〔1―15／平4.6―平19.3〕目次一覧
　「小出記念日本語教育研究会論文集」（16）　2008.3 p160―171
○小出記念日本語教育研究会論文集（小出記念日本語教育研究会）〔1―16／平4.6―平20.3〕目次一覧
　「小出記念日本語教育研究会論文集」（17）　2009.3 p134―146
○小出記念日本語教育研究会論文集（小出記念日本語教育研究会）〔1―17／平4.6―平21.3〕目次一覧
　「小出記念日本語教育研究会論文集」（18）　2010.3.31 p162―175

○小出記念日本語教育研究会論文集（小出記念日本語教育研究会）〔1—18／平4.6—平22.3〕目次一覧
　　「小出記念日本語教育研究会論文集」(19)　2011.3.31　p165—179
○小出記念日本語教育研究会論文集（小出記念日本語教育研究会）〔1—19／平4.6—平23.3〕目次一覧
　　「小出記念日本語教育研究会論文集」(20)　2012.3.31　p137—152
○講筵雑誌（東京府下病院）〔1—2／明8.9—明8.12〕目次（藤元直樹）
　　「参考書誌研究」（国立国会図書館主題情報部編）(65)　2006.10　p1—154
◎光画（聚楽社→光画社）〔1(1)—2(12)／昭7.5.1—昭8.12.25〕総目次
　　「光画傑作集」（野島康三、中山岩太、木村伊兵衛、伊奈信男ほか著、飯沢耕太郎、金子隆一監修・解説）　国書刊行会　2005.11　p105—117
◎黄海（梁石日）〔昭42.8.1〕総目次
　　「ヂンダレ・カリオン—解説・鼎談・総目次・索引　一九五三（昭和二八）年二月〜一九六三（昭和三八）年二月」　不二出版　2008.11　p117
◎公害研究（岩波書店）〔1(1)—21(4)／昭46.10—平4.4〕目次（目次文庫編集委員会）
　　「近代雑誌目次文庫　67　社会学編17」　ゆまに書房　2008.7　p171—200
　　（注）「環境と公害」と改題
◎公害セミナー公募作品集（横浜　横浜市公害研究所）〔10—13／昭61.3—平1.12〕目次（目次文庫編集委員会）
　　「近代雑誌目次文庫　67　社会学編17」　ゆまに書房　2008.7　p201—204
　　（注）「公害セミナー公募論文集」の改題。「環境セミナー公募作品集」と改題
◎公害セミナー公募論文集（横浜　横浜市公害研究所）〔1—8／昭52.11—昭59.11〕目次（目次文庫編集委員会）
　　「近代雑誌目次文庫　67　社会学編17」　ゆまに書房　2008.7　p205—212
　　（注）「公害セミナー公募作品集」と改題
◎公害と対策（公害対策技術同友会）〔1(1)—27(16)／昭40.4—平3.12〕目次（目次文庫編集委員会）
　　「近代雑誌目次文庫　68　社会学編18」　ゆまに書房　2008.11　277p　B5
◎皇學館史学（伊勢　皇學館大学史学会）〔1—20／昭61.3—平17.11〕論文総覧
　　「歴史学紀要論文総覧」　日外アソシエーツ　2007.9　p258—260
○皇學館大学社会福祉学部紀要（名張　皇學館大学社会福祉学部）〔1—9／平10—平18〕目次

こうか

　　「皇学館大学社会福祉学部紀要」(皇学館大学社会福祉学部‖〔編〕)(10)
　　　2007 p338—346
◎**皇學館大學社会福祉学部紀要**(名張　皇學館大学社会福祉学部)〔1—3／平10.12
　—平12.12〕目次(目次文庫編集委員会)
　　「近代雑誌目次文庫　69　社会学編19」　ゆまに書房　2009.3 p1—2
◎**皇學館大學社会福祉論集**(名張　皇學館大学社会福祉学会)〔1—3／平11.3—平
　13.3〕目次(目次文庫編集委員会)
　　「近代雑誌目次文庫　69　社会学編19」　ゆまに書房　2009.3 p3—4
○**工学研究**(札幌　北海学園大学大学院工学研究科)〔1—6／平13—平18〕総索引
　　「工学研究：北海学園大学大学院工学研究科紀要」(北海学園大学大学院工学
　　　研究科編)(7)　2007 p73—75
○**工学研究**(札幌　北海学園大学大学院工学研究科)〔1—7／平13.9—平19.9〕総
　索引
　　「工学研究：北海学園大学大学院工学研究科紀要」(北海学園大学大学院工学
　　　研究科編)(8)　2008 p75—77
○**工学研究**(札幌　北海学園大学大学院工学研究科)〔1—8／平13.9—平20.9〕総
　索引
　　「工学研究：北海学園大学大学院工学研究科紀要」(北海学園大学大学院工学
　　　研究科編)(9)　2009 p59—61
○**工学研究**(札幌　北海学園大学大学院工学研究科)〔1—9／平13.9—平21.9〕総
　索引
　　「工学研究：北海学園大学大学院工学研究科紀要」(北海学園大学大学院工学
　　　研究科編)(10)　2010 p57—60
○**工学研究**(札幌　北海学園大学大学院工学研究科)〔1—10／平13.9—平22.9〕総
　索引
　　「工学研究：北海学園大学大学院工学研究科紀要」(北海学園大学大学院工学
　　　研究科編)(11)　2011 p87—90
○**工学研究**(札幌　北海学園大学大学院工学研究科)〔1—11／平13.9—平23.9〕総
　索引
　　「工学研究：北海学園大学大学院工学研究科紀要」(北海学園大学大学院工学
　　　研究科編)(12)　2012 p51—54
○**工学研究**(札幌　北海学園大学大学院工学研究科)〔1—12／平13.9—平24.9〕総
　索引

「工学研究：北海学園大学大学院工学研究科紀要」(北海学園大学大学院工学研究科編)(13) 2013 p71—74
○**講学余談**(共和舎)〔1—2／明9.2—9.4〕目次(藤元直樹)
　「参考書誌研究」(国立国会図書館主題情報部編)(65) 2006.10 p1—154
○**工業教育資料**(実業教科書(株))〔1—2(9)／昭21.10—昭23.9〕目次集(丸山剛史,尾高進)
　「工学院大学共通課程研究論叢」(工学院大学〔編〕)(47-1) 2009 p91—98
　(付)執筆者一覧
○**工業経営研究**(広島 工業経営研究学会)〔13—22／平11.10—平20.9〕目次一覧
　「工業経営研究」(工業経営研究学会〔編〕)(22) 2008.9 p226—259
○**公共政策研究**〔1—3／平13—平15〕バックナンバー
　「公共政策研究」(日本公共政策学会年報委員会)(4) 2004.12 p144—145
○**公共政策研究**〔1—4／平13—平16〕バックナンバー
　「公共政策研究」(日本公共政策学会年報委員会編)(5) 2005.11 p227—228
○**公共政策研究**〔1—5／平13—平17〕バックナンバー
　「公共政策研究」(日本公共政策学会年報委員会編)(6) 2006 p210—212
○**公共政策研究**〔1—6／平13—平18〕バックナンバー
　「公共政策研究」(日本公共政策学会年報委員会編)(7) 2007 p192—195
○**公共政策研究**〔1—7／平13—平19〕バックナンバー
　「公共政策研究」(日本公共政策学会年報委員会編)(8) 2008 p158—161
○**公共政策研究**〔5—8／平17—平20〕バックナンバー
　「公共政策研究」(日本公共政策学会年報委員会編)(9) 2010.1 p164—165
○**公共政策研究**〔6—9／平18—平21〕バックナンバー
　「公共政策研究」(日本公共政策学会年報委員会編)(10) 2010.12 p142—143
○**公共政策研究**〔6—10／平18—平22〕バックナンバー
　「公共政策研究」(日本公共政策学会年報委員会編)(11) 2011.12 p162—163
○**公共政策研究**〔7—11／平19—平23〕バックナンバー
　「公共政策研究」(日本公共政策学会年報委員会編)(12) 2012 p206—208
○**公共選択の研究**(現代経済研究所→現代経済研究センター→勁草書房)〔40—45／平15—平17〕総目次

こうき

   「公共選択の研究」(Public choice studies編集委員会編)(45)　2005 p113
   —114
○**公共選択の研究**(現代経済研究所→現代経済研究センター→勁草書房)〔46—50
／平17—平20〕総目次
   「公共選択の研究」(Public choice studies編集委員会編)(50)　2008.7 p71
   —72
○**公共選択の研究**(現代経済研究所→現代経済研究センター→勁草書房)〔51—55
／平20—平23〕総目次
   「公共選択の研究」(Public choice studies編集委員会編)(55)　2010 p79—
   80
○**鋼橋塗装**→**Structure painting**(日本鋼橋塗装専門会→日本橋梁・鋼構造物塗
装技術協会)〔24(3)—29(1)／平8—平13〕→〔29(2)—34(1)／平13—平18〕
既刊総目次
   「Structure painting」34(2)通号128　2006 p74—83
○**航空環境研究**(空港環境整備協会航空環境研究センター)〔1—9／平9—平17〕総
目次(空港環境整備協会航空環境研究センター管理部)
   「航空環境研究」(空港環境整備協会航空環境研究センター[編])(10)
   2006 p149—153
○**航空無線**(航空無線システム技術協会→航空保安無線システム協会)〔1—3／平6
—平7〕目次
   「航空無線」(航空無線編集委員会編)(74)　2012.冬期 p64—77
◎**工藝**(聚楽社→日本民藝協會)〔1—120／昭6.1—昭26.1〕総目次
   「DVD・ROM版『工藝』解説・総目次・索引——一九三一年一月・一九五一
   年一月」 不二出版　2010.1 131,42p A5
◎**工芸指導**〔1(1)—1(9)／昭4.6.1—昭8.3.15〕総目次
   「工芸ニュース 別巻 総目次・解説」(工芸財団監修) 国書刊行会　2013.12
   p1—4
   (注)「工芸ニュース」と改題
◎**工芸ニュース**〔1(1)—13(9)／昭7.6.28—昭19.11.10〕総目次
   「工芸ニュース 別巻 総目次・解説」(工芸財団監修) 国書刊行会　2013.12
   p4—47
   (注)「工芸指導」の改題
○**公研**(公益産業研究調査会)〔昭38.9—平22.12〕総目次

「公研」49(1)通号569　2011.1 p118—124
○**公研**(公益産業研究調査会)〔昭38.9—平24.12〕総目次
「公研」51(8)通号600　2013.8 p89—95
◎**高原**(掛川長平編　鳳文書林)〔1—10／昭21.8—昭24.1〕内容細目
「文芸雑誌内容細目総覧—戦後リトルマガジン篇」(日外アソシエーツ編,勝又浩監修)　日外アソシエーツ,紀伊國屋書店〔発売〕　2006.11 p76—80
◎**高原**(鳳文書林)〔1—10／昭21.8—昭24.5〕総目次
「戦後詩誌総覧 4」(和田博文ほか)　日外アソシエーツ　2009.6 p59—69
◎**高原文庫**(軽井沢町(長野県)　軽井沢高原文庫)〔1—27／昭61.5—平24.7〕総目次(岡野裕之)
「文学館出版物内容総覧：図録・目録・紀要・復刻・館報」　日外アソシエーツ　2013.4 p753—758
○**高校教育**(実業教科書(株))〔2(1)—5(11)／昭24.7—昭28.12〕目次集(丸山剛史,尾高進)
「工学院大学共通課程研究論叢」(工学院大学〔編〕)(48-1)　2010 p107—116
○**高校のひろば**(労働旬報社→旬報社)〔50—58／平15.12—平17.12〕目次一覧
「高校のひろば」(日高教・高校教育研究委員会編)(59)　2006.Spr.　p92—95
○**高校のひろば**(労働旬報社→旬報社)〔59—68／平18.3—平20.6〕目次一覧
「高校のひろば」(日高教・高校教育研究委員会編)(69)　2008.Aut.　p92—95
○**高校のひろば**(労働旬報社→旬報社)〔50—58／平20.9—平22.12〕目次一覧
「高校のひろば」(日高教・高校教育研究委員会編)(80)　2011.Sum.　p92—95
○**高校のひろば**(労働旬報社→旬報社)〔79—86／平23.Spr.—平24.Win.〕目次一覧
「高校のひろば」(日高教・高校教育研究委員会編)(87)　2013.Spr.　p92—95
○**口腔病学会雑誌**(口腔病学会)〔71(1)—72(4)／平16—平17〕総目次
「口腔病学会雑誌」(口腔病学会〔編〕)72(4)　2005.12 p259—262
○**考古学ジャーナル**(ニューサイエンス社)執筆者目録抄(芹沢長介)
「月刊考古学ジャーナル」(546)　2006.7 p34
○**考古学集刊**(東京考古学会→明治大学文学部考古学研究室)〔1—4(4),特別号—

こうこ

　　4／昭23.9—昭46.9, 平17.3—平20.5〕総目次（平田健）
　　「考古学集刊」（明治大学文学部考古学研究室編）(5)　2009.5 p15—20
○**考古学と自然科学**（奈良 日本文化財科学会）〔1—49／昭43—平16〕総目録
　　「考古学と自然科学：日本文化財科学会誌」(50)　2005 p1—71
◎**考古学論究**（立正大学考古学会編）〔1—10／平3.4—平16.4〕論文総覧
　　「歴史学紀要論文総覧」　日外アソシエーツ　2007.9 p733—737
◎**考古学論叢**（別府 別府大学考古学研究会）〔1—4／昭48.4—昭52.6〕論文総覧
　　「歴史学紀要論文総覧」　日外アソシエーツ　2007.9 p597—598
○**皇國**〔266—312／大10.1—大13.12〕総目次
　　「神社本廰教學研究所紀要」(13)　2008.3 p273—310
○**皇國**〔313—372／大14.11—昭4.12〕総目次
　　「神社本庁総合研究所紀要」(14)　2009.3 p241—283
◎**広告科学**（日本広告学会）〔1—50／昭50.10—平21.6〕標題一覧（40年史編集委員会）
　　「日本広告学会40年史」（嶋村和恵）　日本広告学会　2009.11 p194—253
○**皇國時報**（皇國時報発行所）〔373—549／昭5.1—昭9.12〕総目次
　　「神社本庁総合研究所紀要」(16)　2011.6 p1—116
◎**工作文化**（日本工作文化連盟）〔創刊号／昭16.9〕総目次
　　「現代建築 全15号—別冊：復刻版「工作文化」／解説・総目次」（笠原一人監修）　国書刊行会　2011.12 p32
　　（注）「現代建築」の改題
○**講座日本語教育**（早稲田大学日本語研究教育センター）〔1—41／昭40—平17.11〕総目次
　　「講座日本語教育」（早稲田大学日本語研究教育センター編）(42)　2006.11 p171—189
◎**黄樹**〔1—2／昭12.3—昭13.5〕総目次（加治幸子）
　　「創作版画誌の系譜—総目次及び作品図版」　中央公論美術出版　2008.1 p982—983
◎**工場と家庭**（郡山 仙台鉄道局郡山工機部）〔1／昭21〕総目次
　　「占領期女性雑誌事典—解題目次総索引 2」（吉田健二）　金沢文圃閣　2004.8 p251
○**構成教育**（東京文理科大学内手工教室会）〔1—5(9)／昭7.1—昭10.12〕目次集

（丸山剛史）
　　　　「技術・職業教育学研究室研究報告：技術教育学の探求」（名古屋大学大学院
　　　　教育発達科学研究科技術職業教育学研究室編）（2）　2005.5　p51—77
◎**構成派**〔1／大15.10〕総目次（加治幸子）
　　　　「創作版画誌の系譜―総目次及び作品図版」　中央公論美術出版　2008.1
　　　　p215—216
○**更生保護と犯罪予防**（日本更生保護協会）〔141—144／平15—平16〕総目次
　　　　「更生保護と犯罪予防：研究誌」（日本更生保護協会編）38（2）通号144
　　　　2005.3　p117—119
○**更生保護と犯罪予防**（日本更生保護協会）〔145—148／平17—平18〕総目次
　　　　「更生保護と犯罪予防：研究誌」（日本更生保護協会編）40（2）通号148
　　　　2007.3　p116—118
○**更生保護と犯罪予防**（日本更生保護協会）〔101—150／平3.6—平20.5〕総目次
　　　　「更生保護と犯罪予防：研究誌」（日本更生保護協会編）41（2）通号150
　　　　2008.5　p150—173
○**更生保護と犯罪予防**（日本更生保護協会）〔151—154／平21.3—平24.2〕総目次
　　　　「更生保護と犯罪予防：研究誌」（日本更生保護協会編）45（154）　2012.2
　　　　p193—196
◎**高知県立文学館ニュース　藤並の森**（高知　高知県立文学館）〔1—59／平10.7—平24.9〕総目次（岡野裕之）
　　　　「文学館出版物内容総覧：図録・目録・紀要・復刻・館報」　日外アソシエーツ　2013.4　p1007—1014
○**高知県立歴史民俗資料館研究紀要**（南国　高知県立歴史民俗資料館）〔1—12／平3—平14〕総目次
　　　　「高知県立歴史民俗資料館研究紀要」（高知県文化財団編）（13）　2004.3　p62—64
◎**高知女子大学紀要　社会福祉学部編**（高知　高知女子大学）〔48—50／平11.3—平13.3〕目次（目次文庫編集委員会）
　　　　「近代雑誌目次文庫 69　社会学編19」　ゆまに書房　2009.3　p5—6
　　　　（注）「高知女子大学紀要　人文・社会科学編」より分離
○**高知大学看護学会誌**（［高知］　高知大学看護学会）〔1—5／平19—平23〕総目次
　　　　「高知大学看護学会誌」6（1）　2012　p33—37
○**交通科学**（大阪　大阪交通科学研究会→交通科学研究会）〔1（1）—40（1）／昭45.4

こうつ

　　―平21〕総目次
　　　「交通科学」40(2)　2009 p151―182
○**交通学研究**〔1―50／昭32―平18〕総目次
　　　「交通学研究：研究年報」(日本交通学会編)通号50　2007.3 p260―358
◎**公的扶助研究**〔112―181／昭61.2―平13.4〕目次(目次文庫編集委員会)
　　　「近代雑誌目次文庫 69 社会学編19」　ゆまに書房　2009.3 p7―28
○**皇典講究所講演**(皇典講究所)〔1―180／明22.2―明29.8〕総目録(藤田大誠、上西亘)
　　　「國學院大學伝統文化リサーチセンター研究紀要」(1)　2009.3 p248―285
○**厚東**(宇部 厚東史研究会)〔1―50〕総目次(小野田智文)
　　　「厚東」(51)　2009.11
○**高等教育研究**(日本高等教育学会)〔1―7／平10.4―平16.4〕総目次
　　　「高等教育研究」(日本高等教育学会研究紀要編集委員会編)(8)　2005.4
　　　　　p233―236
○**高等教育研究**(日本高等教育学会)〔1―8／平10.4―平17.4〕総目次
　　　「高等教育研究」(日本高等教育学会研究紀要編集委員会編)(9)　2006.5
　　　　　p189―193
○**高等教育研究**(日本高等教育学会)〔1―9／平10.4―平18.5〕総目次
　　　「高等教育研究」(日本高等教育学会研究紀要編集委員会編)(10)　2007.5
　　　　　p287―291
○**高等教育研究**(日本高等教育学会)〔1―10／平10.4―平19.5〕総目次
　　　「高等教育研究」(日本高等教育学会研究紀要編集委員会編)(11)　2008.5
　　　　　p237―242
○**高等教育研究**(日本高等教育学会)〔1―11／平10.4―平20.5〕総目次
　　　「高等教育研究」(日本高等教育学会研究紀要編集委員会編)(12)　2009.5
　　　　　p263―269
○**高等教育研究**(日本高等教育学会)〔1―12／平10.4―平21.5〕総目次
　　　「高等教育研究」(日本高等教育学会研究紀要編集委員会編)(13)　2010.5
　　　　　p137―143
○**高等教育研究**(日本高等教育学会)〔1―13／平10.4―平22.5〕総目次
　　　「高等教育研究」(日本高等教育学会研究紀要編集委員会編)(14)　2011.5
　　　　　p317―324

○高等教育研究(日本高等教育学会)〔1―14／平10.4―平23.5〕総目次
　「高等教育研究」(日本高等教育学会研究紀要編集委員会編)(15)　2012.5
　　p229―237
○高等教育研究(日本高等教育学会)〔1―15／平10.4―平24.5〕総目次
　「高等教育研究」(日本高等教育学会研究紀要編集委員会編)(16)　2013.5
　　p293―301
○江東ふるさと歴史研究(東京都江東区教育委員会編 江東区教育委員会生涯学習部)〔1―6／平9.10―平17.12〕バックナンバー
　「江東ふるさと歴史研究」(東京都江東区教育委員会編)通号7　2008.3 p9
◎行動文学(西東書林)〔1(1)―2(1)／昭11.6―昭12.2〕総目次ほか(早稲田大図書館)
　「南紀芸術・翰林・世紀・星座・行動文学・文学生活・文体総目次」　雄松堂アーカイブズ　2009.4 p139―159
◎甲南女子大学心理相談研究センター紀要(神戸 甲南女子大学心理相談研究センター)〔1―2／平16.3.25―平18.3.25〕論文総覧
　「心理学紀要論文総覧」　日外アソシエーツ　2008.10 p179
◎甲南女子大学大学院心理学年報(神戸 甲南女子大学大学院文学研究科心理学専攻)〔1―20／昭58.3.15―平14.3.10〕論文総覧
　「心理学紀要論文総覧」　日外アソシエーツ　2008.10 p180―182
◎甲南女子大学大学院論集 人間科学研究編(神戸 甲南女子大学文学部事務室,人間科学部事務室→甲南女子大学紀要編纂委員会→甲南女子大学図書・メディア委員会)〔1―5／平15.3.18―平19.3.20〕論文総覧
　「心理学紀要論文総覧」　日外アソシエーツ　2008.10 p183―184
◎興農(興農合作社中央会)〔1(1)―2(5)／昭15.11―昭16.5〕細目
　「植民地文化研究：資料と分析」(「植民地文化研究」編集委員会編)(6)
　　2006.7 p116―125
◎興農(興農合作社中央会)〔2(6)―2(11)／昭16.6―昭16.11〕細目
　「植民地文化研究：資料と分析」(「植民地文化研究」編集委員会編)(7)
　　2007.7 p167―175
◎興農(興農合作社中央会)〔2(12)―3(5)／昭16.12―昭17.5〕細目
　「植民地文化研究：資料と分析」(「植民地文化研究」編集委員会編)(8)
　　2008.7 p118―123
◎興農(興農合作社中央会)〔3(6)―3(12)／昭17.6―昭17.12〕細目

「植民地文化研究：資料と分析」(「植民地文化研究」編集委員会編)(9)
　　2009.7 p138—144
◎孔版〔1—24／昭17.9—昭19.8〕総目次(加治幸子)
　　「創作版画誌の系譜—総目次及び作品図版」　中央公論美術出版　2008.1
　　p1052—1066
○高分子論文集(高分子学会)〔昭52—平24〕特集号　総目次
　　「高分子論文集」69(12)　2012 p671—794
　　(注)「高分子化学」の改題
○高分子論文集(高分子学会)〔平11—平24〕高分子科学・工学のニューウェーブ
総目次
　　「高分子論文集」69(12)　2012 p795—802
　　(注)「高分子化学」の改題
○神戸外大論叢(神戸　神戸市外国語大学研究所→神戸市外国語大学研究会)〔47
(1)—56(7)／平8.6—平17.12〕総目次
　　「神戸外大論叢」57(1-5)通号336-340　2006.6 p525—552
　　(注)「外事論叢」の改題
　神戸海洋気象台彙報(神戸　神戸海洋気象台)
　　⇨海洋気象台彙報
○神戸学院経済学論集(神戸　神戸学院大学経済学会)〔31—40〕総目次
　　「神戸学院経済学論集」40(3・4)　2009.3 p51—78
○神戸学院女子短期大学紀要(神戸　神戸学院女子短期大学)〔1—38／昭33—平17.
9〕総目次
　　「神戸学院女子短期大学紀要」(38)　2005.9 p69—90
　神戸市看護大学短期大学部紀要(神戸　神戸市看護大学短期大学部)
　　⇨神戸市立看護短期大学紀要
○神戸史談(神戸　神戸史談会)〔1—295／大15.1—平17.1〕会誌総目録
　　「神戸史談」(神戸史談会〔編〕)(296)　2005.6
○神戸女子短期大学学会論攷→神戸女子短期大学論攷(神戸　神戸女子短期大学学
会)〔1(1)—35／昭29—平2〕→〔36—49／平3—平16〕総目録
　　「神戸女子短期大学論攷」(50)　2005.3.1 p179—210
　神戸女子短期大学論攷(神戸　神戸女子短期大学学会)
　　⇨神戸女子短期大学学会論攷
○神戸市立看護短期大学紀要→紀要(神戸市看護大学短期大学部)(神戸　神戸市立

看護短期大学→神戸市看護大学短期大学部）〔1—15／昭57.3—平8.3〕→〔16—24／平9.3—平17.3〕目次
　　「紀要」（紀要・公開講座等委員会編）(24)　2005.3　p179—198
◎神戸大学史学年報（神戸　神戸大学史学研究会）〔1—21／昭61.5—平18.6〕論文総覧
　　「歴史学紀要論文総覧」　日外アソシエーツ　2007.9　p265—268
◎光耀（庄野潤三編　光耀発行所）〔1—3／昭21.5—昭22.8〕内容細目
　　「文芸雑誌内容細目総覧―戦後リトルマガジン篇」（日外アソシエーツ編，勝又浩監修）　日外アソシエーツ，紀伊國屋書店〔発売〕　2006.11　p55
○香料（日本香料協会）〔191—240／平8.9—平20.12〕索引
　　「香料」(250)　2011.Sum.　p101—149
○向陵時報（第一高等学校寄宿寮）〔158—166／昭21.6—昭24.2〕総目次（山内祥史）
　　「芸術至上主義文芸」（芸術至上主義文芸学会編）通号34　2008.11　p137—141
○港湾学術交流会年報（港湾学術交流会）〔34—43／平9—平18〕総目次
　　「港湾学術交流会年報」(44)　2007　p97—105
◎聲（田口嶙編　丸善）〔1—10／昭33.10—昭36.1〕内容細目
　　「文芸雑誌内容細目総覧―戦後リトルマガジン篇」（日外アソシエーツ編，勝又浩監修）　日外アソシエーツ，紀伊國屋書店〔発売〕　2006.11　p309—314
◎こおりやま文学の森通信（郡山　こおりやま文学の森郡山市文学資料館郡山市久米正雄記念館）〔1—35／平12.9—平22.6〕総目次（岡野裕之）
　　「文学館出版物内容総覧：図録・目録・紀要・復刻・館報」　日外アソシエーツ　2013.4　p173—175
○湖海新報（参社）〔1—15／明9.3—明9.7〕目次（藤元直樹）
　　「参考書誌研究」（国立国会図書館主題情報部編）(65)　2006.10　p1—154
○語学研究所論集（東京外国語大学語学研究所）〔1—8／平8.3—平15.3〕既刊号目次
　　「語学研究所論集」（東京外国語大学語学研究所［編］）(9)　2004.3　巻末3p
○語学研究所論集（東京外国語大学語学研究所）〔1—9／平8.3—平16.3〕既刊号目次
　　「語学研究所論集」（東京外国語大学語学研究所［編］）(10)　2005.3　巻末3p
○語学研究所論集（東京外国語大学語学研究所）〔1—10／平8.3—平17.3〕既刊号

こかく

　　目次
　　　　「語学研究所論集」（東京外国語大学語学研究所［編］）（11）　2006.3　巻末4p
○**語学研究所論集**（東京外国語大学語学研究所）〔1―11／平8.3―平18.3〕既刊号
　　目次
　　　　「語学研究所論集」（東京外国語大学語学研究所［編］）（12）　2007.3　巻末4p
○**語学研究所論集**（東京外国語大学語学研究所）〔1―12／平8.3―平19.3〕既刊号
　　目次
　　　　「語学研究所論集」（東京外国語大学語学研究所［編］）（13）　2008.3　p124―127
○**語学研究所論集**（東京外国語大学語学研究所）〔1―13／平8.3―平20.3〕既刊号
　　目次
　　　　「語学研究所論集」（東京外国語大学語学研究所［編］）（14）　2009.3　p278―282
○**語学研究所論集**（東京外国語大学語学研究所）〔1―14／平8.3―平21.3〕既刊号
　　目次
　　　　「語学研究所論集」（東京外国語大学語学研究所［編］）（15）　2010.3　p404―409
○**語学研究所論集**（東京外国語大学語学研究所）〔1―15／平8.3―平22.3〕既刊号
　　目次
　　　　「語学研究所論集」（東京外国語大学語学研究所［編］）（16）　2011　p247―253
○**語学研究所論集**（東京外国語大学語学研究所）〔1―16／平8.3―平23.3〕既刊号
　　目次
　　　　「語学研究所論集」（東京外国語大学語学研究所［編］）（17）　2012.3　p273―279
○**語学研究所論集**（東京外国語大学語学研究所）〔1―17／平8.3―平24.3〕既刊号
　　目次
　　　　「語学研究所論集」（東京外国語大学語学研究所［編］）（18）　2013.3　p589―595
語学文学（札幌　北海道教育大学語学文学会）
　　⇨語学文学会々報
○**語学文学会々報→語学文学会紀要→語学文学**（札幌　北海道学芸大学語学文学会→北海道教育大学語学文学会）〔昭37.3〕→〔1―4／昭38.3―昭41.3〕→〔5―50／昭42.3―平24.3〕論文題目一覧

「語学文学」(50)　2012　p13—31
語学文学会紀要(札幌　北海道学芸大学語学文学会)
　⇨語学文学会々報
○國學院大學教育学研究室紀要(國學院大學文学部教育学研究室)〔1—40／昭40.8—平17.2〕総目次
　　「國學院大學教育学研究室紀要」(41)　2006　p209—220
◎國學院大学考古学資料館紀要(國學院大学考古学資料館)〔1—22／昭60.3—平18.3〕論文総覧
　　「歴史学紀要論文総覧」　日外アソシエーツ　2007.9　p270—275
◎國學院大學日本文化研究所紀要(国學院大學日本文化研究所)〔1—94／昭32.10—平16.9〕総目次
　　「國學院大學日本文化研究所概要—設立50周年記念」　國學院大日本文化研究所　2006.2　p84—105
◎國學院大學日本文化研究所紀要(国學院大學日本文化研究所)〔1—100／昭32.10—平20.3〕目次
　　「國學院大學日本文化研究所50年誌」　國學院大日本文化研究所　2008.3　p222—259
○國學院大學博物館學紀要(國學院大學博物館学研究室)〔1—29／昭44.3—平17.3〕総目次
　　「國學院大學博物館學紀要」(30)　2005　p159—170
○國學院大學博物館學紀要(國學院大學博物館学研究室)〔1—30／昭44.3—平18.3〕総目次
　　「國學院大學博物館學紀要」(31)　2006　p173—184
國學院中國學會報(国学院大学中国学会)
　⇨漢文學會々報
○国学院法学(国学院大学法学会)〔1(1)—50(4)／昭38.5—平25.3〕総目次
　　「国学院法学」50(4)通号197　2013.3　p602—540
○国語学研究(仙台　「国語学研究」刊行会)〔1—50／昭36.6—平23.3〕総目次
　　「国語学研究」通号50　2011　p270—286
○国語学研究と資料(早稲田大学文学部辻村研究室→国語学研究と資料の会)〔1—30／昭51.12—平19.9〕総目録
　　「日本語学研究と資料」(日本語学研究と資料の会編)(31)　2008.4　p39—45
　　(注)「日本語学研究と資料」と改題

こくご

◎国語学論説資料→日本語学論説資料（論説資料保存会）〔1—24〕→〔25—44〕索引（国立国語研究所）
　　「日本語学論説資料索引 創刊号-44」 論説資料保存会　2009.9　CD—ROM1枚　12cm
○国語語彙史の研究（国語語彙史研究会編　大阪　和泉書院）〔1—30／昭55.5—平23.3〕総目次（国語語彙史研究会）
　　「国語語彙史の研究」（国語語彙史研究会編）（30）　2011.3　p263—279
◎国語国字（國語問題協議會）〔1—185／昭35.12—平17.11〕総目次（國語問題協議會）
　　「國語問題協議會四十五年史」　横濱五十番館　2006.3　p133—153
○国語と国文学（東京大国語国文学会）〔1—1(6)／大13.5—大13.10〕総目次
　　「国語と国文学」85(8)通号1017　2008.8　p77—79
○国語と国文学（東京大国語国文学会）〔1(7)—2(8)／大13.11—大14.8〕総目次
　　「国語と国文学」85(9)通号1018　2008.9　p76—79
○国語と国文学（東京大国語国文学会）〔2(9)—3(1)／大14.9—大15.1〕総目次
　　「国語と国文学」85(10)通号1019　2008.10　p84—85
○国語と国文学（東京大国語国文学会）〔3(2)—3(9)／大15.2—大15.9〕総目次
　　「国語と国文学」85(11)通号1020　2008.11　p157—159
○国語と国文学（東京大国語国文学会）〔3(10)—4(6)／大15.10—昭2.6〕総目次
　　「国語と国文学」85(12)通号1021　2008.12　p87—91
○国語と国文学（東京大国語国文学会）〔4(7)—4(12)／昭2.7—昭2.12〕総目次
　　「国語と国文学」86(1)通号1022　2009.1　p81—83
○国語と国文学（東京大国語国文学会）〔5(1)—5(6)／昭3.1—昭3.6〕総目次
　　「国語と国文学」86(6)通号1027　2009.6　p77—79
○国語と国文学（東京大国語国文学会）〔5(7)—5(10)／昭3.7—昭3.10〕総目次
　　「国語と国文学」86(9)通号1030　2009.9　p82—83
○国語と国文学（東京大国語国文学会）〔5(11)—6(3)／昭3.11—昭4.3〕総目次
　　「国語と国文学」86(10)通号1031　2009.10　p82—83
○国語と国文学（東京大国語国文学会）〔6(4)／昭4.4〕総目次
　　「国語と国文学」87(3)通号1036　2010.3　p78—79
○国語と国文学（東京大国語国文学会）〔6(5)—6(12)／昭4.5—昭4.12〕総目次
　　「国語と国文学」87(6)通号1039　2010.6　p77—79

○国語と国文学（東京大国語国文学会）〔7 (1)—7 (6) ／昭5.1—昭5.6〕総目次
　　「国語と国文学」87 (7) 通号1040　2010.7 p78—79
○国語と国文学（東京大国語国文学会）〔7 (7)—8 (2) ／昭5.7—昭6.2〕総目次
　　「国語と国文学」87 (8) 通号1041　2010.8 p77—79
○国語と国文学（東京大国語国文学会）〔8 (3)—8 (12) ／昭6.3—昭6.12〕総目次
　　「国語と国文学」87 (9) 通号1042　2010.9 p73—75
○国語と国文学（東京大国語国文学会）〔9 (1)—9 (8) ／昭7.1—昭7.8〕総目次
　　「国語と国文学」87 (10) 通号1043　2010.10 p76—79
○国語と国文学（東京大国語国文学会）〔9 (9)—11 (5) ／昭7.9—昭9.5〕総目次
　　「国語と国文学」88 (1) 通号1046　2011.1 p71—79
○国語と国文学（東京大国語国文学会）〔11 (6)—11 (10) ／昭9.6—昭9.10〕総目次
　　「国語と国文学」88 (3) 通号1048　2011.3 p76—79
○国語と国文学（東京大国語国文学会）〔11 (11)—12 (5) ／昭9.11—昭10.5〕総目次
　　「国語と国文学」88 (5) 通号1050　2011.5 p164—167
○国語と国文学（東京大国語国文学会）〔12 (6)—12 (9) ／昭10.6—昭10.9〕総目次
　　「国語と国文学」88 (7) 通号1052　2011.7 p78—79
○国語と国文学（東京大国語国文学会）〔12 (10)—14 (3) ／昭10.10—昭12.3〕総目次
　　「国語と国文学」88 (8) 通号1053　2011.8 p72—79
○国語と国文学（東京大国語国文学会）〔14 (4)—14 (7) ／昭12.4—昭12.7〕総目次
　　「国語と国文学」88 (10) 通号1055　2011.10 p77—79
○国語と国文学（東京大国語国文学会）〔14 (8)—14 (12) ／昭12.8—昭12.12〕総目次
　　「国語と国文学」88 (12) 通号1057　2011.12 p73—75
○国語と国文学（東京大国語国文学会）〔15 (1)—15 (6) ／昭13.1—昭13.6〕総目次
　　「国語と国文学」89 (5) 通号1062　2012.5 p137—139
○国語と国文学（東京大国語国文学会）〔15 (7)—15 (10) ／昭13.7—昭13.10〕総目次
　　「国語と国文学」89 (11) 通号1068　2012.11 p128—129
○国語と国文学（東京大国語国文学会）〔15 (11)—15 (12) ／昭13.11—昭13.12〕総目次
　　「国語と国文学」90 (1) 通号1070　2013.1 p79

こくこ

○**国語と国文学**（東京大国語国文学会）〔16（1）―16（7）／昭14.1―昭14.7〕総目次
　　「国語と国文学」90（7）通号1076　2013.7　p77―79
○**国語と国文学**（東京大国語国文学会）〔16（8）―17（4）／昭14.8―昭15.4〕総目次
　　「国語と国文学」90（9）通号1078　2013.9　p76―79
○**国語文学史の研究**（国語文字史研究会編　大阪　和泉書院）〔1―10／平4.9.30―平19.12.30〕総目次
　　「国語文字史の研究」（国語文字史研究会編）（10）　2007.12　p347―351
○**国際関係学部紀要**（春日井　中部大学国際関係学部）〔1―35／昭60.3―平17.10〕総目次
　　「国際関係学部紀要」（中部大学国際関係学部編）（35）　2005.10　巻末1―21
　　（注）「貿易風」と改題
○**国際関係学部研究年報**（三島　日本大学国際関係学部）〔1―24／昭55.2―平15.2〕目次
　　「国際関係学部研究年報」（日本大学国際関係学部［編］）（25）　2004.2　巻末9p
○**国際関係学部研究年報**（三島　日本大学国際関係学部）〔1―25／昭55.2―平16.2〕目次
　　「国際関係学部研究年報」（日本大学国際関係学部［編］）（26）　2005.2　巻末9p
○**国際関係学部研究年報**（三島　日本大学国際関係学部）〔1―26／昭55.2―平17.2〕目次
　　「国際関係学部研究年報」（日本大学国際関係学部［編］）（27）　2006.3　巻末9p
○**国際関係学部研究年報**（三島　日本大学国際関係学部）〔1―27／昭55.2―平18.3〕目次
　　「国際関係学部研究年報」（日本大学国際関係学部［編］）（28）　2007.3　巻末10p
○**国際関係学部研究年報**（三島　日本大学国際関係学部）〔1―28／昭55.2―平19.3〕目次
　　「国際関係学部研究年報」（日本大学国際関係学部［編］）（29）　2008.3　巻末10p
○**国際関係学部研究年報**（三島　日本大学国際関係学部）〔1―29／昭55.2―平20.3〕目次

「国際関係学部研究年報」(日本大学国際関係学部[編])(30)　2009.3　巻末11p
○国際関係学部研究年報(三島　日本大学国際関係学部)〔1―30／昭55.2―平21.3〕目次
「国際関係学部研究年報」(日本大学国際関係学部[編])(31)　2010.3　巻末11p
○国際関係学部研究年報(三島　日本大学国際関係学部)〔1―31／昭55.2―平22.3〕目次
「国際関係学部研究年報」(日本大学国際関係学部[編])(32)　2011　巻末12p
○国際関係学部研究年報(三島　日本大学国際関係学部)〔1―32／昭55.2―平23〕目次
「国際関係学部研究年報」(日本大学国際関係学部[編])(33)　2012　巻末12p
○国際関係学部研究年報(三島　日本大学国際関係学部)〔1―33／昭60.2―平24〕目次
「国際関係学部研究年報」(日本大学国際関係学部[編])(34)　2013　巻末12p
○国際関係研究(三島　日本大学国際関係学部国際関係研究所)〔1(1)―25(1)／昭55.10―平16.7〕総目次
「国際関係研究」25(2)　2004.9　巻末1―43
○国際関係研究(三島　日本大学国際関係学部国際関係研究所)〔1(1)―26(1)／昭55.10―平17.7〕総目次
「国際関係研究」26(2)　2007.9　巻末1―44
○国際関係研究(三島　日本大学国際関係学部国際関係研究所)〔1(1)―27(1)／昭55.10―平18.7〕総目次
「国際関係研究」27(2)　2007.9　巻末1―50
○国際関係研究(三島　日本大学国際関係学部国際関係研究所)〔1(1)―28(1)／昭55.10―平19.7〕総目次
「国際関係研究」28(2)　2007.9　巻末1―50
○国際関係研究(三島　日本大学国際関係学部国際関係研究所)〔1(1)―29(1)／昭55.10―平20.7〕総目次
「国際関係研究」29(2)　2008.9　巻末1―52
○国際関係研究(三島　日本大学国際関係学部国際関係研究所)〔1(1)―30(2)／昭55.10―平22.2〕総目次
「国際関係研究」30(2)　2010.2　巻末1―36

こくさ

○国際関係研究(三島 日本大学国際関係学部国際関係研究所)〔1(1)—31(2)／昭55.10—平23.2〕総目次
　「国際関係研究」31(2)　2011.2　巻末1—37
○国際関係研究(三島 日本大学国際関係学部国際関係研究所)〔1(1)—32(2)／昭55.10—平24.2〕総目次
　「国際関係研究」32(2)　2012.2　巻末1—38
○国際関係研究(三島 日本大学国際関係学部国際関係研究所)〔1(1)—33(2)／昭55.10—平25.2〕総目次
　「国際関係研究」33(2)　2013.2　巻末1—38
○国際観光情報(国際観光サービスセンター)〔平17.1・2—平24.12〕総索引集
　「国際観光情報」(日本政府観光局 監修)　2012.12 p3—11
○国際教育研究所紀要(倉敷 国際教育研究所)〔1—20／平3—平21〕総目次
　「国際教育研究所紀要」(国際教育研究所[編])(20)　2009年度 p77—87
○国際教育研究フォーラム(倉敷 国際教育研究所)〔1—46／平3.秋—平22.3〕総目次
　「国際教育研究所紀要」(国際教育研究所[編])(20)　2009年度 p88—99
○国際子ども図書館の窓(国立国会図書館国際子ども図書館)〔1—10／平13.3—平22.3〕総目次
　「国際子ども図書館の窓」(11)　2011.3 p69—78
○国際産研(京都 関西国際産業関係研究所)〔1—24／平1—平17〕目次
　「国際産研」(関西国際産業関係研究所編)(25)　2006.5 p57—113
◎国際児童文学館紀要(吹田 大阪国際児童文学館)〔1—25／昭60.3—平24.3〕総目次(岡野裕之)
　「文学館出版物内容総覧：図録・目録・紀要・復刻・館報」　日外アソシエーツ　2013.4 p821—824
◎国際社会学研究所研究紀要(加計国際学術交流センター国際社会学研究所)〔1—9／平5.3—平13.3〕目次(目次文庫編集委員会)
　「近代雑誌目次文庫 69 社会学編19」　ゆまに書房　2009.3 p29—30
◎国際女性(京都 国際女性社)〔昭21.11・12—昭22.7〕総目次
　「占領期女性雑誌事典—解題目次総索引 2」(吉田健二)　金沢文圃閣　2004.8 p259—261
○国際女性：年報〔1—20／昭63—平18.12〕総目次
　「国際女性：年報」(国際女性の地位協会[編])(21)　2007.12 p80—100

○国際服飾学会誌（国際服飾学会）〔21―30／平14―平18〕総目次
　　「国際服飾学会誌」（国際服飾学会編）（30）　2006　p84―88
○国際服飾学会誌（国際服飾学会）〔31―40／平19―平23〕総目次
　　「国際服飾学会誌」（国際服飾学会編）（40）　2011　p48―51
○国際文化（堺　大阪女子大学人文社会学部人文学科国際文化専攻研究室）〔1―6／平12.3―平17.3〕総目次
　　「国際文化」（6）　2005.3　p150―151
○国際文化研究所論叢（太宰府　筑紫女学園大学→筑紫女学園大学・短期大学→筑紫女学園大学・短期大学国際文化研究所→筑紫女学園大学・筑紫女学園大学短期大学部国際文化研究所→筑紫女学園大学・筑紫女学園大学短期大学部人間文化研究所）〔1―17／平3.3―平18.8〕論文目録
　　「筑紫女学園大学・短期大学部人間文化研究所年報」（18）　2007.8　p190―199
　　（注）「筑紫女学園大学・短期大学部人間文化研究所年報」と改題
○国際文化研究所論叢→人間文化研究所年報（太宰府　筑紫女学園大学→筑紫女学園大学・短期大学→筑紫女学園大学・短期大学国際文化研究所→筑紫女学園大学・筑紫女学園大学短期大学部国際文化研究所→筑紫女学園大学・筑紫女学園大学短期大学部人間文化研究所）〔1―17／平3.3―平18.8〕→〔18―20／平19.8―平21.8〕論文目録
　　「筑紫女学園大学・短期大学部人間文化研究所年報」（21）　2010.8　p435―446
　　国際貿易と投資（国際貿易投資研究所）
　　　⇨ITI季報
○国史学（国史学会）〔181―200／平15.11―平22.4〕総目録
　　「国史学」（206・207）　2012.5　巻末1―13
◎国史学研究（龍谷大学国史研究会「国史学研究」編集部編　京都　龍谷大学国史学合同研究室→龍谷大学国史部会→龍谷大学国史学研究会）〔1―28／昭50.3―平17.3〕論文総覧
　　「歴史学紀要論文総覧」　日外アソシエーツ　2007.9　p795―799
○国史学研究（京都　龍谷大学国史学合同研究室→龍谷大学国史部会→龍谷大学史学会国史部会→龍谷大学国史学研究会）〔1―35／昭50.3―平24.3〕総目録
　　「龍谷日本史研究」（龍谷大学日本史学研究会『龍谷日本史研究』運営委員会編）（36）　2013.3　p154―166

こくし

　　　(注)「龍谷日本史研究」と改題
◎国士舘史学(国士舘大学史学会)〔1―11／平5.5―平17.3〕論文総覧
　　「歴史学紀要論文総覧」　日外アソシエーツ　2007.9 p286―287
○国士館法学(国士館大学法学会)〔1―37／昭44.3―平17.12〕既刊目次
　　「国士館法学」(39)　2007 巻末17p
◎国史研究会年報(慶應義塾大学大学院国史研究会)〔1―5／昭55.2―昭59.12〕論文総覧
　　「歴史学紀要論文総覧」　日外アソシエーツ　2007.9 p256―257
◎国史談話会雑誌(仙台 東北大学国史談話会)〔1―46／昭32.8―平18.3〕論文総覧
　　「歴史学紀要論文総覧」　日外アソシエーツ　2007.9 p463―470
○國體科学〔36―47／昭4.1―昭4.12〕総目次
　　「国体文化：日本国体学会機関誌：里見日本文化学研究所発表機関：立正教団発表機関」(日本国体学会, 立正教団)(1009)　2008.5 p70―75
○國體科学〔48―59／昭5.1―昭5.12〕総目次
　　「国体文化：日本国体学会機関誌：里見日本文化学研究所発表機関：立正教団発表機関」(日本国体学会, 立正教団)(1010)　2008.6 p76―81
○國體科学〔60―61／昭6.1―昭6.2〕総目次
　　「国体文化：日本国体学会機関誌：里見日本文化学研究所発表機関：立正教団発表機関」(日本国体学会, 立正教団)(1011)　2008.7 p66―71
○國體科学〔62〕総目次
　　「国体文化：日本国体学会機関誌：里見日本文化学研究所発表機関：立正教団発表機関」(日本国体学会, 立正教団)(1011)　2008.7 p66―71
○国体学雑誌(武蔵野町(東京)　里見日本文化学研究所)〔172―183／昭12.1―昭12.12〕総目次
　　「国体文化：日本国体学会機関誌：里見日本文化学研究所発表機関：立正教団発表機関」(日本国体学会, 立正教団)(1019)　2009.4 p74―79
○国体学雑誌(武蔵野町(東京)　里見日本文化学研究所)〔184―196／昭13.1―昭13.12〕総目次
　　「国体文化：日本国体学会機関誌：里見日本文化学研究所発表機関：立正教団発表機関」(日本国体学会, 立正教団)(1020)　2009.5 p74―79
○国体学雑誌(武蔵野町(東京)　里見日本文化学研究所)〔195―221／昭13.11―昭14.12〕総目次
　　「国体文化：日本国体学会機関誌：里見日本文化学研究所発表機関：立正教

団発表機関」(日本国体学会, 立正教団)(1021)　2009.6 p72—79
　　　(付)大衆版「皇民の人生」1—14
○国体学雑誌(武蔵野町(東京)　里見日本文化学研究所)〔222—237／昭15.1—昭15.12〕総目次
　　「国体文化：日本国体学会機関誌：里見日本文化学研究所発表機関：立正教団発表機関」(日本国体学会, 立正教団)(1023)　2009.8 p66—71
　　　(付)大衆版「皇民の人生」15—26
○国体学雑誌(武蔵野町(東京)　里見日本文化学研究所)〔238—253／昭16.1—昭16.12〕総目次
　　「国体文化：日本国体学会機関誌：里見日本文化学研究所発表機関：立正教団発表機関」(日本国体学会, 立正教団)(1024)　2009.9 p66—71
　　　(付)大衆版「皇民の人生」27—38
○国体学雑誌(武蔵野町(東京)　里見日本文化学研究所)〔254—270／昭17.1—昭17.12〕総目次
　　「国体文化：日本国体学会機関誌：里見日本文化学研究所発表機関：立正教団発表機関」(日本国体学会, 立正教団)(1025)　2009.10 p66—71
　　　(付)「皇民の人生」254—270
○国体学雑誌(武蔵野町(東京)　里見日本文化学研究所)〔272—286／昭18.1—昭18.12〕総目次
　　「国体文化：日本国体学会機関誌：里見日本文化学研究所発表機関：立正教団発表機関」(日本国体学会, 立正教団)(1026)　2009.11 p66—71
○国体学雑誌(武蔵野町(東京)　里見日本文化学研究所)〔287—292／昭19.1—昭19.9〕総目次
　　「国体文化：日本国体学会機関誌：里見日本文化学研究所発表機関：立正教団発表機関」(日本国体学会, 立正教団)(1027)　2009.12 p68—71
○国体戦線〔293—301／昭22.3—昭22.12〕総目次
　　「国体文化：日本国体学会機関誌：里見日本文化学研究所発表機関：立正教団発表機関」(日本国体学会, 立正教団)(1027)　2009.12 p68—71
○国体戦線〔302—312／昭23.1—昭23.11・12〕総目次
　　「国体文化：日本国体学会機関誌：里見日本文化学研究所発表機関：立正教団発表機関」(日本国体学会, 立正教団)(1028)　2010.1 p56—57
○国体戦線〔313—324／昭24.1—昭24.12〕総目次
　　「国体文化：日本国体学会機関誌：里見日本文化学研究所発表機関：立正教

団発表機関」(日本国体学会, 立正教団)(1029)　2010.2 p56—57
○**国体戦線**〔325—336／昭25.1—昭25.12〕総目次
　　「国体文化：日本国体学会機関誌：里見日本文化学研究所発表機関：立正教
　　団発表機関」(日本国体学会, 立正教団)(1030)　2010.3 p56—57
○**国体戦線**〔337—348／昭26.1—昭26.12〕総目次
　　「国体文化：日本国体学会機関誌：里見日本文化学研究所発表機関：立正教
　　団発表機関」(日本国体学会, 立正教団)(1031)　2010.4 p56—57
○**国体文化**〔349—360／昭27.1—昭27.12〕総目次
　　「国体文化：日本国体学会機関誌：里見日本文化学研究所発表機関：立正教
　　団発表機関」(日本国体学会, 立正教団)(1032)　2010.5 p56—57
○**国体文化**〔361—372／昭28.1—昭28.12〕総目次
　　「国体文化：日本国体学会機関誌：里見日本文化学研究所発表機関：立正教
　　団発表機関」(日本国体学会, 立正教団)(1033)　2010.6 p56—57
○**国体文化**〔373—384／昭29.1—昭29.12〕総目次
　　「国体文化：日本国体学会機関誌：里見日本文化学研究所発表機関：立正教
　　団発表機関」(日本国体学会, 立正教団)(1034)　2010.7 p56—57
○**国体文化**〔385—396／昭30.1—昭30.12〕総目次
　　「国体文化：日本国体学会機関誌：里見日本文化学研究所発表機関：立正教
　　団発表機関」(日本国体学会, 立正教団)(1035)　2010.8 p56—57
○**国体文化**〔397—408／昭31.1—昭31.12〕総目次
　　「国体文化：日本国体学会機関誌：里見日本文化学研究所発表機関：立正教
　　団発表機関」(日本国体学会, 立正教団)(1036)　2010.9 p56—57
○**国体文化**〔409—420／昭32.1—昭32.12〕総目次
　　「国体文化：日本国体学会機関誌：里見日本文化学研究所発表機関：立正教
　　団発表機関」(日本国体学会, 立正教団)(1037)　2010.10 p56—57
○**国体文化**〔421—432／昭33.1—昭33.12〕総目次
　　「国体文化：日本国体学会機関誌：里見日本文化学研究所発表機関：立正教
　　団発表機関」(日本国体学会, 立正教団)(1038)　2010.11 p56—57
○**国体文化**〔433—444／昭34.1—昭34.12〕総目次
　　「国体文化：日本国体学会機関誌：里見日本文化学研究所発表機関：立正教
　　団発表機関」(日本国体学会, 立正教団)(1039)　2010.12 p56—57
○**国体文化**〔445—456／昭35.1—昭35.12〕総目次

「国体文化：日本国体学会機関誌：里見日本文化学研究所発表機関：立正教団発表機関」(日本国体学会, 立正教団) (1040)　2011.1　p56—57
○**国体文化**〔457—468／昭36.1—昭36.12〕総目次
「国体文化：日本国体学会機関誌：里見日本文化学研究所発表機関：立正教団発表機関」(日本国体学会, 立正教団) (1041)　2011.2　p56—57
○**国体文化**〔469—479／昭37.1—昭37.12〕総目次
「国体文化：日本国体学会機関誌：里見日本文化学研究所発表機関：立正教団発表機関」(日本国体学会, 立正教団) (1042)　2011.3　p56—57
○**国体文化**〔480—491／昭38.1—昭38.12〕総目次
「国体文化：日本国体学会機関誌：里見日本文化学研究所発表機関：立正教団発表機関」(日本国体学会, 立正教団) (1043)　2011.4　p56—57
○**国体文化**〔492—503／昭39.1—昭39.12〕総目次
「国体文化：日本国体学会機関誌：里見日本文化学研究所発表機関：立正教団発表機関」(日本国体学会, 立正教団) (1044)　2011.5　p56—57
○**国体文化**〔504—515／昭40.1—昭40.12〕総目次
「国体文化：日本国体学会機関誌：里見日本文化学研究所発表機関：立正教団発表機関」(日本国体学会, 立正教団) (1045)　2011.6　p56—57
○**国体文化**〔516—527／昭41.1—昭41.12〕総目次
「国体文化：日本国体学会機関誌：里見日本文化学研究所発表機関：立正教団発表機関」(日本国体学会, 立正教団) (1046)　2011.7　p56—57
○**国体文化**〔528—540／昭42.1—昭42.12〕総目次
「国体文化：日本国体学会機関誌：里見日本文化学研究所発表機関：立正教団発表機関」(日本国体学会, 立正教団) (1047)　2011.8　p56—57
○**国体文化**〔541—552／昭43.1—昭43.12〕総目次
「国体文化：日本国体学会機関誌：里見日本文化学研究所発表機関：立正教団発表機関」(日本国体学会, 立正教団) (1048)　2011.9　p56—57
○**国体文化**〔553—565／昭44.1—昭44.12〕総目次
「国体文化：日本国体学会機関誌：里見日本文化学研究所発表機関：立正教団発表機関」(日本国体学会, 立正教団) (1051)　2011.12　p48—49
○**国体文化**〔566—578／昭45.1—昭45.12〕総目次
「国体文化：日本国体学会機関誌：里見日本文化学研究所発表機関：立正教団発表機関」(日本国体学会, 立正教団) (1052)　2012.1　p48—49

こくた

○国体文化〔579―591／昭46.1―昭46.12〕総目次
　「国体文化：日本国体学会機関誌：里見日本文化学研究所発表機関：立正教団発表機関」(日本国体学会,立正教団)(1053)　2012.2　p48―49
○国体文化〔592―604／昭47.1―昭47.12〕総目次
　「国体文化：日本国体学会機関誌：里見日本文化学研究所発表機関：立正教団発表機関」(日本国体学会,立正教団)(1054)　2012.3　p48―49
○国体文化〔605―616／昭48.1―昭48.12〕総目次
　「国体文化：日本国体学会機関誌：里見日本文化学研究所発表機関：立正教団発表機関」(日本国体学会,立正教団)(1055)　2012.4　p48―49
○国体文化〔617―627／昭49.1―昭49.12〕総目次
　「国体文化：日本国体学会機関誌：里見日本文化学研究所発表機関：立正教団発表機関」(日本国体学会,立正教団)(1056)　2012.5　p48―49
○国体文化〔628―639／昭50.1―昭50.12〕総目次
　「国体文化：日本国体学会機関誌：里見日本文化学研究所発表機関：立正教団発表機関」(日本国体学会,立正教団)(1057)　2012.6　p48―49
○国体文化〔640―651／昭51.1―昭51.12〕総目次
　「国体文化：日本国体学会機関誌：里見日本文化学研究所発表機関：立正教団発表機関」(日本国体学会,立正教団)(1058)　2012.7　p48―49
○国体文化〔652―663／昭52.1―昭52.12〕総目次
　「国体文化：日本国体学会機関誌：里見日本文化学研究所発表機関：立正教団発表機関」(日本国体学会,立正教団)(1059)　2012.8　p48―49
○国体文化〔664―675／昭53.1―昭53.12〕総目次
　「国体文化：日本国体学会機関誌：里見日本文化学研究所発表機関：立正教団発表機関」(日本国体学会,立正教団)(1060)　2012.9　p48―49
○国体文化〔676―686／昭54.1―昭54.12〕総目次
　「国体文化：日本国体学会機関誌：里見日本文化学研究所発表機関：立正教団発表機関」(日本国体学会,立正教団)(1061)　2012.10　p48―49
○国体文化〔687―698／昭55.1―昭55.12〕総目次
　「国体文化：日本国体学会機関誌：里見日本文化学研究所発表機関：立正教団発表機関」(日本国体学会,立正教団)(1062)　2012.11　p48―49
○国体文化〔699―709／昭56.1―昭56.11・12〕総目次
　「国体文化：日本国体学会機関誌：里見日本文化学研究所発表機関：立正教団発表機関」(日本国体学会,立正教団)(1063)　2012.12　p48―49

○国体文化〔710―720／昭57.1―昭57.11・12〕総目次
　「国体文化：日本国体学会機関誌：里見日本文化学研究所発表機関：立正教団発表機関」（日本国体学会,立正教団）（1064）　2013.1 p40―41
○国体文化〔721―731／昭58.1―昭58.11・12〕総目次
　「国体文化：日本国体学会機関誌：里見日本文化学研究所発表機関：立正教団発表機関」（日本国体学会,立正教団）（1065）　2013.2 p38―39
○国体文化〔732―743／昭59.1―昭59.12〕総目次
　「国体文化：日本国体学会機関誌：里見日本文化学研究所発表機関：立正教団発表機関」（日本国体学会,立正教団）（1066）　2013.3 p42―43
○国体文化〔744―754／昭60.1―昭60.12〕総目次
　「国体文化：日本国体学会機関誌：里見日本文化学研究所発表機関：立正教団発表機関」（日本国体学会,立正教団）（1067）　2013.4 p44―45
　國土と健民（國立公園協会）
　　⇨國立公園
◎國土と健民（國立公園協会）〔15（1）―16（3）／昭18.2―昭19.6〕総目次
　「國立公園 第10巻・第12巻」（船橋治編）　不二出版　2011.12 p98―102
　（注）國立公園を改題
○国文（お茶の水女子大学国語国文学会）〔1―100／昭28.2―平16.2〕掲載論文題目
　「国文」（100）　2004.2 p57―82
○國文學（国文学会）〔21―30,2（1）―3（4）／明23.4―明25.4〕総目録（藤田大誠,上西亘）
　「國學院大學伝統文化リサーチセンター研究紀要」（1）　2009.3 p224―247
　（注）「日本文學」の改題
○国文学攷（東広島 広島大学国語国文学会）〔151―200／平8.9―平20.12〕分類総目録
　「国文学攷」（200）　2008.12 p30―37
○國文學論叢（京都 龍谷大學國文學會）〔1―49／昭23.7―平16.2〕総目次
　「國文學論叢」（50）　2005.2 p116―128
○国民生活研究（国民生活センター）〔1（1）―51（4）／昭37.4―平24.3〕総目次（渡辺多加子,金子美佐子,吉田明子）
　「国民生活研究」（国民生活センター相談情報部「国民生活研究」編集委員会編）51（4）　2012.3 p79―138
◎國立公園→國土と健民（國立公園協会）〔1（1）―14（6）／昭4.3―昭17.12〕→

〔15（1）—16（3）／昭18.2—昭19.6〕総目次
　　「國立公園　第10巻・第12巻」（船橋治編）　不二出版　2011.12　p19—102
　国立女性教育会館研究紀要（嵐山町（埼玉県）　国立女性教育会館）
　　⇨国立婦人教育会館研究紀要
　国立女性教育会館研究ジャーナル（嵐山町（埼玉県）　国立女性教育会館）
　　⇨国立婦人教育会館研究紀要
○国立婦人教育会館研究紀要→国立女性教育会館研究紀要（嵐山町（埼玉県）　国立女性教育会館）〔1—4／平9—平12〕→〔5—9／平13—平17〕目次一覧
　　「国立女性教育会館研究ジャーナル」（国立女性教育会館編）（10）　2006.8　p152—163
　　　（付）英文
○国立婦人教育会館研究紀要→国立女性教育会館研究紀要→国立女性教育会館研究ジャーナル（嵐山町（埼玉県）　国立女性教育会館）〔1—4／平9—平12〕→〔5—9／平13—平17〕→〔10—13／平18.8—平21.3〕目次一覧
　　「国立女性教育会館研究ジャーナル」（国立女性教育会館編）（14）　2010.3　p175—186
○国立歴史民俗博物館研究報告（佐倉　国立歴史民俗博物館）〔101—130／平15.3—平18.3〕総目次
　　「国立歴史民俗博物館研究報告」（国立歴史民俗博物館編）（130）　2006.3　p203—218
○国立歴史民俗博物館研究報告（佐倉　国立歴史民俗博物館）〔131—150／平18.3—平21.3〕総目次
　　「国立歴史民俗博物館研究報告」（国立歴史民俗博物館編）（150）　2009.3　p193—200
○国立歴史民俗博物館研究報告（佐倉　国立歴史民俗博物館）〔151—170／平21.3—平24.3〕総目次
　　「国立歴史民俗博物館研究報告」（国立歴史民俗博物館編）（170）　2012.3　p87—95
○語源研究（京都　日本語語源研究会）〔41—45／平15.3—平19.3〕総目録
　　「語源研究」（46）　2008.3　p169—171
○古建築（忍冬会）〔1—35／昭27.2—昭53.12〕目録
　　「文建協通信」（文化財建造物保存技術協会編）（100修正版）　2010.4　p79—99

（注）「清交」の改題
○こころの科学（日本評論社）〔1―120／昭60.5―平17.3〕総目次
　　「こころの科学」（121）　2005.5　巻末1―44
◎心の危機と臨床の知（神戸　甲南大学大学院人文科学研究科人間科学専攻学術フロンティア研究室→甲南大学人間科学研究所）〔1―8／平12.7.20―平19.2.14〕論文総覧
　　「心理学紀要論文総覧」　日外アソシエーツ　2008.10　p185―188
◎ココロミ〔1（1）／大2.12〕総目次（加治幸子）
　　「創作版画誌の系譜―総目次及び作品図版」　中央公論美術出版　2008.1　p57―58
◎古今一如（糸魚川　糸魚川歴史民俗資料館）〔1―5／平19.3―平23.9〕総目次（岡野裕之）
　　「文学館出版物内容総覧：図録・目録・紀要・復刻・館報」　日外アソシエーツ　2013.4　p651―652
○古事記年報（古事記学会）〔1―44／昭31―平14〕全目次
　　「古事記年報」（46）　2004.4　p386―402
◎越路〔昭21.1―昭24.5〕総目次
　　「占領期女性雑誌事典―解題目次総索引 2」（吉田健二）　金沢文圃閣　2004.8　p277―300
○高志路（新潟　新潟県民俗学会）〔1―350／昭10.1―平15.11〕総目次
　　「高志路」（351）（総目次）　2004.3　p21―134
　　（注）執筆者索引：p116―134
○五七〔昭7.7―昭11.4〕総目次（樋口雄彦）
　　「国立歴史民俗博物館研究報告」（国立歴史民俗博物館編）（131）　2006.3　p271―336
○五洲雑報（毎日新聞会社）〔1―22／明7.6―明7.11〕目次（藤元直樹）
　　「参考書誌研究」（国立国会図書館主題情報部編）（65）　2006.10　p1―154
○古城（静岡　静岡古城研究会）〔47―56／平13.7―23.7〕目次一覧表（各務博俊）
　　「古城」（静岡古城研究会編）（57）　2013.7　p156―158
○五条古代文化〔1―30／昭49.11―昭60.3〕総目次
　　「古代史の海」（60）　2010.6　p172―176
○五頭郷土文化（阿賀野　五頭郷土文化研究会）〔1―60／昭53.12―平20.9〕掲載作品目次一覧（波多野盈）

こすた

「五頭郷土文化」(五頭郷土文化研究会編)(60)　2008.9 p74―91
○**Coastal bioenvironment**(唐津　佐賀大学海浜台地生物環境研究センター)〔1―19／平15.6―平24.8〕目次
　「Coastal bioenvironment」(佐賀大学海浜台地生物環境研究センター編)(19)　2012.8 p91―96
◎**コスモス**(コスモス書店)〔1―再刊2(通巻19)／昭21.4―昭32.9〕総目次
　「戦後詩誌総覧 4」(和田博文ほか)　日外アソシエーツ　2009.6 p70―84
◎**個性**(思索社)〔1(1)―2(11)／昭23.1―昭24.11〕細目(大屋幸世)
　「日本近代文学書誌書目抄」　日本古書通信社　2006.3 p138―152
◎**個性**(片山修三→永野保方編　思索社)〔1(1)―2(11)／昭22.12―昭24.11〕内容細目
　「文芸雑誌内容細目総覧―戦後リトルマガジン篇」(日外アソシエーツ編, 勝又浩監修)　日外アソシエーツ, 紀伊國屋書店〔発売〕　2006.11 p154―158
古蹟(帝国古蹟取調会)
　⇨帝国古蹟取調会会報
○**戸籍時報**(日本加除出版)〔502―600／平11.6―平18.7〕索引
　「戸籍時報」(601総索引)　2006.8 p1―64
◎**午前**(福岡　南風書房)〔1(1)―4(2)／昭21.6―昭24.3〕総目次
　「戦後詩誌総覧 4」(和田博文ほか)　日外アソシエーツ　2009.6 p85―102
◎**古代**(早稲田大学考古学会)〔1・2―119／昭25.4―平18.3〕論文総覧
　「歴史学紀要論文総覧」　日外アソシエーツ　2007.9 p829―847
◎**古代史研究**(古代史研究会)〔1―19／昭59.6―平14.11〕論文総覧
　「歴史学紀要論文総覧」　日外アソシエーツ　2007.9 p687―689
○**古代史の海**(京都　「古代史の海」の会)〔20―40／平12.9―平17.6〕総目次
　「古代史の海」(40)　2005.6 p187―191
　　(注)「古代日本海文化」の改題
○**古代史の海**(京都　「古代史の海」の会)〔41―60／平17.9―平22.6〕総目次
　「古代史の海」(60)　2010.6 p166―171
　　(注)「古代日本海文化」の改題
◎**古代史の研究**(吹田　関西大学古代史研究会)〔1―13／昭53.11―平18.12〕論文総覧
　「歴史学紀要論文総覧」　日外アソシエーツ　2007.9 p152―154

○古代朝鮮文化を考える（大分 古代朝鮮文化を考える会）〔1—21／昭61.11—平18.12〕総目次
　　「古代朝鮮文化を考える」（22）　2007.12 p143—153
○古代朝鮮文化を考える（大分 古代朝鮮文化を考える会）〔1—22／昭61.11—平19.12〕総目次
　　「古代朝鮮文化を考える」（23）　2008.12 p116—127
○古代日本海文化（福井 古代日本海文化研究会）〔1—40／昭60.9—平7.6〕総目次
　　「古代史の海」（41）　2005.9 p91—98
　　（注）「古代史の海」と改題
○古代武器研究（彦根 古代武器研究会）〔1—9／平12—平20〕総目次
　　「古代武器研究」（9）　2008 p90—93
○固体物理（アグネ技術センター）〔34（7）401—42（6）500〕分類別総索引
　　「固体物理」（アグネ技術センター［編］）45（3）通号529　2010.3 巻末1—108, 中扉2p
○古代文学研究 第二次（名古屋 古代文学研究会）〔10—19／平13.10—平22.10〕総目次
　　「古代文学研究 第二次」（古代文学研究会編）（20）　2011.10 p228—233
○古地図研究（日本古地図学会）〔1—314／昭55.3—平20.5〕総目次
　　「古地図研究」（日本古地図学会編）通号314　2008.10 p2—43
○国歌（正宗敦夫）〔1—36／明39.8—明42.7〕執筆者索引（川野良）
　　「清心語文」（ノートルダム清心女子大学日本語日本文学会編）（7）　2005.7 p112—124
○国家総動員画報〔昭12.12.10—昭13.8.9〕記事目録
　　「近代中国研究彙報」（28）東洋文庫　2006.3 p79—108
○古典遺産（古典遺産の会）〔1—59／昭31.8—平21.12〕総目次
　　「古典遺産」（60）　2010.12 p44—62
◎古東多万（やぽんな書房→古東多万社）〔1（1）—2（5），別冊／昭6.9—昭7.5, 昭7.9〕総目次（早稲田大学図書館）
　　「「古東多万・博浪沙通信」総目次」雄松堂フイルム　2004.7 37p A5
◎ことのは―徳島県立文学書道館ニュース（徳島 徳島県立文学書道館）〔1—39／平14.10—平24.10〕総目次（岡野裕之）
　　「文学館出版物内容総覧：図録・目録・紀要・復刻・館報」日外アソシエー

ことは

　　　　ツ　2013.4　p939―942
○ことばと人間（立教大学言語人文紀要編集委員会）〔1―10／平11―平20〕総目次
　　「ことばと人間」(10)　2008.12　p138―146
　　　（付）英語文
○ことば・文化・コミュニケーション（立教大学異文化コミュニケーション学部）
　〔1／平21〕総目次
　　「ことば・文化・コミュニケーション：異文化コミュニケーション学部紀要」
　　（立教大学異文化コミュニケーション学部編）(2)　2010　p159
○ことば・文化・コミュニケーション（立教大学異文化コミュニケーション学部）
　〔1―2／平21―平22〕総目次
　　「ことば・文化・コミュニケーション：異文化コミュニケーション学部紀要」
　　（立教大学異文化コミュニケーション学部編）(3)　2011　p239―240
○ことば・文化・コミュニケーション（立教大学異文化コミュニケーション学部）
　〔1―3／平21―平23〕総目次
　　「ことば・文化・コミュニケーション：異文化コミュニケーション学部紀要」
　　（立教大学異文化コミュニケーション学部編）(4)　2012　p219―221
○ことば・文化・コミュニケーション（立教大学異文化コミュニケーション学部）
　〔1―4／平21―平24〕総目次
　　「ことば・文化・コミュニケーション：異文化コミュニケーション学部紀要」
　　（立教大学異文化コミュニケーション学部編）(5)　2013.3　p175―178
◎子ども社会研究（東広島　日本子ども社会学会）〔1―7／平7.6―平13.6〕目次（目次文庫編集委員会）
　　「近代雑誌目次文庫 69　社会学編19」　ゆまに書房　2009.3　p31―34
○子どもの虐待とネグレクト〔1(1)―10(3)／平11.11―平20.12〕総目次
　　「子どもの虐待とネグレクト：日本子ども虐待防止学会学術雑誌」10(3) 通号24　2008.12　p382―395
○子供の国（札幌　子どもの国）〔1―49／昭21.5―昭22.9〕総目次（谷暎子）
　　「ヘカッチ：日本児童文学学会北海道支部機関誌」(5) 通号14　2010.5　p23―36
○子供の国科学新聞（札幌　子どもの国）〔101―115／昭24.10―昭25.3〕総目次（谷暎子）
　　「ヘカッチ：日本児童文学学会北海道支部機関誌」(5) 通号14　2010.5　p23―36

◎こどものとも（福音館書店）〔1―149／昭31.4―昭43.8〕一覧表（松居直）
　「松居直と『こどものとも』：創刊号から149号まで」　ミネルヴァ書房
　　2013.7　巻末12―21
○子どもの文化（文民教育協会子どもの文化研究所）〔平13.1―平16.12〕総目録
　「子どもの文化」37（3）　2005.3　p43―47
◎この花草紙（大阪　岡島書店）〔1―8／明26.5.5―明26.12.15〕総目次
　「大阪文藝雑誌総覧」（浦西和彦，増田周子，荒井真理亜著）　和泉書院　2013.2
　　p59―61
○古文化研究（西宮　黒川古文化研究所）〔1―10／平14―平23〕総目次
　「古文化研究：黒川古文化研究所紀要」（黒川古文化研究所編）（10）　2011
　　p152―153
○古文化財の科学→文化財保存修復学会誌（古文化財科学研究会→文化財保存修復学会）〔1―39／昭26.1―平6.12〕→〔40―49／平8.3―平17〕総目録
　「文化財保存修復学会誌」（文化財保存修復学会［編］）（50）　2006　p100―115
○古文化談叢（北九州　九州古文化研究会）〔1―50／昭49―平16〕総目次―発行順
　「古文化談叢」（51）　2004.5　p235―262
○古文化談叢（北九州　九州古文化研究会）〔1―50／昭49―平16〕総目次―執筆者五十音順
　「古文化談叢」（52）　2005.1　p157―192
○古文化談叢（北九州　九州古文化研究会）〔1―50／昭49―平16〕総目次―時代順
　「古文化談叢」（53）　2005.5　p193―220
○古文化談叢（北九州　九州古文化研究会）〔1―50／昭49.5―平16.1〕総目次
　「古文化談叢」（54）　2005.10　p195―220
○古文化談叢（北九州　九州古文化研究会）〔1―50／昭49.5―平16.1〕総目次
　「古文化談叢」（総目次）　2005.12　p1―126
○語文研究（福岡　九州大学国語国文学会）〔1―100・101／昭26.3―平18.6〕総目次
　「語文研究」（100・101）　2006.6　p235―258
◎駒澤史学（駒澤大学史学研究室→駒澤大学歴史学研究室→駒澤大学史学会→駒澤史学会）〔1―66／昭28.1―平18.3〕論文総覧
　「歴史学紀要論文総覧」　日外アソシエーツ　2007.9　p288―301
◎駒沢社会学研究（駒澤大学文学部社会学科）〔1（1）―33／昭43.3―平13.3〕目次
　（目次文庫編集委員会）

「近代雑誌目次文庫 69 社会学編19」 ゆまに書房 2009.3 p35―42
◎駒沢心理(駒沢大学大学院心理学院生会)〔1―14／平6.4.1―平19.3.31〕論文総覧
「心理学紀要論文総覧」 日外アソシエーツ 2008.10 p191―193
◎駒沢心理学論集(駒沢IPCS研究会)〔1―2(3)／昭50.2.17―昭56.3.31〕論文総覧
「心理学紀要論文総覧」 日外アソシエーツ 2008.10 p193―194
○駒沢大学経済学論集(駒沢大学経済学会)〔31(3)―40(4)／平11.12―平21.3〕総目次
「駒沢大学経済学論集」 41(1・2) 2009.12 p249―257
◎駒澤大学史学論集(駒澤大学大学院史学会)〔1―35／昭46.11―平17.4〕論文総覧
「歴史学紀要論文総覧」 日外アソシエーツ 2007.9 p301―308
(注)「駒澤大学大学院史学論集」と改題
◎駒澤大学心理学論集(駒澤大学文学部心理学研究室)〔1―8／平11.3.25―平18.3.20〕論文総覧
「心理学紀要論文総覧」 日外アソシエーツ 2008.10 p194―196
◎駒澤大学心理臨床研究(駒澤大学コミュニティ・ケアセンター)〔1―6／平14.7.31―平19.3.31〕論文総覧
「心理学紀要論文総覧」 日外アソシエーツ 2008.10 p197―199
○駒沢大学禅研究所年報(駒沢大学禅研究所)〔1―20／平2.3―平20.12〕総目次
「駒沢大学禅研究所年報」(駒沢大学禅研究所[編])(20) 2008.12 p282―292, 巻末1枚
○駒沢大学大学院公法学研究(駒沢大学大学院法学研究科公法学専攻院生会)〔1―34／昭52―平20〕総目次
「駒沢大学大学院公法学研究」(駒沢大学大学院法学研究科公法学専攻院生会論集編集委員会編)(34) 2008 p153―161
◎駒澤大学大学院史学論集(駒澤大学大学院史学会)〔36／平18.4〕論文総覧
「歴史学紀要論文総覧」 日外アソシエーツ 2007.9 p308―309
(注)「駒澤大学史学論集」の改題
○駒沢大学大学院仏教学研究会年報(駒沢大学大学院仏教学研究会)〔1―40／昭42.3―平19.5〕総目録
「駒沢大学大学院仏教学研究会年報」(40) 2007.5 p268―241
(付)著者別総索引
○駒沢大学仏教学部研究紀要(駒沢大学)〔1―70／昭6.2―平24.3〕目次
「駒沢大学仏教学部研究紀要」(70) 2012.3 p190―149

○駒沢大学仏教学部論集（駒沢大学仏教学部研究室）〔1―40／昭46.3―平21.12〕総目次
　　「駒沢大学仏教学部論集」（40）　2009.12 p564―519
○駒沢大学仏教文学研究（駒沢大学仏教文学研究所）〔1―10／平10.3―平19.3〕既刊号目次
　　「駒沢大学仏教文学研究」（駒沢大学仏教文学研究所〔編〕）（11）　2008.3 p73―75
○駒澤短期大學仏教論集（駒澤短期大学仏教科研究室）〔1―11／平7.10―平17.10〕総目次
　　「駒澤短期大學仏教論集」（駒澤短期大学仏教科研究室‖〔編〕）（12）　2006.10 p259―269
○駒大経営研究（駒沢大学経営研究所）〔31（1・2）―41（3・4）／平12.3―平22.9〕総目次
　　「駒大経営研究」41（3・4）　2010.9 p477―483
◎コミュニカ（全国盲ろう者協会）〔1―22／平2.10―平13.2〕目次（目次文庫編集委員会）
　　「近代雑誌目次文庫 69 社会学編19」　ゆまに書房　2009.3 p43―47
◎コミュニケーション文化論集：大妻女子大学コミュニケーション文化学会機関誌（大妻女子大学コミュニケーション文化学会）〔1―4／平14.12.10―平18.3.15〕論文総覧
　　「心理学紀要論文総覧」　日外アソシエーツ　2008.10 p38―39
◎コミュニティ福祉学部紀要（新座 立教大学コミュニティ福祉研究所）〔1―3／平11.3―平13.3〕目次（目次文庫編集委員会）
　　「近代雑誌目次文庫 69 社会学編19」　ゆまに書房　2009.3 p48―49
○コムニカチオン（日本ヤスパース協会）〔1―14／昭59―平18〕総目次
　　「コムニカチオン」（15）　2008 p71―79
○コルヌイエ（新座 十文字学園高齢社会生活研究所→十文字学園女子大学少子高齢・人口減少社会生活研究所）〔1―10／平10.3―平20.2〕総目次
　　「コルヌイエ：十文字学園女子大学少子高齢・人口減少社会生活研究所紀要」（10）　2008.2 p97―101
○コロキウム〔1―5／平18.6―平22.11〕既刊号総目次
　　「コロキウム：現代社会学理論・新地平」（6）　2011.6 p208―211
　衣の民俗館・日本風俗史学会中部支部研究紀要（名古屋 衣の民俗館）

⇨研究紀要（衣の民俗館）
◎紺青（雄鶏社）〔昭21—昭23〕目次
　　「占領期女性雑誌事典―解題目次総索引 3」（吉田健二）　金沢文圃閣　2005.3
　　p25—51
　　（注）「新家庭」と改題
○コンステック・テクニカルレポート（コンステック技術開発部）〔1—7／平5.8—平15.4〕バックナンバー
　　「コンステックHDテクニカルレポート」(8)　2004.5 p59—60
○コンステック・テクニカルレポート（コンステック技術開発部）〔1—8／平5.8—平16.5〕バックナンバー
　　「コンステックHDテクニカルレポート」(9)　2005.7 p54—55
○コンステック・テクニカルレポート（コンステック技術開発部）〔1—9／平5.8—平17.7〕バックナンバー
　　「コンステックHDテクニカルレポート」(10)　2006.9 p96—97
○コンステック・テクニカルレポート（コンステック技術開発部）〔1—10／平5.8—平18.9〕バックナンバー
　　「コンステックHDテクニカルレポート」(11)　2008.1 p60—61
○コンステック・テクニカルレポート（コンステック技術開発部）〔1—11／平5.8—平20.1〕バックナンバー
　　「コンステックHDテクニカルレポート」(12)　2009.3 p80—81
○コンステック・テクニカルレポート（コンステック技術開発部）〔1—12／平5.8—平21.4〕バックナンバー
　　「コンステックHDテクニカルレポート」(13)　2010.4 p81—83
○コンステック・テクニカルレポート（コンステック技術開発部）〔1—13／平5.8—平22.4〕バックナンバー
　　「コンステックHDテクニカルレポート」(14)　2011.4 p82—84
○コンステック・テクニカルレポート（コンステック技術開発部）〔1—14／平5.8—平23.4〕バックナンバー
　　「コンステックHDテクニカルレポート」(15)　2012.4 p67—69
○コンステック・テクニカルレポート（コンステック技術開発部）〔1—15／平5.8—平24.4〕バックナンバー
　　「コンステックHDテクニカルレポート」(16)　2013.4 p84—86
◎昆虫列車〔1—19／昭12.3—昭14.12〕細目

「まどみちお―懐かしく不思議な世界」(谷悦子著) 和泉書院 2013.11 p208―230
○**こんにちは**〔1―10／平16.10―平17.8〕総目次
「訪問教育研究」(全国訪問教育研究会編)(18) 2005.12 p61

【さ】

○**Sai**(大阪 在日韓国・朝鮮人問題学習センター→在日コリアン・マイノリティ研究センター→大阪国際理解教育研究センター)〔1―30／平3.12―平11.3〕総目次
「Sai」(『Sai』編集委員会編)(60) 2008.Win―2009.Spr. p52―65
○**Sai**(大阪 在日韓国・朝鮮人問題学習センター→在日コリアン・マイノリティ研究センター→大阪国際理解教育研究センター)〔31―49／平11.6―平15.12〕総目次
「Sai」(『Sai』編集委員会編)(61) 2009.Sum.・Aut. p58―65
○**Sai**(大阪 在日韓国・朝鮮人問題学習センター→在日コリアン・マイノリティ研究センター→大阪国際理解教育研究センター)〔50―61／平15.12―平21.6〕総目次
「Sai」(『Sai』編集委員会編)(62) 2009.Win―2010.Spr. p61―65
◎**犀**(犀の会)〔1―10／昭39.11―昭42.7〕内容細目
「文芸雑誌内容細目総覧―戦後リトルマガジン篇」(日外アソシエーツ編, 勝又浩監修) 日外アソシエーツ, 紀伊國屋書店〔発売〕 2006.11 p468―471
○**再開発研究**(再開発コーディネーター協会)〔1―19／昭58―平14〕既刊総目次
「再開発研究」(20) 2004 p131―138
○**再開発研究**(再開発コーディネーター協会)〔1―20／昭58―平15〕既刊総目次
「再開発研究」(21) 2005 p94―101
○**再開発研究**(再開発コーディネーター協会)〔1―21／昭58―平16〕既刊総目次
「再開発研究」(22) 2006 p111―119
○**再開発研究**(再開発コーディネーター協会)〔1―22／昭58―平17〕既刊総目次
「再開発研究」(23) 2007 p108―116
○**再開発研究**(再開発コーディネーター協会)〔1―23／昭58―平18〕既刊総目次
「再開発研究」(24) 2008 p102―111
○**再開発研究**(再開発コーディネーター協会)〔1―24／昭58―平19〕既刊総目次

「再開発研究」(25)　2009　p118―127
○**再開発研究**（再開発コーディネーター協会）〔1―25／昭58―平20〕既刊総目次
　「再開発研究」(26)　2010　p133―143
○**再開発研究**（再開発コーディネーター協会）〔1―26／昭58―平21〕既刊総目次
　「再開発研究」(27)　2011　p87―97
○**再開発研究**（再開発コーディネーター協会）〔1―27／昭58―平22〕既刊総目次
　「再開発研究」(28)　2012　p108―119
○**再開発研究**（再開発コーディネーター協会）〔1―28／昭58―平23〕既刊総目次
　「再開発研究」(29)　2013　p89―100
◎**騒騒**（金石稔→小林彰→騒騒発行所）〔2―14／昭43.9―昭48.8〕総目次
　「戦後詩誌総覧 8」（和田博文ほか）　日外アソシエーツ　2010.8　p52―57
○**済生**（恩賜財団済生会）〔800―899／平8.2―平16.5〕総索引
　「済生」（恩賜財団済生会［編］）80(6)通号900　2004.6　p68―90
◎**埼玉教育**（行田　埼玉県立総合教育センター）〔昭24.2―平20.12〕総目録（埼玉県立総合教育センター）
　「「埼玉教育」総目録―昭和24年2月～平成20年12月」　埼玉県立総合教育センター　2009.3　223p　A4
○**埼玉教育**（埼玉県教育会編　浦和　大日本教育会埼玉県支部）〔152―158／昭21.4―昭22.3〕目次ほか（奥泉栄三郎）
　「戦後教育史研究」（明星大学戦後教育史研究センター編）(25)　2011.12　p140―149
○**埼玉史談**（大宮　埼玉県郷土文化会）〔1(1)―54(4)／昭4.9―平18.4〕分類総目録
　「埼玉史談」（埼玉県郷土文化会［編］）56(4)通号300　2010.1
　（付）著者別索引,地域別索引,逐次総目録：47(1)―54(4)

埼玉・皮革研究会誌
　⇨草加皮革研究会誌
◎**財団法人大阪国際児童文学館REPORT**（東大阪　大阪国際児童文学館）〔1―2／平23.8―平24.8〕総目次（岡野裕之）
　「文学館出版物内容総覧：図録・目録・紀要・復刻・館報」　日外アソシエーツ　2013.4　p833―834
○**栽培漁業技術開発研究**（瀬戸内海栽培漁業協会→日本栽培漁業協会→横浜　水産総合研究センター）〔31(1)―35(2)／平15.9―平20.3〕総目次

「栽培漁業技術開発研究」35(2)　2008.3　巻末3p
　催眠学研究(日本催眠医学心理学会)
　　⇨催眠研究
○催眠研究→催眠学研究〔1—15(2)／昭31.12—昭46.6〕→〔16(1)—49(2)／昭46.9—平18.9〕総目次
「催眠学研究」50(1)　2008.10　p8—41
○在野史論(在野史論編集委員会編　歴研)〔1—10／平1.10—平14.10〕内容総目録
「在野史論」(在野史論編集委員会編)(11)　2004.5　p232—239
○在野史論(在野史論編集委員会編　歴研)〔1—11／平1.10—平16.5〕内容総目録
「在野史論」(在野史論編集委員会編)(12)　2006.7　p232—239
○在野史論(在野史論編集委員会編　歴研)〔1—12／平1.10—平18.7〕総目録
「在野史論」(在野史論編集委員会編)(13)　2009.3　p232—239
○在野史論(在野史論編集委員会編　歴研)〔1—13／平1.10—平21.3〕内容総目録
「在野史論」(在野史論編集委員会編)(14)　2012.2　p296—303
○材料科学→材料の科学と工学〔200—216／平11.3—平13.11〕→〔217—249／平14.2—平19.6〕目次
「材料の科学と工学：日本材料科学会誌」44(4)通号250　2007　p116—128
○材料システム(松任　金沢工業大学材料システム研究所)〔1—29／昭57—平23〕総目次
「材料システム」(30)　2012　p79—141
　材料の科学と工学
　　⇨材料科学
○サウンド〔1—2(4)／昭7.9—昭8.9〕細目ほか(迫内祐司)
「文星芸術大学大学院研究科論集」(文星芸術大学芸術理論研究室編)(5)　2011　p1—35
○サウンドスケープ([熊本]日本サウンドスケープ協会)〔1—9／平11.5—平19.8〕目次
「サウンドスケープ：日本サウンドスケープ協会誌」(10)　2008.12　p9—12
◎堺女子短期大学紀要(堺　堺女子短期大学愛泉学会)〔15—40／昭55.3—平17.3〕論文総覧
「歴史学紀要論文総覧」　日外アソシエーツ　2007.9　p310—316
　　(注)「愛泉女子短期大学紀要」の改題

○佐賀自然史研究（佐賀　佐賀自然史研究会）〔1―10／平7.7―平16.10〕総索引（出版順）
　　「佐賀自然史研究」（佐賀自然史研究編集委員会編）（10）　2004.10 p151―156
　　（付）総索引（著者別）
○相模英米文学（相模原　相模女子大学英米文学会）〔1―22／昭56―平16〕バックナンバー
　　「相模英米文学」（相模女子大学英米文学会編）（23）　2005 p63―67
○相模英米文学（相模原　相模女子大学英米文学会）〔1―23／昭56―平17〕バックナンバー
　　「相模英米文学」（相模女子大学英米文学会編）（24）　2006 p35―40
○相模英米文学（相模原　相模女子大学英米文学会）〔1―24／昭56―平18〕バックナンバー
　　「相模英米文学」（相模女子大学英米文学会編）（25）　2007 p21―26
○相模英米文学（相模原　相模女子大学英米文学会）〔1―25／昭56―平19〕バックナンバー
　　「相模英米文学」（相模女子大学英米文学会編）（26）　2008 p45―50
○相模英米文学（相模原　相模女子大学英米文学会）〔1―26／昭56―平20〕バックナンバー
　　「相模女子大学文化研究」（編集委員会編）（27）　2009 p13―18
○相模英米文学→相模女子大学文化研究（相模原　相模女子大学英米文学会）〔1―26／昭56―平20〕→〔27／平21〕バックナンバー
　　「相模女子大学文化研究」（編集委員会編）（28）　2010 p1―7
　　（注）相模英米文学と改題
○相模英米文学→相模女子大学文化研究（相模原　相模女子大学英米文学会）〔1―26／昭56―平20〕→〔27―30／平21―平24〕バックナンバー
　　「相模女子大学文化研究」（編集委員会編）（31）　2013 p1―7
　　（注）相模英米文学と改題
　相模女子大学文化研究（相模原　相模女子大学英米文学会）
　　⇨相模英米文学
○佐久（佐久（長野県）　佐久史学会）〔51―60〕掲載原稿総目録
　　「佐久」（61）　2010.12
◎作品（八木岡英治編　創芸社→作品社）〔1―5／昭23.8―昭25.6〕内容細目

「文芸雑誌内容細目総覧―戦後リトルマガジン篇」(日外アソシエーツ編,勝又浩監修) 日外アソシエーツ,紀伊國屋書店〔発売〕 2006.11 p195―196
○**作文**〔4―55／昭8.6―昭17.12〕主要作品ほか
　　「植民地文化研究：資料と分析」(「植民地文化研究」編集委員会編)(4) 2005 p110―114
○**さくら**〔133―307／昭15.2―昭19.10〕総目次(樋口雄彦)
　　「国立歴史民俗博物館研究報告」(国立歴史民俗博物館編)(131) 2006.3 p271―336
○**The Spirit of Missions**(アメリカ聖公会)〔安6.2―昭14.11〕立教関連記事目録(手代木俊一)
　　「立教学院史研究」(「立教学院史研究」編集委員会)(5) 2007.10 p94―69
◎**雑談**(白鷗社)〔1(1)―1(7)／昭21.5―昭21.12〕細目(大屋幸世)
　　「日本近代文学書誌書目抄」 日本古書通信社 2006.3 p176―180
◎**雑談**(高田保編 白鷗社)〔1(1)―1(7)／昭21.5―昭21.12〕内容細目
　　「文芸雑誌内容細目総覧―戦後リトルマガジン篇」(日外アソシエーツ編,勝又浩監修) 日外アソシエーツ,紀伊國屋書店〔発売〕 2006.11 p56―57
○**札幌学院大学会計学研究所年報**(札幌商科大学・札幌短期大学会計学研究所→札幌商科大学会計学研究所→江別 札幌学院大学会計学研究所)〔1―22〕総目次
　　「札幌学院大学会計学研究所年報」(23) 2005.3 p53―57
◎**札幌学院大学心理臨床センター紀要**(江別 札幌学院大学人文学部附属心理臨床センター→札幌学院大学心理臨床センター)〔1―5／平13.3.30―平17.7.1〕論文総覧
　　「心理学紀要論文総覧」 日外アソシエーツ 2008.10 p200―202
◎**札幌国際大学心理相談研究所所報**(札幌 札幌国際大学心理相談研究所)〔1・2―6／平15.3.20―平19.3.31〕論文総覧
　　「心理学紀要論文総覧」 日外アソシエーツ 2008.10 p203―204
○**札幌の歴史**(札幌 札幌市)〔1―49／昭56.12―平17.8〕総目次
　　「札幌の歴史：「新札幌市史」機関誌」(札幌市総務局文化資料室編)(50) 2006.2 p72―79
○**札幌の歴史**(札幌 札幌市)〔50―54／平18.2―平20.2〕総目次
　　「札幌の歴史：「新札幌市史」機関誌」(札幌市総務局文化資料室編)(54) 2008.2
○**札幌唯物論**(江別 札幌唯物論研究会)〔1―53／昭29.11―平20.12〕総目次

「札幌唯物論」(54・55) 2010.10 p113—119
◎佐藤春夫記念館だより(新宮 佐藤春夫記念館)〔1—17／平6.12—平23.8〕総目次(岡野裕之)
　　「文学館出版物内容総覧：図録・目録・紀要・復刻・館報」 日外アソシエーツ 2013.4 p888—889
◎さとぽろ(札幌 日通札幌支社文芸部)〔1—29／大14.6—昭4.9〕総目次(加治幸子)
　　「創作版画誌の系譜—総目次及び作品図版」 中央公論美術出版 2008.1 p170—198
○沙漠研究(日本沙漠学会)〔1—19(4)／平3.12—平22.3〕総目次
　　「沙漠研究：日本沙漠学会誌」(日本沙漠学会編集委員会編)(20特別号) 2010.4 p76—108
○サハリン郷土誌ビュレティン〔1990年N0.1—1994年N0.4／平2—平6〕総目次(兎内勇津流)
　　「北海道・東北史研究」(北海道・東北史研究会編)(1) 2004.12 p72—87
○サハリン郷土誌ビュレティン〔1995年N0.1—1999年N0.4／平7—平11〕総目次(兎内勇津流)
　　「北海道・東北史研究」(北海道・東北史研究会編)(2) 2005.12 p74—93
○サハリン郷土誌ビュレティン〔2000年N0.1—2005年N0.4／平12—平17〕総目次(兎内勇津流)
　　「北海道・東北史研究」(北海道・東北史研究会編)(4) 2007.12 p61—79
○サピエンチア(尼崎 聖トマス大学)〔1—47／昭42.3—平25.3〕総目次
　　「サピエンチア：聖トマス大学論叢」(聖トマス大学論叢編集委員会編)(47) 2013.3 p1—51
◎サブ〔1—6／昭45.12—昭48.7〕総目次(北沢夏音)
　　「Get back, SUB！—あるリトル・マガジンの魂」 本の雑誌社 2011.10 巻末2—5
◎山河(吹田 山河社→大阪 山河出版社→大阪 ユマニテ書店→大阪 浜田知章)〔1—33／昭23.4—昭36.9〕総目次
　　「戦後詩誌総覧 4」(和田博文ほか) 日外アソシエーツ 2009.6 p103—122
○産開研論集(大阪府立産業開発研究所)〔1—20／昭63.9—平20.3〕執筆者一覧
　　「産開研論集」(20) 2008.3 p121—123
○山岳修験〔1—40／昭60—平19.11〕総目録

「山岳修験」(日本山岳修験学会編)(別冊)通号第19回国際宗教学　2007.11
　　p139―147
○産業経済研究(久留米　久留米大学商学部附属産業経済研究所→久留米大学産業
経済研究会)〔30(特別号)―47(4)／平2.5―平19.3〕総目次
　　「産業経済研究」48(2)通号211　2007.9 p269―339
　　　(付)執筆者索引
○産業経済研究(久留米　久留米大学商学部附属産業経済研究所→久留米大学産業
経済研究会)〔48(1)―52(4)／平19.6―平24.3〕総目次
　　「経済社会研究」53(1)通号230　2012.6 p117―126
　産業研究(高崎　高崎経済大学附属産業研究所編　高崎　高崎経済大学)
　　⇨高崎経済大学附属産業研究所紀要
○産業考古学(産業考古学会)〔111―120／平16.3―平18.6〕記事索引
　　「産業考古学」(120)　2006.6 p18―21
○産業考古学(産業考古学会)〔121―130／平18.11―平20.10〕記事索引
　　「産業考古学」(130)　2008.12 p27―32
○産業考古学(産業考古学会)〔131―140／平21.5―平23.5〕総目次
　　「産業考古学」(140)　2011.6 p37―43
○産業と教育((財)実業教育振興中央会)〔7(1)―8(8)／昭22.6―昭23.8〕目次ほ
か(奥泉栄三郎)
　　「戦後教育史研究」(明星大学戦後教育史研究センター編)(25)　2011.12
　　　p149―153
　　　(注)「実業教育」の改題。欠号あり
○産業福利(産業福利協会)〔1(1)―1(11)／大15.1―昭1.12〕総目次(堀口良一)
　　「近畿大学法学」(近畿大学法学会編)56(1)通号150　2008.6 p115―130
◎産業福利(産業福利協会)〔1(1)―1(11)／大15.1―昭1.12〕所収記事一覧(堀口
良一)
　　「安全第一の誕生―安全運動の社会史」　不二出版　2011.12 巻末35―45
◎産業文化研究(八戸　八戸大学産業文化研究所→八戸大学総合研究所→八戸大
学・八戸短期大学総合研究所)〔10―19／平13.3―平22.3〕論文一覧
　　「八戸大学創立30周年記念誌」(八戸大学創立30周年記念誌編集委員会編)　八
　　　戸大学　2011.3 p147―149
　　　(注)「八戸大学産業文化研究所紀要」の改題
○産業文化研究所所報(下関　下関市立大学附属産業文化研究所)〔1―16／平2―平

17〕総目次
　　「産業文化研究所所報」(下関市立大学附属産業文化研究所編)(16)　2005年度 p40—45
◎サンクンガーデン(札幌　北海道立文学館)〔1—16／平8.3—平16.3〕総目次(岡野裕之)
　　「文学館出版物内容総覧：図録・目録・紀要・復刻・館報」　日外アソシエーツ　2013.4 p37—40
○三彩総目録(村田真知)
　　「JAIC会報 5-7」　日本美術情報センター　2006.4—8 p1—4
◎サンチョ・ぱんせ(ロシナンテ詩話会)〔2—11／昭30.5—昭32.1〕総目次
　　「戦後詩誌総覧 8」(和田博文ほか)　日外アソシエーツ　2010.8 p119—123
◎cendre(サンドル)〔1(1)—1(5)／昭23.1—昭23.10〕総目次
　　「戦後詩誌総覧 4」(和田博文ほか)　日外アソシエーツ　2009.6 p123—128
　　(注)「VOU」の改題。「VOU」と改題。

【し】

○Theatre arts 第三次(AICT日本センター, 晩成書房〔発売〕)〔43—49／平22.6—平23.冬〕総目次
　　「Theatre arts. 第三次：演劇批評誌：劇と批評の深化のために」(50)　2012.春 p150—157
　　(注)「シアターアーツ 第二次」の改題
◎詩歌殿(京都　太陽系社)〔1—2／昭23.9—昭25.3〕総目次
　　「戦後詩誌総覧 4」(和田博文ほか)　日外アソシエーツ　2009.6 p129—132
◎詩歌の森　日本現代詩歌文学館館報(北上　日本現代詩歌文学館)〔34—65／平14.3—平24.7〕総目次(岡野裕之)
　　「文学館出版物内容総覧：図録・目録・紀要・復刻・館報」　日外アソシエーツ　2013.4 p102—110
　　(注)「日本現代詩歌文学館」の改題
○椎名麟三研究(福岡　椎名麟三研究会)〔10—20／平5.3—平20.3〕総目次
　　「椎名麟三研究」(20)　2008.3 p116—121
　　JPU時報(日本郵政公社労働組合JPU総合研究所)
　　　⇨全逓調査時報

○**J-Vet**（インターズー）〔平18.11—平22.7〕総目次
　　「J-Vet」23（8）通巻281　インターズー　2010.8 p90—94
　　（注）「Provet」の改題
◎**史園**（尼崎　園田学園女子大学歴史民俗学会）〔1—6／平12.3—平17.10〕論文総覧
　　「歴史学紀要論文総覧」　日外アソシエーツ　2007.9 p359—360
◎**史苑**（立教大学史学会→立教大学史学研究室→立教大学史学会編　啓明社→立教大学史学会→立教大学史学研究室→立教大学史学会）〔1（1）1—67（1）173／昭3.10—平18.12〕論文総覧
　　「歴史学紀要論文総覧」　日外アソシエーツ　2007.9 p689—738
◎**史淵**（福岡　九大史学会→九州大学文学部→九州大学大学院人文科学研究院）〔1—143／昭4.11—平18.3〕論文総覧
　　「歴史学紀要論文総覧」　日外アソシエーツ　2007.9 p189—210
◎**史桜**（「史桜」編集委員会編　日本女子大学大学院文学研究科史学専攻）〔1—3／平7.3—平10.5〕論文総覧
　　「歴史学紀要論文総覧」　日外アソシエーツ　2007.9 p522
◎**史海**（小金井　東京学芸大学史学会）〔1—53／昭29.3—平18.5〕論文総覧
　　「歴史学紀要論文総覧」　日外アソシエーツ　2007.9 p418—426
◎**詩界**（八王子　日本詩人クラブ）〔1—133／昭25.10—昭50.10〕総目次
　　「戦後詩誌総覧 5」（和田博文ほか）　日外アソシエーツ　2009.11 p113—296
◎**詩学**（岩谷書店→詩学社）〔1（1）—30（11）／昭22.8—昭50.11〕総目次（水谷真紀）
　　「戦後詩誌総覧 2」（和田博文ほか）　日外アソシエーツ　2008.12 p11—605
　　（注）「ゆうとぴあ」の改題
◎**史学会報**（前橋　群馬大学史学会）〔1—7／昭11—昭33.1〕論文総覧
　　「歴史学紀要論文総覧」　日外アソシエーツ　2007.9 p253—256
　　（注）「群大史学」と改題
◎**史学研究集録**（國學院大学史学大学院会→國學院大学日本史学専攻大学院会→國學院大学大学院日本史学専攻大学院会）〔1—31／昭48.3—平18.3〕論文総覧
　　「歴史学紀要論文総覧」　日外アソシエーツ　2007.9 p275—279
　　（注）欠号：1
○**史学研究集録**（國學院大學大学院日本史学専攻大学院会→國學院大学大学院史学専攻大学院会編　国学大学史学大学院会→國學院大學日本史学専攻大学院会→國學院大學大学院日本史学専攻大学院会）〔1—33／昭46.3—平20.3〕既刊目録

しかく

　　「史学研究集録」(國學院大學大学院史学専攻大学院会編)(34)　2009.3 p97
　　　—104
○**史学研究集録**(國學院大學大学院日本史学専攻大学院会→國學院大學大学院史
　学専攻大学院会編　国学院大学史学大学院会会→國學院大學日本史学専攻大学院会
　→國學院大學大学院日本史学専攻大学院会)〔1—34／昭46.3—平21.3〕既刊目録
　　「史学研究集録」(國學院大學大学院史学専攻大学院会編)(35)　2010.3
　　　p100—107
○**史学研究集録**(國學院大學大学院日本史学専攻大学院会→國學院大學大学院史
　学専攻大学院会編　国学院大学史学大学院会→國學院大學日本史学専攻大学院会
　→國學院大學大学院日本史学専攻大学院会)〔1—35／昭46.3—平22.3〕既刊目録
　　「史学研究集録」(國學院大學大学院史学専攻大学院会編)(36)　2011.3 p62
　　　—69
○**史学研究集録**(國學院大學大学院日本史学専攻大学院会→國學院大學大学院史
　学専攻大学院会編　国学院大学史学大学院会→國學院大學日本史学専攻大学院会
　→國學院大學大学院日本史学専攻大学院会)〔1—36／昭46.3—平23.3〕既刊目録
　　「史学研究集録」(國學院大學大学院史学専攻大学院会編)(37)　2012.3 p54
　　　—61
　視覚障害(大阪　日本盲人福祉研究会)
　　　⇨新時代
○**視覚障害**(日本盲人福祉研究会→視覚障害者支援総合センター編　障害者団体定
　期刊行物協会)〔181—190／平14.9—平16.3〕総目次
　　「視覚障害：その研究と情報」(視覚障害者支援総合センター編)(191)
　　　2004.4 p49—50
　　　(注)「新時代」の改題
◎**視覚障害教育・心理研究**(つくば　視覚障害心理・教育研究会)〔1(1)—6(1)／
　昭54.5.11—平1.6.30〕論文総覧
　　「心理学紀要論文総覧」　日外アソシエーツ　2008.10 p269—271
　　　(注)「盲心理研究」の改題。「視覚障害心理・教育研究」と改題
◎**視覚障害心理・教育研究**(つくば　視覚障害心理・教育研究会)〔7(1・2)—10／
　平2.12.11—平5.12.25〕論文総覧
　　「心理学紀要論文総覧」　日外アソシエーツ　2008.10 p271—273
　　　(注)「視覚障害教育・心理研究」の改題
○**視覚障害リハビリテーション**(大阪　日本ライトハウス視覚障害リハビリテー

ションセンター)〔56―60／平14.6―平16.12〕総目次
　　「視覚障害リハビリテーション」(日本ライトハウス養成部編)(60)　2004.12 p55―56
　　(注)「視覚障害研究」の改題
◎志学台考古(富田林　大谷女子大学文化財学科)〔1―4／平12.11―平16.3〕論文総覧
　　「歴史学紀要論文総覧」　日外アソシエーツ　2007.9 p78―79
○志學臺考古(富田林　大谷女子大学文化財学科→大阪大谷大学文化財学科)〔1―10／平13.3―平22.3〕総目次
　　「志學臺考古」(大阪大谷大学文化財学科編)(10)　2010.3 p65―66
◎史学論叢(別府　別府大学史学研究会)〔1―34／昭40.1―平16.3〕論文総覧
　　「歴史学紀要論文総覧」　日外アソシエーツ　2007.9 p599―605
◎史學論叢(史學會編　立正大學史學會)〔5―6／昭8.1―昭10.3〕論文総覧
　　「歴史学紀要論文総覧」　日外アソシエーツ　2007.9 p737―738
　　(注)「立正大学史学会会報」の改題。「立正史学」と改題
滋賀県文化財保護協会紀要(大津　滋賀県文化財保護協会)
　　⇨紀要(滋賀県文化財保護協会)
○滋賀大国文(大津　滋賀大国文会)〔1―49／昭39.2―平24.1〕総目次
　　「滋賀大国文」(50)　2013.3 p98―118
◎史観(早稲田大学文学部→早稲田大学文学部史学会→早稲田大学史学会編　新建社→早稲田大学出版部→早稲田大学史学会)〔1―155／昭6.11―平18.9〕論文総覧
　　「歴史学紀要論文総覧」　日外アソシエーツ　2007.9 p847―875
◎史館(〔市川〕　史館同人編　熊野正也→弘文社→〔市川〕　史館同人)〔1―33／昭48.4―平16.5〕総目次(史館同人)
　　「房総の考古学―史館終刊記念」　六一書房　2010.5 p251―261
◎時間〔第二次〕〔1(1)1―20(12)308／昭25.5―昭50.12〕総目次
　　「戦後詩誌総覧 8」(和田博文ほか)　日外アソシエーツ　2010.8 p124―525
○色彩研究(さいたま　日本色彩研究所)〔38(2)―50(2)／平3―平15〕目次一覧
　　「色彩研究」51(1)　2004 p21―23
○色彩研究(さいたま　日本色彩研究所)〔47(1)―56(2)／平12―平21〕目次一覧
　　「色彩研究」57(1・2)　2010 p22―23

◎四季〔第三次〕（堀辰雄→神西清　編）〔1(1)―2(2)5／昭21.8―昭22.12〕総目次
　　「戦後詩誌総覧　4」（和田博文ほか）　日外アソシエーツ　2009.6　p133―136
○史境〔1―50／昭55.9―平17.3〕総目次
　　「史境」（歴史人類学会編）（50）　2005.3　p162―180
　　　（付）執筆者索引
◎詩経研究（日本詩経学会）〔1―30／昭49.10―平18.2〕執筆者索引（重野宏一）
　　「文献探索」（文献探索研究会編）（2007）　2008.3　p214―225
○時空（横浜　時空の会）〔1―30／平4.10―平21.3〕総目次（鈴木一正）
　　「時空」（30）　2009.3　p54―59
◎次元（佐々木翠編　次元社）〔1(1)―1(5)／昭23.5―昭23.11〕内容細目
　　「文芸雑誌内容細目総覧―戦後リトルマガジン篇」（日外アソシエーツ編, 勝又浩監修）　日外アソシエーツ, 紀伊國屋書店〔発売〕　2006.11　p187
◎資源環境対策（環境コミュニケーションズ）〔28(1)344―37(8)499／平4.1―平13.6〕目次（目次文庫編集委員会）
　　「近代雑誌目次文庫　69　社会学編19」　ゆまに書房　2009.3　p50―159
　　　（注）「公害と対策」の改題
○指向（大東文化大学大学院外国語学研究科日本言語文化学専攻）〔1―6／平14.7―平21.3〕掲載論文一覧
　　「指向」（大東文化大学大学院外国語学研究科日本言語文化学専攻編）（7）　2010.3　p183―185
◎試行（吉本隆明→『試行』同人会→試行社編　試行社→『試行』同人会→試行社）〔1―74／昭36.9―平9.12〕内容細目
　　「文芸雑誌内容細目総覧―戦後リトルマガジン篇」（日外アソシエーツ編, 勝又浩監修）　日外アソシエーツ, 紀伊國屋書店〔発売〕　2006.11　p403―426
◎試行（試行同人会→試行社）〔1―44／昭36.9―昭50.11〕総目次
　　「戦後詩誌総覧　7」（和田博文ほか）　日外アソシエーツ　2010.5　p155―180
◎詩行動（詩の仲間社）〔1(1)―3(11)24／昭26.12―昭28.11〕総目次
　　「戦後詩誌総覧　5」（和田博文ほか）　日外アソシエーツ　2009.11　p297―314
○四国学院大学論集（善通寺　四国学院大学文化学会）〔102―129／平12.3―平21.7〕総目次
　　「四国学院大学論集」（130）　2009.12　p213―265
　　　（付）英語文
○四国学院大学論集（善通寺　四国学院大学文化学会）〔1―131／昭32.11―平22.3〕

総目次
　　「四国学院大学論集」(131別冊)　2010.3　298p　A5
　　（付）総索引（著者別索引），英語文
○四国春秋（高松　四国新聞社）〔1(1)1―5(6)55／昭21.4―昭25.7〕総目次（石川巧）
　　「立教大学大学院日本文学論叢」（立教大学大学院文学研究科日本文学専攻編）(11)　2011.8　p170―241
○四国電力株式会社研究期報（高松　四国総合研究所）〔1―88／昭34.9―平19.6〕総目次
　　「四国電力株式会社研究期報」（四国総合研究所[編]）(88)　2007.6　巻末44p
○四国民俗（牟礼町　四国民俗学会）〔1―41／昭49.10―平20.12〕総目次
　　「四国民俗」（四国民俗学会[編]）(41)　2008.12　p91―99
◎試作〔1―6／大14.6―昭1.7〕総目次（加治幸子）
　　「創作版画誌の系譜―総目次及び作品図版」　中央公論美術出版　2008.1　p199―208
○自殺予防―その実践と研究→自殺予防と危機介入（日本自殺予防学会）〔1―8／昭54.2―昭58.11〕→〔9―29(1)／昭59.11―平21.3〕総目次（若林佳史）
　　「自殺予防と危機介入」（日本自殺予防学会編）30(1)　2010.3　p113―125
　自殺予防と危機介入（日本自殺予防学会）
　　⇨自殺予防―その実践と研究
○市史紀要（寝屋川　寝屋川市教育委員会）〔1―15／平1.3―平20.3〕総目次
　　「市史紀要」（市史編纂課編）(15)　2008.3
◎時事新報（慶応義塾出版社）〔明45.1.1―大15.12.30〕目録（池内輝雄）
　　「時事新報目録　文芸篇　大正期」　八木書店　2004.12　380,88p　A5
○市史編さんだより→市史編さんだより都城地域史研究（都城　都城市）〔1―4／平7.3―平10.3〕→〔5―12／平11.3―平18.3〕総目録
　　「都城地域史研究：市史編さんだより」（都城市立図書館編）(12)　2006.3　p40―41
　市史編さんだより都城地域史研究（都城　都城市）
　　⇨市史編さんだより
◎志じ満〔1／大1.11〕総目次（加治幸子）
　　「創作版画誌の系譜―総目次及び作品図版」　中央公論美術出版　2008.1　p217―218

ししや

◎使者（野間宏編　小学館）〔1（1）1—4（1）12／昭54.5—昭57.2〕内容細目
　　「文芸雑誌内容細目総覧―戦後リトルマガジン篇」（日外アソシエーツ編，勝又浩監修）日外アソシエーツ，紀伊國屋書店〔発売〕　2006.11 p565—570
○時宗教学年報（藤沢　時宗教学研究所）〔1—39／昭47.2—平23.3〕既刊総目録
　　「時宗教学年報」（40）　2012.3 p53—81
○時衆文化〔1—20／平12.4—平21.10〕総目次
　　「時衆文化」（時衆文化研究会編）（21）　2010.1 p207—211
◎詩情〔1／大13.7〕総目次（加治幸子）
　　「創作版画誌の系譜―総目次及び作品図版」　中央公論美術出版　2008.1 p130—131
◎至上律〔第二次・第三次〕（札幌　札幌青磁社→青磁社→札幌　至上律発行所）〔1—12／昭22.7—昭28.8〕総目次
　　「戦後詩誌総覧 4」（和田博文ほか）　日外アソシエーツ　2009.6 p137—154
◎詩人会議（横浜　前衛詩人連盟仮事務所→東京　前衛詩人連盟→大宮　前衛詩人連盟→野田町（千葉県）　前衛詩人連盟）〔1—3（2）／?—昭24.8〕総目次
　　「戦後詩誌総覧 4」（和田博文ほか）　日外アソシエーツ　2009.6 p155—162
◎詩人会議（飯塚書店→詩人会議）〔1（1）—13（12）／昭38.1—昭50.12〕総目次
　　「戦後詩誌総覧 7」（和田博文ほか）　日外アソシエーツ　2010.5 p181—458
○地震ジャーナル（地震予知総合研究振興会）〔31—40／平13.6—平17.12〕既刊総目録
　　「地震ジャーナル」（地震予知総合研究振興会〔編〕）通号40　2005.12 p74—76
○地震ジャーナル（地震予知総合研究振興会）〔41—50／平18.6—平22.12〕既刊総目録
　　「地震ジャーナル」（地震予知総合研究振興会〔編〕）通号50　2010.12 p114—115
○静岡県農業試験場研究報告（磐田　静岡県農業試験場）〔1—49／昭26.10—平16.12〕研究報告号数別総目次
　　「静岡県農業試験場研究報告」（静岡県農業試験場編）（50）　2006.3 p39—61
○静岡県農業試験場研究報告（磐田　静岡県農業試験場）〔1—25／昭11—平17〕特別報告号数別総目次
　　「静岡県農業試験場研究報告」（静岡県農業試験場編）（50）　2006.3 p63
○静岡県農業試験場研究報告（磐田　静岡県農業試験場）〔1—46／昭26—平13〕研

究報告部門別総目次　普通作物
　　「静岡県農業試験場研究報告」(静岡県農業試験場編)（50）　2006.3 p65—67
○静岡県農業試験場研究報告(磐田　静岡県農業試験場)〔1—49／昭26—平16〕研究報告部門別総目次　野菜
　　「静岡県農業試験場研究報告」(静岡県農業試験場編)（50）　2006.3 p69—73
　　(注)特別報告号をも含む
○静岡県農業試験場研究報告(磐田　静岡県農業試験場)〔7—49／昭37—平16〕研究報告部門別総目次　花き
　　「静岡県農業試験場研究報告」(静岡県農業試験場編)（50）　2006.3 p75—77
○静岡県農業試験場研究報告(磐田　静岡県農業試験場)〔1—47／昭26—平14〕研究報告部門別総目次　土壌肥料
　　「静岡県農業試験場研究報告」(静岡県農業試験場編)（50）　2006.3 p79—84
　　(注)特別報告号をも含む
○静岡県農業試験場研究報告(磐田　静岡県農業試験場)〔1—48／昭26—平15〕研究報告部門別総目次　病害虫
　　「静岡県農業試験場研究報告」(静岡県農業試験場編)（50）　2006.3 p85—89
　　(注)特別報告号をも含む
○静岡県農業試験場研究報告(磐田　静岡県農業試験場)〔4—48／昭34—平15〕研究報告部門別総目次　施設・機械・資材
　　「静岡県農業試験場研究報告」(静岡県農業試験場編)（50）　2006.3 p91—92
○静岡県農業試験場研究報告(磐田　静岡県農業試験場)〔8—48／昭38—平15〕研究報告部門別総目次　経営・経済
　　「静岡県農業試験場研究報告」(静岡県農業試験場編)（50）　2006.3 p93
　　(注)特別報告号をも含む
○静岡県農業試験場研究報告(磐田　静岡県農業試験場)〔16,32／昭46,昭52〕研究報告部門別総目次　遺伝・その他
　　「静岡県農業試験場研究報告」(静岡県農業試験場編)（50）　2006.3 p95
○静岡県博物館協会学芸職員研究紀要→静岡県博物館協会研究紀要(静岡　静岡県博物館協会)〔1—9／昭52—昭60〕→〔10—32／昭61—平20〕総目次
　　「静岡県博物館協会研究紀要」(静岡県博物館協会編)（33）　2009年度 p64—66
　静岡県博物館協会研究紀要(静岡　静岡県博物館協会)
　　⇨静岡県博物館協会学芸職員研究紀要

しすお

○静岡県埋蔵文化財調査研究所研究紀要（清水　静岡県埋蔵文化財調査研究所）〔1―10／昭61―平15〕総目録
　「静岡県埋蔵文化財調査研究所研究紀要」（静岡県埋蔵文化財調査研究所編）（11）　2005.3　p129―132
◎静かな花園（防府　フランス音詩社）〔昭22―昭23〕目次
　「占領期女性雑誌事典―解題目次総索引 4」（吉田健二）　金沢文圃閣　2005.3　p61
○地すべり技術（地すべり対策技術協会→斜面防災対策技術協会）〔1―90／昭49.3―平16.3〕バックナンバー目次
　「地すべり技術」（斜面防災対策技術協会編）31（1）通号91　2004.7　巻末4―16
○地すべり技術（地すべり対策技術協会→斜面防災対策技術協会）〔1―96／昭49.3―平18.3〕バックナンバー目次
　「地すべり技術」（斜面防災対策技術協会編）33（1）通号97　2006.7　巻末5―19
○地すべり技術→斜面防災技術（地すべり対策技術協会→斜面防災対策技術協会）〔1―99／昭49.3―平19.3〕→〔100―102／平19.7―平20.3〕バックナンバー目次
　「斜面防災技術」（斜面防災対策技術協会編）35（1）通号103　2008.7　巻末5―21
○地すべり技術→斜面防災技術（地すべり対策技術協会→斜面防災対策技術協会）〔1―99／昭49.3―平19.3〕→〔100―114／平19.7―平22.3〕バックナンバー目次
　「斜面防災技術」（斜面防災対策技術協会編）37（1）通号109　2010.7　巻末11―28
○詩聖（玄文社）〔1―24／大10.10―大12.9〕総目次（飯沼典子ほか）
　「資料と研究」（11）　山梨県立文学館　2006.2　p127―145
○市政研究（大阪　大阪市政調査会）〔101―150／平5.10―平18.冬〕総目次
　「市政研究」（大阪市政調査会［編］）（150）　2006.冬　p150―161
○詩精神〔臨時号／昭10.5〕総目次（佐々木靖章）
　「文献探索人」（文献探索研究会編）（2009）　2009　p53―83
○詩精神集団〔1―6,2（陽春）／昭9.5―昭10.5〕総目次（佐々木靖章）
　「文献探索人」（文献探索研究会編）（2009）　2009.12　p81―83
○史跡と美術（史跡美術同攷会）〔1―750／昭5.11―平16.12〕総合目録
　「史跡と美術」（総合目録）　2005年版　p1―301

しそう

◎史跡と美術（史跡美術同攷会）〔751―800／平17.1―平21.12〕総目録（中西亨）
「史跡美術同攷会創立八十周年を迎えて」　2010.11 p18―27
○史泉（吹田　関西大学史学会→関西大学史学・地理学会）〔1―100〕分類総目録
「史泉：historical ＆ geographical studies in Kansai University」（100号刊行記念号）　2005.1 p1―21
◎史泉（吹田　関西大学史学会→関西大学史学・地理学会）〔1―104／昭26.4―平18.7〕論文総覧
「歴史学紀要論文総覧」　日外アソシエーツ　2007.9 p155―172
○自然（上海　上海自然科学研究所）〔1―14／昭10.6―昭19.11〕総目次（李嘉冬）
「立命館経済学」58（2）通号340　2009.7 p261―278
○自然科学論叢（京都　京都女子大学自然科学・保健体育学会→京都女子大学自然科学・保健体育研究室）〔1―37／昭44.3―平17.2〕総目次
「自然科学論叢」（京都女子大学自然科学・保健体育研究室編）（37）　2005.2 p57―66
○自然教育園報告（国立科学博物館附属自然教育園）〔1―41／昭44.3―平22.3〕総目次
「自然教育園報告」（41）　2010.3 p95―111
（付）執筆者索引
○自然と環境（京都　シンクタンク京都自然史研究所）〔1―12／平11.3―平22.3〕総目次
「自然と環境」（シンクタンク京都自然史研究所［編］）（13）　2011.3 p64―71
◎自然・人間・文化（つくば　筑波大学大学院歴史・人類学研究科）〔1997―2002／平9.3―平14.3〕論文総覧
「歴史学紀要論文総覧」　日外アソシエーツ　2007.9 p362
◎史創（鹿児島　鹿児島大学学友会歴史学研究会編）〔1―9／昭35―昭41.3〕論文総覧
「歴史学紀要論文総覧」　日外アソシエーツ　2007.9 p128―129
（注）欠号：1―2
◎史想（京都　紫郊史学会（京都学芸大学内）→京都教育大学考古学研究会）〔1―22／昭30.3―平1.11〕論文総覧
「歴史学紀要論文総覧」　日外アソシエーツ　2007.9 p217―220
○史窓（京都　京都女子大学史学会）〔1―70／昭27.7―平25.12〕総目録
「史窓」（『史窓』編集委員会編）（70）　2013.2 p79―94

しそう

◎史窓（京都 『史窓』編集委員会編 京都女子大学史学会）〔1―63／昭27.7―平18.2〕論文総覧
　　「歴史学紀要論文総覧」　日外アソシエーツ　2007.9　p230―243
◎史艸（日本女子大学史学研究会）〔1―47／昭36.2―平18.11〕論文総覧
　　「歴史学紀要論文総覧」　日外アソシエーツ　2007.9　p522―532
○思想（岩波書店）〔1―1000／大10.10―平19.8〕総目次ほか
　　「思想」（1000）　2007.8　巻末1―265
　　　（付）特集名一覧・執筆者索引
◎思想（岩波書店）〔1―1050／大10.10―平23.10〕総目次（「思想」編集部）
　　「『思想』の軌跡―1921-2011 付録」　岩波書店　2012.2　DVD 1枚
◎思想界〔昭18.7〕総目次
　　「《国民文化研究会所蔵》日本学生協会・精神科学研究所刊行物 復刻版」　柏書房　2008.12　p209―210
○思想史研究（日本思想史・思想論研究会）〔1―8／平13.3―平20.6〕総目次
　　「思想史研究」（8）　2008.6　p158―163
○史叢（日本大学史学会）（日本大学史学会）〔51―70／平5.12―平16.3〕総目録
　　「史叢」（70）　2004.3　p55―61
　　　（注）「日本大学史学会研究彙報」の改題
◎市大社会学（大阪 大阪市立大学社会学研究会）〔1―2／平12.3―平13.3〕目次（目次文庫編集委員会）
　　「近代雑誌目次文庫 69 社会学編19」　ゆまに書房　2009.3　p160
○市大日本史（大阪 大阪市立大学日本史学会）〔1―10／平10.5―平19.5〕総目次
　　「市大日本史」（大阪市立大学日本史学会編）（10）　2007.5　p60―64
◎市大日本史（大阪 大阪市立大学日本史学会）〔1―9／平10.5―平18.5〕論文総覧
　　「歴史学紀要論文総覧」　日外アソシエーツ　2007.9　p65―68
○史談（安蘇史談会）（佐野 安蘇史談会）〔1―21／昭60―平17〕総目次
　　「史談」（22）　2006.6　p121―127
○史談（白鷹町史談会）（白鷹町（山形県）白鷹町史談会）〔1―21／昭60.2―平17.3〕目次一覧
　　「史談」（白鷹町史談会編）（22・23）　2007.2　p104―110
　　　（注）白鷹町郷土史研究会会報を改題
○自治研かごしま（鹿児島 鹿児島県地方自治研究所）〔1―99／昭49.1―平23.9〕目次総覧

212

「自治研かごしま」(100)　2011.12 p72—102
○**自治総研**(地方自治総合研究所)〔1—300／昭50.1—平15.10〕索引
　　「自治総研」30(2)　2004.2 p110—133
◎**七人**〔1—2(2)／明37.11—明39.3〕総目次ほか(早稲田大図書館)
　　「しれえね・地平線・基調・黙示・リラ・葡萄園・青銅時代・三田文芸陣・季節の展望・素質・新三田派・七人・朱門・紅(箒)・偽画・未成年総目次」
　　雄松堂アーカイブズ　2009.4 p169—185
○**詩調**〔1(5)—1(6)／大15.6—8〕総目次(佐々木靖章)
　　「文献探索人」(文献探索研究会編)(2009)　2009 p54—55
○**実科教育**〔1—12／明35.10—明36.9〕目次集(稿)(丸山剛史, 内田徹)
　　「技術・職業教育学研究室研究報告：技術教育学の探求」(名古屋大学大学院教育発達科学研究科技術職業教育学研究室編)(4)　2007.9 p103—115
◎**実業之日本**(実業之日本社)〔1(1)—31(24)／明30.6—昭6.12〕目録一覧(馬静)
　　「実業之日本社の研究—近代日本雑誌史研究への序章」　平原社　2006.7
　　p386—297
◎**実業之横浜**〔1(10)—13(12)／明38.5—大5.12〕目次・索引(横浜開港資料館)
　　「『実業之横浜』目次・索引」　横浜開港資料館　2008.3 343p A4
○**実践成年後見**(民事法研究会)〔21—40／平19.4—平24.1〕総索引
　　「実践成年後見」(成年後見センター・リーガルサポート　責任編集)(42)
　　　2012.7 巻末1—10
◎**史滴**(早稲田大学東洋史懇話会編　早稲田大学文学部東洋史研究室→早稲田大学文学部東洋史学専修室)〔1—28／昭55.3—平18.12〕論文総覧
　　「歴史学紀要論文総覧」　日外アソシエーツ　2007.9 p875—883
○**児童文化**(東海児童文化協会)〔1—40／昭52.4—平21.3〕総目次
　　「児童文化」(40)　2009.3 p64—77
◎**児童文学研究**(日本児童文学学会)〔1—35／昭46—平14〕総目次
　　「児童文学研究の現代史—日本児童文学学会の40年」(白川幹雄)　小峰書店
　　　2004.4 p417—432
◎**児童文学論叢**(各務原　日本児童文学学会中部支部)〔1—7／平7—平13〕総目次
　　「児童文学研究の現代史—日本児童文学学会の40年」　小峰書店　2004.4 p414
　　　—416
◎**児童漫画研究**(堺　竹内オサム)〔1—4／昭55.7—昭58.5〕総目次(竹内オサム)

「マンガ研究ハンドブック」 竹内長武研究室 2008.3 p211
◎詩と思想(土曜社)〔1(1)—4(2)／昭47.10—昭50.2〕総目次(早川芳枝)
　「戦後詩誌総覧 2」 日外アソシエーツ 2008.12 p663—706
◎詩と真実(大阪 演劇評論社)〔1—11／昭27.11.5—昭30.4.20〕総目次
　「戦後詩誌総覧 5」(和田博文ほか) 日外アソシエーツ 2009.11 p315—328
◎詩と真実(大阪 演劇評論社)〔1—11／昭27.11.5—昭30.4.20〕総目次
　「大阪文藝雑誌総覧」(浦西和彦, 増田周子, 荒井真理亜著) 和泉書院 2013.2
　　p534—542
◎詩と版画(旭正秀・藤森静雄編)〔1—13／大11.9—大14.8〕総目次(加治幸子)
　「創作版画誌の系譜―総目次及び作品図版」 中央公論美術出版 2008.1 p85
　　—104
◎詩と版画(内堀周通編)〔1／昭9.2〕総目次(加治幸子)
　「創作版画誌の系譜―総目次及び作品図版」 中央公論美術出版 2008.1
　　p890—892
◎詩と批評(昭森社)〔1(1)—3(12)／昭41.5—昭43.12〕総目次(鈴木貴宇)
　「戦後詩誌総覧 2」 日外アソシエーツ 2008.12 p606—662
○品川歴史館紀要(品川区立品川歴史館→品川区教育委員会)〔1—20／昭61.3—平
　17.3〕総目次
　「品川歴史館紀要」(品川区立品川歴史館編)(20) 2005.3
◎シネ(シネ事務所)〔1—2／昭38.2—昭38.4〕総目次
　「戦後詩誌総覧 7」(和田博文ほか) 日外アソシエーツ 2010.5 p459—460
○GBRC(吹田 日本建築総合試験所)〔平7—平16〕総目次
　「GBRC」29(4) 2004 p86—90
◎史文(天理 天理大学文学部歴史文化学科歴史学専攻)〔1—8／平11.1—平18.3〕
　論文総覧
　「歴史学紀要論文総覧」 日外アソシエーツ 2007.9 p405—406
○斯文(斯文会)〔1—120／昭23—平23〕総目次
　「斯文」(斯文会〔編〕)(120) 2011.3 p141—227
◎詩文化(不二書房)〔3—21／昭23.8—昭25.11〕総目次
　「戦後詩誌総覧 4」(和田博文ほか) 日外アソシエーツ 2009.6 p163—185
◎史報(日本史学大学院合同発表会)〔1—8／昭54.11—昭62.3〕論文総覧
　「歴史学紀要論文総覧」 日外アソシエーツ 2007.9 p520—521

◎**史峯**(大阪 大阪市立大学歴史学研究会→史峯会)〔1(1)—1(2)／昭28.9—昭29.12〕論文総覧
　「歴史学紀要論文総覧」　日外アソシエーツ　2007.9 p68—69
◎**史丰**(つくば 筑波大学東洋史談話会)〔1—10／昭63.7—平16.2〕論文総覧
　「歴史学紀要論文総覧」　日外アソシエーツ　2007.9 p363—364
◎**史朋**(札幌 北海道大学文学部東洋史談話会→北海道大学東洋史談話会)〔1—38／昭49.10—平17.12〕論文総覧
　「歴史学紀要論文総覧」　日外アソシエーツ　2007.9 p645—650
○**史朋**(札幌 北海道大学東洋史談話会)〔1—40／昭49.10—平19.12〕総目録
　「史朋」(40)　2007.12 p127—132
◎**シーボルト研究**(法政大学フォン・シーボルト研究会編 法政大学)〔1—6・7／昭57.7—平2.3〕論文総覧
　「歴史学紀要論文総覧」　日外アソシエーツ　2007.9 p609—610
○**資本市場クォータリー**(野村総合研究所資本市場研究部→野村資本市場研究所)〔1(1)—7(3)／平9.夏—平16.冬〕バックナンバー目次
　「資本市場クォータリー」7(3)通号27　2004.Win.　p125—133
　　(注)「野村資本市場クォータリー」と改題
○**資本市場クォータリー**(野村総合研究所資本市場研究部→野村資本市場研究所)〔1(1)—7(4)／平9.夏—平16.春〕バックナンバー目次
　「資本市場クォータリー」7(4)通号28　2004.Spr.　p101—109
　　(注)「野村資本市場クォータリー」と改題
○**資本市場クォータリー**(野村総合研究所資本市場研究部→野村資本市場研究所)〔1(1)—8(1)／平9.夏—平16.夏〕バックナンバー目次
　「資本市場クォータリー」8(1)通号29　2004.Sum.　p148—157
　　(注)「野村資本市場クォータリー」と改題
○**資本市場クォータリー**(野村総合研究所資本市場研究部→野村資本市場研究所)〔1(1)—8(2)／平9.夏—平16.秋〕バックナンバー目次
　「資本市場クォータリー」8(2)通号30　2004.Aut.　p117—126
　　(注)「野村資本市場クォータリー」と改題
○**資本市場クォータリー**(野村総合研究所資本市場研究部→野村資本市場研究所)〔1(1)—8(3)／平9.夏—平17.冬〕バックナンバー目次
　「資本市場クォータリー」8(3)通号31　2005.Win.　p162—171
　　(注)「野村資本市場クォータリー」と改題

しほん

○資本市場クォータリー（野村総合研究所資本市場研究部→野村資本市場研究所）
　〔1(1)—8(4)／平9.夏—平17.春〕バックナンバー目次
　　「資本市場クォータリー」8(4)通号32　2005.Spr.　p191—201
　　　（注）「野村資本市場クォータリー」と改題
○資本市場クォータリー（野村総合研究所資本市場研究部→野村資本市場研究所）
　〔1(1)—9(1)／平9.夏—平17.夏〕バックナンバー目次
　　「資本市場クォータリー」9(1)通号33　2005.Sum.　p173—183
　　　（注）「野村資本市場クォータリー」と改題
○資本市場クォータリー（野村総合研究所資本市場研究部→野村資本市場研究所）
　〔1(1)—9(2)／平9.夏—平17.秋〕バックナンバー目次
　　「資本市場クォータリー」9(2)通号34　2005.Aut.　p134—135
　　　（注）「野村資本市場クォータリー」と改題
○資本市場クォータリー（野村総合研究所資本市場研究部→野村資本市場研究所）
　〔1(1)—9(3)／平9.夏—平18.冬〕バックナンバー目次
　　「資本市場クォータリー」9(3)通号35　2006.Win.　p181—192
　　　（注）「野村資本市場クォータリー」と改題
○資本市場クォータリー（野村総合研究所資本市場研究部→野村資本市場研究所）
　〔1(1)—9(4)／平9.夏—平18.春〕バックナンバー目次
　　「資本市場クォータリー」9(4)通号36　2006.Spr.　p165—177
　　　（注）「野村資本市場クォータリー」と改題
○資本市場クォータリー（野村総合研究所資本市場研究部→野村資本市場研究所）
　〔1(1)—10(1)／平9.夏—平18.夏〕バックナンバー目次
　　「資本市場クォータリー」10(1)通号37　2006.Sum.　p227—239
　　　（注）「野村資本市場クォータリー」と改題
○資本市場クォータリー（野村総合研究所資本市場研究部→野村資本市場研究所）
　〔1(1)—10(2)／平9.夏—平18.秋〕バックナンバー目次
　　「資本市場クォータリー」10(2)通号38　2006.Aut.　p258—270
　　　（注）「野村資本市場クォータリー」と改題
○資本市場クォータリー（野村総合研究所資本市場研究部→野村資本市場研究所）
　〔1(1)—10(3)／平9.夏—平19.冬〕バックナンバー目次
　　「資本市場クォータリー」10(3)通号39　2007.Win.　p286—298
　　　（注）「野村資本市場クォータリー」と改題
○資本市場クォータリー（野村総合研究所資本市場研究部→野村資本市場研究所）

〔1 (1)―10 (4) ／平9.夏―平19.春〕バックナンバー目次
　　　「資本市場クォータリー」10 (4) 通号40　2007.Spr.　p200―213
　　　　（注）「野村資本市場クォータリー」と改題
○**資本市場クォータリー**（野村総合研究所資本市場研究部→野村資本市場研究所）
　　〔1 (1)―11 (1) ／平9.夏―平19.夏〕バックナンバー目次
　　　「資本市場クォータリー」11 (1) 通号41　2007.Sum.　p261―274
　　　　（注）「野村資本市場クォータリー」と改題
○**資本市場クォータリー**（野村総合研究所資本市場研究部→野村資本市場研究所）
　　〔1 (1)―11 (2) ／平9.夏―平19.秋〕バックナンバー目次
　　　「資本市場クォータリー」11 (2) 通号42　2007.Aut.　p254―268
　　　　（注）「野村資本市場クォータリー」と改題
○**資本市場クォータリー**（野村総合研究所資本市場研究部→野村資本市場研究所）
　　〔1 (1)―11 (3) ／平9.夏―平20.冬〕バックナンバー目次
　　　「資本市場クォータリー」11 (3) 通号43　2008.Win.　p190―204
　　　　（注）「野村資本市場クォータリー」と改題
○**資本市場クォータリー**（野村総合研究所資本市場研究部→野村資本市場研究所）
　　〔1 (1)―11 (4) ／平9.夏―平20.春〕バックナンバー目次
　　　「資本市場クォータリー」11 (4) 通号44　2009.Spr.　p359―374
　　　　（注）「野村資本市場クォータリー」と改題
○**資本市場クォータリー**（野村総合研究所資本市場研究部→野村資本市場研究所）
　　〔1 (1)―12 (1) ／平9.夏―平20.夏〕バックナンバー目次
　　　「資本市場クォータリー」12 (1) 通号45　2008.Sum.　p197―212
　　　　（注）「野村資本市場クォータリー」と改題
○**資本市場クォータリー**（野村総合研究所資本市場研究部→野村資本市場研究所）
　　〔1 (1)―12 (2) ／平9.夏―平20.秋〕バックナンバー目次
　　　「資本市場クォータリー」12 (2) 通号46　2008.Aut.　p360―376
　　　　（注）「野村資本市場クォータリー」と改題
○**資本市場クォータリー**（野村総合研究所資本市場研究部→野村資本市場研究所）
　　〔1 (1)―12 (3) ／平9.夏―平21.冬〕バックナンバー目次
　　　「資本市場クォータリー」12 (3) 通号47　2009.Win.　p297―314
　　　　（注）「野村資本市場クォータリー」と改題
○**資本市場クォータリー**（野村総合研究所資本市場研究部→野村資本市場研究所）
　　〔1 (1)―12 (4) ／平9.夏―平21.春〕バックナンバー目次

「資本市場クォータリー」12（4）通号48　2009.Spr.　p502—520
　　（注）「野村資本市場クォータリー」と改題
○**資本市場クォータリー**（野村総合研究所資本市場研究部→野村資本市場研究所）
　〔1（1）—13（1）／平9.夏—平21.夏〕バックナンバー目次
　　「資本市場クォータリー」13（1）通号49　2009.Sum.　p170—177
　　（注）「野村資本市場クォータリー」と改題
○**資本市場クォータリー**（野村総合研究所資本市場研究部→野村資本市場研究所）
　〔10（1）—13（2）／平18.夏—平21.秋〕バックナンバー目次
　　「資本市場クォータリー」13（2）通号50　2009.Aut.　p170—177
　　（注）「野村資本市場クォータリー」と改題
○**資本市場クォータリー**（野村総合研究所資本市場研究部→野村資本市場研究所）
　〔10（1）—13（3）／平18.夏—平22.冬〕バックナンバー目次
　　「資本市場クォータリー」13（3）通号51　2010.Win.　p135—142
　　（注）「野村資本市場クォータリー」と改題
○**資本市場クォータリー**（野村総合研究所資本市場研究部→野村資本市場研究所）
　〔10（1）—13（4）／平18.夏—平22.春〕バックナンバー目次
　　「資本市場クォータリー」13（4）通号52　2010.Spr.　p181—189
　　（注）「野村資本市場クォータリー」と改題
○**資本市場クォータリー→野村資本市場クォータリー**（野村資本市場研究所）〔10
　（1）—13（4）／平18.夏—平22.春〕→〔14（1）／平22.夏〕バックナンバー目次
　　「野村資本市場クォータリー」14（1）通号53　2010.8　p190—198
○**資本市場クォータリー→野村資本市場クォータリー**（野村資本市場研究所）〔10
　（1）—13（4）／平18.夏—平22.春〕→〔14（1）—14（2）／平22.夏—平22.秋〕
　バックナンバー目次
　　「野村資本市場クォータリー」14（2）通号54　2010.秋 p117—125
○**資本市場クォータリー→野村資本市場クォータリー**（野村資本市場研究所）〔10
　（1）—13（4）／平18.夏—平22.春〕→〔14（1）—14（3）／平22.夏—平23.冬〕
　バックナンバー目次
　　「野村資本市場クォータリー」14（3）通号55　2011.冬　p192—201
○**資本市場クォータリー→野村資本市場クォータリー**（野村資本市場研究所）〔10
　（1）—13（4）／平18.夏—平22.春〕→〔14（1）—14（4）／平22.夏—平23.春〕
　バックナンバー目次
　　「野村資本市場クォータリー」14（4）通号56　2011.春　p169—178

しほん

○資本市場クォータリー→野村資本市場クォータリー（野村資本市場研究所）〔10
　（1）―13（4）／平18.夏―平22.春〕→〔14（1）―15（1）／平22.夏―平23.夏〕
　バックナンバー目次
　　「野村資本市場クォータリー」15（1）通号57　2011.夏　p176―186
○資本市場クォータリー→野村資本市場クォータリー（野村資本市場研究所）〔10
　（1）―13（4）／平18.夏―平22.春〕→〔14（1）―15（2）／平22.夏―平23.夏〕
　バックナンバー目次
　　「野村資本市場クォータリー」15（2）通号58　2011.秋　p154―164
○資本市場クォータリー→野村資本市場クォータリー（野村資本市場研究所）〔10
　（1）―13（4）／平18.夏―平22.春〕→〔14（1）―15（3）／平22.夏―平24.冬〕
　バックナンバー目次
　　「野村資本市場クォータリー」15（3）通号59　2013.夏　p205―216
○資本市場クォータリー→野村資本市場クォータリー（野村資本市場研究所）〔10
　（1）―13（4）／平18.夏―平22.春〕→〔14（1）―15（4）／平22.夏―平24.春〕
　バックナンバー目次
　　「野村資本市場クォータリー」15（4）通号60　2013.夏　p129―140
○資本市場クォータリー→野村資本市場クォータリー（野村資本市場研究所）〔10
　（1）―13（4）／平18.夏―平22.春〕→〔14（1）―16（1）／平22.夏―平24.夏〕
　バックナンバー目次
　　「野村資本市場クォータリー」16（1）通号61　2012.夏　p186―197
○資本市場クォータリー→野村資本市場クォータリー（野村資本市場研究所）〔10
　（1）―13（4）／平18.夏―平22.春〕→〔14（1）―16（2）／平22.夏―平24.秋〕
　バックナンバー目次
　　「野村資本市場クォータリー」16（2）通号62　2012.秋　p195―207
○資本市場クォータリー→野村資本市場クォータリー（野村資本市場研究所）〔10
　（1）―13（4）／平18.夏―平22.春〕→〔14（1）―16（3）／平22.夏―平25.冬〕
　バックナンバー目次
　　「野村資本市場クォータリー」16（3）通号63　2013.冬　p170―182
○資本市場クォータリー→野村資本市場クォータリー（野村資本市場研究所）〔12
　（1）―13（4）／平20.夏―平22.春〕→〔14（1）―16（4）／平22.夏―平25.春〕
　バックナンバー目次
　　「野村資本市場クォータリー」16（4）通号64　2013.春　p220―228
○資本市場クォータリー→野村資本市場クォータリー（野村資本市場研究所）〔12

しほん

   (1)—13(4)／平20.夏—平22.春〕→〔14(1)—17(1)／平22.夏—平25.夏〕
   バックナンバー目次
      「野村資本市場クォータリー」17(1) 通号65　2013.夏　p188—197
○資本市場クォータリー→野村資本市場クォータリー(野村資本市場研究所)〔12
   (1)—13(4)／平20.夏—平22.春〕→〔14(1)—17(2)／平22.夏—平25.秋〕
   バックナンバー目次
      「野村資本市場クォータリー」17(2) 通号66　2013.秋　p224—232
○島根県地学会会誌(松江　島根県地学会)〔11—20／平8.3—平17.3〕総目次
      「島根県地学会会誌」(島根県地学会会誌編集委員会編)(20)　2005.3　p96—101
◎島根大学教育学部心理臨床・教育相談室紀要(松江　島根大学教育学部心理臨床・教育相談室)〔1—3／平15.3.31—平17.3.31〕論文総覧
      「心理学紀要論文総覧」　日外アソシエーツ　2008.10　p205—206
○島根母性衛生学会雑誌(出雲　島根県母性衛生学会)〔1—10／平9.10—平18.10〕総目次
      「島根母性衛生学会雑誌」(島根県母性衛生学会編)(10)　2006.10　p83—90
○四万十・流域圏学会誌(土佐山田町(高知県)　四万十・流域圏学会)〔1(1)—10(2)／平14.2—平23.5〕総目次
      「四万十・流域圏学会誌」10(2)　2011.5　p73—82
◎紙魚の王国〔1—2／平8.2—平8.11〕総目次(竹内オサム)
      「マンガ研究ハンドブック」　竹内長武研究室　2008.3　p217—218
○シミュレーション&ゲーミング(日本シミュレーション&ゲーミング学会)〔1(1)—16(2)／平2.4—平18.12〕目次一覧
      「シミュレーション&ゲーミング」17(2)　2007.12　p123—136
○市民と法(民事法研究会)〔21—50／平15.6—平20.4〕総索引
      「市民と法」(51)　2008.6　中付1—19
◎シムーン→熱風(シムーン社)〔1／大11.4〕→〔2—5／大11.5—大11.8〕細目
      「社会運動と文芸雑誌—『種蒔く人』時代のメディア戦略」(大和田茂著)　菁柿堂,星雲社〔発売〕　2012.5　p180—189
◎Gメン(Gメン社)〔1(1)—2(11)／昭22.10—昭23.11〕総目次(山前譲)
      「探偵雑誌目次総覧」　日外アソシエーツ　2009.6　p292—295
○下関市立大学論集(下関　下関市立大学学会)〔1—129／昭32.1—平18.1〕総目次
      「下関市立大学論集」(下関市立大学学会編)50(1・2・3)　2007.3　p257—282

◎社会運動史〔1―10／昭47.7―昭60.4〕総目次（喜安／朗）
　　「歴史として、記憶として：「社会運動史」1970-1985」　御茶の水書房
　　　2013.5　巻末16―19
○社会科学（京都　同志社大学人文科学研究所）〔1（1）―43（3）／昭40―平25〕総目録
　　「社会科学」（同志社大学人文科学研究所編）43（3）通号100　2013.11　巻末1―59, 巻末1p
○社会科学研究：釧路公立大学紀要（釧路　釧路公立大学）〔10―19／平10―平19〕総目次
　　「社会科学研究：釧路公立大学紀要」（釧路公立大学［編］）（20）　2008.3　p201―207
◎社会学研究科年報（立教大学大学院社会学研究科）〔8／平13.3〕目次（目次文庫編集委員会）
　　「近代雑誌目次文庫　69　社会学編19」　ゆまに書房　2009.3　p197
　　　（注）「社会学研究科論集」の改題
◎社会学研究科論集（立教大学社会学部研究室）〔1―7／平6.3―平12.3〕目次（目次文庫編集委員会）
　　「近代雑誌目次文庫　69　社会学編19」　ゆまに書房　2009.3　p198―201
　　　（注）「社会学研究科年報」と改題
◎社会学研究（甲南女子大学）（神戸　甲南女子大学大学院社会学研究室）〔1―19／昭56.12―平13.3〕目次（目次文庫編集委員会）
　　「近代雑誌目次文庫　69　社会学編19」　ゆまに書房　2009.3　p177―179
◎社会学研究（社会学研究発行所）（社会学研究発行所）〔1（1）―2（1）／大14.4―昭2.3〕目次（目次文庫編集委員会）
　　「近代雑誌目次文庫　69　社会学編19」　ゆまに書房　2009.3　p180
◎社会学研究所紀要（京都　仏教大学社会学研究所）〔1／平13.3〕目次（目次文庫編集委員会）
　　「近代雑誌目次文庫　69　社会学編19」　ゆまに書房　2009.3　p202
◎社会学研究所年報〔1―12／昭55.6―平3.3〕目次（目次文庫編集委員会）
　　「近代雑誌目次文庫　69　社会学編19」　ゆまに書房　2009.3　p203―205
◎社会学研究（東北社会学研究会）（仙台　東北社会学研究会）〔1―69／昭25.7―平13.6〕目次（目次文庫編集委員会）
　　「近代雑誌目次文庫　69　社会学編19」　ゆまに書房　2009.3　p181―194

○社会学研究（東北社会学研究会）（仙台　東北社会学研究会）〔61—80／平6—平18〕総目次
　　「社会学研究」通号80　2006　p279—289
◎社会学研究（日本社会学会）（日本社会学会編　高山書院→国立書院）〔1 (1)—2 (1)／昭22.4—昭23.12〕目次（目次文庫編集委員会）
　　「近代雑誌目次文庫 69　社会学編19」（目次文庫編集委員会）　ゆまに書房　2009.3　p195—196
◎社会学研究年報（九州大学社会学会）（福岡　九州大学社会学会）〔1—14／昭42.10—昭59.12〕目次（目次文庫編集委員会）
　　「近代雑誌目次文庫 69　社会学編19」　ゆまに書房　2009.3　p206—210
◎社会学研究（一橋大学）（学術刊行専門委員会編　国立　一橋大学）〔1—39／昭31.10—平13.1〕目次（目次文庫編集委員会）
　　「近代雑誌目次文庫 69　社会学編19」　ゆまに書房　2009.3　p173—176
◎社会学史研究〔1—23／昭36.5—平13.6〕目次（目次文庫編集委員会）
　　「近代雑誌目次文庫 70　社会学編 20」　ゆまに書房　2009.7　p1—5
◎社会学ジャーナル（つくば　筑波大学社会学研究室）〔1 (1)—26／昭51.3—平13.3〕目次（目次文庫編集委員会）
　　「近代雑誌目次文庫 70　社会学編 20」　ゆまに書房　2009.7　p6—13
◎社会学（日本社会学会）〔1—9／昭8.12—昭18.7〕目次（目次文庫編集委員会）
　　「近代雑誌目次文庫 69　社会学編19」　ゆまに書房　2009.3　p161—172
◎社会学年誌（早稲田大学社会学会）〔1—47／昭31.4—平18.3〕目次（目次文庫編集委員会）
　　「近代雑誌目次文庫 70　社会学編 20」　ゆまに書房　2009.7　p14—26
◎社会学年報（仙台　東北社会学会）〔1—25／昭39.3—平8.7〕目次（目次文庫編集委員会）
　　「近代雑誌目次文庫 70　社会学編 20」　ゆまに書房　2009.7　p27—31
◎社会学評論（日本社会学会）〔1 (1)—52 (1)／昭25.7—平13.6〕目次（目次文庫編集委員会）
　　「近代雑誌目次文庫 70　社会学編 20」　ゆまに書房　2009.7　p32—96
◎社会学部論集（鹿児島　鹿児島経済大学社会学会→鹿児島国際大学社会学部）〔9 (1)—19 (2)／平8.6—平13.1〕目次（目次文庫編集委員会）
　　「近代雑誌目次文庫 70　社会学編 20」　ゆまに書房　2009.7　p97—106
　　（注）「鹿児島経済大学社会学部論集」の改題。「福祉社会学部論集」と改題

◎社会学部論叢（京都 佛教大学学会）〔1—25／昭42.9—平3.12〕目次（目次文庫編集委員会）
　「近代雑誌目次文庫 70 社会学編 20」　ゆまに書房　2009.7 p107—111
　（注）「社会学部論集」と改題
◎社会学論考（八王子 首都大学東京・都立大学社会学研究会）〔1—22／昭55.3—平13.11〕目次（目次文庫編集委員会）
　「近代雑誌目次文庫 70 社会学編 20」　ゆまに書房　2009.7 p112—117
○社会学論考（八王子 首都大学東京・都立大学社会学研究会）〔1—29／昭55.3—平20.10〕総目次
　「社会学論考」（首都大学東京・都立大学社会学研究会編）(30)　2009.10 p116—128
○社会経営学研究（京都 社会経営学研究会）〔1—3／平4.3—平15.3〕総目次
　「社会経営学研究：龍谷大学経営学会共同研究部会報告書」（社会経営学研究会編）(3)　2004.3 p111—112
○社会経営学研究（京都 社会経営学研究会）〔1—4／平4.3—平16.3〕総目次
　「社会経営学研究：龍谷大学経営学会共同研究部会報告書」（社会経営学研究会編）(4)　2005.3 p98—160
○社会経営学研究（京都 社会経営学研究会）〔1—5／平4.3—平17.3〕総目次
　「社会経営学研究：龍谷大学経営学会共同研究部会報告書」（社会経営学研究会編）(5)　2006.3 p70—73
○社会経営学研究（京都 社会経営学研究会）〔1—5／平4.3—平18.3〕総目次
　「社会経営学研究：龍谷大学経営学会共同研究部会報告書」（社会経営学研究会編）(6)　2007.3 p120—124
○社会経営学研究（京都 社会経営学研究会）〔1—6／平4.3—平19.3〕総目次
　「社会経営学研究：龍谷大学経営学会共同研究部会報告書」（社会経営学研究会編）(7)　2008.3 p131—136
○社会経営学研究（京都 社会経営学研究会）〔1—7／平4.3—平20.3〕総目次
　「社会経営学研究：龍谷大学経営学会共同研究部会報告書」（社会経営学研究会編）(8)　2009.3 p121—127
○社会経営学研究（京都 社会経営学研究会）〔1—8／平4.3—平21.3〕総目次
　「社会経営学研究：龍谷大学経営学会共同研究部会報告書」（社会経営学研究会編）(9)　2010.3 p130—137
○社会言語科学（社会言語科学会）〔1—9／平10.11—平19.3〕総目次

「社会言語科学」(社会言語科学会学会誌編集委員会編) 10 (1)　2007.9 p68
　　―92
○社会言語学(大阪 「社会言語学」刊行会)〔1―3／平13―平15〕既刊号目次
　　「社会言語学」(4)　2004.9 p89―90
○社会言語学(大阪 「社会言語学」刊行会)〔1―4／平13―平16〕既刊号目次
　　「社会言語学」(5)　2005.10 p135―136
○社会言語学(大阪 「社会言語学」刊行会)〔1―5／平13―平17〕既刊号目次
　　「社会言語学」(6)　2006.9 p195―196
○社会言語学(大阪 「社会言語学」刊行会)〔1―6／平13―平18〕既刊号目次
　　「社会言語学」(7)　2007.10 p164―166
○社会言語学(大阪 「社会言語学」刊行会)〔1―7／平13―平19〕既刊号目次
　　「社会言語学」(8)　2008 p217―220
○社会言語学(大阪 「社会言語学」刊行会)〔1―8／平13―平20〕既刊号目次
　　「社会言語学」(9)　2009 p351―354
○社会言語学(大阪 「社会言語学」刊行会)〔1―9／平13―平21〕既刊号目次
　　「社会言語学」(10)　2010 p215―219
○社会言語学(大阪 「社会言語学」刊行会)〔1―10／平13―平22〕既刊号目次
　　「社会言語学」(11)　2011 p211―216
○社会言語学(大阪 「社会言語学」刊行会)〔1―11／平13―平23〕既刊号目次
　　「社会言語学」(12)　2012 p288―293
○社会言語学(大阪 「社会言語学」刊行会)〔1―12／平13―平24〕既刊号目次
　　「社会言語学」(13)　2013 p243―248
◎社会事業研究〔1―40／昭36―平13.1〕目次(目次文庫編集委員会)
　　「近代雑誌目次文庫 70 社会学編 20」　ゆまに書房　2009.7 p118―136
○社会事業史研究(社会事業史学会)〔21―31／平5.9―平15.12〕目次
　　「社会事業史研究」(社会事業史学会編)(32)　2005.2 p117―122
○社会事業史研究(社会事業史学会)〔21―32／平5.9―平17.2〕目次
　　「社会事業史研究」(社会事業史学会編)(33)　2005.10 p123―129
○社会事業史研究(社会事業史学会)〔21―33／平5.9―平17.10〕目次
　　「社会事業史研究」(社会事業史学会編)(34)　2007.3 p141―148
○社会事業史研究(社会事業史学会)〔21―34／平5.9―平17.10〕目次
　　「社会事業史研究」(社会事業史学会編)(35)　2008.3 p171―178

○**社会事業史研究**(社会事業史学会)〔21―35／平5.9―平20.3〕目次
　「社会事業史研究」(社会事業史学会編)(36)　2009.3 p185―193
◎**社会事業史研究**(社会事業史学会)〔1―28／昭48.10―平12.10〕目次(目次文庫編集委員会)
　「近代雑誌目次文庫 70 社会学編 20」　ゆまに書房　2009.7 p137―144
○**社会事業史研究**(社会事業史学会)〔21―36／平5.9―平21.3〕目次
　「社会事業史研究」(社会事業史学会編)(37)　2009.12 p171―180
○**社会事業史研究**(社会事業史学会)〔26―37／平10.10―平21.12〕目次
　「社会事業史研究」(社会事業史学会編)(38)　2010.9 p119―126
○**社会事業史研究**(社会事業史学会)〔1―42／昭48―平24〕バックナンバー目次一覧
　「社会事業史研究」(社会事業史学会編)(43)　2013.3 p201―215
◎**社会事業の諸問題**(日本社会事業大学)〔4―33／昭31.11―昭62.4〕目次(目次文庫編集委員会)
　「近代雑誌目次文庫 70 社会学編 20」　ゆまに書房　2009.7 p145―150
　(注)「日本社会事業大学研究紀要」と改題
○**社会システム研究**(草津 立命館大学社会システム研究所)〔1―12／平11.3―平18.3〕総目次
　「社会システム研究」(立命館大学社会システム研究所編)(12)　2006.3 p195―200
　社会主義経済学会会報(京都 社会主義経済学会)
　　⇨社会主義経済研究会会報
○**社会主義経済研究会会報→社会主義経済学会会報→比較経済体制学会会報→比較経済体制学会年報→比較経済研究**(京都 社会主義経済研究会→社会主義経済学会→札幌 比較経済体制学会→京都 比較経済体制学会)〔1―50(2)／昭39.2―平25.6〕総目次
　「比較経済研究」50(2)　2013.6 p92―99
　(注)比較経済体制学会年報の改題
◎**社會主義文學**〔1―14／昭28.9―昭37.5〕内容細目
　「文芸雑誌内容細目総覧―戦後リトルマガジン篇」(日外アソシエーツ編,勝又浩監修)　日外アソシエーツ,紀伊國屋書店〔発売〕　2006.11 p250―255
　(注)「文戦〔復刊〕」の改題
◎**社会志林**(町田 法政大学社会学部学会)〔46(1)―47(4)／平11.9―平13.3〕目

しやか

次（目次文庫編集委員会）
　　「近代雑誌目次文庫 70 社会学編 20」 ゆまに書房　2009.7 p151—152
　　（注）「社会労働研究」の改題
○社会新聞〔1—3／昭6.3.1—昭6.3.21〕総目次
　　「国体文化：日本国体学会機関誌：里見日本文化学研究所発表機関：立正教
　　　団発表機関」（日本国体学会，立正教団）（1011）　2008.7 p66—71
◎社会政策学会誌〔13—19／平11.7—平20.4〕総目次（社会政策学会）
　　「子育てをめぐる社会政策—その機能と逆機能」　社会政策学会本部事務局
　　　2008.3 p321—339
○社会政策研究（東信堂）〔1—9／平12.11—平21.3〕目次
　　「社会政策研究」（『社会政策研究』編集委員会編）通号10　2010.6 p275—279
○社会と国体〔135—158／昭10.1—昭10.12〕総目次
　　「国体文化：日本国体学会機関誌：里見日本文化学研究所発表機関：立正教
　　　団発表機関」（日本国体学会，立正教団）（1017）　2009.2 p74—79
○社会と国体〔159—171／昭11.1—昭11.12〕総目次
　　「国体文化：日本国体学会機関誌：里見日本文化学研究所発表機関：立正教
　　　団発表機関」（日本国体学会，立正教団）（1018）　2009.3 p82—87
○社会と國體〔97—107／昭7.2—昭7.12〕総目次
　　「国体文化：日本国体学会機関誌：里見日本文化学研究所発表機関：立正教
　　　団発表機関」（日本国体学会，立正教団）（1012）　2008.8 p64—69
○社会と國體〔108—119／昭8.1—昭8.12〕総目次
　　「国体文化：日本国体学会機関誌：里見日本文化学研究所発表機関：立正教
　　　団発表機関」（日本国体学会，立正教団）（1013）　2008.9 p60—65
○社会と國體〔120—134／昭9.1—昭9.12〕総目次
　　「国体文化：日本国体学会機関誌：里見日本文化学研究所発表機関：立正教
　　　団発表機関」（日本国体学会，立正教団）（1014）　2008.10 p66—73
○社会と情報（名古屋　椙山女学園大学生活科学部生活社会科学科）〔1(1)—9(2)
　　／平9.2—平17.1〕既刊号総目次
　　「社会と情報」10(1)　2005.11 p71—82
○社会と情報（名古屋　椙山女学園大学生活科学部生活社会科学科）〔1(1)—10(2)
　　／平9.2—平18.3〕既刊号総目次
　　「社会と情報」10(2)　2006.3 p157—170

社会と倫理（名古屋　南山大学社会倫理研究所）
　　⇨社会倫理研究
○社会評論〔100―113／平7.10―平10.7〕既刊号総目次
　　「社会評論」（小川町企画編）（150）　2007.夏　p231―239
○社会評論〔114―124／平10.9―平13.1〕既刊号総目次
　　「社会評論」（小川町企画編）（151）　2007.秋　p195―203
○社会評論〔125―130／平13.4―平14.7〕既刊号総目次
　　「社会評論」（小川町企画編）（154）　2008.夏　p199―203
○社会評論〔131―136／平14.10―平16.1〕既刊号総目次
　　「社会評論」（小川町企画編）（160）　2010.冬　p195―199
○社会福祉（日本女子大学社会福祉学科→日本女子大学社会福祉学研究会→日本女子大学社会福祉学科→日本女子大学社会福祉学科，日本女子大学社会福祉学会編　日本女子大学家政学会社会福祉学研究会→日本女子大学文学部社会福祉学研究会→日本女子大学社会福祉学研究会→日本女子大学社会福祉学科→日本女子大学社会福祉学科，日本女子大学社会福祉学会）〔1―49／昭29―平20〕目次
　　「社会福祉」（日本女子大学社会福祉学科，日本女子大学社会福祉学会編）
　　　　（50）　2009　p205―217,197～198
◎社会福祉（日本女子大学社会福祉学科→日本女子大学社会福祉学研究会→日本女子大学社会福祉学科編　日本女子大学家政学会社会福祉学研究会→日本女子大学文学部社会福祉学研究会→日本女子大学社会福祉学研究会→日本女子大学社会福祉学科）〔1―41／昭29.3―平13.3〕目次（目次文庫編集委員会）
　　「近代雑誌目次文庫　70　社会学編　20」　ゆまに書房　2009.7　p153―168
◎社会福祉学（全国社会福祉協議会）（全国社会福祉協議会→日本社会福祉学会）
　　〔1(1)―41(2)63／昭35.3―平13.3〕目次（目次文庫編集委員会）
　　「近代雑誌目次文庫　71　社会学編　21」　ゆまに書房　2009.11　p1―18
◎社会福祉学評論（［三鷹］　日本社会福祉学会関東部会）〔1／平13.3〕目次（目次文庫編集委員会）
　　「近代雑誌目次文庫　71　社会学編　21」　ゆまに書房　2009.11　p27
　　　（注）「社会福祉研究論文集」と改題
◎社会福祉学部研究報告（春日井　愛知県心身障害者コロニー発達障害研究所）〔1―13／昭51.3―平11.3〕目次（目次文庫編集委員会）
　　「近代雑誌目次文庫　71　社会学編　21」　ゆまに書房　2009.11　p28―30
◎社会福祉学（明治学院大）（明治学院大学大学院社会学研究科社会福祉学専攻）

〔1―25／昭51―平13.3〕目次（目次文庫編集委員会）
　　「近代雑誌目次文庫 71 社会学編 21」 ゆまに書房 2009.11 p19―24
　　（注）「社会福祉学研究」の改題
◎社会福祉学研究（神戸女子大）（神戸 神戸女子大学社会福祉学会）〔1―5／平9.6―平13.6〕目次（目次文庫編集委員会）
　　「近代雑誌目次文庫 71 社会学編 21」 ゆまに書房 2009.11 p25
◎社会福祉学研究（明治学院大）（明治学院大学大学院社会福祉学研究会）〔1―2・3／昭42―昭47.11〕目次（目次文庫編集委員会）
　　「近代雑誌目次文庫 71 社会学編 21」 ゆまに書房 2009.11 p26
　　（注）「社会福祉学」の改題
◎社会福祉研究（愛知県立大）（長久手 愛知県立大学『社会福祉研究』編集委員会）〔1(1)―2(1)／平11.7―平12.7〕目次（目次文庫編集委員会）
　　「近代雑誌目次文庫 71 社会学編 21」 ゆまに書房 2009.11 p31
◎社会福祉研究（大阪市社会福祉研究会）（大阪 大阪市社会福祉研究会）〔1―23／昭55.4―平12.12〕目次（目次文庫編集委員会）
　　「近代雑誌目次文庫 71 社会学編 21」 ゆまに書房 2009.11 p32―39
　　（注）6号以後「大阪市社会福祉研究」と改題
◎社会福祉研究（鉄道弘済会福祉センター弘済会館）（鉄道弘済会社会福祉第一部）〔1―81／昭42.12―平13.7〕目次（目次文庫編集委員会）
　　「近代雑誌目次文庫 71 社会学編 21」 ゆまに書房 2009.11 p40―90
◎社会福祉研究（東京都社会福祉会館）（東京都社会福祉会館）〔2―6／昭40.3―昭41.3〕目次（目次文庫編集委員会）
　　「近代雑誌目次文庫 71 社会学編 21」 ゆまに書房 2009.11 p91
◎社会福祉実践理論研究（札幌 日本社会福祉実践理論学会事務局）〔6―10／平9.7―平13.6〕目次（目次文庫編集委員会）
　　「近代雑誌目次文庫 71 社会学編 21」 ゆまに書房 2009.11 p92―93
　　（注）「日本社会福祉実践理論学会研究紀要」と改題
○社会福祉評論（［堺］ 大阪女子大學社會福祉研究会→大阪女子大学社会福祉学科）〔1―50／昭26―昭57〕総目次
　　「人間関係論集」(22)　2005 p211―217
　　（注）「人間関係論集」と改題
◎社会福祉評論（［堺］ 大阪女子大學社會福祉研究会→大阪女子大学社会福祉学科）〔1―50／昭26.12―昭58.3〕目次（目次文庫編集委員会）

「近代雑誌目次文庫 71 社会学編 21」 ゆまに書房 2009.11 p94―97
◎社会福祉論集（大阪市立大）（大阪 大阪市立大学生活科学部社会福祉研究会）〔4―21・22／昭31.12―平9.3〕目次（目次文庫編集委員会）
「近代雑誌目次文庫 71 社会学編 21」 ゆまに書房 2009.11 p98―99
◎社会福祉論叢（愛知県立大）（名古屋 愛知県立大学文学部社会福祉研究会）〔1／昭42.7〕目次（目次文庫編集委員会）
「近代雑誌目次文庫 71 社会学編 21」 ゆまに書房 2009.11 p100
◎社会福祉論叢（日本社会事業大）（［清瀬］日本社会事業大学大学院社会福祉学研究科）〔平10―平13〕目次（目次文庫編集委員会）
「近代雑誌目次文庫 71 社会学編 21」 ゆまに書房 2009.11 p101―102
○社会文学〔1―29／昭63―平21〕総目次
「社会文学」（『社会文学』編集委員会編）(30) 2009 p137―151
◎社会保障情報（社会保障研究所→国立社会保障・人口問題研究所）〔1―124／昭43.2―平10.9〕目次
「近代雑誌目次文庫 55 社会学編5」（目次文庫編集委員会編） ゆまに書房 2004.7 p178―221
○社会保障法〔10―19／平7―平16〕目次総覧
「社会保障法」（日本社会保障法学会編）(20) 2005 p228―239
◎社会薬学（社会薬学研究会→［町田］日本社会薬学会）〔1(1)―20(1)／昭57.12―平13.12〕目次（目次文庫編集委員会）
「近代雑誌目次文庫 71 社会学編 21」 ゆまに書房 2009.11 p103―111
◎社会理論研究〔1―2／平10.10―平12.5〕目次（目次文庫編集委員会）
「近代雑誌目次文庫 71 社会学編 21」 ゆまに書房 2009.11 p112
◎社会臨床雑誌（横浜 日本社会臨床学会）〔1(1)―9(1)／平5.4―平13.6〕目次（目次文庫編集委員会）
「近代雑誌目次文庫 71 社会学編 21」 ゆまに書房 2009.11 p113―120
○社会倫理研究→社会と倫理（名古屋 南山大学社会倫理研究所）〔1―4／平4―平8〕→〔5―19／平10―平18〕総目次
「社会と倫理」（南山大学社会倫理研究所編）(20) 2006 p222―230
○社会労働衛生（職業性疾患・疫学リサーチセンター）〔1(1)―10(4)／平15―平24〕通巻目次
「社会労働衛生」 10(4) 2013.3 p79―99

しやか

◎社会労働研究（町田　法政大学社会学部学会）〔1―45（4）158／昭29.1―平11.3〕目次（目次文庫編集委員会）
　　「近代雑誌目次文庫　71　社会学編　21」　ゆまに書房　2009.11　p121―140
　　（注）「社会志林」と改題
◎社会労働評論（労働社会問題研究センター）〔1―13（1）143／昭53.5―平2.1〕目次（目次文庫編集委員会）
　　「近代雑誌目次文庫　71　社会学編　21」　ゆまに書房　2009.11　p141―196
◎社会老年学（社会老年学編集委員会編　東京都老人総合研究所）〔1―39／昭50.3―平6.5〕目次（目次文庫編集委員会）
　　「近代雑誌目次文庫　71　社会学編　21」　ゆまに書房　2009.11　p197―207
◎社会論集（関東学院大）（横浜　関東学院大学人文学会社会学部会）〔復刊1―7／昭25.3―平13.3〕目次（目次文庫編集委員会）
　　「近代雑誌目次文庫　71　社会学編　21」　ゆまに書房　2009.11　p208―209
◎弱視教育（横須賀　日本弱視教育研究会）〔1（1）―50（4）〕総目録
　　「我が国における弱視教育の展開」（日本弱視教育研究会企画，香川邦生編集責任）　あずさ書店　2013.12　p111―165
◎邪珠蠻士〔1／昭3.8〕総目次（加治幸子）
　　「創作版画誌の系譜―総目次及び作品図版」　中央公論美術出版　2008.1　p330―331
　斜面防災技術（斜面防災対策技術協会）
　　⇨地すべり技術
○斜面防災技術（斜面防災対策技術協会）〔100―114／平19.7―平24.3〕バックナンバー目次
　　「斜面防災技術」（斜面防災対策技術協会編）39（1）通号115　2012.7　巻末10―14
　　（注）地すべり技術の改題
○斜面防災技術（斜面防災対策技術協会）〔100―117／平19.7―平25.3〕バックナンバー目次
　　「斜面防災技術」（斜面防災対策技術協会編）40（1）通号118　2013.7　巻末11―16
　　（注）地すべり技術の改題
○シャーロック・ホームズ紀要（豊中　西筑摩書房）〔1―10／平2―平10〕目次
　　「シャーロック・ホームズ紀要」（日本シャーロック・ホームズ研究委員会

編）17（1）　2012.12.25　p92―97
○戎克（大連　戎克発行所）〔1―12／昭4.3―昭5.2〕目次（西原和海，岡田英樹，西田勝）
　　「植民地文化研究：資料と分析」（「植民地文化研究」編集委員会編）（7）
　　　2008　p43―63
◎史友（青山学院大学史学会）〔1―38／昭43.12―平18.3〕論文総覧
　　「歴史学紀要論文総覧」　日外アソシエーツ　2007.9　p24―30
◎史遊（京都　京都教育大学歴史・地理学研究会）〔1―13／平5.10―平18.11〕論文総覧
　　「歴史学紀要論文総覧」　日外アソシエーツ　2007.9　p221―222
◎史游（史游会）〔1―8／昭47.9―昭57.2〕論文総覧
　　「歴史学紀要論文総覧」　日外アソシエーツ　2007.9　p106―107
○宗学研究（曹洞宗宗学研究所→曹洞宗総合研究センター）〔41―50／平11.3―平20.4〕総目次
　　「宗学研究」（50）　2008.4　p1―20
　　（付）執筆者索引
◎十月（十月社）〔1（1）―1（3）／昭4.6―昭4.12〕総目次ほか（早稲田大図書館）
　　「民衆の芸術・ダムダム・大学左派・十月・集団・総目次」　雄松堂アーカイブズ　2009.4　p43―51
◎週刊朝日（朝日新聞社）〔1（1）―18（28）／大11.2―昭5.12〕総目次（山川恭子）
　　「戦前期『週刊朝日』総目次　書誌書目シリーズ78」　ゆまに書房　2006.5　3冊　A5
○集刊東洋学（仙台　中国文史哲研究会）〔91―96／平16―平18〕総目次
　　「集刊東洋学」（96）　2006　p113―116
○集刊東洋学（仙台　中国文史哲研究会）〔1―100／昭34―平20〕総目録
　　「集刊東洋学」（100）　2008　p326―356,383～372
　　（付）著者別索引
○自由経済研究（ぱる出版）〔1―30／平7.10―平16.9〕総目次
　　「自由経済研究」（ゲゼル研究会編）（31）　2008.1　p69―73
○自由詩人（自由詩人社編集部）〔1―5／大14.12―大15.5〕目次ほか（鹿子木猛郎）
　　「文献探索」（文献探索研究会編）（2005）　2006.5　p91―107
○自由思想（石橋湛山記念財団）〔1―100／昭50.5―平17.9〕全目次

しゅう

　　「自由思想」(101)　2005.11 p66—80
　　　(付)筆者名全索引
○**自由思想**(石橋湛山記念財団)〔101—120／平17.11—平22.11〕全目次
　　「自由思想」(120)　2010.11 p60—57
　　　(付)筆者名索引
◎**就実女子大学史学論集**(岡山　就実女子大学史学科)〔1—17／昭61.7—平14.12〕論文総覧
　　「歴史学紀要論文総覧」　日外アソシエーツ　2007.9 p317—320
　　　(注)「就実大学史学論集」と改題
◎**就実大学史学論集**(岡山　就実大学総合歴史学科)〔18—20／平15.7—平17.7〕論文総覧
　　「歴史学紀要論文総覧」　日外アソシエーツ　2007.9 p321
　　　(注)「就実女子大学史学論集」の改題
住総研研究年報
　　⇨住宅建築研究所報
住総研研究論文集
　　⇨住宅建築研究所報
○**秋大史学**(秋田　秋田大学史学会)〔1—50／昭27.3—平16.11〕総目次
　　「秋大史学」(51)　2005.9 p115—125
◎**秋大史学**(秋田　秋田大学学芸学部歴史学研究会→秋田大学史学会)〔1—52／昭27.3—平18.8〕論文総覧
　　「歴史学紀要論文総覧」　日外アソシエーツ　2007.9 p33—42
○**住宅建築研究所報→住総研研究年報→住宅総合研究財団研究論文集**〔1—14／昭50—昭63〕→〔15—30／平1—平15〕→〔31—32(予告)／平16—平17〕総目録
　　「住宅総合研究財団研究論文集」(31)　2004年版 p365—384
○**住宅建築研究所報→住総研研究年報→住宅総合研究財団研究論文集**〔1—14／昭50—昭63〕→〔15—30／平1—平15〕→〔31—33(予告)／平16—平18〕総目録
　　「住宅総合研究財団研究論文集」(32)　2005年版 p471—491
○**住宅建築研究所報→住総研研究年報→住宅総合研究財団研究論文集**〔1—14／昭50—昭63〕→〔15—30／平1—平15〕→〔31—34(予告)／平16—平19〕総目録
　　「住宅総合研究財団研究論文集」(33)　2006年版 p449—469
○**住宅建築研究所報→住総研研究年報→住宅総合研究財団研究論文集**〔1—14／昭50—昭63〕→〔15—30／平1—平15〕→〔31—35(予告)／平16—平20〕総目録

「住宅総合研究財団研究論文集」(34)　2007年版　p467—488, 中扉1枚
○住宅建築研究所報→住総研研究年報→住宅総合研究財団研究論文集〔1—14／昭50—昭63〕→〔15—30／平1—平15〕→〔31—36（予告）／平16—平21〕総目録
　「住宅総合研究財団研究論文集」(35)　2008年版　p411—432
○住宅建築研究所報→住総研研究年報→住宅総合研究財団研究論文集〔1—14／昭50—昭63〕→〔15—30／平1—平15〕→〔31—37（予告）／平16—平22〕総目録
　「住宅総合研究財団研究論文集」(36)　2009年版　p505—527, 中扉1枚
○住宅建築研究所報→住総研研究年報→住宅総合研究財団研究論文集〔1—14／昭50—昭63〕→〔15—30／平1—平15〕→〔31—38（予告）／平16—平23〕総目録
　「住宅総合研究財団研究論文集」(37)　2010年版　p363—385, 中扉1枚
○住宅建築研究所報→住総研研究年報→住宅総合研究財団研究論文集→住総研研究論文集〔1—14／昭50—昭63〕→〔15—30／平1—平15〕→〔31—37／平16—平22〕→〔38—39（予告）／平23—平24〕総目録
　「住総研研究論文集」(38)　2011年版　p333—356
○住宅建築研究所報→住総研研究年報→住宅総合研究財団研究論文集→住総研研究論文集〔1—14／昭50—昭63〕→〔15—30／平1—平15〕→〔31—37／平16—平22〕→〔38—40（予告）／平23—平25〕総目録
　「住総研研究論文集」(39)　2012年版　227—250, 中扉2p
住宅総合研究財団研究論文集
　⇨住宅建築研究所報
○住宅土地経済（日本住宅総合センター）〔1—59／平3.夏季—平18.冬季〕研究論文一覧
　「住宅土地経済」（日本住宅総合センター［編］）(60)　2006.Spr.　p47—49
○住宅土地経済（日本住宅総合センター）〔53—60／平16.夏季—平18.春季〕バックナンバー
　「住宅土地経済」（日本住宅総合センター［編］）(61)　2006.Sum.　p39
○住宅土地経済（日本住宅総合センター）〔61—69／平18.夏季—平20.夏季〕バックナンバー
　「住宅土地経済」（日本住宅総合センター［編］）(71)　2009.Win.　p39
○住宅土地経済（日本住宅総合センター）〔70—78／平20.秋季—平22.秋季〕バックナンバー
　「住宅土地経済」（日本住宅総合センター［編］）(79)　2011.Win.　p39
◎集団（集團發行所→集團社）〔1(1)—3(3)／昭5.7—昭7.6〕総目次ほか（早稲田

大図書館)
　　「民衆の芸術・ダムダム・大学左派・十月・集団・総目次」　雄松堂アーカイブズ　2009.4 p53―73
◎自由燈→燈新聞→めさまし新聞（見光新聞社→見光社）〔1―458／明17.5.11―明19.1.13〕→〔459―770／明19.1.14―明20.2.15〕→〔771―1075／明20.4.1―明21.7.8〕記事索引
　　「復刻版　自由燈　別巻　解説・記事索引」　不二出版　2007.3 p29―260
◎自由婦人（大阪　日本自由婦人社）〔昭21〕目次
　　「占領期女性雑誌事典―解題目次総索引 5」（吉田健二）　金沢文圃閣　2005.3 p69
○周辺（光風社書店→周辺の会）〔1(1)―9(2) 52／昭47.2―昭55.11〕執筆者索引（大伏春美）
　　「徳島文理大学研究紀要」（徳島文理大学研究紀要編集委員会）(80)　2010.9 p113―140
◎周辺（光風社書店→周辺の会）〔1(1)―9(2)／昭47.2―昭55.11〕執筆者索引（犬伏春美ほか）
　　「土岐善麿と図書館」　新典社　2011.6 p184―228
○宗報〔昭3.1.1―昭12.12.15〕総目録（川口高風）
　　「禅研究所紀要」(34)　2005 p135―196
○宗報〔昭13.1.1―昭22.12.23〕総目録（川口高風）
　　「禅研究所紀要」(35)　2006 p39―89
◎銃砲史研究（日本銃砲史学会）〔1―369／昭43.6―平23.3〕著者別目録（峯田元治）
　　「「銃砲史研究」著者別目録―第1号～第369号　増補」　2011.4 48p A4
○住民行政の窓（日本加除出版）〔251―300／平15.7―平18.12〕索引
　　「住民行政の窓」通号302（索引号）　2007 p1―147
　　　（注）「住基情報」の改題　（付）増刊号索引, 通巻号数対応表
○住民行政の窓（日本加除出版）〔301―350／平19.1―平22.6〕総目次
　　「住民行政の窓」通号352（索引号）　2010 p1―106
　　　（注）「住基情報」の改題
　十文字学園女子大学短期大学部研究紀要（新座　十文字学園女子大学短期大学部）
　　⇨十文字学園女子短期大学研究紀要
○十文字学園女子短期大学研究紀要→十文字学園女子大学短期大学部研究紀要

（新座　十文字学園女子短期大学→十文字学園女子大学短期大学部）〔31―34／平12―平15〕→〔35―40／平16―平21〕総目次
　　「十文字学園女子大学短期大学部研究紀要」（十文字学園女子大学短期大学部編）通号40　2009　p3―8
　　（付）執筆者索引
○十文字国文（新座　十文字学園女子短期大学国語国文学会→十文字学園女子大学短期大学部国語国文学会）〔1―14／平7.3―平20.3〕総目次
　　「十文字国文」（十文字学園女子大学短期大学部国語国文学会編）(15)　2009.3　p113―120
○十文字国文（新座　十文字学園女子短期大学国語国文学会→十文字学園女子大学短期大学部国語国文学会）〔1―17／平7.3―平23.3〕総目次
　　「十文字国文」（十文字学園女子大学短期大学部国語国文学会編）(18)　2012.3　p117―124
○集落排水→JARUS（日本農業集落排水協会→地域資源循環技術センター）〔72―77／平15.4―平16.7〕→〔78―94／平16.10―平20.10〕総目次
　　「JARUS：JARUS journal of rural resource recycling solutions：集落排水・バイオマス・農村環境」(95)　2009.1　p55―81
◎淑女（学芸社淑女編集部）〔1(1)―1(3)／昭23.1―昭23.3〕目次
　　「占領期女性雑誌事典―解題目次総索引 6」（吉田健二）　金沢文圃閣　2005.3　p77―79
◎淑徳社会福祉研究（「淑徳社会福祉研究」編集委員会編　千葉　淑徳大学社会福祉学会）〔1―3／平5.3―平7.2〕目次
　　「近代雑誌目次文庫 72 社会学編 22」　ゆまに書房　2010.3 p1
◎淑徳大学紀要（千葉　淑徳大学図書委員会）〔1―6／昭42.3―昭47.3〕目次
　　「近代雑誌目次文庫 72 社会学編 22」　ゆまに書房　2010.3 p2―3
　　（注）「淑徳大学研究紀要」と改題
◎淑徳大学研究紀要（千葉　淑徳大学）〔7―30(2)／昭48.3―平8.3〕目次
　　「近代雑誌目次文庫 72 社会学編 22」　ゆまに書房　2010.3 p4―8
　　（注）「淑徳大学紀要」の改題。「淑徳大学社会学部研究紀要」と改題
◎淑徳大学社会学部研究紀要（千葉　淑徳大学社会学部）〔31―35／昭52.3―平13.3〕目次
　　「近代雑誌目次文庫 72 社会学編 22」　ゆまに書房　2010.3 p9―10
　　（注）「淑徳大学社会学部研究紀要」の改題

しゅく

◎淑徳大学大学院研究紀要（千葉 淑徳大学大学院）〔1—8／平4.2—平13.3〕目次
　「近代雑誌目次文庫 72 社会学編 22」　ゆまに書房　2010.3 p11—14
　　（注）「淑徳大学大学院総合福祉研究科研究紀要」と改題
○酒史研究（酒史学会）〔1—19／昭59.6—平15.3〕総目次
　「酒史研究」（酒史学会編）（20）　2004.3 p265—267
○酒史研究（酒史学会）〔1—20／昭59.6—平16.3〕総目次
　「酒史研究」（酒史学会編）（21）　2005.3 p96—98
○酒史研究（酒史学会）〔1—21／昭59.6—平17.3〕総目次
　「酒史研究」（酒史学会編）（22）　2005.10 p30—31
○酒史研究（酒史学会）〔1—22／昭59.6—平17.10〕総目次
　「酒史研究」（酒史学会編）（23）　2006.7 p34—36
○酒史研究（酒史学会）〔1—23／昭59.6—平18.7〕総目次
　「酒史研究」（酒史学会編）（24）　2008.2 p30—31
○酒史研究（酒史学会）〔1—24／昭59.6—平20.2〕総目次
　「酒史研究」（酒史学会編）（25）　2010.2 p32—33
○酒史研究（酒史学会）〔1—25／昭59.6—平21.2〕総目次
　「酒史研究」（酒史学会編）（26）　2010.10 p41—42
○酒史研究（酒史学会）〔1—26／昭59.6—平22.10〕総目次
　「酒史研究」（酒史学会編）（27）　2011.9 p33—35
○酒史研究（酒史学会）〔1—27／昭59.6—平23.9〕総目次
　「酒史研究」（酒史学会編）（28）　2012.9 p33—35
○酒史研究（酒史学会）〔1—28／昭59.6—平24.9〕総目次
　「酒史研究」（酒史学会編）（29）　2013.10 p55—57
○種智院大学密教資料研究所紀要（京都 種智院大学密教資料研究所）〔1—9／平10.3—平19.3〕総目次
　「種智院大学密教資料研究所紀要」（種智院大学密教資料研究所編）（10）
　　2008 p228—233
◎出版研究〔1—37／昭45—平18〕目次一覧
　「出版学の現在—日本出版学会1969〜2006年の軌跡」（日本出版学会35年史刊行委員会編）朝陽会, 全国官報販売協同組合〔発売〕　2008.4 p245—265
○首都圏形成史研究会会報（横浜 首都圏形成史研究会）〔15—24／平14—平22.8〕総目次

「首都圏形成史研究会会報」(25)　2010.12
◎首都大学東京 東京都立大学 心理学研究(八王子 首都大学東京都市教養学部)
〔16—17／平18.3.20—平19.3.20〕論文総覧
　「心理学紀要論文総覧」　日外アソシエーツ　2008.10 p207
　(注)「東京都立大学心理学研究」の改題
◎シュピオ(古今荘)〔3(1)—4(3)／昭12.1—昭13.4〕総目次(山前譲)
　「探偵雑誌目次総覧」　日外アソシエーツ　2009.6 p101—104
　(注)「探偵文學」の改題
◎主婦と生活(主婦と生活社)〔1(1)—1952.4／昭21—昭27〕目次
　「占領期女性雑誌事典—解題目次総索引 7」(吉田健二)　金沢文圃閣　2005.3
　p93—226
◎主婦之友(主婦之友社)〔29(9)—33(12)／昭20—昭24〕目次
　「占領期女性雑誌事典—解題目次総索引 8」(吉田健二)　金沢文圃閣　2005.3
　p245—305
◎主婦之友(主婦之友社)〔34(1)—36(4)／昭25.1—昭27.4〕目次
　「占領期女性雑誌事典—解題目次総索引 4」(吉田健二)　金沢文圃閣　2005.9
　p11—91
◎主婦之友(主婦之友社)〔11(1)—19(12)／昭2.1—昭10.12〕目次(お茶の水図書館)
　「カラー復刻『主婦之友』昭和期目次 1」　石川文化事業財団　2009.2 377p B5
◎主婦之友(主婦之友社)〔20(1)—29(11)／昭11.1—昭20.2〕目次(お茶の水図書館)
　「カラー復刻『主婦之友』昭和期目次 2」　石川文化事業財団　2009.2 354p B5
◎主婦之友(主婦之友社)〔30(1)—37(13)／昭21.1—昭28.12〕目次(お茶の水図書館)
　「カラー復刻『主婦之友』昭和期目次 3」　石川文化事業財団　2010.2 470p B5
◎朱門〔1(1)—2(3)／大14.10—大15.3〕総目次ほか(早稲田大図書館)
　「しれえね・地平線・基調・黙示・リラ・葡萄園・青銅時代・三田文芸陣・季節の展望・素質・新三田派・七人・朱門・紅(等)・偽画・未成年総目次」　雄松堂アーカイブズ　2009.4 p187—201

しゆり

◎樹林(大阪 葦書房→大阪 大阪文学学校,葦書房)〔228―471／昭59.1―平16.4〕総目次(大阪文学協会理事会ほか)
　　「いま、文学の森へ―大阪文学学校の50年」(長尾十三) 大阪文学学校 2004.3 p348―399
　　(注)「文学学校」の改題
　手話コミュニケーション研究(日本手話研究所)
　　⇨日本手話研究所所報
◎純〔1／昭7.9〕総目次(加治幸子)
　　「創作版画誌の系譜―総目次及び作品図版」 中央公論美術出版 2008.1 p691―692
◎春夏秋冬(十和田操→和田豊彦→十和田操→春夏秋冬の会→十和田操→春夏秋冬の会→和田豊彦→十和田操編 春夏秋冬の会)〔1―14／昭35.4―昭49.5〕内容細目
　　「文芸雑誌内容細目総覧―戦後リトルマガジン篇」(日外アソシエーツ編,勝又浩監修) 日外アソシエーツ,紀伊國屋書店〔発売〕 2006.11 p327―330
◎駿工〔1(1)―19(10)／大14.10―昭17.11〕目次一覧
　　「日本大学理工学部90年史 2」(日本大学理工学部90年史編纂委員会編) 日本大学理工学部 2010.10 p148―163
○春秋(大洲 春秋社)〔401―500／平10.8―平20.7〕総目次
　　「春秋」(春秋社〔編〕)(500) 2008.7 p78―85
○純心現代福祉研究(長崎 長崎純心大学現代福祉研究所)〔1―13／平8―平21〕総目次
　　「純心現代福祉研究」(長崎純心大学現代福祉研究所〔編〕)(14) 2010 p109―112
○純心高齢者福祉研究(長崎 長崎純心大学現代福祉研究所)〔1―6／平14―平20〕総目次
　　「純心現代福祉研究」(長崎純心大学現代福祉研究所〔編〕)(14) 2010 p113―116
◎純粋詩(市川 純粋詩社→市民書肆)〔1(1)―3(5)27／昭21.3―昭23.8〕総目次
　　「戦後詩誌総覧 4」(和田博文ほか) 日外アソシエーツ 2009.6 p186―209
　　(注)「造形文学」と改題
○順風〔1(3)―2(1)／昭8.11.10―昭9.1.1〕総目次ほか(佐々木靖章)
　　「文献探索人」(文献探索研究会編)(2010) 2010.11 p59―60

○樟蔭国文学（東大阪　大阪樟蔭女子大学国語国文学会）〔1—50／昭39.1—平25.3〕目次
　　「樟蔭国文学」（大阪樟蔭女子大学国語国文学会編）（50）　2013.3　p35—49
○上越教育大学国語研究（上越　上越教育大学国語教育学会）〔1—13／昭62.2—平11.2〕内容一覧
　　「上越教育大学国語研究」（23）　2009.2　p47—48
◎上越教育大学心理教育相談研究（上越　上越教育大学心理教育相談室）〔1（1）—6（1）／平13.12.26—平19.3.31〕論文総覧
　　「心理学紀要論文総覧」　日外アソシエーツ　2008.10　p208—210
○上越社会研究（上越　上越教育大学社会科教育学会）〔1—19／昭61.10—平16.9〕総目次
　　「上越社会研究」（上越教育大学社会科教育学会編）（20）　2005.10　p67—85
○上越社会研究（上越　上越教育大学社会科教育学会）〔20—23／平17.10—平20.10〕総目次
　　「上越社会研究」（上越教育大学社会科教育学会編）（24）　2009.10　p64—67
◎生涯学習研究（宮崎大学）（［宮崎］宮崎大学生涯学習教育研究センター）〔1—6／平8.3—平13.3〕目次（目次文庫編集委員会）
　　「近代雑誌目次文庫　72　社会学編　22」　ゆまに書房　2010.3　p15—16
◎生涯教育（生涯教育センター）（生涯教育センター）〔1—7／（昭48.3—昭51.2〕目次（目次文庫編集委員会）
　　「近代雑誌目次文庫　72　社会学編　22」　ゆまに書房　2010.3　p17—18
◎生涯教育（野村生涯教育センター）（野村生涯教育センター→かど創房）〔1—12／昭63.7—平12.3〕目次（目次文庫編集委員会）
　　「近代雑誌目次文庫　72　社会学編　22」　ゆまに書房　2010.3　p19—22
◎障害児教育学研究（仙台　日本障害児教育実践学会）〔1（1）—6（2）／平5.10—平13.3〕目次（目次文庫編集委員会）
　　「近代雑誌目次文庫　72　社会学編　22」　ゆまに書房　2010.3　p23—26
◎障害児教育かながわ（藤沢　神奈川県立第二教育センター）〔1—21／昭51.1—平5.3〕目次（目次文庫編集委員会）
　　「近代雑誌目次文庫　72　社会学編　22」　ゆまに書房　2010.3　p27—34
◎障害児教育紀要（［倉敷］倉敷市立教育研修所）〔9—14／昭52.3—昭57.3〕目次（目次文庫編集委員会）
　　「近代雑誌目次文庫　72　社会学編　22」　ゆまに書房　2010.3　p35—38

◎**障害児教育研究**(那覇→西原町(沖縄県) 琉球大学教育学部特殊教育科)〔1—9／昭51.3—昭59.3〕目次(目次文庫編集委員会)
　　「近代雑誌目次文庫 72 社会学編 22」 ゆまに書房　2010.3 p46—48
◎**障害児教育研究紀要**〔1—24／昭54.3—平13.12〕目次(目次文庫編集委員会)
　　「近代雑誌目次文庫 72 社会学編 22」 ゆまに書房　2010.3 p39—45
◎**障害児教育研究報告**(〔柏原〕 大阪教育大学養護教育教室)〔9／昭50〕目次(目次文庫編集委員会)
　　「近代雑誌目次文庫 72 社会学編 22」 ゆまに書房　2010.3 p49
◎**障害児教育実践研究**(社町(兵庫県) 兵庫教育大学学校教育学部附属障害児教育実践センター)〔1—6／平5.3—平11.3.1〕論文総覧
　　「心理学紀要論文総覧」 日外アソシエーツ　2008.10 p454—456
　　（注）「発達心理臨床研究」と改題
◎**障害児教育実践研究**(社町(兵庫県) 兵庫教育大学学校教育学部附属障害児教育実践センター)〔1—6／平5.3—平11.3〕目次(目次文庫編集委員会)
　　「近代雑誌目次文庫 72 社会学編 22」 ゆまに書房　2010.3 p50—51
　　（注）「発達心理臨床研究」と改題
○**障害者教育科学**〔1—49／昭56—平16〕総目次
　　「障害者教育科学」(50) 京都教職員組合障害児教育部　2005.3 p87—95
◎**障害者教育科学**〔1—42／昭56.1—平13.1〕目次(目次文庫編集委員会)
　　「近代雑誌目次文庫 72 社会学編 22」 ゆまに書房　2010.3 p52—71
◎**障害者教育研究**(現代ジャーナリズム出版会)〔1—12／昭53.1—昭58.9〕目次(目次文庫編集委員会)
　　「近代雑誌目次文庫 72 社会学編 22」 ゆまに書房　2010.3 p72—77
◎**障害者職業総合センター研究紀要**(千葉 日本障害者雇用促進協会障害者職業総合センター)〔1—8／平4.3—平11.1〕目次(目次文庫編集委員会)
　　「近代雑誌目次文庫 72 社会学編 22」 ゆまに書房　2010.3 p78—80
◎**障害者地域生活援助研究**(小平 共同作業所全国連絡会)〔1／平3.5〕目次(目次文庫編集委員会)
　　「近代雑誌目次文庫 72 社会学編 22」 ゆまに書房　2010.3 p81
◎**障害者の福祉**(日本障害者リハビリテーション協会)〔1—15(9) 170／昭56.8—平7.6〕目次(目次文庫編集委員会)
　　「近代雑誌目次文庫 72 社会学編 22」 ゆまに書房　2010.3 p82—150
　　（注）「ノーマライゼーション」と改題

しよう

◎**障害者問題研究**（全国障害者問題研究会）〔1―29（1）／昭48.7―平13.5〕目次（目次文庫編集委員会）
　　「近代雑誌目次文庫 72 社会学編 22」 ゆまに書房　2010.3　p151―185
◎**障害者問題史研究紀要**（障害者問題史研究紀要編集委員会編　精神薄弱問題史研究会）〔31―39／昭63.4―平12.10〕目次（目次文庫編集委員会）
　　「近代雑誌目次文庫 72 社会学編 22」 ゆまに書房　2010.3　p186―188
　　（注）「精神薄弱問題史研究紀要」の改題
◎**商学論叢**〔1―15／昭5.2―昭11.12〕目次一覧
　　「立教大学経済学部100年史」（立教大学経済学部編纂委員会編）　立教大学経済学部　2008.12　p265―267
　　（注）「立教経済学研究」と改題
○**商業教育資料**（実業教科書（株））〔1―2（9）／昭21.10―昭23.9〕目次集（丸山剛史，尾高進）
　　「工学院大学共通課程研究論叢」（工学院大学［編］）（45-2）　2008　p105―112
○**商業数学会誌**（板戸　日本商業数学会）〔1―30／昭34―昭52〕総目次
　　「日本経営数学会誌」（日本経営数学会編）30（1）　2008.5　p51―56
　　（注）「日本経営数学会誌」と改題
○**証券経済研究**（日本証券経済研究所）〔35―45／平14.1―平16.3〕既刊目録
　　「証券経済研究」（日本証券経済研究所編）（45）　2004.3　4pb
　　（注）「証券経済」と「証券研究」の合併改題
○**証券経済研究**（日本証券経済研究所）〔37―46／平14.5―平16.6〕既刊目録
　　「証券経済研究」（日本証券経済研究所編）（46）　2004.6　4pb
　　（注）「証券経済」と「証券研究」の合併改題
○**証券経済研究**（日本証券経済研究所）〔39―47／平14.9―平16.9〕既刊目録
　　「証券経済研究」（日本証券経済研究所編）（47）　2004.9　4pb
　　（注）「証券経済」と「証券研究」の合併改題
○**証券経済研究**（日本証券経済研究所）〔40―48／平14.12―平16.12〕既刊目録
　　「証券経済研究」（日本証券経済研究所編）（48）　2004.12　4pb
　　（注）「証券経済」と「証券研究」の合併改題
○**証券経済研究**（日本証券経済研究所）〔41―49／平15.3―平17.3〕既刊目録
　　「証券経済研究」（日本証券経済研究所編）（49）　2005.3　4pb
　　（注）「証券経済」と「証券研究」の合併改題
○**証券経済研究**（日本証券経済研究所）〔42―50／平15.6―平17.6〕既刊目録

「証券経済研究」(日本証券経済研究所編)(50)　2005.6　4pb
　　(注)「証券経済」と「証券研究」の合併改題
○**証券経済研究**(日本証券経済研究所)〔43—51／平15.9—平17.9〕既刊目録
「証券経済研究」(日本証券経済研究所編)(51)　2005.9　4pb
　　(注)「証券経済」と「証券研究」の合併改題
○**証券経済研究**(日本証券経済研究所)〔48—52／平16.12—平17.12〕既刊目録
「証券経済研究」(日本証券経済研究所編)(52)　2005.12　2pb
　　(注)「証券経済」と「証券研究」の合併改題
○**証券経済研究**(日本証券経済研究所)〔46—53／平16.6—平18.3〕既刊目録
「証券経済研究」(日本証券経済研究所編)(53)　2006.3　4pb
　　(注)「証券経済」と「証券研究」の合併改題
○**証券経済研究**(日本証券経済研究所)〔46—54／平16.6—平18.6〕既刊目録
「証券経済研究」(日本証券経済研究所編)(54)　2006.6　4pb
　　(注)「証券経済」と「証券研究」の合併改題
○**証券経済研究**(日本証券経済研究所)〔47—55／平16.9—平18.9〕既刊目録
「証券経済研究」(日本証券経済研究所編)(55)　2006.9　4pb
　　(注)「証券経済」と「証券研究」の合併改題
○**証券経済研究**(日本証券経済研究所)〔47—56／平16.9—平18.12〕既刊目録
「証券経済研究」(日本証券経済研究所編)(56)　2006.12　4pb
　　(注)「証券経済」と「証券研究」の合併改題
○**証券経済研究**(日本証券経済研究所)〔48—57／平16.12—平19.3〕既刊目録
「証券経済研究」(日本証券経済研究所編)(57)　2007.3　4pb
　　(注)「証券経済」と「証券研究」の合併改題
○**証券経済研究**(日本証券経済研究所)〔49—58／平17.3—平19.6〕既刊目録
「証券経済研究」(日本証券経済研究所編)(58)　2007.6　4pb
　　(注)「証券経済」と「証券研究」の合併改題
○**証券経済研究**(日本証券経済研究所)〔50—59／平17.6—平19.9〕既刊目録
「証券経済研究」(日本証券経済研究所編)(59)　2007.9　4pb
　　(注)「証券経済」と「証券研究」の合併改題
○**証券経済研究**(日本証券経済研究所)〔51—60／平17.9—平19.12〕既刊目録
「証券経済研究」(日本証券経済研究所編)(60)　2007.12　4pb
　　(注)「証券経済」と「証券研究」の合併改題
○**証券経済研究**(日本証券経済研究所)〔52—61／平17.12—平20.3〕既刊目録

「証券経済研究」(日本証券経済研究所編)(61)　2008.3 4pb
　　　(注)「証券経済」と「証券研究」の合併改題
○**証券経済研究**(日本証券経済研究所)〔53—62／平18.3—平20.6〕既刊目録
　　「証券経済研究」(日本証券経済研究所編)(62)　2008.6 4pb
　　　(注)「証券経済」と「証券研究」の合併改題
○**証券経済研究**(日本証券経済研究所)〔53—63／平18.3—平20.9〕既刊目録
　　「証券経済研究」(日本証券経済研究所編)(63)　2008.9 4pb
　　　(注)「証券経済」と「証券研究」の合併改題
○**証券経済研究**(日本証券経済研究所)〔54—64／平18.6—平20.12〕既刊目録
　　「証券経済研究」(日本証券経済研究所編)(64)　2008.12 4pb
　　　(注)「証券経済」と「証券研究」の合併改題
○**証券経済研究**(日本証券経済研究所)〔55—65／平18.9—平21.3〕既刊目録
　　「証券経済研究」(日本証券経済研究所編)(65)　2009.3 4pb
　　　(注)「証券経済」と「証券研究」の合併改題
○**証券経済研究**(日本証券経済研究所)〔55—66／平18.9—平21.6〕既刊目録
　　「証券経済研究」(日本証券経済研究所編)(66)　2009.6 4pb
　　　(注)「証券経済」と「証券研究」の合併改題
○**証券経済研究**(日本証券経済研究所)〔56—67／平18.12—平21.9〕既刊目録
　　「証券経済研究」(日本証券経済研究所編)(67)　2009.9 4pb
　　　(注)「証券経済」と「証券研究」の合併改題
○**証券経済研究**(日本証券経済研究所)〔57—68／平19.3—平21.12〕既刊目録
　　「証券経済研究」(日本証券経済研究所編)(68)　2009.12 4pb
　　　(注)「証券経済」と「証券研究」の合併改題
○**証券経済研究**(日本証券経済研究所)〔58—69／平19.6—平22.3〕既刊目録
　　「証券経済研究」(日本証券経済研究所編)(69)　2010.3 4pb
　　　(注)「証券経済」と「証券研究」の合併改題
○**証券経済研究**(日本証券経済研究所)〔59—70／平19.9—平22.6〕既刊目録
　　「証券経済研究」(日本証券経済研究所編)(70)　2010.6 4pb
　　　(注)「証券経済」と「証券研究」の合併改題
○**証券経済研究**(日本証券経済研究所)〔60—71／平19.12—平22.9〕既刊目録
　　「証券経済研究」(日本証券経済研究所編)(71)　2010.9 4pb
　　　(注)「証券経済」と「証券研究」の合併改題
○**証券経済研究**(日本証券経済研究所)〔61—72／平20.3—平22.12〕既刊目録

しよう

　　「証券経済研究」(日本証券経済研究所編)(72)　2010.12　5pb
　　　(注)「証券経済」と「証券研究」の合併改題
○**証券経済研究**(日本証券経済研究所)〔62―73／平20.6―平23.3〕既刊目録
　　「証券経済研究」(日本証券経済研究所編)(73)　2011.3　5pb
　　　(注)「証券経済」と「証券研究」の合併改題
○**証券経済研究**(日本証券経済研究所)〔63―74／平20.9―平23.6〕既刊目録
　　「証券経済研究」(日本証券経済研究所編)(74)　2011.6　5pb
　　　(注)「証券経済」と「証券研究」の合併改題
○**証券経済研究**(日本証券経済研究所)〔64―75／平20.12―平23.9〕既刊目録
　　「証券経済研究」(日本証券経済研究所編)(75)　2011.9　5pb
　　　(注)「証券経済」と「証券研究」の合併改題
○**証券経済研究**(日本証券経済研究所)〔65―76／平21.3―平23.12〕既刊目録
　　「証券経済研究」(日本証券経済研究所編)(76)　2011.12　5pb
　　　(注)「証券経済」と「証券研究」の合併改題
○**証券経済研究**(日本証券経済研究所)〔66―77／平21.6―平24.3〕既刊目録
　　「証券経済研究」(日本証券経済研究所編)(77)　2012.3　5pb
　　　(注)「証券経済」と「証券研究」の合併改題
○**証券経済研究**(日本証券経済研究所)〔67―78／平21.9―平24.6〕既刊目録
　　「証券経済研究」(日本証券経済研究所編)(78)　2012.6　6pb
　　　(注)「証券経済」と「証券研究」の合併改題
○**証券経済研究**(日本証券経済研究所)〔68―79／平21.12―平24.9〕既刊目録
　　「証券経済研究」(日本証券経済研究所編)(79)　2012.9　6pb
　　　(注)「証券経済」と「証券研究」の合併改題
○**証券経済研究**(日本証券経済研究所)〔69―80／平22.3―平24.12〕既刊目録
　　「証券経済研究」(日本証券経済研究所編)(80)　2012.12　6pb
　　　(注)「証券経済」と「証券研究」の合併改題
○**証券経済研究**(日本証券経済研究所)〔70―81／平22.6―平25.3〕既刊目録
　　「証券経済研究」(日本証券経済研究所編)(81)　2013.3　6pb
　　　(注)「証券経済」と「証券研究」の合併改題
○**証券経済研究**(日本証券経済研究所)〔71―82／平22.9―平25.6〕既刊目録
　　「証券経済研究」(日本証券経済研究所編)(82)　2013.6　6pb
　　　(注)「証券経済」と「証券研究」の合併改題
○**証券経済研究**(日本証券経済研究所)〔72―83／平22.12―平25.9〕既刊目録

「証券経済研究」(日本証券経済研究所編) (83)　2013.9 6pb
　　(注)「証券経済」と「証券研究」の合併改題
○証券経済研究(日本証券経済研究所)〔73—84／平23.3—平25.12〕既刊目録
　　「証券経済研究」(日本証券経済研究所編) (84)　2013.12 6pb
　　(注)「証券経済」と「証券研究」の合併改題
○商工教育資料(実業教科書(株))〔2 (10)—3 (6)〕／昭23.10—昭24.6〕目次集(丸山剛史,尾高進)
　　「工学院大学共通課程研究論叢」(工学院大学[編]) (47-1)　2009 p91—98
　　(付)執筆者一覧
○商工時報(豊原商工会議所)〔24—93／昭9.8.27—昭16.1.1〕総目次(竹野学)
　　「經濟學研究」55 (1) 通号192　2005.6 p102—117
○城西人文研究(坂戸 城西大学経済学会)〔1—28／昭48—平15〕既刊総目次
　　「城西人文研究」(29)　2006.3 巻末1—16
○城西人文研究(坂戸 城西大学経済学会)〔1—29／昭48—平18〕既刊総目次
　　「城西人文研究」(30)　2009.3 巻末1—16
○城西人文研究(坂戸 城西大学経済学会)〔1—30／昭48—平21〕既刊総目次
　　「城西人文研究」(31)　2012.3 巻末1—16
○上州詩人(上州詩人社)〔1—36／昭7.2.10—昭37.7.2〕総目次(田口信孝,渡邉綾子,櫻井小百合[他])
　　「風文学紀要」(群馬県立土屋文明記念文学館‖[編]) (13)　2009 p87—92
　　(付)執筆者索引
○上州詩人通信(上州詩人社)〔1—4／昭22.8.25—昭23.6〕総目次(田口信孝,渡邉綾子,櫻井小百合[他])
　　「風文学紀要」(群馬県立土屋文明記念文学館‖[編]) (13)　2009 p93
　　(付)執筆者索引
○少女画報(東京社)〔1 (1)—4 (10)／明45.1.1—大4.10.1〕目次ほか(豊田千明)
　　「学苑」(845)　2011.3 p72—95
○少女画報(東京社)〔5 (3)—7 (12)／大5.3.1—大7.12.1〕目次(豊田千明)
　　「学苑」(857)　2012.3 p138—165
○少女画報(東京社)〔8 (3)—10 (7)／大8.3.1—大10.7.1〕目次(豊田千明)
　　「学苑」(869)　2013.3 p115—127
◎少女クラブ(大日本雄弁会講談社→講談社)〔24 (4)—40 (14)／昭21.4—昭37.12〕総目次(黒古一夫)

しよう

　　「『少女倶楽部・少女クラブ』総目次」　ゆまに書房　2010.3　2冊　A5
　　（注）「少女倶楽部」の改題
◎少女倶楽部（大日本雄弁会→大日本雄弁会講談社）〔1(1)―24(3)／大12.1―昭21.3〕総目次(黒古一夫)
　　「『少女倶楽部・少女クラブ』総目次」　ゆまに書房　2010.3　2冊　A5
　　（注）「少女クラブ」と改題
◎少女の友（実業之日本社）〔1(1)―48(6)／明41―昭30〕略年譜
　　「少女の友　創刊100周年記念号―明治・大正・昭和ベストセレクション」（北連一）　実業之日本社　2009.3　p335―367
○小説朝日（太陽出版）〔1(1)―2(13)／昭26.6―昭27.12〕総目次(小嶋洋輔, 西田一豊, 高橋孝次[他])
　　「千葉大学人文社会科学研究」（千葉大学大学院人文社会科学研究科編）(27)　2013.9　p1―21
○小説界〔1(1)―小説二十人集／昭23.6―昭25.1〕総目次(小嶋洋輔, 西田一豊, 高橋孝次[他])
　　「千葉大学人文社会科学研究」（千葉大学大学院人文社会科学研究科編）(26)　2013.3　p54―62
○小説公園（六興出版社）〔1(1)―4(12)／昭25.1―昭28.12〕総目次(張允麐)
　　「叙説 Ⅲ：文学批評」（敍説舎編）(1)　2007.8　p257―280
○小説公園（六興出版社）〔5(1)―9(6)／昭29.1―昭33.5〕総目次(張允麐)
　　「叙説 Ⅲ：文学批評」（敍説舎編）(2)　2008.2　p217―249
○小説春秋〔1(1)―3(8)／昭30.12―昭32.6〕総目次(石川巧)
　　「叙説 Ⅲ：文学批評」（敍説舎編）(10)　2013.9　p167―211
○小説と讀物〔1(1)―昭25.10／昭21.3―昭25.10〕総目次(小嶋洋輔, 西田一豊, 高橋孝次[他])
　　「千葉大学人文社会科学研究」（千葉大学大学院人文社会科学研究科編）(26)　2013.3　p2―28
○正倉院紀要（奈良 宮内庁正倉院事務所）〔21―30／平11.3―平20.3〕分類総目次
　　「正倉院紀要」（宮内庁正倉院事務所編）(31)　2009.3　p183―185
○正倉院文書研究（吉川弘文館）〔1―10／平5.11―平17.6〕総目次(正倉院文書研究会委員会)
　　「正倉院文書研究」（正倉院文書研究会編）通号11　2009.2　p197―199
○上代文化（國学院大學考古學會）〔29―39／昭34.7―平17〕バックナンバー目録

「上代文化」(40)　2007　p59―62
○**上代文学**(上代文学会)〔1―100／昭27.9―平20.5〕総目次
　「上代文学」(100)　2008.4　p120―141
　　(付)執筆者索引
○**上代文学**(上代文学会)〔1―108／昭27.9―平24.4〕総目次
　「上代文学」(109)　2012.11　p57―76
○**上智史学**(上智大学史学会)〔1―49／昭31.9―平16.11〕総目録
　「上智史学」(50)　2005.11　p173―192
◎**上智史学**(上智大学史学会)〔1(1)―51／昭31.9―平18.11〕論文総覧
　「歴史学紀要論文総覧」　日外アソシエーツ　2007.9　p326―340
◎**上智大学カウンセリング研究：上智大学カウンセリング研究所紀要**(上智大学カウンセリング研究所)〔1―15／昭51.10―平6.5〕論文総覧
　「心理学紀要論文総覧」　日外アソシエーツ　2008.10　p211―215
◎**上智大学教育学・心理学論集：上智大学文学部紀要分冊**(上智大学教育学科)〔1―10／昭42.3.15―昭51.3.31〕論文総覧
　「心理学紀要論文総覧」　日外アソシエーツ　2008.10　p215―217
　　(注)「上智大学教育学論集」「上智大学心理学年報」に分割
○**上智大学国文学科紀要**(上智大学文学部国文学科)〔1―25／昭59.2―平20.3〕総目次
　「上智大学国文学科紀要」(26)　2009.3　p53―58
◎**上智大学心理学年報**(上智大学心理学科→上智大学文学部心理学科→上智大学総合人間科学部心理学科)〔1―31／昭52.3.15―平19.3.3〕論文総覧
　「心理学紀要論文総覧」　日外アソシエーツ　2008.10　p217―225
　　(注)「上智大学教育学・心理学論集」より分離
◎**上智大学臨床心理研究**(上智大学大学院臨床心理学コース)〔1―29／昭52.5.30―平19.1〕論文総覧
　「心理学紀要論文総覧」　日外アソシエーツ　2008.10　p225―241
◎**象徴**(結城信一→田中幾太郎編　福村書店)〔1―4／昭21.10―昭23.3〕内容細目
　「文芸雑誌内容細目総覧―戦後リトルマガジン篇」(日外アソシエーツ編,勝又浩監修)　日外アソシエーツ,紀伊國屋書店〔発売〕　2006.11　p87―88
◎**象徴図像研究**(象徴図像研究会〔編〕町田　和光大学)〔1―11／昭62.3―平9.3〕総目次(松枝到)
　「象徴図像研究―動物と象徴」　言叢社　2006.3　p559―567

○情緒障害教育研究紀要（旭川 北海道教育大学旭川分校→北海道教育大学教育学部旭川分校→北海道教育大学教育学部旭川校→北海道教育大学情緒障害教育学会,北海道教育大学教育学部旭川校）〔1—27／昭57—平20〕総目次
　　「情緒障害教育研究紀要」（27）　2008 p271—292
○掌珎新論（枕流社）〔1—2／明9.10—明9.11〕目次（藤元直樹）
　　「参考書誌研究」（国立国会図書館主題情報部編）（65）　2006.10 p1—154
○聖徳（法隆寺教学部→聖徳宗教学部）〔151—200／平9.1—平21.5〕目次一覧表
　　「聖徳」（聖徳宗教学部編）（200）　2009.5 p69—82
◎湘南史学（平塚 東海大学大学院日本史学友会）〔1—15／昭49.3—平13.3〕論文総覧
　　「歴史学紀要論文総覧」　日外アソシエーツ　2007.9 p410—411
◎「小日本」坂の上の雲ミュージアム通信（松山 坂の上の雲ミュージアム）〔1—12／平19.12—平24.6〕総目次（岡野裕之）
　　「文学館出版物内容総覧：図録・目録・紀要・復刻・館報」　日外アソシエーツ　2013.4 p933—935
　少年クラブ（大日本雄弁会講談社→講談社）
　　⇨少年倶楽部
◎少年倶楽部→少年クラブ（大日本雄弁会→大日本雄弁会講談社→講談社）〔1（1）—33（3）／大3.11—昭21.3〕→〔33（4）—49（12）／昭21.4—昭37.12〕総目次（黒古一夫）
　　「『少年倶楽部・少年クラブ』総目次」　ゆまに書房　2008.8 3冊 A5
○少年（時事新報社）（時事新報社）〔91—120／明44.3—大2.9〕細目（遠藤純）
　　「国際児童文学館紀要」（25）　2012.3 p17—58
○少年（時事通信社）（時事通信社）〔1—40／明36.10—明40.1〕細目（遠藤純）
　　「国際児童文学館紀要」（19）　2006.3 p1—38
○少年少女サイエンス〔1（1）—3（4）／昭7—昭9〕総目次（菊地圭子）
　　「ヘカッチ：日本児童文学学会北海道支部機関誌」（3）通号12　2008.5 p101—114
○少年日本（日本正学館）〔2（9）—2（11）／昭24.10—昭24.12〕総索引（北川洋子）
　　「創価教育研究」（4）　2005.3 p256—260
○尚美（尚美堂）〔1（1）／大13.4〕総目次（長谷川菜穂）
　　「日本古書通信」（日本古書通信社［編］）78（7）通号1008　2013.7 p29

○尚美(尚美堂)〔1(2)―1(4)／大13.6―大13.10〕総目次(長谷川菜穂)
　　「日本古書通信」(日本古書通信社[編])78(8)通号1009　2013.8 p36
○尚美(尚美堂)〔1(5)―2(3)／大13.12―大14.8〕総目次(長谷川菜穂)
　　「日本古書通信」(日本古書通信社[編])78(9)通号1010　2013.9 p38―39
◎少文林(大阪　文林会)〔1(1)―2(13)／明25.11.5―明27.7.3〕総目次
　　「大阪文藝雑誌総覧」(浦西和彦,増田周子,荒井真理亜著)　和泉書院　2013.2
　　　p37―56
○情報科学研究(草加　独協大学情報センター)〔1―27／昭58.7―平22.1〕掲載論文
　一覧
　　「情報科学研究」(独協大学情報センター編)(28)　2011.1 p82―91
○消防技術安全所報(東京消防庁消防技術安全所)〔1―47〕論文一覧
　　「消防技術安全所報」(48)　2011 p217―234
◎情報(興亜院政務部刊)(興亜院政務部)〔1―76／昭14.9―昭17.10〕総目次
　　「『情報』解題・総目次」　不二出版　2010.1 p25―55
◎情報(大東亜省刊)(大東亜省)〔1―39／昭18.6―昭20.1〕総目次
　　「『情報』解題・総目次」　不二出版　2010.1 p56―87
○情報と社会(流山　江戸川大学)〔1―16／平3―平18〕既刊総目次
　　「情報と社会:江戸川大学紀要」(江戸川大学[編])(17)　2007.2 p249―261
○情報と社会(流山　江戸川大学)〔1―17／平3―平19〕既刊総目次
　　「情報と社会:江戸川大学紀要」(江戸川大学[編])(18)　2008.2 p259―272
○情報と社会(流山　江戸川大学)〔1―18／平3―平20〕既刊総目次
　　「情報と社会:江戸川大学紀要」(江戸川大学[編])(19)　2009.2 p377―392
○情報と社会(流山　江戸川大学)〔1―19／平3―平21〕既刊総目次
　　「情報と社会:江戸川大学紀要」(江戸川大学[編])(20)　2010.3 p329―346
○情報と社会(流山　江戸川大学)〔1―20／平3―平22〕既刊総目次
　　「情報と社会:江戸川大学紀要」(江戸川大学[編])(21)　2011.3 p381―400
○情報と社会(流山　江戸川大学)〔1―21／平3―平23〕既刊総目次
　　「情報と社会:江戸川大学紀要」(江戸川大学[編])(22)　2012.3 p345―366
○常民文化(成城大学大学院文学研究科日本常民文化専攻院生会議→成城大学常
　民文化研究会)〔1―29／昭52.12―平18.3〕総目次
　　「常民文化」(『常民文化』編集委員会　編)(30)　2007.3 p127―134
○昭和高商論叢〔1―4／昭16.12―昭19.9〕目録

しよう

　　　「『大阪経大論集』総目録」　大阪経大学会　2008.1　p425—426
○**昭和高等商業学校研究部報**〔1—5／昭12.2—昭16.2〕目録
　　　「『大阪経大論集』総目録」　大阪経大学会　2008.1　p419—421
◎**昭和女子大学生活心理研究所紀要**(昭和女子大学生活心理研究所)〔1—9／平11.
　　3.31—平19.3.31〕論文総覧
　　　「心理学紀要論文総覧」　日外アソシエーツ　2008.10　p242—244
○**書学書道史研究**(書学書道史学会)〔1—20／平3—平22〕総目録
　　　「書学書道史研究」(書学書道史学会・編集局編)(20)　2010　p106—112
◎**書紀**(書紀書林)〔1—3／昭50.3—昭50.9〕総目次
　　　「戦後詩誌総覧 8」(和田博文ほか)　日外アソシエーツ　2010.8　p37—38
◎**書紀＝紀**(書紀書林)〔1—6／昭49.12—昭50.6〕総目次
　　　「戦後詩誌総覧 8」(和田博文ほか)　日外アソシエーツ　2010.8　p38—41
○**初期社会主義研究**(初期社会主義研究会編　弘隆社)〔1—20／昭61.10—平20.2〕
　　総目次
　　　「初期社会主義研究」(初期社会主義研究会編)(21)　2008　p151—173
　　　(付)執筆者索引
◎**序曲**(椎名麟三編　河出書房)〔1／昭23.12〕内容細目
　　　「文芸雑誌内容細目総覧—戦後リトルマガジン篇」(日外アソシエーツ編, 勝
　　　又浩監修)　日外アソシエーツ, 紀伊國屋書店〔発売〕　2006.11　p198
○**職業科—新しい中学**(実業教科書(株))〔1(1)—2(4)／昭23.4—昭24.6〕目次集
　　(丸山剛史, 尾高進)
　　　「工学院大学共通課程研究論叢」(工学院大学〔編〕)(47-2)　2010　p91—99
　　　(付)執筆者一覧
◎**職業婦人**(職業婦人社)〔1—1(3)／大12.6—大12.8〕目次
　　　「近代雑誌目次文庫 72 社会学編 22」　ゆまに書房　2010.3　p189
　　　(注)「婦人と労働」と改題
○**食肉の科学**(日本食肉研究会)〔40—49／平11—平20〕総目次
　　　「食肉の科学」(日本食肉研究会〔編〕)50(1)通号93　2009　p35—40
　　　(注)「肉の科学」の改題
○**食品衛生研究**(日本食品衛生協会)〔50(3)600—58(7)700／平12.3—平20.7〕
　　バックナンバー
　　　「食品衛生研究」(日本食品衛生協会〔編〕)58(8)通号701　2008.8　p91—109

○食品の包装〔31(1)—40(2)／平11.10—平21〕目次総覧
　　「食品の包装」(包装食品技術協会 編, 愛知県食品工業試験場 監修) 41(1)
　　　2009 p77—87
○植物祭(植物祭編集部(上州詩人社内))〔1—6／昭38.1—昭39.10.1〕総目次(田
　口信孝,渡邉綾子,櫻井小百合[他])
　　「風文学紀要」(群馬県立土屋文明記念文学館‖〔編〕)(13)　2009 p94—95
　　　(付)執筆者索引
○植物防疫所調査研究報告(横浜 農林省横浜植物防疫所→農林水産省横浜植物防
　疫所)〔31—40／平8.3—平16.3〕目次
　　「植物防疫所調査研究報告」(40)　2004.3 巻末1—27
○織豊期研究(津 織豊期研究会)〔1—10／平11.11—平20.10〕総目録
　　「織豊期研究」(織豊期研究会編)(11)　2009.10 p103—106
○植民地教育史研究年報(日本植民地教育史研究会運営委員会編 皓星社)〔1—9／
　平10.10—平18〕総目次
　　「植民地教育史研究年報」(日本植民地教育史研究会運営委員会編)通号10
　　　2007 p126—134
○職リハネットワーク(千葉 日本障害者雇用促進協会障害者職業総合センター→
　高齢・障害者雇用支援機構障害者職業総合センター)〔50—54／平14.3—平16.3〕
　総目次
　　「職リハネットワーク」(高齢・障害者雇用支援機構障害者職業総合センター
　　　編)(54)　2004.3 p80—81
○職リハネットワーク(千葉 日本障害者雇用促進協会障害者職業総合センター→
　高齢・障害者雇用支援機構障害者職業総合センター)〔55—60／平16.9—平19.3〕
　総目次
　　「職リハネットワーク」(高齢・障害者雇用支援機構障害者職業総合センター
　　　編)(60)　2007.3 p80—82
○職リハネットワーク(千葉 日本障害者雇用促進協会障害者職業総合センター→
　高齢・障害者雇用支援機構障害者職業総合センター)〔61—65／平19.9—平21.9〕
　総目次
　　「職リハネットワーク」(高齢・障害者雇用支援機構障害者職業総合センター
　　　編)(65)　2009.9 p73—76
◎書藝大觀(武蔵野 凌雲会)〔1—2(1)／昭25.5—昭26.1〕目次(宮澤昇)
　　「鶩湖・津金寉仙—人と書」　木耳社　2008.12 p213—214

しよけ

◎書藝大觀(武蔵野 凌雲会)〔復刊1―109／昭27.12―昭36.12〕目次(宮澤昇)
　「鶯湖・津金崔仙―人と書」　木耳社　2008.12　p214―230
○書斎の窓(有斐閣)〔501―600／平13.1・2―平22.12〕内容目次
　「書斎の窓」(600)　2010.12　p96―75
○女子大文学(大阪女子大學文學会)〔1―6／昭26.3―昭29.2〕総目次
　「女子大文学,英語学英米文学篇」(大阪女子大学人文学科英語英米文学専攻編)(6)　2005.3　p145
◎女性〔昭21.4―昭24.3〕総目次
　「占領期女性雑誌事典―解題目次総索引 5」(吉田健二)　金沢文圃閣　2005.9　p105―131
○女聲〔1(1)―4(2)／昭18.5―昭20.7〕総目次(劉英順〔訳〕)
　「国文目白」(43)　2004.2　p97―132
◎女性エヒメ(松山 愛媛図書株式会社)〔1―2／昭23.9―昭23.11〕総目次
　「占領期女性雑誌事典―解題目次総索引 6」(吉田健二)　金沢文圃閣　2005.9　p137―138
◎女性会議(帯広 女性会議社)〔1―2／昭24.6―昭24.7〕総目次
　「占領期女性雑誌事典―解題目次総索引 7」(吉田健二)　金沢文圃閣　2005.9　p145
◎女性改造(改造社)〔1946.6―6(8)／昭21.6―昭26.11〕総目次
　「占領期女性雑誌事典―解題目次総索引 8」(吉田健二)　金沢文圃閣　2005.9　p167―228
○女性学〔1―10／平4―平14〕バックナンバー
　「女性学：日本女性学会学会誌」(日本女性学会学会誌編集委員会編)(11)　2003　巻末3p
○女性学〔1―11／平4―平15〕バックナンバー
　「女性学：日本女性学会学会誌」(日本女性学会学会誌編集委員会編)(12)　2004　巻末3p
○女性学〔1―12／平4―平16〕バックナンバー
　「女性学：日本女性学会学会誌」(日本女性学会学会誌編集委員会編)(13)　2005　巻末3p
○女性学〔1―13／平4―平17〕バックナンバー
　「女性学：日本女性学会学会誌」(日本女性学会学会誌編集委員会編)(14)

2006　巻末4p
○**女性学**〔1—14／平4—平18〕バックナンバー
　　「女性学：日本女性学会学会誌」(日本女性学会学会誌編集委員会編)(15)
　　　2007　巻末4p
○**女性学**〔1—15／平4—平19〕バックナンバー
　　「女性学：日本女性学会学会誌」(日本女性学会学会誌編集委員会編)(16)
　　　2008　巻末5p
○**女性学**〔1—16／平4—平20〕バックナンバー
　　「女性学：日本女性学会学会誌」(日本女性学会学会誌編集委員会編)(17)
　　　2009　巻末5p
○**女性学**〔1—17／平4—平21〕バックナンバー
　　「女性学：日本女性学会学会誌」(日本女性学会学会誌編集委員会編)(18)
　　　2010　巻末6p
◎**女性学**〔1—8／平4.4—平13.3〕目次
　　「近代雑誌目次文庫　72　社会学編　22」　ゆまに書房　2010.3 p190—195
○**女性学**〔1—18／平4—平22〕バックナンバー
　　「女性学：日本女性学会学会誌」(日本女性学会学会誌編集委員会編)(19)
　　　2011　巻末6p
○**女性学**〔1—19／平4—平23〕バックナンバー
　　「女性学：日本女性学会学会誌」(日本女性学会学会誌編集委員会編)(20)
　　　2012　巻末6p
◎**女性学研究(大阪女子大学)**(堺　大阪女子大学女性学研究資料室→大阪女子大学女性学研究センター)〔1—9／平4.3—平13.3〕目次
　　「近代雑誌目次文庫　72　社会学編　22」　ゆまに書房　2010.3 p196—197
◎**女性学研究(勁草書房)**(女性学研究会編　勁草書房)〔1—5／平2.11—平11.5〕目次
　　「近代雑誌目次文庫　72　社会学編　22」　ゆまに書房　2010.3 p198—201
◎**女性学研究所年報(東京女子大)**(東京女子大学女性学研究所)〔1(12)—11(23)／平3.3—平13.3〕目次
　　「近代雑誌目次文庫　72　社会学編　22」　ゆまに書房　2010.3 p202—207
　　　(注)「女性学センター年報」の改題
◎**女性学センター年報**(東京女子大学女性学センター)〔10—11／平1.3—平2.3〕目次

「近代雑誌目次文庫 72 社会学編 22」 ゆまに書房　2010.3 p208
　　(注)「女性学研究所年報」と改題
◎**女性学年報**(大阪 日本女性学研究会「女性学年報」編集委員会)〔1—21／昭55.10—平12.11〕目次
　　「近代雑誌目次文庫 72 社会学編 22」 ゆまに書房　2010.3 p209—225
◎**女性学評論**(西宮 神戸女学院大学女性学インスティチュート)〔1—15／昭62.3—平12.3〕目次
　　「近代雑誌目次文庫 72 社会学編 22」 ゆまに書房　2010.3 p226—230
◎**女性九州**(熊本 九州出版文化協会)〔1(1)／昭23.11〕総目次
　　「占領期女性雑誌事典—解題目次総索引 9」(吉田健二)　金沢文圃閣　2005.9 p235
◎**女性教養**(奈良 奈良女子高等師範学校付属高等女学校内女性教養の会)〔7—8／昭21.10—昭21.12〕総目次
　　「占領期女性雑誌事典—解題目次総索引 10」(吉田健二)　金沢文圃閣　2005.9 p243
◎**女性空間**(日仏女性資料センター)〔1—18／昭58.12—平13.4〕目次
　　「近代雑誌目次文庫 72 社会学編 22」 ゆまに書房　2010.3 p231—238
◎**女性クラブ**〔1(5)—1949.1／昭23.1—昭24.1〕総目次
　　「占領期女性雑誌事典—解題目次総索引 11」(吉田健二)　金沢文圃閣　2005.9 p251—258
◎**女性公論**(女性公論社)〔1946.1—1947.3・4／昭21.1—昭22.4〕総目次
　　「占領期女性雑誌事典—解題目次総索引 12」(吉田健二)　金沢文圃閣　2005.9 p267—269
◎**女性詩**(女性詩発行所)〔1／昭21.4〕総目次
　　「戦後詩誌総覧 4」(和田博文ほか)　日外アソシエーツ　2009.6 p210—211
◎**女性詩**(日本女詩人会)〔1—5／昭25.6—昭27.7〕総目次
　　「戦後詩誌総覧 4」(和田博文ほか)　日外アソシエーツ　2009.6 p212—220
◎**女性史研究**(共同体社)〔1—28／昭50.12—平6.3〕目次
　　「近代雑誌目次文庫 72 社会学編 22」 ゆまに書房　2010.3 p239—247
　　(注)「新女性史研究」と改題
◎**女性史研究と現代社会**(船橋 東京女性史研究会)〔1—3／昭57.10—昭60.7〕目次
　　「近代雑誌目次文庫 72 社会学編 22」 ゆまに書房　2010.3 p248
　　(注)「フェミニテ」と改題

○**女性史研究ほっかいどう**（札幌 札幌女性史研究会）〔1—2／平15.8—平17.8〕目次紹介
　　「女性史研究ほっかいどう」(3)　2008.10
○**女性史研究ほっかいどう**（札幌 札幌女性史研究会）〔1—3／平15.8—平20.10〕目次紹介
　　「女性史研究ほっかいどう」(4)　2008.10 p151—152
◎**女性史・女性学ノート**（福岡 女性史・女性学の会）〔4—8／平9.3—平13.3〕目次
　　「近代雑誌目次文庫 72 社会学編 22」　ゆまに書房　2010.3 p249—250
　　（注）「福岡女性史・女性学ノート」の改題
◎**女性線**（女性線社）〔1(1)—5(3)／昭21.2—昭25.4〕総目次
　　「占領期女性雑誌事典—解題目次総索引 13」（吉田健二）　金沢文圃閣　2005.9 p283—311
○**女性・戦争・人権**（「女性・戦争・人権」学会学会誌編集委員会編　大津 行路社）〔1—7／平10.5—平17.3〕バックナンバー内容目次
　　「女性・戦争・人権」（「女性・戦争・人権」学会学会誌編集委員会編）通号8　2007.6 p199—202
○**女性・戦争・人権**（「女性・戦争・人権」学会学会誌編集委員会編　大津 行路社）〔1—8／平10.5—平19.6〕バックナンバー内容目次
　　「女性・戦争・人権」（「女性・戦争・人権」学会学会誌編集委員会編）通号9　2008.6 p164—168
○**女性・戦争・人権**（「女性・戦争・人権」学会学会誌編集委員会編　大津 行路社）〔1—9／平10.5—平20.6〕バックナンバー内容目次
　　「女性・戦争・人権」（「女性・戦争・人権」学会学会誌編集委員会編）通号10　2010.12 p113—118
◎**女性展望**（三鳩社→女性展望社）〔1(1)—1948.9／昭21.4—昭23.9〕総目次
　　「占領期女性雑誌事典—解題目次総索引 5」（吉田健二）　金沢文圃閣　2006.3 p17—26
◎**女性と社会**（社会公論社）〔昭21.4—昭21.9〕総目次
　　「占領期女性雑誌事典—解題目次総索引 5」（吉田健二）　金沢文圃閣　2006.3 p33—34
◎**女性日本**（神戸 女性日本社）〔1(1)—1949盛夏／昭21.5—昭24.8〕総目次
　　「占領期女性雑誌事典—解題目次総索引 5」（吉田健二）　金沢文圃閣　2006.3 p41—45

しよせ

◎**女性の科学**(民生科学協会)〔昭23.1—昭23.7〕総目次
　　「占領期女性雑誌事典―解題目次総索引 5」(吉田健二)　金沢文圃閣　2006.3
　　　p53—54
　　(注)「科学と民生」の改題
◎**女性の友**(公友社)〔1(1)—2(10)／昭23.12—昭24.12〕総目次
　　「占領期女性雑誌事典―解題目次総索引 5」(吉田健二)　金沢文圃閣　2006.3
　　　p61—73
◎**女性のひろば**(大阪 草林社)〔1／昭23〕総目次
　　「占領期女性雑誌事典―解題目次総索引 5」(吉田健二)　金沢文圃閣　2006.3
　　　p81
◎**女性之窓**(文徳社)〔1(1)—2(1)／昭23.12—昭24.1〕総目次
　　「占領期女性雑誌事典―解題目次総索引 5」(吉田健二)　金沢文圃閣　2006.3
　　　p89—90
◎**女性文化**〔1／昭21.12〕総目次
　　「占領期女性雑誌事典―解題目次総索引 5」(吉田健二)　金沢文圃閣　2006.3
　　　p95
○**女性文化研究所紀要**(昭和女子大学女性文化研究所)〔18—33／平8.9—平18.3〕
　総目次
　　「女性文化研究所紀要」(昭和女子大学女性文化研究所〔編〕)(34)　2007.3
　　　p174—178
◎**女性文化研究所紀要**(昭和女子大学女性文化研究所)〔1—27／昭62.2—平13.3〕
　目次
　　「近代雑誌目次文庫 72 社会学編 22」　ゆまに書房　2010.3 p251—264
◎**女性文化研究センター年報**(広島 比治山女子短期大学女性文化研究センター→
　比治山大学現代文化学部・短期大学部女性文化研究センター)〔3—13／昭61.3—
　平11.3〕目次(目次文庫編集委員会)
　　「近代雑誌目次文庫 73 社会学編 23」　ゆまに書房　2010.8 p1—2
　　(注)「女文化研究センター年報」と改題
◎**女性文芸**〔1(1)—1(4)／昭21.6—昭21.9〕総目次
　　「占領期女性雑誌事典―解題目次総索引 5」(吉田健二)　金沢文圃閣　2006.3
　　　p103—104
◎**女性問題セミナー**(日野 日野市立婦人センター)〔平1—平5〕目次
　　「近代雑誌目次文庫 73 社会学編 23」　ゆまに書房　2010.8 p3

◎女性ライフ（女性ライフ社）〔1（2）―4（6）／昭21.8―昭24.6〕総目次
　　「占領期女性雑誌事典―解題目次総索引 5」（吉田健二）　金沢文圃閣　2006.3
　　　p113―145
　　　（注）「女学世界」と改題
◎女性労働（婦人労働研究会）〔17―25／平4.9―平12.11〕目次
　　「近代雑誌目次文庫 73 社会学編 23」　ゆまに書房　2010.8 p4―10
　　　（注）「婦人労働」の改題
◎女性労働研究〔30―39／平8.7―平13.1〕目次
　　「近代雑誌目次文庫 73 社会学編 23」　ゆまに書房　2010.8 p11―17
　　　（注）「賃金と社会保障」より分離
○書道学論集（大東文化大学大学院文学研究科書道学専攻院生会）〔1―9／平15―平23〕総目次
　　「書道学論集：大東文化大学大学院書道学専攻院生会誌」(10)　2012年度
　　　p54―57
○書法研究〔35―74／平1―平8〕総目録（下田章平）
　　「書芸術研究」（筑波大学人間総合科学研究科書研究室編）（1）　2008.3 p59
　　　―70
○書法研究〔75―140／平9―平20〕総目録（下田章平）
　　「書芸術研究」（筑波大学人間総合科学研究科書研究室編）（2）　2009.3 p75
　　　―90
○書物・出版と社会変容（［国立］「書物・出版と社会変容」研究会］）〔1―5／平18―平20〕総目次
　　「書物・出版と社会変容」（「書物・出版と社会変容」研究会編）（6）　2009
　　　p161―163
○書陵部紀要（宮内庁書陵部）〔51―60／平12.3―平21.3〕総目次
　　「書陵部紀要」（宮内庁書陵部編）（60）　2009.3 p102―105
○書陵部紀要　陵墓篇（宮内庁書陵部）〔1―60／昭26.3―平20〕総目次
　　「書陵部紀要　陵墓篇」（宮内庁書陵部編）（61）　2010.3 p131―136
○白鷺論叢（堺　大阪府立大学大学院経済学研究会）〔1―36／昭43―平17〕総目録
　　「白鷺論叢」（36）　2005.3 巻末1―2, 巻末1～25
○白鷹町郷土史研究会会報（白鷹町（山形県）　白鷹町郷土史研究会）〔1―8／昭47.10―昭59.2〕目次一覧
　　「史談」（白鷹町史談会編）（22・23）　2007.2 p102―104

(注)史談と改題
◎**白帆**(大阪 白帆社)〔1／大11.8.1〕総目次
「大阪文藝雑誌総覧」(浦西和彦,増田周子,荒井真理亜著) 和泉書院 2013.2 p83―84
◎**市立小樽文学館報**(小樽 市立小樽文学館)〔1―35／?―平24.3〕総目次(岡野裕之)
「文学館出版物内容総覧:図録・目録・紀要・復刻・館報」 日外アソシエーツ 2013.4 p51―53
◎**自立センター**(京都 京都障害者自立センター)〔1―20／昭58.1―昭62.2〕目次
「近代雑誌目次文庫 73 社会学編 23」 ゆまに書房 2010.8 p18―22
(注)「京都自立センター」と改題
◎**史流**(札幌 北海道学芸大学史学会→北海道教育大学史学会)〔1―41／昭33.8―平16.3〕論文総覧
「歴史学紀要論文総覧」 日外アソシエーツ 2007.9 p631―638
資料公報(満洲国国立中央図書館籌備処)
⇨資料戦線
○**資料室報→研究資料月報**〔1―261／昭28.3―昭54.12〕→〔262―328／昭55.1―昭61.3〕総目次
「大原社会問題研究所雑誌」(法政大学大原社会問題研究所編)通号599・600 2008.10・11 付2―24
◎**資料集**(青森県近代文学館)〔1―7／平12.2―平24.3〕総目次(岡野裕之)
「文学館出版物内容総覧:図録・目録・紀要・復刻・館報」 日外アソシエーツ 2013.4 p79
◎**資料情報と研究**(北海道立文学館)(札幌 北海道立文学館)〔平12―平21〕総目次(岡野裕之)
「文学館出版物内容総覧:図録・目録・紀要・復刻・館報」 日外アソシエーツ 2013.4 p15
○**資料戦線→資料公報**(満洲国国立中央図書館籌備処)〔[1(1)]―1(5)／昭15.8―昭15.12〕→〔2(1)―5(12)／昭16.1―昭19.11〕目次一覧(米井勝一郎)
「中部図書館学会誌」(中部図書館学会編)(46) 2005.2 p19―27
◎**資料と研究**(山梨県立文学館)(甲府 山梨県立文学館)〔1―17／平8.3―平24.3〕総目次(岡野裕之)
「文学館出版物内容総覧:図録・目録・紀要・復刻・館報」 日外アソシエー

ツ　2013.4 p717―720
史料編集室紀要（那覇　沖縄県立図書館→沖縄県文化振興会編　那覇　沖縄県立図書館→沖縄県教育委員会）
　　⇨沖縄史料編集所紀要
○**詞林**（豊中　大阪大学古代中世文学研究会）〔1―50／昭62.3―平23.10〕総目次
　　「詞林」（大阪大学古代中世文学研究会編）（50）　2011.10 p74―86
◎**シルバーウェイブ**（大阪府立老人総合センター事業課調査研究室編　吹田　大阪府立老人総合センター）〔14―17／昭63.3―昭63.6〕目次
　　「近代雑誌目次文庫 73 社会学編 23」　ゆまに書房　2010.8 p23―24
◎**シルバーウェイブおおさか**（吹田　大阪府立老人総合センター→大阪府地域福祉推進財団老人総合センター）〔1―60／昭63.7―平13.3〕目次
　　「近代雑誌目次文庫 73 社会学編 23」　ゆまに書房　2010.8 p25―33
◎**シルバーウェルビジネス**（綜合ユニコム）〔1―47／平9.6―平13.4〕目次
　　「近代雑誌目次文庫 73 社会学編 23」　ゆまに書房　2010.8 p34―77
◎**シルバークリップ**（大阪府立老人総合センター事業課調査研究室編　吹田　大阪府立老人総合センター）〔19―24／昭63.1―昭63.6〕目次
　　「近代雑誌目次文庫 73 社会学編 23」　ゆまに書房　2010.8 p78―81
◎**シルバーサービス**（シルバーサービス振興会）〔1―43／平2.3―平11.2〕目次
　　「近代雑誌目次文庫 73 社会学編 23」　ゆまに書房　2010.8 p82―103
◎**しれえね**（大阪　シレエ子発行所）〔1(1)／明45.3.15〕総目次ほか（早稲田大図書館）
　　「しれえね・地平線・基調・黙示・リラ・葡萄園・青銅時代・三田文芸陣・季節の展望・素質・新三田派・七人・朱門・紅（等）・偽画・未成年総目次」　雄松堂アーカイブズ　2009.4 p1―12
◎**しれえね**（大阪　シレエ子発行所）〔1(1)／明45.3.15〕総目次
　　「大阪文藝雑誌総覧」（浦西和彦，増田周子，荒井真理亜著）　和泉書院　2013.2 p77
◎**詩炉**（山形県左沢町　詩炉社→山形県寒河江町　詩炉社→山形県漆川村　詩炉の会→山形県寒河江市　詩炉の会）〔1―20／昭27.10―昭37.7〕総目次
　　「戦後詩誌総覧 5」（和田博文ほか）　日外アソシエーツ　2009.11 p329―340
◎**白鯨　詩と思想**〔1―6／昭47.11―昭50.11〕総目次
　　「戦後詩誌総覧 8」（和田博文ほか）　日外アソシエーツ　2010.8 p71―75

しろつ

◎詩炉通信（寒河江　詩炉の会）〔1―5／昭36.11―昭37.7〕総目次
　「戦後詩誌総覧 5」（和田博文ほか）　日外アソシエーツ　2009.11　p341―343
◎白と黒〔第一次〕〔1―50／昭5.2―昭9.8〕総目次（加治幸子）
　「創作版画誌の系譜―総目次及び作品図版」　中央公論美術出版　2008.1
　　p351―410
◎白と黒（再刊第二次）〔1―4／昭10.6―昭10.11〕総目次（加治幸子）
　「創作版画誌の系譜―総目次及び作品図版」　中央公論美術出版　2008.1
　　p938―942
◎白と黒〔第三次〕（白と黒社）〔1（1）―1（5）／昭12.3―昭12.7〕総目次（加治幸子）
　「創作版画誌の系譜―総目次及び作品図版」　中央公論美術出版　2008.1
　　p975―981
◎白ばら（星美出版社）〔1（1）―1（3）／昭24.5―昭24.7〕総目次
　「占領期女性雑誌事典―解題目次総索引 5」（吉田健二）　金沢文圃閣　2006.3
　　p153―155
○史論〔1―60／昭28.11―平19〕総目録
　「史論」（東京女子大学史学研究室編）（60）　2007　p1―35
◎史論（東京女子大学史学研究室編　東京女子大学学会史学研究室, 読史会〔発売〕）〔1―59／昭28.11―平18.3〕論文総覧
　「歴史学紀要論文総覧」　日外アソシエーツ　2007.9　p427―435
○試論（駒沢大学大学院英文学研究会）〔1―30／昭48.12―平15.4〕既刊各号目次
　「試論」（31）　2004.4　p105―110
○試論（駒沢大学大学院英文学研究会）〔1―31／昭48.12―平16.4〕既刊各号目次
　「試論」（32）　2005.4　p52―58
○試論（駒沢大学大学院英文学研究会）〔1―32／昭48.12―平17.4〕既刊各号目次
　「試論」（33）　2006.4　p89―95
○試論（駒沢大学大学院英文学研究会）〔1―33／昭48.12―平18.4〕既刊各号目次
　「試論」（34）　2007.4　p54―60
○試論（駒沢大学大学院英文学研究会）〔1―34／昭48.12―平19.4〕既刊各号目次
　「試論」（35）　2008.4　p31―37
○試論（駒沢大学大学院英文学研究会）〔1―35／昭48.12―平20〕既刊各号目次
　「試論」（36）　2009　p52―58

○試論（駒沢大学大学院英文学研究会）〔1―36／昭38.12―平21〕既刊各号目次
　　「試論」(37)　2011　p45―51
○試論（駒沢大学大学院英文学研究会）〔1―37／昭48.12―平23〕既刊各号目次
　　「試論」(38)　2012　p90―97
◎新亞細亞（南満洲鉄道東亜経済調査局）〔1(1)―7(1)／昭14.8―昭20.1〕記事索引
　　「明治・大正・昭和期南アジア研究雑誌記事索引」(足立享祐編著)　東京外国語大学大学院地域文化研究科21世紀COE「史資料ハブ地域文化研究拠点」本部　2006.12　p310―396
◎新岩手婦人（盛岡　新岩手婦人社）〔1―13／昭20.12―昭23.3〕総目次
　　「占領期女性雑誌事典―解題目次総索引 5」(吉田健二)　金沢文圃閣　2006.3　p165―170
○新英米文学研究（新英米文学研究会事務局）〔1―10／昭47.1―昭55.12〕総目次
　　「New perspective：新英米文学研究」41(秋・冬)通号192　2011.2　p113―115
○新英米文学研究会機関誌（新英米文学研究会事務局）〔111―114／昭55.2―昭55.12〕総目次
　　「New perspective：新英米文学研究」41(秋・冬)通号192　2011.2　p116
○新英米文学研究会「月報」（新英米文学研究会事務局）〔1―110／昭45.6―昭55.1〕総目次
　　「New perspective：新英米文学研究」41(秋・冬)通号192　2011.2　p83―113
◎新演芸（玄文社）〔1(1)―10(3)／大5―大14〕総目次（早稲田大学図書館）
　　「「新演芸」総目次」　雄松堂フィルム出版　2004.3　8,289p　A5
◎新演藝（大阪　浪曲評論社）〔1／昭22.10.1〕総目次
　　「大阪文藝雑誌総覧」(浦西和彦，増田周子，荒井真理亜著)　和泉書院　2013.2　p397
◎新大阪評論（大阪　新大阪評論社）〔1／大14.3.1〕総目次
　　「大阪文藝雑誌総覧」(浦西和彦，増田周子，荒井真理亜著)　和泉書院　2013.2　p203―204
◎新家庭（雄鶏社）〔4(1)―4(4)／昭24〕目次
　　「占領期女性雑誌事典―解題目次総索引 3」(吉田健二)　金沢文圃閣　2005.3　p51―56

しんか

◎新家庭〔1—21／昭22.1—昭27.4〕総目次
　　「占領期女性雑誌事典—解題目次総索引 5」(吉田健二)　金沢文圃閣　2006.3
　　　p181—196
○新紀元(新紀元社)〔1—13／明38.11—明39.11〕総目次(堀切利高)
　　「初期社会主義研究」(初期社会主義研究会編)(19)　2006 p108—124
○新教育(貝塚市立高等学校)(壺田倫夫編　貝塚(大阪府)　貝塚市立高等学校)〔1—2／?—昭24.5〕目次(奥泉栄三郎)
　　「戦後教育史研究」(明星大学戦後教育史研究センター編)(26)　2012.12 p67
○新教育研究(国民指導研究会)(福島師範学校教育研究所編　福島　国民指導研究会)〔1／昭23.10〕目次(奥泉栄三郎)
　　「戦後教育史研究」(明星大学戦後教育史研究センター編)(26)　2012.12
　　　p80—87
○新教育研究(新教育会)(新教育研究会)〔1—15／昭22.4—昭24.5〕目次(奥泉栄三郎)
　　「戦後教育史研究」(明星大学戦後教育史研究センター編)(26)　2012.12
　　　p92—98
○新教育研究(日本総合教育研究所)(加藤勝也編　日本総合教育研究所)〔1(1)—1(2・3)／昭21.7—昭21.9〕目次(奥泉栄三郎)
　　「戦後教育史研究」(明星大学戦後教育史研究センター編)(26)　2012.12
　　　p88—91
○新教育公論(矢作粂蔵編　加古川町(兵庫県)　新教育公論社)〔1／昭23.1〕目次(奥泉栄三郎)
　　「戦後教育史研究」(明星大学戦後教育史研究センター編)(26)　2012.12 p99
○新教育実践(浜松　新教育研究会)〔1—3／昭22.3—昭23.1〕目次(奥泉栄三郎)
　　「戦後教育史研究」(明星大学戦後教育史研究センター編)(26)　2012.12
　　　p77—80
○新教育実践紀要(鎌倉市第一国民学校新教育研究会編　鎌倉　教育新聞社)〔1／昭22.1〕目次(奥泉栄三郎)
　　「戦後教育史研究」(明星大学戦後教育史研究センター編)(26)　2012.12 p80
○新教育人(盛岡　岩手教育研究同志会編　盛岡　伸工社)〔6—12／昭22.5—昭23.10〕目次(奥泉栄三郎)
　　「戦後教育史研究」(明星大学戦後教育史研究センター編)(26)　2012.12
　　　p71—77

(注)「初等教育」の改題
○新教育(新教育社)(河崎滋郎編 新教育社)〔1(2)―11／昭21.8―昭23.4〕目次(奥泉栄三郎)
　　「戦後教育史研究」(明星大学戦後教育史研究センター編)(26)　2012.12 p67―70
　　(注)欠号あり
◎新京図書館月報(新京 新京圖書館→新京特別市立圖書館)〔12―76／昭12.8―昭19.2〕総目次(米井勝一郎)
　　「新京図書館月報(3)　金沢文圃閣　2009.4 p311―326
○信敬雑記(信敬社)〔1―9／明8.11―明9.9〕目次(藤元直樹)
　　「参考書誌研究」(国立国会図書館主題情報部編)(65)　2006.10 p1―154
◎新劇(大阪 新劇社)〔1(1)―2(2)／大12.11.1―大13.2.1〕総目次
　　「大阪文藝雑誌総覧」(浦西和彦, 増田周子, 荒井真理亜著)　和泉書院　2013.2 p87―88
○じんけん(大津 滋賀県人権センター)〔264―287／平15.4―平17.3〕総目次
　　「じんけん：心と心、人と人をつなぐ情報誌」(339)　2009.7 p58―63
　　(注)「地域同和」の改題
○じんけん(大津 滋賀県人権センター)〔288―311／平17.4―平19.3〕総目次
　　「じんけん：心と心、人と人をつなぐ情報誌」(340)　2009.8 p62―68
　　(注)「地域同和」の改題
○じんけん(大津 滋賀県人権センター)〔312―341／平19.4―平21.9〕総目次
　　「じんけん：心と心、人と人をつなぐ情報誌」(341)　2009.9 p44―51
　　(注)「地域同和」の改題
◎尋源(京都 大谷大学国史学会)〔1―41・42／昭7.6―平4.1〕論文総覧
　　「歴史学紀要論文総覧」　日外アソシエーツ　2007.9 p83―89
　　(注)「大谷大学国史研究会紀要」の改題。欠号：13―22
◎人権通信―全国人権擁護委員連合会機関誌(全国人権擁護委員連合会)〔1―33(2)191／昭41.4―平10.3〕目次
　　「近代雑誌目次文庫 73 社会学編 23」　ゆまに書房　2010.8 p104―172
◎人権と平和ふくやま(福山 福山市人権平和資料館)〔1―8／平9.8―平13.3〕目次
　　「近代雑誌目次文庫 73 社会学編 23」　ゆまに書房　2010.8 p173―174
◎人権ニュース([大阪] 大阪弁護士会人権擁護委員会)〔1―4／昭60.3―昭61.12〕目次

「近代雑誌目次文庫 73 社会学編 23」 ゆまに書房 2010.8 p175
◎人権のために(自由法曹団)〔1―19/昭34.4―昭51.5〕目次
「近代雑誌目次文庫 73 社会学編 23」 ゆまに書房 2010.8 p176―179
○人権問題研究室紀要(吹田 関西大学人権問題研究室)〔43―52/平13.12―平18.3〕既刊号目録
「関西大学人権問題研究室紀要」(53)　2006.12 p65―68
(注)「関西大学部落問題研究室紀要」の改題
◎新興演劇(大阪 新興演劇社)〔1―8/昭5.1.1―昭5.12.1〕総目次
「大阪文藝雑誌総覧」(浦西和彦,増田周子,荒井真理亜著) 和泉書院 2013.2 p219―221
◎人口学研究〔1―28/昭53.3―平13.6〕目次
「近代雑誌目次文庫 73 社会学編 23」 ゆまに書房 2010.8 p180―198
○神資研(川崎 神奈川県資料室研究会)〔30―39/平7―平16〕総目次
「神資研」(40)　2005 p7―15
○人事試験研究(日本人事試験研究センター)〔183―204/平14.6―平19.9〕総目次(日本人事試験研究センター)
「人事試験研究」(日本人事試験研究センター編)(204)　2007.9 p33―37
(注)「試験研究」の改題
○新時代→視覚障害(大阪 日本盲人福祉研究会→視覚障害者支援総合センター編 大阪 日本盲人福祉研究会→障害者団体定期刊行物協会)〔1―30/昭38.4―昭51.7〕→〔31―200/昭51.10―平17.1〕総目録
「視覚障害:その研究と情報」(視覚障害者支援総合センター編)(総目録) 2005.1 p1―44
◎新指導者(精神科学研究所出版部)〔4(2)―6(4)/昭16.4―昭18.6〕総目次
「《国民文化研究会所蔵》日本学生協会・精神科学研究所刊行物 復刻版」 柏書房 2008.12 p197―200
◎新詩派(新詩派社→久留米 新詩派社九州支部→新詩派社)〔1―2(5)/昭21.3―昭22.11〕総目次
「戦後詩誌総覧 4」(和田博文ほか) 日外アソシエーツ 2009.6 p221―225
◎新詩篇(新詩篇の会)〔1―13/昭37.6―昭44.7〕総目次
「戦後詩誌総覧 7」(和田博文ほか) 日外アソシエーツ 2010.5 p461―466
◎新社会(売文社)〔2(1)―6(7)/大4.9―大9.1〕目次
「近代雑誌目次文庫 73 社会学編 23」 ゆまに書房 2010.8 p191―214

◎新社会評論(平民大学)〔7(1)—7(5)／大9.2—大9.7〕目次
　　「近代雑誌目次文庫 73 社会学編 23」 ゆまに書房　2010.8　p215—216
　　(注)「新社会」の改題。「社会主義」と改題
◎新樹(富山文雄編 三鷹書房)〔1(1)—2(1)／昭21.5—昭22.1〕内容細目
　　「文芸雑誌内容細目総覧―戦後リトルマガジン篇」(日外アソシエーツ編,勝又浩監修) 日外アソシエーツ,紀伊國屋書店〔発売〕　2006.11　p58—60
◎真珠(探偵公論社)〔1—2(7)／昭22.4—昭23.8〕総目次(山前譲)
　　「探偵雑誌目次総覧」　日外アソシエーツ　2009.6　p271—273
◎信州史学(中野 信州大学教育学部歴史研究会)〔1—12／昭48.9—平1.10〕論文総覧
　　「歴史学紀要論文総覧」　日外アソシエーツ　2007.9　p341—344
◎信州社会学雑誌(長野 信州社会学研究会)〔1—4・5／昭43.12—昭47.12〕目次
　　「近代雑誌目次文庫 73 社会学編 23」 ゆまに書房　2010.8　p217—218
◎信州心理臨床紀要(長野 信州大学大学院教育学研究科心理教育相談室)〔1—6／平14.12.1—平19.6.1〕論文総覧
　　「心理学紀要論文総覧」　日外アソシエーツ　2008.10　p245—246
○真宗説教叢録(静霞堂)〔1—5／明9.2—明9.9〕目次(藤元直樹)
　　「参考書誌研究」(国立国会図書館主題情報部編)(65)　2006.10　p1—154
○信州豊南短期大学紀要(辰野町(長野県)　信州豊南短期大学)〔20—29／平15.3—平24.3〕総目次
　　「信州豊南短期大学紀要」(信州豊南短期大学編)(30)　2013.3　中扉1枚,p1—4
　　(注)「信州豊南女子短期大学紀要」の改題
○新塾月誌(北門社)〔1—2／明2.3—明2.4〕目次(藤元直樹)
　　「参考書誌研究」(国立国会図書館主題情報部編)(65)　2006.10　p1—154
◎新宿プレイマップ〔1—36／昭44.7—昭47.6〕総目次(本間健彦)
　　「60年代新宿アナザー・ストーリー：タウン誌『新宿プレイマップ』極私的フィールド・ノート」　社会評論社　2013.6　p330—335
◎新趣味(博文館)〔17(1)—18(11)／大11.1—大12.11〕総目次(山前譲)
　　「探偵雑誌目次総覧」　日外アソシエーツ　2009.6　p3—12
　　(注)「新文学」の改題
◎新女苑(実業之日本社)〔9(8)—16(4)／昭20.9—昭27.4〕総目次
　　「占領期女性雑誌事典―解題目次総索引 5」(吉田健二)　金沢文圃閣　2006.3

         p221—295
◎**新女性史研究**(熊本 熊本女性学研究会)〔1—5／平8.6—平13.3〕目次
    「近代雑誌目次文庫 73 社会学編 23」 ゆまに書房 2010.8 p219—221
    (注)「女性史研究」の改題
◎**新女性**(新女性社)(新女性社)〔1—17／昭25.10—昭27.4〕総目次
    「占領期女性雑誌事典—解題目次総索引 6」(吉田健二) 金沢文圃閣 2006.9
         p19—46
◎**新女性**(新女性社・金沢)(金沢 新女性社)〔1—1946.11／昭21.10—昭21.11〕総目次
    「占領期女性雑誌事典—解題目次総索引 6」(吉田健二) 金沢文圃閣 2006.9
         p11—16
◎**新女性**(大衆文藝社)(大衆文芸社)〔1(1)—3(2)／昭21.10—昭23.6〕総目次
    「占領期女性雑誌事典—解題目次総索引 6」(吉田健二) 金沢文圃閣 2006.9
         p49—58
◎**神女大史学**(神戸 神戸女子大学史学会)〔1—23／昭56.3—平18.11〕論文総覧
    「歴史学紀要論文総覧」 日外アソシエーツ 2007.9 p261—264
◎**心身科学部紀要**(日進 愛知学院大学心身科学会)〔1—第2号増刊号／平18.3.10—平19.3.31〕論文総覧
    「心理学紀要論文総覧」 日外アソシエーツ 2008.10 p3—4
◎**心身障害学研究**(つくば 筑波大学心身障害学系)〔1—25／昭52.3—平13.3〕目次
    「近代雑誌目次文庫 73 社会学編 23」 ゆまに書房 2010.8 p222—238
    (注)「障害科学研究」と改題
◎**心身障害児教育論文集**(横須賀 心身障害児教育財団)〔1—16／昭50.6—平2.6〕目次
    「近代雑誌目次文庫 73 社会学編 23」 ゆまに書房 2010.8 p239—245
◎**新生運動**([山口] 山口県新生運動協会)〔1(2)—4(2)／昭33.8—昭36.3〕目次
    「近代雑誌目次文庫 74 社会学編 24」 ゆまに書房 2010.11 p1—8
○**新世紀**〔201—210／平14.11—平16.5〕総目次
    「新世紀：日本革命の共産主義者同盟革命的マルクス主義派機関誌」(210)
         2004.5 p191—187
    (注)「共産主義者」の改題
○**新世紀**〔211—220／平16.7—平18.1〕総目次
    「新世紀：日本革命の共産主義者同盟革命的マルクス主義派機関誌」(220)

　　　　2006.1 p195―192
　　　（注）「共産主義者」の改題
○新世紀〔221―230／平18.3―平19.9〕総目次
　　「新世紀：日本革命的共産主義者同盟革命的マルクス主義派機関誌」(230)
　　　　2007.9 p199―195
　　　（注）「共産主義者」の改題
○新世紀〔231―240／平19.11―平21.5〕総目次
　　「新世紀：日本革命的共産主義者同盟革命的マルクス主義派機関誌」(240)
　　　　2009.5 p191―188
　　　（注）「共産主義者」の改題
○新世紀〔241―250／平21.7―平23.1〕総目次
　　「新世紀：日本革命的共産主義者同盟革命的マルクス主義派機関誌」(250)
　　　　2011.1 p207―203
　　　（注）「共産主義者」の改題
○新世紀〔251―260／平23.3―平24.9〕総目次
　　「新世紀：日本革命的共産主義者同盟革命的マルクス主義派機関誌」(260)
　　　　2012.9 p211―206
　　　（注）「共産主義者」の改題
◎**新世界**(大阪　新世界新聞社)〔2(1)―3(11)／昭21.12―昭23.11〕総目次
　　「占領期女性雑誌事典―解題目次総索引 6」(吉田健二)　金沢文圃閣　2006.9
　　　　p61―81
○**新線路**(鉄道現業社)〔56―60／平14―平18〕科目別総目次
　　「新線路」61(1)通号718　2007.1　巻末1―35
◎**身体障害者及び精神薄弱者の雇用の現状**(労働省職業安定局高齢・障害者対策部)〔昭63.11―平9.11〕目次
　　「近代雑誌目次文庫 74 社会学編 24」　ゆまに書房　2010.11 p9
　　　（注）「身体障害者の雇用の現状」の改題。「身体障害者及び知的障害者の雇用の現状」と改題
◎**身体障害者及び知的障害者の雇用の現状**(労働省職業安定局高齢・障害者対策部)〔平10.11―平12.11〕目次
　　「近代雑誌目次文庫 74 社会学編 24」　ゆまに書房　2010.11 p10
　　　（注）「身体障害者及び精神薄弱者の雇用の現状」の改題
◎**身体障害者の雇用の現状**(労働省職業安定局)〔昭60.11―昭62.11〕目次

「近代雑誌目次文庫 74 社会学編 24」 ゆまに書房 2010.11 p11
　（注）「身体障害者及び精神薄弱者の雇用の現状」と改題
◎**身体障害者福祉研究会研究紀要**（日本障害者リハビリテーション協会）〔21―31／昭48.11―〔記載なし〕〕目次
　「近代雑誌目次文庫 74 社会学編 24」 ゆまに書房 2010.11 p12―24
◎**ヂンダレ**（朝鮮詩人集団→大阪 大阪朝鮮詩人集団）〔1―20／昭28.2.16―昭33.10.25〕総目次
　「ヂンダレ・カリオン―解説・鼎談・総目次・索引 一九五三（昭和二八）年二月～一九六三（昭和三八）年二月」 不二出版 2008.11 p95―114
　（付）執筆者索引：p12―5
◎**新探偵小説**（名古屋 新探偵小説社）〔1（1）―2（4）／昭22.4―昭23.7〕総目次（山前譲）
　「探偵雑誌目次総覧」 日外アソシエーツ 2009.6 p268
◎**新・調査情報passingtime**（TBSメディア総合研究所編 東京放送）〔1―29／平8.9―平13.5〕目次
　「近代雑誌目次文庫 74 社会学編 24」 ゆまに書房 2010.11 p25―48
◎**新椿**（広島 新椿社）〔1（1）―2（7）／昭21.3―昭22.12〕総索引
　「占領期女性雑誌事典―解題目次総索引 7」（吉田健二） 金沢文圃閣 2007.3 p231―240
○**新天地**（大連市 新天地社）〔112―125／昭6.6―昭7.7〕主要目次（田中伸二［編］）
　「植民地文化研究：資料と分析」（「植民地文化研究」編集委員会編）(10) 2011 p152―160
○**新天地**（大連市 新天地社）〔126―136／昭7.8―昭8.6〕主要目次（田中伸二［編］）
　「植民地文化研究：資料と分析」（「植民地文化研究」編集委員会編）(11) 2012 p146―155
○**新天地**（大連市 新天地社）〔137―146／昭8.7―昭9.4〕主要目次（田中伸二［編］）
　「植民地文化研究：資料と分析」（「植民地文化研究」編集委員会編）(12) 2013 p125―134
○**神道研究集録**（國學院大學大学院文学研究科神道学専攻）〔1―25／昭49.3―平23.3〕総目録
　「神道研究集録」（神道研究集録編集委員会編）(25) 2011.3 p95―102
◎**新都市**（都市計画協会）〔1（1）―653／昭22.1―平13.6〕目次
　「近代雑誌目次文庫 74 社会学編 24」 ゆまに書房 2010.11 p49―265

(注)「都市公論」と「復興情報」の合併改題
○新日本文学(新日本文学会)〔601—651／平11.4—平16.9・10〕総目次
「新日本文学」(新日本文学会[編])59(6)通号652　2004.11・12 p226—249
◎新日本列島(地域振興整備公団)〔1—100／昭47.12—昭60〕目次
「近代雑誌目次文庫 75 社会学編 25」(目次文庫編集委員会編)　ゆまに書房　2011.3 p1—20
○(新)能楽ジャーナル→能楽ジャーナル(たちばな出版)〔復刊1—50／平12.9—平20.11〕→〔51—70／平21.1—平24.3〕総索引
「能楽ジャーナル」(70)　2012.3 p26—34
◎新版画〔1—18／昭7.6—昭10.12〕総目次(加治幸子)
「創作版画誌の系譜―総目次及び作品図版」　中央公論美術出版　2008.1 p665—690
◎新版画Leaflet〔1—3／昭8.3—昭9.6〕総目次(加治幸子)
「創作版画誌の系譜―総目次及び作品図版」　中央公論美術出版　2008.1 p807—809
◎季刊審美(森川達也編　審美社)〔1—16／昭40.12—昭48.11〕内容細目
「文芸雑誌内容細目総覧―戦後リトルマガジン篇」(日外アソシエーツ編, 勝又浩監修)　日外アソシエーツ, 紀伊國屋書店〔発売〕　2006.11 p485—488
◎新風土〔復刊〕(永杉喜輔編　小山書店→不言社→冬芽書房)〔1—2(7)19／昭23.1—昭24.7〕内容細目
「文芸雑誌内容細目総覧―戦後リトルマガジン篇」(日外アソシエーツ編, 勝又浩監修)　日外アソシエーツ, 紀伊國屋書店〔発売〕　2006.11 p169—174
◎新文化(新文化社)〔1—2(1)／昭22.2—昭23.2〕細目(大屋幸世)
「日本近代文学書誌書目抄」　日本古書通信社　2006.3 p195—199
(注)「文学草紙」と改題
○人文科学科紀要(三鷹　国際基督教大学)〔1—2／昭37.3—昭38.3〕論文目録
「人文科学研究」(41)　2010.3 p125—142
人文科学研究(三鷹　国際基督教大学キリスト教と文化研究所)
⇨キリスト教と文化
○新聞学(京都　同志社大学大学院新聞学研究会)〔1—18／昭42.3—平14〕目次一覧
「新聞学」(同志社大学大学院新聞学研究会編)(19)　2004 p90—96
(注)「メディア学」と改題
○人文学(社会科学特集)(京都　同志社大学人文学会)〔4—117／昭25—昭45〕総

目次
　　「評論・社会科学」(同志社大学人文学会)(100)　2012.6 p137—146
◎**新文学**(大阪　新文学社)〔1(1)—3(4)／昭14.5.1—昭16.4.1〕総目次
　　「大阪文藝雑誌総覧」(浦西和彦,増田周子,荒井真理亜著)　和泉書院　2013.2
　　　p321—323
　　(注)欠号：1(2)—1(8)・2(3)・3(2)—3(3)
◎**新文学**(大阪　全国書房)〔1(1)—6(5・6)／昭19.11.1—昭24.6.1〕総目次
　　「大阪文藝雑誌総覧」(浦西和彦,増田周子,荒井真理亜著)　和泉書院　2013.2
　　　p349—360
　　(注)欠号：1(2)—1(8)・2(3)・3(2)—3(3)
○「**人文学報**」**歴史学編**(首都大学東京都市教養学部人文・社会系　東京都立大学人文学部)〔1—40／昭28.3—平24.3〕目次
　　「人文学報」(首都大学東京都市教養学部人文・社会系,東京都立大学人文学部編)(475)　2013.3 p15—26
◎**新文藝**(虹書房)〔1(1)—2(3)／昭21.1—昭22.12〕細目(大屋幸世)
　　「日本近代文学書誌書目抄」　日本古書通信社　2006.3 p116—124
◎**新文藝**(水上勉→奥田利一→水上勉→藤原喜市編　虹書房)〔1(1)—2(3)6／昭21.1—昭22.12〕内容細目
　　「文芸雑誌内容細目総覧—戦後リトルマガジン篇」(日外アソシエーツ編,勝又浩監修)　日外アソシエーツ,紀伊國屋書店〔発売〕　2006.11 p5—6
◎**新文藝**(大阪　文藝時報社)〔1(1)—1(4)／昭12.5.1—昭12.8.1〕総目次
　　「大阪文藝雑誌総覧」(浦西和彦,増田周子,荒井真理亜著)　和泉書院　2013.2
　　　p311—321
○**人文・自然科学研究**(釧路　釧路公立大学)〔10—19／平10—平19〕総目次
　　「人文・自然科学研究：釧路公立大学紀要」(釧路公立大学〔編〕)(20)
　　　2008.3 p83—89
○**人文社会科学研究**(早稲田大学理工学部一般教育人文社会科学研究会→早稲田大学理工学部複合領域人文社会科学研究会→早稲田大学創造工学部知財・産業社会政策領域・国際文化領域人文社会科学研究会)〔1—49／昭44.5—平21.3〕目録
　　「人文社会科学研究」(50)　2010.3 p169—198
○**新聞小学**(報知社)〔1—3／明8.3—明8.?〕目次(藤元直樹)
　　「参考書誌研究」(国立国会図書館主題情報部編)(65)　2006.10 p1—154

◎人文地理（京都　人文地理学会）〔1(1)―53(3)／昭23.6.1―平13.6.28〕目次
　　「近代雑誌目次文庫 75 社会学編 25」（目次文庫編集委員会編）ゆまに書房
　　　　2011.3 p21―124
◎新聞通信調査会報（情報通信調査会）〔1―463／昭38.1.1―平13.6.1〕目次
　　「近代雑誌目次文庫 75 社会学編 25」（目次文庫編集委員会編）ゆまに書房
　　　　2011.3 p125―235
　　　（注）「メディア展望」と改題
○人文と教育（千葉　千葉大学国際教育開発センター）〔1―2／平17.3―平18.3〕総目次
　　「国際教育」（千葉大学国際教育センター編）(1)　　2007.3 p90―91
○人文論集（早稲田大学法学会）〔1―25／昭38―昭62〕目次再録
　　「人文論集」(50)　2011 p266―246
　　　（注）「早稲田法学会誌　人文編」の改題
○人文論集（早稲田大学法学会）〔26―50／昭62―平23〕目次再録
　　「人文論集」(51)　2012 p258―203
　　　（注）「早稲田法学会誌　人文編」の改題
　清末小説（大津　清末小説研究会）
　　　⇨清末小説研究
○清末小説研究→清末小説（大津　清末小説研究会）〔1―7／昭52―昭58〕→〔8―35／昭60―平24〕目録
　　「清末小説」(35)　2012 p169―174
◎新三田派（新三田派編輯所）〔1―8／昭6.7―昭7.6〕総目次ほか（早稲田大図書館）
　　「しれえね・地平線・基調・黙示・リラ・葡萄園・青銅時代・三田文芸陣・季節の展望・素質・新三田派・七人・朱門・紅（䇳）・偽画・未成年総目次」
　　　雄松堂アーカイブズ　2009.4 p153―168
○新民事執行実務（日本執行官連盟編　民事法研究会）〔1―10／平15.1―平24.3〕総索引
　　「新民事執行実務」（日本執行官連盟編）(10)　　2012.3 p174―176
○人民文学（人民文学社→文学の友社）〔1(1)―4(11)36／昭25.11―昭28.12〕総目次（鳥羽耕史）
　　「言語文化研究」（徳島大学総合科学部編）(12)　　2005.2 p91―159
○新約学研究（西宮　日本新約学会）〔1―31／昭48―平15〕総目次
　　「新約学研究」（日本新約学会［編］）(32)　　2004.7 p110―123

しんや

○**新約学研究**(西宮 日本新約学会)〔1—32／昭48—平16〕総目次
　　「新約学研究」(日本新約学会[編])(33)　2005.7 p106—117
○**新約学研究**(西宮 日本新約学会)〔1—33／昭48—平17〕総目次
　　「新約学研究」(日本新約学会[編])(34)　2006 p98—110
○**新約学研究**(西宮 日本新約学会)〔1—34／昭48—平18〕総目次
　　「新約学研究」(日本新約学会[編])(35)　2007 p102—114
○**新約学研究**(西宮 日本新約学会)〔1—35／昭48—平19〕総目次
　　「新約学研究」(日本新約学会[編])(36)　2008 p99—112
○**新約学研究**(西宮 日本新約学会)〔1—36／昭48—平20〕総目次
　　「新約学研究」(日本新約学会[編])(37)　2009 p123—136
○**新約学研究**(西宮 日本新約学会)〔1—37／昭48—平21〕総目次
　　「新約学研究」(日本新約学会[編])(38)　2010 p105—118
○**新約学研究**(西宮 日本新約学会)〔1—38／昭48—平22〕総目次
　　「新約学研究」(日本新約学会[編])(39)　2011 p141—155
○**新約学研究**(西宮 日本新約学会)〔1—39／昭48—平23〕総目次
　　「新約学研究」(日本新約学会[編])(40)　2012.7 p115—129
◎**心理**(京都帝国大学文学部心理学研究室編　京都　日本科学社)〔1—5／昭22.9.5—昭24.6.20〕論文総覧
　　「心理学紀要論文総覧」　日外アソシエーツ　2008.10 p149—150
◎**心理学紀要**(明治学院大学文学部心理学科→明治学院大学心理学会)〔1—14／平3.3.30—平16.3.31〕論文総覧
　　「心理学紀要論文総覧」　日外アソシエーツ　2008.10 p570—573
　　(注)「明治学院大学心理学紀要」と改題
○**心理学史・心理学論**([札幌]「心理学史・心理学論」刊行会)〔1—10・11／平11.9—平21.8〕総目次
　　「心理学史・心理学論」(「心理学史・心理学論」刊行会編)(10・11)　2009.8　p69—71
○**心理学評論**(京都　心理学評論刊行会)〔1—50／昭32.10—平19〕総目次
　　「心理学評論」50(4)　2007 p475—534
◎**心理教育相談研究**：広島大学大学院教育学研究科心理教育相談室紀要(東広島　広島大学大学院教育学研究科心理教育相談室)〔1—18／昭59.11.20—平14.3.23〕論文総覧

◎心理教育相談センター年報（広島 広島文教女子大学心理教育相談センター）〔11—13／平16.3.1—平18.4.1〕論文総覧

「心理学紀要論文総覧」 日外アソシエーツ 2008.10 p515—516
(注)「教育相談センター年報」の改題

◎心理発達科学論集（名古屋 名古屋大学大学院教育発達科学研究科心理発達科学専攻「心理発達科学論集」編集委員会）〔31—33／平14.3.25—平16.3.25〕論文総覧

「心理学紀要論文総覧」 日外アソシエーツ 2008.10 p398—399
(注)「教育心理学論集」の改題

◎心理臨床研究（福岡 九州大学教育学部心理教育相談室）〔1—6／昭50.4.10—昭55.12〕論文総覧

「心理学紀要論文総覧」 日外アソシエーツ 2008.10 p140—143
(注)「九州大学心理臨床研究」と改題

◎心理臨床事例研究：兵庫教育大学心理臨床研究会紀要（社町（兵庫県） 兵庫教育大学心理臨床研究会）〔1／平10.3.31〕論文総覧

「心理学紀要論文総覧」 日外アソシエーツ 2008.10 p456

◎心理臨床センター紀要（甲府 山梨英和大学心理臨床センター）〔1—2／平18.3.31—平19.4.1〕論文総覧

「心理学紀要論文総覧」 日外アソシエーツ 2008.10 p621

○しんりんほぜん（森林保全研究会）〔1—100／昭52—平18〕総目次

「しんりんほぜん：森林保全研究会会報」（森林保全研究会編）(59)通号100 2006.1.20 p7—21

◎人類史研究（鹿児島 人類史研究会）〔7—13／昭63.10—平14.10〕論文総覧

「歴史学紀要論文総覧」 日外アソシエーツ 2007.9 p130—132
(注)「鹿大考古」の改題

【す】

○水産教育資料（実業教科書（株））〔1—4／昭22.1—昭22.11〕目次集（丸山剛史,尾高進）

「工学院大学共通課程研究論叢」（工学院大学［編］）(46-1) 2008.10 p94

○水産教育資料（実業教科書（株））〔1—4／昭22.1—昭22.11〕執筆者一覧（丸山剛

史,尾高進)
　　　「工学院大学共通課程研究論叢」(工学院大学[編])(46-2)　2009.2 p109
○水産工学研究所技報(波崎町(茨城県)　水産庁水産工学研究所→神栖 水産総合研究センター水産工学研究所)〔1—30／昭55.3—平20.3〕総目次
　　　「水産工学研究所技報」(30)　2008.3 p17—29
○水声通信(水声社)〔1—34／平17.11—平23.8〕総目次
　　　「水声通信」7(1) 通号34　2011.8 p263—285
○水原郷土誌料(水原町教育委員会,水原史学会→水原町教育委員会,水原博物館友の会→水原町教育委員会)〔1—31／昭39.6—平15.3〕既刊総目次
　　　「水原郷土誌料」(水原町教育委員会編)(32)　2004.3
◎水曜(大阪 大丸)〔1947／昭22.5〕総目次
　　　「占領期女性雑誌事典—解題目次総索引 6」(吉田健二)　金沢文圃閣　2006.9 p85—89
○数学〔51—60／平11.1—平20.10〕総目次
　　　「数学」(日本数学会編)60(4)　2008.10 巻末1—14
数学史研究
　　　⇨和算研究
○図画と手工(東京美術学校図画師範科・錦巷会編)〔1—242／明44.4—昭14.10〕目次集(稿)(丸山剛史)
　　　「技術・職業教育学研究室研究報告：技術教育学の探求」(名古屋大学大学院教育発達科学研究科技術職業教育学研究室編)(3)　2006.6 p121—138
○須高(須坂 須高郷土史研究会)〔51—70／平12.10—平22.4〕総目次
　　　「須高」(71)　2010.10
◎スタイル(スタイル社)〔1946.3—1952.4／昭21.3—昭27.4〕総目次
　　　「占領期女性雑誌事典—解題目次総索引 6」(吉田健二)　金沢文圃閣　2006.9 p93—190
◎スタイル読物版(スタイル社)〔昭24.12—25.4〕総目次
　　　「占領期女性雑誌事典—解題目次総索引 6」(吉田健二)　金沢文圃閣　2006.9 p193—199
◎すてっぷ：権利擁護センターすてっぷ(東京精神薄弱者・痴呆性高齢者権利擁護センター→東京都社会福祉協議会)〔1—10／平5.3—平12.12〕目次
　　　「近代雑誌目次文庫 76 社会学編 26」　ゆまに書房　2011.7 p1—2
○structure(日本建築構造技術者協会)〔1—99／昭56.9—平18.7〕特集および主

集目次
　　「Structure：Journal of Japan structural Consultants Association」(100)　2006.10　p72—79
○**Structure**（日本建築構造技術者協会）〔100—110／平18.10—平21.4〕特集および主集目次
　　「Structure：Journal of Japan structural Consultants Association」(111)　2009.7　p82—83
◎砂（海豹同人会内砂編集部→砂編集室→砂出版社→砂の会）〔1—22／昭29.7—昭36.4〕総目次
　　「戦後詩誌総覧 5」（和田博文ほか）　日外アソシエーツ　2009.11　p344—352
◎**素直**〔**第1次**〕（外村繁編　赤坂書店）〔1—4／昭21.7—昭23.5〕内容細目
　　「文芸雑誌内容細目総覧―戦後リトルマガジン篇」（日外アソシエーツ編, 勝又浩監修）　日外アソシエーツ, 紀伊國屋書店〔発売〕　2006.11　p68—69
◎**素直**〔**第2次**〕（外村繁編　留女書店）〔復刊1／昭24.5〕内容細目
　　「文芸雑誌内容細目総覧―戦後リトルマガジン篇」（日外アソシエーツ編, 勝又浩監修）　日外アソシエーツ, 紀伊國屋書店〔発売〕　2006.11　p211
◎**素直**〔**第3次**〕（野田允太→斉藤正二編　永晃産業素直編集部→素直社）〔1—9／昭32.2—昭35.7〕内容細目
　　「文芸雑誌内容細目総覧―戦後リトルマガジン篇」（日外アソシエーツ編, 勝又浩監修）　日外アソシエーツ, 紀伊國屋書店〔発売〕　2006.11　p303—305
○**Spin**（みずのわ出版）〔1—7／平19.2—平22.4〕目次
　　「Spin」(8)　2010.11　p96
○**スプリント研究**（日本スプリント学会）〔11—20／平3.8—平22.12〕総目録
　　「スプリント研究」（日本スプリント学会［編］）(21)　2012.3　p73—82
○**スペイン史研究**〔1—17／昭58.3—平15.10〕総目次
　　「スペイン史研究」(18)　2004.12　p41—42
○**スペイン史研究**〔1—18／昭58.3—平16.12〕総目次
　　「スペイン史研究」(19)　2005.12　p42—43
○**スペイン史研究**〔1—19／昭58.3—平17.12〕総目次
　　「スペイン史研究」(20)　2006.12　p50—51
○**スペイン史研究**〔1—20／昭58.3—平18.12〕総目次
　　「スペイン史研究」(21)　2007.12　p41—42

すへい

○スペイン史研究〔1—21／昭58.3—平19.12〕総目次
　　「スペイン史研究」(22)　2008.12 p40—41
○スペイン史研究〔1—22／昭58.3—平20.12〕総目次
　　「スペイン史研究」(23)　2009.12 p39—40
○スペイン史研究〔1—23／昭58.3—平21.12〕総目次
　　「スペイン史研究」(24)　2010.12 p32—33
○スペイン史研究〔1—24／昭58.3—平22.12〕総目次
　　「スペイン史研究」(25)　2011.12 p29—30
○スペイン史研究〔1—25／昭58.3—平23.12〕総目次
　　「スペイン史研究」(26)　2012.12 p32—34
○スペイン史研究〔1—26／昭58.3—平24.12〕総目次
　　「スペイン史研究」(27)　2013.12 p34—36
○スポーツ史研究(スポーツ史学会)〔11—20／平10—平19〕総目次
　　「スポーツ史研究」(スポーツ史学会編)(20)　2007 p171—175
○スマートグリッド(大河出版)〔1—2／平23—平24〕年間総目次
　　「スマートグリッド：技術雑誌」2(4)通号5　2012.10 p59—60
○住友軽金属技報(名古屋　住友軽金属工業研究開発センター)〔1—50／昭35.1—平21.12〕総目次
　　「住友軽金属技報」50(1)　2009 p89—158
○住友重機械技報(住友重機械工業)〔151—160／平15.4—平18.4〕技術分類総目次
　　「住友重機械技報」(160)　2006.4 p37—39
　　(注)「浦賀技報」と「住友機械技報」の合併改題
○住友重機械技報(住友重機械工業)〔161—170／平18.8—平21.8〕技術分類総目次
　　「住友重機械技報」(170)　2009 巻末3p
　　(注)「浦賀技報」と「住友機械技報」の合併改題
○住友重機械技報(住友重機械工業)〔151—160／平21.12—平24.12〕技術分類総目次
　　「住友重機械技報」(180)　2012 巻末3p
　　(注)「浦賀技報」と「住友機械技報」の合併改題
○住友修史室報→住友史料館報(神戸　住友修史室→京都　住友史料館)〔1—17／昭52.9—昭62.3〕→〔18—40／昭63.2—平21.7〕総目次
　　「住友史料館報」(住友史料館編)(41)　2010.7 p195—202

（注）「住友史料館報」と改題
　　住友史料館報（京都　住友史料館）
　　　⇨住友修史室報
◎すり絵〔1／昭5.1〕総目次（加治幸子）
　　「創作版画誌の系譜―総目次及び作品図版」　中央公論美術出版　2008.1
　　p349―350
◎スリーナイン〔昭25.11〕総目次（山前譲）
　　「探偵雑誌目次総覧」　日外アソシエーツ　2009.6 p346
○駿河台経済論集（飯能　駿河台大学経済学部）〔10(1)―19(2)／平12.9―平22.3〕
　総目次
　　「駿河台経済論集」（「駿河台経済論集」編集委員会編）19(2)　2010.3 p311
　　―321
　　駿台教育フォーラム（駿台教育研究所編　駿河台学園駿台予備学校）
　　　⇨駿台フォーラム
○駿台フォーラム（駿台教育研究所編　駿河台学園駿台予備学校）〔1―21／昭57.10
　―平15.7〕総目次
　　「駿台フォーラム」(22)　2004.7 p31―37
　　　（注）「駿台教育フォーラム」と改題
○駿台フォーラム（駿台教育研究所編　駿河台学園駿台予備学校）〔1―22／昭57.10
　―平19.7〕総目次
　　「駿台フォーラム」(23)　2005.7 p87―94
　　　（注）「駿台教育フォーラム」と改題
○駿台フォーラム（駿台教育研究所編　駿河台学園駿台予備学校）〔20―23／平14.9
　―平17.7〕総目次
　　「駿台教育フォーラム」（駿台教育研究所編）(24)　2007.7 p79―80
　　　（注）「駿台教育フォーラム」と改題
○駿台フォーラム→駿台教育フォーラム（駿台教育研究所編　駿河台学園駿台予備
　学校）〔20―23／平14.9―平17.7〕→〔24／平19.7〕総目次
　　「駿台教育フォーラム」（駿台教育研究所編）(25)　2008.7 p91―92
○駿台フォーラム→駿台教育フォーラム（駿台教育研究所編　駿河台学園駿台予備
　学校）〔21―23／平15.7―平17.7〕→〔24―25／平19.7―平20.7〕総目次
　　「駿台教育フォーラム」（駿台教育研究所編）(26)　2009.7 p103―104
○駿台フォーラム→駿台教育フォーラム（駿台教育研究所編　駿河台学園駿台予備

学校)〔22—23／平16.7—平17.7〕→〔24—26／平19.7—平21.7〕総目次
「駿台教育フォーラム」(駿台教育研究所編)(27)　2010.7　p139—140
○**駿台フォーラム**→**駿台教育フォーラム**(駿台教育研究所編　駿河台学園駿台予備学校)〔23／平17.7〕→〔24—27／平19.7—平22.7〕総目次
「駿台教育フォーラム」(駿台教育研究所編)(28)　2011.7　p115—116
○**駿台フォーラム**→**駿台教育フォーラム**(駿台教育研究所編　駿河台学園駿台予備学校)〔23／平17.7〕→〔24—28／平19.7—平23.7〕総目次
「駿台教育フォーラム」(駿台教育研究所編)(29)　2013.7　p169—171

【せ】

○**聖学院大学論叢**(上尾　聖学院大学)〔1—21／昭63—平21〕総目次
「聖学院大学論叢」(聖学院大学編)21(3)　2009　p347—365
◎**生活**〔1945.8・9—18(4)／昭20.9—昭27.4〕総目次
「占領期女性雑誌事典—解題目次総索引 6」(吉田健二)　金沢文圃閣　2006.9　p203—245
◎**生活科学**(生活科学化協会)〔再刊1—7(3)／昭21.7—昭24.3〕総目次
「占領期女性雑誌事典—解題目次総索引 6」(吉田健二)　金沢文圃閣　2006.9　p249—275
○**生活学校**(巌松堂書店)〔1(1)—4(5)／昭21.10—昭24.6〕目次ほか(奥泉栄三郎)
「戦後教育史研究」(明星大学戦後教育史研究センター編)(25)　2011.12　p153—163
(注)欠号あり
◎**生活指導研究**(明治図書出版→大空社→エイデル研究所)〔1—26／昭59—平21〕論文総目次(日本生活指導学会)
「生活指導事典—生活指導・対人援助に関わる人のために」　エイデル研究所　2010.8　p306—313
◎**生活と文化**(生活文化社)〔1(1)—2(3)／昭21.1—昭22.5〕総目次
「占領期女性雑誌事典—解題目次総索引 6」(吉田健二)　金沢文圃閣　2006.9　p279—294
(注)「婦人雑誌」と改題
○**生活と文学**(新日本文学会編　百合出版)〔1(1)—3(3)／昭32.11—昭32.3〕総目

次(鳥羽耕史)
　　「言語文化研究」(徳島大学総合科学部編)(18)　2010.12 p35—59
　　(付)人名・団体名索引
◎**生活文化**(旺文社)〔1946.1—1949.10／昭21.1—昭24.10〕総索引
　　「占領期女性雑誌事典—解題目次総索引 7」(吉田健二)　金沢文圃閣　2007.3
　　p17—57
○**生活文化研究所年報**(岡山　ノートルダム清心女子大学生活文化研究所)〔1—16／昭62.5—平15.3〕既刊目次
　　「生活文化研究所年報」(ノートルダム清心女子大学生活文化研究所[編])
　　　(17)　2004.3 p169—176
○**生活文化研究所年報**(岡山　ノートルダム清心女子大学生活文化研究所)〔1—17／昭62.5—平16.3〕既刊目次
　　「生活文化研究所年報」(ノートルダム清心女子大学生活文化研究所[編])
　　　(18)　2005.3 p209—216
○**生活文化研究所年報**(岡山　ノートルダム清心女子大学生活文化研究所)〔1—18／昭62.5—平17.3〕既刊目次
　　「生活文化研究所年報」(ノートルダム清心女子大学生活文化研究所[編])
　　　(19)　2006.3 p277—284
○**生活文化研究所年報**(岡山　ノートルダム清心女子大学生活文化研究所)〔1—19／昭62.5—平18.3〕既刊目次
　　「生活文化研究所年報」(ノートルダム清心女子大学生活文化研究所[編])
　　　(20)　2007.3 p167—174
○**生活文化研究所年報**(岡山　ノートルダム清心女子大学生活文化研究所)〔1—20／昭62.5—平19.3〕既刊目次
　　「生活文化研究所年報」(ノートルダム清心女子大学生活文化研究所[編])
　　　(21)　2008.3 p192—200
○**生活文化研究所年報**(岡山　ノートルダム清心女子大学生活文化研究所)〔1—21／昭62.5—平20.3〕既刊目次
　　「生活文化研究所年報」(ノートルダム清心女子大学生活文化研究所[編])
　　　(22)　2009.3 p274—283
○**生活文化研究所年報**(岡山　ノートルダム清心女子大学生活文化研究所)〔1—22／昭62.5—平21.3〕既刊目次
　　「生活文化研究所年報」(ノートルダム清心女子大学生活文化研究所[編])

　　　　　(23)　2010.3　p208—217
○**生活文化研究所年報**（岡山　ノートルダム清心女子大学生活文化研究所）〔1—23／昭62.5—平22.3〕既刊目次
　　「生活文化研究所年報」（ノートルダム清心女子大学生活文化研究所〔編〕）
　　　　　(24)　2011.3　p307—317
○**生活文化研究所年報**（岡山　ノートルダム清心女子大学生活文化研究所）〔1—24／昭62.5—平23.3〕既刊目次
　　「生活文化研究所年報」（ノートルダム清心女子大学生活文化研究所〔編〕）
　　　　　(25)　2012.3　p311—321
○**生活文化研究所年報**（岡山　ノートルダム清心女子大学生活文化研究所）〔1—25／昭62.5—平24.3〕既刊目次
　　「生活文化研究所年報」（ノートルダム清心女子大学生活文化研究所〔編〕）
　　　　　(26)　2013.3　p267—278
◎**世紀**（三笠書房）〔1(1)—2(3)／昭9.4—昭10.4〕総目次ほか（早稲田大図書館）
　　「南紀芸術・翰林・世紀・星座・行動文学・文学生活・文体総目次」　雄松堂
　　　アーカイブズ　2009.4　p65—84
◎**清郷日報**〔5—175／昭16.7—昭16.12〕記事目録（三好章）
　　「『清郷日報』記事目録」　中国書店　2005.3　291p　B5
○**政経研究**（政治経済研究所『政経研究』編集委員会）〔1—100／昭35.8—平25.6〕総目次
　　「政経研究」（政治経済研究所『政経研究』編集委員会編）（100）　2013.6
　　　p103—152
　　（注）「政経月誌」の改題
成蹊大学一般研究報告（武蔵野　成蹊大学）
　　⇨成蹊大学研究報告
○**成蹊大学研究報告**→**成蹊大学一般研究報告**（武蔵野　成蹊大学）〔1—3／昭36.7—昭40.3〕→〔4—39／昭42.12—平19.12〕総目次
　　「成蹊大学一般研究報告」(40)　2008.6　p1—17
　　　（付）英語文
○**税研**（日本税務研究センター）〔1—20(2)117／昭60.9—平16.9〕総合索引
　　「税研」（日本税務研究センター編）20(3)　2004.11　巻末1—17
○**税研**（日本税務研究センター）〔1—21(2)123／昭60.9—平17.9〕総合索引
　　「税研」（日本税務研究センター編）21(3)　2005.11　巻末1—18

○税研(日本税務研究センター)〔1—22(2)129／昭60.9—平18.9〕総合索引
「税研」(日本税務研究センター編)22(3)　2006.11　巻末1—20
○税研(日本税務研究センター)〔1—23(2)135／昭60.9—平19.9〕総合索引
「税研」(日本税務研究センター編)23(3)　2007.11　巻末1—21
○税研(日本税務研究センター)〔1—24(2)141／昭60.9—平19.9〕総合索引
「税研」(日本税務研究センター編)24(3)　2008.11　巻末1—23
○清交(忍冬会)〔1—7(4)26／昭12.4—昭18.12〕目録
「文建協通信」(文化財建造物保存技術協会編)(100修正版)　2010.4　p67—106
　(注)「古建築」と改題
◎星座(星座社→本間三陽堂書店→星座社,本間三陽堂)〔1(1)—3(9)／昭9.4—昭12.9〕総目次ほか(早稲田大図書館)
「南紀芸術・翰林・世紀・星座・行動文学・文学生活・文体総目次」　雄松堂アーカイブズ　2009.4　p85—137
◎政治と文学(大阪　蒼馬社)〔1—3／昭54.9.10—昭57.8.15〕総目次
「大阪文藝雑誌総覧」(浦西和彦,増田周子,荒井真理亜著)　和泉書院　2013.2　p572—573
◎政治と文学の会　会報(大阪　政治と文学の会)〔1—8／昭53.5.20—昭55.6.1〕総目次
「大阪文藝雑誌総覧」(浦西和彦,増田周子,荒井真理亜著)　和泉書院　2013.2　p570—572
○成城国文学(成城国文学会)〔11—20／平7—平15〕総目次
「成城国文学」(20)　2004.3　p178—182
○成城大学短期大学部紀要→成城短期大学紀要→紀要(成城短期大学部)(成城大学短期大学部研究室→成城短期大学→成城大学短期大学部)〔1—9／昭45.1—昭53.3〕→〔10—25／昭54.3—平6.3〕→〔26—36／平7.3—平16.3〕総目録
「紀要」(成城大学短期大学部‖〔編〕)(37)　2005.3　p91—102
成城短期大学紀要(成城短期大学)
　⇨成城大学短期大学部紀要
成城短期大学部紀要(成城大学短期大学部)
　⇨成城大学短期大学部紀要
◎青少年問題〔1—48(6)／昭26.10—平13.6〕目次
「近代雑誌目次文庫 76 社会学編 26」　ゆまに書房　2011.7　p3—182

せいし

◎聖書知識（聖書知識社）〔1―200／昭5.1―昭21.12〕目次
　　「太宰治と「聖書知識」」（田中良彦著）　朝文社　2004.6 p232―271
○精神医療 第4次（批評社）〔1―50／平4.8―平20〕総目次
　　「精神医療 第4次」（「精神医療」編集委員会編）(50)　2008 p131―156
○精神障害とリハビリテーション〔1―10／平9―平18〕総目次
　　「精神障害とリハビリテーション」11(1) 通号21　2007 p90―97
◎聖心女子大学心理教育相談所紀要（聖心女子大学心理教育相談所）〔1―2／平15.2.20―平15.12.15〕論文総覧
　　「心理学紀要論文総覧」　日外アソシエーツ　2008.10 p247
　　（注）「臨床発達心理学研究」と改題
聖心女子大学大学院論集（聖心女子大学）
　　⇨文学・史学
◎聖心女子大学大学院論集（聖心女子大学）〔19―28(2)／平9.7―平18.7〕論文総覧
　　「歴史学紀要論文総覧」　日外アソシエーツ　2007.9 p345―348
　　（注）「文学・史学」の改題
○精神保健福祉（日本精神保健福祉士協会）〔40―64／平11.12―平17.12〕総目次
　　「精神保健福祉：日本精神保健福祉士協会誌」（機関誌編集委員会編）36(4) 通号64　2005.12 p410―420
　　（注）「精神医学ソーシャル・ワーク」の改題
○税制研究（税制経営研究所→谷山財政税制研究所, 税制経営研究所）〔41―60／平14.1―平23.7〕バックナンバー一覧
　　「税制研究」(61)　2012.2 p105―117
○清泉女子大学人文科学研究所紀要（清泉女子大学人文科学研究所）〔1―24／昭54―平15〕総目次
　　「清泉文苑」(21)　2004.3 p142―144
○清泉女子大学人文科学研究所紀要（清泉女子大学人文科学研究所）〔1―25／昭54―平16〕総目次
　　「清泉文苑」(22)　2005.3 p156―158
○清泉女子大学人文科学研究所紀要（清泉女子大学人文科学研究所）〔1―26／昭54―平17〕総目次
　　「清泉文苑」(23)　2006.3 p175―177
○清泉女子大学人文科学研究所紀要（清泉女子大学人文科学研究所）〔1―27／昭54

―平18〕総目次
　　　「清泉文苑」(24)　2007.3 p156―158
○清泉女子大学人文科学研究所紀要(清泉女子大学人文科学研究所)〔1―28／昭54
　―平19〕総目次
　　　「清泉文苑」(25)　2008.3 p140―143
○清泉女子大学人文科学研究所紀要(清泉女子大学人文科学研究所)〔1―29／昭54
　―平20〕総目次
　　　「清泉文苑」(26)　2009.3 p165―168
○清泉女子大学人文科学研究所紀要(清泉女子大学人文科学研究所)〔1―30／昭54
　―平21〕総目次
　　　「清泉文苑」(27)　2010 p130―133
○清泉女子大学人文科学研究所紀要(清泉女子大学人文科学研究所)〔1―31／昭54
　―平22〕総目次
　　　「清泉文苑」(28)　2011 p168―171
○清泉女子大学人文科学研究所紀要(清泉女子大学人文科学研究所)〔1―32／昭54
　―平23〕総目次
　　　「清泉文苑」(29)　2012 p149―153
○清泉女子大学人文科学研究所紀要(清泉女子大学人文科学研究所)〔1―33／昭54
　―平24〕総目次
　　　「清泉文苑」(30)　2013 p158―162
○清泉文苑(清泉女子大学人文科学研究所)〔1―20／昭59―平15〕総目次
　　　「清泉文苑」(21)　2004.3 p138―142
○清泉文苑(清泉女子大学人文科学研究所)〔1―21／昭59―平16〕総目次
　　　「清泉文苑」(22)　2005.3 p152―156
○清泉文苑(清泉女子大学人文科学研究所)〔1―22／昭59―平17〕総目次
　　　「清泉文苑」(23)　2006.3 p170―174
○清泉文苑(清泉女子大学人文科学研究所)〔1―23／昭59―平18〕総目次
　　　「清泉文苑」(24)　2007.3 p151―155
○清泉文苑(清泉女子大学人文科学研究所)〔1―24／昭59―平19〕総目次
　　　「清泉文苑」(25)　2008.3 p135―140
○清泉文苑(清泉女子大学人文科学研究所)〔1―25／昭59―平20〕総目次
　　　「清泉文苑」(26)　2009.3 p160―165

○清泉文苑（清泉女子大学人文科学研究所）〔1―26／昭59―平21〕総目次
　　「清泉文苑」(27)　2010　p124―129
○清泉文苑（清泉女子大学人文科学研究所）〔1―27／昭59―平22〕総目次
　　「清泉文苑」(28)　2011　p162―167
○清泉文苑（清泉女子大学人文科学研究所）〔1―28／昭59―平23〕総目次
　　「清泉文苑」(29)　2012　p142―148
○清泉文苑（清泉女子大学人文科学研究所）〔1―29／昭59―平24〕総目次
　　「清泉文苑」(30)　2013　p151―157
◎青素（構造社）〔1(1)1―2(6)11／昭44.4―昭45.6〕総目次
　　「戦後詩誌総覧 8」（和田博文ほか）　日外アソシエーツ　2010.8　p42―49
◎青銅時代（青銅時代社）〔1―12／大13.1―大14.3〕総目次ほか（早稲田大図書館）
　　「しれえね・地平線・基調・黙示・リラ・葡萄園・青銅時代・三田文芸陣・季
　　節の展望・素質・新三田派・七人・朱門・紅（箒）・偽画・未成年総目次」
　　雄松堂アーカイブズ　2009.4　p89―103
　聖徳大学言語文化研究所論叢（松戸　聖徳大学出版会）
　　⇨川並総合研究所論叢
◎聖徳大学心理教育相談所紀要（松戸　聖徳大学心理教育相談所）〔1―4／平15.12.
　28―平19.3.27〕論文総覧
　　「心理学紀要論文総覧」　日外アソシエーツ　2008.10　p250―251
　聖徳大学総合研究所論叢（松戸　聖徳大学出版会）
　　⇨川並総合研究所論叢
　西南女学院短期大学研究紀要（北九州　西南女学院短期大学）
　　⇨西南女学院短期大学論叢
○西南女学院短期大学論叢→西南女学院短期大学研究紀要（小倉　西南女学院短期
　大学→北九州　西南女学院短期大学）〔1／昭27〕→〔2―49／昭31―平14〕総目録
　　「西南女学院短期大学研究紀要」(50)　2004.1　p89―104
◎青年作家〔1(1)―2(1)5／昭22.9―昭23.1〕内容細目
　　「文芸雑誌内容細目総覧―戦後リトルマガジン篇」（日外アソシエーツ編, 勝又
　　浩監修）　日外アソシエーツ, 紀伊國屋書店〔発売〕　2006.11　p142―144
◎青美〔1／大10.4〕総目次（加治幸子）
　　「創作版画誌の系譜―総目次及び作品図版」　中央公論美術出版　2008.1　p74
　　―76

○**生物教育**(町田 日本生物教育学会)〔34(1)151—45(3)189／平5—平18〕総目次一覧
　　「生物教育」46(1・2)通号191　2006.5　p42—80
　　(付)英文：p63—80
○**生文研メール**(岡山 ノートルダム清心女子大学生活文化研究所)〔1—10／平16.7—平21.1〕既刊目次
　　「生活文化研究所年報」(ノートルダム清心女子大学生活文化研究所〔編〕)
　　　(22)　2009.3　p284—287
○**生文研メール**(岡山 ノートルダム清心女子大学生活文化研究所)〔1—12／平16.7—平21.12〕既刊目次
　　「生活文化研究所年報」(ノートルダム清心女子大学生活文化研究所〔編〕)
　　　(23)　2010.3　p218—222
○**生文研メール**(岡山 ノートルダム清心女子大学生活文化研究所)〔1—14／平16.7—平23.1〕既刊目次
　　「生活文化研究所年報」(ノートルダム清心女子大学生活文化研究所〔編〕)
　　　(24)　2011.3　p318—323
○**生文研メール**(岡山 ノートルダム清心女子大学生活文化研究所)〔1—15／平16.7—平23.11〕既刊目次
　　「生活文化研究所年報」(ノートルダム清心女子大学生活文化研究所〔編〕)
　　　(25)　2012.3　p322—327
○**生文研メール**(岡山 ノートルダム清心女子大学生活文化研究所)〔1—16／平16.7—平24.8〕既刊目次
　　「生活文化研究所年報」(ノートルダム清心女子大学生活文化研究所〔編〕)
　　　(26)　2013.3　p279—284
聖母女学院短期大学家政学科研究紀要(寝屋川 聖母女学院短期大学家政学科)
　　⇨聖母女学院短期大学研究紀要
聖母女学院短期大学研究紀要(京都 聖母女学院短期大学)
　　⇨聖母女学院短期大学研究紀要
○**聖母女学院短期大学研究紀要→聖母女学院短期大学家政学科研究紀要→聖母女学院短期大学研究紀要→京都聖母女学院短期大学研究紀要**(寝屋川 家政学研究所→聖母女学院短期大学家政学科→京都 聖母女学院短期大学→京都聖母女学院短期大学)〔1—3／昭40—昭45〕→〔4—7／昭46—昭52〕→〔8—40／昭53—平23〕→〔41／平24〕総目次

「京都聖母女学院短期大学研究紀要」(京都聖母女学院短期大学編) (42)
  2013 p19—34
○**精米工業**(日本精米工業会)〔200—230／平15.5—平20.5〕総目次
  「精米工業」(230) 2008.5 p46—52
○**精米工業**(日本精米工業会)〔152—242／平7.5—平22.9〕総目次
  「精米工業」(242) 2010.5 p41—56
○**税務事例研究**(租税法事例研究会)〔1—105〕発刊内容
  「税研」(日本税務研究センター編) 24(3) 2008.11 巻末35—42
◎**政友特報**(立憲政友會本部通信部)〔1221—1748／昭5.2—昭6.10〕記事総目録 (富澤一弘)
  「北関東地方史研究—生糸と人々のくらし」(富澤一弘著) 日本経済評論社
  2010.1 p415—458
◎**西洋古代史研究**(京都 京都大学大学院文学研究科)〔1—6／平13.3—平18.12〕論文総覧
  「歴史学紀要論文総覧」 日外アソシエーツ 2007.9 p244—245
○**西洋雑誌**(開物社)〔1—6／[慶3.10]—明2.10〕目次(藤元直樹)
  「参考書誌研究」(国立国会図書館主題情報部編) (65) 2006.10 p1—154
◎**西洋史学報**(東広島 広島大学西洋史学研究会→広島西洋史学研究会)〔復刊1—復刊10,11—33／昭48.7—昭59.2, 昭60.1—平18.3〕論文総覧
  「歴史学紀要論文総覧」 日外アソシエーツ 2007.9 p563—568
◎**西洋史研究**(東北帝国大学西洋史研究会→東北大学西洋史研究会→西洋史研究会編 仙台 東北帝国大学西洋史研究会→東京堂→西洋史研究会)〔1—15, 復刊1—復刊12, 新輯1—新輯35／昭7.6—昭15.12, 昭30.9—昭46.2, 昭47.11—平18.11〕論文総覧
  「歴史学紀要論文総覧」 日外アソシエーツ 2007.9 p471—488
○**西洋史研究**(仙台 西洋史研究会)〔新輯31—40／平14—平23〕総目次
  「西洋史研究」(40)通号67 2011 p241—249
◎**西洋史論叢**(早稲田大学史学会西洋史部会→早稲田大学西洋史研究会)〔1—28／昭54.3—平18.12〕論文総覧
  「歴史学紀要論文総覧」 日外アソシエーツ 2007.9 p884—889
○**セーヴェル**(高槻 ハルビン・ウラジオストクを語る会)〔1—18／平7.10—平15.12〕目次一覧

「Север」(19)　2004.6　巻末3p
○セーヴェル（高槻 ハルビン・ウラジオストクを語る会）〔1―19／平7.10―平16.6〕目次一覧
　　「Север」(20)　2004.12　巻末3p
○セーヴェル（高槻 ハルビン・ウラジオストクを語る会）〔1―20／平7.10―平16.12〕目次一覧
　　「Север」(21)　2005.6　巻末3p
○セーヴェル（高槻 ハルビン・ウラジオストクを語る会）〔1―21／平7.10―平17.6〕目次一覧
　　「Север」(22)　2005.12　巻末3p
○セーヴェル（高槻 ハルビン・ウラジオストクを語る会）〔1―22／平7.10―平17.12〕目次一覧
　　「Север」(23)　2006.12　巻末4p
○セーヴェル（高槻 ハルビン・ウラジオストクを語る会）〔1―23／平7.10―平18.12〕目次一覧
　　「Север」(24)　2007.12　巻末4p
○セーヴェル（高槻 ハルビン・ウラジオストクを語る会）〔1―24／平7.10―平19.12〕目次一覧（生田美智子）
　　「News letter」（［近現代東北アジア地域史研究会］［編］）(20)　2008.12　p13―27
○セーヴェル（高槻 ハルビン・ウラジオストクを語る会）〔1―24／平7.10―平19.12〕目次一覧
　　「Север」(25)　2009.2　巻末5p
○セーヴェル（高槻 ハルビン・ウラジオストクを語る会）〔1―25／平7.10―平21.2〕目次一覧
　　「Север」(26)　2010.3　巻末5p
○セーヴェル（高槻 ハルビン・ウラジオストクを語る会）〔1―26／平7.10―平22.3〕目次一覧
　　「Север」(27)　2011.3　巻末6p
○セーヴェル（高槻 ハルビン・ウラジオストクを語る会）〔1―27／平7.10―平23.3〕目次一覧
　　「Север」(28)　2012.3　巻末6p

○セーヴェル(高槻 ハルビン・ウラジオストクを語る会)〔1―28／平7.10―平24.3〕目次一覧
　　「Север」(29)　2013.3　巻末13p
○世益新聞(山口屋佐七)〔1―9／明8.2―明9.4〕目次(藤元直樹)
　　「参考書誌研究」(国立国会図書館主題情報部編)(65)　2006.10 p1―154
○世界(岩波書店)〔1―746／昭21.1―平17.12〕総目次
　　「世界」(岩波書店[編])(748)(別冊)　2006.1 p1―496
　　(付)執筆者別総索引
　世界人権問題研究センター研究紀要(京都 世界人権問題研究センター)
　　⇨研究紀要(世界人権問題研究センター)
○世界平和研究(世界平和教授アカデミー)〔132―181／平9.2―平21.春季〕バックナンバー一覧
　　「世界平和研究」35(3)通号182　2009.夏季 p54―63
　　(注)「アカデミー・ニュース」の改題
◎赤裸(下西成 南海時報社)〔1／大10.3.15〕総目次
　　「大阪文藝雑誌総覧」(浦西和彦,増田周子,荒井真理亜著)　和泉書院　2013.2 p79―80
◎世代(目黒書店→書肆ユリイカ)〔1(1)―17／昭21.7―昭28.2〕内容細目
　　「文芸雑誌内容細目総覧―戦後リトルマガジン篇」(日外アソシエーツ編,勝又浩監修)　日外アソシエーツ,紀伊國屋書店〔発売〕　2006.11 p70―75
◎世代(目黒書房→書肆ユリイカ)〔1(1)―17／昭21.7―昭28.2〕総目次
　　「戦後詩誌総覧 4」(和田博文ほか)　日外アソシエーツ　2009.6 p226―235
○せたかい(世田谷区誌研究会)〔復刊1―60／昭26.7―平21.8〕所載総目録
　　「せたかい：歴史さろん」(世田谷区誌研究会編集委員会編)(61)　2009.12 p9―35
◎世田谷文学館(せたがや文化財団世田谷文学館)〔1―9／平7.7―平10.4〕総目次(岡野裕之)
　　「文学館出版物内容総覧：図録・目録・紀要・復刻・館報」　日外アソシエーツ　2013.4 p588―589
◎世田谷文学館ニュース(せたがや文化財団世田谷文学館)〔10―52／平2.8―平24.8〕総目次(岡野裕之)
　　「文学館出版物内容総覧：図録・目録・紀要・復刻・館報」　日外アソシエーツ　2013.4 p589―596

○石灰石(石灰石鉱業協会)〔321—331／平15.1—平16.9〕総目録
「石灰石」(332)　2004.11　巻末1—8
○石灰石(石灰石鉱業協会)〔331—340／平16.9—平18.3〕総目録
「石灰石」(341)　2006.5　巻末1—10
○説教しるべ草(大野木市兵衛)〔1—6／明6.12?—?〕目次(藤元直樹)
「参考書誌研究」(国立国会図書館主題情報部編)(65)　2006.10 p1—154
◎Z(小田仁二郎編 小俣方→鈴木方)〔1—7／昭31.3—昭32.9〕内容細目
「文芸雑誌内容細目総覧—戦後リトルマガジン篇」(日外アソシエーツ編, 勝又浩監修)　日外アソシエーツ, 紀伊國屋書店〔発売〕　2006.11 p293—294
○瀬戸市歴史民俗資料館研究紀要(瀬戸　瀬戸市歴史民俗資料館)〔1—19／昭57.3—平14.3〕総目次
「瀬戸市歴史民俗資料館研究紀要」(20)　2005.3 p37—38
○Safety and tomorrow(危険物保安技術協会)〔1—100／昭59.8—平17.3〕目次紹介
「Safety & tomorrow」(100)　2005.3 p67—94
◎セレクト(大阪　隆文社)〔1(1)—1(12)／昭5.1.1—昭5.12.1〕総目次
「大阪文藝雑誌総覧」(浦西和彦, 増田周子, 荒井真理亜著)　和泉書院　2013.2 p221—224
◎セレナーデ(セレナーデ社→ロマンス社)〔1(1)—2(2)／昭23.8—昭24.2〕総索引
「占領期女性雑誌事典—解題目次総索引 7」(吉田健二)　金沢文圃閣　2007.3 p65—67
◎0005(ゼロゼロゼロゴ)〔1—3／昭40.3—昭40.5〕総目次
「戦後詩誌総覧 8」(和田博文ほか)　日外アソシエーツ　2010.8 p50—51
◎線(秋山喜久三編)〔1(1)—4(5)／昭3.7—昭6.1〕総目次(加治幸子)
「創作版画誌の系譜—総目次及び作品図版」　中央公論美術出版　2008.1 p261—268
○選挙学会紀要〔1—10／平15—平20〕総目次
「選挙学会紀要」(日本選挙学会編)(10)　2008 p65—69
◎先駆(新人会)(新人会)〔1—7／大9.2—大9.8〕目次
「近代雑誌目次文庫 76 社会学編 26」　ゆまに書房　2011.7 p183—184
◎先駆(先駆社)(先駆社)〔1(1)—1(4)／昭10.6—昭10.10〕目次

せんけ

「近代雑誌目次文庫 76 社会学編 26」 ゆまに書房 2011.7 p185—186
○宣言〔1(1)—1(2),1(4)—2(2),2(4),2(6)—2(9)／昭4.8—昭5.7〕総目次（佐々木靖章）
　　「文献探索人」(文献探索研究会編)(2009)　2009 p53—83
○全建ジャーナル(全国建設業協会)〔昭39—平23〕巻頭言一覧
　　「全建ジャーナル」50(12)通号600　2011.12 p16—19
○戦国史研究〔41—60／平13.2—平22.8〕総目録
　　「戦国史研究」(戦国史研究会編)(60)　2010.8 p25—30
○全国神職会会報(全国神職会会報発行所［編］会通社)〔79—166／明39.2—大1.8〕総目次
　　「神社本廳教學研究所紀要」(11)　2006.3 p325—386
○全国神職会会報(全国神職会会報発行所［編］会通社)〔167—265／大1.9—大9.12〕総目次
　　「神社本廳教學研究所紀要」(12)　2007.3 p369—435
○全國神職會會報(全国神職会会報発行所［編］全国神職会会報発行所→会通社)〔66—78／明38.1—明39.1〕総目次
　　「神社本廳教學研究所紀要」(10)　2004.3 p629—638
○全國神職會會報(全国神職会会報発行所)〔1—65／明32.8—明37.12〕総目次(松本丘ほか)
　　「神社本廳教學研究所紀要」(9)　2004.3 p305—349
　戦史研究年報(防衛省防衛研究所)
　　⇨防衛研究所戦史部年報
◎専修史学(川崎 専修大学歴史学会)〔1—41／昭43.5—平18.11〕論文総覧
　　「歴史学紀要論文総覧」 日外アソシエーツ　2007.9 p352—358
○専修商学論集(専修大学学会)〔60—80／平7.10—平17.1〕総目次
　　「専修商学論集」(専修商学論集編集委員会編)(81)　2005.10 p309—317
○専修大学社会科学研究所月報(川崎 専修大学社会科学研究所)〔401—500／平8.11—平17.2〕総目録
　　「専修大学社会科学研究所月報」(500)　2005.2.20 p16—27
　　　(付)索引
○専修大学社会科学研究所月報(川崎 専修大学社会科学研究所)〔501—600／平17.3—平25.6〕総目次

「専修大学社会科学研究所月報」(600)　2013.6.20 p61―75
　　(付)索引
○専修ネットワーク＆インフォメーション(専修大学ネットワーク情報学会)〔1―
　10／平14.3―平18.11〕総目次
　　「専修ネットワーク＆インフォメーション」(専修ネットワーク＆インフォ
　　　メーション編集委員会編) (10)　2006.11 p66―69
◎前進〔1(1)―2(6)／昭7.7―昭8.7〕目次
　　「近代雑誌目次文庫 76 社会学編 26」　ゆまに書房　2011.7 p187―189
○先世〔1(1)―7／明38.11―明39.5〕総索引
　　「創価教育研究」(5)　2006.3 p197―205
◎浅草寺時報(淺草寺)〔1―77／昭2.3―昭10.11〕社会事業関係記事一覧(大久保
　秀子)
　　「「浅草寺社会事業」の歴史的展開―地域社会との関連で」　ドメス出版
　　　2008.11 p242―254
○戦争と民衆(小田原 戦時下の小田原地方を記録する会)〔49―62／平14.8―平
　21.3〕総目次
　　「戦争と民衆」(戦時下の小田原地方を記録する会編) (63)　2009.8 p20―23
○戦争と民衆(小田原 戦時下の小田原地方を記録する会)〔59―64／平19.8―平
　22.3〕目次
　　「戦争と民衆」(戦時下の小田原地方を記録する会編) (65)　2010.8
○戦争と民衆(小田原 戦時下の小田原地方を記録する会)〔59―69／平19.8―平
　23.3〕目次
　　「戦争と民衆」(戦時下の小田原地方を記録する会編) (67)　2011.8 p22―23
○戦争と民衆(小田原 戦時下の小田原地方を記録する会)〔64―67／平19.8―平
　22.3〕
　　「戦争と民衆」(戦時下の小田原地方を記録する会編) (68)　2012.3 p15
○仙臺文化(仙台 『仙臺文化』編集室)〔1―10／平17.5―平21.11〕バックナン
　バー内容一覧
　　「仙臺文化：杜の都の都市文化継承誌」(11)　2010.11 p23
○仙臺文化往来(仙台 「仙臺文化」編集室)〔1―11〕主要記事一覧
　　「仙臺文化往来」(11)　2010.7 p6
◎仙台文学館ニュース(仙台 仙台文学館)〔開館準備2―23／平10.6―平24.8〕総目
　次(岡野裕之)

「文学館出版物内容総覧：図録・目録・紀要・復刻・館報」 日外アソシエーツ 2013.4 p124—126
先端測量技術（日本測量調査技術協会）
　⇨APA
○**全逓調査時報→JPU時報**（全逓信労働組合中央本部政策室→日本郵政公社労働組合JPU総合研究所）〔1—77／昭57.11—平16.5〕→〔78—87／平16.10—平19.9〕バックナンバー一覧
　「People first」(87)　2007.9 p78—85
○**前途**（上海 前途雑誌社）〔1(1)—7(8)／昭8.1—昭14.4〕記事総目録（徐有威）
　「近代中国研究彙報」(26)　2004 p53—108
◎**線**（日本版画協会）〔1／昭5.7〕総目次（加治幸子）
　「創作版画誌の系譜—総目次及び作品図版」 中央公論美術出版　2008.1 p430—431
◎**先輩の仕事**〔1—11／平12—平24〕総目次
　「調査実習報告書総目次（含・河西ゼミ刊行物一覧）」 早稲田大学　2012.12 p71—96
○**宣撫月報**（中央宣撫小委員会→国務院総務庁弘報処）〔4(1)—4(11)／昭14.1—昭14.12〕目次（山本武利）
　「Intelligence」(5)　2005.1 p122—133
◎**宣撫月報**（中央宣撫小委員会→国務院総務庁弘報処）〔1—73／昭12.1—昭20.1〕総目次
　「宣撫月報 解説・総目次・索引」（山本武利解説） 不二出版　2006.1 p25—104
○**前夜 第1期**（前夜, 影書房〔発売〕）〔1—12／平16.10—平19.7〕総目次
　「前夜 第1期」(12)　2007.夏 p190—199
千里金蘭大学紀要（吹田 千里金蘭大学）
　⇨金蘭短期大学研究誌
◎**全労**（全日本労働組合会議）〔1—57／昭33.7—昭38.3〕目次
　「近代雑誌目次文庫 76 社会学編 26」 ゆまに書房　2011.7 p190—214

【そ】

○層（ゆまに書房）〔1—5／平19.6—平24.4〕全目次
　　「層：映像と表現」（北海道大学大学院文学研究科映像・表現文化論講座編）
　　　　（6）　2013.4　p149—146
○ソヴェト文化（ソヴェト研究者協会, 日ソ文化連絡協会編　ソヴェト文化社）〔1—15／昭21.5—昭23.12〕総目次（吉田則昭）
　　「大衆文化」（9）　2013.9　p16—29, 図巻頭1p
◎装苑（文化出版局）〔1—7（4）／昭21—昭27.4〕総索引
　　「占領期女性雑誌事典—解題目次総索引 7」（吉田健二）　金沢文圃閣　2007.3
　　　　p77—157
○創価教育研究（八王子　創価大学創価教育研究センター）〔1—5／平14.3—平18.3〕総目次
　　「創価教育研究」（5）　2006.3　p222—225
○創価経営論集（八王子　創価大学経営学会）〔1（1）—31（3）／昭52.1—平19.3〕総目次
　　「創価経営論集」（創価大学経営学会編）32（1・2・3）　2008.2　p141—170
○創価大学国際仏教学高等研究所年報（八王子　創価大学・国際仏教学高等研究所）〔1—9／平9—平17〕目次一覧
　　「創価大学国際仏教学高等研究所年報」（創価大学・国際仏教学高等研究所［編］）（10）　2006年度　p554—557
○創価大学国際仏教学高等研究所年報（八王子　創価大学・国際仏教学高等研究所）〔1—11／平9—平19〕目次一覧
　　「創価大学国際仏教学高等研究所年報」（創価大学・国際仏教学高等研究所［編］）（12）　2008年度　巻末1—7, 巻末1〜2
　　（付）著者インデックス
○創価大学国際仏教学高等研究所年報（八王子　創価大学・国際仏教学高等研究所）〔1—12／平9—平20〕目次一覧
　　「創価大学国際仏教学高等研究所年報」（創価大学・国際仏教学高等研究所［編］）（13）　2009年度　巻末1—8
○創価大学国際仏教学高等研究所年報（八王子　創価大学・国際仏教学高等研究所）〔1—13／平9—平21〕目次一覧

「創価大学国際仏教学高等研究所年報」(創価大学・国際仏教学高等研究所〔編〕)(14) 2010年度 巻末1—8
○創価大学国際仏教学高等研究所年報(八王子 創価大学・国際仏教学高等研究所)〔1—14／平9—平22〕目次一覧
「創価大学国際仏教学高等研究所年報」(創価大学・国際仏教学高等研究所〔編〕)(15) 2011年度 巻末1—8
○創価大学・通信教育部論集(八王子 創価大学通信教育部学会)〔1—9〕総目次
「通信教育部論集」(創価大学通信教育部学会編)(10) 2007.8 p141—147
○草加皮革研究会誌→埼玉・皮革研究会誌→皮革〔1—64／昭34.10—昭53.7〕総目次(安藤博美, 元吉治雄)
「皮革科学」50(3) 2004.10 p147—159
◎相関社会科学(東京大学大学院総合文化研究科国際社会科学専攻, 東京大学教養部教養学科→東京大学大学院総合文化研究科国際社会科学専攻)〔1—10／平2.3—平13.3〕目次
「近代雑誌目次文庫 76 社会学編 26」 ゆまに書房 2011.7 p215—217
◎造型版画リーフレット〔1／昭13〕総目次(加治幸子)
「創作版画誌の系譜—総目次及び作品図版」 中央公論美術出版 2008.1 p1010—1011
◎造形文学(市民書肆)〔28—34／昭23.9—昭24.10〕総目次
「戦後詩誌総覧 4」(和田博文ほか) 日外アソシエーツ 2009.6 p236—242
◎創元(小林秀雄編 創元社)〔1—2／昭21.12—昭23.11〕内容細目
「文芸雑誌内容細目総覧—戦後リトルマガジン篇」(日外アソシエーツ編, 勝又浩監修) 日外アソシエーツ, 紀伊國屋書店〔発売〕 2006.11 p91
◎草原〔1—9／昭39.1—昭41.11〕総目次
「戦後詩誌総覧 7」(和田博文ほか) 日外アソシエーツ 2010.5 p467—480
○倉庫(日本倉庫協会)〔128—137／平18—平23〕論文索引
「倉庫」2011(2) 138 2011 p72—77
◎綜合インド月報(綜合インド研究室)〔1—4(10) 38／昭16.10—昭19.10〕記事索引
「明治・大正・昭和期南アジア研究雑誌記事索引」(足立享祐編著) 東京外国語大学大学院地域文化研究科21世紀COE「史資料ハブ地域文化研究拠点」本部 2006.12 p398—439
○総合教育研究センター紀要(天理 天理大学人間学部総合教育研究センター)〔1

―10／平14―平23〕累積目次一覧
　　「総合教育研究センター紀要」(天理大学人間学部総合教育研究センター編)
　　　(10)　2011年度 p159―162
○総合芸術としての能(静岡　世阿弥学会)〔1―10／平6.8―平16.8〕総目次
　　「総合芸術としての能」(10)　2004.8 p77―80
○総合ジャーナリズム研究(東京社)〔1―194／昭39―平18〕総目次
　　「総合ジャーナリズム研究：journalism quarterly review」(東京社編)43(1)
　　　通号195　2006.冬 p65―106
◎総合ジャーナリズム研究(東京社)〔1(1)―38(2)／昭39.9―平13.4〕目次
　　「近代雑誌目次文庫 77 社会学編 27」　ゆまに書房　2011.11 p1―87
○総合ジャーナリズム研究(東京社)〔195―226／平18.1―平25.10〕総目次
　　「総合ジャーナリズム研究：journalism quarterly review」(東京社編)50(4)
　　　通号226　2013.秋 p59―66
◎総合女性史研究会会報(新座　総合女性史研究会)〔1―5／昭59.3―昭63.8〕目次
　　「近代雑誌目次文庫 77 社会学編 27」　ゆまに書房　2011.11 p88―89
○総合福祉(さいたま　浦和大学総合福祉学部)〔1―4／平16.3―平19.3〕目次一覧
　　「浦和論叢」(38)　2008.3 p163―165
◎綜合文化(中野達彦→中野泰雄編　真善美社)〔1(1)―3(1)／昭22.7―昭24.1〕
　内容細目
　　「文芸雑誌内容細目総覧―戦後リトルマガジン篇」(日外アソシエーツ編,勝又
　　　浩監修)　日外アソシエーツ,紀伊國屋書店〔発売〕　2006.11 p133―137
　　(注)「真善美」の改題
◎綜合文化(真善美社)〔1(1)―3(1)／昭22.7―昭24.1〕総目次
　　「戦後詩誌総覧 4」(和田博文ほか)　日外アソシエーツ　2009.6 p243―259
○総合歴史教育(熊谷　総合歴史教育研究会)〔1―43・44／昭40―平20〕総目次
　(稿)(鈴木正弘)
　　「総合歴史教育」(44)　2008 p29―43
　早実研究紀要(国分寺　早稲田大学系属早稲田実業学校)
　　⇨早稲田実業学校研究紀要
◎草思堂だより(青梅　吉川英治記念館)〔1(1)―21(3)／平4.3―平24.9〕総目次
　(岡野裕之)
　　「文学館出版物内容総覧：図録・目録・紀要・復刻・館報」　日外アソシエー
　　　ツ　2013.4 p632―638

そうし

◎双樹（飯野知彰→高野三郎→中山幹編 双樹社）〔1—3／昭22.6—昭23.4〕内容細目
　　「文芸雑誌内容細目総覧—戦後リトルマガジン篇」（日外アソシエーツ編, 勝又浩監修）日外アソシエーツ, 紀伊國屋書店〔発売〕　2006.11 p129—130
◎想像（「想像」編集部編 的場書房→書肆オリオン）〔1（3巻1号）—20（9巻1号?）／昭33.2—昭38.5〕目次（疋田雅昭）
　　「戦後詩誌総覧 6」（和田博文ほか）日外アソシエーツ　2010.2 p237—247
○創大中国論集（八王子 創価大学文学部人間学科中国語・中国社会文化専修）〔1—14／平10.3—平23.3〕総目次
　　「創大中国論集」(15)　2012.3 p139—146
○草炭研究（草炭研究会）〔1—5／平14—平18〕総索引
　　「草炭研究」（草炭緑化協会調査委員会編）5(1)　2006 p99—100
○草炭研究（草炭研究会→草炭緑化協会）〔1—10／平13—平23〕索引
　　「草炭研究」（草炭緑化協会調査委員会編）10(1)　2011 p72—75
○曹洞宗報（曹洞宗宗務庁）〔昭23.1.1—昭32.12.12〕総目録（川口高風）
　　「禅研究所紀要」(36)　2007 p61—111
○双文（前橋 群馬県立文書館）〔21—29／平16—平24〕総目次
　　「双文」(30)　2013 p90—92
◎雙面神（雙面神編集部）〔1—12／昭34.10—昭39.11〕内容細目
　　「文芸雑誌内容細目総覧—戦後リトルマガジン篇」（日外アソシエーツ編, 勝又浩監修）日外アソシエーツ, 紀伊國屋書店〔発売〕　2006.11 p324—326
○草莽雑誌（自主社）〔1—6／明9.3—明9.7〕目次（藤元直樹）
　　「参考書誌研究」（国立国会図書館主題情報部編）(65)　2006.10 p1—154
○そうわ町史研究（総和町（茨城県）総和町教育委員会）〔1—9／平7.3—平15.3〕総目録
　　「そうわ町史研究」（総和町史編さん委員会編）(10)　2004.3 p140—141
○素材物性学雑誌（秋田 素材物性学研究会→日本素材物性学会）〔17(1) 29—17(2) 30／平16.6—平17.2〕総目次
　　「素材物性学雑誌」（日本素材物性学会［編］）17(2) 通号30　2005.2 巻末5p
◎ソシオロゴス（ソシオロゴス編集委員会）〔1—24／昭52.2—平12.9〕目次
　　「近代雑誌目次文庫 77 社会学編 27」　ゆまに書房　2011.11 p99—108
○ソシオロジ（京都 社会学研究会）〔101—150／昭63.1—平16.5〕総目次

「ソシオロジ」(ソシオロジ編集委員会編) 49 (1) 通号150　2004.5 p226—191 (付) 執筆者名索引
◎ソシオロジ(京都　社会学研究会)〔1—46 (1) ／昭27.10—平13.5〕目次
「近代雑誌目次文庫 77 社会学編 27」　ゆまに書房　2011.11 p109—146
◎素質(素質編輯所)〔1 (1) —1 (6) ／昭5.10—昭6.5〕総目次ほか(早稲田大図書館)
「しれえね・地平線・基調・黙示・リラ・葡萄園・青銅時代・三田文芸陣・季節の展望・素質・新三田派・七人・朱門・紅 (等)・偽画・未成年総目次」雄松堂アーカイブズ　2009.4 p137—152
◎ソフトウェア・テストPRESS (Java press編集部編　技術評論社)〔1—10／平17.6—平22.8〕バックナンバー目次
「ソフトウェア・テストPRESS 総集編」(ソフトウェア・テストPRESS編集部編)　技術評論社　2011.8 p2—12
○空知地方史研究(岩見沢　空知地方史研究協議会)〔1—42／昭42.12—平21.3〕総目次
「空知地方史研究」(空知地方史研究協議会編) (42)　2009.3 p84—88
◎それいゆ(ひまわり社)〔1—20／昭21.8—昭27.3〕総索引
「占領期女性雑誌事典—解題目次総索引 7」(吉田健二)　金沢文圃閣　2007.3 p169—191
○そろひふみ(日中藝術研究会)〔0—13／平19.1—平23.2〕総目次
「日中藝術研究」(38)　2012.12 p101—103
◎村落社会研究(日本村落研究学会編　農山漁村文化協会)〔1—29／昭40.10—平5.11〕目次
「近代雑誌目次文庫 77 社会学編 27」　ゆまに書房　2011.11 p90—98

【た】

○大学教育年報(佐賀　佐賀大学高等教育開発センター)〔1—8／平17.3—平24.3〕総目次
「大学教育年報」(8)　2012.3 p138—142
○大学行政管理学会誌(大学行政管理学会広報委員会編　大学行政管理学会)〔1—10／平9—平18〕総目次
「大学行政管理学会誌」(大学行政管理学会学会誌編集委員会編) (10)　2006

p245—256
○**大学財務経営研究**(国立大学財務・経営センター研究部)〔1―7／平16―平22〕総目次
　　「大学財務経営研究」(国立大学財務・経営センター研究部編)(8)　2011　p137―145
◎**大学左派**(大學左派編輯所→大學左派編輯部)〔1(1)―2(1)／昭3.7―昭4.2〕総目次ほか(早稲田大図書館)
　　「民衆の芸術・ダムダム・大学左派・十月・集団・総目次」　雄松堂アーカイブズ　2009.4　p29―42
○**大学創造**(京都 高等教育研究会)〔1―19／平6.10―平19.6〕バックナンバー総目次
　　「大学創造」(高等教育研究会［編］)(20)　2008　p84―91
○**大学と学生**(文部省高等教育局編　第一法規)〔332―487／平5.4―平17.3〕総目次
　　「大学と学生」(日本学生支援機構編)(13)(臨増)　2005.3　p3―70,1～7
　　(付)特集テーマ別索引
○**大逆事件の真実をあきらかにする会ニュース**(大逆事件の真実をあきらかにする会)〔1―48／昭35.4―平21.1〕総目録(大岩川嫩)
　　「初期社会主義研究」(初期社会主義研究会編)(22)　2010　p194―224
　　(付)執筆者索引
◎**大逆事件の真実をあきらかにする会ニュース**(大逆事件の真実をあきらかにする会)〔1―48／昭35.4―平21.1〕総目録(大逆事件の真実をあきらかにする会)
　　「大逆事件の真実をあきらかにする会ニュース―第1号・第48号(1960-2009年)」　ぱる出版　2010.4　p1034―1001
○**大航海**(新書館)〔1―50／平6―平16〕総目次
　　「大航海：歴史・文学・思想」(新書館編)(50)　2004　p198―213
○**大航海**(新書館)〔1―71／平6―平21.7〕総目次
　　「大航海：歴史・文学・思想」(新書館編)(71)　2009　p202―229
◎**大衆版画**〔1―2／昭6.8―昭6.11〕総目次(加治幸子)
　　「創作版画誌の系譜―総目次及び作品図版」　中央公論美術出版　2008.1　p529―532
◎**大衆文芸**(二十一日會,報知新聞社出版部〔発売〕)〔1(1)―2(7)／大15―昭2〕総目次(早稲田大学図書館)
　　「「大衆文芸」総目次」　雄松堂フイルム出版　2004.11　24p　A5

◎大正大学カウンセリング研究所紀要(大正大学カウンセリング研究所編　大正大学出版部)〔1—30／昭53.3—平19.3〕論文総覧
　　「心理学紀要論文総覧」　日外アソシエーツ　2008.10 p252—259
◎大正大学臨床心理学専攻紀要(大正大学大学院文学研究科臨床心理学専攻)〔1—10／平10.3—平19.3〕論文総覧
　　「心理学紀要論文総覧」　日外アソシエーツ　2008.10 p260—264
◎対人社会心理学研究(『対人社会心理学研究』編集委員会編　吹田　大阪大学大学院人間科学研究科対人社会心理学研究室)〔1—7／平13.3.20—平19.3.30〕論文総覧
　　「心理学紀要論文総覧」　日外アソシエーツ　2008.10 p34—37
○大西洋(大西洋社)〔1(1)—1(3)／明40.6.30—明40.8.20〕目次(佐藤麻衣)
　　「日本近代文学」(「日本近代文学会」編集委員会編)(76)　2007.5 p237—240
　体操競技・器械運動研究(印旛村　日本体操競技・器械運動研究会)
　　⇨体操競技研究
○体操競技・器械運動研究(印旛村　日本体操競技・器械運動研究会)〔11—15／平15.3—平19.3〕総目次
　　「体操競技器械運動研究」(18)　2010.3 p31—33
　　(注)「体操競技研究」の改題
○体操競技・器械運動研究(印旛村　日本体操競技・器械運動研究会)〔16—19／平20.3—平23.3〕総目次
　　「体操競技器械運動研究」(19)　2011.3 p44—45
　　(注)「体操競技研究」の改題
○体操競技研究→体操競技・器械運動研究(印旛村　日本体操競技研究会→日本体操競技・器械運動研究会)〔1—9／平5.3—平13.3〕→〔10／平14.2〕総目次
　　「体操競技器械運動研究」(17)　2009.3 p33—36
◎大地(武川重太郎編　赤坂書店)〔1(1)—1(2)／昭21.5—昭21.7〕内容細目
　　「文芸雑誌内容細目総覧—戦後リトルマガジン篇」(日外アソシエーツ編, 勝又浩監修)　日外アソシエーツ, 紀伊國屋書店〔発売〕　2006.11 p61—62
○大道芸通信(日本大道芸・大道芸の会)〔81—150〕総目録
　　「大道芸通信」(151)　2006.12
○大道芸通信(日本大道芸・大道芸の会)〔151—220／平18.12—平22.11.18〕総目録
　　「大道芸通信」(221)　2010.12

大東文化大学別科日本語教育（東松山　大東文化大学別科日本語研修課程）
　　⇨別科論集
　大東文化大学別科論集（東松山　大東文化大学別科日本語研修課程）
　　⇨別科論集
○第二言語習得・教育の研究最前線（お茶の水女子大学日本言語文化学研究会→日本言語文化学研究会増刊特集号編集委員会, 凡人社〔発売〕）〔平14—平19〕収録論文・記事総目次
　　「言語文化と日本語教育」（お茶の水女子大学日本言語文化学研究会編）（増刊特集）　2008.11　p245—249
○第二言語としての日本語の習得研究（第二言語習得研究会編　凡人社）〔1—10／平9.7—平19.12〕総目次
　　「第二言語としての日本語の習得研究」（第二言語習得研究会編）（10）　2007.12　p179—182
○第二言語としての日本語の習得研究（第二言語習得研究会編　凡人社）〔1—15／平9.7—平24.12〕総目次
　　「第二言語としての日本語の習得研究」（第二言語習得研究会編）（15）　2012.12　p134—140
○台日コドモ新聞〔1—27／大14.3—大14.8〕細目
　　「ヘカッチ：日本児童文学学会北海道支部機関誌」（2）通号11　2007.5 p29—52
　　（注）欠号あり
○対梅宇日渉〔4—6／明3.1—明3.11〕目次（藤元直樹）
　　「参考書誌研究」（国立国会図書館主題情報部編）（65）　2006.10 p1—154
◎太陽の黄金の林檎〔1—6／昭38.1—昭39.4〕総目次
　　「戦後詩誌総覧 8」（和田博文ほか）　日外アソシエーツ　2010.8 p526—527
○大連商業会議所月報（大連　大連商業會議所）〔1—8／大4.8—大5.3〕記事目録（吉田建一郎）
　　「News letter」(19)　近現代東北アジア地域史研　2007.12 p34—55
◎対話（高橋和巳→豊田善次→鷲見勝三→橘正典→高橋和巳→橘正典→太田代志朗編　対話の会）〔1—9／昭31.10—昭48.8〕内容細目
　　「文芸雑誌内容細目総覧—戦後リトルマガジン篇」（日外アソシエーツ編, 勝又浩監修）　日外アソシエーツ, 紀伊國屋書店〔発売〕　2006.11 p300—302
◎台湾金融経済月報（台北　臺灣銀行調査部）〔39—183／昭8.1.15—昭20.3.14〕主

要記事目次
　「台湾金融経済月報 12」（谷ヶ城秀吉監修・編集・解題）　ゆまに書房　2012.
　　1　p649—669
○台湾原住民研究（日本順益台湾原住民研究会→台湾原住民研究会編　風響社）〔1
　—10／平8—平18〕総目次
　　「台湾原住民研究」（日本順益台湾原住民研究会編）（10）　2006.3　p286—295
○台湾原住民研究（日本順益台湾原住民研究会→台湾原住民研究会編　風響社）〔1
　—10／平8—平18〕総目次
　　「台湾原住民研究」（日本順益台湾原住民研究会編）（10）（〔修正版〕）　2006
　　　p244—253
○台湾原住民研究（日本順益台湾原住民研究会→台湾原住民研究会→日本順益台
　湾原住民研究会編　風響社）〔1—15／平8—平23〕総目次
　　「台湾原住民研究」（日本順益台湾原住民研究会編）（15）　2011　p247—261
○台湾電気協会会報（台北　台湾電気協会）〔1—23／昭7—昭18〕記事総目録（金丸
　裕一）
　　「立命館経済学」54（2）通号316　2005.7　p277—302
○高井（中野　高井地方史研究会）〔1—150／昭41.1—平17.2〕総索引
　　「高井」（高井地方史研究会〔編〕）（150）　2005.2　p13—50
○高岡法学（高岡　高岡法科大学法学会）〔1—20（1・2）／平2.3—平21.3〕論文目録
　　「高岡法学」（高岡法科大学法学会出版物刊行委員会編）（28）　2010.3　p219
　　　—234
○高岡法科大学紀要（高岡　高岡法科大学）〔1—20／平2.3—平21.3〕総目録
　　「高岡法科大学紀要」（21）　2010.3　p283—297
○高崎経済大学附属産業研究所紀要→**産業研究**（高崎　高崎経済大学附属産業研究
　所→高崎経済大学産業研究所編　高崎　高崎経済大学→高崎経済大学産業研究所）
　〔1（1）—24（2）／昭40.8—平1.1〕→〔25（1）—42（2）／平1.10—平19.3〕総目次
　　「産業研究」（高崎経済大学産業研究所編）43（1・2）通号69　2007.12.20
　　　p186—205
○高田学報（津　高田学会）〔1—100／昭5.1—平24.3〕総目録
　　「高田学報」（100）　2012.3　p131—161
○鷹巣地方史研究（鷹巣町（秋田県）　鷹巣地方史研究会）〔50—60／平14.4—平19.
　4〕総目次
　　「鷹巣地方史研究」（60）　2007.4

○鷹巣地方史研究（鷹巣町（秋田県） 鷹巣地方史研究会）〔60—65／平19.4—平21.10〕総目次
　「鷹巣地方史研究」(65)　2009.10
○高円史学（奈良　高円史学会）〔1—20／昭60—平16.10〕総目次
　「高円史学」（高円史学会編）(20)　2004.10 p76—81
○滝川国文（滝川　國學院女子短期大学国文学会→國學院短期大学国文学会）〔1—25／昭60—平21〕総目次
　「滝川国文」(25)　2009 p54—64
　拓殖大学経営経理研究（拓殖大学経営経理研究所）
　　⇨経営経理研究
○拓殖大学日本語紀要（拓殖大学国際部）〔1—20／平3.3—平22.3〕総目録
　「拓殖大学日本語紀要」(20)　2010.3 p163—177
○武田氏研究（笛吹　武田氏研究会, 岩田書院〔発売〕）〔1—30／昭63.2.1—平16.6〕総目次
　「武田氏研究」（武田氏研究会編）(32)　2005.7
○竹富町史だより（石垣　竹富町→竹富町教育委員会）〔1—30／平4.3—21.3〕目次一覧
　「竹富町史だより」（竹富町教育委員会編）(30)　2009.3 p12—20
◎橘史学（京都　橘女子大学歴史学会→京都橘女子大学歴史学会→京都橘女子大学歴史文化学会→京都橘大学歴史文化学会）〔1—21／昭61.10—平18.11〕論文総覧
　「歴史学紀要論文総覧」　日外アソシエーツ　2007.9 p249—252
◎立原道造記念館（立原道造記念館）〔創刊準備号—53／平8.1—平23.2〕総目次（岡野裕之）
　「文学館出版物内容総覧：図録・目録・紀要・復刻・館報」　日外アソシエーツ　2013.4 p522—527
○辰野町資料（辰野町（長野県）　辰野町文化財保護審議会）〔1—99／昭26.7—平21.3〕総目録
　「辰野町資料」(100)　2009.3 p121—136
○竪琴（『竪琴』の会）〔60—69／平19.11—平24.5〕総目次
　「竪琴」(70)　2012.11 p121—125
○太邇波考古（宮津　両丹考古学研究会）〔11—20／平11.2—平16.2〕総目録
　「太邇波考古」（両丹考古学研究会編）(21)　2004.7
○太邇波考古（宮津　両丹考古学研究会）〔21—30／平16.7—平22.8〕総目録

「太邇波考古」(両丹考古学研究会編)(31)　2010.9 p14―15
◎他人の街(大阪 他人の街社)〔1―14／昭41.5―昭45.11〕総目次
　「戦後詩誌総覧 8」(和田博文ほか)　日外アソシエーツ　2010.8 p58―65
◎種蒔く人(種蒔き社)執筆者人名録ほか(『種蒔く人』『文芸戦線』を読む会)
　「フロンティアの文学―雑誌『種蒔く人』の再検討」　論創社　2005.3 p214
　―242
◎田端文士村記念館だより〔1―12／平7.3―平13.3〕総目次(岡野裕之)
　「文学館出版物内容総覧：図録・目録・紀要・復刻・館報」　日外アソシエー
　ツ　2013.4 p603―604
○タベダス(風人社)〔1(1)―4(5)／平16.2―平19.10〕総目次
　「Tabedas」4(6)通号24　2007.12 p34―59
○多摩考古(八王子 多摩考古学研究会)〔25―40／平7.5―平22.5〕総目録
　「多摩考古」(多摩考古学研究会[編])通号40　2010.5 p61―66
○多摩大学研究紀要(多摩 多摩大学)〔1―12／平9―平20〕総目次
　「経営・情報研究：多摩大学研究紀要」(多摩大学編)(13)　2009 p77―81
　　(付)著者名別目次：p82―85
○玉造史叢([行方] 玉造町郷土文化研究会→玉造郷土文化研究会)〔40―49／平
　11.4―平20.4〕登載文総目録(事務局)
　「玉造史叢」(50)　2009.4
○多摩のあゆみ(多摩中央信用金庫→たましん地域文化財団)〔101―120／平13.1
　―平17.11〕目次一覧
　「多摩のあゆみ」(たましん歴史・美術館歴史資料室編)(120)　2005.11
　　(付)著者別論題一覧,特集テーマ一覧
○多摩美術大学研究紀要(多摩美術大学)〔1―17／昭58.3―平15.3〕総目次
　「多摩美術大学研究紀要」(18)　2003 p149―161
○多摩美術大学研究紀要(多摩美術大学)〔1―18／昭58.3―平16.3〕総目次
　「多摩美術大学研究紀要」(19)　2004 p165―177
○多摩美術大学研究紀要(多摩美術大学)〔1―19／昭58.3―平17.3〕総目次
　「多摩美術大学研究紀要」(20)　2005 p297―310
○多摩美術大学研究紀要(多摩美術大学)〔1―20／昭58.3―平18.3〕総目次
　「多摩美術大学研究紀要」(21)　2006 p231―245
○多摩美術大学研究紀要(多摩美術大学)〔1―21／昭58.3―平19.3〕総目次

「多摩美術大学研究紀要」(22)　2007 p223—238
○**多摩美術大学研究紀要**(多摩美術大学)〔1—22／昭58.3—平20.3〕総目次
　　「多摩美術大学研究紀要」(23)　2008 p227—243
○**多摩美術大学研究紀要**(多摩美術大学)〔1—23／昭58.3—平21.3〕総目次
　　「多摩美術大学研究紀要」(24)　2009 p257—273
○**多摩美術大学研究紀要**(多摩美術大学)〔1—24／昭58.3—平22.3〕総目次
　　「多摩美術大学研究紀要」(25)　2010 p239—256
○**多摩美術大学研究紀要**(多摩美術大学)〔1—25／昭58.3—平23.3〕総目次
　　「多摩美術大学研究紀要」(26)　2011 p267—285
○**多摩美術大学研究紀要**(多摩美術大学)〔1—26／昭58.3—平24.3〕総目次
　　「多摩美術大学研究紀要」(27)　2012 p248—267
○**ダム技術**(ダム技術センター)〔201—225／平15.6—平17.6〕総目次
　　「ダム技術」(ダム技術センター編)(225)　2005.6 p73—81
○**ダム技術**(ダム技術センター)〔226—250／平17.7—平19.7〕総目次
　　「ダム技術」(ダム技術センター編)(250)　2007.7 p235—244
○**ダム技術**(ダム技術センター)〔251—275／平19.8—平21.8〕総目次
　　「ダム技術」(ダム技術センター編)(275)　2009.8 p98—105
○**ダム技術**(ダム技術センター)〔276—300／平21.9—平23.9〕総目次
　　「ダム技術」(ダム技術センター編)(300)　2011.9 p192—199
◎**ダムダム**(南天堂書房,ダムダム會)〔1／大13.11〕総目次ほか(早稲田大図書館)
　　「民衆の芸術・ダムダム・大学左派・十月・集団・総目次」　雄松堂アーカイブズ　2009.4 p15—28
◎**田山花袋記念館研究紀要**(館林　田山花袋記念館)〔1—13／平1.3—平13.3〕総目次(岡野裕之)
　　「文学館出版物内容総覧：図録・目録・紀要・復刻・館報」　日外アソシエーツ　2013.4 p206—208
◎**田山花袋記念文学館研究紀要**(館林　田山花袋記念文学館)〔14—24／平14.3—平24.3〕総目次(岡野裕之)
　　「文学館出版物内容総覧：図録・目録・紀要・復刻・館報」　日外アソシエーツ　2013.4 p208—209
◎**誰れかの自伝**(他人の会)〔1—9／昭38.6—昭42.5〕総目次
　　「戦後詩誌総覧 7」(和田博文ほか)　日外アソシエーツ　2010.5 p481—484

◎短歌（角川書店）〔昭29.1—昭56.12〕50年目次抄
　　「短歌」（角川学芸出版編）51（3）通号662　2004.2 p102—111
◎短歌（角川書店→角川学芸出版）〔昭57.1—平15.12〕50年目次抄
　　「短歌」（角川学芸出版編）51（4）通号663　2004.3 p113—119
◎短歌雑誌（短歌雑誌社）〔1（1）—14（10）／大6—昭6〕総目次（早稲田大学図書館）
　　「「短歌雑誌」総目次」　雄松堂フイルム出版　2004.11 239p A5
◎断言（大阪　断言社）〔1—2／昭4.7.3—昭4.12.8〕総目次
　　「大阪文藝雑誌総覧」（浦西和彦, 増田周子, 荒井真理亜著）和泉書院　2013.2　p218
◎探偵（駿南社）〔1（1）—1（8）／昭6.5—昭6.12〕総目次（山前譲）
　　「探偵雑誌目次総覧」　日外アソシエーツ　2009.6 p55—59
◎探偵・映画（京都　共同出版者, 大盛社〔発売〕）〔1（1）—1（2）／昭2.10—昭2.11〕総目次（山前譲）
　　「探偵雑誌目次総覧」　日外アソシエーツ　2009.6 p39—40
◎探偵クラブ（共栄社）〔1—10／昭7.4—昭8.4〕総目次（山前譲）
　　「探偵雑誌目次総覧」　日外アソシエーツ　2009.6 p69—72
◎探偵倶楽部（共栄社）〔3（5）—10（2）／昭27.5—昭34.2〕総目次（山前譲）
　　「探偵雑誌目次総覧」　日外アソシエーツ　2009.6 p355—401
◎探偵クラブ（戦後版）（共栄社）〔1（1）—3（4）／昭25.8—昭27.4〕総目次（山前譲）
　　「探偵雑誌目次総覧」　日外アソシエーツ　2009.6 p348—355
◎探偵実話（世界社→世文社）〔1—13（12）／昭25.5—昭37.10〕総目次（山前譲）
　　「探偵雑誌目次総覧」　日外アソシエーツ　2009.6 p402—475
◎探偵趣味（戦後版）（真珠文庫）〔昭24.1〕総目次（山前譲）
　　「探偵雑誌目次総覧」　日外アソシエーツ　2009.6 p344
◎探偵趣味（探偵趣味の会）（探偵趣味の会）〔1—4（9）／大14.9—昭3.9〕総目次（山前譲）
　　「探偵雑誌目次総覧」　日外アソシエーツ　2009.6 p24—38
◎探偵趣味（平凡社版）（平凡社）〔1—12／昭6.5—昭7.4〕総目次（山前譲）
　　「探偵雑誌目次総覧」　日外アソシエーツ　2009.6 p60—61
◎探偵春秋（春秋社）〔1（1）—2（8）／昭11.10—昭12.8〕総目次（山前譲）

たんて

「探偵雑誌目次総覧」　日外アソシエーツ　2009.6　p109―113
◎探偵小説(博文館)〔1(1)―2(8)／昭6.9―昭7.8〕総目次(山前譲)
「探偵雑誌目次総覧」　日外アソシエーツ　2009.6　p62―68
◎探偵文学(探偵文学社→学芸書院→探偵文学編輯部→古今荘)〔1(1)―2(12)／昭10.3―昭11.12〕総目次(山前譲)
「探偵雑誌目次総覧」　日外アソシエーツ　2009.6　p96―101
◎探偵文芸(奎運社)〔1(1)―3(1)／大14.3―昭2.1〕総目次(山前譲)
「探偵雑誌目次総覧」　日外アソシエーツ　2009.6　p16―23
◎探偵よみもの(新日本社→国際文化社→協和出版社)〔30―40／昭21.11―昭25.8〕総目次(山前譲)
「探偵雑誌目次総覧」　日外アソシエーツ　2009.6　p261―263
◎弾道(弾道社)〔創刊準備号／昭54.12〕総目次(竹内オサム)
「マンガ研究ハンドブック」　竹内長武研究室　2008.3　p210―211
○談林(佐世保　佐世保史談会)〔40―45／平11.11―平18.11〕既刊目次
「談林」(46)　2005.11
○談論風発(神戸　甲南大学文学部図書館学研究室)〔1(1)―1(2)／平18.4―18.7〕総目次
「談論風発：季刊図書館批評誌」(椙山女学園大学文化情報学部山本研究室編)1(3)通号3　2006.10.1
○談論風発(神戸　甲南大学文学部図書館学研究室)〔1(1)―1(4)／平18.4―平19.1〕総目次
「談論風発：季刊図書館批評誌」(椙山女学園大学文化情報学部山本研究室編)2(1)通号5　2007.4.25　p16
○談論風発(神戸　甲南大学文学部図書館学研究室)〔1(1)―2(1)／平18.4―平19.4〕総目次
「談論風発：季刊図書館批評誌」(椙山女学園大学文化情報学部山本研究室編)2(2)通号6　2007.7.31　p12
○談論風発(神戸　甲南大学文学部図書館学研究室)〔1(1)―2(2)／平18.4―平19.7〕総目次
「談論風発：季刊図書館批評誌」(椙山女学園大学文化情報学部山本研究室編)2(3)通号7　2007.10.27　p24
○談論風発(神戸　甲南大学文学部図書館学研究室)〔1(1)―2(3)／平18.4―平19.10〕総目次

「談論風発：季刊図書館批評誌」(椙山女学園大学文化情報学部山本研究室編) 2 (4) 通号8　2008.1.19 p12
○談論風発(神戸　甲南大学文学部図書館学研究室)〔1 (1)―3 (4)／平18.4―平21.1〕総目次
「談論風発：季刊図書館批評誌」(椙山女学園大学文化情報学部山本研究室編) 4 (1) 通号13　2009.4.16 p14―15
○談論風発(神戸　甲南大学文学部図書館学研究室)〔1 (1)―3 (4)／平18.4―平21.1〕総目次
「談論風発：季刊図書館批評誌」(椙山女学園大学文化情報学部山本研究室編) 5 (1) 通号17　2010.4.16 p22―24
○談論風発(神戸　甲南大学文学部図書館学研究室)〔1 (1)―5 (4)／平18.4―平23.3〕著者索引
「談論風発：季刊図書館批評誌」(椙山女学園大学文化情報学部山本研究室編) 5 (4) 通号20　2011.3.3 p18―20
○談論風発(神戸　甲南大学文学部図書館学研究室)〔5 (1)―6 (3)／平22.4―平24.1〕総目次
「談論風発：季刊図書館批評誌」(椙山女学園大学文化情報学部山本研究室編) 6 (3) 通号23　2012.1.20 p19―20

【ち】

◎地域開発(日本地域開発センター)〔1―230／昭39.10―昭58.11〕目次
「近代雑誌目次文庫 77 社会学編 27」 ゆまに書房　2011.11 p147―207
◎地域開発(日本地域開発センター)〔231―441／昭58.12―平13.6〕目次
「近代雑誌目次文庫 78 社会学編 28」 ゆまに書房　2012.3 p1―72
◎地域開発ニュース(東京電力株式会社営業部サービスグループ編　東京電力営業部)〔1―269／昭42.5―平13.3〕目次
「近代雑誌目次文庫 78 社会学編 28」 ゆまに書房　2012.3 p73―138
○地域経済研究(広島　広島大学経済学部附属地域経済研究センター→広島大学経済学部附属地域経済システム研究センター→広島大学経済学部附属地域経済研究センター)〔1―20／平2.3―平21.3〕総目次
「地域経済研究：広島大学大学院社会科学研究科附属地域経済システム研究センター紀要」(広島大学大学院社会科学研究科附属地域経済システム研

ちいき

究センター編）(20)　2009.3 p117—126
○**地域経済研究**（広島　広島大学経済学部附属地域経済研究センター→広島大学経済学部附属地域経済システム研究センター→広島大学経済学部附属地域経済研究センター）〔1—21／平2.3—平22.3〕総目次
　「地域経済研究：広島大学大学院社会科学研究科附属地域経済システム研究センター紀要」(広島大学大学院社会科学研究科附属地域経済システム研究センター編)(21)　2010.3 p99—109
○**地域経済研究**（広島　広島大学経済学部附属地域経済研究センター→広島大学経済学部附属地域経済システム研究センター→広島大学経済学部附属地域経済研究センター）〔1—22／平2.3—平23.3〕総目次
　「地域経済研究：広島大学大学院社会科学研究科附属地域経済システム研究センター紀要」(広島大学大学院社会科学研究科附属地域経済システム研究センター編)(22)　2011.3 p87—97
○**地域経済研究**（広島　広島大学経済学部附属地域経済研究センター→広島大学経済学部附属地域経済システム研究センター→広島大学経済学部附属地域経済研究センター）〔1—23／平2.3—平24.3〕総目次
　「地域経済研究：広島大学大学院社会科学研究科附属地域経済システム研究センター紀要」(広島大学大学院社会科学研究科附属地域経済システム研究センター編)(24)　2013.3 p55—66
○**地域研究**（長岡　長岡大学地域研究センター）〔1—4／平13.10—平16.12〕総目次
　「地域研究：長岡大学地域研究センター年報」(長岡大学地域研究センター編)(5)　2005.11 p138—139
○**地域研究**（長岡　長岡大学地域研究センター）〔1—5／平13.10—平17.11〕総目次
　「地域研究：長岡大学地域研究センター年報」(長岡大学地域研究センター編)(6)　2006.11 p158—160
○**地域研究**（長岡　長岡大学地域研究センター）〔1—6／平13.10—平18.11〕総目次
　「地域研究：長岡大学地域研究センター年報」(長岡大学地域研究センター編)(7)　2007.11 p108—110
○**地域研究**（長岡　長岡大学地域研究センター）〔1—7／平13.10—平19.11〕総目次
　「地域研究：長岡大学地域研究センター年報」(長岡大学地域研究センター編)(8)　2008.11 p158—161
○**地域研究**（長岡　長岡大学地域研究センター）〔1—8／平13.10—平20.11〕総目次
　「地域研究：長岡大学地域研究センター年報」(長岡大学地域研究センター

編)(9)　2009.11　p176—179
○**地域研究**(熊谷　立正地理学会)〔31(1)—50(2)／平2.6—平22.3〕総目録
　　「地域研究」50(2)　2010.3　p49—68
○**地域研究**(長岡　長岡大学地域研究センター)〔1—9／平13.10—平21.11〕総目次
　　「地域研究：長岡大学地域研究センター年報」(長岡大学地域研究センター編)(10)　2010.11　p146—150
○**地域研究**(長岡　長岡大学地域研究センター)〔1—10／平13.10—平22.11〕総目次
　　「地域研究：長岡大学地域研究センター年報」(長岡大学地域研究センター編)(11)　2011.11　p142—146
○**地域研究**(長岡　長岡大学地域研究センター)〔1—11／平13.10—平23.11〕総目次
　　「地域研究：長岡大学地域研究センター年報」(長岡大学地域研究センター編)(12)　2012.11　p121—126
○**地域研究**(長岡　長岡大学地域研究センター)〔1—12／平13.10—平24.11〕総目次
　　「地域研究：長岡大学地域研究センター年報」(長岡大学地域研究センター編)(13)　2013.11　p137—142
○**地域史研究**(尼崎　尼崎市立地域研究史料館)〔1(1)—35(1)100／昭46.10—平17.9〕総目次
　　「地域史研究：尼崎市立地域研究史料館紀要：Bulletin of the history of Amagasaki」35(2)通号101　2006.3
○**地域史研究**(尼崎　尼崎市立地域研究史料館)〔35(1)100—36(2)103／平17.9—平19.3〕総目次
　　「地域史研究：尼崎市立地域研究史料館紀要：Bulletin of the history of Amagasaki」36(2)通号103　2007.3
○**地域社会研究**(都留　都留文科大学地域社会学会)〔1—20／平3.3—平22.3〕総目次
　　「地域社会研究」(都留文科大学地域社会学会編集委員会編)(20)　2010.3　p93—110
　　(付)索引
◎**地域政策**(第一法規出版)〔1—39／平3.4—平12.12〕目次
　　「近代雑誌目次文庫 78 社会学編 28」　ゆまに書房　2012.3　p139—156
○**地域と経済**(札幌　札幌大学経済学部附属地域経済研究所)〔1—7／平16.3—平22.3〕総目次(桑原真人)
　　「地域と経済」(7)　2010.3　p137—140

ちいき

○地域・人間・科学(鹿児島純心女子短期大学地域人間科学研究所)〔1―9／平9―平17〕総目次
　「地域・人間・科学」(10・11)　2007.3　p69―72
○地域福祉研究(日本生命済生会)〔1―31／昭48.3―平15.5〕主な目次
　「地域福祉研究」(「地域福祉研究」編集委員会編)(32)　2004.3　p145―152
○地域福祉研究(日本生命済生会)〔1―32／昭48.3―平16.5〕主な目次
　「地域福祉研究」(「地域福祉研究」編集委員会編)(33)　2005.3　p184―192
○地域福祉研究(日本生命済生会)〔1―33／昭48.3―平17.5〕主な目次
　「地域福祉研究」(「地域福祉研究」編集委員会編)(34)　2006.3　p157―165
○地域福祉研究(日本生命済生会)〔1―34／昭48.3―平18〕主な目次
　「地域福祉研究」(「地域福祉研究」編集委員会編)(35)　2007　p152―161
○地域福祉研究(日本生命済生会)〔1―35／昭48.3―平19〕主な目次
　「地域福祉研究」(「地域福祉研究」編集委員会編)(36)　2008　p149―158
○地域福祉研究(日本生命済生会)〔1―36／昭48.3―平20〕主な目次
　「地域福祉研究」(「地域福祉研究」編集委員会編)(37)　2009　p144―153
○地域福祉研究(日本生命済生会)〔1―37／昭48.3―平21〕主な目次
　「地域福祉研究」(「地域福祉研究」編集委員会編)(38)　2010　p175―184
○地域福祉研究(日本生命済生会)〔1―38／昭48.3―平22〕主な目次
　「地域福祉研究」(「地域福祉研究」編集委員会編)(39)　2011　p190―199
○地域福祉研究(日本生命済生会)〔1―39／昭48.3―平23.3〕主な目次
　「地域福祉研究」(「地域福祉研究」編集委員会編)(40)　2012　p165―175
◎地域福祉研究(日本生命済生会)〔1―29／昭48.3―平13.3〕目次
　「近代雑誌目次文庫　78　社会学編　28」　ゆまに書房　2012.3　p157―169
○地域福祉研究(日本生命済生会)〔1―40／昭48.3―平24〕主な目次
　「地域福祉研究」(「地域福祉研究」編集委員会編)(41)　2013　p194―204
○地域分析(日進　愛知学院大学経営研究所→愛知学院大学産業研究所)〔1(1)―49(2)／昭38.3―平23.3〕総目次
　「地域分析：愛知学院大学産業研究所所報」50(記念号)　2011.3　p5―56
○地域リハビリテーション(三輪書店)〔1(1)―3(12)／平18.4―平20.12〕総目次
　「地域リハビリテーション」3(12)通号33　2008.12　p1211―1228
○近きに在りて〔1―60／昭56.8―平23.11〕総目録(宮川英一)
　「近きに在りて」(60)　2011.11　p122―159

（付）執筆者索引
◎知覚（賀茂　知覚発行所→知覚詩学社→知覚社）〔1―5／昭28.5―昭29.2〕総目次
　　「戦後詩誌総覧 5」（和田博文ほか）　日外アソシエーツ　2009.11　p353―356
○茅ケ崎市史研究（茅ヶ崎　茅ケ崎市）〔1―31／昭51.10―平20.3〕総目次
　　「茅ケ崎市史研究」（茅ケ崎市史編集委員会編）(32)　2008.3
◎地球（田園書房→吉井書房→地球社→文藝展望社→浦和　地球社→東京　地球社）
　〔第二次50, 第三次2―61／昭21.6, 昭25.12―昭50.11〕総目次
　　「戦後詩誌総覧 4」（和田博文ほか）　日外アソシエーツ　2009.6　p260―364
○畜産システム研究会報（京都　畜産システム研究会）〔1―30／昭63.6―平18.7〕
　バックナンバー目次
　　「畜産システム研究会報」(30)　2006.7　p141―146
○筑紫国文（太宰府　筑紫女学園短期大学国文科→筑紫女学園大学短期大学部（国
　文科））〔1―28／昭48.11―平19.3〕総目次
　　「筑紫国文」(29)　2007.3　p74―82
○千曲（上田　東信史学会）〔80―140／平6―平21〕論文目録
　　「千曲」(141)　2009.5　p57―43
○智山学報（興風會文藝部→智山學會→大正大学真言学智山研究室→大正大学真
　言学智山研究室編　興風會文藝部→智山學會→智山勧學會事務局, 大正大学真言
　学智山研究室→智山勧学会）〔1―61／昭29.2―平24.3〕総目録
　　「智山学報総目録」　智山勧学会　2013.3　77,16p　A5
○智山學報（智山勸學院興風會→智山大学興風會）〔1―13／大3.12―大14.6〕総
　目録
　　「智山学報総目録」　智山勧学会　2013.3　77,16p　A5
○智山學報（興風會文藝部→智山學會編　興風會文藝部→智山學會）〔新1.1―新15
　／昭4.12―昭17.5〕総目録
　　「智山学報総目録」　智山勧学会　2013.3　77,16p　A5
○地軸（地軸の会）〔1―30／昭53.7―平24.6〕既刊案内
　　「地軸」(31)　2012.6　p125―132
○地誌研年報（東広島　広島大学総合地誌研究資料センター）〔1―15／平1―平18〕
　総目次
　　「地誌研年報」（広島大学総合地誌研究資料センター編）通号15　2006　巻末
　　　2p, 巻末1―16
　　（付）索引

ちしつ

○地質と調査(全国地質調査業協会連合会編　土木春秋社)〔1—100／昭54—平16〕総目次
　　「地質と調査」(全国地質調査業協会連合会編)2004年(2)通号100　2004 p62—80
○地質と調査(全国地質調査業協会連合会編　土木春秋社)〔101—110／平16—平18〕総目次
　　「地質と調査」(全国地質調査業協会連合会編)2007年(1)通号111　2007 p54—56
○地質と調査(全国地質調査業協会連合会編　土木春秋社)〔111—120／平19—平21〕目次集
　　「地質と調査」(全国地質調査業協会連合会編)2009年(3)通号121　2009 p56—58
○地図管理部技術報告→地図部技術報告→地理情報部技術報告→地理空間情報部技術報告(〔つくば〕国土地理院)〔1—2／平6.11—平7〕→〔3—8／平8.8—平13.12〕→〔9—11／平14.12—平19.3〕→〔12／平20.2〕総目次
　　「地理空間情報部技術報告」(国土地理院地理空間情報部編)(12)　2008.2 p69—73
○地図情報(地図情報センター)〔21(1・2)—26(4)／平13.8—平19.3〕総目録
　　「地図情報」(地図情報センター編)26(4)通号100　2007.3 p22—32
　地図部技術報告(〔つくば〕国土地理院)
　　⇨地図管理部技術報告
○チチノキ(乳樹社)〔1(1)—19／昭5—昭10〕総目次(日向俊子ほか)
　　「資料研究」(10)　山梨県立文学館　2005.3 p203—222
◎乳樹(乳樹社)〔1(1)—19／昭5.3—昭10.5〕総目次
　　「與田凖一の戦中と戦後」(本間千裕著)　高文堂出版社　2006.5 p83—118
◎秩序〔1—11／昭27.1—昭38.7〕内容細目
　　「文芸雑誌内容細目総覧—戦後リトルマガジン篇」(日外アソシエーツ編,勝又浩監修)　日外アソシエーツ,紀伊國屋書店〔発売〕　2006.11 p236—240
○知的財産法政策学研究(北海道大学グローバルCOEプログラム「多元分散型統御を目指す新世代法政策学」事務局,北海道大学情報法政策学研究センター→北海道大学大学院法学研究科,北海道大学情報政策学研究センター)〔1—10／平16.3—平18.2〕総目次
　　「知的財産法政策学研究」(北海道大学グローバルCOEプログラム「多元分散

○知的財産法政策学研究(北海道大学グローバルCOEプログラム「多元分散型統御を目指す新世代法政策学」事務局, 北海道大学情報法政策学研究センター編)(10)　2006.2　p265—268
○知的財産法政策学研究(北海道大学グローバルCOEプログラム「多元分散型統御を目指す新世代法政策学」事務局, 北海道大学情報法政策学研究センター→北海道大学大学院法学研究科, 北海道大学情報政策学研究センター)〔1—20／平16.3—平20.3〕総目次
　　「知的財産法政策学研究」(北海道大学グローバルCOEプログラム「多元分散型統御を目指す新世代法政策学」事務局, 北海道大学情報法政策学研究センター編)(20)　2008.3　p363—370
○知的財産法政策学研究(北海道大学グローバルCOEプログラム「多元分散型統御を目指す新世代法政策学」事務局, 北海道大学情報法政策学研究センター→北海道大学大学院法学研究科, 北海道大学情報政策学研究センター)〔1—30／平16.3—平22.9〕総目次
　　「知的財産法政策学研究」(北海道大学グローバルCOEプログラム「多元分散型統御を目指す新世代法政策学」事務局, 北海道大学情報法政策学研究センター編)(30)　2010.9　p318—330
○知的財産法政策学研究(北海道大学グローバルCOEプログラム「多元分散型統御を目指す新世代法政策学」事務局, 北海道大学情報法政策学研究センター→北海道大学大学院法学研究科, 北海道大学情報政策学研究センター)〔1—40／平16.3—平24.12〕総目次
　　「知的財産法政策学研究」(北海道大学グローバルCOEプログラム「多元分散型統御を目指す新世代法政策学」事務局, 北海道大学情報法政策学研究センター編)(40)　2012.12　p253—270
○千葉県史研究(千葉　千葉県文書館→千葉県→千葉県史料研究財団)〔1—16／平5.2—平20.3〕総目録(中村政弘ほか)
　　「千葉県史研究」(千葉県史料研究財団編)(17)　2009.2　p202—205
○千葉県立衛生短期大学紀要(千葉　千葉県立衛生短期大学)〔21—27／平14—平20〕総目次
　　「千葉県立衛生短期大学紀要」(千葉県立衛生短期大学紀要委員会編)27(1・2)通号51・52　2008・09　p193—212
○千葉県立関宿城博物館研究報告(関宿町　千葉県立関宿城博物館)〔1—10／平9.3—平18.3〕総目録
　　「研究報告」(千葉県立関宿城博物館編)(11)　2007.3　p136—138

○**千葉大学留学生センター紀要**（千葉 千葉大学留学生センター）〔1―10／平7.3―平16.3〕総目次
　「国際教育」（千葉大学国際教育センター編）（1）　2007.3 p87―91
○**千葉連隊区将校団報**〔昭6.2―昭18.1〕総目次（樋口雄彦）
　「国立歴史民俗博物館研究報告」（国立歴史民俗博物館編）（131）　2006.3
　p271―336
◎**地平線**（竹中書店→地平線社, 竹中書店〔発売〕）〔1―5／大8.4―大8.8〕総目次ほか（早稲田大図書館）
　「しれえね・地平線・基調・黙示・リラ・葡萄園・青銅時代・三田文芸陣・季節の展望・素質・新三田派・七人・朱門・紅（箒）・偽画・未成年総目次」
　雄松堂アーカイブズ　2009.4 p13―22
○**地方教育史研究**（全国地方教育史学会）〔1―28／昭55.10―平19.5〕総目次
　「地方教育史研究：全国地方教育史学会紀要」（全国地方教育史学会〔編〕）
　　（29）　2008 p157―172
○**地方金融史研究**（地方金融史研究会編　全国地方銀行協会）〔1―34／昭43.7―平15.3〕内容目録
　「地方金融史研究」（35）　2004.3 p124―132
○**地方金融史研究**（地方金融史研究会編　全国地方銀行協会）〔1―35／昭43.7―平16.3〕内容目録
　「地方金融史研究」（36）　2005.3 p81―90
○**地方金融史研究**（地方金融史研究会編　全国地方銀行協会）〔1―36／昭43.7―平17.3〕内容目録
　「地方金融史研究」（37）　2006.3 p75―84
○**地方金融史研究**（地方金融史研究会編　全国地方銀行協会）〔1―37／昭43.7―平18.3〕内容目録
　「地方金融史研究」（38）　2007.6 p59―68
○**地方金融史研究**（地方金融史研究会編　全国地方銀行協会）〔1―38／昭43.7―平19.6〕内容目録
　「地方金融史研究」（39）　2008.5 p153―162
○**地方金融史研究**（地方金融史研究会編　全国地方銀行協会）〔1―39／昭43.7―平20.5〕内容目録
　「地方金融史研究」（40）　2009.5 p46―56
○**地方金融史研究**（地方金融史研究会編　全国地方銀行協会）〔1―40／昭43.7―平

21.5〕内容目録
　　「地方金融史研究」(41)　2010.5 p114—124
○**地方金融史研究**(地方金融史研究会編　全国地方銀行協会)〔1—41／昭43.7—平22.5〕内容目録
　　「地方金融史研究」(42)　2011.5 p60—70
○**地方金融史研究**(地方金融史研究会編　全国地方銀行協会)〔1—42／昭43.7—平23.5〕内容目録
　　「地方金融史研究」(43)　2012.5 p90—101
○**地方金融史研究**(地方金融史研究会編　全国地方銀行協会)〔1—43／昭43.7—平24.5〕内容目録
　　「地方金融史研究」(44)　2013.5 p62—73
○**茶業研究報告**(日本茶業技術協会)〔81—100／平7—平17〕論文表題一覧
　　「茶業研究報告」(101)　2006.6 p35—43
○**中央公論**(中央公論社)〔昭9.2—昭15.10〕「町の人物評論」一覧
　　「リテラシー史研究」(リテラシー史研究会編)(3)　2010.1 p63—76
◎**中央大学社会科学研究所研究報告**(八王子　中央大学社会科学研究所)〔1—20／昭58.3—平12.3〕目次
　　「近代雑誌目次文庫 78 社会学編 28」　ゆまに書房　2012.3 p170—179
◎**中央大学社会科学研究所年報**(中央大学社会科学研究所編　八王子　中央大学出版部)〔1—5／平9.6—平13.6〕目次
　　「近代雑誌目次文庫 78 社会学編 28」　ゆまに書房　2012.3 p180—181
○**中央調査報**(中央調査社)〔501—600／平11.7—平19.10〕総目次
　　「中央調査報」(600)　2007.10 p6—9
◎**中央文藝**(大阪　中央文藝協会)〔1(1)／昭6.1.20〕総目次
　　「大阪文藝雑誌総覧」(浦西和彦,増田周子,荒井真理亜著)　和泉書院　2013.2 p225—227
○**中外医事新聞**〔1—4／明8.6—明8.8〕目次(藤元直樹)
　　「参考書誌研究」(国立国会図書館主題情報部編)(65)　2006.10 p1—154
○**中外評論**(集思社)〔1—28／明9.8—明9.10〕目次(藤元直樹)
　　「参考書誌研究」(国立国会図書館主題情報部編)(65)　2006.10 p1—154
　中京商学論叢(名古屋　中京大学学術研究会→中京大学商学会)
　　⇨中京論叢

ちゅう

中京体育学研究(名古屋 中京大学学術研究会)
　　⇨中京体育学論叢
○中京体育学論叢→中京体育学研究→中京大学体育学論叢(名古屋 中京大学学術研究会→中京大学体育学→豊田 中京大学スポーツ科学部)〔1(1)―15(2)／昭35.3―昭49.3〕→〔16(1)―23(1)／昭50.6―昭57.4〕→〔24(1・2)―52(2)／昭58―平23〕総目次
　　「中京大学体育学論叢」53(1)　2012 p27―71
◎中京大学心理学研究科・心理学部紀要(名古屋 中京大学心理学研究科・心理学部)〔3(1)3―6(2)10／平15.11.28―平19.3.31〕論文総覧
　　「心理学紀要論文総覧」　日外アソシエーツ　2008.10 p265―266
　　(注)「中京大学心理学部紀要」の改題
◎中京大学心理学部紀要(名古屋 中京大学心理学部)〔1―2／平13.10.31―平14.10.1〕論文総覧
　　「心理学紀要論文総覧」　日外アソシエーツ　2008.10 p267
　　(注)「中京大学心理学研究科・心理学部紀要」と改題
中京大学体育学論叢(名古屋 中京大学学術研究会→中京大学体育学→豊田 中京大学スポーツ科学部)
　　⇨中京体育学論叢
◎中京大学臨床心理相談室紀要(名古屋 中京大学臨床心理相談室)〔1―5／平13.8.31―平17.7.1〕論文総覧
　　「心理学紀要論文総覧」　日外アソシエーツ　2008.10 p267―268
中京大学論叢(名古屋 中京大学商学会)
　　⇨中京論叢
○中京論叢→中京大学論叢→中京商学論叢(名古屋 中京短期大学→中京大学商学会→中京大学学術研究会→中京大学商学会)〔1―2／昭29―昭30〕→〔3―5(4)／昭31.10―昭34.2〕→〔6(1)11―55(通号153)／昭34.12―平21〕総目次
　　「中京商学論叢」55巻153号　2009 p61―113
○中帰連([川越]「中帰連」発行所)〔1―39／平9.6―平19.1〕総目録
　　「中帰連:戦争の真実を語り継ぐ」(「中帰連」発行所[編])通号40　2007.春 p39―53
◎中国関係論説資料(論説資料保存会)〔1―49／昭39―平19〕索引
　　「中国関係論説資料索引 創刊号－49」　論説資料保存会　2009.3 CD―ROM1枚 12cm

○中国近現代文化研究（中国近現代文化研究会）〔1―10／平10.12―平21.3〕総目次
　　「中国近現代文化研究」（中国近現代文化研究会編）（11）　2010.3 p81―83
○中国言語文化論叢（東京外国語大学中国言語文化研究会）〔1―8／平9.9―平18.3〕総目次
　　「中国言語文化論叢」（「中国言語文化論叢」編集委員会編）（9）　2007.3
　　　p136―138
○中国語研究（白帝社）〔46―51〕論文一覧
　　「中国語研究」（「中国語研究」編集委員会編）（53）　2011.10 p127―128
◎中国史研究（大阪　大阪市立大学中国史研究会）〔1―9／昭37―昭63.12〕論文総覧
　　「歴史学紀要論文総覧」　日外アソシエーツ　2007.9 p69―70
　　（注）「大阪市立大学東洋史論叢」と改題
○中国水利史研究（社町（兵庫県）　中国水利史研究会）〔1―40／昭40.11―平23〕総目次
　　「中国水利史研究」（40）　2011 p96―103
◎中国の文化と社会（京都　京都大学中国哲学史研究室）〔8―13／昭35.10―昭43.11〕論文総覧
　　「歴史学紀要論文総覧」　日外アソシエーツ　2007.9 p245―246
　　（注）「東洋の文化と社会」の改題
○中国文化（つくば　中国文化学会）〔60―69／平14―平23〕総目次
　　「中国文化」（編集委員会編）（70）　2012 p115―120
○中國文學報（京都　中国文学会）〔62―70〕総目録
　　「中國文學報」（京都大學文學部中國語學中國文學研究室編）（70）　2005.10
　　　巻末1―3
○中國文學報（京都　中国文学会）〔71―80〕総目録
　　「中國文學報」（京都大學文學部中國語學中國文學研究室編）（80）　2011.4
　　　巻末1―3
　　中国文化研究（天理　天理大学国際文化学部アジア学科中国語コース研究室→天理大学中国文化研究会, 天理大学国際文化学部アジア学科中国語コース研究室）
　　　⇨中文研究
◎中国留日同学会季刊〔1―9／昭17.9―昭19.11〕目次（大里浩秋ほか）
　　「留学生派遣から見た近代日中関係史」　御茶の水書房　2009.2 p209―216
◎中国労働運動史研究（中国労働運動史研究会編　中国労働運動史研究会）〔1―15／昭52.10―昭61.12〕目次

ちゅう

　　「近代雑誌目次文庫 78 社会学編 28」 ゆまに書房　2012.3　p182—183
○**中世文学**(中世文学会)〔31—50／昭61.5—平17.6〕総目次
　　「中世文学」(51)　2006.6　p77—87
○**中等教育**(中等学校教科書(株))〔1(1)—2(4)／昭21.1—22.4〕目次集(丸山剛史,尾高進,志村聡子)
　　「工学院大学共通課程研究論叢」(工学院大学[編])(44-2)　2007　p91—101
○**中等教育**(中等学校教科書(株))〔5(4)—10(9・10)／昭25.5—昭30.9・10〕目次集(尾高進,丸山剛史)
　　「工学院大学共通課程研究論叢」(工学院大学[編])(45-1)　2007.10　p99—110
◎**中日スタイル**(名古屋　中部日本スタイル社)〔1947.3・4—1948.12／昭22.3—昭23.12〕総索引
　　「占領期女性雑誌事典—解題目次総索引 7」(吉田健二)　金沢文圃閣　2007.3　p199—205
○**中部文学**〔1—22／昭15.4—昭21.6〕総目次(飯沼典子,込山たまき,山本香菜子)
　　「資料と研究」(山梨県立文学館編)(12)　2007.3　p140—156
○「**中部文学**」第二次(豊橋市　高須書房→豊川市　中部文学社)〔1—9／昭21.10—23.12〕総目次(飯沼典子,戸澤きよみ,込山たまき,髙木美和)
　　「資料と研究」(山梨県立文学館編)(13)　2008.3　p161—166
○「**中部文学**」第三次(下諏訪町　甲陽書房)〔1／昭30.7〕総目次(飯沼典子,戸澤きよみ,込山たまき,髙木美和)
　　「資料と研究」(山梨県立文学館編)(13)　2008.3　p166—167
○**中文研究→中国文化研究**(天理　天理大学中国学科研究室→天理大学国際文化学部アジア学科中国語コース研究室→天理大学中国文化研究会,天理大学国際文化学部アジア学科中国語コース研究室)〔1—15／昭36.5—昭50.3〕→〔16—25／平11—平21〕総目次
　　「中国文化研究」(26)　2010　p119—127
◎**彫刻刀**〔1—17／昭6.6—昭7.12〕総目次(加治幸子)
　　「創作版画誌の系譜—総目次及び作品図版」　中央公論美術出版　2008.1　p498—524
○**調査研究報告**(高松　香川県歴史博物館)〔1—4／平17.3—平20.3〕総目次
　　「調査研究報告」(香川県歴史博物館編)(4)　2008.3　p304—306

ちりし

○町史研究伊奈の歴史（伊奈町）〔1―10,特別号／平8.3―平20.1〕総目次
　　「町史研究伊奈の歴史」（伊奈町史編纂委員会編）（10）　2008.1 p200―210
◎長寿社会21（長寿社会開発センター）〔1―12／平2.11―平4.3〕目次
　　「近代雑誌目次文庫 78 社会学編 28」　ゆまに書房　2012.3 p184―188
◎ちょうせい（総務省公害等調整委員会事務局）〔1―25／平7.5―平13.5〕目次
　　「近代雑誌目次文庫 78 社会学編 28」　ゆまに書房　2012.3 p189―198
◎朝鮮史研究会会報（国立　朝鮮史研究会）〔1―100／昭34.8―平2.9〕総目録（朝鮮史研究会）
　　「朝鮮史研究会会報総目録・索引―創刊号～100」　朝鮮史研究会　2009.7 p5―128
　　（付）執筆者・報告者名索引：p12―1
◎朝鮮史研究会論文集（国立　朝鮮史研究会）〔1―46／昭40.11―平20.10〕総目録（朝鮮史研究会）
　　「朝鮮史研究会会報総目録・索引―創刊号～100」　朝鮮史研究会　2009.7 p（3）―（45）
　　（付）執筆者名索引：p8―1
◎長大史学（長崎　長崎大学史学会）〔1―11／昭33.4―昭42.10〕論文総覧
　　「歴史学紀要論文総覧」　日外アソシエーツ　2007.9 p499―500
　　（注）欠号：5,9,10
○調停時報（日本調停協会連合会）〔151―160／平14.3―平17.3〕主要項目
　　「調停時報」（160）　2005.3 p65―84
◎潮流詩派（潮流詩派の会編　潮流出版社）〔1―83／昭30.7―昭50.10〕総目次
　　「戦後詩誌総覧 8」（和田博文ほか）　日外アソシエーツ　2010.8 p528―635
○地理教育研究（全国地理教育学会学会事務局）〔1―4／平20.3―平21.7〕目次
　　「地理教育研究」（全国地理教育学会学会事務局編）（4）（臨増）　2009.7 p25―28
○地理教育研究（全国地理教育学会学会事務局）〔1―9／平20.3―平23.10〕総目次
　　「地理教育研究」（全国地理教育学会学会事務局編）（9）　2011.10 p72―80
地理空間情報部技術報告（［つくば］国土地理院）
　　⇨地図管理部技術報告
地理誌叢（日本大学地理学会）
　　⇨日本大学地理学報告
地理情報部技術報告（［つくば］国土地理院）

⇨地図管理部技術報告
○**地理調査所報告**→Bulletin of the Geographical Survey Institute（東京→Tsukuba 地理調査所→Geographical Survey Institute, Ministry of Construction→Geographical Survey Institute, Ministry of Land, Infrastructure and Transport→Geographical Survey Institute, Ministry of Land, Infrastructure, Transport and Tourism）〔1／昭23.10〕→〔2—50／昭25—平16.3〕総目録（国土地理院）
「Bulletin of the Geographical Survey Institute」(50)　2004.3 p49—62
○**青島実学協会月報**〔1—45／大7.1—大10.10・11〕記事目録
「近代中国研究彙報」(27)　東洋文庫　2005.3 p89—147

【つ】

通信教育研究集録（日本通信教育学会）
⇨研究発表会記録
○**通信教育部論集**（八王子 創価大学通信教育部学会）〔1—9／平10.8—平18.8〕総目次
「通信教育部論集」(創価大学通信教育部学会‖〔編〕)(10)　2007.8 p141—147
○**ツェラーン研究**（八王子 日本ツェラーン協会）〔1—5／平11—平15〕既刊目次
「ツェラーン研究」(日本ツェラーン協会編)(6)　2004.7 p90—91
○**ツェラーン研究**（八王子 日本ツェラーン協会）〔1—6／平11—平16〕既刊目次
「ツェラーン研究」(日本ツェラーン協会編)(7)　2005 p169—170
○**ツェラーン研究**（八王子 日本ツェラーン協会）〔1—7／平11—平17〕既刊目次
「ツェラーン研究」(日本ツェラーン協会編)(8)　2006.7 p108—109
○**ツェラーン研究**（八王子 日本ツェラーン協会）〔1—8／平11—平18〕既刊目次
「ツェラーン研究」(日本ツェラーン協会編)(9)　2007.7 p142—143
○**ツェラーン研究**（八王子 日本ツェラーン協会）〔1—9／平11—平19〕既刊目次
「ツェラーン研究」(日本ツェラーン協会編)(10)　2008.8 p196—198
○**ツェラーン研究**（八王子 日本ツェラーン協会）〔1—10／平11—平20〕既刊目次
「ツェラーン研究」(日本ツェラーン協会編)(11)　2009 p174—176
○**ツェラーン研究**（八王子 日本ツェラーン協会）〔1—11／平11—平21〕既刊目次
「ツェラーン研究」(日本ツェラーン協会編)(12)　2010 p120—122

○ツェラーン研究(八王子 日本ツェラーン協会)〔1―12／平11―平22〕既刊目次
　「ツェラーン研究」(日本ツェラーン協会編)(13)　2011　p178―180
○ツェラーン研究(八王子 日本ツェラーン協会)〔1―14／平11―平24〕全号総目次
　「ツェラーン研究」(日本ツェラーン協会編)(14)　2012　p159―162
○月の輪(富士宮 富士宮市郷土史同好会)〔1―20／昭61.1―平17.6〕バックナンバー掲載内容
　「月の輪」(20)　2005.6　p100―108
○筑紫国文(福岡→太宰府 筑紫女学園短期大学国文科→筑紫女学園大学短期大学部(国文科))〔1―28〕総目次
　「筑紫国文」(29)　2007.3　p74―82
◎月映(公刊)〔1―7／大3.9―大4.11〕総目次(加治幸子)
　「創作版画誌の系譜―総目次及び作品図版」　中央公論美術出版　2008.1　p61―69
○筑波英語教育(東京 筑波英語教育学会)〔22―24／平13―平15〕既刊号目次
　「筑波英語教育」(筑波英語教育学会編)(25)　2004.3　p79―80
○筑波英語教育(東京 筑波英語教育学会)〔23―25／平14―平16〕既刊号目次
　「筑波英語教育」(筑波英語教育学会編)(26)　2005.3　p49―50
○筑波英語教育(東京 筑波英語教育学会)〔23―26／平14―平17〕既刊号目次
　「筑波英語教育」(筑波英語教育学会編)(27)　2006.3　p167―168
○筑波英語教育(東京 筑波英語教育学会)〔23―27／平14―平18〕既刊号目次
　「筑波英語教育」(筑波英語教育学会編)(28)　2007.7　p64―65
○筑波英語教育(東京 筑波英語教育学会)〔24―28／平15―平19〕既刊号目次
　「筑波英語教育」(筑波英語教育学会編)(29)　2008.3　p58―59
○筑波英語教育(筑波英語教育学会)〔1―30／昭55―平21〕既刊号目次
　「筑波英語教育」(筑波英語教育学会編)(30)　2009　p186―201
○筑波英語教育(筑波英語教育学会)〔1―31／昭55―平22〕既刊号目次
　「筑波英語教育」(筑波英語教育学会編)(31)　2010　p206―222
○筑波英語教育(筑波英語教育学会)〔29―31／平20―平22〕既刊号目次
　「筑波英語教育」(筑波英語教育学会編)(32)　2011.3　p90―91
○筑波英語教育(筑波英語教育学会)〔28―32／平19―平23〕既刊号目次
　「筑波英語教育」(筑波英語教育学会編)(33)　2012.3　p180―182

つくは

○筑波英語教育(筑波英語教育学会)〔29―33／平20―平24〕既刊号目次
　　「筑波英語教育」(筑波英語教育学会編)(34)　2013.3　p99―102
◎筑波大学心理学研究(筑波大学心理学系編　つくば　筑波大学)〔1―34／昭54.3.31―平19.8.17〕論文総覧
　　「心理学紀要論文総覧」　日外アソシエーツ　2008.10　p273―289
◎筑波大学先史学・考古学研究(つくば　筑波大学先史学・考古学研究編集委員会編　筑波大学歴史・人類学系→筑波大学人文社会科学研究科先史学・考古学コース)〔1―17／平1.12―平18.3〕論文総覧
　　「歴史学紀要論文総覧」　日外アソシエーツ　2007.9　p365―368
◎筑波大学発達臨床心理学研究(つくば　筑波大学発達臨床心理相談室)〔4―18／平5.3.25―平19.2.20〕論文総覧
　　「心理学紀要論文総覧」　日外アソシエーツ　2008.10　p289―293
　　(注)「筑波大学幼児相談学研究」の改題
◎筑波大学幼児相談学研究(つくば　筑波大学幼児相談室)〔1―3／平1.3.20―平3.12.24〕論文総覧
　　「心理学紀要論文総覧」　日外アソシエーツ　2008.10　p293―294
　　(注)「筑波大学発達臨床心理学研究」と改題
◎筑波大学臨床心理学論集(つくば　筑波大学心理相談室)〔1―21／昭60―平19.3.31〕論文総覧
　　「心理学紀要論文総覧」　日外アソシエーツ　2008.10　p294―300
○筑波日本語研究(つくば　筑波大学大学院博士課程文芸・言語研究科日本語学研究室→筑波大学大学院博士課程人文社会科学研究科日本語学研究室)〔1―10／平8.8―平17.8〕目録
　　「筑波日本語研究」(10)　2005.8　p108―112
◎黄楊〔1／昭8.8〕総目次(加治幸子)
　　「創作版画誌の系譜―総目次及び作品図版」　中央公論美術出版　2008.1　p850―852
◎土塊〔1―7／昭2.12―昭4.10〕総目次(加治幸子)
　　「創作版画誌の系譜―総目次及び作品図版」　中央公論美術出版　2008.1　p242―249
○筒城(京田辺　京田辺市郷土史会)特集「昭和の思い出」目次
　　「筒城」(京田辺市郷土史会編)(51)　2006.3
◎椿〔1(1)／昭21.11〕総索引

「占領期女性雑誌事典―解題目次総索引 7」(吉田健二) 金沢文圃閣 2007.3 p213」
○飛礫〔33―45／平14.1―平17.1〕総目録
  「飛礫」(飛礫編集委員会編)通号46　2005.春 p155―162
○飛礫〔46―58／平17.春―平20.春〕総目録
  「飛礫」(飛礫編集委員会編)通号59　2008.夏 p155―162
○飛礫〔59―64／平20.春―平21.秋〕総目録
  「飛礫」(飛礫編集委員会編)通号65　2010.冬 p197―201
◎壺井栄文学館だより〔［号数表記なし］―14／平8.8―平24.11〕総目次（岡野裕之）
  「文学館出版物内容総覧：図録・目録・紀要・復刻・館報」　日外アソシエーツ　2013.4 p953―954

【て】

○テアトロ(カモミール社)〔701―723／平12.12―平14.7〕総目次
  「テアトロ」通号753　2004.8 p140―154
○テアトロ(カモミール社)〔724―744／平14.7―平15.12〕総目次
  「テアトロ」通号754　2004.9 p142―154
○テアトロ(カモミール社)〔745―750／平16.1―平16.6〕総目次
  「テアトロ」通号757　2004.12 p150―154
◎帝京史学(八王子 帝京大学文学部史学科)〔1―21／昭60.9―平18.2〕論文総覧
  「歴史学紀要論文総覧」　日外アソシエーツ　2007.9 p385―390
○帝京社会学(八王子 帝京大学文学部社会学科)〔1―21／昭63―平20〕掲載論文
  「帝京社会学」(22)　2009.3 p105―113
◎帝京大学心理学紀要(八王子 帝京大学心理学研究室)〔1―11／平3.3.31―平19.3.31〕論文総覧
  「心理学紀要論文総覧」　日外アソシエーツ　2008.10 p301―303
    (注)「帝京大学文学部紀要 心理学」の改題
◎帝京大学文学部紀要 心理学(八王子 帝京大学文学部心理学科)〔1―6／平3.3.31―平13.3.31〕論文総覧
  「心理学紀要論文総覧」　日外アソシエーツ　2008.10 p304―305

(注)「帝京大学心理学紀要」と改題
◎帝大学山梨文化財研究所研究報告(石和町 帝京大学山梨文化財研究所)〔1—12／平1.5—平16.10〕論文総覧
　「歴史学紀要論文総覧」 日外アソシエーツ 2007.9 p390—394
◎デイケア実践研究(日本デイケア研究会→日本デイケア学会)〔1—5(1)／平10.8—平13.5〕目次
　「近代雑誌目次文庫 78 社会学編 28」 ゆまに書房 2012.3 p199—202
○ディケンズ・フェロウシップ会報→ディケンズ・フェロウシップ支部年報(ディケンズ・フェロウシップ日本支部)〔1—22／昭53—平11〕→〔23—30／平12—平19〕総索引
　「The Japan Branch bulletin, the Dickens Fellowship」(30) 2007 p216—261
ディケンズ・フェロウシップ支部年報(ディケンズ・フェロウシップ日本支部)
　⇨ディケンズ・フェロウシップ会報
○帝国瓦斯協会雑誌(帝国瓦斯協会)〔1(1)—5(12)／大1.8—大5.12〕記事総目次(瀧本文治)
　「立命館経済学」59(1)通号345 2010.5 p57—97
○帝国瓦斯協会雑誌(帝国瓦斯協会)〔6(1)—13(7)／大6.1—大13.11〕記事総目次(瀧本文治)
　「立命館経済学」59(2)通号346 2010.7 p223—261
○帝国瓦斯協会雑誌(帝国瓦斯協会)〔14(1)—20(6)／大14.1—昭6.11〕記事総目次(瀧本文治)
　「立命館経済学」59(3)通号347 2010.9 p333—364
○帝国瓦斯協会雑誌(帝国瓦斯協会)〔21(1)—26(7)／昭7.1—昭12.11〕記事総目次(瀧本文治)
　「立命館経済学」59(4)通号348 2010.11 p492—521
○帝国瓦斯協会雑誌(帝国瓦斯協会)〔27(1)—30(3)／昭13.1—昭18.5〕記事総目次(瀧本文治)
　「立命館経済学」60(1)通号351 2011.5 p60—86
◎帝国古蹟取調会会報→古蹟(帝国古蹟取調会)〔1—3／明33.12—明35.12〕→〔2(1)—3(4)／明36.2—明37.4〕総目次
　「古蹟 第1巻第1号 - 第3巻第4号(明治33年12月 - 37年4月)」 不二出版 2011.1 p35—55

てすか

　(付)索引
○**Development Education Journal**〔1(1)―11(3)／平6―平17.6〕総目次
　「開発教育」(『開発教育』編集委員会編)(53)　2006.8 p254―267
○**Techno innovation**(農林水産先端技術産業振興センター→農林水産・食品産業技術振興協会)〔19(1)71―22(3)85／平21―平24〕総目次
　「Techno innovation」22(3)通号85　2012 p43―53
○**Design news**(日本産業デザイン振興会, 丸善出版事業部〔発売〕)〔200―269／平10―平17〕総目次
　「Design news」通号269　2005.Spr.　p57―80
○**帝塚山学院大学日本文学研究**(狭山 帝塚山学院大学日本文学会→帝塚山学院大学文学部日本文学会)〔1―41／昭44.3―平22.2〕総目録
　「帝塚山学院大学日本文学研究」(帝塚山学院大学文学部日本文学会編)(41)
　　2010.2 p91―71
　(付)著者索引
◎**帝塚山大学考古学研究所研究報告**(奈良 帝塚山大学考古学研究所)〔1―7／平10.10―平17.3〕論文総覧
　「歴史学紀要論文総覧」　日外アソシエーツ　2007.9 p395―396
◎**帝塚山大学心理福祉学部紀要**(奈良 帝塚山大学心理福祉学部)〔1―2／平17.3.15―平18.3.15〕論文総覧
　「心理学紀要論文総覧」　日外アソシエーツ　2008.10 p306
○**帝塚山大学大学院人文科学研究科紀要**(奈良 帝塚山大学大学院人文科学研究科)〔1―11／平12.3―平22.2〕既刊目録
　「帝塚山大学大学院人文科学研究科紀要」(帝塚山大学大学院人文科学研究科紀要編集委員会編)(12)　2010.3 p47―50
○**帝塚山大学大学院人文科学研究科紀要**(奈良 帝塚山大学大学院人文科学研究科)〔1―12／平12.3―平22.2〕既刊目録
　「帝塚山大学大学院人文科学研究科紀要」(帝塚山大学大学院人文科学研究科紀要編集委員会編)(13)　2011.3 p71―74
　帝塚山大学短期大学部紀要(奈良 帝塚山大学短期大学部)
　　⇨帝塚山短期大学紀要
○**帝塚山短期大学紀要→帝塚山大学短期大学部紀要**(奈良 帝塚山短期大学→帝塚山大学短期大学部)〔1―37／昭38.12―平12.3〕→〔38―41／平13.2―平16.2〕総目次

てちよ

「帝塚山大学短期大学部紀要」（帝塚山大学短期大学部紀要委員会編）（41）
　　2004.2　p143—170
　　（付）著者名索引
◎手帖姫路文学館（姫路　姫路文学館）〔1—85／平3.7—平24.10〕総目次（岡野裕之）
　　「文学館出版物内容総覧：図録・目録・紀要・復刻・館報」　日外アソシエーツ　2013.4　p857—868
○哲学世界（早稲田大学大学院文学研究科哲学専攻）〔1—27／昭46—平16〕総目次
　　「哲学世界」(27)　2005.3　p51—59
○哲学世界（早稲田大学大学院文学研究科哲学専攻）〔1—28／昭46—平17〕総目次
　　「哲学世界」(29)　2006　p55—61
○デッサン（素描社→「デッサン」発行所→デッサン社）解題（長谷川菜穂）
　　「日本古書通信」（日本古書通信社［編］）78(10)通号1011　2013.10　p26—27
○デッサン（素描社→「デッサン」発行所→デッサン社）〔1(1)—1(3)／大15.1—大15.7〕総目次（長谷川菜穂）
　　「日本古書通信」（日本古書通信社［編］）78(11)通号1012　2013.11　p26
○デッサン（素描社→「デッサン」発行所→デッサン社）〔1(5)—2(3)／大16.1—昭3.4〕総目次（長谷川菜穂）
　　「日本古書通信」（日本古書通信社［編］）78(12)通号1013　2013.12　p30
○鉄道車両と技術（府中　レールアンドテック出版）〔139—151〕総目次
　　「鉄道車両と技術」15(1) 152　レールアンドテック出版　2009.4　p47—48
◎テーブル（東京都社会福祉総合センター）〔1—35／昭60.3—平7.3〕目次
　　「近代雑誌目次文庫 78 社会学編 28」　ゆまに書房　2012.3　p203—217
◎デモクラシイ（新人会）〔1(1)—1(8)／大8.3—大8.12〕目次
　　「近代雑誌目次文庫 78 社会学編 28」　ゆまに書房　2012.3　p218—220
　　（注）「先駆」と改題
○電気加工学会誌（電気加工学会）〔1—90／昭43.2—平17.3〕総目次（田村武夫）
　　「電気加工学会誌」41(98)　2007.11　p171—236
○電材ジャーナル（電気機能材料工業会）〔582—599〕バックナンバーリスト
　　「電材ジャーナル」(600)　2009.1　p51—55
　　（注）「電気機能材料工業会」の改題
○電材ジャーナル（電気機能材料工業会）〔582—599〕バックナンバーリスト

「電材ジャーナル」(601)　2009.2―4　p36―37
　　　（注）「電気機能材料工業会」の改題
○電子写真学会誌→日本画像学会誌（電子写真学会→日本画像学会）〔100―123／平4―平10〕→〔124―200／平10―平24〕総目次
　　　「日本画像学会誌」51（6）通号200　2012.12　p566―596
○伝統と文化（ポーラ伝統文化振興財団）〔1―33／昭58.10―平22.1〕バックナンバー紹介
　　　「伝統と文化」(34)　2010.10　p54―55
◎天平（池田小菊→上司海雲編　全国書房→天平出版部）〔1―3／昭22.3―昭23.12〕内容細目
　　　「文芸雑誌内容細目総覧―戦後リトルマガジン篇」（日外アソシエーツ編, 勝又浩監修）日外アソシエーツ, 紀伊國屋書店〔発売〕　2006.11　p114―115
◎天秤（神戸　岡本書房→天秤発行所）〔1―43／昭33.10―昭50.12〕目次（鈴木貴宇）
　　　「戦後詩誌総覧 6」（和田博文ほか）日外アソシエーツ　2010.2　p248―280
○10＋1（INAX→INAX出版）〔1―50／平6―平20〕総目次
　　　「10＋1」(50)　2008　巻末1―20
○展望（筑摩書房）〔1―69／昭21.1―昭26.9〕総目次（髙塚雅, 服部宏昭）
　　　「中京大学図書館学紀要」（中京大学図書館［編］）(33)　2012　p100―44
○展望（筑摩書房）〔70―117／昭39.10―昭43.9〕総目次（髙塚雅, 服部宏昭）
　　　「中京大学図書館学紀要」（中京大学図書館［編］）(34)　2013　p110―29
◎天理大学考古学研究室紀要（天理　天理大学文学部歴史文化学科考古学専攻研究室→天理大学文学部歴史文化学科考古学・民俗学専攻）〔1―10／平9.3―平18.3〕論文総覧
　　　「歴史学紀要論文総覧」　日外アソシエーツ　2007.9　p406―409
○電話相談学研究（全国電話相談研究会→日本電話相談学会）〔1―18／平1.9―平20.3〕総目次
　　　「電話相談学研究」（日本電話相談学会編集委員会編）18（2）　2008.3　p78―91

【と】

○ドイツ研究〔21―40／平7―平18〕総目次（高木浩子）

といつ

　　　「ドイツ研究」（日本ドイツ学会編集委員会編）通号41　2007　p133―149
　　　（付）執筆者別索引
○ドイツ文学論攷（西宮　阪神ドイツ文学会）〔1―50／昭32―平20〕総目次
　　　「ドイツ文学論攷」(50)　2008　p123―156
◎刀〔1―13／昭3―昭7〕総目次（加治幸子）
　　　「創作版画誌の系譜―総目次及び作品図版」　中央公論美術出版　2008.1
　　　　p276―293
◎東亜時論（東亜同文會）〔1―26／明31.12―明32.12〕総目次（高木宏治）
　　　「東亜時論 復刻版 3」　ゆまに書房　2010.7 p604―549
◎東亜臨床心理学研究：東亜大学大学院総合学術研究科臨床心理学専攻紀要（下関　東亜大学大学院総合学術研究科臨床心理学専攻）〔1(1)―6(1)／平14.3.31―平19.3.31〕論文総覧
　　　「心理学紀要論文総覧」　日外アソシエーツ　2008.10 p307―309
◎doin'（doin'）〔1―6／昭37.7―昭40.10〕総目次
　　　「戦後詩誌総覧 7」（和田博文ほか）　日外アソシエーツ　2010.5 p485―489
◎刀画〔2／昭10.10〕総目次（加治幸子）
　　　「創作版画誌の系譜―総目次及び作品図版」　中央公論美術出版　2008.1
　　　　p943―945
○東海子どもの文化（名古屋　東海児童文化協会）〔1―21／昭46.4―昭55.2〕総目次
　　　「児童文化」(40)　2009.3 p58―63
◎東海史学（平塚　東海大学史学会）〔1―40／昭41.3―平18.3〕論文総覧
　　　「歴史学紀要論文総覧」　日外アソシエーツ　2007.9 p412―417
○東海自然誌（静岡　静岡県自然保護協会）〔1―3／昭49―昭54〕目次
　　　「東海自然誌：静岡県自然史研究報告」(4)　2011.5 p3―4
　東海大学紀要　農学部（南阿蘇村　東海大学農学部）
　　　⇨九州東海大学農学部紀要
○東海大学政治経済学部紀要（東海大学政治経済学部）〔29―38／平9―平18〕総目次
　　　「東海大学紀要　政治経済学部」(38)　2006.10 p487―493
○東海地区大学図書館協議会誌（名古屋　東海地区大学図書館協議会）〔1―50／昭31―平17〕総目次
　　　「東海地区大学図書館協議会誌」(50)　2005 p70―84

◎東海婦人の友（蒲郡町（愛知県）　東海婦人連合友の会）〔1946.初夏／昭21.6〕総索引
　　「占領期女性雑誌事典―解題目次総索引 7」（吉田健二）　金沢文圃閣　2007.3 p219」
○道鏡を守る会（大崎　道鏡を守る会）〔22―26／平12.6―平16.9〕バックナンバー紹介
　　「道鏡を守る会」（道鏡を守る会［編］）（27）　2005.4 p22―26
○道鏡を守る会（大崎　道鏡を守る会）〔1―29／昭60.4―平19.9〕バックナンバー紹介
　　「道鏡を守る会」（道鏡を守る会［編］）（30）　2009.8 p1―27
○東京家政学院筑波女子大学紀要（東京家政学院筑波女子大学）〔1―9／平―平17〕総目次
　　「東京家政学院筑波女子大学紀要」（東京家政学院筑波女子大学紀要委員会編）（9）　2005 巻末9p
　東京藝術大学音楽学部紀要（東京藝術大学音楽学部）
　　⇨東京芸術大学音楽学部年誌
○東京芸術大学音楽学部年誌→東京藝術大学音楽学部紀要（東京藝術大学音楽学部）〔1―12／昭49―昭61〕→〔13―31／昭62―平17〕掲載論文一覧
　　「東京藝術大学音楽学部紀要」（32）　2006 9pf
○東京国際大学論叢　経済学部編（川越　東京国際大学）〔26―30／平14―平16〕総目次
　　「東京国際大学論叢　経済学部編」（東京国際大学経済学部論叢編集委員会編）（30）　2004 巻末2p
○東京国際大学論叢　経済学部編（川越　東京国際大学）〔31―35／平16―平18〕総目次
　　「東京国際大学論叢　経済学部編」（東京国際大学経済学部論叢編集委員会編）（35）　2006.9 巻末2p
○東京国際大学論叢　経済学部編（川越　東京国際大学）〔36―40／平19―平21〕総目次
　　「東京国際大学論叢　経済学部編」（東京国際大学経済学部論叢編集委員会編）（40）　2009 巻末3p
○東京国際大学論叢　経済学部編（川越　東京国際大学）〔41―45／平21―平23〕総目次

とうき

```
    「東京国際大学論叢 経済学部編」(東京国際大学経済学部論叢編集委員会編)
        (46)  2012 巻末1—3
○東京国際大学論叢 言語コミュニケーション学部編(川越 東京国際大学)〔1—5
 /平17—平21〕総目次
    「東京国際大学論叢 言語コミュニケーション学部編」(東京国際大学言語コ
     ミュニケーション学部論叢編集委員会編)(5)  2009 p155—157
○東京国際大学論叢 商学部編(川越 東京国際大学)〔66—70/平14—平16〕総
 目次
    「東京国際大学論叢 商学部編」(東京国際大学商学部論叢編集委員会編)
        (70)  2004 p1—3
○東京国際大学論叢 商学部編(川越 東京国際大学)〔71—75/平17—平19〕総
 目次
    「東京国際大学論叢 商学部編」(東京国際大学商学部論叢編集委員会編)
        (75)  2007 巻末1—3
○東京国際大学論叢 商学部編(川越 東京国際大学)〔76—80/平19—平21.9〕総
 目次
    「東京国際大学論叢 商学部編」(東京国際大学商学部論叢編集委員会編)
        (80)  2009.9 巻末1—2
○東京国際大学論叢 商学部編(川越 東京国際大学)〔81—85/平22.3—平24.3〕
 総目次
    「東京国際大学論叢 商学部編」(東京国際大学商学部論叢編集委員会編)
        (85)  2012.3 巻末1—2
○東京国際大学論叢 人間社会学部編(川越 東京国際大学)〔6—10/平12—平16〕
 総目次
    「東京国際大学論叢 人間社会学部編」(東京国際大学人間社会学部論叢編集
     委員会編)(10)  2004 巻末1—3
○東京国際大学論叢 人間社会学部編(川越 東京国際大学)〔11—15/平17—平21.
 9〕総目次
    「東京国際大学論叢 人間社会学部編」(東京国際大学人間社会学部論叢編集
     委員会編)(15)  2009.9 p105—106
東京女子体育大学紀要(国立 東京女子体育大学)
    ⇨藤村学園東京女子体育大学紀要
東京女子大学比較文化研究所紀要(東京女子大学比較文化研究所)
```

⇨東京女子大学附属比較文化研究所紀要
○東京女子大学附属比較文化研究所紀要→東京女子大学比較文化研究所紀要（東京女子大学附属比較文化研究所→東京女子大学比較文化研究所）〔1—51／昭30.9—平2〕→〔52—66／平3—平17.1〕既刊総目録
　　「東京女子大学比較文化研究所紀要」（東京女子大学比較文化研究所［編］）
　　　（66）　2005　p1—36, 別1～6
　　（付）著者名索引
○東京成徳大学研究紀要（八千代　東京成徳大学）〔1—11／平6—平16〕総目次
　　「東京成徳大学研究紀要」（研究紀要編集委員会編）（12）　2005　p85—99
　　（付）英文目次
◎東京成徳大学臨床心理学研究（東京成徳大学大学院心理学研究科, 東京成徳大学大学院心理・教育相談センター）〔1—7／平13.3.31—平19.3.31〕論文総覧
　　「心理学紀要論文総覧」　日外アソシエーツ　2008.10　p312—315
◎東京大学教育学部教育相談室紀要（東京大学教育学部教育相談室）〔1—5／昭40.9—昭57.9.1〕論文総覧
　　「心理学紀要論文総覧」　日外アソシエーツ　2008.10　p316—318
　　（注）「東京大学教育学部心理教育相談室紀要」と改題
◎東京大学教育学部心理教育相談室紀要（東京大学教育学部心理教育相談室）〔6—17／昭58.12.20—平7.3.31〕論文総覧
　　「心理学紀要論文総覧」　日外アソシエーツ　2008.10　p319—324
　　（注）「東京大学教育学部教育相談室紀要」の改題。「東京大学大学院教育学研究科心理教育相談室紀要」と改題
◎東京大学考古学研究室研究紀要（東京大学大学院人文社会系研究科・文学部考古学研究室）〔15—20／平9.12—平18.3〕論文総覧
　　「歴史学紀要論文総覧」　日外アソシエーツ　2007.9　p437—438
　　（注）「東京大学文学部考古学研究室紀要」の改題
◎東京大学社会情報研究所紀要（東京大学社会情報研究所）〔46—61／平5.1—平13.3〕目次
　　「近代雑誌目次文庫 79 社会学編 29」　ゆまに書房　2012.7　p1—5
　　（注）「東京大学新聞研究所紀要」の改題
◎東京大学社会情報研究所調査研究紀要（東京大学社会情報研究所）〔1—15／平4.10—平13.3〕目次
　　「近代雑誌目次文庫 79 社会学編 29」　ゆまに書房　2012.7　p6—10

とうき

　　　（注）「東京大学大学院情報学環情報学研究　調査研究編」と改題
○**東京大学史料編纂所報**（東京大学史料編纂所）〔31―40／平7―平16〕総目次
　　「東京大学史料編纂所報」(40)　2004年度　p203―221
◎**東京大学新聞研究所紀要**（東京大学新聞研究所）〔1―45／昭27―平4.3〕目次
　　「近代雑誌目次文庫　79　社会学編　29」　ゆまに書房　2012.7 p11―20
◎**東京大学大学院教育学研究科心理教育相談室紀要**（東京大学大学院教育学研究科心理教育相談室）〔18―28／平8.3.31―平17.6.28〕論文総覧
　　「心理学紀要論文総覧」　日外アソシエーツ　2008.10 p324―329
　　（注）「東京大学教育学部心理教育相談室紀要」の改題。「東京大学大学院教育学研究科臨床心理学コース紀要」「東京大学大学院教育学研究科心理教育相談室年報」に分割
◎**東京大学大学院教育学研究科心理教育相談室年報**（東京大学大学院教育学研究科心理教育相談室）〔1―2／平18.9.30―平19.9.30〕論文総覧
　　「心理学紀要論文総覧」　日外アソシエーツ　2008.10 p329
　　（注）「東京大学大学院教育学研究科心理教育相談室紀要」より分離
◎**東京大学大学院教育学研究科臨床心理学コース紀要**（東京大学大学院教育学研究科総合教育科学専攻臨床心理学コース）〔29―30／平18.3.31―平19.3.30〕論文総覧
　　「心理学紀要論文総覧」　日外アソシエーツ　2008.10 p330―332
　　（注）「東京大学大学院教育学研究科心理教育相談室紀要」より分離
東京大学大学院教育学研究科基礎教育学研究室紀要（東京大学大学院教育学研究科基礎教育学研究室）
　　⇨研究室紀要（東京大学大学院教育学研究科基礎教育学研究室）
◎**東京大学日本史学研究室紀要**（東京大学大学院人文社会系研究科・文学部日本史学研究室）〔1―10／平9.3―平18.3〕論文総覧
　　「歴史学紀要論文総覧」　日外アソシエーツ　2007.9 p438―440
○**東京大学農学部演習林報告**（東京大学大学院農学生命科学研究科附属演習林）〔111―120／平16.6―平21.3〕総目次
　　「東京大学農学部演習林報告」(120)　2009.3　巻末1―14
　　（付）英語文
◎**東京大学文学部考古学研究室研究紀要**（東京大学文学部考古学研究室）〔1―14／昭57.8―平8.6〕論文総覧
　　「歴史学紀要論文総覧」　日外アソシエーツ　2007.9 p440―442

（注）「東京大学考古学研究室研究紀要」と改題
◎東京都江戸東京博物館研究報告（東京都江戸東京博物館）〔1—16／平7.10—平22.3〕総目次（岡野裕之）
　　「文学館出版物内容総覧：図録・目録・紀要・復刻・館報」　日外アソシエーツ　2013.4　p545—547
○東京都埋蔵文化財センター研究論集（多摩　東京都埋蔵文化財センター）〔1—26／昭57—平24.3〕総目次
　　「東京都埋蔵文化財センター研究論集」(26)　2012.3　p478—481
◎東京都立大学心理学研究（八王子　東京都立大学人文学部心理学研究室）〔1—15／平3.3.31—平17.3.20〕論文総覧
　　「心理学紀要論文総覧」　日外アソシエーツ　2008.10　p333—336
　　（注）「首都大学東京　東京都立大学　心理学研究」と改題
○東京都立大学法学会雑誌（東京都立大学法学会編　東京都立大学法学部）〔1(1)—45(2)／昭35.11—平17.1〕総目次
　　「東京都立大学法学会雑誌」（東京都立大学法学会編）45(2)　2005.1　p497—559
◎東京都立大学歴史研究（東京都立大学歴史研究会）〔1—2／昭33.3—昭34.3〕論文総覧
　　「歴史学紀要論文総覧」　日外アソシエーツ　2007.9　p447
○東京都立短期大学研究紀要（東京都立短期大学）〔1—8／平9—平16〕既刊号目次
　　「東京都立短期大学研究紀要」(9)　2005　p89—97
◎東京福祉専門学校紀要（東京福祉専門学校）〔1—11／平3.3—平13.3〕目次
　　「近代雑誌目次文庫　79　社会学編　29」　ゆまに書房　2012.7　p21—23
○統計雑誌（統計寮）〔1／明9.12〕目次（藤元直樹）
　　「参考書誌研究」（国立国会図書館主題情報部編）(65)　2006.10　p1—154
○東西（大阪　弘文社）〔1(1)—2(1)／昭21.4.1—昭22.4.30〕総目次（和田崇）
　　「立命館文學」（立命館大学人文学会編）(618)　2010.10　p79—95
　　（付）索引
◎東西（大阪　弘文社）〔1(1)—2(1)／昭21.4.1—昭22.4.30〕総目次
　　「大阪文藝雑誌総覧」（浦西和彦,増田周子,荒井真理亜著）　和泉書院　2013.2　p361—364
○東西南北（町田　和光大学共同研究機構委員会→和光大学総合文化研究所）〔1993-2005／平6.3 - 平17.1〕総目次

「東西南北:和光大学総合文化研究所年報」(2006)　〔2006〕p374—381
◎刀(再版)〔1—5／昭15—昭16〕総目次(加治幸子)
　　「創作版画誌の系譜―総目次及び作品図版」　中央公論美術出版　2008.1
　　　p1032—1041
◎同志社詩人〔6／昭44.6〕総目次
　　「戦後詩誌総覧 8」(和田博文ほか)　日外アソシエーツ　2010.8 p833—834
◎同志社社会学研究(京都 同志社社会学研究学会)〔1—4／平9.3—平13.3〕目次
　　「近代雑誌目次文庫 79 社会学編 29」　ゆまに書房　2012.7 p24—25
◎同志社心理(京都 同志社大学文学部心理学研究室)〔14—54／昭43.3.30—平19〕論文総覧
　　「心理学紀要論文総覧」　日外アソシエーツ　2008.10 p344—351
○同志社大学図書館学年報(京都 同志社大学図書館司書課程)〔1—30／昭50—平16〕総目次
　　「同志社大学図書館学年報」(31)　2005 p132—153
　　　(付)著者索引
○同志社図書館情報学(京都 同志社大学図書館司書課程)〔1—15／平2—平16〕総目次
　　「同志社大学図書館学年報」(31)　2005 p154—163
　　　(付)著者索引
○同志社メディア・コミュニケーション研究(京都 同志社大学メディア・コミュニケーション研究センター)〔1—4／平16.3—平19.3〕総目次
　　「同志社メディア・コミュニケーション研究」(同志社大学メディア・コミュニケーション研究センター編)(5)　2008.3 巻末2p
◎同時代〔1—30／昭30.12—昭50.11〕総目次
　　「戦後詩誌総覧 8」(和田博文ほか)　日外アソシエーツ　2010.8 p636—670
○島嶼研究(奈良 日本島嶼学会)〔1—10／平12.3—平22.6〕総目次
　　「島嶼研究」(10)　2010.6 p95—97
◎同仁(同仁会)〔1(1)—13(5)／昭2.5—昭14.5〕目次
　　「留学生派遣から見た近代日中関係史」(大里浩秋)　御茶の水書房　2009.2
　　　p53—100
　　　(注)「同仁会医学雑誌」と改題
◎同仁会報(同仁会)〔1—18／昭15.8—昭19.9〕目次
　　「留学生派遣から見た近代日中関係史」(大里浩秋)　御茶の水書房　2009.2

　　　　p100―104
◎藤村記念館だより〔1―133／昭48.10―平24.10〕総目次（岡野裕之）
　　「文学館出版物内容総覧：図録・目録・紀要・復刻・館報」　日外アソシエー
　　　ツ　2013.4　p769―781
◎銅鐸（立正大学考古学会）〔1―14／昭7.5―昭33.7〕論文総覧
　　「歴史学紀要論文総覧」　日外アソシエーツ　2007.9　p738―740
○饕餮（札幌　中国人文学会）〔1―11／平5.8―平15.10〕総目次
　　「饕餮」（中国人文学会編）（12）　2004.9　p2―3
○饕餮（札幌　中国人文学会）〔1―12／平5.8―平16.9〕総目次
　　「饕餮」（中国人文学会編）（13）　2005.9　p2―3
○饕餮（札幌　中国人文学会）〔1―13／平5.8―平17.9〕総目次
　　「饕餮」（中国人文学会編）（14）　2006.9　p2―3
○饕餮（札幌　中国人文学会）〔1―14／平5.8―平18.9〕総目次
　　「饕餮」（中国人文学会編）（15）　2007.9　p2―3
○饕餮（札幌　中国人文学会）〔1―15／平5.8―平19.9〕総目次
　　「饕餮」（中国人文学会編）（16）　2008.9　p2―4
○饕餮（札幌　中国人文学会）〔1―16／平5.8―平20.9〕総目次
　　「饕餮」（中国人文学会編）（17）　2009.9　p2―4
○饕餮（札幌　中国人文学会）〔1―17／平5.8―平21.9〕総目次
　　「饕餮」（中国人文学会編）（18）　2010.9　p2―4
○饕餮（札幌　中国人文学会）〔1―18／平5.8―平22.9〕総目次
　　「饕餮」（中国人文学会編）（19）　2011.9　p2―4
○饕餮（札幌　中国人文学会）〔1―19／平5.8―平23.9〕総目次
　　「饕餮」（中国人文学会編）（20）　2012.9　p2―4
○饕餮（札幌　中国人文学会）〔1―20／平5.8―平24.9〕総目次
　　「饕餮」（中国人文学会編）（21）　2013.9　p182―184
◎刀の跡〔1―5／昭5―昭7.4〕総目次（加治幸子）
　　「創作版画誌の系譜―総目次及び作品図版」　中央公論美術出版　2008.1
　　　p448―452
○東磐史学（東磐史学会）〔26―35／平13.8―平20.8〕研究論稿総目録
　　「東磐史学」（35）　2010.8
○動物園水族館雑誌（日本動物園水族館協会）〔41―45／平12―平16〕総合目次

とうふ

　　「動物園水族館雑誌」45（4）　2004.11　p129—132
○動物園水族館雑誌（日本動物園水族館協会）〔46—50／平17—平21〕総合目次
　　「動物園水族館雑誌」51（3・4）　2010.4　p92—95
○動物園水族館雑誌（日本動物園水族館協会）〔1—50／昭34—平21〕総合目次
　　「動物園水族館雑誌」51（総合目次）　2010.12　p1—67
○東方（東方学院）〔1—20／昭60—平16〕総目録
　　「東方」（20）　2004　p155—226
○桐朋学園大学研究紀要（調布　桐朋学園大学音楽学部）〔1—29／昭50—平15〕総目次
　　「桐朋学園大学研究紀要」（桐朋学園大学音楽学部［編］）（30）　2004.10　p189—199
○桐朋学園大学研究紀要（調布　桐朋学園大学音楽学部）〔1—30／昭50—平16〕総目次
　　「桐朋学園大学研究紀要」（桐朋学園大学音楽学部［編］）（31）　2005.10　p187—198
○桐朋学園大学研究紀要（調布　桐朋学園大学音楽学部）〔1—31／昭50—平17〕総目次
　　「桐朋学園大学研究紀要」（桐朋学園大学音楽学部［編］）（32）　2006　p167—179
○桐朋学園大学研究紀要（調布　桐朋学園大学音楽学部）〔1—32／昭50—平18〕総目次
　　「桐朋学園大学研究紀要」（桐朋学園大学音楽学部［編］）（33）　2007　p161—173
○桐朋学園大学研究紀要（調布　桐朋学園大学音楽学部）〔1—33／昭50—平19〕総目次
　　「桐朋学園大学研究紀要」（桐朋学園大学音楽学部［編］）（34）　2008　p277—289
○桐朋学園大学研究紀要（調布　桐朋学園大学音楽学部）〔1—34／昭50—平20〕総目次
　　「桐朋学園大学研究紀要」（桐朋学園大学音楽学部［編］）（35）　2009　p131—144
○桐朋学園大学研究紀要（調布　桐朋学園大学音楽学部）〔1—35／昭50—平21〕総目次

「桐朋学園大学研究紀要」(桐朋学園大学音楽学部[編])(36)　2010　p219—232
○桐朋学園大学研究紀要(調布　桐朋学園大学音楽学部)〔1—36／昭50—平22〕総目次
「桐朋学園大学研究紀要」(桐朋学園大学音楽学部[編])(37)　2011　p171—185
○桐朋学園大学研究紀要(調布　桐朋学園大学音楽学部)〔1—37／昭50—平23〕総目次
「桐朋学園大学研究紀要」(桐朋学園大学音楽学部[編])(38)　2012.10　p157—171
○桐朋学園大学研究紀要(調布　桐朋学園大学音楽学部)〔1—38／昭50—平24〕総目次
「桐朋学園大学研究紀要」(桐朋学園大学音楽学部[編])(39)　2013　p163—178
○東邦考古(習志野　東邦考古学研究会)〔15—29／平3.1—平17.3〕総目次
「東邦考古」(東邦考古学研究会編)通号30　2006.3　p249—255
○東北アジア研究(仙台　東北大学東北アジア研究センター)〔1—10／平8—平18〕総目次
「東北アジア研究」(東北大学東北アジア研究センター編)(11)　2007　p237—242
○東北開発研究(仙台　東北経済開発センター→東北開発研究センター)〔1—59／昭37.1—昭59.3〕総目次
「東北開発研究」(東北開発研究センター‖〔編〕)(154)　2009.秋季　p34—59
○東北開発研究(仙台　東北経済開発センター→東北開発研究センター)〔60—110／昭59.11—平11.10〕総目次
「東北開発研究」(東北開発研究センター‖〔編〕)(155)　2010.新春　p66—85
○東北開発研究(仙台　東北経済開発センター→東北開発研究センター)〔115—156／平12.1—平22.春季〕総目次
「東北開発研究」(東北開発研究センター‖〔編〕)(156)　2010.春季　p93—103
○東北学院大学キリスト教研究所紀要→東北学院大学キリスト教文化研究所紀要(東北学院大学キリスト教研究所→東北学院大学キリスト教文化研究所)〔1—16／昭58.3—平10.7〕→〔17—21／平11.8—平15.6〕総目次

とうほ

「東北学院大学キリスト教文化研究所紀要」(22)　2004.7 p161—170
○東北学院大学キリスト教研究所紀要→東北学院大学キリスト教文化研究所紀要
（東北学院大学キリスト教研究所→東北学院大学キリスト教文化研究所）〔1—16／昭58.3—平10.7〕→〔17—22／平11.8—平16.7〕総目次
　「東北学院大学キリスト教文化研究所紀要」(23)　2005.7 p87—97
○東北学院大学キリスト教研究所紀要→東北学院大学キリスト教文化研究所紀要
（東北学院大学キリスト教研究所→東北学院大学キリスト教文化研究所）〔1—16／昭58.3—平10.7〕→〔17—23／平11.8—平17.7〕総目次
　「東北学院大学キリスト教文化研究所紀要」(24)　2006.6 p111—119
○東北学院大学キリスト教研究所紀要→東北学院大学キリスト教文化研究所紀要
（東北学院大学キリスト教研究所→東北学院大学キリスト教文化研究所）〔1—16／昭58.3—平10.7〕→〔17—24／平11.8—平18.6〕総目次
　「東北学院大学キリスト教文化研究所紀要」(25)　2007.6 p89—97
○東北学院大学キリスト教研究所紀要→東北学院大学キリスト教文化研究所紀要
（東北学院大学キリスト教研究所→東北学院大学キリスト教文化研究所）〔1—16／昭58.3—平10.7〕→〔17—25／平11.8—平19.6〕総目次
　「東北学院大学キリスト教文化研究所紀要」(26)　2008.6 p93—102
○東北学院大学キリスト教研究所紀要→東北学院大学キリスト教文化研究所紀要
（東北学院大学キリスト教研究所→東北学院大学キリスト教文化研究所）〔1—16／昭58.3—平10.7〕→〔17—26／平11.8—平20.6〕総目次
　「東北学院大学キリスト教文化研究所紀要」(27)　2009.5 p141—150
○東北学院大学キリスト教研究所紀要→東北学院大学キリスト教文化研究所紀要
（東北学院大学キリスト教研究所→東北学院大学キリスト教文化研究所）〔1—16／昭58.3—平10.7〕→〔17—27／平11.8—平21.6〕総目次
　「東北学院大学キリスト教文化研究所紀要」(28)　2010.6 p129—139
○東北学院大学キリスト教研究所紀要→東北学院大学キリスト教文化研究所紀要
（東北学院大学キリスト教研究所→東北学院大学キリスト教文化研究所）〔1—16／昭58.3—平10.7〕→〔17—28／平11.8—平22.6〕総目次
　「東北学院大学キリスト教文化研究所紀要」(29)　2011.6 p121—131
○東北学院大学キリスト教研究所紀要→東北学院大学キリスト教文化研究所紀要
（東北学院大学キリスト教研究所→東北学院大学キリスト教文化研究所）〔1—16／昭58.3—平10.7〕→〔17—29／平11.8—平23.6〕目次
　「東北学院大学キリスト教文化研究所紀要」(30)　2012.6 p133—144

○東北学院大学キリスト教研究所紀要→東北学院大学キリスト教文化研究所紀要（東北学院大学キリスト教研究所→東北学院大学キリスト教文化研究所）〔1―16／昭58.3―平10.7〕→〔17―30／平11.8―平24.6〕総目次
　　「東北学院大学キリスト教文化研究所紀要」(31)　2013.6　p119―130
　東北学院大学キリスト教文化研究所紀要（東北学院大学キリスト教文化研究所）
　　⇨東北学院大学キリスト教研究所紀要
○東北学院大学論集 教會と神學（仙台 東北学院大学文経学会→東北学院大学文経法学会→東北学院大学学術研究会）〔1―40／昭43.12―平17.3〕総目次
　　「教會と神學」(41)　2005.11　巻末1―11
　　（注）「教會と神學」と改題
○東北学院大学論集 教會と神學→教會と神學（仙台 東北学院大学文経学会→東北学院大学文経法学会→東北学院大学学術研究会）〔1―40／昭43.12―平17.3〕→〔41―51／平17.11―平22.11〕総目次
　　「教會と神學」(52)　2011.3　巻末1―16
◎東北学院大学論集 歴史学・地理学（仙台 東北学院大学文経法学会→東北学院大学学術研究会）〔1―39／昭45.6―平17.3〕論文総覧
　　「歴史学紀要論文総覧」　日外アソシエーツ　2007.9　p448―454
　　（注）「東北学院大学論集 歴史と文化」と改題
◎東北学院大学論集 歴史と文化（仙台 東北学院大学学術研究会）〔40―41／平18.3―平18.3〕論文総覧
　　「歴史学紀要論文総覧」　日外アソシエーツ　2007.9　p454―455
　　（注）「東北学院大学論集 歴史学・地理学」の改題
○東北学［第1期］〔1―10／平11.10―平16.4〕総目次
　　「東北学［第1期］」(10)　2004.4　p326―349
　　（付）タイトル索引，執筆者索引
○東北学［第2期］〔1―30／平16.10―平24.1〕総目次
　　「東北学［第2期］」(30)　2012.1　p253―300
◎東北教育心理学研究（東北教育心理学研究編集委員会編 仙台 東北大学教育学部教育心理学研究室→東北教育心理学研究会）〔1―10／昭61.3.1―平18.3.25〕論文総覧
　　「心理学紀要論文総覧」　日外アソシエーツ　2008.10　p352―354
○東北行政公報（瀋陽 東北行政委員会秘書庁）〔1―24／昭24.1―昭24.8〕総目録（青柳伸子，小都晶子）

「News letter」（［近現代東北アジア地域史研究会］［編］）（18） 2006.12 p94—101
○東北行政導報（瀋陽 東北行政委員会辦公庁→東北行政委員会秘書庁）〔1（1）—3（5）／昭21.9—昭24.8〕総目録（青柳伸子，小都晶子）
「News letter」（［近現代東北アジア地域史研究会］［編］）（18） 2006.12 p85—94
◎東北数学雑誌（仙台 東北大学）〔1（1）—2（4）／明44.7—明45.3〕目次
「エレクトロニクス発展のあゆみ 資料編」（エレクトロニクス発展のあゆみ調査会編） 東海大学出版会 2005.2
◎東北大学考古学研究報告（仙台 東北大学文学部考古学研究室）〔1／昭60.10〕論文総覧
「歴史学紀要論文総覧」 日外アソシエーツ 2007.9 p488—489
東北大学大学院教育学研究科教育ネットワークセンター年報（仙台 東北大学大学院教育学研究科教育ネットワークセンター）
⇨教育ネットワーク研究室年報
◎東北大学東洋史論集（仙台 東北大学東洋史論集編集委員会）〔1—10／昭59.1—平17.3〕論文総覧
「歴史学紀要論文総覧」 日外アソシエーツ 2007.9 p489—491
○東北地区大学図書館協議会誌（仙台 東北地区大学図書館協議会）〔51—59／平12.6—平20.4〕総目次
「東北地区大学図書館協議会誌」（東北大学附属図書館編）（60） 2009.4 p56—57
◎東北帝国大学工学部電気工学科電気通信法研究室雑誌会〔大13—昭5〕目次
「エレクトロニクス発展のあゆみ 資料編」（エレクトロニクス発展のあゆみ調査会編） 東海大学出版会 2005.2 p418—426
◎東北帝国大学理科報告〔1（1）—2（2），4（5）／明45.1—大2.8，大4.12〕目次
「エレクトロニクス発展のあゆみ 資料編」（エレクトロニクス発展のあゆみ調査会編） 東海大学出版会 2005.2 p409—410
○東北ドイツ文学研究（仙台 東北大学文学部・ドイツ文学研究会→東北ドイツ文学会）〔41—50／平9—平19〕論文総目次
「東北ドイツ文学研究」（東北ドイツ文学会，日本独文学会東北支部編）（50） 2007 p217—220
○東北の雑草（大曲 東北雑草研究会）〔1—10／平13.7—平22.8〕総目次

「東北の雑草」(東北雑草研究会編)(10)　2010.8　巻末1―5
　　(付)著者名索引
◎東北福祉大学大学院総合福祉学研究科福祉心理学専攻紀要(仙台　東北福祉大学大学院総合福祉学研究科福祉心理学専攻)〔1―4／平16.4.30―平19.3.31〕論文総覧
　　「心理学紀要論文総覧」　日外アソシエーツ　2008.10　p383―386
○東北文化研究室紀要(仙台　東北大学大学院文学研究科東北文化研究室)〔1―50〕目録
　　「東北文化研究室紀要」(50)　2009.3　p35―52
○東北薬科大学一般教育関係論集(仙台　東北薬科大学)〔11―20／平9―平18〕総目次
　　「東北薬科大学一般教育関係論集」通号20　2006　p115―121
　　(注)「東北薬科大学研究年報」より分離
○東洋紀聞(橋爪源太郎)〔1―2／明9.2―明9.3〕目次(藤元直樹)
　　「参考書誌研究」(国立国会図書館主題情報部編)(65)　2006.10　p1―154
◎東洋教育史研究(八王子　東洋教育史学会)〔1―12／昭52.10―平1.3〕総目次(古垣光一)
　　「アジア教育史学の開拓」　東洋書院(制作)　2012.12　p655―659
◎東洋研究(大東文化大学東洋研究所)〔1―180／昭36.7―平23.7〕論文総目録
　　「『東洋研究』論文総目録・著者索引　第1号～第180号」　大東文化大学　2011.9　96p　A5
　　(付)著者索引
○東洋古典學研究(東広島　東洋古典学研究会)〔1―20〕論文名一覧
　　「東洋古典學研究」(東洋古典学研究会)(21)　2006.5　p168―171
○東洋古典学研究(東広島　東洋古典学研究会)〔1―33〕論文名目録ほか
　　「東洋古典學研究」(東洋古典学研究会)(33)　2012.3　p177―183
◎東洋史苑(京都　龍大史学科東洋史学生会→龍谷大学史学科東洋史部会→龍谷大学東洋史学研究会)〔1―67／昭43.11―平18.3〕論文総覧
　　「歴史学紀要論文総覧」　日外アソシエーツ　2007.9　p799―807
◎東洋史学(福岡　九州大学文学部東洋史研究室)〔1―29／昭25.12―昭41.1〕論文総覧
　　「歴史学紀要論文総覧」　日外アソシエーツ　2007.9　p219―213
◎東洋史学論集(立教大学大学院文学研究科史学専攻東洋史)〔1―5／平5.1―平17.

3〕論文総覧
　　「歴史学紀要論文総覧」　日外アソシエーツ　2007.9 p729
○東洋史訪(社町(兵庫県)　兵庫教育大学東洋史研究会)〔1―10／平7.3―平16.3〕総目次(松田吉郎)
　　「東洋史訪」(10)　2004.3.31 p143―145
◎東洋史訪(社町(兵庫県)　兵庫教育大学東洋史研究会)〔1―12／平7.3―平18.3〕論文総覧
　　「歴史学紀要論文総覧」　日外アソシエーツ　2007.9 p541―543
○東洋女子短期大学紀要(流山　東洋女子短期大学)〔1―37／昭41―平17〕既刊一覧
　　「東洋女子短期大学紀要」(38)　2006 p191―202
◎東洋史論集(立正大学東洋史研究会)〔1―17／昭63.3―平17.12〕論文総覧
　　「歴史学紀要論文総覧」　日外アソシエーツ　2007.9 p741―743
◎東洋大学社会学研究所年報(東洋大学社会学研究所)〔1―33／昭40.3―平13.3〕目次
　　「近代雑誌目次文庫 79 社会学編 29」　ゆまに書房　2012.7 p26―29
◎東洋大学社会学部紀要(東洋大学社会学部)〔1―38(2)64／昭35.3―平13.2〕目次
　　「近代雑誌目次文庫 79 社会学編 29」　ゆまに書房　2012.7 p30―41
　　（注）「東洋大学紀要」を分割
○東洋大学中国学会報→白山中国学(東洋大学中国学会)〔1―10／平18.3―平16.1〕→〔11―15／平16.12―平21.1〕総目次
　　「白山中国学」(15)　2009.1 p209―213
○東洋大学中国哲学文学科紀要(東洋大学文学部)〔1―21／平5―平25〕既刊号表紙・目次(書影)
　　「東洋大学中国哲学文学科紀要」(中国哲学文学科編)(21)　2013 p332―342
○東洋大学中国哲学文学科紀要(東洋大学文学部)〔1―21／平5―平25〕総目次
　　「東洋大学中国哲学文学科紀要」(中国哲学文学科編)(21)　2013 p343―347
◎東洋大学東洋史研究報告(東洋大学文学部史学科研究室)〔1―4／昭56.12―昭63.3〕論文総覧
　　「歴史学紀要論文総覧」　日外アソシエーツ　2007.9 p492
◎東洋大学文学部紀要 史学科篇(東洋大学)〔1―31／昭50.12―平18.3〕論文総覧

「歴史学紀要論文総覧」　日外アソシエーツ　2007.9 p493—496
　　(注)「東洋大学紀要　文学部篇」より分離
○東洋の思想と宗教(早稲田大学東洋哲学会)〔21—30／平16.3—平25.3〕総目次
　　「東洋の思想と宗教」(早稲田大学東洋哲学会編)(30)　2013.3 p134—138
◎東洋の文化と社会(京都　京都大学文学部支那哲学史研究室)〔1—7／昭25.11—昭33.12〕論文総覧
　　「歴史学紀要論文総覧」　日外アソシエーツ　2007.9 p246—247
　　　(注)「中国の文化と社会」と改題
○東洋文化(町田　無窮会)〔復刊1—99／昭36.12—平19.9〕逐号要目
　　「東洋文化」復刊100通刊334　無窮会　2008.4 p98—143
○東洋法学(東洋大学法学会)〔30(1・2)—49(2)／昭62—平18〕総目録
　　「東洋法学」50(1・2)通号108　2007.3 p314—327
○動力(日本動力協会)〔257—262／平13.秋期—平16.春季〕目次
　　「動力」(日本動力協会編)(54)(別冊)　2004　巻末1p
○道話(道の会)〔1—128／明44.5—大10.12〕総目次(平井誠二)
　　「大倉山論集」　大倉精神文化研究所(53)　2007.3 p415—517
◎遠くまで行くんだ…(『遠くまで行くんだ…』編集委員会編　小野田襄二)〔1—7／昭43.10—平19.10〕
　　「遠くまで行くんだ…全6号完全覆刻」(『遠くまで行くんだ…』復刻版刊行委員会編)　白順社　2007.11 p6—9
○トキコレビュー(河崎　トキコ)〔1—121／昭33.1—平16.7〕掲載論文リストほか
　　「Tokico review」45(1)通号121　2004 p43—46
○とくさ〔1—7(5)／明36.2—明42.6〕総目次(遠藤智子)
　　「学芸国語国文学」(43)　2011.3 p119—167
◎徳島県立文学書道館研究紀要　水脈(徳島　徳島県立文学書道館)〔1—11／平12.8—平24.3〕総目次(岡野裕之)
　　「文学館出版物内容総覧：図録・目録・紀要・復刻・館報」　日外アソシエーツ　2013.4 p934—936
○徳島地域文化研究(徳島　徳島地域文化研究会)〔1／平15.3〕バックナンバー一覧
　　「徳島地域文化研究」(2)　2004.3 p211
○徳島地域文化研究(徳島　徳島地域文化研究会)〔1—3／平15.3—平17.3〕バックナンバー一覧

「徳島地域文化研究」(4)　　2006.3 p140—141
○徳島地域文化研究（徳島　徳島地域文化研究会）〔1—4／平15.3—平18.3〕バックナンバー一覧
「徳島地域文化研究」(5)　　2007.3 p233—235
○徳島地域文化研究（徳島　徳島地域文化研究会）〔5／平19.3〕バックナンバー一覧
「徳島地域文化研究」(6)　　2008.3 p186
○徳島地域文化研究（徳島　徳島地域文化研究会）〔1—6／平15.3—平20.3〕バックナンバー一覧
「徳島地域文化研究」(7)　　2009.3 p262—265
○徳島地域文化研究（徳島　徳島地域文化研究会）〔1—7／平15.3—平21.3〕総目次
「徳島地域文化研究」(8)　　2010.3 p238—242
○徳島地域文化研究（徳島　徳島地域文化研究会）〔1—8／平15.3—平22.3〕総目次
「徳島地域文化研究」(9)　　2011.3 p180—184
○徳島地域文化研究（徳島　徳島地域文化研究会）〔6—9／平20.3—平22.3〕バックナンバー一覧
「徳島地域文化研究」(10)　　2012.3 p170—173
○徳島地域文化研究（徳島　徳島地域文化研究会）〔1—10／平15.3—平24.3〕バックナンバー一覧
「徳島地域文化研究」(11)　　2013.3 p225—230
○読書科学（日本読書学会）マンガ研究文献総索引
「マンガ文献研究」(3)　　2011.5 p69—67
（付）コメント
◎読書人（第一出版協会）〔1—2(6)／大13.9—大14.6〕細目（大屋幸世）
「日本近代文学書誌書目抄」　日本古書通信社　2006.3 p37—45
◎徳冨蘆花記念文学館報ほととぎす通信〔1—10／平4.11—平14.1〕総目次（岡野裕之）
「文学館出版物内容総覧：図録・目録・紀要・復刻・館報」　日外アソシエーツ　2013.4 p281—282
○徳山大学総合経済研究所紀要→徳山大学総合研究所紀要（周南　徳山大学総合経済研究所→徳山大学総合研究所）〔1—26／昭54—平16〕→〔27・28—33／平18—平23〕論文題目一覧
「徳山大学総合研究所紀要」(34)　　2012.3 巻末1—19

○徳山大学総合研究所紀要(周南 徳山大学総合研究所)
　⇨徳山大学総合経済研究所紀要
○徳山地方郷土史研究(徳山地方郷土史研究会)総目録
　「徳山地方郷土史研究」(30)　2009.3
○土佐民俗(高知 土佐民俗学会)〔1—90／昭36.2—平20.1〕総目録
　「土佐民俗」(土佐民俗学会編)通号90　2008.1
○都市清掃(全国都市清掃会議)〔210—268／平8.2—平17.11〕記事一覧
　「都市清掃」59通号272 全国都市清掃会議　2006.7 p382—399
○途上(思想とキリスト教研究会)〔1—25／昭45.4—平15.4〕総目次
　「途上」(思想とキリスト教研究会編)通号26　2006.10 p123—131
○土壌環境センター技術ニュース(土壌環境センター)〔1—8／平12.10—平16.3〕総目次
　「土壌環境センター技術ニュース」(8)　2004.3 p53—56
○土壌環境センター技術ニュース(土壌環境センター)〔1—19／平12.10—平24.3〕総目次
　「土壌環境センター技術ニュース」(19)　2012.3 p78—87
○図書館学(久留米 西日本図書館学会)〔1—85／昭29.6—平16.9〕総目次
　「図書館学」(86)　2005 p57—65
○図書館学(久留米 西日本図書館学会)〔1—87／昭29.6—平17.9〕総目次
　「図書館学」(88)　2006 p102—110
○図書館学(久留米 西日本図書館学会)〔1—89／昭29.6—平18.9〕総目次
　「図書館学」(90)　2007.4 p57—66
○図書館学(久留米 西日本図書館学会)〔1—91／昭29.6—平19.9〕総目次
　「図書館学」(92)　2008 p102—111
○図書館学(久留米 西日本図書館学会)〔1—93／昭29.6—平20.9〕総目次
　「図書館学」(94)　2009 p36—46
○図書館学(久留米 西日本図書館学会)〔1—95／昭29.6—平21.9〕総目次
　「図書館学」(96)　2010.3 p23—33
○図書館学(久留米 西日本図書館学会)〔1—97／昭29.6—平22.9〕総目次
　「図書館学」(98)　2011.3 p40—50
○図書の譜：明治大学図書館紀要(明治大学図書館)〔1—10／平9.3—平18.3〕総目次

「図書の譜：明治大学図書館紀要」(明治大学図書館紀要編集委員会編)(10)
2006.3 p257―264
○塗装技術(理工出版社)〔昭37―平23〕既刊目次総覧
「塗装技術」50(7)(別冊)　2011.6 p237―255
◎土俗版画集〔1―10／昭10.4―昭11.1〕総目次(加治幸子)
「創作版画誌の系譜―総目次及び作品図版」　中央公論美術出版　2008.1 p929―937
○栃木県考古学会誌(宇都宮　栃木県考古学会)〔1―30／昭41.8―平21.3〕総目録
「栃木県考古学会誌」(30)　2009.3
○栃木史学(栃木　国学院大学栃木短期大学史学会)〔1―20／昭62―平18〕総目次
「栃木史学」(20)　2006.3 p193―197
◎栃木史学(栃木　國學院大学栃木短期大学史学会)〔1―20／昭62.3―平18.3〕論文総覧
「歴史学紀要論文総覧」　日外アソシエーツ　2007.9 p280―285
○栃木史学(栃木　国学院大学栃木短期大学史学会)〔21―25／平19―平23〕総目次
「栃木史学」(25)　2011.3 p130―132
○独協大学外国語教育研究(草加　独協大学外国語教育研究所)〔1―28／昭57.5―平22.3〕総目次
「独協大学外国語教育研究」(29)　2011.3 p1―52
　　(付)執筆者順
○鳥取県立科学博物館研究報告→鳥取県立博物館研究報告(鳥取　鳥取県立博物館)〔1―8／昭37―昭46〕→〔9―50／昭47―平25〕総目録
「鳥取県立博物館研究報告」(50)　2013 p127―142
　鳥取県立博物館研究報告(鳥取　鳥取県立博物館)
　　⇨鳥取県立科学博物館研究報告
○鳥取女子短期大学研究紀要→鳥取短期大学研究紀要(倉吉　鳥取女子短期大学→鳥取短期大学)〔1―42／昭47.8―平12〕→〔43―49／平13―平16.6〕目録
「鳥取短期大学研究紀要」(鳥取短期大学学術委員会編)(50)　2004 p197―218
　鳥取短期大学研究紀要(倉吉　鳥取短期大学)
　　⇨鳥取女子短期大学研究紀要
○鳥取地学会誌(鳥取地学会編　鳥取　鳥取地学会事務局)〔1―10／平9―平18〕総目録

「鳥取地学会誌」(鳥取地学会誌編集担当幹事編)(11)　2007　p88—91
○鳥取民俗懇話会会報(鳥取　鳥取民俗懇話会)〔1—7／平6—平19〕会報バックナンバー
　　「鳥取民俗懇話会会報」(8)　2009.4　p103—105
◎トップ(前田出版社→トップ社→東京書館)〔1(1)—4(2)／昭21.5—昭21.6〕総目次(山前譲)
　　「探偵雑誌目次総覧」　日外アソシエーツ　2009.6　p252—256
○ドドド〔1—3／大14.6—大15.5〕総目次ほか(佐々木靖章)
　　「文献探索人」(文献探索研究会編)(2010)　2010.11　p58—59
○とびしま技報(飛島建設技術本部→飛島建設)〔1—53／昭48—平15〕総目次(掲載順)
　　「とびしま技報」(飛島建設株式会社技術研究所とびしま技報編集委員会編)(53)　2004.3　p103—148
◎とびしま技報(飛島建設技術本部→飛島建設)〔1—53／昭48—平15〕総目次(技術分野別)
　　「とびしま技報」(飛島建設株式会社技術研究所とびしま技報編集委員会編)(53)　2004.3　p149—190
○トピー鉄構技報(トピー鉄構)〔1—19／昭57—平15〕総目録
　　「トピー鉄構技報」(20)　2004　p57—65
○土木技術(土木技術社)〔1(1)—4(4)／昭21.6—昭24.4〕目次
　　「土木技術」61(1)　2006.1　p133—135
○土木技術(土木技術社)〔4(5)—9(12)／昭24.5—昭29.12〕目次
　　「土木技術」61(2)　2006.2　p105—111
○土木技術(土木技術社)〔10(1)—12(4)／昭30.1—昭32.4〕目次
　　「土木技術」61(3)　2006.3　p101—103
○土木技術(土木技術社)〔12(5)—14(12)／昭32.5—昭34.12〕目次
　　「土木技術」61(4)　2006.4　p97—99
○土木技術(土木技術社)〔15(1)—16(12)／昭35.1—昭36.12〕目次
　　「土木技術」61(5)　2006.5　p93—95
○土木技術(土木技術社)〔17(1)—17(12)／昭37.1—昭37.12〕目次
　　「土木技術」61(8)　2006.8　p110—111
○土木技術(土木技術社)〔18(1)—19(12)／昭38.1—昭39.12〕目次

「土木技術」61（9）　2006.9 p113―115
○土木技術（土木技術社）〔20（1）―20（12）／昭40.1―昭40.12〕目次
　「土木技術」61（10）　2006.10 p121―122
○土木技術（土木技術社）〔21（1）―21（12）／昭41.1―昭41.12〕目次
　「土木技術」61（12）　2006.12 p110―111
○杜甫研究学刊〔第1期（総第35期）―第2期（総第76期）／平5―平15〕総目次（後藤秋正）
　「札幌国語研究」（北海道教育大学国語国文学会・札幌編）（9）　2004 p1―19
　（注）草堂の改題
◎徒歩新聞（徒歩新聞新社）〔1―17／昭48.1―昭50.11〕総目次
　「戦後詩誌総覧 8」（和田博文ほか）日外アソシエーツ　2010.8 p66―70
○苫小牧駒澤大学紀要（苫小牧　苫小牧駒澤大学）〔1―20〕執筆者索引
　「苫小牧駒澤大学紀要」（苫小牧駒澤大学編）（20）　2009.3 p1―11
○巴組鉄工所技報→巴コーポレーション技報（巴組鉄工所→巴コーポレーション）〔1―5／昭63―平4〕→〔6―16／平5―平15〕総目次
　「巴コーポレーション技報」（巴コーポレーション〔編〕）（17）　2004.3 p82―89
○巴組鉄工所技報→巴コーポレーション技報（巴組鉄工所→巴コーポレーション）〔1―5／昭63―平4〕→〔6―17／平5―平16〕総目次
　「巴コーポレーション技報」（巴コーポレーション〔編〕）（18）　2005.3 p82―89
○巴組鉄工所技報→巴コーポレーション技報（巴組鉄工所→巴コーポレーション）〔1―5／昭63―平4〕→〔6―18／平5―平17〕総目次
　「巴コーポレーション技報」（巴コーポレーション〔編〕）（19）　2006.3 p70―77
○巴組鉄工所技報→巴コーポレーション技報（巴組鉄工所→巴コーポレーション）〔1―5／昭63―平4〕→〔6―19／平5―平18〕総目次
　「巴コーポレーション技報」（巴コーポレーション〔編〕）（20）　2007.3 p70―78
○巴組鉄工所技報→巴コーポレーション技報（巴組鉄工所→巴コーポレーション）〔1―5／昭63―平4〕→〔6―20／平5―平19〕総目次
　「巴コーポレーション技報」（巴コーポレーション〔編〕）（21）　2008.3 p70―78

○巴組鉄工所技報→巴コーポレーション技報（巴組鉄工所→巴コーポレーション）〔1—5／昭63—平4〕→〔6—21／平5—平20〕総目次
「巴コーポレーション技報」（巴コーポレーション［編］）（22）　2009.3 p82—90
○巴組鉄工所技報→巴コーポレーション技報（巴組鉄工所→巴コーポレーション）〔1—5／昭63—平4〕→〔6—22／平5—平21〕総目次
「巴コーポレーション技報」（巴コーポレーション［編］）（23）　2010.3 p84—93
○巴組鉄工所技報→巴コーポレーション技報（巴組鉄工所→巴コーポレーション）〔1—5／昭63—平4〕→〔6—23／平5—平22〕総目次
「巴コーポレーション技報」（巴コーポレーション［編］）（24）　2011.3 p96—105
○巴組鉄工所技報→巴コーポレーション技報（巴組鉄工所→巴コーポレーション）〔1—5／昭63—平4〕→〔6—24／平5—平23〕総目次
「巴コーポレーション技報」（巴コーポレーション［編］）（25）　2012.3 p110—119
○巴組鉄工所技報→巴コーポレーション技報（巴組鉄工所→巴コーポレーション）〔1—5／昭63—平4〕→〔6—25／平5—平24〕総目次
「巴コーポレーション技報」（巴コーポレーション［編］）（26）　2013.3 p136—146
巴コーポレーション技報（巴コーポレーション）
　⇨巴組鉄工所技報
燈新聞（見光社）
　⇨自由燈
○富山県畜産試験場研究報告（富山　富山県農林水産総合技術センター）〔1—15／昭40.12—平14.10〕既報号目次
「富山県農林水産総合技術センター畜産研究所研究報告」（富山県農林水産総合技術センター畜産研究所編）（1）通号20　2011.2 p27—32
○富山県農業技術センター研究報告（富山　富山県農林水産総合技術センター）〔22—25／平17.3—平20.3〕既報号目次
「富山県農林水産総合技術センター畜産研究所研究報告」（富山県農林水産総合技術センター畜産研究所編）（1）通号20　2011.2 p27—32
○富山大学教育学部紀要（富山　富山大学人間発達科学部）〔1—60／昭27—平18〕

とやま

全目録
「富山大学教育学部紀要」(60)　2006.2 p141—195
(付)執筆者別索引
◎富山大学教育学部歴史学研究室(日本史)室報(富山　富山大学教育学部歴史学研究室(日本史))〔1—7／昭60.3—平3.9〕論文総覧
「歴史学紀要論文総覧」　日外アソシエーツ　2007.9 p497—498
○富山大学国語教育(富山　富山大学国語教育学会)〔1—30／昭51.8—平17.11〕総目録
「富山大学国語教育」(30)　2005.11 p38—44
○富山大学人文学部紀要(富山　富山大学人文学部)〔1—50／昭53.3—平21.3〕総目録
「富山大学人文学部紀要」(50)　2009.3 p305—320
(付)著者名索引
○とやま民俗(富山　民俗の会)〔51—65／平10.1—平18.1〕目次
「とやま民俗」(66)　2006.7 p104—105
○豊原商業会議所報(豊原商工会議所)〔1—6／大12.12.30—昭2.12.18〕総目次(竹野学)
「經濟學研究」55(1)通号192　2005.6 p99
○豊原商工会議所時報(豊原商工会議所)〔94—125／昭16.2.10—昭18.9.15〕総目次(竹野学)
「經濟學研究」55(1)通号192　2005.6 p117—123
○豊原商工会議所報(豊原商工会議所)〔7—21／昭3.6—昭9.5〕総目次(竹野学)
「經濟學研究」55(1)通号192　2005.6 p99—101
○豊原商工新報(豊原商工会議所)〔22／昭9.7.10〕総目次(竹野学)
「經濟學研究」55(1)通号192　2005.6 p102
○銅鑼(校倉書房)〔50—60／平3.5—平23.12〕総目録
「銅鑼」(61)　2012.12 p126—132
◎ドラムカン(ドラムカン)〔1—14／昭37.7—昭44.9〕総目次
「戦後詩誌総覧 7」(和田博文ほか)　日外アソシエーツ　2010.5 p490—495
◎トリック(オール・ロマンス社)〔6(11)—7(4)／昭27.11—昭28.4〕総目次(山前譲)
「探偵雑誌目次総覧」　日外アソシエーツ　2009.6 p289—291

とろつ

◎砦(福岡→粕屋群粕 グループ砦)〔1—46／昭39.4—昭50.11〕総目次
　「戦後詩誌総覧 7」(和田博文ほか) 日外アソシエーツ　2010.5 p496—508
○トロツキー研究(福生 トロツキー研究所,柘植書房新社〔発売〕)〔5—44〕既刊号目次
　「トロツキー研究」(トロツキー研究所編)(45)　2004.12 p203—206
○トロツキー研究(福生 トロツキー研究所,柘植書房新社〔発売〕)〔5—45〕既刊号目次
　「トロツキー研究」(トロツキー研究所編)(46)　2005.5 p219—222
○トロツキー研究(福生 トロツキー研究所,柘植書房新社〔発売〕)〔38—47〕既刊号目次
　「トロツキー研究」(トロツキー研究所編)(48)　2006.6 p214
○トロツキー研究(福生 トロツキー研究所,柘植書房新社〔発売〕)〔30—48〕既刊号目次
　「トロツキー研究」(トロツキー研究所編)(49)　2006.12 p253—254
○トロツキー研究(福生 トロツキー研究所,柘植書房新社〔発売〕)〔40—49〕既刊号目次
　「トロツキー研究」(トロツキー研究所編)(50)　2007.6 p218
○トロツキー研究(福生 トロツキー研究所,柘植書房新社〔発売〕)〔31—50〕既刊号目次
　「トロツキー研究」(トロツキー研究所編)(51)　2007.Win. p281—282
○トロツキー研究(福生 トロツキー研究所,柘植書房新社〔発売〕)〔24—51〕既刊号目次
　「トロツキー研究」(トロツキー研究所編)(52)　2008.6 p200—202
○トロツキー研究(福生 トロツキー研究所,柘植書房新社〔発売〕)〔35—52〕既刊号目次
　「トロツキー研究」(トロツキー研究所編)(53)　2008.12 p281—282
○トロツキー研究(福生 トロツキー研究所,柘植書房新社〔発売〕)〔36—53〕既刊号目次
　「トロツキー研究」(トロツキー研究所編)(54)　2009.6 p200—202
○トロツキー研究(福生 トロツキー研究所,柘植書房新社〔発売〕)〔27—54〕既刊号目次
　「トロツキー研究」(トロツキー研究所編)(55)　2009.12 p216—218

とろつ

○トロツキー研究（福生　トロツキー研究所,柏植書房新社〔発売〕）〔27―55〕既刊号目次
　　「トロツキー研究」（トロツキー研究所編）（56）　2010.6　p232―234
○トロツキー研究（福生　トロツキー研究所,柏植書房新社〔発売〕）〔19―56〕既刊号目次
　　「トロツキー研究」（トロツキー研究所編）（57）　2010.12　p211―214
○トロツキー研究（福生　トロツキー研究所,柏植書房新社〔発売〕）〔32・33―57〕既刊号目次
　　「トロツキー研究」（トロツキー研究所編）（58・59）　2011.12　p256―258
○トロツキー研究（福生　トロツキー研究所,柏植書房新社〔発売〕）〔42・43―58・59〕既刊号目次
　　「トロツキー研究」（トロツキー研究所編）（60）　2012.6　p201―202
○トロツキー研究（福生　トロツキー研究所,柏植書房新社〔発売〕）〔45―60〕既刊号目次
　　「トロツキー研究」（トロツキー研究所編）（61）　2012.12　p249―250
○トロツキー研究（福生　トロツキー研究所,柏植書房新社〔発売〕）〔38―61〕既刊号目次
　　「トロツキー研究」（トロツキー研究所編）（62）　2013.7　p248―250
○トロツキー研究（福生　トロツキー研究所,柏植書房新社〔発売〕）〔56―62〕既刊号目次
　　「トロツキー研究」（トロツキー研究所編）（63）　2013.12　p206
○屯田（札幌　北海道屯田倶楽部）〔1―50／昭60.8―平23.10〕総目次
　　「屯田」（50）　北海道屯田倶楽部　2011.10　p40―60
　　（注）「北海道屯田倶楽部ニュース」の改題

【な】

○内海文化研究紀要（東広島　広島大学大学院文学研究科附属内海文化研究施設）〔1―40／昭48.3―平24.3〕総目次
　　「内海文化研究紀要」（広島大学大学院文学研究科附属内海文化研究施設編）
　　　（40）　2012　p99―109
　　（付）執筆者名索引
○長岡郷土史（長岡　長岡郷土史研究会）〔30―44／平5.5―平19.5〕総目次

「長岡郷土史」(45)　2008.5
○長岡大学生涯学習センター研究実践報告（長岡　長岡大学生涯学習センター）〔1―7／平10.3―平16.3〕総目次
　　「長岡大学生涯学習センター研究実践報告」(長岡大学生涯学習センター編)(4)　2005.3　p97―103
◎長崎純心大学心理教育相談センター紀要（長崎　長崎純心大学心理教育相談センター）〔1―6／平14.5.31―平19.5.30〕論文総覧
　　「心理学紀要論文総覧」　日外アソシエーツ　2008.10　p390―391
○長野（長野　長野郷土史研究会）〔227―250／平15.1―平18.12〕目次ほか
　　「長野」(250)　2006.12
○長野（長野　長野郷土史研究会）〔251―256／平19.2―平19.12〕目次ほか
　　「長野」(256)　2007.12
○長野（長野　長野郷土史研究会）〔201―260／平10.9―平20.8〕目次ほか
　　「長野」(260)　2008.8　p5―50
○長野（長野　長野郷土史研究会）〔261―270／平20.10―平22.4〕目次
　　「長野」(270)　2010.4　p28―31
○長野経済短期大学論叢（長野　長野経済短期大学学術研究会）〔1―44／昭42―平19〕総目次
　　「長野経済短期大学論叢」(長野経済短期大学学術研究会編集委員会編)(45)　2009.1　p73―98
　長野県国語国文学会研究紀要（飯山　長野県国語国文学会事務局）
　　⇨研究紀要（長野県国語国文学会）
○長野県民俗の会会報（長野　長野県民俗の会）〔21―30／平10.9―平20.4〕総目次
　　「長野県民俗の会会報」(30)　2008.4　p89―92
○長野県民俗の会通信（長野　長野県民俗の会）〔151―200／平11.5.1―平19.7.1〕総目次
　　「長野県民俗の会会報」(30)　2008.4　p93―95
○長浜史談（長浜　長浜史談会）〔1―27／昭52.2―平15.3〕総目録
　　「長浜史談」(28)　2004.3
○長浜史談（長浜　長浜史談会）〔1―33／昭52.2―平21.3〕総目録
　　「長浜史談」(34)　2010.3
◎中原中也記念館報（山口　中原中也記念館）〔1―17／平8.3―平24.3〕総目次（岡野裕之）

「文学館出版物内容総覧：図録・目録・紀要・復刻・館報」　日外アソシエーツ　2013.4　p924—927
◎中原中也研究(山口　中原中也記念館)〔1—17／平8.3—平24.8〕総目次(岡野裕之)
　　「文学館出版物内容総覧：図録・目録・紀要・復刻・館報」　日外アソシエーツ　2013.4　p917—923
◎長帽子(長帽子の会)〔1—36／昭38.5—昭48.11〕総目次
　　「戦後詩誌総覧 7」(和田博文ほか)　日外アソシエーツ　2010.5　p509—526
○流れの可視化→可視化情報→可視化情報学会誌(流れの可視化学会→可視化情報学会)〔1—36／昭56.4—平2.1〕→〔37—40／平2.4—平3.1〕→〔41—99／平3.4—平17.10〕総目次
　　「可視化情報学会誌」(可視化情報学会[編])26(100)　2006.1　p93—109
○流山市史研究(流山　流山市教育委員会)〔1—18〕掲載論文総目次(流山市立博物館)
　　「流山市史研究」(流山市立博物館編)(18)　2004.3　p78—81
○流山市史研究(流山　流山市教育委員会)〔1—19〕掲載論文総目次(流山市立博物館)
　　「流山市史研究」(流山市立博物館編)(19)　2006.1　p67—73
○名古屋学院大学外国語学部論集→名古屋学院大学論集　言語・文化篇(瀬戸　名古屋学院大学産業科学研究所→名古屋　名古屋学院大学総合研究所)〔1—9(2)／平2.3—平10.4〕→〔10(1)—16(2)／平10.10—平17.3〕目次一覧
　　「名古屋学院大学論集　言語・文化篇」16(2)　2005.3　p85—94
○名古屋学院大学論集→名古屋学院大学論集　社会科学篇(瀬戸　名古屋学院大学産業科学研究所→名古屋　名古屋学院大学総合研究所)〔1—20／昭39.7—昭44.12〕→〔7(1)—41(4)／昭45.3—平17.3〕目次一覧
　　「名古屋学院大学論集　社会科学篇」41(4)　2005.3　p249—292
○名古屋学院大学論集→名古屋学院大学論集　人文・自然科学篇(瀬戸　名古屋学院大学産業科学研究所→名古屋　名古屋学院大学総合研究所)〔1—20／昭39.7—昭44.12〕→〔7(1)—41(2)／昭45.3—平17.1〕目次一覧
　　「名古屋学院大学論集　人文・自然科学篇」41(2)　2005.1　p77—104
名古屋学院大学論集　言語・文化篇(瀬戸　名古屋学院大学産業科学研究所→名古屋　名古屋学院大学総合研究所)
　　⇨名古屋学院大学外国語学部論集

名古屋学院大学論集 社会科学篇（瀬戸 名古屋学院大学産業科学研究所→名古屋 名古屋学院大学総合研究所）
　⇨名古屋学院大学論集
名古屋学院大学論集 人文・自然科学篇（名古屋 名古屋学院大学総合研究所）
　⇨名古屋学院大学論集
○名古屋産業大学論集（尾張旭 名古屋産業大学）〔1―13／平13.3―平20.11〕総目次
　「名古屋産業大学論集」(14)　2009.3　p53―58
○名古屋産業大学論集（尾張旭 名古屋産業大学）〔1―15／平13.3―平21.11〕総目次
　「名古屋産業大学論集」(16)　2010.3　p41―47
○名古屋産業大学論集（尾張旭 名古屋産業大学）〔1―16／平13.3―平22.3〕総目次
　「名古屋産業大学論集」(17)　2011.3　p81―87, 中扉1枚
名古屋市児童福祉センター紀要（名古屋 名古屋市児童福祉センター）
　⇨紀要（名古屋市児童福祉センター）
○名古屋聖霊短期大学紀要（瀬戸 名古屋聖霊短期大学図書委員会）〔1―25／昭47.3―平16.12〕号数別総目次
　「名古屋聖霊短期大学紀要」（名古屋聖霊短期大学図書委員会編）(25)　2004　p105―123
◎名古屋大學教育學部紀要（名古屋 名古屋大学教育学部）〔1―10／昭30.3.31―昭38.8.24〕論文総覧
　「心理学紀要論文総覧」　日外アソシエーツ　2008.10　p399―404
　（注）「名古屋大學教育學部紀要.教育学科」「名古屋大學教育學部紀要.教育心理学科」に分割
◎名古屋大學教育學部紀要.教育心理学科（名古屋 名古屋大学教育学部）〔1―46／昭30.3.31―平11.12.27〕論文総覧
　「心理学紀要論文総覧」　日外アソシエーツ　2008.10　p405―425
　（注）「名古屋大學教育學部紀要」より分離。「名古屋大学大学院教育発達科学研究科紀要 心理発達科学」と改題
◎名古屋大学教養部紀要（名古屋 名古屋大学教養部）〔1―10／昭32.3.20―昭41.2.25〕論文総覧
　「心理学紀要論文総覧」　日外アソシエーツ　2008.10　p425―429
　（注）「名古屋大学教養部紀要.A, 人文科学・社会科学」「名古屋大学教養部紀要.B,

自然科学・心理学」「名古屋大学教養部紀要.外国語・外国文学」に分割
◎**名古屋大学教養部紀要.B, 自然科学・心理学**(名古屋 名古屋大学教養部)〔11―38／昭42.3.25―平6.2.28〕論文総覧
　「心理学紀要論文総覧」 日外アソシエーツ 2008.10 p429―437
　(注)「名古屋大学教養部紀要」より分離。合併後「情報文化研究」と改題
○**名古屋大学国語国文学**(名古屋 名古屋大学国語国文学会)〔51―99〕目録
　「名古屋大学国語国文学」(名古屋大学国語国文学会)(100) 2007.10 p245―272
◎**名古屋大学社会学論集**(名古屋 名古屋大学文学部社会学研究室→名古屋大学大学院環境学研究科社会環境学専攻社会学講座)〔1―21／昭55.3―平12.12〕目次
　「近代雑誌目次文庫 79 社会学編 29」 ゆまに書房 2012.7 p42―46
◎**名古屋大学大学院教育発達科学研究科紀要.心理発達科学**(名古屋 名古屋大学大学院教育発達科学研究科)〔47―54／平12.12.27―平19.12.28〕論文総覧
　「心理学紀要論文総覧」 日外アソシエーツ 2008.10 p437―443
　(注)「名古屋大學教育學部紀要.教育心理学科」の改題
◎**名古屋大学東洋史研究報告**(名古屋 名古屋大学文学部東洋史研究室→名古屋大学東洋史研究会)〔1―30／昭47.11―平18.3〕論文総覧
　「歴史学紀要論文総覧」 日外アソシエーツ 2007.9 p501―507
○**那須文化研究**(那須塩原 那須文化研究会)〔1―20／昭62.12―平18.12〕総目録
　「那須文化研究」(20) 2006.12
◎**ナチ女性展望**〔初年度1―13年度4／昭7.7―昭19／20〕全目次(敬和学園大)
　「軍事主義とジェンダー――第二次世界大戦期と現在」(桑原ヒサ子) インパクト出版会 2008.10 巻末1―45
◎**ナップフ**(大阪 ナップフ出版部, 大阪 波屋書房〔発売〕)〔1／昭3.8.1〕総目次
　「大阪文藝雑誌総覧」(浦西和彦, 増田周子, 荒井真理亜著) 和泉書院 2013.2 p216―217
◎**なにはがた**(大阪 図書出版)〔1―20／明24.4.26―明26.1.27〕総目次
　「大阪文藝雑誌総覧」(浦西和彦, 増田周子, 荒井真理亜著) 和泉書院 2013.2 p3―9
◎**なにはがた 第2輯**(大阪 図書出版)〔1―2／明26.6.11―明26.7.23〕総目次
　「大阪文藝雑誌総覧」(浦西和彦, 増田周子, 荒井真理亜著) 和泉書院 2013.2 p10
◎**浪華草紙**(大阪 浪華草紙社)〔1―7／明26.10.29―明27.7.10〕総目次

「大阪文藝雑誌総覧」(浦西和彦,増田周子,荒井真理亜著) 和泉書院　2013.2
　　p62—65
○浪速短期大学紀要→大阪芸術大学短期大学部紀要(大阪　浪速短期大学→大阪芸術大学短期大学部)〔1—24／昭49—平12〕→〔25—30／平13—平18〕総目次
　「大阪芸術大学短期大学部紀要」(大阪芸術大学短期大学部学術研究委員会編)(30)　2006.3　p326—342
　　(付)執筆者一覧
○浪速短期大学紀要→大阪芸術大学短期大学部紀要(大阪　浪速短期大学→大阪芸術大学短期大学部)〔1—24／昭49—平12〕→〔25—33／平13—平21〕総目次
　「大阪芸術大学短期大学部紀要」(大阪芸術大学短期大学部学術研究委員会編)(33)　2009　p419—438
　　(付)執筆者一覧
○浪速短期大学紀要→大阪芸術大学短期大学部紀要(大阪　浪速短期大学→大阪芸術大学短期大学部)〔1—24／昭49—平12〕→〔25—34／平13—平22〕総目次
　「大阪芸術大学短期大学部紀要」(大阪芸術大学短期大学部学術研究委員会編)(34)　2010　p317—338
　　(付)執筆者一覧
○浪速短期大学紀要→大阪芸術大学短期大学部紀要(大阪　浪速短期大学→大阪芸術大学短期大学部)〔1—24／昭49—平12〕→〔25—35／平13—平23〕総目次
　「大阪芸術大学短期大学部紀要」(大阪芸術大学短期大学部学術研究委員会編)(35)　2011　p187—208
　　(付)執筆者一覧
○浪速短期大学紀要→大阪芸術大学短期大学部紀要(大阪　浪速短期大学→大阪芸術大学短期大学部)〔1—24／昭49—平12〕→〔25—36／平13—平24〕総目次
　「大阪芸術大学短期大学部紀要」(大阪芸術大学短期大学部学術研究委員会編)(36)　2012.3　p240—260
　　(付)執筆者一覧
○浪速短期大学紀要→大阪芸術大学短期大学部紀要(大阪　浪速短期大学→大阪芸術大学短期大学部)〔1—24／昭49—平12〕→〔25—37／平13—平25〕総目次
　「大阪芸術大学短期大学部紀要」(大阪芸術大学短期大学部学術研究委員会編)(37)　2013.3　p125—148
　　(付)執筆者一覧
◎浪花文学(大阪　図書出版)〔1—5／明26.2.23—明26.6.25〕総目次

「大阪文藝雑誌総覧」(浦西和彦,増田周子,荒井真理亜著) 和泉書院 2013.2 p57—58
○奈良学研究(奈良 帝塚山短期大学奈良学学会→帝塚山大学奈良学学会→帝塚山大学奈良学総合文化研究所)〔1—9/平9.3—平19.1〕総目録
「奈良学研究」(帝塚山大学奈良学総合文化研究所編)(10) 2008.1 p102—105
○奈良教育大学国文:研究と教育(奈良 奈良教育大学国文学会)〔1—30/昭52.8—平19.3〕総目次
「奈良教育大学国文:研究と教育」(奈良教育大学国文学会編)(30) 2007.3 p33—42
奈良県立同和問題関係史料センター研究紀要(奈良 奈良県立同和問題関係史料センター→奈良県教育委員会)
⇨研究紀要(奈良県立同和問題関係史料センター)
○寧楽史苑(奈良 奈良女子大学史学会)〔41—50/平8.2—平17.2〕総目次
「寧楽史苑」(50) 2005 p95—97
◎寧楽史苑(奈良 奈良女子大学史学会)〔1—51/昭30.12—平18.2〕論文総覧
「歴史学紀要論文総覧」 日外アソシエーツ 2007.9 p509—515
◎奈良史学(奈良 奈良大学史学会)〔1—24/昭58.12—平19.1〕論文総覧
「歴史学紀要論文総覧」 日外アソシエーツ 2007.9 p516—519
○成田市史研究(成田市立図書館編 成田 成田市教育委員会)〔20—30/平8.3—平18.3〕総目次
「成田市史研究」(成田市立図書館編)通号31 2007.3 p130—131
◎南欧文学(三田書房)〔1—4/大13〕総目次(早稲田大学図書館)
「「南欧文学・仏蘭西文学」総目次」 雄松堂フィルム出版 2004.7 43p A5
南海福祉専門学校紀要(高石 南海福祉専門学校)
⇨紀要(南海福祉専門学校)
◎南紀芸術(和歌山 南紀藝術社)〔1(1)—2(10)/昭6.9—昭9.1〕総目次ほか(早稲田大図書館)
「南紀芸術・翰林・世紀・星座・行動文学・文学生活・文体総目次」 雄松堂アーカイブズ 2009.4 p1—25
○南紀生物(田辺 南紀生物同好会)〔46—50/平16—平20〕目次
「南紀生物」(南紀生物同好会[編])50(2)通号103ママ 2008.12 巻末1—7
○南島研究(南島研究会)〔1—49/昭40—平20〕総目次

「南島研究」(南島研究会編)通号50　2009.11
◎**軟文学研究**(軟文學研究社)〔1(1)―2(2)／昭4.5―昭5.6〕総目次(早稲田大学図書館)
　「「軟文学研究・みをつくし」総目次」　雄松堂フイルム出版　2004.7　22p　A5
◎**南北**〔1(1)1―29／昭41.7―昭44.7〕内容細目
　「文芸雑誌内容細目総覧―戦後リトルマガジン篇」(日外アソシエーツ編, 勝又浩監修)　日外アソシエーツ, 紀伊國屋書店〔発売〕　2006.11　p489―500
◎**南洋群島**(南洋協会南洋群島支部→南洋群島文化協会→南洋群島協会)〔1(1)―9(10)／昭10.2―昭18.12〕総目次
　「復刻版　『南洋群島』　解説・総目次・総索引」　不二出版　2010.2　p113,22p(付)解説・執筆者索引
◎**南洋庁公報**(南洋庁)〔1(1)―25(573)／大11.4―昭19.1〕総目次
　「南洋庁公報　別巻1」(今泉裕美子監修, 辻原万規彦編)　ゆまに書房　2012.3　341p

【に】

○**新潟経営大学紀要**(加茂　新潟経営大学)〔1―9／平7.3―平15.3〕総目次
　「新潟経営大学紀要」(新潟経営大学〔編〕)(10)　2004.3　p159―168
○**新潟県文人研究**(越佐文人研究会)既刊号総目録
　「新潟県文人研究」(10)　2007.12
○**新潟県文人研究**(越佐文人研究会)既刊号総目録
　「新潟県文人研究」(11)　2008.12
○**新潟県文人研究**(越佐文人研究会)既刊号総目録
　「新潟県文人研究」(12)　2009.10
○**新潟県文人研究**(越佐文人研究会)既刊号総目録
　「新潟県文人研究」(13)　2010.12
○**新潟県文人研究**(越佐文人研究会)既刊号総目録
　「新潟県文人研究」(14)　2011.12
○**新潟県文人研究**(越佐文人研究会)既刊号総目録
　「新潟県文人研究」(15)　2012.11
○**新潟県文人研究**(越佐文人研究会)既刊号総目録
　「新潟県文人研究」(16)　2013.11

にいか

○新潟青陵女子短期大学研究報告（新潟　新潟青陵女子短期大学）〔1―33／昭45.3―平15.5〕総目次
　　「新潟青陵大学短期大学部研究報告」（新潟青陵大学短期大学部編）（34）
　　　2004.5　p85―93
○新潟青陵女子短期大学研究報告→新潟青陵大学短期大学部研究報告（新潟　新潟青陵女子短期大学→新潟青陵大学短期大学部）〔1―33／昭45.3―平15.5〕→〔34／平16.5〕総目次
　　「新潟青陵大学短期大学部研究報告」（新潟青陵大学短期大学部編）（35）
　　　2005.5　p61―69
○新潟青陵女子短期大学研究報告→新潟青陵大学短期大学部研究報告（新潟　新潟青陵女子短期大学→新潟青陵大学短期大学部）〔1―33／昭45.3―平15.5〕→〔34―35／平16.5―平17.5〕総目次
　　「新潟青陵大学短期大学部研究報告」（新潟青陵大学短期大学部編）（36）
　　　2006.5　p129―137
○新潟青陵女子短期大学研究報告→新潟青陵大学短期大学部研究報告（新潟　新潟青陵女子短期大学→新潟青陵大学短期大学部）〔1―33／昭45.3―平15.5〕→〔34―36／平16.5―平18.5〕総目次
　　「新潟青陵大学短期大学部研究報告」（新潟青陵大学短期大学部編）（37）
　　　2007.5　p113―121
○新潟青陵女子短期大学研究報告→新潟青陵大学短期大学部研究報告（新潟　新潟青陵女子短期大学→新潟青陵大学短期大学部）〔1―33／昭45.3―平15.5〕→〔34―37／平16.5―平19.5〕総目次
　　「新潟青陵大学短期大学部研究報告」（新潟青陵大学短期大学部編）（38）
　　　2008.5　p183―192
○新潟青陵女子短期大学研究報告→新潟青陵大学短期大学部研究報告（新潟　新潟青陵女子短期大学→新潟青陵大学短期大学部）〔1―33／昭45.3―平15.5〕→〔34―38／平16.5―平20.5〕総目次
　　「新潟青陵大学短期大学部研究報告」（新潟青陵大学短期大学部編）（39）
　　　2009.5　p177―186
○新潟青陵女子短期大学研究報告→新潟青陵大学短期大学部研究報告（新潟　新潟青陵女子短期大学→新潟青陵大学短期大学部）〔1―33／昭45.3―平15.5〕→〔34―39／平16.5―平21.5〕総目次
　　「新潟青陵大学短期大学部研究報告」（新潟青陵大学短期大学部編）（40）

2010.5 p169―179
○新潟青陵女子短期大学研究報告→新潟青陵大学短期大学部研究報告（新潟　新潟青陵女子短期大学→新潟青陵大学短期大学部）〔1―33／昭45.3―平15.5〕→〔34―40／平16.5―平22.5〕総目次
　　「新潟青陵大学短期大学部研究報告」（新潟青陵大学短期大学部編）（41）
　　　2011.5 p193―203
○新潟青陵女子短期大学研究報告→新潟青陵大学短期大学部研究報告（新潟　新潟青陵女子短期大学→新潟青陵大学短期大学部）〔1―33／昭45.3―平15.5〕→〔34―41／平16.5―平23.5〕総目次
　　「新潟青陵大学短期大学部研究報告」（新潟青陵大学短期大学部編）（42）
　　　2012.5 p185―196
○新潟青陵女子短期大学研究報告→新潟青陵大学短期大学部研究報告（新潟　新潟青陵女子短期大学→新潟青陵大学短期大学部）〔1―33／昭45.3―平15.5〕→〔34―42／平16.5―平24.5〕総目次
　　「新潟青陵大学短期大学部研究報告」（新潟青陵大学短期大学部編）（43）
　　　2013.4 p135―146
◎新潟青陵大学大学院臨床心理学研究（新潟　新潟青陵大学大学院）〔1／平19.9.25〕論文総覧
　　「心理学紀要論文総覧」　日外アソシエーツ　2008.10 p444
　新潟青陵大学短期大学部研究報告（新潟　新潟青陵大学短期大学部）
　　⇨新潟青陵女子短期大学研究報告
◎新潟大学教育心理学科論集（新潟　新潟大学教育心理学科）〔1―7／昭28.3.20―昭35.7.20〕論文総覧
　　「心理学紀要論文総覧」　日外アソシエーツ　2008.10 p445―447
　新潟大学国語国文学会誌（新潟　新潟大学人文学部国語国文学会）
　　⇨新潟大学国文学会誌
○新潟大学国文学会誌→新潟大学国語国文学会誌（新潟　新潟大学国文学会→新潟大学人文学部国語国文学会）〔1―30／昭31.12―昭62.3〕→〔31―50／昭63.3―平21.3〕総目次
　　「新潟大学国語国文学会誌」（新潟大学人文学部国語国文学会編）（50）　2009.3 p77―105
○新潟の生活文化（新潟　新潟県生活文化研究会）〔1―15／平6―平21〕総目次
　　「新潟の生活文化：新潟県生活文化研究会誌」（新潟県生活文化研究会編）

(16)　2010.3
○**新居浜史談**（新居浜　新居浜郷土史談会）〔301—360／平12.9—平17.8〕総目次
　「新居浜史談」（新居浜郷土史談会編集部編）（360）　2005.8
◎**新美南吉記念館研究紀要**（半田　新美南吉記念館）〔2—18／平8.3—平24.3〕総目次（岡野裕之）
　「文学館出版物内容総覧：図録・目録・紀要・復刻・館報」　日外アソシエーツ　2013.4 p791—793
◎**新美南吉記念館だより**（半田　新美南吉記念館）〔1—163／平6.8—平24.11〕総目次（岡野裕之）
　「文学館出版物内容総覧：図録・目録・紀要・復刻・館報」　日外アソシエーツ　2013.4 p793—805
○**に・える**（第二早稲田高等学院二年L組）〔1—第2高等学院卒業期年号／昭10.5.25—昭11.3.10〕総目次（矢部登）
　「舳板Ⅲ」（8）　EDI　2004.8 p32—33
○**和海藻**（下関市豊北町郷土文化研究会）総索引
　「和海藻」（20）　2004.12
◎**肉體**（暁社）〔1(1)—2(4)／昭22.6—昭23.8〕細目（大屋幸世）
　「日本近代文学書誌書目抄」　日本古書通信社　2006.3 p124—128
◎**肉體**（柳澤賢三編　暁社）〔1(1)1—2(4)4／昭22.6—昭23.8〕内容細目
　「文芸雑誌内容細目総覧―戦後リトルマガジン篇」（日外アソシエーツ編, 勝又浩監修）　日外アソシエーツ, 紀伊國屋書店〔発売〕　2006.11 p131—132
　（注）「暁鐘」の改題
◎**虹**〔1(6)—3(3)／明41.7—明43.3〕総目次（加治幸子）
　「創作版画誌の系譜―総目次及び作品図版」　中央公論美術出版　2008.1 p42—49
○**西スラヴ学論集**（西スラヴ学研究会→日本西スラヴ学研究会）〔1—10／昭61—平19〕総目次
　「西スラヴ学論集」（10）　日本西スラヴ学研究会　2007.3 p172—179
◎**西日本新版画**〔1(2)—3(2)／昭11.10—昭13.7〕総目次（加治幸子）
　「創作版画誌の系譜―総目次及び作品図版」　中央公論美術出版　2008.1 p964—971
◎**21世紀**（冒険文学の会・量子の会編　秀峰美術印刷）〔1／昭36.1〕目次（名木橋忠大）

「戦後詩誌総覧 6」(和田博文ほか) 日外アソシエーツ 2010.2 p281—282
21世紀フォーラム(21世紀フォーラム→政策科学研究所)
　⇨21世紀フォーラム会報
○**21世紀フォーラム会報→21世紀フォーラム**(21世紀フォーラム→政策科学研究所)〔0—8／昭53.6—昭56.3〕→〔9—100／昭56.6—平17.12〕目次総覧
　「21世紀フォーラム」(政策科学研究所‖〔編〕)(100)　2005.12 p83—100
○**21世紀フォーラム会報→21世紀フォーラム**(21世紀フォーラム→政策科学研究所)〔0—8／昭53.6—昭56.3〕→〔9—110／昭53.6—平20.3〕目次総覧
　「21世紀フォーラム」(政策科学研究所‖〔編〕)(109・110)　2008.3 p380—450
◎**27号室**(早稲田詩人会)〔1—2／昭32.11—昭33.1〕目次(鈴木貴宇)
　「戦後詩誌総覧 6」(和田博文ほか) 日外アソシエーツ 2010.2 p283—284
○**ニダバ**(広島　西日本言語学会)〔31—40／平14—平23〕総目次
　「Nidaba」(西日本言語学会編)(40)　2011 p135—145
◎**日印協會々報**(日印協会)〔1—88／明42.8—昭19.11〕記事索引
　「明治・大正・昭和期南アジア研究雑誌記事索引」(足立享祐編著)　東京外国語大学大学院地域文化研究科21世紀COE「史資料ハブ地域文化研究拠点」本部　2006.12 p2—206
　(注)「印度India」と改題
◎**日印經濟協會會報**(日印経済協会)〔1—21／昭24.12—昭27.7〕記事索引
　「明治・大正・昭和期南アジア研究雑誌記事索引」(足立享祐編著)　東京外国語大学大学院地域文化研究科21世紀COE「史資料ハブ地域文化研究拠点」本部　2006.12 p280—307
○**日講記聞**(大阪医学校)〔1—11／明2.12—?〕目次(藤元直樹)
　「参考書誌研究」(国立国会図書館主題情報部編)(65)　2006.10 p1—154
○**日税研論集**(日本税務研究センター)〔1—58〕発刊内容
　「税研」(日本税務研究センター編)24(3)　2008.11 巻末24—35
○**日独文化交流史研究**(日本独学史学会)〔平6—平14〕総目次(安藤勉)
　「桜文論叢」(60)　2004.1 p512—498
○**日仏教育学会年報**(日仏教育学会)〔9—13／平15.3—平19.3〕収録論文・記事題目一覧
　「日仏教育学会年報」(日仏教育学会編)(14)通号36　2008.3 p195—203
○**日仏教育学会年報**(日仏教育学会)〔1—18／平7.3—平24.3〕収録論文・記事題目

一覧
 「日仏教育学会年報」(日仏教育学会編)(19)通号41　2013.3 p154―173
○日仏図書館情報研究(日仏図書館情報学会)〔1―28／昭45―平14〕バックナンバー目次
 「日仏図書館情報研究」(29)　2003.12 p68―77
○日仏図書館情報研究(日仏図書館情報学会)〔1―29／昭45―平15〕バックナンバー目次
 「日仏図書館情報研究」(30)　2004.12 p85―94
○日仏図書館情報研究(日仏図書館情報学会)〔1―30／昭45―平16〕バックナンバー目次
 「日仏図書館情報研究」(31)　2005.12 p79―89
○日仏図書館情報研究(日仏図書館情報学会)〔1―31／昭45―平17〕バックナンバー目次
 「日仏図書館情報研究」(32)　2006 p55―65
○日仏図書館情報研究(日仏図書館情報学会)〔1―32／昭45―平18〕バックナンバー目次
 「日仏図書館情報研究」(33)　2007 p55―65
○日仏図書館情報研究(日仏図書館情報学会)〔1―33／昭45―平19〕バックナンバー目次
 「日仏図書館情報研究」(34)　2008 p61―71
○日仏図書館情報研究(日仏図書館情報学会)〔1―34／昭45―平20〕バックナンバー目次
 「日仏図書館情報研究」(35)　2009 p33―44
○日仏図書館情報研究(日仏図書館情報学会)〔26―35／平12―平21〕バックナンバー目次
 「日仏図書館情報研究」(36)　2010 p143―145
○日仏図書館情報研究(日仏図書館情報学会)〔27―36／平13―平22〕バックナンバー目次
 「日仏図書館情報研究」(37)　2011 p44―47
◎日米女性ジャーナル(坂戸　城西大学国際文化教育センター)〔1―27／昭63―平12.12〕目次
 「近代雑誌目次文庫 79 社会学編 29」　ゆまに書房　2012.7 p47―53

○日労研資料（日本労働研究所）〔1―55／昭23―昭24〕目次通覧
　　「日労研資料」（日本労働研究所‖〔編〕）61（2）通号1330　2008.2　p43―53
○日労研資料（日本労働研究所）〔56―105／昭25〕目次通覧
　　「日労研資料」（日本労働研究所‖〔編〕）61（3）通号1331　2008.3　p28―43
○日労研資料（日本労働研究所）〔106―155／昭26〕目次通覧
　　「日労研資料」（日本労働研究所‖〔編〕）61（4）通号1332　2008.4　p37―52
○日労研資料（日本労働研究所）〔156―205／昭27〕目次通覧
　　「日労研資料」（日本労働研究所‖〔編〕）61（5）通号1333　2008.5　p50―65
◎日労研資料（日本労働研究所）〔1―205／昭23.12―昭27.12〕目次通覧
　　「日労研所伝」　日本労働研究所　2008.5　p149―234
○日華学報（日華學會學報部）〔1―95／昭2.8―昭18.11〕目次（大里浩秋）
　　「人文学研究所報」（38）　2005.3　p1―78
◎日華学報（日華學會學報部）〔1―97／昭2.8―昭20.10〕目次
　　「留学生派遣から見た近代日中関係史」　御茶の水書房　2009.2　p105―190
○日韓経済協会協会報（日韓経済協会）〔293―400／平8.1―平17.10〕主要標題一覧
　　「日韓経済協会協会報」（400）　2005.10　p70―89
○日経広告研究所報（日経広告研究所）〔201―250／平14.2・3―平22.4・5〕総目次
　　「日経広告研究所報」（日経広告研究所〔編〕）44（2）通号250　2010.4・5
　　p137―121
○日経コンピュータ（日経BP社）〔545―627／平14.4.8―平17.5.30〕総目次
　　「日経コンピュータ」（627）　2005.5.30　p222―249
○日経コンピュータ（日経BP社）〔628―642／平17.6.13―平17.12.26〕総目次
　　「日経コンピュータ」（642）　2005.12.26　p180―184
○日興年金資産運用勉強会レビュー（日興リサーチセンター年金研究所）〔平6.8―
　　平8.7〕総目次
　　「NFIリサーチ・レビュー」（2009年4月）　〔2009〕p142
◎日中社会学研究（〔国立〕日中社会学会）〔1―8／平5.6―平12.8〕目次
　　「近代雑誌目次文庫　79　社会学編　29」　ゆまに書房　2012.7　p54―55
　　（注）「日中社会学会会報」の改題
◎新渡戸稲造研究→新渡戸稲造の世界（盛岡　新渡戸稲造会→新渡戸基金）〔1―15
　　／平4.9―平18.9〕→〔16―22／平19.9―平25.9〕総目次
　　「新渡戸稲造事典」（佐藤全弘,藤井茂著）　教文館　2013.10　p715―739

にとへ

新渡戸稲造の世界（盛岡　新渡戸基金）
　　⇨新渡戸稲造研究
○二豊の石造美術（大分　大分県石造美術研究会）〔1—23／昭57.5—平16.1〕主要目次
　　「二豊の石造美術」(24)　2005.3　p61—65
　　　（注）「石造文化研究」と改題
○二豊の石造美術（大分　大分県石造美術研究会）〔1—26／昭57.5—平19.3〕総目次
　　「石造文化研究」（おおいた石造文化研究会事務局編）通号28　2010.4　p55—63
　　　（注）「石造文化研究」と改題
○日本イオン交換学会誌（日本イオン交換学会）〔1—15／平2—平16〕総索引
　　「日本イオン交換学会誌」（日本イオン交換学会編）15(3)　2004.9　p175—194
　　　（注）「日本イオン交換学会会報」の改題
　日本衣服学会誌（東京　日本衣服学会）
　　⇨衣服学会雑誌
○日本浮世絵協会会報（日本浮世絵協会→国際浮世絵学会）〔1—39／昭37.8—昭44.6〕総目次
　　「浮世絵芸術」（国際浮世絵学会編集委員会編）(150)　2005.7　巻末1—66
○日本応用地質学会九州支部会報→GET九州（福岡　日本応用地質学会九州支部）〔1—20／昭55.6—平11.3〕→〔21—30／平12—平20.12〕総目次
　　「GET九州」（日本応用地質学会九州支部, 九州応用地質学会編）(30)　2008.12　p105—118
　　　（注）「GET九州」と改題
　日本海地誌調査研究会会誌（鶴賀　日本海地誌調査研究会）
　　⇨紀要（日本海地誌調査研究会）
　日本海地誌調査研究会紀要（鶴賀　日本海地誌調査研究会）
　　⇨紀要（日本海地誌調査研究会）
○日本化学繊維研究所講演集（京都　日本化学繊維研究所）〔1—69／昭13.4—平24.3〕目次リスト
　　「日本化学繊維研究所講演集」(70)　2013　75p
○日本学研究（野々市町（石川県）　金沢工業大学日本学研究所）〔1—10／平10.6—平19.12〕総目次

「日本学研究」(10)　2007.12　p431―435
日本画像学会誌（日本画像学会）
　⇨電子写真学会誌
○日本花粉学会会誌（京都　日本花粉学会）〔40(2)―49(2)／平6.12―平15.12〕論文等目次
　「日本花粉学会会誌」50(1)　2004.6　p66―72
日本ガラス工芸学会誌（日本ガラス工芸学会）
　⇨Glass（ガラス）
○日本教育（国民教育図書（株））〔5(6)―6(7)／昭21.3―昭21.12〕目次（奥泉栄三郎）
　「戦後教育史研究」（明星大学戦後教育史研究センター編）(22)　2008.12　p133―162
　（注）「明日の学校」と改題。欠号あり
日本教育経営学会紀要（第一法規）
　⇨教育経営学会会報
○日本教育史学会紀要（日本教育史学会編　（株）大日本雄弁会講談社）〔2／昭20〕目次（奥泉栄三郎）
　「戦後教育史研究」（明星大学戦後教育史研究センター編）(22)　2008.12　p163
◎日本近代史研究（法政大学近代史研究会）〔1―8／昭33.3―昭40.12〕論文総覧
　「歴史学紀要論文総覧」　日外アソシエーツ　2007.9　p610―611
◎日本近代文学館（日本近代文学館）〔1―249／昭46.5―平24.9〕総目次（岡野裕之）
　「文学館出版物内容総覧：図録・目録・紀要・復刻・館報」　日外アソシエーツ　2013.4　p433―473
◎日本近代文学館年誌：資料検索（日本近代文学館）〔1―7／平17.9―平24.3〕総目次（岡野裕之）
　「文学館出版物内容総覧：図録・目録・紀要・復刻・館報」　日外アソシエーツ　2013.4　p372―373
○日本経営数学会誌（川崎　日本経営数学会）〔1―20／昭53―平10〕総目次
　「日本経営数学会誌」（日本経営数学会編）30(1)　2008.5　p57―63
　（注）「商業数学会誌」の改題
○日本経営数学会誌（川崎　日本経営数学会）〔21―30／平11―平20〕総目次

「日本経営数学会誌」(日本経営数学会編) 30 (1)　2008.5　p65—70
　　(注)「商業数学会誌」の改題
日本経済女子短期大学研究論集(日本経済女子短期大学)
　⇨研究論集
日本芸術療法学会誌(日本芸術療法学会)
　⇨芸術療法
◎**日本研究**(京都　国際日本文化研究センター→人間文化研究機構国際日本文化研究センター)〔1—43／平1.5—平23.3〕目次(国際日本文化研究センター)
　　「国際日本文化研究センター25年史—1987-2012 資料編」　国際日本文化研究センター　2012.3　p336—343
◎**日本現代詩歌研究**(北上　日本現代詩歌文学館)〔1—10／平6.3—平24.3〕総目次(岡野裕之)
　　「文学館出版物内容総覧：図録・目録・紀要・復刻・館報」　日外アソシエーツ　2013.4　p94—95
◎**日本現代詩歌文学館[館報]**(北上　日本現代詩歌文学館,日本現代詩歌文学館振興会)〔1—33／昭60.1—平13.4〕総目次(岡野裕之)
　　「文学館出版物内容総覧：図録・目録・紀要・復刻・館報」　日外アソシエーツ　2013.4　p97—102
日本語学論説資料(論説資料保存会)
　⇨国語学論説資料
○**日本語教育研究**(言語文化研究所→長沼スクール)〔1—54／昭45.6—平20.11〕目次一覧
　　「日本語教育研究」(長沼スクール編) (54)　2008.11　p87—119
　　(付)著者索引
○**日本語教育論集**(国立国語研究所日本語教育基盤情報センター編　国立国語研究所日本語教育センター)〔1—24／昭58—平20〕バックナンバー
　　「日本語教育論集」(国立国語研究所日本語教育基盤情報センター編) (25)　2009　p89—94
○**日本国際秘書学会研究年報**(熊取町(大阪府)　日本国際秘書学会)〔1—10／平6.2—平15.8〕総目次
　　「日本国際秘書学会研究年報」(日本国際秘書学会[編]) (11)　2004.8　p89—92
○**日本国際秘書学会研究年報**(熊取町(大阪府)　日本国際秘書学会)〔1—11／平6.2

―平16.8〕総目次
　　　　「日本国際秘書学会研究年報」(日本国際秘書学会[編])(12)　2005.8 p75―79
○日本国際秘書学会研究年報(熊取町(大阪府)　日本国際秘書学会)〔1―12／平6.2―平17.8〕総目次
　　　　「日本国際秘書学会研究年報」(日本国際秘書学会[編])(13)　2006.8 p85―89
○日本国際秘書学会研究年報(熊取町(大阪府)　日本国際秘書学会)〔1―13／平6.2―平18.8〕総目次
　　　　「日本国際秘書学会研究年報」(日本国際秘書学会[編])(14)　2007.5 p95―100
○日本国際秘書学会研究年報(熊取町(大阪府)　日本国際秘書学会)〔1―14／平6.2―平19.5〕総目次
　　　　「日本国際秘書学会研究年報」(日本国際秘書学会[編])(15)　2008.5 p75―80
○日本国際秘書学会研究年報(熊取町(大阪府)　日本国際秘書学会)〔1―15／平6.2―平20.5〕総目次
　　　　「日本国際秘書学会研究年報」(日本国際秘書学会[編])(16)　2009.9 p73―79
○日本国際秘書学会研究年報(熊取町(大阪府)　日本国際秘書学会)〔1―16／平6.2―平21.9〕総目次
　　　　「日本国際秘書学会研究年報」(日本国際秘書学会[編])(17)　2010.5 p76―81
○日本国際秘書学会研究年報(熊取町(大阪府)　日本国際秘書学会)〔1―17／平6.2―平22.5〕総目次
　　　　「日本国際秘書学会研究年報」(日本国際秘書学会[編])(18)　2011.8 p55―61
○日本国際秘書学会研究年報(熊取町(大阪府)　日本国際秘書学会)〔1―18／平6.2―平23.8〕総目次
　　　　「日本国際秘書学会研究年報」(日本国際秘書学会[編])(19)　2012.5 p71―77
○日本国際秘書学会研究年報(熊取町(大阪府)　日本国際秘書学会)〔1―19／平6.2―平24.5〕総目次
　　　　「日本国際秘書学会研究年報」(日本国際秘書学会[編])(20)　2013.5 p102

　　　　―108
○**日本語研究**（東京都立大学国語学研究室→東京都立大学・首都大学東京日本語研究会→八王子 首都大学東京・東京都立大学日本語・日本語教育研究会）〔1―29／昭53―平21〕総目録
　「日本語研究」(30)　2010.6　p99―109
○**日本語と日本文学**（つくば 筑波大学国語国文学会→筑波大学日本語日本文学会）〔1―51／昭56.6―平22.8〕掲載論文一覧
　「日本語と日本文学」(筑波大学日本語日本文学会編)(51)　2010.8　巻末1―20
◎**日本サッカー狂会会報Football**（日本サッカー狂会）〔1―128／昭40.11―平19.5〕目録（日本サッカー狂会）
　「日本サッカー狂会」　国書刊行会　2007.7　p297―338
○**日本産業技術教育学会九州支部論文集**（熊本　日本産業技術教育学会九州支部）〔1―11／平3―平15〕総目録
　「日本産業技術教育学会九州支部論文集」(12)　2004.10　巻末1―4
○**日本産業技術教育学会九州支部論文集**（熊本　日本産業技術教育学会九州支部）〔1―12／平3―平16〕総目録
　「日本産業技術教育学会九州支部論文集」(13)　2005.10　巻末1―6
○**日本産業技術教育学会九州支部論文集**（熊本　日本産業技術教育学会九州支部）〔1―14／平3―平18〕総目録
　「日本産業技術教育学会九州支部論文集」(14)　2006　巻末1―8
○**日本産業技術教育学会九州支部論文集**（熊本　日本産業技術教育学会九州支部）〔1―15／平3―平19〕総目録
　「日本産業技術教育学会九州支部論文集」(15)　2007.12　巻末1―8
○**日本産業技術教育学会九州支部論文集**（熊本　日本産業技術教育学会九州支部）〔1―16／平3―平20〕総目録
　「日本産業技術教育学会九州支部論文集」(16)　2008.12　巻末1―7
○**日本産業技術教育学会九州支部論文集**（熊本　日本産業技術教育学会九州支部）〔1―17／平3―平21〕総目録
　「日本産業技術教育学会九州支部論文集」(17)　2010.2　巻末1―8
○**日本産業技術教育学会九州支部論文集**（熊本　日本産業技術教育学会九州支部）〔1―18／平3―平22〕総目録
　「日本産業技術教育学会九州支部論文集」(18)　2011.2　巻末1―9

○日本産業技術教育学会九州支部論文集（熊本　日本産業技術教育学会九州支部）〔1―19／平3―平23〕総目録
　　「日本産業技術教育学会九州支部論文集」(19)　2012.2　巻末1―11
○日本産業技術教育学会九州支部論文集（熊本　日本産業技術教育学会九州支部）〔1―20／平3―平24〕総目録
　　「日本産業技術教育学会九州支部論文集」(20)　2013.2　巻末1―12
◎日本史学集録（つくば　筑波大学日本史談話会）〔1―29／昭60.9―平18.5〕論文総覧
　　「歴史学紀要論文総覧」　日外アソシエーツ　2007.9　p368―373
○日本史研究（京都　日本史研究会）〔401―500／平8.1―平16.4〕総目録
　　「日本史研究」(500)　2004.4　p159―223
○日本史研究（京都　日本史研究会）〔501―600／平16.5―平24.8〕総目録
　　「日本史研究」(601)　2012.9　p92―137,巻末1～9
◎日本詩集（詩話会編　新潮社）〔大8―大15〕総目次（藤原晴希）
　　「『日本詩人』と大正詩―〈口語共同体〉の誕生」（渡邉章夫ほか）　森話社　2006.7　p330―360
◎日本社会教育学会紀要（日本社会教育学会）〔1―49(2)／昭39―平25〕総目次
　　「日本社会教育学会60周年記念資料集」（日本社会教育学会編）　東洋館出版社　2013.9　p293(4)―256(41)
○日本宗教文化史研究（柳津町（岐阜県）　日本宗教文化史学会）〔1(1)―10(2)／平9.5―平18.11〕総目録
　　「日本宗教文化史研究」（日本宗教文化史学会編）11(1)通号21　2007.5　p168―176
○日本手話研究所所報→手話コミュニケーション研究（全日本ろうあ連盟日本手話研究所→日本手話研究所）〔1―16／昭63.12―平6.7〕→〔17―58／平6.12―平17.12〕総目録
　　「手話コミュニケーション研究」（日本手話研究所編）(59)　2006.3　p34―46
○日本生涯教育学会年報（ぎょうせい→日本生涯教育学会）〔1―24／昭55―平15〕総目次
　　「日本生涯教育学会年報」（日本生涯教育学会年報編集委員会編）(25)　2004　p231―293
◎日本小説（日本小説社）〔1(1)―3(4)／昭22.5―昭24.4〕細目（大屋幸世）
　　「日本近代文学書誌書目抄」　日本古書通信社　2006.3　p96―111

にほん

◎日本小説（和田芳恵編　大地書房→日本小説社）〔1（1）―3（4）／昭22.5―昭24.4〕内容細目
　　「文芸雑誌内容細目総覧―戦後リトルマガジン篇」（日外アソシエーツ編, 勝又浩監修）日外アソシエーツ, 紀伊國屋書店〔発売〕　2006.11　p125―128
○日本情報ディレクトリ学会誌（日本情報ディレクトリ学会）〔1―2／平15.3―平16.3〕バックナンバー目次
　　「日本情報ディレクトリ学会誌」（日本情報ディレクトリ学会編）(3)　2005.3　p85
○日本情報ディレクトリ学会誌（日本情報ディレクトリ学会）〔1―3／平15.3―平17.3〕バックナンバー目次
　　「日本情報ディレクトリ学会誌」（日本情報ディレクトリ学会編）(4)　2006.3　p45―46
○日本情報ディレクトリ学会誌（日本情報ディレクトリ学会）〔1―4／平15.3―平18.3〕バックナンバー目次
　　「日本情報ディレクトリ学会誌」（日本情報ディレクトリ学会編）(5)　2007.3　p96―97
○日本情報ディレクトリ学会誌（日本情報ディレクトリ学会）〔1―5／平15.3―平19.3〕バックナンバー目次
　　「日本情報ディレクトリ学会誌」（日本情報ディレクトリ学会編）(6)　2008.3　p86―88
○日本情報ディレクトリ学会誌（日本情報ディレクトリ学会）〔1―6／平15.3―平20.3〕バックナンバー目次
　　「日本情報ディレクトリ学会誌」（日本情報ディレクトリ学会編）(7)　2009.3　p98―101
○日本情報ディレクトリ学会誌（日本情報ディレクトリ学会）〔1―7／平15.3―平21.3〕バックナンバー目次
　　「日本情報ディレクトリ学会誌」（日本情報ディレクトリ学会編）(8)　2010.3　p80―83
○日本情報ディレクトリ学会誌（日本情報ディレクトリ学会）〔1―8／平15.3―平22.3〕バックナンバー目次
　　「日本情報ディレクトリ学会誌」（日本情報ディレクトリ学会編）(9)　2011.3　p70―74
○日本情報ディレクトリ学会誌（日本情報ディレクトリ学会）〔1―9／平15.3―平

23.3〕バックナンバー目次
「日本情報ディレクトリ学会誌」(日本情報ディレクトリ学会編)(10)　2012.3　p98—102
◎日本諸学(印刷局)〔1—5／昭17.3—昭19.12〕目次一覧(駒込武ほか)
「戦時下学問の統制と動員—日本諸学振興委員会の研究」　東京大出版会　2011.3　巻末35—37
○日本食品工学会誌(町田　日本食品工学会)〔1(1)—11(3)／平12—平22〕目次総覧
「日本食品工学会誌」(日本食品工学会編)〔11〕(増刊)　2010.12　p28—45
○日本心血管インターベンション治療学会誌(日本心血管インターベンション治療学会)〔1(1)—2(4)／平21.9—平22.11〕総目次
「日本心血管インターベンション治療学会誌」2(4)　2010.11　巻末1—5
(付)Key words索引
◎日本スペンサー協会会報(日本スペンサー協会)〔1—17／昭60.10—平17.6〕集録(島村宜男)
「詩人の詩人スペンサー—日本スペンサー協会20周年論集」　九州大出版会　2006.8　p345—415
○日本生気象学会雑誌(出雲　日本生気象学会)〔1—47／昭41—平22〕総目次
「日本生気象学会雑誌」(日本生気象学会雑誌編集委員会編)(特別号)　2012.3　p63—161
○日本総合学習学会誌(京都　日本総合学習学会)〔1—15／平10.11—平24.3〕総目次
「日本総合学習学会誌」(日本総合学習学会編)(15)　2012.3　p47—51
○日本草地学会誌(那須塩原　日本草地学会)〔31—50／昭60—平17〕総目次
「日本草地学会誌」50(6)　2005.2　p465—526
(注)「日本草地研究会誌」の改題　(付)著者索引

日本村落自治史料調査研究所研究紀要(白子町(千葉県)　日本村落自治史料調査研究所)
⇨研究紀要(日本村落自治史料調査研究所)
○日本大学芸術学部紀要(日本大学芸術学部)〔1—50／昭36—平21〕総目次
「日本大学芸術学部紀要」(日本大学芸術学部[編])(50)　2009　巻頭1—35
◎日本大学史学会研究彙報(日本大学史学会)〔1—9／昭32.12—昭40.12〕論文総覧
「歴史学紀要論文総覧」　日外アソシエーツ　2007.9　p533—534

にほん

　　　（注）「史叢」と改題
◎日本大学心理学研究（日本大学心理学会）〔1―28／昭48.9.30―平19.3.31〕論文総覧
　　「心理学紀要論文総覧」　日外アソシエーツ　2008.10　p448―453
○日本大学地理学報告→地理誌叢（日本大学地理・地学会→日本大学地理学会）〔1―12／昭36.12―昭46.3〕→〔13―50（2）／昭47.3―平21.3〕総目次
　　「地理誌叢」50（2）　2009.3　p115―132
○日本端末研究会ニューズレターオンライン検索（日本端末研究会関東地区部会→日本端末研究会）〔1―30／昭55.1―平21.9〕総目次ほか
　　「オンライン検索」（日本端末研究会編）31（1・2）　2010.3　p93―183
○日本中国当代文学研究会会報（日本中国当代文学研究会）〔1―17／昭59.3―平15.10〕収録篇目一覧
　　「日本中国当代文学研究会会報」（18）　2004.11　p88―94
○日本彫塑〔1―2／昭16.1―昭16.8〕細目ほか（迫内祐司）
　　「文星芸術大学大学院研究科論集」（文星芸術大学芸術理論研究室編）（5）　2011　p1―35
日本通信教育学会研究論集（日本通信教育学会）
　　⇨研究発表会記録
○日本農業新誌（農業社→東京農書館）〔1（1）―1（6）／明25.1―明25.3〕総目次
　　「リテラシー史研究」（リテラシー史研究会編）（5）　2012.1　巻末41―58
○日本農業新誌（農業社→東京農書館）〔4（1）―4（6）／明28.1―明28.6〕総目次（石川雄輝）
　　「リテラシー史研究」（リテラシー史研究会編）（6）　2013　巻末15―32
○日本の哲学（京都　昭和堂）〔1―8／平12.11―平19.12〕目次
　　「日本の哲学」（日本哲学史フォーラム編）（9）　2008.12　p142―143
○日本の哲学（京都　昭和堂）〔1―10／平12.11―平21.12〕目次
　　「日本の哲学」（日本哲学史フォーラム編）（11）　2010.12　p133―135
○日本の哲学（京都　昭和堂）〔1―11／平12.11―平22.12〕目次
　　「日本の哲学」（日本哲学史フォーラム編）（12）　2011.12　p140―142
○日本の哲学（京都　昭和堂）〔1―12／平12.11―平23.12〕目次
　　「日本の哲学」（日本哲学史フォーラム編）（13）　2012.12　p144―146
○日本の哲学（京都　昭和堂）〔1―13／平12.11―平24.12〕目次
　　「日本の哲学」（日本哲学史フォーラム編）（14）　2013.12　p154―157

にほん

◎日本橋版画〔1―2／昭12.12―昭13.1〕総目次（加治幸子）
　　「創作版画誌の系譜―総目次及び作品図版」　中央公論美術出版　2008.1
　　　p1000―1002
◎日本版画（日本エッチング研究所）〔126―133／昭18.7―昭19.2〕総目次（加治幸子）
　　「創作版画誌の系譜―総目次及び作品図版」　中央公論美術出版　2008.1
　　　p1067―1069
◎日本版画協会々報〔1―38／昭8.3―昭19.6〕総目次（加治幸子）
　　「創作版画誌の系譜―総目次及び作品図版」　中央公論美術出版　2008.1
　　　p810―820
◎日本福祉大学社会科学研究所年報（美浜町（愛知県）　日本福祉大学社会科学研究所）〔1―11／昭61.3―平9.4〕目次
　　「近代雑誌目次文庫　80　社会学編　30」　ゆまに書房　2012.11　p1―4
◎日本婦人（大日本婦人會）〔1（1）―2（12）／昭17.11―昭20.1〕総目次
　　「日本婦人　第1巻第1号～第2巻第12号　1942年11月～45年1月　別冊　復刻版」　不二出版　2011.11
〇日本仏教社会福祉学会年報（熊谷　日本仏教社会福祉学会）〔1―34／昭44―平15〕総目次
　　「日本仏教社会福祉学会年報」（35）　2004.9　巻末109―125
◎日本仏教社会福祉学会年報（熊谷　日本仏教社会福祉学会）〔1―24／昭44―平5〕総目次
　　「日本仏教社会福祉学会年報　第8巻」　日本仏教社会福祉学会,不二出版〔発売〕　2004.9
〇日本仏教社会福祉学会年報（熊谷　日本仏教社会福祉学会）〔1―35／昭44―平16〕総目次
　　「日本仏教社会福祉学会年報」（36）　2005.12　巻末109―125
〇日本仏教社会福祉学会年報（熊谷　日本仏教社会福祉学会）〔1―36／昭44―平17〕総目次
　　「日本仏教社会福祉学会年報」（37）　2006.10　巻末109―125
〇日本仏教社会福祉学会年報（熊谷　日本仏教社会福祉学会）〔1―37／昭44―平18〕総目次
　　「日本仏教社会福祉学会年報」（38）　2007.10　巻末49―66
〇日本仏教社会福祉学会年報（熊谷　日本仏教社会福祉学会）〔1―38／昭44―平19〕

総目次
「日本仏教社会福祉学会年報」(39)　2008.8　巻末71—88
○日本仏教社会福祉学会年報(熊谷　日本仏教社会福祉学会)〔1—41／昭44—平22〕
総目次
「日本仏教社会福祉学会年報」(42)　2011.11　巻末51—70
○日本仏教社会福祉学会年報(熊谷　日本仏教社会福祉学会)〔1—42／昭44—平23〕
総目次
「日本仏教社会福祉学会年報」(43)　2012.10　巻末75—95
○日本不動産学会学術講演会梗概集(日本不動産学会)〔1—19／昭60—平16〕総目次
「日本不動産学会誌」(出版編集委員会編)18(3)通号70　2005 p122—136
○日本不動産学会誌(日本不動産学会)〔1—69／昭60—平16〕総目次
「日本不動産学会誌」(出版編集委員会編)18(3)通号70　2005 p106—121
◎日本プロレタリア作家同盟大阪支部ニユース(大阪　日本プロレタリア作家同盟大阪支部)〔1／昭6.10.1〕総目次
「大阪文藝雑誌総覧」(浦西和彦,増田周子,荒井真理亜著)　和泉書院　2013.2 p290
○日本文化〔1—11／大15.2—大15.12〕総目次
「国体文化：日本国体学会機関誌：里見日本文化学研究所発表機関：立正教団発表機関」(日本国体学会,立正教団)(1005)　2008.1 p56—61
○日本文化〔12—23／昭2.1—昭2.12〕総目次
「国体文化：日本国体学会機関誌：里見日本文化学研究所発表機関：立正教団発表機関」(日本国体学会,立正教団)(1007)　2008.3 p66—71
○日本文化〔24—35／昭3.1—昭3.12〕総目次
「国体文化：日本国体学会機関誌：里見日本文化学研究所発表機関：立正教団発表機関」(日本国体学会,立正教団)(1008)　2008.4 p78—83
○日本文學〔1—20／明21.8—明23.3〕総目録(藤田大誠,上西亘)
「國學院大學伝統文化リサーチセンター研究紀要」(1)　2009.3 p208—223
○日本文学研究(大東文化大学日本文学会)〔1—50／昭36.10—平23.2〕論文題目一覧
「日本文学研究」(大東文化大学日本文学会編)(50)　2011.2 p163—194
○日本文学ノート(仙台　宮城学院女子大学日本文学会)〔31—40／平8.1—平17.7〕総目次

「日本文学ノート」(宮城学院女子大学日本文学会［編］)（40）通号62　2005.7
　　p113—119
◎**日本文化史研究**(奈良　日本文化史学会編　帝塚山短期大学日本文化史学会→帝塚山大学日本文化史学会)〔1—37／昭52.3—平18.3〕論文総覧
　　「歴史学紀要論文総覧」　日外アソシエーツ　2007.9　p397—404
○**日本文化史研究**(奈良　帝塚山短期大学日本文化史学会→帝塚山大学日本文化史学会→帝塚山大学奈良学総合文化研究所)〔31—40／平11.7—平21.3〕総目次
　　「日本文化史研究」(帝塚山大学奈良学総合文化研究所編)（41）　2010.3
　　p155—158
○**日本保険医学会誌**(日本保険医学会)〔100(1)—109(2)／平14.9—平23.6〕論文索引
　　「日本保険医学会誌」(日本保険医学会編)109(3)　2011.9　p218—240
○**日本民俗学**(栃木　日本民俗学会)〔242—249／平17.5—平19.2〕総目次
　　「日本民俗学」(日本民俗学会編)通号249　2007.2
日本養豚学会誌(厚木　日本養豚学会)
　　⇨日本養豚研究会誌
○**日本養豚研究会誌→日本養豚学会誌**(日本養豚研究会→厚木　日本養豚学会)〔1(1)—23(4)／昭39—昭61.12〕→〔24(1)—40/昭62.4—平16〕総目録
　　「日本養豚学会誌」41(特別)　2004.4　p81—130
◎**日本歴史**(日本歴史社・霞ケ関書房→日本歴史学会編　日本歴史社・霞ケ関書房→日本歴史学会→吉川弘文館)〔1—700／昭21.6—平18.9〕総目録(日本歴史学会)
　　「日本歴史別冊総目録」　吉川弘文館　2007.5　421,86p　A5
◎**日本労働協会雑誌**(日本労働協会)〔1—363／昭34.4—平1.12〕目次
　　「近代雑誌目次文庫　79　社会学編　29」　ゆまに書房　2012.7　p56—177
◎**日本労働研究機構研究紀要**(日本労働研究機構)〔1—21／平3.3—平13.6〕目次
　　「近代雑誌目次文庫　79　社会学編　29」　ゆまに書房　2012.7　p178—182
○**日本労働研究雑誌**(労働政策研究・研修機構)〔501—600／平14.4—平22.7〕総目次
　　「日本労働研究雑誌」52(7)600　2010.7　p80—124
　　（注）日本労働協会雑誌の改題
◎**日本労働研究雑誌**(労働政策研究・研修機構)〔364—491／平2.1—平13.6〕目次
　　「近代雑誌目次文庫　79　社会学編　29」　ゆまに書房　2012.7　p183—225

にほん

　　　（注）日本労働協会雑誌の改題
◎**日本労働社会学会年報**（川崎　日本労働社会学会,東信堂〔発売〕）〔1—10／平2.3—平11.10〕目次
　　　「近代雑誌目次文庫 80 社会学編 30」　ゆまに書房　2012.11 p5—9
○**ニュースクール**（ニュースクール研究会編　浦和　埼玉県教育研究所）〔1—10／昭24.2—昭24.10〕目次ほか（奥泉栄三郎）
　　　「戦後教育史研究」（明星大学戦後教育史研究センター編）（24）　2010.12 p89—113
　　　（注）欠号あり
○**ニュースレター**（佐賀　佐賀自然史研究会）〔1—50／平6.1—平18.1〕総索引（出版順）
　　　「佐賀自然史研究」（佐賀自然史研究編集委員会編）（12）　2006.7 p91—96
　　　（付）総索引（著者別）
○**News letter**（青森雇用・社会問題研究所）（弘前　青森雇用・社会問題研究所）〔1—30／平15—平21〕掲載記事総目録
　　　「News letter」（青森雇用・社会問題研究所‖監修）（1-30総目次）　2009 p1—8
　　　（注）「News letter」（雇用構築学研究所）と改題
○**News letter**（近現代東北アジア地域史研究会）（国立　近現代東北アジア地域史研究会）〔10—16／平10.12—平16.12〕総目次
　　　「News letter」（［近現代東北アジア地域史研究会］［編］）（17）　2005.12 p136—140
○**New perspective：新英米文学研究**（新英米文学研究会事務局）〔21（2）152—41（1）191／平2.11—平22.7〕総目次
　　　「New perspective：新英米文学研究」41（秋・冬）通号192　2011.2 p60—82
○**New perspective：新英米文学研究**（新英米文学研究会事務局）〔20（4）150—21（1）151／平1.11—平2.6〕総目次
　　　「New perspective：新英米文学研究」41（秋・冬）通号192　2011.2 p130—131
◎**女人芸術**（若槻繁編　鎌倉文庫）〔1／昭24.1〕内容細目
　　　「文芸雑誌内容細目総覧—戦後リトルマガジン篇」（日外アソシエーツ編,勝又浩監修）日外アソシエーツ,紀伊國屋書店〔発売〕　2006.11 p200—201
◎**女人芸術**（女流文学者会編　鎌倉文庫）〔1／昭24.1〕総索引

「占領期女性雑誌事典―解題目次総索引 7」(吉田健二)　金沢文圃閣　2007.3 p247
◎女人評論(鮎書房)〔1―予告号／昭21.10―昭21.11〕総索引
「占領期女性雑誌事典―解題目次総索引 7」(吉田健二)　金沢文圃閣　2007.3 p255―256
◎人間(木村徳三編　鎌倉文庫→目黒書店)〔1(1)―6(8)／昭21.1―昭26.8〕内容細目
「文芸雑誌内容細目総覧―戦後リトルマガジン篇」(日外アソシエーツ編,勝又浩監修)　日外アソシエーツ,紀伊國屋書店〔発売〕　2006.11 p7―30
◎人間を歩く〔1―21／平12―平24〕総目次
「調査実習報告書総目次(含・河西ゼミ刊行物一覧)」　早稲田大学　2012.12 p19―68
◎人間科学科紀要(神戸　神戸親和女子大学文学部人間科学科)〔1―2／平15.3.10―平18.3.25〕論文総覧
「心理学紀要論文総覧」　日外アソシエーツ　2008.10 p189―190
◎人間科学(関西大学大学院社会学研究科院生協議会)(吹田　関西大学大学院社会学研究科院生協議会)〔1―67／昭47.3.31―平19.9.25〕論文総覧
「心理学紀要論文総覧」　日外アソシエーツ　2008.10 p83―101
○人間科学研究(大阪経済大学人間科学部)〔1―3／平19.4―平21.3〕目次
「人間科学研究」(『人間科学研究』編集委員会編)(4)　2010.3 p218―222
◎人間科学(琉球大学法文学部)(西原町(沖縄県)　琉球大学法文学部)〔1―18／平10.3―平18.9〕論文総覧
「歴史学紀要論文総覧」　日外アソシエーツ　2007.9 p777―782
(注)「琉球大学法文学部紀要　地域・社会科学系篇」と「ヒューマンサイエンス」の合併改題
◎人間関係学研究(多摩　大妻女子大学人間関係学部)〔1―8／平12.3.10―平19.2.14〕論文総覧
「心理学紀要論文総覧」　日外アソシエーツ　2008.10 p39―44
○人間関係論集(堺　大阪女子大学学芸学部人間関係学科→大阪女子大学人間関係学科)〔1―22／昭59―平17〕総目次
「人間関係論集」(22)　2005 p217―224
(注)「社会福祉評論」の改題
◎人間喜劇(伊藤逸平編　イヴニングスター社)〔8―11／昭23.7―昭23.10〕内容

にんけ

細目
「文芸雑誌内容細目総覧―戦後リトルマガジン篇」(日外アソシエーツ編,勝又浩監修) 日外アソシエーツ,紀伊國屋書店〔発売〕 2006.11 p188―189
(注)「諷刺文學」の改題
○人間教育の探究(広島 日本ペスタロッチー・フレーベル学会)〔1―19／昭61―平19〕バックナンバー
「人間教育の探究：日本ペスタロッチー・フレーベル学会紀要」(日本ペスタロッチー・フレーベル学会〔編〕)(20) 2008 p101―115
○人間総合科学(岩槻 人間総合科学大学)〔1―9／平13.3―平17.3〕総目次(筒井末春)
「人間総合科学会誌」(「人間総合科学会誌」編集委員会編)1(1) 2005.8 p9―13
○人間と教育(民主教育研究所編 労働旬報社→旬報社)〔1―50／平6.3―平18.6〕バックナンバー総目次
「人間と教育」(民主教育研究所編)通号50 2006.6 p137―159
◎人間として(筑摩書房)〔1―12／昭45.3―昭47.12〕内容細目
「文芸雑誌内容細目総覧―戦後リトルマガジン篇」(日外アソシエーツ編,勝又浩監修) 日外アソシエーツ,紀伊國屋書店〔発売〕 2006.11 p537―544
○人間の福祉：立正大学社会福祉学部紀要(熊谷 立正大学社会福祉学部)〔1―14／平9.3―平15.9〕既刊号目次
「人間の福祉：立正大学社会福祉学部紀要」(立正大学社会福祉学部〔編〕)(15) 2004.3 巻末7p
○人間の福祉：立正大学社会福祉学部紀要(熊谷 立正大学社会福祉学部)〔1―15／平9.3―平16.3〕既刊号目次
「人間の福祉：立正大学社会福祉学部紀要」(立正大学社会福祉学部〔編〕)(16) 2004.9 巻末8p
○人間の福祉：立正大学社会福祉学部紀要(熊谷 立正大学社会福祉学部)〔7―17／平12.2―平17.3〕既刊号目次
「人間の福祉：立正大学社会福祉学部紀要」(立正大学社会福祉学部〔編〕)(18) 2005.9 巻末6p
○人間の福祉：立正大学社会福祉学部紀要(熊谷 立正大学社会福祉学部)〔7―18／平12.2―平17.9〕既刊号目次
「人間の福祉：立正大学社会福祉学部紀要」(立正大学社会福祉学部〔編〕)

　　　　(19)　2006.3 巻末6p
○人間の福祉：立正大学社会福祉学部紀要（熊谷　立正大学社会福祉学部）〔7—19
　／平12.2—平18.3〕既刊号目次
　　「人間の福祉：立正大学社会福祉学部紀要」（立正大学社会福祉学部［編］）
　　　　(20)　2006.9 巻末6p
○人間の福祉：立正大学社会福祉学部紀要（熊谷　立正大学社会福祉学部）〔7—20
　／平12.2—平18.9〕既刊号目次
　　「人間の福祉：立正大学社会福祉学部紀要」（立正大学社会福祉学部［編］）
　　　　(21)　2007.3 巻末7p
○人間の福祉：立正大学社会福祉学部紀要（熊谷　立正大学社会福祉学部）〔7—21
　／平12.2—平19.3〕既刊号目次
　　「人間の福祉：立正大学社会福祉学部紀要」（立正大学社会福祉学部［編］）
　　　　(22)　2008 巻末7p
○人間の福祉：立正大学社会福祉学部紀要（熊谷　立正大学社会福祉学部）〔7—22
　／平12.2—平20.3〕既刊号目次
　　「人間の福祉：立正大学社会福祉学部紀要」（立正大学社会福祉学部［編］）
　　　　(23)　2009 巻末8p
○人間の福祉：立正大学社会福祉学部紀要（熊谷　立正大学社会福祉学部）〔7—23
　／平12.2—平21.3〕既刊号目次
　　「人間の福祉：立正大学社会福祉学部紀要」（立正大学社会福祉学部［編］）
　　　　(24)　2010 巻末8p
○人間の福祉：立正大学社会福祉学部紀要（熊谷　立正大学社会福祉学部）〔7—24
　／平12.2—平22.3〕既刊号目次
　　「人間の福祉：立正大学社会福祉学部紀要」（立正大学社会福祉学部［編］）
　　　　(25)　2011 巻末9p
○人間の福祉：立正大学社会福祉学部紀要（熊谷　立正大学社会福祉学部）〔7—25
　／平12.2—平23.3〕既刊号目次
　　「人間の福祉：立正大学社会福祉学部紀要」（立正大学社会福祉学部［編］）
　　　　(26)　2012.1 巻末9p
○人間の福祉：立正大学社会福祉学部紀要（熊谷　立正大学社会福祉学部）〔7—26
　／平12.2—平24.1〕既刊号目次
　　「人間の福祉：立正大学社会福祉学部紀要」（立正大学社会福祉学部［編］）
　　　　(27)　2013.1 巻末11p

にんけ

○人間発達研究所紀要（大津　人間発達研究所）〔10—18・19／平8.12—平19.3〕目次
　「人間発達研究所紀要」（人間発達研究所紀要編集委員会編）（20・21）　2008.
　　10 p144—149
◎人間美学（京都　臼井書房）〔1—8／昭23.4—昭23.12〕細目（大屋幸世）
　「日本近代文学書誌書目抄」　日本古書通信社　2006.3 p87—91
○人間文化（日進　愛知学院大学人間文化研究所）〔1—18／昭59.8—平15.9〕目次
　一覧
　　「人間文化：愛知学院大学人間文化研究所紀要」（愛知学院大学人間文化研究
　　　所編）（19）　2004.9 巻末1—10
　　（付）著者索引
○人間文化（日進　愛知学院大学人間文化研究所）〔1—19／昭59.8—平16.9〕目次
　一覧
　　「人間文化：愛知学院大学人間文化研究所紀要」（愛知学院大学人間文化研究
　　　所編）（20）　2005.9 巻末1—11
　　（付）著者索引
○人間文化（日進　愛知学院大学人間文化研究所）〔1—20／昭59.8—平17.9〕目次
　一覧
　　「人間文化：愛知学院大学人間文化研究所紀要」（愛知学院大学人間文化研究
　　　所編）（21）　2006.9 巻末1—12
　　（付）著者索引
○人間文化（日進　愛知学院大学人間文化研究所）〔1—21／昭59.8—平18.9〕目次
　一覧
　　「人間文化：愛知学院大学人間文化研究所紀要」（愛知学院大学人間文化研究
　　　所編）（22）　2007.9 巻末1—12
　　（付）著者索引
○人間文化（日進　愛知学院大学人間文化研究所）〔1—22／昭59.8—平19.9〕目次
　一覧
　　「人間文化：愛知学院大学人間文化研究所紀要」（愛知学院大学人間文化研究
　　　所編）（23）　2008.9 p1—13f
　　（付）著者索引
○人間文化（日進　愛知学院大学人間文化研究所）〔1—23／昭59.8—平20.9〕目次
　一覧
　　「人間文化：愛知学院大学人間文化研究所紀要」（愛知学院大学人間文化研究

所編）（24）　2009.9 巻末1―14
　　（付）著者索引
○**人間文化**（日進　愛知学院大学人間文化研究所）〔1―24／昭59.8―平21.9〕目次一覧
　　「人間文化：愛知学院大学人間文化研究所紀要」（愛知学院大学人間文化研究所編）（25）　2010.9 巻末1―17
　　（付）著者索引
○**人間文化**（日進　愛知学院大学人間文化研究所）〔1―25／昭59.8―平22.9〕目次一覧
　　「人間文化：愛知学院大学人間文化研究所紀要」（愛知学院大学人間文化研究所編）（26）　2011.9 巻末1―19
　　（付）著者索引
○**人間文化**（日進　愛知学院大学人間文化研究所）〔1―26／昭59.8―平23.9〕目次一覧
　　「人間文化：愛知学院大学人間文化研究所紀要」（愛知学院大学人間文化研究所編）（27）　2012.9 巻末1―19
　　（付）著者索引
○**人間文化**（日進　愛知学院大学人間文化研究所）〔1―27／昭59.8―平24.9〕目次一覧
　　「人間文化：愛知学院大学人間文化研究所紀要」（愛知学院大学人間文化研究所編）（28）　2013.9 巻末1―19
　　（付）著者索引
人間文化研究所年報（名古屋　名古屋市立大学人間文化研究所）
　　⇨国際文化研究所論叢
◎**人間別冊**（木村徳三編　鎌倉文庫）〔1―3／昭22.12―昭23.11〕内容細目
　　「文芸雑誌内容細目総覧―戦後リトルマガジン篇」（日外アソシエーツ編, 勝又浩監修）　日外アソシエーツ, 紀伊國屋書店〔発売〕　2006.11 p159

【ね】

◎**NEVELON**〔1―2／昭3.4―昭3.8〕総目次（加治幸子）
　　「創作版画誌の系譜―総目次及び作品図版」　中央公論美術出版　2008.1
　　p257―260

ねつた

◎熱帯氷河〔2／昭40.2〕総目次
　「戦後詩誌総覧 8」(和田博文ほか)　日外アソシエーツ　2010.8 p835
　熱風(シムーン社)
　　⇨シムーン
　年金と経済(年金総合研究センター)
　　⇨季刊年金と雇用
○年金レビュー(日興リサーチセンター年金研究所)〔平8.8―平19.4〕総目次
　「NFIリサーチ・レビュー」(2009年4月)　〔2009〕p142―148
○年報赤松氏研究(津山　赤松氏研究会)〔1―4／平20―平23〕バックナンバー
　「年報赤松氏研究」(赤松氏研究会編)(5)　2012.3 p102―103
○年報熊本近世史(熊本　熊本近世史の会)〔1―23／昭42―平14.7〕総目録
　「年報熊本近世史」(熊本近世史の会編)　2004年度　2004.6
◎年報社会学論集(関東社会学会)〔1―14／昭63.6―平13.6〕目次
　「近代雑誌目次文庫 80　社会学編 30」　ゆまに書房　2012.11 p10―21
○年報中世史研究(名古屋　中世史研究会)〔20―29／平7―平16〕総目次
　「年報中世史研究」(中世史研究会編集委員会編)(30)　2005 p101―110
○年報日本史叢(つくば　筑波大学歴史・人類学系)〔平4―平15〕総目次
　「年報日本史叢」(筑波大学大学院人文社会科学研究科歴史・人類学専攻編)
　　2004　2004.12 p93―95
◎年報日本史叢(つくば　筑波大学歴史・人類学系→筑波大学大学院人文社会科学研究科歴史・人類学専攻→筑波大学大学院人文社会科学研究科歴史・人類学専攻(日本史領域))〔1992―2006／平4.12―平18.12〕論文総覧
　「歴史学紀要論文総覧」　日外アソシエーツ　2007.9 p373―375
◎年報人間科学(吹田　大阪大学人間科学部社会学・人間学・人類学研究室→大阪大学大学院人間科学研究科社会学・人間学・人類学研究室)〔1―22／昭55.1―平13.3〕目次
　「近代雑誌目次文庫 80　社会学編 30」　ゆまに書房　2012.11 p22―29
◎年報(北海道立文学館)(北海道立文学館,北海道文学館〔編〕札幌 北海道立文学館〔ほか〕)〔平成7年度―平成22年度／平9―平24〕総目次(岡野裕之)
　「文学館出版物内容総覧:図録・目録・紀要・復刻・館報」　日外アソシエーツ　2013.4 p40―44

【の】

能楽ジャーナル(たちばな出版)
　⇨(新)能楽ジャーナル
○**農業教育資料**(教育問題調査所編　実業教科書)〔1—4(7)／昭21.10—昭25.7〕目次集(丸山剛史,尾高進)
　「工学院大学共通課程研究論叢」(工学院大学[編])(46-1)　2008.10 p88—93
○**農業教育資料**(教育問題調査所編　実業教科書)〔1—4(7)／昭21.10—昭25.7〕執筆者一覧(丸山剛史,尾高進)
　「工学院大学共通課程研究論叢」(工学院大学[編])(46-2)　2009.2 p106—108
○**農業構造問題研究**(農業構造問題研究会→農政研究センター→食料・農業政策研究センター)〔216—223／平15—平16〕総目次
　「農業構造問題研究」2004(4)通号223　2004 p112—113
○**農業法研究**(農業法学会→日本農業法学会)〔1—38／昭33—平15〕目次一覧
　「農業法研究」(日本農業法学会編)(39)　2004.6 p190—186
○**農業法研究**(農業法学会→日本農業法学会)〔1—39／昭33—平16〕目次一覧
　「農業法研究」(日本農業法学会編)(40)　2005.6 p206—202
○**農業法研究**(農業法学会→日本農業法学会)〔1—40／昭33—平17〕目次一覧
　「農業法研究」(日本農業法学会編)(41)　2006.6 p179—175
○**農業法研究**(農業法学会→日本農業法学会)〔1—41／昭33—平18〕目次一覧
　「農業法研究」(日本農業法学会編)(42)　2007.6 p161—156
○**農業法研究**(農業法学会→日本農業法学会)〔1—42／昭33—平19〕目次一覧
　「農業法研究」(日本農業法学会編)(43)　2008.6 p184—179
○**農業法研究**(農業法学会→日本農業法学会)〔1—43／昭33—平20〕目次一覧
　「農業法研究」(日本農業法学会編)(44)　2009.6 p185—180
○**農業法研究**(農業法学会→日本農業法学会)〔1—44／昭33—平21〕目次一覧
　「農業法研究」(日本農業法学会編)(45)　2010.6 p188—184
○**農業法研究**(農業法学会→日本農業法学会)〔1—45／昭33—平22〕目次一覧
　「農業法研究」(日本農業法学会編)(46)　2011.6 p156—152
○**農業法研究**(農業法学会→日本農業法学会)〔1—46／昭33—平23〕主要目次一覧

「農業法研究」(日本農業法学会編)(47) 2012.6 p224―220
○**農業法研究**(農業法学会→日本農業法学会)〔1―47／昭33―平24〕目次一覧
 「農業法研究」(日本農業法学会編)(48) 2013.6 p176―172
○**農事合作社報**(浜江省農事合作社連合会)〔2(3)―2(9)／昭14.3―昭14.9〕細目(城間正人)
 「植民地文化研究:資料と分析」(「植民地文化研究」編集委員会編)(3)
   2004.7 p116―128
○**農事合作社報**(浜江省農事合作社連合会)〔2(10)―3(1)／昭14.10―昭15.2〕細目(城間正人)
 「植民地文化研究:資料と分析」(「植民地文化研究」編集委員会編)(4)
   2005.7 p180―186
○**農事合作社報**(浜江省農事合作社連合会)〔3(2)―3(4)／昭15.3―昭15.4〕細目(城間正人)
 「植民地文化研究:資料と分析」(「植民地文化研究」編集委員会編)(5)
   2006.7 p128―132ほか
○**農村研究**(東京農業大学農業経済学会)〔1―99／昭29.3―平16.9〕総目次
 「農村研究」(東京農業大学農業経済学会編)(99) 2004.9 p231―256
○**農村と都市をむすぶ**(全農林労働組合農村と都市をむすぶ編集部)〔601―700／平13.9―平22.3〕総目録
 「農村と都市をむすぶ」60(6)通号704(別冊) 2010.6 p1―18
○**ノッポとチビ**〔1―70／昭37.2―平14.3〕総目次(苗村吉昭)
 「文献探索」(文献探索研究会編)(2008) 2009.6 p366―386
 野村資本市場クォータリー(野村資本市場研究所)
   ⇨資本市場クォータリー
 野村文華財団研究紀要(京都 野村文華財団)
   ⇨研究紀要(野村文華財団)

【は】

○**バイオコントロール**(日本バイオロジカルコントロール協議会)〔1(1)―8(1・2)／平9―平16〕バックナンバー目次
 「バイオコントロール」9(2) 2005.9 p84―91

○バイオコントロール（日本バイオロジカルコントロール協議会）〔1（1）―9（2）／平9―平17〕バックナンバー目次
　　「バイオコントロール」10（1）　2006.6　p80―89
○バイオコントロール（日本バイオロジカルコントロール協議会）〔1（1）―10（1）／平9―平18〕バックナンバー目次
　　「バイオコントロール」10（2）　2006.9　p88―98
○バイオコントロール（日本バイオロジカルコントロール協議会）〔1（1）―11（1）／平9―平19〕バックナンバー目次
　　「バイオコントロール」12（1）　2008　p55―66
○バイオコントロール（日本バイオロジカルコントロール協議会）〔1（1）―12（1）／平9―平20〕バックナンバー目次
　　「バイオコントロール」13（1）　2009　p57―69
○バイオコントロール（日本バイオロジカルコントロール協議会）〔1（1）―16（1）／平9―平24〕バックナンバー目次
　　「バイオコントロール」17（1）　2013　p67―82
○パイオニア（生駒　関西地理学研究会）〔71―80／平16.4―平19.3〕総目次
　　「パイオニア」（関西地理学研究会編）（80）　2007.3　p23―24
○パイオニア（生駒　関西地理学研究会）〔81―90／平19.7―平22.2〕総目次（編集部）
　　「パイオニア」（関西地理学研究会編）（90）　2010.2　p24―25
○パイオニア（生駒　関西地理学研究会）〔1―100／昭32.7―平24.11〕総目次（編集部）
　　「パイオニア」（関西地理学研究会編）（100）　2012.11　p40―52
○俳諧新聞誌〔1―3／明2.夏―明2.冬〕目次（藤元直樹）
　　「参考書誌研究」（国立国会図書館主題情報部編）（65）　2006.10　p1―154
○俳家新聞（竜尾園活板所）〔慶応2―［4］〕目次（藤元直樹）
　　「参考書誌研究」（国立国会図書館主題情報部編）（65）　2006.10　p1―154
○配管技術研究協会誌（配管技術研究協会）〔平10.冬―平17.秋〕分類別総索引
　　「配管技術研究協会誌」（配管技術研究協会編集委員編）45（4）　2005.10　p37―43
○配管技術研究協会誌（配管技術研究協会）〔平18.冬―平21.秋〕分類別総索引
　　「配管技術研究協会誌」（配管技術研究協会編集委員編）49（4）　2009.11

はいか

  p37—40
○配管技術研究協会誌（配管技術研究協会）〔平22.冬—平25.春〕分類別総索引
  「配管技術研究協会誌」（配管技術研究協会編集委員会編）53（3）　2013.秋・冬季　p55—57
◎俳句文学館紀要（俳人協会）〔1—16／昭55.9—平22.11〕総目次（岡野裕之）
  「文学館出版物内容総覧：図録・目録・紀要・復刻・館報」　日外アソシエーツ　2013.4　p487—489
◎賠償医学→賠償科学（日本賠償医学会→日本賠償科学会, 丸善〔発売〕）〔1—22／昭60.1—平9.6〕→〔23—34／平10.4—平18.12〕総目次
  「賠償科学概説—医学と法学との融合」（日本賠償科学会編）　民事法研究会　2007.5　p529—550

  賠償科学（日本賠償科学会, 丸善〔発売〕）
    ⇨賠償医学
○俳声（秋声会）〔1（1）—2（8）／明34.2—明35.12〕総目次（青木亮人）
  「同志社国文学」（同志社大学国文学会〔編〕）（64）　2006.3　p124—177
○俳優館（俳優館）〔1—41／昭45.9—昭61.4〕総目次
  「映画論叢」（13）　2005.12　p74—82
○葉隠研究（佐賀　葉隠研究会）〔50—59／平15.8—平18.7〕総合目次
  「葉隠研究」（「葉隠研究」編集委員会編）（60）　2006.11
○葉隠研究（佐賀　葉隠研究会）〔60—69／平18.11—平22.2〕総合目次
  「葉隠研究」（「葉隠研究」編集委員会編）（70）　2010.7　p173—182
○パーキスターン（日本・パキスタン協会）〔36—200／昭55.4—平17.7〕総目次
  「パーキスターン」（日本・パキスタン協会〔編〕）（36-200）（総目次）　2005.7　p1—54
○パーキスターン（日本・パキスタン協会）〔217—228／平20—平21〕総目次
  「パーキスターン」（日本・パキスタン協会〔編〕）（231）　2010.9　p16—18
◎萩原朔太郎記念・水と緑と詩のまち前橋文学館研究紀要（前橋　萩原朔太郎記念・水と緑と詩のまち前橋文学館）〔1—5／平20.3—平24.3〕総目次（岡野裕之）
  「文学館出版物内容総覧：図録・目録・紀要・復刻・館報」　日外アソシエーツ　2013.4　p191—192
◎博愛（日本赤十字社編　婦人画報社）〔692—740／昭21.2—昭26.5〕総索引
  「占領期女性雑誌事典—解題目次総索引 7」（吉田健二）　金沢文圃閣　2007.3

p265―304
○白鷗ビジネスレビュー（小山　白鷗大学ビジネス開発研究所）〔1―15／平4―平18〕総目次
　　「白鷗ビジネスレビュー」（白鷗大学ビジネス開発研究所編）16（1）　2007.3　p227―240
○白山人類学（白山人類学研究会，岩田書院〔発売〕）〔1―6／平4.6―平11〕総目次
　　「白山人類学」（白山人類学研究会編）（7）　2004.3　p176―179
○白山人類学（白山人類学研究会，岩田書院〔発売〕）〔1―6／平4.6―平16.3〕総目次
　　「白山人類学」（白山人類学研究会編）（8）　2005.3　p163―165
○白山人類学（白山人類学研究会，岩田書院〔発売〕）〔1―8／平4.6―平17.3〕総目次
　　「白山人類学」（白山人類学研究会編）（9）　2006.3　p283―285
　白山中国学（東洋大学中国学会）
　　⇨東洋大学中国学会報
○柏樹論叢（八王子　日本文化大學）〔1―10／平9.11―平24.12〕既刊号目次
　　「柏樹論叢」（日本文化大學編）（10）　2012.12　p121―126
◎貘〔第一次・第二次〕〔5―44／昭29.3―昭38.8〕総目次
　　「戦後詩誌総覧 8」（和田博文ほか）　日外アソシエーツ　2010.8　p800―810
◎爆竹〔3―7／昭4―昭5.5〕総目次（加治幸子）
　　「創作版画誌の系譜―総目次及び作品図版」　中央公論美術出版　2008.1　p332―336
◎白刀〔準備号―1／?―明43.11〕総目次（加治幸子）
　　「創作版画誌の系譜―総目次及び作品図版」　中央公論美術出版　2008.1　p50―53
○博物館研究紀要（葛飾区郷土と天文の博物館）〔1―10／平5.3―平16.3〕総目次
　　「博物館研究紀要」（東京都葛飾区郷土と天文の博物館編）（10）　2004.3
◎博浪沙通信（博浪社）〔1（1）―2（5）／昭10―昭12〕総目次（早稲田大学図書館）
　　「『古東多万・博浪沙通信』総目次」　雄松堂フイルム出版　2004.7　37p　A5
◎方舟（原田義人編　河出書房）〔1―2／昭23.7―昭23.9〕内容細目
　　「文芸雑誌内容細目総覧―戦後リトルマガジン篇」（日外アソシエーツ編，勝又浩監修）　日外アソシエーツ，紀伊國屋書店〔発売〕　2006.11　p190
◎方舟（河出書房）〔1―2／昭23.7―昭23.9〕総目次
　　「戦後詩誌総覧 4」（和田博文ほか）　日外アソシエーツ　2009.6　p369―370

はさら

◎ばさら（名古屋 「ばさら」編集委員会→名古屋大学大学院文学研究科）〔1—5／平10.10—平18.12〕論文総覧
　「歴史学紀要論文総覧」 日外アソシエーツ　2007.9　p508
○パソコンリテラシ（情報編集委員会編 パーソナルコンピュータユーザ利用技術協会）〔平10.1—平18.4〕総目次
　「パソコンリテラシ」(情報編集委員会編) 31 (6) 通号377　2006.6 p2—31
○はた（奈良 帝塚山短期大学織物文化研究会→日本織物文化研究会）〔1—10／平6.3—平15.3〕バックナンバー
　「はた：日本織物文化研究会・会誌」(11)　2004.3　p118—120
○はた（奈良 帝塚山短期大学織物文化研究会→日本織物文化研究会）〔1—11／平6.3—平16.3〕バックナンバー
　「はた：日本織物文化研究会・会誌」(12)　2005.3　p62—64
○はた（奈良 帝塚山短期大学織物文化研究会→日本織物文化研究会）〔1—12／平6.3—平17.3〕バックナンバー
　「はた：日本織物文化研究会・会誌」(13)　2006.3　p85—87
○はた（奈良 帝塚山短期大学織物文化研究会→日本織物文化研究会）〔1—13／平6.3—平18.3〕バックナンバー
　「はた：日本織物文化研究会・会誌」(14)　2007.3　p89—91
○はた（奈良 帝塚山短期大学織物文化研究会→日本織物文化研究会）〔1—14／平6.3—平19.3〕バックナンバー
　「はた：日本織物文化研究会・会誌」(15)　2008.3　p79—81
○はた（奈良 帝塚山短期大学織物文化研究会→日本織物文化研究会）〔1—15／平6.3—平20.3〕バックナンバー
　「はた：日本織物文化研究会・会誌」(16)　2009.3　p99—102
○はた（奈良 帝塚山短期大学織物文化研究会→日本織物文化研究会）〔1—16／平6.3—平21.3〕バックナンバー
　「はた：日本織物文化研究会・会誌」(17)　2010.3　p83—86
○はた（奈良 帝塚山短期大学織物文化研究会→日本織物文化研究会）〔1—17／平6.3—平22.3〕バックナンバー
　「はた：日本織物文化研究会・会誌」(18)　2011.3　p69—72
○はた（奈良 帝塚山短期大学織物文化研究会→日本織物文化研究会）〔1—18／平6.3—平23.3〕バックナンバー
　「はた：日本織物文化研究会・会誌」(19)　2012.3　p84—87

○はた（奈良　帝塚山短期大学織物文化研究会→日本織物文化研究会）〔1―19／平6.3―平24.3〕バックナンバー
　　「はた：日本織物文化研究会・会誌」(20)　2013.3　p111―114
○秦野市史研究（秦野　秦野市史編さん委員会）〔1―27／昭56.3―平20.3〕研究内容一覧
　　「秦野市史研究」(27)　2008.3　p53―68
◎働く広場―障害者と雇用（日本障害者雇用促進協会）〔1―87,170―285／昭52.3―平3.9,平3.10―平13.5〕目次
　　「近代雑誌目次文庫　80　社会学編　30」　ゆまに書房　2012.11　p30―93
◎働く婦人（日本民主主義文化連盟）〔再刊1―37／昭21.4―昭25.8〕総目次
　　「占領期女性雑誌事典―解題目次総索引　8」(吉田健二)　金沢文圃閣　2007.11　p11―57
◎八戸大学紀要（八戸　八戸大学商学部→八戸大学）〔21・22―40／平13.3―平22.3〕論文一覧（編集委員会）
　　「八戸大学創立30周年記念誌」(八戸大学創立30周年記念誌編集委員会編)　八戸大学　2011.3　p142―146
○客家與多元文化（國際客家文化協會編　亞州文化總合研究所出版會）〔1―4／平16.11―平20.5〕バックナンバーリスト
　　「アジア文化」(アジア文化編集委員会編)(30)　2008.12　p230―231
◎発達障害研究（日本精神薄弱研究協会→日本発達障害学会）〔1(1)―23(1)／昭54.7―平13.5〕目次
　　「近代雑誌目次文庫　80　社会学編　30」　ゆまに書房　2012.11　p94―119
◎発達心理臨床研究（兵庫教育大学学校教育学部附属発達心理臨床研究センター→兵庫教育大学発達心理臨床研究センター編　加東　兵庫教育大学学校教育学部附属発達心理臨床研究センター→兵庫教育大学発達心理臨床研究センター→兵庫教育大学発達心理臨床研究センター,兵庫教育大学大学院神戸サテライト臨床心理相談室→兵庫教育大学発達心理臨床研究センター）〔7―13／平12.3.1―平19.3.31〕論文総覧
　　「心理学紀要論文総覧」　日外アソシエーツ　2008.10　p457―460
　　　（注）「障害児教育実践研究」の改題
◎×（バッテン）（グループ×）〔1―11／昭36.6―昭39.2〕総目次
　　「戦後詩誌総覧　7」(和田博文ほか)　日外アソシエーツ　2010.5　p527―533
◎パテ（天沢退二郎）〔1―5／昭32.3―昭35.2〕目次（青木亮人）

はとふ

　　「戦後詩誌総覧 6」(和田博文ほか)　日外アソシエーツ　2010.2 p285—287
◎鳩笛〔1—2／昭9.1—昭9.4〕総目次(加治幸子)
　　「創作版画誌の系譜—総目次及び作品図版」　中央公論美術出版　2008.1
　　　p887—889
◎ばとん(札幌　子供の国)〔1(1)—3(3)／昭21.8—昭23.5〕総目次
　　「占領期女性雑誌事典—解題目次総索引 8」(吉田健二)　金沢文圃閣　2007.
　　　11 p61—81
◎花(青山虎之助→藤田博司→高森猟夫編　新生社)〔1—11／昭22.3—昭23.8〕内容
　細目
　　「文芸雑誌内容細目総覧—戦後リトルマガジン篇」(日外アソシエーツ編, 勝又
　　　浩監修)　日外アソシエーツ, 紀伊國屋書店〔発売〕　2006.11 p116—118
◎花籠(モダン東京社)〔1(1)—1(2)／昭23.2—昭23.3〕総目次
　　「占領期女性雑誌事典—解題目次総索引 8」(吉田健二)　金沢文圃閣　2007.
　　　11 p85—89
◎花・現代詩(南足柄　花・現代詩の会)〔1—23／昭43.4—昭50.12〕総目次
　　「戦後詩誌総覧 8」(和田博文ほか)　日外アソシエーツ　2010.8 p76—101
◎花言葉(大阪　新進社)〔昭23.9—昭23.11〕総目次
　　「占領期女性雑誌事典—解題目次総索引 8」(吉田健二)　金沢文圃閣　2007.
　　　11 p93—98
◎話(文芸春秋社)〔昭12.1—昭13.3〕総目次(菊池信平)
　　「昭和十二年の「週刊文春」」　文藝春秋　2007.6 p366—390
◎花園史学(京都　花園大学史学会)〔1—27／昭56.3—平18.11〕論文総覧
　　「歴史学紀要論文総覧」　日外アソシエーツ　2007.9 p535—540
○花園大学国文学論究(京都　花園大学国文学会)〔1—35／昭48.10—平19.12〕論
　文題目一覧
　　「花園大学国文学論究」(花園大学国文学会編)(35)　2007.12 p72—82
　　　(注)「花園大学日本文学論究」と改題
◎花束(高松　暖流社)〔1—4／昭23.10—昭24.4〕総目次
　　「占領期女性雑誌事典—解題目次総索引 8」(吉田健二)　金沢文圃閣　2007.
　　　11 p101—108
◎母(学習研究社)〔1(1)—1(6)／昭24.5—昭24.11〕総目次
　　「占領期女性雑誌事典—解題目次総索引 8」(吉田健二)　金沢文圃閣　2007.

11　p111—149
　　（注）「母の光」の改題
◎母親学校（母親学校研究会）〔1（1）—2（4）／昭21.3—昭22.3〕総目次
　　「占領期女性雑誌事典—解題目次総索引 8」（吉田健二）　金沢文圃閣　2007.
　　11　p153—166
◎母と子（日本母子会）〔1／昭24.7〕総目次
　　「占領期女性雑誌事典—解題目次総索引 8」（吉田健二）　金沢文圃閣　2007.
　　11　p169—174
◎母の光（学習研究社）〔昭25.7—昭27.4〕総目次
　　「占領期女性雑誌事典—解題目次総索引 8」（吉田健二）　金沢文圃閣　2007.
　　11　p111—149
○早池峰（盛岡　早池峰の会）〔21—30〕総目次
　　「早池峰」（30）　2004.6　p175—198
　　（付）会員別執筆一覧・特別寄稿一覧
◎原阿佐緒記念館だより〔1—36／平3.4—平24.9〕総目次（岡野裕之）
　　「文学館出版物内容総覧：図録・目録・紀要・復刻・館報」　日外アソシエーツ　2013.4　p131—135
○パーリ学仏教文化学（パーリ学仏教文化学会, 山喜房佛書店〔発売〕）〔1—18／昭63.3—平17.2〕総目次
　　「パーリ学仏教文化学」（パーリ学仏教文化学会編）（18）　2005.2　巻末18p
　　（付）著者別索引
○パーリ学仏教文化学（パーリ学仏教文化学会, 山喜房佛書店〔発売〕）〔1—19／昭63.3—平17.12〕総目次
　　「パーリ学仏教文化学」（パーリ学仏教文化学会編）（19）　2005.12　巻末19p
　　（付）著者別索引
○パーリ学仏教文化学（パーリ学仏教文化学会, 山喜房佛書店〔発売〕）〔1—20／昭63.3—平18.12〕総目次
　　「パーリ学仏教文化学」（パーリ学仏教文化学会編）（20）　2006.12　巻末20p
　　（付）著者別索引
○パーリ学仏教文化学（パーリ学仏教文化学会, 山喜房佛書店〔発売〕）〔1—21／昭63.3—平19.12〕総目次
　　「パーリ学仏教文化学」（パーリ学仏教文化学会編）（21）　2007.12　巻末22p
　　（付）著者別索引

○パーリ学仏教文化学(パーリ学仏教文化学会,山喜房佛書店〔発売〕)〔1—22／昭63.3—平20.12〕総目次
　「パーリ学仏教文化学」(パーリ学仏教文化学会編)(22)　2008.12　巻末23p
　(付)著者別索引
◎パリ日仏協会会報(パリ日仏協会)〔1—74／明35.4—昭7〕総目次
　「満鉄と日仏文化交流誌『フランス・ジャポン』」(和田桂子,松崎碩子,和田博文編)　ゆまに書房　2012.9　p324—370
　(付)人名索引
◎春の日(伊藤佐喜雄編　春の日社)〔1—4／昭36.9—昭37.12〕内容細目
　「文芸雑誌内容細目総覧—戦後リトルマガジン篇」(日外アソシエーツ編,勝又浩監修)　日外アソシエーツ,紀伊國屋書店〔発売〕　2006.11　p427—428
○哈爾賓日日新聞(ハルビン市　哈爾賓日日新聞社)〔4035—4872／昭9.12.2—昭12.4.27〕文化系主要目次(谷本澄子〔編〕)
　「植民地文化研究：資料と分析」(「植民地文化研究」編集委員会編)(8)
　　2009　p98—107
○哈爾賓日日新聞(ハルビン市　哈爾賓日日新聞社)〔4875—5051／昭12.5.1—昭12.10.31〕文化系主要目次(谷本澄子〔編〕)
　「植民地文化研究：資料と分析」(「植民地文化研究」編集委員会編)(9)
　　2010　p118—127
○哈爾賓日日新聞(ハルビン市　哈爾賓日日新聞社)〔5055—5226／昭12.11.1—昭13.4.29〕文化系主要目次(谷本澄子〔編〕)
　「植民地文化研究：資料と分析」(「植民地文化研究」編集委員会編)(10)
　　2011　p132—141
○哈爾賓日日新聞(ハルビン市　哈爾賓日日新聞社)〔5227—5585／昭13.5.1—昭14.4.29〕文化系主要目次(谷本澄子〔編〕)
　「植民地文化研究：資料と分析」(「植民地文化研究」編集委員会編)(11)
　　2012　p126—135
○哈爾賓日日新聞(ハルビン市　哈爾賓日日新聞社)〔5586—5830／昭14.5.1—昭14.12.31〕文化系主要目次(谷本澄子〔編〕)
　「植民地文化研究：資料と分析」(「植民地文化研究」編集委員会編)(12)
　　2013　p109—118
◎氾(氾書林)〔1—19／昭29.4—昭47.3〕総目次
　「戦後詩誌総覧5」(和田博文ほか)　日外アソシエーツ　2009.11　p357—367

(注)欠号あり
◎版〔1—8／昭2.12—昭4.7〕総目次（加治幸子）
　「創作版画誌の系譜—総目次及び作品図版」　中央公論美術出版　2008.1
　　p232—241
◎麵麭（麵麭社）〔1(1)—7(1)／昭7.11—昭13.1〕総目次（早稲田大図書館）
　「「麵麭」総目次」　雄松堂出版　2008.7　7,80p A5
◎版ゑ〔1—3／昭13〕総目次（加治幸子）
　「創作版画誌の系譜—総目次及び作品図版」　中央公論美術出版　2008.1
　　p1012—1015
◎HANGA〔1—16／大13.2—昭5.4〕総目次（加治幸子）
　「創作版画誌の系譜—総目次及び作品図版」　中央公論美術出版　2008.1
　　p113—129
◎晩夏（大津村 晩夏社→鎌倉 足利書院）〔1—2／昭22.6—昭23.5〕総目次
　「戦後詩誌総覧 4」（和田博文ほか）　日外アソシエーツ　2009.6 p371—373
◎版画（小野英一・進藤千之助編）〔1—2／大14.3—大14.5〕総目次（加治幸子）
　「創作版画誌の系譜—総目次及び作品図版」　中央公論美術出版　2008.1
　　p166—169
◎版画CLUB〔1(1)—4(3)／昭4.4—昭7.3〕総目次（加治幸子）
　「創作版画誌の系譜—総目次及び作品図版」　中央公論美術出版　2008.1
　　p315—328
◎版画芸術社報〔1／昭4.12〕総目次（加治幸子）
　「創作版画誌の系譜—総目次及び作品図版」　中央公論美術出版　2008.1
　　p337—338
◎版画（小泉癸巳男・旭正秀編）〔1(1)—1(3)／大10.11—大11.4〕総目次（加治幸子）
　「創作版画誌の系譜—総目次及び作品図版」　中央公論美術出版　2008.1 p77—81
◎版画座〔1—16／昭7.11—昭9.6〕総目次（加治幸子）
　「創作版画誌の系譜—総目次及び作品図版」　中央公論美術出版　2008.1
　　p755—769
◎HANGA児童作品集〔1／大14.6〕総目次（加治幸子）
　「創作版画誌の系譜—総目次及び作品図版」　中央公論美術出版　2008.1
　　p209—211

はんか

◎版画精神〔2／昭8.6〕総目次（加治幸子）
　　「創作版画誌の系譜―総目次及び作品図版」　中央公論美術出版　2008.1
　　　p824―825
◎版画荘〔1―8／昭8.1―昭11.9〕総目次（加治幸子）
　　「創作版画誌の系譜―総目次及び作品図版」　中央公論美術出版　2008.1
　　　p773―775
◎版画蔵票〔1―10／昭12?―昭13.9?〕総目次（加治幸子）
　　「創作版画誌の系譜―総目次及び作品図版」　中央公論美術出版　2008.1
　　　p984―994
◎版画（素描社）〔1―5／昭4.2―昭5.5〕総目次（加治幸子）
　　「創作版画誌の系譜―総目次及び作品図版」　中央公論美術出版　2008.1
　　　p303―307
◎版画と詩〔1―3／昭8.1―昭8.5〕総目次（加治幸子）
　　「創作版画誌の系譜―総目次及び作品図版」　中央公論美術出版　2008.1
　　　p778―779
◎版画長崎〔2―5／昭9.4―昭10.8〕総目次（加治幸子）
　　「創作版画誌の系譜―総目次及び作品図版」　中央公論美術出版　2008.1
　　　p893―898
◎版画（野村俊彦編）〔1／昭2.1〕総目次（加治幸子）
　　「創作版画誌の系譜―総目次及び作品図版」　中央公論美術出版　2008.1
　　　p225―226
◎輓近詩猟（足利　輓近詩猟社）〔1―7／昭29.8―昭30.2〕総目次
　　「戦後詩誌総覧 5」（和田博文ほか）　日外アソシエーツ　2009.11　p368―372
　　　（注）「近代詩猟」と改題
◎版芸術（白と黒社）〔1―58／昭7.4―昭11.12〕総目次（加治幸子）
　　「創作版画誌の系譜―総目次及び作品図版」　中央公論美術出版　2008.1
　　　p558―664
◎版研究〔1(1)―2／昭7.3―昭9.3〕総目次（加治幸子）
　　「創作版画誌の系譜―総目次及び作品図版」　中央公論美術出版　2008.1
　　　p553―557
○万国雑話（弘容館）〔1―13／明9.9―明9.12〕目次（藤元直樹）
　　「参考書誌研究」（国立国会図書館主題情報部編）(65)　2006.10　p1―154

○万国叢話（報知社）〔1—3／明8.6—?〕目次（藤元直樹）
　　「参考書誌研究」（国立国会図書館主題情報部編）（65）　2006.10　p1—154
○バンコク日本人商工会議所所報（バンコク　盤谷日本人商工会議所）〔401—500／平7.7—平15.12〕記事索引
　　「バンコク日本人商工会議所所報　索引」　2004.1　p1—67
◎犯罪（構造社）〔1—2／昭45.9—昭45.11〕総目次
　　「戦後詩誌総覧 8」（和田博文ほか）　日外アソシエーツ　2010.8　p102—104
◎犯罪社会学研究（立花書房）〔1—25／昭51—平12〕目次
　　「近代雑誌目次文庫 80 社会学編 30」　ゆまに書房　2012.11　p120—128
　阪神ドイツ語学研究会会誌（京都　阪神ドイツ語学研究会）
　　⇨会誌（阪神ドイツ語学研究会）
◎版曹〔1—3／昭8.2—昭9.1〕総目次（加治幸子）
　　「創作版画誌の系譜―総目次及び作品図版」　中央公論美術出版　2008.1
　　p803—806
○磐南文化（磐田　磐南文化協会）〔1—32／昭52.10—平18.3〕総索引
　　「磐南文化」（32）　2006.3
　　（付）号別内容一覧・著者別索引
◎反碧南文化〔1—20／昭39.9—昭48〕総目次
　　「戦後詩誌総覧 8」（和田博文ほか）　日外アソシエーツ　2010.8　p811—816
○判例時報（判例時報社）〔1801—1900／平15.1.11—平17.10.1〕総索引
　　「判例時報」（1924）（臨増）　2006.5.25　p9—472
○判例時報（判例時報社）〔1901—2000／平17.10.11—平20.6.11〕総索引
　　「判例時報」（2016）（臨増）　2008.11.15　p9—408
○判例時報（判例時報社）〔2001—2100／平20.6.21—平23.3.11〕総索引
　　「判例時報」（2125）（臨増）　2011.11.15　p1—422, 巻頭1枚, 巻末1枚
○判例地方自治（ぎょうせい）〔219—244／平14.1—平15.12〕記事索引
　　「判例地方自治」（地方自治判例研究会編）（248）（増刊）　2004.3　p85—89
○判例地方自治（ぎょうせい）〔245—270／平16.1—平17.12〕記事索引
　　「判例地方自治」（地方自治判例研究会編）（274）（増刊）　2006.3　p86—90
○判例地方自治（ぎょうせい）〔271—296／平18.1—平19.12〕記事索引
　　「判例地方自治」（地方自治判例研究会編）（300）（増刊）　2008.3　p107—112
○判例地方自治（ぎょうせい）〔297—322／平20.1—平21.12〕記事索引

「判例地方自治」(地方自治判例研究会編)(326)(増刊)　2010.3 p96―102
○判例地方自治(ぎょうせい)〔323―348／平22.1―平23.12〕記事索引
「判例地方自治」(地方自治判例研究会編)(352)(増刊)　2012.3 p81―85

【ひ】

○B(B文学会)〔3―64／昭22.8―昭35.8.25〕目次(唐澤龍三)
「風文学紀要」(群馬県立土屋文明記念文学館‖〔編〕)(13)　2009 p12―20
◎美愛眞(調布　調布市武者小路実篤記念館)〔1―22／平13.9―平24.3〕総目次(岡野裕之)
「文学館出版物内容総覧：図録・目録・紀要・復刻・館報」　日外アソシエーツ　2013.4 p623―625
◎ピオネ(〔高田村(福岡県)〕詩郷社→ピオネ詩社)〔1―3／昭23.3―昭23.6〕総目次
「戦後詩誌総覧 4」(和田博文ほか)　日外アソシエーツ　2009.6 p374―376
(注)「FOU」と合併,「藝術前衛」と改題
○Biophilia〔1(1)1―5(1)17／平17.春―平21.冬〕総目次
「Biophilia：生命科学の未来を考える」5(2)通号18　2009.夏　巻末4p
○Biophilia〔1(1)1―5(2)18／平17.春―平21.冬〕総目次
「Biophilia：生命科学の未来を考える」5(3)通号19　2009.秋　巻末4p
○Biophilia〔1(1)1―5(3)19／平17.春―平21.冬〕総目次
「Biophilia：生命科学の未来を考える」5(4)通号20　2009.冬　巻末4p
○Biophilia〔1(1)1―5(4)20／平17.春―平21.冬〕総目次
「Biophilia：生命科学の未来を考える」6(1)通号21　2010.春　巻末4p
○Biophilia〔1(1)1―6(1)20／平17.春―平22.春〕総目次
「Biophilia：生命科学の未来を考える」6(2)通号22　2010.夏　巻末4p
○Biophilia〔1(1)1―6(2)22／平17.春―平22.夏〕総目次
「Biophilia：生命科学の未来を考える」6(3)通号23　2010.秋　巻末4p
○Biophilia〔1(1)1―6(3)23／平17.春―平22.秋〕総目次
「Biophilia：生命科学の未来を考える」6(4)通号24　2010.冬　巻末4p
○Biophilia〔1(1)1―6(4)24／平17.春―平22.冬〕総目次
「Biophilia：生命科学の未来を考える」7(1)通号25　2011.春　巻末4p

○**Biophilia**〔1(1)1―7(1)25／平17.春―平23.春〕総目次
　　「Biophilia：生命科学の未来を考える」7(2)通号26　2011.夏　巻末4p
○**Biophilia**〔1(1)1―7(2)26／平17.春―平23.夏〕総目次
　　「Biophilia：生命科学の未来を考える」7(3)通号27　2011.秋　巻末4p
○**Biophilia**〔1(1)1―7(3)27／平17.春―平23.秋〕総目次
　　「Biophilia：生命科学の未来を考える」7(4)通号28　2011.冬　巻末4p
○**被害者学研究**(日本被害者学会)〔1―20／平4.3―平22.3〕総目次
　　「被害者学研究」(日本被害者学会編)(20)　2010.3　p129―134
　皮革
　　⇨草加皮革研究会誌
　比較経済研究(京都　比較経済体制学会)
　　⇨社会主義経済研究会会報
　比較経済体制学会会報(札幌　比較経済体制学会)
　　⇨社会主義経済研究会会報
　比較経済体制学会年報(札幌　比較経済体制学会)
　　⇨社会主義経済研究会会報
○**比較憲法学研究**(比較憲法学会)〔1―15／平1.11―平15〕総目次
　　「比較憲法学研究」(比較憲法学会編集委員会編)(16)　2004.10　p115―122
○**比較憲法学研究**(比較憲法学会編集委員会編　比較憲法学会→政光プリプラン)
　〔1―16／平1.11―平16.10〕総目次
　　「比較憲法学研究」(比較憲法学会編集委員会編)(17)　2005.9　p129―136
○**比較憲法学研究**(比較憲法学会編集委員会編　比較憲法学会→政光プリプラン)
　〔1―17／平1.11―平17.9〕総目次
　　「比較憲法学研究」(比較憲法学会編集委員会編)(18・19)　2007　p179―187
○**比較憲法学研究**(比較憲法学会編集委員会編　比較憲法学会→政光プリプラン)
　〔1―18・19／平1.11―平19〕総目次
　　「比較憲法学研究」(比較憲法学会編集委員会編)(20)　2008　p141―149
○**比較憲法学研究**(比較憲法学会編集委員会編　比較憲法学会→政光プリプラン)
　〔1―20／平1.11―平20〕総目次
　　「比較憲法学研究」(比較憲法学会編集委員会編)(21)　2009　p174―183
○**比較憲法学研究**(比較憲法学会編集委員会編　比較憲法学会→政光プリプラン)
　〔1―21／平1.11―平21〕総目次

「比較憲法学研究」(比較憲法学会編集委員会編)(22)　2010 p209—218
○**比較憲法学研究**(比較憲法学会編集委員会編　比較憲法学会→政光プリプラン)〔1—22／平1.11—平22〕総目次
「比較憲法学研究」(比較憲法学会編集委員会編)(23)　2011 p184—194
○**比較憲法学研究**(比較憲法学会編集委員会編　比較憲法学会→政光プリプラン)〔1—23／平1.11—平23〕総目次
「比較憲法学研究」(比較憲法学会編集委員会編)(24)　2012 p169—179
○**比較憲法学研究**(比較憲法学会編集委員会編　比較憲法学会→政光プリプラン)〔1—24／平1.11—平24.10〕総目次
「比較憲法学研究」(比較憲法学会編集委員会編)(25)　2013 p155—166
○**比較文化**(東京女子大学比較文化研究所)〔1—51／昭29.11—平17.3〕既刊総目録
「東京女子大学比較文化研究所紀要」(東京女子大学比較文化研究所〔編〕)(66)　2005 p1—36, 別1〜6
(付)著(講演)者名索引
○**比較文学年誌**(理想社→早稲田大学比較文学研究室)〔1—40／昭40—平16〕総目次
「比較文学年誌」(早稲田大学比較文学研究室「比較文学年誌」編集委員会編)(41)　2005 p136—154
○**比較文化史研究**(比較文化史研究会→比較文化史学会)〔1—10／平11.6—平21.12〕総目次
「比較文化史研究」(比較文化史学会編)(10)　2009.12 p157—159
○**東アジア**(新潟　新潟大学東アジア学会)〔1—20／平4.6—平23.3〕総目次
「東アジア:歴史と文化」(新潟大学東アジア学会編)(20)　2011.3 p72—79
○**東アジア近代史**(東アジア近代史学会編　ゆまに書房)〔1—10／平10.3—平19.3〕総目次
「東アジア近代史」(東アジア近代史学会編)(10)　2007.3 p212—219
○**東アジアの古代文化**(池企画→古代学研究所編　寺子屋出版社→大和書房)〔1—136／昭49.春—平20.夏〕総目次
「東アジアの古代文化」(古代学研究所編)(137)　2009.1 p417—472
○**東大阪大学・東大阪大学短期大学部教育研究紀要**(東大阪大学・東大阪大学短期大学部教育研究紀要編集委員会編　東大阪　東大阪大学)〔1—4／平15—平18〕既刊目次
「東大阪大学・東大阪大学短期大学部教育研究紀要」(東大阪大学・東大阪大

学短期大学部教育研究紀要編集委員会編）(5)　2007　p81—84
○東日本入会・林野研究会報（青森　東日本入会・山村研究会）〔1—28／昭56—平20〕総目次（笠原義人）
　「東日本入会・山村研究会報」（運営委員会編）（〔1〕）　2009.3　p14—15
○東日本英学史研究（日本英学史学会東日本支部事務局）〔1—7／平14.4—平20.3〕バックナンバー
　「東日本英学史研究：日本英学史学会東日本支部紀要」(8)　2009.3　p91—99
○東日本国際大学経済学部研究紀要（いわき　東日本国際大学経済学部）〔1(1)—9(2)／平8.3—平16.3〕総目次
　「東日本国際大学経済学部研究紀要」10(1・2)通号18　2005.3　p89—102
○彦根城博物館研究紀要（彦根　彦根城博物館）〔1—20／昭63—平21.3〕総目次
　「彦根城博物館研究紀要」（彦根城博物館編）(20)　2009.3
○美術総目録（橘川英規）
　「JAIC会報」　日本美術情報センター　2005.11—2006.4　p1—7
○美術館ニュース（東京都歴史文化財団東京都現代美術館）〔1—60／昭26.1—昭32.12〕総目次（長谷川菜穂〔編〕）
　「東京都現代美術館年報・研究紀要」（東京都歴史文化財団東京都現代美術館編）(15)　2012年度　p107—122
○ヒストリア（豊中　大阪歴史学会）〔176—200／平13.9—平18.6〕総目録
　「ヒストリア」（大阪歴史学会編）(200)　2006.6　p135—144
○非接触計測と画像処理（和光　理化学研究所情報科学研究室国際フロンティア・思考電流研究チーム）〔1—13／昭55.9.12—平4.10.15〕総目次
　「Sensing and perception」(16)　2009.2.26　p18—22
　　（注）「Sensing and perception」と改題
○飛騨春秋：飛騨郷土学会誌（高山　高山市民時報社）〔501—528／平14.10—平17.1〕総目次（編集部）
　「飛騨春秋：飛騨郷土学会誌」2005(1)通号528　2005.1
○飛騨春秋：飛騨郷土学会誌（高山　高山市民時報社）〔529—546／平17.2—平18.7〕総目録（編集部）
　「飛騨春秋：飛騨郷土学会誌」2006(7)通号546　2006.7
◎飛騨女性〔1／昭23.3〕総目次
　「占領期女性雑誌事典—解題目次総索引 8」（吉田健二）　金沢文圃閣　2007.11　p177—179

ひたふ

○日田文化(日田市 日田市教育委員会文化課)目次録
「日田文化」(47) 2005.3
○日田文化(日田市 日田市教育委員会文化課)目次録
「日田文化」(50) 2008.3
○日田文化(日田市 日田市教育委員会文化課)目次録
「日田文化」(52) 2010.3
○日田文化(日田市 日田市教育委員会文化課)目次録
「日田文化」(53) 2011
○日田文化(日田市 日田市教育委員会文化課)目次録
「日田文化」(54) 2012
○日田文化(日田市 日田市教育委員会文化課)〔1—54〕目次録
「日田文化」(55) 2013.3 p51—59
○P．T．A．(日本児童文化協会編 泰文館)〔2(3)—3(3)／昭23.4—昭24.3〕目次ほか(奥泉栄三郎)
「戦後教育史研究」(明星大学戦後教育史研究センター編)(24) 2010.12
p118—126
(注)「児童」の改題。欠号あり
○PTA教室(吉田裕保編 静岡 静岡県教育図書出版(株))〔1—2(10)／昭23.9—昭24.10〕目次ほか(奥泉栄三郎)
「戦後教育史研究」(明星大学戦後教育史研究センター編)(24) 2010.12
p127—147
一橋大学スポーツ研究(国立 一橋大学スポーツ科学研究室)
⇨研究年報
○ひとよし歴史研究(人吉市教育委員会教育部歴史遺産課編 人吉市文化財保護委員会〔監修〕 人吉 人吉市教育委員会教育部)〔1—10／平9—平18〕総目録
「ひとよし歴史研究」(人吉市教育委員会教育部歴史遺産課 編, 人吉市文化財保護委員会〔監修〕)(10) 2007.3 p175—178
◎ひとりぼっち(秋元潔)〔1—3／昭44.4—昭44.6〕総目次
「戦後詩誌総覧 7」(和田博文ほか) 日外アソシエーツ 2010.5 p534—536
◎批評と紹介(池田 文藝復興社)〔1／昭21.6.1〕総目次
「大阪文藝雑誌総覧」(浦西和彦,増田周子,荒井真理亜著) 和泉書院 2013.2
p366
◎批評(佐伯彰一編 現代社→批評社→論争社→南雲堂)〔1—14／昭33.11—昭38.

1〕内容細目
　　「文芸雑誌内容細目総覧―戦後リトルマガジン篇」(日外アソシエーツ編,勝又浩監修)　日外アソシエーツ,紀伊國屋書店〔発売〕　2006.11 p318―321
◎批評〔復刊〕(佐伯彰一→遠藤周作→佐伯彰一編　南北社→番町書房)〔1―19／昭40.4―昭45.4〕内容細目
　　「文芸雑誌内容細目総覧―戦後リトルマガジン篇」(日外アソシエーツ編,勝又浩監修)　日外アソシエーツ,紀伊國屋書店〔発売〕　2006.11 p472―479
○**Biblia**(山形　山形Bibliaの会)〔41―45〕総目録
　　「Biblia」(45)　2005.7 p158―165
◎美貌(近代女性社)〔1―40／昭21.10―昭25.3〕総目次
　　「占領期女性雑誌事典―解題目次総索引 8」(吉田健二)　金沢文圃閣　2007.11 p183―239
◎向日葵(川原久仁於→近藤経一編　向日書館)〔1(1)―1(3)／昭22.1―昭23.1〕内容細目
　　「文芸雑誌内容細目総覧―戦後リトルマガジン篇」(日外アソシエーツ編,勝又浩監修)　日外アソシエーツ,紀伊國屋書店〔発売〕　2006.11 p95―96
○氷見春秋(氷見　氷見春秋会)〔41―50／平12.5―平16.11〕総目次
　　「氷見春秋」(氷見春秋会編)(50)　2009.11 p61―63
○氷見春秋(氷見　氷見春秋会)〔51―60／平17.5―平21.11〕総目次
　　「氷見春秋」(氷見春秋会編)(60)　2009.11 p74―76
◎秘密探偵雑誌(奎運社)〔1(1)―1(5)／大12.5―大12.9〕総目次(山前譲)
　　「探偵雑誌目次総覧」　日外アソシエーツ　2009.6 p13―15
○姫路獨協大学外国語学部紀要(姫路　姫路獨協大学外国語学部)〔10―19／平9.1―平18.3〕総目次
　　「姫路獨協大学外国語学部紀要」(姫路獨協大学外国語学部編)(20)　2007.3 p211―220
◎姫路文学館紀要(姫路　姫路文学館)〔1―15／平10.3―平24.3〕総目次(岡野裕之)
　　「文学館出版物内容総覧：図録・目録・紀要・復刻・館報」　日外アソシエーツ　2013.4 p853―855
◎白夜評論(石井恭二編　現代思潮社)〔1(1)―1(7)／昭37.5―昭37.11〕内容細目
　　「文芸雑誌内容細目総覧―戦後リトルマガジン篇」(日外アソシエーツ編,勝又浩監修)　日外アソシエーツ,紀伊國屋書店〔発売〕　2006.11 p447―448

ひよう

○鋲〔1(1)—1(2)〕総目次（佐々木靖章）
　「文献探索人」（文献探索研究会編）（2009）　2009.12 p67
○病院図書館（茨木　近畿病院図書室協議会）〔20—29／平12—平21〕総索引
　「病院図書館」30(4)　2010 p243—266
◎表現（角川書店）〔1—2(7)／昭23.2—昭24.8〕細目（大屋幸世）
　「日本近代文学書誌書目抄」　日本古書通信社　2006.3 p79—87
◎表現（角川源義→林達夫編　角川書店）〔1(1)—2(7)／昭23.2—昭24.8〕内容細目
　「文芸雑誌内容細目総覧—戦後リトルマガジン篇」（日外アソシエーツ編,勝又浩監修）日外アソシエーツ,紀伊國屋書店〔発売〕　2006.11 p179—182
◎兵庫教育大学教育心理学研究報告（社町（兵庫県）　兵庫教育大学大学院教育基礎講座）〔1988年度—8／昭64.1.9—平8.12.1〕論文総覧
　「心理学紀要論文総覧」　日外アソシエーツ　2008.10 p460—461
　　（注）「兵庫教育大学教育心理学年報」と改題
◎兵庫教育大学教育心理学年報（社町（兵庫県）　兵庫教育大学大学院教育基礎講座教育心理学教室）〔9—13／平9—平13.1.15〕論文総覧
　「心理学紀要論文総覧」　日外アソシエーツ　2008.10 p461
　　（注）「兵庫教育大学教育心理学研究報告」の改題
○兵庫県巡回文庫報（神戸　兵庫県社会教育課内兵庫県巡回文庫）〔1—2(1)／昭12.3—昭13.6〕目次一覧（米井勝一郎）
　「文献探索人」（文献探索研究会編）（2010）　2010.11 p92—99
○兵庫県埋蔵文化財研究紀要（神戸　兵庫県教育委員会埋蔵文化財調査事務所）〔1—4／平13.3—17.3〕目次一覧
　「兵庫県立考古博物館研究紀要」（兵庫県立考古博物館編）（1）　2008.3 p63
○兵庫地理（神戸　兵庫地理学協会）〔21—49／昭51—平16〕論説総目次
　「兵庫地理」（兵庫地理学協会編）（50）　2005 p78—84
○兵庫の植物（神戸　兵庫県植物誌研究会）〔11—15／平13—平17〕総目次
　「兵庫の植物」(16)　2006.5 p127—146
　　（付）総タイトル・和名索引
○兵庫の植物（神戸　兵庫県植物誌研究会）〔16—20／平18—平22〕総目録（小林禧樹）
　「兵庫の植物」(21)　2011.6 p147—154
◎漂泊から（支路遺耕治）〔6—7／昭40.8—昭41.3〕総目次
　「戦後詩誌総覧 7」（和田博文ほか）　日外アソシエーツ　2010.5 p537—538

○豹 Leopard〔1—9(1)／昭8—昭16〕総目次(逸見清志ほか)
　「資料研究」(9)　山梨県立文学館　2004.3 p236—250
○評論・社会科学(京都　同志社大学人文学会→同志社大学社会学会)〔1—99／昭46—平24〕総目次
　「評論・社会科学」(100)　2012.6 p146—173
◎評論・社会科学(京都　同志社大学人文学会)〔1—65／昭46.2—平13.3〕目次
　「近代雑誌目次文庫 80 社会学編 30」　ゆまに書房　2012.11 p129—140
○評論新説(伊勢屋安兵衛)〔1—4／明7.9—明8.3〕目次(藤元直樹)
　「参考書誌研究」(国立国会図書館主題情報部編)(65)　2006.10 p1—154
○評論新聞(集思社)〔1—109／明8.3—明9.7〕目次(藤元直樹)
　「参考書誌研究」(国立国会図書館主題情報部編)(65)　2006.10 p1—154
○枚方市史年報([枚方]　枚方市→枚方図書館市史資料室→枚方市立中央図書館市史資料室)〔1—10／平8.3—平19.8〕総目次
　「枚方市史年報」(枚方市立中央図書館市史資料室編)(10)　2007.8 p55—56
○平仮名絵入名誉新誌(大来社出張所)〔1—6／[明9.8]—明9.10〕目次(藤元直樹)
　「参考書誌研究」(国立国会図書館主題情報部編)(65)　2006.10 p1—154
◎ビランジ〔1—20／平9.10—平19.9〕総目次(竹内オサム)
　「マンガ研究ハンドブック」　竹内長武研究室　2008.3 p218—222
○微粒化(大阪　日本液体微粒化学会)〔1—70／平4.8—平23.7〕総目次
　「微粒化：journal of the ILASS-Japan」(日本液体微粒化学会[編])20通号71　2011.11 p162—180
○肥料(肥料協会新聞部)〔92—97／平14.6—平16.2〕既出号案内
　「肥料」(肥料協会新聞部編)通号97　2004.2　巻末1p
○肥料(肥料協会新聞部)〔97—98／平16.2—平16.6〕既出号案内
　「肥料」(肥料協会新聞部編)通号98　2004.6　巻末1p
○肥料(肥料協会新聞部)〔78—99／平9.10—平16.10〕既出号案内
　「肥料」(肥料協会新聞部編)通号99　2004.10　巻末8p
○肥料(肥料協会新聞部)〔98—99／平16.6—平16.10〕既出号案内
　「肥料」(肥料協会新聞部編)通号100　2005.2　巻末1p
○肥料(肥料協会新聞部)〔92—100／平14.6—平17.2〕既出号案内
　「肥料」(肥料協会新聞部編)通号101　2005.6　巻末4p
○肥料(肥料協会新聞部)〔96—101／平15.10—平17.6〕既出号案内

「肥料」（肥料協会新聞部編）通号102　2005.10　巻末3p
○肥料（肥料協会新聞部）〔106—113／平19.2—平21.6〕既出号案内
　　「肥料」（肥料協会新聞部編）通号113　2009.夏　巻末4p
○肥料科学（肥料科学研究所）〔1—24／昭53—平14〕既刊号目次
　　「肥料科学」（25）　2004.1　p103—111
○肥料科学（肥料科学研究所）〔1—26／昭53—平16〕既刊号目次
　　「肥料科学」（27）　2005　p74—83
○肥料科学（肥料科学研究所）〔1—27／昭53—平17〕既刊号目次
　　「肥料科学」（28）　2007.3　p152—160
○肥料科学（肥料科学研究所）〔1—34／昭53—平24〕総目次
　　「肥料科学」（34）　2012.2　p109—121
　　（付）著者名索引：p120—121
◎弘前心理學研究（弘前　〔弘前心理学茶話会〕）〔1(1)—2(2)／昭30.6.25—昭32〕論文総覧
　　「心理学紀要論文総覧」　日外アソシエーツ　2008.10　p462—463
◎弘前大学考古学研究（弘前　弘前大学考古学研究会）〔1—3／昭56.10—昭61.10〕論文総覧
　　「歴史学紀要論文総覧」　日外アソシエーツ　2007.9　p544
◎弘前大学国史研究（弘前　弘前大学国史研究会）〔1—121／昭31.11—平18.10〕論文総覧
　　「歴史学紀要論文総覧」　日外アソシエーツ　2007.9　p544—562
◎弘前大学大学院教育学研究科心理臨床相談室紀要（弘前　弘前大学教育学部心理臨床相談室→弘前大学大学院教育学研究科心理臨床相談室）〔1—4／平16.3—平19.8〕論文総覧
　　「心理学紀要論文総覧」　日外アソシエーツ　2008.10　p463—464
　広島経済大学経済研究論集（広島　広島経済大学経済学会）
　　⇨広島経済大学研究論集
◎広島経済大学研究論集→広島経済大学研究論集.経済学・経営学編→広島経済大学経済研究論集（広島　広島経済大学経済学会）〔1—7／昭43—昭48〕→〔8—16／昭48—昭52〕→〔17—30／昭43—平20〕総目次
　　「広島経済大学研究論集・経済研究論集総目次　創刊号（1968）-第30巻（2008）」　広島経済大学　2008.3　101p　B5

広島経済大学研究論集.経済学・経営学編(広島 広島経済大学経済学会)
　　⇨広島経済大学研究論集
○広島県文化財ニュース(広島 広島県文化財協会)〔1―199／昭33.11―平21.2〕総目録
　　「広島県文化財ニュース」(広島県文化財協会編)(200)　2009.3 p1―114
　　　(付)分野別総目録・地域別総目録・執筆者別総目録
◎広島国際大学心理臨床センター紀要(広島 広島国際大学心理臨床センター)〔1―5／平15.3.25―平19.3.20〕論文総覧
　　「心理学紀要論文総覧」　日外アソシエーツ　2008.10 p465―466
◎広島修道大学臨床心理学研究(広島 広島修道大学臨床心理学教室)〔1―3／平3.11.25―平5.11.25〕論文総覧
　　「心理学紀要論文総覧」　日外アソシエーツ　2008.10 p467―468
○広島女子大学国際文化学部紀要(広島 広島女子大学→県立広島女子大学)〔1―13／平8―平17〕総目次
　　「広島女子大学国際文化学部紀要」(13)　2005.2 p247―256
◎広島大学教育学部紀要.第一部,心理学(東広島 広島大学教育学部)〔40―48／平4.3.27―平11〕論文総覧
　　「心理学紀要論文総覧」　日外アソシエーツ　2008.10 p486―493
　　　(注)「広島大学教育学部紀要.第一部」より分離。「広島大学大学院教育学研究科紀要.第三部,教育人間科学関連領域」と改題
◎広島大学心理学研究(東広島 広島大学大学院教育学研究科心理学講座)〔1―6／平14.3.28―平19.3.30〕論文総覧
　　「心理学紀要論文総覧」　日外アソシエーツ　2008.10 p493―497
◎広島大学大学院教育学研究科紀要.第三部,教育人間科学関連領域(東広島 広島大学大学院教育学研究科)〔49―56／平13.2.28―平19.12.28〕論文総覧
　　「心理学紀要論文総覧」　日外アソシエーツ　2008.10 p497―509
　　　(注)「広島大学教育学部紀要.第一部,心理学」の改題
◎広島大学大学院心理臨床教育研究センター紀要(東広島 広島大学大学院教育学研究科附属心理臨床教育研究センター)〔1―5／平14―平19.3.20〕論文総覧
　　「心理学紀要論文総覧」　日外アソシエーツ　2008.10 p509―511
◎広島大学東洋史研究室報告(広島大学文学部東洋史談話会編 東広島 広島大学文学部東洋史学研究室)〔1―17／昭55.3―平7.10〕論文総覧
　　「歴史学紀要論文総覧」　日外アソシエーツ　2007.9 p568―573

　　　　(注)「広島東洋史学報」と改題
○広島大学フランス文学研究(東広島　広島大学フランス文学研究会)〔1―30／昭57―平23〕総目次
　　「広島大学フランス文学研究」(30)　2011.12 p144―155
◎広島東洋史学報(東広島　広島東洋史学研究会)〔1―11／平8.11―平18.12〕論文総覧
　　「歴史学紀要論文総覧」　日外アソシエーツ　2007.9 p573―577
　　(注)「広島大学東洋史研究室報告」の改題
○広島民俗(広島民俗学会)〔1―61／昭49―平16〕総目次
　　「広島民俗」(62)　2004.8 p40―52

【ふ】

◎フアツシヨンモード(ファッションモード社)〔昭21.9〕総目次
　　「占領期女性雑誌事典―解題目次総索引 8」(吉田健二)　金沢文圃閣　2007.11 p243―249
○**FAPIG**(第一原子力産業グループ事務局)〔161―170／平14.7―平17.7〕総目次
　　「FAPIG」(171)　2005.11 p24―34
○**FAPIG**(第一原子力産業グループ事務局)〔171―180／平17.11―平22.2〕総目次
　　「FAPIG」(181)　2010.7 p36―48
○ぶい＆ぶい(日本史史料研究会企画部)総目録
　　「ぶい＆ぶい：日本史史料研究会会報」(日本史史料研究会企画部編)(新春特別号)　2010.1
◎風景(野口冨士男→有馬頼義→吉行淳之介→船山馨→澤野久雄→八木義徳→北條誠→野口冨士男→八木義徳→吉行淳之介編　悠々会)〔1(1)1―17(4)187／昭35.10―昭51.4〕内容細目
　　「文芸雑誌内容細目総覧―戦後リトルマガジン篇」(日外アソシエーツ編, 勝又浩監修)　日外アソシエーツ, 紀伊國屋書店〔発売〕　2006.11 p331―373
◎諷刺画研究(日本諷刺画史学会編　日本諷刺画史学会→習志野　美術同人社)〔1―53／平4.1―平20.1〕総目次(竹内オサム)
　　「マンガ研究ハンドブック」　竹内長武研究室　2008.3 p212―217
◎諷刺文學(伊藤逸平編　イヴニングスター社)〔1(1)―7／昭22.4―昭23.2〕内容

細目
「文芸雑誌内容細目総覧―戦後リトルマガジン篇」（日外アソシエーツ編，勝又浩監修）　日外アソシエーツ，紀伊國屋書店〔発売〕　2006.11　p119―121
（注）「人間喜劇」と改題
◎風雪（六興出版社）〔1―4(8)，別輯1，別冊1―2／昭22.1―昭25.8〕細目（大屋幸世）
「日本近代文学書誌書目抄」　日本古書通信社　2006.3　p54―79
◎風雪（寺崎浩→石川悌二→小笠原貴雄→大門一男→岡島勲編　風雲社澤本書房→風雪社→六興出版部→六興出版社→風雪出版社→六興出版社）〔1(1)―4(8)／昭22.1―昭25.7〕内容細目
「文芸雑誌内容細目総覧―戦後リトルマガジン篇」（日外アソシエーツ編，勝又浩監修）　日外アソシエーツ，紀伊國屋書店〔発売〕　2006.11　p97―106
○風俗史学（日本風俗史学会）〔1―49／平10.新春―平24.11〕バックナンバー
「風俗史学：日本風俗史学会誌」（日本風俗史学会編）(50)　2013.1　p89―94
（注）「風俗」の改題
◎風報〔第1次〕（矢部忠編　風報社）〔1―3／昭14.9―昭14.11〕内容細目
「文芸雑誌内容細目総覧―戦後リトルマガジン篇」（日外アソシエーツ編，勝又浩監修）　日外アソシエーツ，紀伊國屋書店〔発売〕　2006.11　p3―4
◎風報〔第2次〕（山本博吉→岡本功司→樋口憲吉編　新生活社）〔1―2(1)／昭22.9―昭23.1〕内容細目
「文芸雑誌内容細目総覧―戦後リトルマガジン篇」（日外アソシエーツ編，勝又浩監修）　日外アソシエーツ，紀伊國屋書店〔発売〕　2006.11　p145―146
◎風報〔第3次〕（矢部堯一編　風報社）〔1―2／昭26.1―昭26.4〕内容細目
「文芸雑誌内容細目総覧―戦後リトルマガジン篇」（日外アソシエーツ編，勝又浩監修）　日外アソシエーツ，紀伊國屋書店〔発売〕　2006.11　p222
◎風報〔第4次〕（尾崎一雄→尾崎士郎→尾崎一雄→尾崎士郎→尾崎一雄編　風報編集室）〔1(1)1―9(10)100／昭29.7―昭37.10〕内容細目
「文芸雑誌内容細目総覧―戦後リトルマガジン篇」（日外アソシエーツ編，勝又浩監修）　日外アソシエーツ，紀伊國屋書店〔発売〕　2006.11　p258―280
○福井工業高等専門学校研究紀要　人文・社会科学（鯖江　福井工業高等専門学校）〔29―38／平7―平16〕目次一覧
「福井工業高等専門学校研究紀要　人文・社会科学」(39)（創立40周年記念号）　2005.11　p189―206

ふくお

◎福岡教育大学心理教育相談研究(宗像 福岡教育大学心理教育相談室)〔1—11／平9.3.31—平19.3.20〕論文総覧
「心理学紀要論文総覧」 日外アソシエーツ 2008.10 p517—519
○福岡大學法學論叢(法学論叢編集委員会編 福岡 福岡大学研究推進部)〔34(2・3・4)—54(2・3)／平2.3—平21.12〕バック・ナンバー総目録
「福岡大學法學論叢」(法学論叢編集委員会編)54(4)通号193 2010.3 p439—470
◎福祉研究(美浜町(愛知県) 日本福祉大学社会福祉学会編 日本福祉大学附属人間関係研究所→日本福祉大学社会福祉学会)〔8—89／昭33.6—平13.3〕目次
「近代雑誌目次文庫 80 社会学編 30」 ゆまに書房 2012.11 p141—167
○福祉社会学研究(福祉社会学会)〔1／平16〕総目次
「福祉社会学研究」(福祉社会学研究編集委員会編)(2) 2005.5 p172
○福祉社会学研究(福祉社会学会)〔1—2／平16—平17〕総目次
「福祉社会学研究」(福祉社会学研究編集委員会編)(3) 2006.6 巻末1p
○福祉社会学研究(福祉社会学会)〔1—3／平16—平18〕総目次
「福祉社会学研究」(福祉社会学研究編集委員会編)(4) 2007.6 p220—221
○福祉社会学研究(福祉社会学会)〔1—4／平16—平19〕総目次
「福祉社会学研究」(福祉社会学研究編集委員会編)(5) 2008 p162—163
○福祉社会学研究(福祉社会学会)〔1—5／平16—平20〕総目次
「福祉社会学研究」(福祉社会学研究編集委員会編)(6) 2009 p179—181
○福祉社会学研究(福祉社会学会)〔1—6／平16—平21〕総目次
「福祉社会学研究」(福祉社会学研究編集委員会編)(7) 2010 p231—233
○福祉社会学研究(福祉社会学会)〔1—7／平16—平22〕総目次
「福祉社会学研究」(福祉社会学研究編集委員会編)(8) 2011 p211—214
○福祉社会学研究(福祉社会学会)〔1—8／平16—平23〕総目次目次
「福祉社会学研究」(福祉社会学研究編集委員会編)(9) 2012 p222—225
○福祉社会学研究(福祉社会学会)〔1—9／平16—平24〕総目次
「福祉社会学研究」(福祉社会学研究編集委員会編)(10) 2013 p283—287
◎福祉心理学論集(仙台 東北福祉大学福祉心理学研究室)〔1—9／昭60.2.15—平8.5〕論文総覧
「心理学紀要論文総覧」 日外アソシエーツ 2008.10 p386—387
◎福祉展望(東京都社会福祉協議会)〔1—23／昭61.3—平10.6〕目次

「近代雑誌目次文庫 80 社会学編 30」 ゆまに書房 2012.11 p168—180
○**福島県農業試験場研究報告**(福島県農業試験場)〔1—37／昭40.3—平18.8〕論文一覧ほか
　「福島県農業試験場研究報告」(37)　2006.8 p55—64
○**福島考古**(福島 福島県考古学会)〔1—50／昭30—平21〕刊行目録
　「福島考古」(51)　2010.3 p147—163
○**福島史学研究**(福島 福島県史学会)〔1—81／昭51.7—平17.9〕総目録
　「福島史学研究」(82)　2006.3 p82—69
◎**福島大学学芸学部論集**(福島 福島大学学芸学部)〔1—17号の3(教育・心理)／昭25.3.25—昭40.10.30〕論文総覧
　「心理学紀要論文総覧」 日外アソシエーツ 2008.10 p522—528
　(注)「福島大学教育学部論集」と改題
◎**福島大学教育学部論集**(福島 福島大学教育学部)〔18号の1 社会科学—32号の3 教育・心理／昭41.11.17—昭55.12.20〕論文総覧
　「心理学紀要論文総覧」 日外アソシエーツ 2008.10 p529—538
　(注)「福島大学学芸学部論集」の改題。「福島大学教育学部論集.社会科学部門」「福島大学教育学部論集.人文科学部門」「福島大学教育学部論集.教育・心理部門」に分割
◎**福島大学教育学部論集.教育・心理部門**(福島 福島大学教育学部)〔第33号(教育・心理部門)—第77号／昭56.12.20—平16.12.24〕論文総覧
　「心理学紀要論文総覧」 日外アソシエーツ 2008.10 p538—546
　(注)「福島大学教育学部論集」より分離
◎**福島大学考古学研究会研究紀要**(福島 福島大学考古学研究会)〔1—6／昭46.3—昭58.11〕論文総覧
　「歴史学紀要論文総覧」 日外アソシエーツ 2007.9 p578
◎**福島大学心理臨床研究**(福島 福島大学総合教育研究センター附属臨床心理・教育相談室)〔1—2／平18.12.20—平19.7.20〕論文総覧
　「心理学紀要論文総覧」 日外アソシエーツ 2008.10 p546—547
◎**福祉労働**(現代書館)〔1—91／昭53.12—平13.6〕目次
　「近代雑誌目次文庫 80 社会学編 30」 ゆまに書房 2012.11 p181—239
◎**福大史学**(福島 福島大学史学会)〔1—76・77／昭40.11—平16.3〕論文総覧
　「歴史学紀要論文総覧」 日外アソシエーツ 2007.9 p579—588
　(注)欠号：72・73合併号

ふさん

- ○釜山〔7—5(3)／昭2—昭5〕総目次(坂本悠一)
  「九州国際大学経営経済論集」(九州国際大学経済学会編)11(2・3)　2005.3
  　p176—206
- ○フジクラ技報(フジクラ)〔101—122／平13.10—平24.7〕総目次
  「フジクラ技報」(123)　2012.12　p135—141
- ○富士竹類植物園報告(長泉町(静岡県)　日本竹笹の会)〔46—50／平14.8.1—平18.8.1〕総目録
  「富士竹類植物園報告」(50)　2006.8.1　巻末1—15
- ◎不死鳥(海老池俊治編　新月社)〔1—2／昭24.1—昭24.4〕内容細目
  「文芸雑誌内容細目総覧―戦後リトルマガジン篇」(日外アソシエーツ編, 勝又浩監修)　日外アソシエーツ,紀伊國屋書店〔発売〕　2006.11　p202
- ○富士常葉大学研究紀要(富士　富士常葉大学)〔1—3／平13.3—平15.3〕総目次
  「富士常葉大学研究紀要」(4)　2004.3　巻末7p
- ○富士常葉大学研究紀要(富士　富士常葉大学)〔1—4／平13.3—平16.3〕総目次
  「富士常葉大学研究紀要」(5)　2005.3　巻末10p
- ○富士常葉大学研究紀要(富士　富士常葉大学)〔1—5／平13.3—平17.3〕総目次
  「富士常葉大学研究紀要」(6)　2006.3　巻末13p
- ○富士常葉大学研究紀要(富士　富士常葉大学)〔1—8／平13.3—平18.3〕総目次
  「富士常葉大学研究紀要」(7)　2007.3　巻末16p
- ○富士常葉大学研究紀要(富士　富士常葉大学)〔1—7／平13.3—平19.3〕総目次
  「富士常葉大学研究紀要」(8)　2008.3　巻末19p
- ○富士常葉大学研究紀要(富士　富士常葉大学)〔1—8／平13.3—平20.3〕総目次
  「富士常葉大学研究紀要」(9)　2009.3　巻末21p
  　(付)英語文
- ○富士常葉大学研究紀要(富士　富士常葉大学)〔1—9／平13.3—平21.3〕総目次
  「富士常葉大学研究紀要」(10)　2010.3　巻末23p
  　(付)英語文
- ○富士常葉大学研究紀要(富士　富士常葉大学)〔1—10／平13.3—平22.3〕総目次
  「富士常葉大学研究紀要」(11)　2011.3　巻末25p
  　(付)英語文
- ○富士常葉大学研究紀要(富士　富士常葉大学)〔1—11／平13.3—平23.3〕総目次
  「富士常葉大学研究紀要」(12)　2012.3　巻末27p

(付)英語文
○富士常葉大学研究紀要(富士 富士常葉大学)〔1―12／平13.3―平24.3〕総目次
　「富士常葉大学研究紀要」(13)　2013.3　巻末29p
　(付)英語文
○藤村学園東京女子体育大学紀要→東京女子体育大学紀要(国立 東京女子体育大学,東京女子体育短期大学→東京女子体育大学女子体育研究所→東京女子体育大学)〔1―29／昭41.3―平6.3〕→〔30―39／平7―平16〕総目次
　「東京女子体育大学紀要」(40)　2005　p65―83
○プシュケー(京都 京都ノートルダム女子大学生涯発達心理学科→京都ノートルダム女子大学心理学部・大学院心理学研究科)〔1―4／平14.30―平17.30〕総目次
　「プシュケー」(京都ノートルダム女子大学心理学部・大学院心理学研究科編)(5)　2006.3　p118―119
◎プシュケー(京都 京都ノートルダム女子大学生涯発達心理学科→京都ノートルダム女子大学心理学部,京都ノートルダム女子大学大学院心理学研究科)〔1―5／平14.3.29―平18.3.29〕論文総覧
　「心理学紀要論文総覧」日外アソシエーツ　2008.10　p154―155
◎婦女界(婦女界社)〔36(1)―復刊1(2)／昭23.1―昭27.4〕総目次
　「占領期女性雑誌事典―解題目次総索引 8」(吉田健二)　金沢文圃閣　2007.11　p253―309
◎婦人(世界評論社)〔1947創刊号―1949.8／昭22.7―昭24.8〕総目次
　「占領期女性雑誌事典―解題目次総索引 9」(吉田健二)　金沢文圃閣　2008.5　p11―45
◎婦人朝日〔1(1)―7(4)／昭21.2―昭27.4〕総目次
　「占領期女性雑誌事典―解題目次総索引 9」(吉田健二)　金沢文圃閣　2008.5　p49―141
◎婦人界(科学社)〔昭23.11―昭23.12〕総目次
　「占領期女性雑誌事典―解題目次総索引 9」(吉田健二)　金沢文圃閣　2008.5　p145―150
◎婦人界展望(婦人問題研究所)〔1―99／昭29.7―昭37.12〕目次
　「近代雑誌目次文庫 81 社会学編 31」ゆまに書房　2013.3　p1―18
◎婦人解放〔1949.6・7合併号〕総目次
　「占領期女性雑誌事典―解題目次総索引 9」(吉田健二)　金沢文圃閣　2008.5　p153―157

ふしん

○**婦人画報**〔大9—昭4〕記事目録（松本徹ほか）
　「武蔵野日本文学」(13)　武蔵野大学国文学会　2004.3　巻末1—45
◎**婦人画報**〔495—569,1952.3／昭20.11—昭27.3〕総目次
　「占領期女性雑誌事典—解題目次総索引 9」(吉田健二)　金沢文圃閣　2008.5
　　p161—284
◎**婦人倶楽部**〔1(1)—31(13)／大9.10—昭25.12〕目次（与那覇恵子ほか）
　「戦前期四大婦人雑誌目次集成 4婦人倶楽部」　ゆまに書房　2006.3　9冊　A5
◎**婦人雑誌**（生活文化社）〔2(4)—1949.4／昭22.8—昭24.4〕総目次
　「占領期女性雑誌事典—解題目次総索引 6」(吉田健二)　金沢文圃閣　2006.9
　　p294—307
　　（注）「生活と文化」の改題。「小説講談界」と改題
◎**婦人の世紀**〔1—12／昭20.2—昭25.6〕目次
　「近代雑誌目次文庫 81 社会学編 31」　ゆまに書房　2013.3　p19—21
◎**婦人白書**（日本婦人団体連合会編　ほるぷ出版）〔1—15／昭60.7—平10.8〕目次
　「近代雑誌目次文庫 81 社会学編 31」　ゆまに書房　2013.3　p22—32
◎**婦人文芸**（國母社）〔1—25／大3—大5〕総目次（早稲田大学図書館）
　「「婦人文芸」総目次」　雄松堂フイルム出版　2004.11　22p　A5
○**婦人問題研究**〔1—81／昭45.6—昭62.7〕総目次
　「女性史学：年報」(女性史総合研究会〔編〕)(16)　2006　p105—122
◎**婦人労働研究会会報**（婦人労働研究会）〔1—16／昭50.5—平3.9〕目次
　「近代雑誌目次文庫 81 社会学編 31」　ゆまに書房　2013.3　p33—41
○**舞台芸術　第二期**（京都造形芸術大学舞台芸術研究センター　企画・編集　角川学芸出版,角川グループパブリッシング〔発売〕）〔11—15／平19.3—平21.4〕総目次
　「舞台芸術」（京都造形芸術大学舞台芸術研究センター　企画・編集）通号15
　　2009.4　p294—297
◎**フーダニット**（犯罪科学研究所）〔1(1)—2(5)／昭22.11—昭23.8〕総目次（山前譲）
　「探偵雑誌目次総覧」　日外アソシエーツ　2009.6　p300—301
○**仏教研究**（浜松　国際仏教徒協会）〔1—31／昭45.12—平15.3〕総目次
　「仏教研究」(国際仏教徒協会編)通号32　2004.3　巻末1—10, 巻末3p
　　（付）著者索引
○**仏教研究**（浜松　国際仏教徒協会）〔1—32／昭45.12—平16.3〕総目次

「仏教研究」(国際仏教徒協会編)通号33　2005.3　巻末1―11, 巻末3p
　　(付)著者索引
○**仏教研究**(浜松　国際仏教徒協会)〔1―33／昭45.12―平17.3〕総目次
　　「仏教研究」(国際仏教徒協会編)通号34　2006.3　巻末1―11, 巻末p
　　(付)著者索引
○**仏教研究**(浜松　国際仏教徒協会)〔1―34／昭45.12―平18.3〕総目次
　　「仏教研究」(国際仏教徒協会編)通号35　2007.3　巻末1―〔12〕, 巻末p
　　(付)著者索引
○**仏教研究**(浜松　国際仏教徒協会)〔1―35／昭45.12―平19.3〕総目次
　　「仏教研究」(国際仏教徒協会編)通号36　2008.3　巻末1―12, 巻末p
　　(付)著者索引
○**仏教研究**(浜松　国際仏教徒協会)〔1―36／昭45.12―平20.3〕総目次
　　「仏教研究」(国際仏教徒協会編)通号37　2009.3　巻末1―13, 巻末4p
　　(付)著者索引
○**仏教研究**(浜松　国際仏教徒協会)〔1―37／昭45.12―平21.3〕総目次
　　「仏教研究」(国際仏教徒協会編)通号38　2010.3　巻末1―13, 巻末4p
　　(付)著者索引
○**仏教研究**(浜松　国際仏教徒協会)〔1―38／昭45.12―平22.3〕総目次
　　「仏教研究」(国際仏教徒協会編)通号39　2011.3　巻末1―14, 巻末4p
　　(付)著者索引
○**仏教研究**(浜松　国際仏教徒協会)〔1―40／昭45.12―平24.3〕全号目次一覧
　　「仏教研究」(国際仏教徒協会編)(40)　2012.3　巻末1―20
　　(付)全号寄稿者索引
◎**仏教大学心理学研究所紀要**(京都　仏教大学心理学研究所)〔1―8／昭60.3.25―平3.3.28〕論文総覧
　　「心理学紀要論文総覧」　日外アソシエーツ　2008.10　p548―550
◎**仏教文化**(東京大学仏教青年会)〔復刊1(1)―48／昭44.9―平21.3〕目次一覧
　　「財団法人東京大学仏教青年会九十周年記念誌」　東京大仏教青年会　2010.1　p115―120
◎**仏教文化研究論集**(東京大学仏教青年会)〔1―12／平9.3―平20.3〕目次一覧
　　「東京大学仏教青年会九十周年記念誌」　東京大仏教青年会　2010.1　p120―121
◎**ぶっく・れびゅう**(神戸　日本書評センター)〔1―2／昭45.4―昭45.7〕総目次

ふつこ

 （北沢夏音）
  「Get back, SUB！―あるリトル・マガジンの魂」　本の雑誌社　2011.10　巻末1―2
○**仏語仏文学研究**（東京大学仏語仏文学研究会）〔21―30／平12―平17〕総目次
 「仏語仏文学研究」（東京大学仏語仏文学研究会［編］）(31)　2005　p191―200
○**物質文化**（物質文化研究会）〔1―93／昭38.4―平25.3〕総目次
 「貝塚」(68)　2013.3　p37―45
 Football（日本サッカー狂会）
  ⇨日本サッカー狂会会報Football
○**物流情報**（日本物流団体連合会）〔1―13(2)／平11.9―平23.春〕総目次
 「物流情報」13(3)　2011　p2―26
 物流問題研究（竜ヶ崎　流通経済大学物流科学研究所）
  ⇨流通問題研究
◎**葡萄**（西東京　葡萄発行所）〔1―36／昭29.10―昭50.2〕総目次
 「戦後詩誌総覧 5」（和田博文ほか）　日外アソシエーツ　2009.11　p373―390
◎**葡萄園**（南天堂→葡萄園社）〔1(1)―4(7)／大12.9―大15.11〕総目次ほか（早稲田大図書館）
 「しれえね・地平線・基調・黙示・リラ・葡萄園・青銅時代・三田文芸陣・季節の展望・素質・新三田派・七人・朱門・紅（簳）・偽画・未成年総目次」雄松堂アーカイブズ　2009.4　p67―87
◎**舟唄**（船唄発行所→船唄編集部→船唄の会）〔1―18／不明―昭36.7〕目次（鈴木貴宇）
 「戦後詩誌総覧 6」（和田博文ほか）　日外アソシエーツ　2010.2　p288―296
◎**不那の木**〔3―8〕総目次（加治幸子）
 「創作版画誌の系譜―総目次及び作品図版」　中央公論美術出版　2008.1　p946―949
○**ふびと**（津　三重大学歴史研究会）〔1―60／昭28.7―平21.1〕総目録
 「ふびと」（三重大学歴史研究会編）通号60　2009.1　p1―19
○**Fooma技術ジャーナル**（光琳→日本食品機械工業会）〔1(1)―6(2)／平16―平21〕総目次
 「Fooma技術ジャーナル」（日本食品機械工業会編）7(1)　2010.5　p72―77
○**部落解放**（大阪　解放出版社）〔501―600／平14.5―平20.7〕項目別総目次

「部落解放」(600)　2008.7 p131―197
○部落問題研究 (京都　北大路書房)〔131―200／平6.12―平24.4〕総目次
　　　「部落問題研究：部落問題研究所紀要」(200)　2012.4 p111―131
○フランス語学研究 (豊中　日本フランス語学会)〔25―39／平3―平17〕総索引
　　　「フランス語学研究」(日本フランス語学会編)(40)　2006 p99―108
○フランス語教育 (日本フランス語教育学会学会誌編集委員会)〔1―33／昭47―平17〕総目次
　　　「Revue japonaise de didactique du français」(日本フランス語教育学会学会誌編集委員会編)1(1)　2006 p251―274
◎フランス・ジャポン〔1―49／昭9.10―昭15.4〕総目次(仏語／日本語)
　　　「満鉄と日仏文化交流誌『フランス・ジャポン』」(和田桂子, 松崎碩子, 和田博文編)　ゆまに書房　2012.9 p454―418
　　　(付)人名索引
◎仏蘭西文学 (青郊社)〔1(1)―2(10)／昭3―昭4〕総目次(早稲田大学図書館)
　　　「「南欧文学・仏蘭西文学」総目次」　雄松堂フイルム出版　2004.7 43p A5
○フランス文学研究 (仙台　東北大学フランス語フランス文学会)〔1―25／昭54―平17〕既刊号目次
　　　「フランス文学研究」(26)　2006 p109―115
○フランス文学研究 (仙台　東北大学フランス語フランス文学会)〔1―29／昭54―平21〕既刊号目次
　　　「フランス文学研究」(30)　2010 p74―80
◎仏蘭西文芸 (金星堂)〔1(1)―2(8)／昭8―昭9〕総目次(早稲田大学図書館)
　　　「「ブレイクとホイットマン・仏蘭西文芸」総目次」　雄松堂フイルム出版　2004.7 51p A5
○ふらんぼー (府中　東京外国語大学フランス語学科研究室→東京外国語大学フランス語学科研究室フランス研究会→東京外国語大学欧米第二課程フランス語研究室フランス研究会)〔1―30／昭48―平16〕総目次
　　　「Flambeau：東京外国語大学フランス語研究室論集」(30)　2004 p89―99
◎ぶるう (大磯町(神奈川県)　ぶるうまりん俳句会)〔1―4／昭40.1―昭40.10〕総目次
　　　「戦後詩誌総覧 8」(和田博文ほか)　日外アソシエーツ　2010.8 p105―106
○故郷の花 (小郡　小郡市郷土史研究会)バックナンバー目録

「故郷の花」(30)　2005.5
フルードパワー(日本フルードパワー工業会)
　⇨油空圧
古本共和国
　⇨早稲田古書店街連合目録
◎プレイアド(プレイアド発行所)〔1—29／昭25.4—昭29.3〕総目次
　　「戦後詩誌総覧 5」(和田博文ほか)　日外アソシエーツ　2009.11 p391—414
◎ブレイクとホヰットマン(同文館)〔1(1)—2(12)／昭6—昭7〕総目次(早稲田大学図書館)
　　「「ブレイクとホヰットマン・仏蘭西文芸」総目次」　雄松堂フイルム出版　2004.7 51p A5
〇フレッシュフードシステム(流通システム研究センター)〔31(1)—38(2)／平14.1—平21.4〕総目次
　　「フレッシュフードシステム」38(2)通号426　2009.春 p62—71
　　(注)「月刊食品流通技術」の改題
◎**Bulletin of Eastern Art**〔1—38／昭15.1—昭19.3〕総目次(東京文化財研究所)
　　「東京文化財研究所七十五年史」　中央公論美術出版　2008.4 p839—844
◎ぷろふいる(京都→東京　ぷろふいる社)〔1(1)—5(4)／昭8.5—昭12.4〕総目次(山前譲)
　　「探偵雑誌目次総覧」　日外アソシエーツ　2009.6 p73—95
〇ぷろふいる(京都→東京　ぷろふいる社)〔1(1)—5(4)／昭8.5—昭12.4〕総目次
　　「ぷろふいる 12」　ゆまに書房　2010.2 p659—768
◎ぷろふいる(**再刊**)(神戸　熊谷書房→ぷろふいる社)〔1(1)—2(3)／昭21.7—昭22.12〕総目次(山前譲)
　　「探偵雑誌目次総覧」　日外アソシエーツ　2009.6 p257—258
　　(注)
◎プロメテ(野上彰編　大地書房)〔1(1)—4／昭21.11—昭22.3〕内容細目
　　「文芸雑誌内容細目総覧—戦後リトルマガジン篇」(日外アソシエーツ編, 勝又浩監修)　日外アソシエーツ,紀伊國屋書店〔発売〕　2006.11 p89—90
◎プロレタリア文学関西地方版(大阪　日本プロレタリア作家同盟(ナルプ)関西地方委員会準備会)〔1—2／昭8.11—昭8.12.15〕総目次
　　「大阪文藝雑誌総覧」(浦西和彦,増田周子,荒井真理亜著)　和泉書院　2013.2

p295
　　（注）欠号：1号
○**文園雑誌**（田代家塾）〔1—5／明6.6—明7.2〕目次（藤元直樹）
　　「参考書誌研究」（国立国会図書館主題情報部編）（65）　2006.10 p1—154
◎**文華**（稲葉周一編　冨岳本社）〔1（1）—8／昭21.8—昭22.7〕内容細目
　　「文芸雑誌内容細目総覧—戦後リトルマガジン篇」（日外アソシエーツ編, 勝又浩監修）　日外アソシエーツ, 紀伊國屋書店〔発売〕　2006.11 p81—83
◎**文化科学研究**（名古屋　中京大学文化科学研究所）〔1（1）1—21（1）41／平1—平21〕一覧（編集委員会）
　　「多元を生きる—創立25周年記念誌」　勁草書房　2011.3 p223—236
○**文学**（岩波書店）〔1（1）—57（12）／昭8.4—平1.12〕総目次
　　「文学」（岩波書店〔編〕）14（3）　2013.5・6 p76—234
　　（付）特集題一覧・執筆者別索引
◎**文学会**（大阪　藝文社）〔1／昭21.4.5〕総目次
　　「大阪文藝雑誌総覧」（浦西和彦, 増田周子, 荒井真理亜著）　和泉書院　2013.2 p361
◎**文學界**（文化公論社→文圃堂書店→文学界社→文藝春秋社）〔3（7）—11（4）／昭11.7—昭19.4〕総目次
　　「復刻版　『文學界』　解説・総目次・総索引」　不二出版　2009.4 p25—118
　　（付）執筆者索引：p20—3
◎**文学会議**（日本文芸家協会編　講談社）〔1—9／昭22.4—昭25.7〕細目（大屋幸世）
　　「日本近代文学書誌書目抄」　日本古書通信社　2006.3 p188—194
◎**文學會議**（竹越和夫編　大日本雄弁会講談社）〔1—9／昭22.4—昭25.7〕内容細目
　　「文芸雑誌内容細目総覧—戦後リトルマガジン篇」（日外アソシエーツ編, 勝又浩監修）　日外アソシエーツ, 紀伊國屋書店〔発売〕　2006.11 p122—124
○**文学　隔月刊**（岩波書店）〔1（1）—13（6）／平12.1—平24.11〕総目次
　　「文学」（岩波書店〔編〕）14（3）　2013.5 p249—275
◎**文学館倶楽部**（福岡　福岡市文学館）〔1—15／平16.7—平24.10〕総目次（岡野裕之）
　　「文学館出版物内容総覧：図録・目録・紀要・復刻・館報」　日外アソシエーツ　2013.4 p1023—1025
○**文学　季刊**（岩波書店）〔1（1）—10（4）／平2.冬—平11.冬〕総目次
　　「文学」（岩波書店〔編〕）14（3）　2013.5 p234—249

◎文學季刊(内山基→神山裕一編　実業之日本社)〔1—10／昭21.8—昭24.8〕内容細目
　　「文芸雑誌内容細目総覧—戦後リトルマガジン篇」(日外アソシエーツ編,勝又浩監修)　日外アソシエーツ,紀伊國屋書店〔発売〕　2006.11 p84—86
◎文學藝術〔1(1)1—4(1)11／昭27.1—昭30.3〕内容細目
　　「文芸雑誌内容細目総覧—戦後リトルマガジン篇」(日外アソシエーツ編,勝又浩監修)　日外アソシエーツ,紀伊國屋書店〔発売〕　2006.11 p242—243
○文学研究(松戸　聖徳大学短期大学部国語国文学会)〔11—20／平8.1—平17.3〕総目次
　　「文学研究」(聖徳大学短期大学部国語国文学会編)(20)　2005.3 p58—63
　　(付)執筆者別論文目録
○文学研究(日本文学研究会)〔1—95／昭28.7—平19.4〕総目録
　　「文学研究」通号95　2007.4 p294—331
　　(付)『文学研究』発行人・編集人・印刷所一覧
◎文学研究論集　文学・史学・地理学(明治大学大学院文学研究科編　明治大学大学院)〔1—24／平6.10—平18.2〕論文総覧
　　「歴史学紀要論文総覧」　日外アソシエーツ　2007.9 p657—666
　　(注)「明治大学大学院紀要　文学篇」の改題
◎文学公論(大阪　文学公論社,大阪　創元社〔発売〕)〔1(1)／昭6.5.1〕総目次
　　「大阪文藝雑誌総覧」(浦西和彦,増田周子,荒井真理亜著)　和泉書院　2013.2 p289—290
◎文学51(文学51の会編　日本社)〔1(1)—1(4)／昭26.5—昭26.9〕総目次
　　「戦後詩誌総覧 5」(和田博文ほか)　日外アソシエーツ　2009.11 p415—420
◎文學51〔1(1)—1(4)／昭26.5—昭26.9〕内容細目
　　「文芸雑誌内容細目総覧—戦後リトルマガジン篇」(日外アソシエーツ編,勝又浩監修)　日外アソシエーツ,紀伊國屋書店〔発売〕　2006.11 p225—226
◎文學祭(山本遺太郎編　文学祭社)〔1—4／昭21.1—昭22.1〕内容細目
　　「文芸雑誌内容細目総覧—戦後リトルマガジン篇」(日外アソシエーツ編,勝又浩監修)　日外アソシエーツ,紀伊國屋書店〔発売〕　2006.11 p31—32
◎文学サークル(小堺政信→当間嗣光編　東京地方文学サークル協議会)〔1—3(2)10／昭22.11—昭24.5〕内容細目
　　「文芸雑誌内容細目総覧—戦後リトルマガジン篇」(日外アソシエーツ編,勝又浩監修)　日外アソシエーツ,紀伊國屋書店〔発売〕　2006.11 p147—153

◎文学サークル〔復刊〕（呉隆編 東京地方文学サークル協議会）〔1—3／昭25.11—昭26.5〕内容細目
　　「文芸雑誌内容細目総覧—戦後リトルマガジン篇」（日外アソシエーツ編，勝又浩監修）　日外アソシエーツ，紀伊國屋書店〔発売〕　2006.11 p220—221
◎文学雑誌（大阪 三島書房）〔1—85／昭21.12.20—平21.12.28〕総目次
　　「大阪文藝雑誌総覧」（浦西和彦，増田周子，荒井真理亜著）　和泉書院　2013.2　p369—396
◎文学散歩〔1—25／昭36.1—昭41.10〕内容細目
　　「文芸雑誌内容細目総覧—戦後リトルマガジン篇」（日外アソシエーツ編，勝又浩監修）　日外アソシエーツ，紀伊國屋書店〔発売〕　2006.11 p374—388
　　（注）11号より、「新気流」が分離
◎文学・史学（聖心女子大学大学院→聖心女子大学）〔1—18／昭54.5—平8.7〕論文総覧
　　「歴史学紀要論文総覧」　日外アソシエーツ　2007.9 p349—351
　　（注）「聖心女子大学大学院論集」と改題
○文学・史学→聖心女子大学大学院論集（聖心女子大学）〔1—18／昭54.5—平8.7〕→〔19—25／平9.7—平15.7〕総目次
　　「聖心女子大学大学院論集」（聖心女子大学編）26（1）通号26　2004.7 p290—298
○文学・史学→聖心女子大学大学院論集（聖心女子大学）〔1—18／昭54.5—平8.7〕→〔19—26（1）／平9.7—平16.7〕総目次
　　「聖心女子大学大学院論集」（聖心女子大学編）26（2）通号27　2004.10 p222—230
○文学・史学→聖心女子大学大学院論集（聖心女子大学）〔1—18／昭54.5—平8.7〕→〔19—26（2）／平9.7—平16.10〕総目次
　　「聖心女子大学大学院論集」（聖心女子大学編）27（1）通号28　2005.7 p226—235
○文学・史学→聖心女子大学大学院論集（聖心女子大学）〔1—18／昭54.5—平8.7〕→〔19—27（1）／平9.7—平17.7〕総目次
　　「聖心女子大学大学院論集」（聖心女子大学編）27（2）通号29　2005.10 p173—182
○文学・史学→聖心女子大学大学院論集（聖心女子大学）〔1—18／昭54.5—平8.7〕→〔19—27（2）／平9.7—平17.10〕総目次

「聖心女子大学大学院論集」(聖心女子大学編) 28 (1) 通号30　2006.7　p295—305
○文学・史学→聖心女子大学大学院論集 (聖心女子大学) 〔1—18／昭54.5—平8.7〕→〔19—28 (1) ／平9.7—平18.7〕総目次
「聖心女子大学大学院論集」(聖心女子大学編) 28 (2) 通号31　2006.10　p217—227
○文学・史学→聖心女子大学大学院論集 (聖心女子大学) 〔1—18／昭54.5—平8.7〕→〔19—28 (2) ／平9.7—平18.10〕総目次
「聖心女子大学大学院論集」(聖心女子大学編) 29 (1) 通号32　2007.7　p264—275
○文学・史学→聖心女子大学大学院論集 (聖心女子大学) 〔1—18／昭54.5—平8.7〕→〔19—29 (1) ／平9.7—平19.7〕総目次
「聖心女子大学大学院論集」(聖心女子大学編) 29 (2) 通号33　2007.10　p170—181
○文学・史学→聖心女子大学大学院論集 (聖心女子大学) 〔1—18／昭54.5—平8.7〕→〔19—29 (2) ／平9.7—平19.10〕総目次
「聖心女子大学大学院論集」(聖心女子大学編) 30 (1) 通号34　2008.7　p210—222
○文学・史学→聖心女子大学大学院論集 (聖心女子大学) 〔1—18／昭54.5—平8.7〕→〔19—30 (1) ／平9.7—平20.7〕総目次
「聖心女子大学大学院論集」(聖心女子大学編) 30 (2) 通号35　2008.10　p192—204
○文学・史学→聖心女子大学大学院論集 (聖心女子大学) 〔1—18／昭54.5—平8.7〕→〔19—30 (2) ／平9.7—平20.10〕総目次
「聖心女子大学大学院論集」(聖心女子大学編) 31 (1) 通号36　2009.7　p167—180
○文学・史学→聖心女子大学大学院論集 (聖心女子大学) 〔1—18／昭54.5—平8.7〕→〔19—31 (1) ／平9.7—平21.7〕総目次
「聖心女子大学大学院論集」(聖心女子大学編) 31 (2) 通号37　2009.10　p149—162
○文学・史学→聖心女子大学大学院論集 (聖心女子大学) 〔1—18／昭54.5—平8.7〕→〔19—31 (1) ／平9.7—平21.7〕総目次
「聖心女子大学大学院論集」(聖心女子大学編) 32 (1) 通号38　2010.7　p241—254

○文学・史学→聖心女子大学大学院論集（聖心女子大学）〔1―18／昭54.5―平8.7〕
→〔19―32（2）／平9.7―平22.10〕総目次
「聖心女子大学大学院論集」（聖心女子大学編）33（1）通号40　2011.7　p209―223
○文学・史学→聖心女子大学大学院論集（聖心女子大学）〔1―18／昭54.5―平8.7〕
→〔19―33（1）／平9.7―平23.7〕総目次
「聖心女子大学大学院論集」（聖心女子大学編）33（2）通号41　2011.10　p197―212
○文学・史学→聖心女子大学大学院論集（聖心女子大学）〔1―18／昭54.5―平8.7〕
→〔19―33（2）／平9.7―平23.10〕総目次
「聖心女子大学大学院論集」（聖心女子大学編）34（1）通号42　2012.7　p221―236
○文学・史学→聖心女子大学大学院論集（聖心女子大学）〔1―18／昭54.5―平8.7〕
→〔19―34（1）／平9.7―平24.7〕総目次
「聖心女子大学大学院論集」（聖心女子大学編）34（2）通号43　2012.10　p151―167
○文学・史学→聖心女子大学大学院論集（聖心女子大学）〔1―18／昭54.5―平8.7〕
→〔19―34（2）／平9.7―平24.10〕総目次
「聖心女子大学大学院論集」（聖心女子大学編）35（1）通号44　2013.7　p185―202
○文学・史学→聖心女子大学大学院論集（聖心女子大学）〔1―18／昭54.5―平8.7〕
→〔19―35（1）／平9.7―平25.7〕総目次
「聖心女子大学大学院論集」（聖心女子大学編）35（2）通号45　2013.10　p95―112
◎文學時標（小原元編　文学時標社）〔1―13／昭21.1―昭21.11〕内容細目
「文芸雑誌内容細目総覧―戦後リトルマガジン篇」（日外アソシエーツ編, 勝又浩監修）　日外アソシエーツ, 紀伊國屋書店〔発売〕　2006.11　p33―37
◎文学人（大阪　盛文堂書店）〔1―2／昭16.4.15―昭16.6.18〕総目次
「大阪文藝雑誌総覧」（浦西和彦, 増田周子, 荒井真理亜著）　和泉書院　2013.2　p329
◎文学生活（文學生活編輯所編　主張社→砂子屋書房）〔1（1）―2（5）／昭11.6―昭12.6〕総目次ほか（早稲田大図書館）
「南紀芸術・翰林・世紀・星座・行動文学・文学生活・文体総目次」　雄松堂

アーカイブズ　2009.4　p161—179
◎**文学生活〔第2次〕**(中澤芳郎編　新文化社)〔1—16／昭25.2—昭30.6〕内容細目
　「文芸雑誌内容細目総覧―戦後リトルマガジン篇」(日外アソシエーツ編,勝又浩監修)　日外アソシエーツ,紀伊國屋書店〔発売〕　2006.11　p213—216
◎**文学生活〔第3次〕**(渡辺彰→中沢芳郎編　新文化社)〔34—88／昭31.2—昭62.11〕内容細目
　「文芸雑誌内容細目総覧―戦後リトルマガジン篇」(日外アソシエーツ編,勝又浩監修)　日外アソシエーツ,紀伊國屋書店〔発売〕　2006.11　p283—292
　(注)「文學生活〔第2次〕」と「貌」の合併改題
○**文学世界**(世界文学社)〔1(1)—2(8)／大11.10—大12.8〕主要目次(曽根博義)
　「舳板Ⅲ　8」　EDI　2004.8　p2—15
◎**文学世界**(大阪　葛城書店)〔1／昭25.5.1〕総目次
　「大阪文藝雑誌総覧」(浦西和彦,増田周子,荒井真理亜著)　和泉書院　2013.2　p404—405
◎**文学前衞**(中城龍雄編　真理社)〔1—2／昭23.7—昭23.11〕内容細目
　「文芸雑誌内容細目総覧―戦後リトルマガジン篇」(日外アソシエーツ編,勝又浩監修)　日外アソシエーツ,紀伊國屋書店〔発売〕　2006.11　p191—192
◎**文学草紙**(新文化社)〔7—17／昭23.3—昭24.8〕細目(大屋幸世)
　「日本近代文学書誌書目抄」　日本古書通信社　2006.3　p199—204
　(注)「新文化」の改題
◎**文学的立場〔第1次〕**〔1—12／昭40.7—昭42.10〕内容細目
　「文芸雑誌内容細目総覧―戦後リトルマガジン篇」(日外アソシエーツ編,勝又浩監修)　日外アソシエーツ,紀伊國屋書店〔発売〕　2006.11　p480—484
◎**文学的立場〔第2次〕**〔1—8／昭45.6—昭48.4〕内容細目
　「文芸雑誌内容細目総覧―戦後リトルマガジン篇」(日外アソシエーツ編,勝又浩監修)　日外アソシエーツ,紀伊國屋書店〔発売〕　2006.11　p545—548
◎**文学的立場〔第3次〕**〔1—8／昭55.7—昭58.5〕内容細目
　「文芸雑誌内容細目総覧―戦後リトルマガジン篇」(日外アソシエーツ編,勝又浩監修)　日外アソシエーツ,紀伊國屋書店〔発売〕　2006.11　p575—579
◎**文学仲間**(大阪　日本プロレタリア作家同盟大阪支部)〔2／昭6.11.15〕総目次
　「大阪文藝雑誌総覧」(浦西和彦,増田周子,荒井真理亜著)　和泉書院　2013.2　p291
◎**文學の家**(妻木新平編　文学の家出版部)〔1(1)—3(2)4／昭21.5—昭23.7〕内容

細目
　　「文芸雑誌内容細目総覧—戦後リトルマガジン篇」(日外アソシエーツ編, 勝又浩監修)　日外アソシエーツ, 紀伊國屋書店〔発売〕　2006.11 p63
◎**文学の栞**〔8—12／平22.10—平24.10〕総目次(岡野裕之)
　　「文学館出版物内容総覧：図録・目録・紀要・復刻・館報」　日外アソシエーツ　2013.4 p1045—1046
◎**文学の世界**(文学の世界社)〔1—4／昭23.5—昭24.2〕細目(大屋幸世)
　　「日本近代文学書誌書目抄」　日本古書通信社　2006.3 p92—95
　　(注)「俳句世界」の改題
◎**文学評論**(斎藤吉之編　理論社)〔1(1)1—13／昭27.12—昭31.4〕内容細目
　　「文芸雑誌内容細目総覧—戦後リトルマガジン篇」(日外アソシエーツ編, 勝又浩監修)　日外アソシエーツ, 紀伊國屋書店〔発売〕　2006.11 p245—249
◎**文学評論**(南桑田　南桑倶楽部, 大阪　大阪実業会館)〔1—6／明29.12.10—明30.6.30〕総目次
　　「大阪文藝雑誌総覧」(浦西和彦, 増田周子, 荒井真理亜著)　和泉書院　2013.2 p66—69
◎**文学部心理学論集**(吹田　関西大学文学部心理学会)〔1／平19.3.31〕論文総覧
　　「心理学紀要論文総覧」　日外アソシエーツ　2008.10 p101—102
○**文学論藻**(東洋大學國文學會→東洋大学国語国文学会→東洋大学文学部日本文学文化学科)〔50—79／昭50.12—平17.2〕目次
　　「文学論藻：東洋大学文学部紀要日本文学文化篇」(東洋大学文学部日本文学文化学科編)(80)　2006.2 p215—222
○**文化財協会報**(善通寺　善通寺市文化財保護協会)〔1—25／昭57—平18〕目次集
　　「文化財協会報」(26)　2007.3
○**文化財と探査**(奈良　日本文化財探査学会)〔1—7／平10—平18〕索引
　　「文化財と探査」8(1)　2006 p27—40
○**文化財の虫菌害**(文化財虫害研究所)〔1—46／昭56.1—平15.12〕総目次
　　「文化財の虫菌害」(47)　2004.6 p53—58
○**文化財の虫菌害**(文化財虫害研究所)〔1—47／昭56.1—平16.6〕総目次
　　「文化財の虫菌害」(48)　2004.12 p51—56
○**文化財の虫菌害**(文化財虫害研究所)〔1—48／昭56.1—平16.12〕総目次
　　「文化財の虫菌害」(49)　2005.6 p52—57

ふんか

○文化財の虫菌害(文化財虫害研究所)〔1—49／昭56.1—平17.6〕総目次
　「文化財の虫菌害」(50)　2005.12 p38—43
○文化財の虫菌害(文化財虫害研究所)〔1—50／昭56.1—平17.12〕総目次
　「文化財の虫菌害」(51)　2006.6 p52—57
○文化財の虫菌害(文化財虫害研究所)〔1—51／昭56.1—平18.6〕総目次
　「文化財の虫菌害」(52)　2006.12 p49—54
○文化財の虫菌害(文化財虫害研究所)〔1—52／昭56.1—平18.12〕総目次
　「文化財の虫菌害」(53)　2007.6 p49—54
○文化財の虫菌害(文化財虫害研究所)〔1—53／昭56.1—平19.6〕総目次
　「文化財の虫菌害」(54)　2007.12 p43—48
○文化財の虫菌害(文化財虫害研究所)〔1—54／昭54.1—平19.12〕総目次
　「文化財の虫菌害」(55)　2008.6 p51—57
○文化財の虫菌害(文化財虫害研究所)〔1—55／昭56.1—平20.6〕総目次
　「文化財の虫菌害」(56)　2008.12 p46—52
○文化財の虫菌害(文化財虫害研究所)〔1—56／昭56.1—平20.12〕総目次
　「文化財の虫菌害」(57)　2009.6 p62—68
○文化財の虫菌害(文化財虫害研究所)〔1—57／昭56.1—平21.6〕総目次
　「文化財の虫菌害」(58)　2009.12 p58—64
○文化財の虫菌害(文化財虫害研究所)〔1—58／昭56.1—平21.12〕総目次
　「文化財の虫菌害」(59)　2010.6 p98—104
○文化財の虫菌害(文化財虫害研究所)〔1—59／昭56.1—平22.6〕総目次
　「文化財の虫菌害」(60)　2010.12 p65—71
○文化財の虫菌害(文化財虫害研究所)〔1—60／昭56.1—平22.12〕総目次
　「文化財の虫菌害」(61)　2011.6 p76—82
○文化財の虫菌害(文化財虫害研究所)〔1—61／昭56.1—平23.6〕総目次
　「文化財の虫菌害」(62)　2011.12 p68—74
○文化財の虫菌害(文化財虫害研究所)〔1—62／昭56.1—平23.12〕総目次
　「文化財の虫菌害」(63)　2012.6 p71—77
○文化財の虫菌害(文化財虫害研究所)〔1—63／昭56.1—平24.6〕総目次
　「文化財の虫菌害」(64)　2012.12 p73—80
○文化財の虫菌害(文化財虫害研究所)〔1—64／昭56.1—平24.12〕総目次
　「文化財の虫菌害」(65)　2013.6 p83—90

○文化財の虫菌害(文化財虫害研究所)〔1―65／昭56.1―平25.6〕総目次
　　「文化財の虫菌害」(66)　2013.12　p73―80
　文化財保存修復学会誌(文化財保存修復学会)
　　⇨古文化財の科学
○文化情報学(飯能　駿河台大学文化情報学部)〔1―18(2)／平7.3―平23.12〕総目次
　　「文化情報学：駿河台大学文化情報学部紀要」(文化情報学部機関誌委員会編)18(2)　2011.12　p107―123
　　(付)著者索引：p121―123
○ぶんぎ(ぶんぎ会)〔1―30／昭52.5―昭60.4〕目録
　　「文建協通信」(文化財建造物保存技術協会編)(100修正版)　2010.4　p99―106
○文教国文学(広島　広島文教女子大学国文学会)〔1―50／昭48―平18〕総目録
　　「文教国文学」(50)　2006　p44―59
　文教大学女子短期大学部研究紀要(茅ケ崎　文教大学女子短期大学部)
　　⇨立正学園女子短期大学研究紀要
○文芸〔1(1)―4(12)／大12―大15.12〕総目次(猪熊雄治)
　　「学苑」(749)　昭和女子大学　2003.1　p109―130
○文芸〔5(1)―6(12)／昭2.1―昭3.12〕総目次(猪熊雄治)
　　「学苑」(760)　昭和女子大学　2004.1　p45―71
○文芸〔7(1)―9(1)／昭4.1―昭6.1〕総目次(猪熊雄治)
　　「学苑」(783)　昭和女子大学　2006.1　p108―128
◎文藝(改造社)〔1(1)―12(7),1(1)―3(1)／昭8.11―昭19.7,昭19.11―昭21.2〕総目次
　　「「文藝」総目次」　雄松堂アーカイブズ　2007.11　202p　A5
◎文藝往来(大阪　文藝往来社)〔1／昭10.9.1〕総目次
　　「大阪文藝雑誌総覧」(浦西和彦,増田周子,荒井真理亜著)　和泉書院　2013.2　p306
◎文藝往來(巌谷大四編　鎌倉文庫)〔1(1)―1(9)／昭24.1―昭24.10〕内容細目
　　「文芸雑誌内容細目総覧―戦後リトルマガジン篇」(日外アソシエーツ編,勝又浩監修)　日外アソシエーツ,紀伊國屋書店〔発売〕　2006.11　p203―209
◎文藝大阪(大阪　大阪都市協会)〔1―2／昭31.2.15―昭32.1.15〕総目次
　　「大阪文藝雑誌総覧」(浦西和彦,増田周子,荒井真理亜著)　和泉書院　2013.2

p560—562
○**文芸研究（日本文芸研究会）**（仙台　日本文芸研究会）〔151―160／平13.3―平17.9〕分類目録
　　「文芸研究」(160)　2005.9 p84―87
○**文芸研究（日本文芸研究会）**（仙台　日本文芸研究会）〔161―170／平18.3―平22.9〕分類目録
　　「文芸研究」(170)　2010.9 p94―97
○**文芸研究：明治大学文学部紀要**（明治大学文芸研究会）〔1―99／昭29.9―平18〕総目次
　　「文芸研究：明治大学文学部紀要」(100)　2006 p301―354
　　（付）執筆者索引
◎**文藝時代**（新世代社）〔1(1)―2(6)／昭23.1―昭24.7〕細目（大屋幸世）
　　「日本近代文学書誌書目抄」　日本古書通信社　2006.3 p152―162
　　（注）「新世代」の改題
◎**文藝時代**（西大助→松崎正編　新世代社）〔1(1)―2(6)／昭23.1―昭24.7〕内容細目
　　「文芸雑誌内容細目総覧―戦後リトルマガジン篇」（日外アソシエーツ編, 勝又浩監修）　日外アソシエーツ, 紀伊國屋書店〔発売〕　2006.11 p175―178
○**文藝春秋**一頁人物評論一覧（大澤聡）
　　「リテラシー史研究」（リテラシー史研究会編）(4)　2011.1 p65―74
◎**文藝新風**（大野田五郎編　文芸新風社）〔1(1)―1(3)／昭26.2―昭26.6〕内容細目
　　「文芸雑誌内容細目総覧―戦後リトルマガジン篇」（日外アソシエーツ編, 勝又浩監修）　日外アソシエーツ, 紀伊國屋書店〔発売〕　2006.11 p223―224
◎**文藝大學**（竹井博友編　大学文化社→竹井出版）〔1(1)―2(4)／昭22.12―昭23.4〕内容細目
　　「文芸雑誌内容細目総覧―戦後リトルマガジン篇」（日外アソシエーツ編, 勝又浩監修）　日外アソシエーツ, 紀伊國屋書店〔発売〕　2006.11 p160―161
◎**文芸都市**（新人倶樂部→紀伊國屋書店）〔1(1)―2(8)／昭3.2―昭4.9〕総目次（早稲田大図書館）
　　「『星座・主潮・行路・創作時代・文芸都市・文芸レビュー・新科学的文芸・文学党員・芸術共和国・新文芸時代・あらくれ・リベルテ・尺牘』総目次」　雄松堂出版　2008.7 327p A5
◎**文藝日本**（文藝日本社）〔1(1)―2(1)／大14―大15〕総目次（早稲田大学図書

館)
　　「「文芸日本・文章往来」総目次」　雄松堂フイルム出版　2004.7 43p A5
◎**文芸汎論**(文藝汎論社)〔1(1)—14(2)／昭6.9—昭19.2〕総目次(早稲田大図書館)
　　「「文芸汎論」総目次」　雄松堂出版　2008.3 9,225p A5
◎**文藝評論**(川口央編　好学社)〔1—2／昭23.12—昭24.4〕内容細目
　　「文芸雑誌内容細目総覧—戦後リトルマガジン篇」(日外アソシエーツ編,勝又浩監修)　日外アソシエーツ,紀伊國屋書店〔発売〕　2006.11 p199
◎**文藝復興**〔1—3(2・3)／昭22.12—昭23.3〕内容細目
　　「文芸雑誌内容細目総覧—戦後リトルマガジン篇」(日外アソシエーツ編,勝又浩監修)　日外アソシエーツ,紀伊國屋書店〔発売〕　2006.11 p162
◎**文芸レビュー**(文藝レビュー社)〔1(1)—3(1)／昭4.3—昭6.1〕総目次(早稲田大図書館)
　　「「星座・主潮・行路・創作時代・文芸都市・文芸レビュー・新科学的文芸・文学党員・芸術共和国・新文芸時代・あらくれ・リベルテ・尺牘」総目次」　雄松堂出版　2008.7 327p A5
　　(注)「新作家」と改題
○**文芸論叢**(京都　大谷大学文芸学会)〔1—62／昭48.9—平16.3〕総目次
　　「文芸論叢」(大谷大学文芸学会編)(63)　2004.9 p89—108
　　(付)著者別索引
○**文芸論叢**(京都　大谷大学文芸学会)〔1—69／昭48.9—平19.9〕総目次
　　「文芸論叢」(大谷大学文芸学会編)(70)　2008.3 p133—160
　　(付)著者別索引
○**文芸論叢**(京都　大谷大学文芸学会)〔1—75／昭48.9—平22.10〕総目次
　　「文芸論叢」(大谷大学文芸学会編)(76)　2011.3 p37—67
　　(付)著者別索引
○**文藝論叢**(茅ヶ崎　文教大学女子短期大学部現代文化学科)〔30—39／平6—平15.3〕総目録
　　「文藝論叢」通号40　2004.3 p137—142
○**文献継承**(金沢文圃閣)〔1—19／平11.7—平23.10〕目次
　　「マンガ文献研究」(5)　2012.3 p76—74
○**文献探索**(文献探索研究会)〔平9—平18〕総目次・総索引
　　「文献探索」(文献探索研究会編)(2007)　2008.3 p492—527

ふんさ

○粉砕（ホソカワ粉体技術研究所）〔1—50／昭32.11—平18・19〕総索引
　　「粉砕」(50)　2006・2007 p84—101
◎文砦（大阪 文藝往来社→大阪 文砦社）〔2(2)—3(9)／昭11.2.10—昭12.12.1〕総目次
　　「大阪文藝雑誌総覧」(浦西和彦, 増田周子, 荒井真理亜著)　和泉書院　2013.2　p306—309
　　(注)欠号：2(3)—2(4)・2(6)—2(10)・3(1)—3(2)・3(4)・3(8)
◎文章往来（春陽堂）〔1(1)—1(9)／大15〕総目次（早稲田大学図書館）
　　「「文芸日本・文章往来」総目次」　雄松堂フイルム出版　2004.7 43p A5
○文星紀要（宇都宮 文星芸術大学）〔1—20／平1—平20〕総目録
　　「文星紀要」(紀要委員会編) (20)　2008 p61—70
◎文戦〔復刊〕（中井正晃→伊藤永之介編 文戦作家クラブ）〔1(1)—3／昭26.5—昭27.8〕内容細目
　　「文芸雑誌内容細目総覧―戦後リトルマガジン篇」(日外アソシエーツ編, 勝又浩監修)　日外アソシエーツ, 紀伊國屋書店〔発売〕　2006.11 p227—228
　　(注)「社會主義文學」と改題
◎文体（スタイル社）（スタイル社）〔1(1)—2(5)／昭3.11—昭4.5〕総目次ほか（早稲田大図書館）
　　「南紀芸術・翰林・世紀・星座・行動文学・文学生活・文体総目次」　雄松堂アーカイブズ　2009.4 p181—200
◎文體（文体社）（宇野文雄編 文体社）〔1—4／昭22.12—昭24.7〕内容細目
　　「文芸雑誌内容細目総覧―戦後リトルマガジン篇」(日外アソシエーツ編, 勝又浩監修)　日外アソシエーツ, 紀伊國屋書店〔発売〕　2006.11 p163—164
◎文体（平凡社）（高井有一編 平凡社）〔1—12／昭52.9—昭55.6〕内容細目
　　「文芸雑誌内容細目総覧―戦後リトルマガジン篇」(日外アソシエーツ編, 勝又浩監修)　日外アソシエーツ, 紀伊國屋書店〔発売〕　2006.11 p560—564
◎文壇（原二郎→真尾倍弘編 文壇社→前田出版社）〔1(1)—2(5)／昭21.12—昭23.6〕内容細目
　　「文芸雑誌内容細目総覧―戦後リトルマガジン篇」(日外アソシエーツ編, 勝又浩監修)　日外アソシエーツ, 紀伊國屋書店〔発売〕　2006.11 p92—94
○文壇ユウモア〔昭6.4—昭18.7〕細目（森洋介）
　　「日本大学大学院国文学専攻論集」(2)　日本大学大学院文学研究科国文学専攻　2005.9 p242—266

○**文莫**（名古屋　鈴木朖学会）〔1―30／昭51.8―平20.6〕総目次
　　「文莫」(30)　2008.6　p127―134
◎**文明**（文明社）〔1(1)―3(3)／昭21.2―昭23.3〕細目（大屋幸世）
　　「日本近代文学書誌書目抄」　日本古書通信社　2006.3　p165―176
◎**文明**（田宮虎彦編　文明社）〔1(1)―3(3)／昭21.2―昭23.3〕内容細目
　　「文芸雑誌内容細目総覧―戦後リトルマガジン篇」（日外アソシエーツ編，勝又浩監修）　日外アソシエーツ，紀伊國屋書店〔発売〕　2006.11　p38―42
○**文明21**（豊橋　愛知大学国際コミュニケーション学会）〔創刊準備号―14／平10.1―平17.3〕目次一覧
　　「文明21」（愛知大学国際コミュニケーション学会編）（特集号）　2005.3　p180―196
○**文明21別冊　ディスカッション・ペーパー**（豊橋　愛知大学国際コミュニケーション学会）〔1(a)―9／平13.3―平17.3〕目次一覧
　　「文明21」（愛知大学国際コミュニケーション学会編）（特集号）　2005.3　p197―209
○**文明批判**〔3／昭5.10〕総目次ほか（佐々木靖章）
　　「文献探索人」（文献探索研究会編）(2010)　2010.11　p58―63
○**分離技術**（分離技術会）〔30―34／平12―平16〕総目次
　　「分離技術」（分離技術会［編］）35(4)通号186　2005　p285―301
　　（付）著者総索引
○**分離技術**（分離技術会）〔35―39／平17―平21〕総目次
　　「分離技術」（分離技術会［編］）40(5)通号217　2010　p380―394
　　（付）著者総索引
○**文理シナジー**（文理シナジー学会）〔1(1)―10(2)／平9.2―平18.10〕バックナンバー
　　「文理シナジー」11(1)　2007.4　p71―74
○**文話**（文話会→喜多謙）〔7―25／昭31.9―昭35.5〕総目次（韓玲玲［編］）
　　「植民地文化研究：資料と分析」（「植民地文化研究」編集委員会編）(11)　2012.7　p156―160
　　（注）「文話会通信」を改題。欠号あり

【へ】

◎平旦〔1—5／明38.9—明39.4〕総目次（加治幸子）
　「創作版画誌の系譜—総目次及び作品図版」　中央公論美術出版　2008.1 p5—9
○平民（平民社）〔1—22／大5.5—大9.7〕総目次（田村貞雄）
　「大原社会問題研究所雑誌」（法政大学大原社会問題研究所編）通号596　2008.7 p15—35
○ヘーゲル哲学研究〔1—10／平7.6—平16〕総目次
　「ヘーゲル哲学研究」（日本ヘーゲル学会編集委員会編）（11）　2005 p186—191
○Best value（価値総合研究所）〔10—28／平17.9—平24.Sum.〕バックナンバー
　「Best value」(29)　2013.Sum.　p35—39
　ペストロジー学会誌（日本ペストロジー学会）
　　⇨ペストロジー研究会誌
○ペストロジー研究会誌→ペストロジー学会誌（ペストロジー研究会→日本ペストロジー学会）〔1(1)—4(1)／昭61.6—平1.11〕→〔5(1)—19(2)／平2.11—平16.9〕総目次
　「ペストロジー」（日本ペストロジー学会編）20(1)　2005.6 p45—62
　　（注）「ペストロジー」と改題
　別科日本語教育（東松山　大東文化大学別科日本語研修課程）
　　⇨別科論集
○別科論集→別科日本語教育（東松山　大東文化大学別科日本語研修課程）〔1—4／平11.3—平14.3〕→〔5／平15.5〕総目次
　「別科日本語教育」（大東文化大学別科日本語研修課程編）(6)　2004.5 p66—67
○別科論集→別科日本語教育（東松山　大東文化大学別科日本語研修課程）〔1—4／平11.3—平14.3〕→〔5—6／平15.5—平16.5〕総目次
　「別科日本語教育」（大東文化大学別科日本語研修課程編）(7)　2005.5 p37—39
○別科論集→別科日本語教育（東松山　大東文化大学別科日本語研修課程）〔1—4／平11.3—平14.3〕→〔5—7／平15.5—平17.5〕総目次

「別科日本語教育」（大東文化大学別科日本語研修課程編）（8）　2006.12 p124—126
○**別科論集→別科日本語教育**（東松山　大東文化大学別科日本語研修課程）〔1—4／平11.3—平14.3〕→〔5—8／平15.5—平18.12〕総目次
「別科日本語教育」（大東文化大学別科日本語研修課程編）（9）　2008.3 p172—175
◎**別冊藝術**（亀島貞夫編　八雲書店）〔1(1)／昭24.3〕内容細目
「文芸雑誌内容細目総覧—戦後リトルマガジン篇」（日外アソシエーツ編，勝又浩監修）　日外アソシエーツ，紀伊國屋書店〔発売〕　2006.11 p210
○**別冊 子どもの文化**（文民教育協会子どもの文化研究所）〔1—10／平11—平20〕総目次
「子どもの文化」41(7)別冊　2009.7 p69—71
◎**別冊風雪**（大門一男編　六興出版社→風雪出版社）〔1—2／昭23.10—昭24.4〕内容細目
「文芸雑誌内容細目総覧—戦後リトルマガジン篇」（日外アソシエーツ編，勝又浩監修）　日外アソシエーツ，紀伊國屋書店〔発売〕　2006.11 p197
◎**別冊宝石**（岩谷書店→宝石社）〔1—17(6)／昭23.1—昭39.5〕総目次（山前譲）
「探偵雑誌目次総覧」　日外アソシエーツ　2009.6 p302—342
○**別府女子大学紀要→別府大学紀要**（別府　別府女子大学会→別府大学会）〔1—5／昭26—昭29〕→〔6—49／昭30—平20〕総目次（白峰旬）
「別府大学紀要」(50)（別府大学創立100周年記念特集号）　2009.2 p207—227
◎**別府大学アジア歴史文化研究所報**（別府大学アジア歴史文化研究所編集委員会編　別府　別府大学アジア歴史文化研究所）〔1—19／昭58.2—平15.6〕論文総覧
「歴史学紀要論文総覧」　日外アソシエーツ　2007.9 p606—608
別府大学紀要（別府　別府大学会）
　⇨別府女子大学紀要
○**別府大学研究報告**（別府　別府大学）〔1／昭46〕総目次（白峰旬）
「別府大学紀要」(50)　2009.2 p227
○**別府大学大学院紀要**（別府　別府大学会）〔1—10／平11—平20〕論文目録（白峰旬）
「別府大学大学院紀要」(11)　2009.3 p119—123
◎**別府大学臨床心理研究**（別府　別府大学大学院文学研究科臨床心理学専攻）〔1—3

／平17.2.7―平19.3.1〕論文総覧
　　　「心理学紀要論文総覧」　日外アソシエーツ　2008.10 p551―552
○ヘミングウェイ研究(日本ヘミングウェイ協会)〔1―7／平12―平18〕総目次
　　　「ヘミングウェイ研究」(日本ヘミングウェイ協会編)(8)　2007.8 p120―
　　　126
○ヘミングウェイ研究(日本ヘミングウェイ協会)〔1―8／平12―平19〕総目次
　　　「ヘミングウェイ研究」(日本ヘミングウェイ協会編)(9)　2008.8 p120―
　　　126
○ヘミングウェイ研究(日本ヘミングウェイ協会)〔1―9／平12―平20〕総目次
　　　「ヘミングウェイ研究」(日本ヘミングウェイ協会編)(10)　2009.6 p151―
　　　158
○ヘミングウェイ研究(日本ヘミングウェイ協会)〔1―10／平12―平21〕総目次
　　　「ヘミングウェイ研究」(日本ヘミングウェイ協会編)(11)　2010.6 p103―
　　　110
○ヘミングウェイ研究(日本ヘミングウェイ協会)〔1―11／平12―平22〕総目次
　　　「ヘミングウェイ研究」(日本ヘミングウェイ協会編)(12)　2011.6 p115―
　　　126
○ヘミングウェイ研究(日本ヘミングウェイ協会)〔1―11／平12―平23〕総目次
　　　「ヘミングウェイ研究」(日本ヘミングウェイ協会編)(13)　2012.6 p106―
　　　118
○ヘミングウェイ研究(日本ヘミングウェイ協会)〔1―13／平12―平24〕総目次
　　　「ヘミングウェイ研究」(日本ヘミングウェイ協会編)(14)　2013.6 p160―
　　　172
◎ペリカン(広島　マントナンクラブ→書肆ペリカン→ヒロシマ・ルネッサンス学
　術画廊)〔1―15／昭36.9―昭46.12〕総目次
　　　「戦後詩誌総覧 7」(和田博文ほか)　日外アソシエーツ　2010.5 p539―546
○ベルク年報(日本アルバン・ベルク協会)〔1―12／昭60―平18・19〕総目次
　　　「ベルク年報」(日本アルバン・ベルク協会編)通号13　2008 p146―149
◎辺境〔第1次〕〔1―10／昭45.6―昭48.3〕内容細目
　　　「文芸雑誌内容細目総覧―戦後リトルマガジン篇」(日外アソシエーツ編,勝又
　　　浩監修)　日外アソシエーツ,紀伊國屋書店〔発売〕　2006.11 p549―555
○辺境〔第1次〕(井上光晴編　豊島書房→辺境社)〔1―10／昭45.6―昭48.3〕総目
　次(茶園梨加)

「叙説 Ⅲ：文学批評」（敍説舎編）（8）　2012.6 p41—47
◎辺境〔第2次〕〔1—4／昭48.10—昭51.5〕内容細目
　　「文芸雑誌内容細目総覧—戦後リトルマガジン篇」（日外アソシエーツ編，勝又浩監修）日外アソシエーツ，紀伊國屋書店〔発売〕　2006.11 p556—557
○辺境〔第2次〕（井上光晴編　辺境社）〔1—4／昭48.10—昭51.5〕総目次（茶園梨加）
　　「叙説 Ⅲ：文学批評」（敍説舎編）（8）　2012.6 p38—56
◎辺境〔第3次〕〔1—10／昭61.10—平1.7〕内容細目
　　「文芸雑誌内容細目総覧—戦後リトルマガジン篇」（日外アソシエーツ編，勝又浩監修）日外アソシエーツ，紀伊國屋書店〔発売〕　2006.11 p580—586
○辺境〔第3次〕（井上光晴編　記録社）〔1—10／昭61.10—平1.7〕総目次（茶園梨加）
　　「叙説 Ⅲ：文学批評」（敍説舎編）（8）　2012.6 p49—54
◎ペンギン（技術資料刊行会）〔1—2／昭26.1—昭26.2〕総目次
　　「戦後詩誌総覧 5」（和田博文ほか）日外アソシエーツ　2009.11 p421—424
◎変態・資料（文藝資料編輯部）〔1 (1)—廃刊号／大15.9—昭3.6〕総目次
　　「変態・資料 第5巻」（島村輝監修）ゆまに書房　2006.10 p687—709

【ほ】

○保育の研究〔1—274／昭51—平11〕総目次
　　「保育の研究」（保育研究所編）(23)　2010.6 p66—103
○保育の友（全国社会福祉協議会）〔1 (1)—50 (14)／昭28.9—平14.12〕総目次
　　「保育の友」52 (15)（増刊）　2004.12 p87—298
◎母音（久留米　母音発行所→久留米　母音社）〔1—3 (7) 24／昭22.4—昭31.1〕総目次
　　「戦後詩誌総覧 4」（和田博文ほか）日外アソシエーツ　2009.6 p377—403
◎鵬→FOU（八幡　鵬社同人→小倉　雙雅房→燎原社→FOUクラブ）〔1—17／昭20.11—昭23.9〕総目次
　　「戦後詩誌総覧 4」（和田博文ほか）日外アソシエーツ　2009.6 p404—417
　　（注）「ピオネ」と合併，「藝術前衛」と改題
○防衛研究所紀要（防衛省防衛研究所）〔1 (1)—7 (2・3)／平10.6—平17.3〕総目次

「防衛研究所紀要」7(2・3)　2005.3 p163—166
○**防衛研究所紀要**(防衛省防衛研究所)〔1(1)—8(1)／平10.6—平17.10〕総目次
　「防衛研究所紀要」8(1)　2005.12 p145—149
○**防衛研究所紀要**(防衛省防衛研究所)〔1(1)—9(1)／平10.6—平18.9〕総目次
　「防衛研究所紀要」9(1)　2006.9 p87—91
○**防衛研究所紀要**(防衛省防衛研究所)〔1(1)—10(1)／平10.6—平19.9〕総目次
　「防衛研究所紀要」10(1)　2007.9 p161—166
○**防衛研究所紀要**(防衛省防衛研究所)〔1(1)—11(2)／平10.6—平21.1〕総目次
　「防衛研究所紀要」11(2)　2009.1 p151—157
○**防衛研究所紀要**(防衛省防衛研究所)〔1(1)—12(1)／平10.6—平21.12〕総目次
　「防衛研究所紀要」12(1)　2009.12 p135—141
○**防衛研究所戦史部年報→戦史研究年報**(防衛研究所→防衛省防衛研究所)〔1—2／平10.3—平11.3〕→〔3—9／平12.3—平18.3〕総目次
　「戦史研究年報」(10)　2007.3 p115—121
○**防衛調達と情報管理**(防衛調達基盤整備協会)〔1—27／平12.5—平18.11〕論文総目録
　「防衛調達と情報管理」7(4)通号28　2007.2 p36—41
○**防衛法研究**(内外出版)〔1—27／昭52—平15〕総目次
　「防衛法研究」(防衛法学会編)(28)　2004.10 p181—190
○**防衛法研究**(内外出版)〔1—28／昭52—平16〕総目次
　「防衛法研究」(防衛法学会編)(29)　2005.10 p402—411
○**防衛法研究**(内外出版)〔1—29／昭52—平17〕総目次
　「防衛法研究」(防衛法学会編)(30)　2006.10 p257—266
○**防衛法研究**(内外出版)〔1—30／昭52—平18〕総目次
　「防衛法研究」(防衛法学会編)(31)　2007 p286—295
○**防衛法研究**(内外出版)〔1—31／昭52—平19〕総目次
　「防衛法研究」(防衛法学会編)(32)　2008 p256—266
○**防衛法研究**(内外出版)〔1—32／昭52—平20〕総目次
　「防衛法研究」(防衛法学会編)(33)　2009 p195—205
○**防衛法研究**(内外出版)〔31—33／平19—平21〕総目次
　「防衛法研究」(防衛法学会編)(34)　2010.10 p250
○**防衛法研究**(内外出版)〔31—34／平19—平22〕総目次

「防衛法研究」（防衛法学会編）（35）　2011.10 p307—308
○**防衛法研究**（内外出版）〔31—35／平19—平23〕総目次
　　「防衛法研究」（防衛法学会編）（36）　2012.10 p217—218
○**防衛法研究**（内外出版）〔31—36／平19—平24〕総目次
　　「防衛法研究」（防衛法学会編）（37）　2013.10 p197—199
○**法学研究所紀要**（八尾　大阪経済法科大学法学研究所）〔1—41／昭55.3—平19.3〕総目次
　　「大阪経済法科大学法学研究所紀要」（42）　2008.3 p67—87
○**冒険少年**（日本正学館）〔1(1)—2(8)／昭22.12—昭24.8〕総索引（北川洋子）
　　「創価教育研究」（4）　2005.3 p243—256
○**報国雑誌**（報国社）〔1—4／明9.7—明9.8〕目次（藤元直樹）
　　「参考書誌研究」（国立国会図書館主題情報部編）（65）　2006.10 p1—154
○**報国新誌**（淡山社）〔1—2／明7.8—明8.12〕目次（藤元直樹）
　　「参考書誌研究」（国立国会図書館主題情報部編）（65）　2006.10 p1—154
◎**茅茨**（東洋史会）〔1—6／昭60.4—平4.3〕論文総覧
　　「歴史学紀要論文総覧」　日外アソシエーツ　2007.9 p31—32
◎**法史学の広場**（和歌山　和歌山大学法史学研究会）〔1—5／昭53.2—平11.3〕論文総覧
　　「歴史学紀要論文総覧」　日外アソシエーツ　2007.9 p827—828
○**報四叢談**（報知社）〔1—21／明7.8—明9.2〕目次（藤元直樹）
　　「参考書誌研究」（国立国会図書館主題情報部編）（65）　2006.10 p1—154
○**彷書月刊**（弘隆社→彷徨舎）〔昭61.4—平22.6〕マンガ関係記事ほぼ総索引
　　「マンガ文献研究」（2）　2010.6 p108—95
○**彷書月刊**（弘隆社）〔1—135／昭60.10—平8.12〕総目次
　　「彷書月刊」26(9) 通号299　2010.8 p2—63
○**彷書月刊**（弘隆社→彷徨舎）〔136—299／平9.1—平22.9〕総目次
　　「彷書月刊」26(10) 通号300　2010.9 p2—96
◎**方寸**（方寸社）〔1(1)—5(3)／明40.5—明44.7〕総目次（加治幸子）
　　「創作版画誌の系譜—総目次及び作品図版」　中央公論美術出版　2008.1 p10—41
◎**方寸画暦**〔明治42年版—43年版／明41.12—明42.12〕総目次（加治幸子）
　　「創作版画誌の系譜—総目次及び作品図版」　中央公論美術出版　2008.1 p10

ほうせ

―41
- ○防錆管理（日本防錆技術協会）〔501―600／平11.2―平19.6〕総目次（日本防錆技術協会事務局）
  「防錆管理」（日本防錆技術協会［編］）51（6）通号600　2007.6　p349―369
- ◎法政史学（法政大学史学会）〔6―66／昭28.12―平18.9〕論文総覧
  「歴史学紀要論文総覧」　日外アソシエーツ　2007.9　p612―635
  （注）「法政大学史学会会報」の改題
- ◎法政詩人〔1―終刊号／昭46.8―昭49.7〕総目次
  「戦後詩誌総覧 8」（和田博文ほか）　日外アソシエーツ　2010.8　p107―110
- ◎法政史論（法政大学大学院日本史学会）〔1―33／昭49.3―平18.3〕論文総覧
  「歴史学紀要論文総覧」　日外アソシエーツ　2007.9　p625―629

  法政大学産業情報センター紀要　グノーシス（法政大学産業情報センター）
  　⇨グノーシス
- ◎法政大学史学会会報（法政史学会）〔1―5／昭25.9―昭28.3〕論文総覧
  「歴史学紀要論文総覧」　日外アソシエーツ　2007.9　p629―630
  （注）「法政史学」と改題
- ○法政大学多摩論集（町田　法政大学経済学部→法政大学多摩論集編集委員会）〔1―19／昭60―平15〕総目次
  「法政大学多摩論集」（法政大学多摩論集編集委員会編）（20）　2004.3　p57―68
- ○法政大学文学部紀要（法政大学文学部）〔41―50／平7―平16〕総目次
  「法政大学文学部紀要」（法政大学文学部編）（52）　2005年度　p85―90
- ◎宝石（岩谷書店→宝石社）作者別作品リスト（山前譲）
  「「宝石」傑作選」（ミステリー文学資料館編）　光文社　2004.1　p484―396
- ◎宝石（岩谷書店→宝石社）〔1（1）―19（7）／昭21.3―昭39.5〕総目次（山前譲）
  「探偵雑誌目次総覧」　日外アソシエーツ　2009.6　p121―251

  宝仙学園短期大学紀要（宝仙学園短期大学）
  　⇨宝仙学園短期大学研究紀要
- ○宝仙学園短期大学研究紀要→宝仙学園短期大学紀要→紀要（宝仙学園短期大学）→宝仙学園短期大学紀要（宝仙学園短期大学）〔1―3／昭47.8―昭52.7〕→〔4―22／昭54―平8〕→〔23―29／平9―平16〕→〔30―34／平17―平21〕目次総一覧
  「宝仙学園短期大学紀要」（宝仙学園短期大学紀要編集委員会編）（35）　2010.3　p73―77

◎暴走（赤門詩人会→渡辺武信→暴走同人）〔1—15／昭35.8—昭39.1〕総目次
　　「戦後詩誌総覧 7」（和田博文ほか）　日外アソシエーツ　2010.5　p547—551
◎放送教育開発センター研究紀要（千葉　文部省大学共同利用機関放送教育開発センター）〔1—15／昭63.12—平9.3〕目次
　　「近代雑誌目次文庫 81　社会学編 31」　ゆまに書房　2013.3　p42—49
○房総史学（千葉県高等学校教育研究会歴史部会）〔42—50／平14.3—平22.3〕ジャンル別目次（上田浄）
　　「房総史学」(50)　2010.3
○房総の石仏（野田　房総石造文化財研究会）〔1—20／昭57.7—平22.9〕総目次
　　「房総の石仏」（房総石造文化財研究会編）(20)　2010.9　p125—128
○放送文化（日本放送出版協会）〔1—9／平15.冬—平17.冬〕総目次
　　「放送文化」通号10　2006.春　p136—142
○放電研究（放電研究グループ）〔100—166／昭59.7—平12.11〕総目次
　　「放電研究」48(4)　2005.12　p19—42
○法とコンピュータ（法とコンピュータ学会）〔1—21／昭58.7—平15.7〕既刊号目次
　　「法とコンピュータ」(22)　2004.7　p195—205
○法とコンピュータ（法とコンピュータ学会）〔1—22／昭58.7—平16.7〕既刊号目次
　　「法とコンピュータ」(23)　2005.7　p203—214
○法とコンピュータ（法とコンピュータ学会）〔1—23／昭58.7—平17.7〕既刊号目次
　　「法とコンピュータ」(24)　2006.7　p193—204
○法とコンピュータ（法とコンピュータ学会）〔1—24／昭58.7—平18.7〕既刊号目次
　　「法とコンピュータ」(25)　2007.7　p209—219
○法とコンピュータ（法とコンピュータ学会）〔1—25／昭58.7—平19.7〕既刊号目次
　　「法とコンピュータ」(26)　2008.7　p146—157
○法とコンピュータ（法とコンピュータ学会）〔1—26／昭58.7—平20.7〕既刊号目次
　　「法とコンピュータ」(27)　2009.7　p226—237

ほうと

○法とコンピュータ（法とコンピュータ学会）〔1—27／昭58.7—平21.7〕既刊号目次
　　「法とコンピュータ」(28)　2010.7 p205—217
○法とコンピュータ（法とコンピュータ学会）〔1—28／昭58.7—平22.7〕既刊号目次
　　「法とコンピュータ」(29)　2011.7 p215—227
○法とコンピュータ（法とコンピュータ学会）〔1—29／昭58.7—平23.7〕既刊号目次
　　「法とコンピュータ」(30)　2012.9 p218—231
○法とコンピュータ（法とコンピュータ学会）〔1—30／昭58.7—平24.9〕既刊号目次
　　「法とコンピュータ」(31)　2013.9 p214—227
法図連通信（『法図連通信』等編集委員会編 国立国会図書館調査及び立法考査局→法律図書館連絡会）
　　⇨法令資料通信
法務省法務総合研究所国際協力部報（大阪 法務省法務総合研究所国際協力部）
　　⇨ICD NEWS
○鵬友（鵬友発行委員会, 航空自衛隊幹部学校幹部会）〔28(1)—30(6)／平14.5—平17.3〕分類別目次
　　「鵬友」（鵬友発行委員会編) 31(4)(別冊)　2005.11 p1—22
○鵬友（鵬友発行委員会, 航空自衛隊幹部学校幹部会→鵬友発行委員会）〔31(1)—33(6)／平17.5—平20.3〕分類別目次
　　「鵬友」（鵬友発行委員会編）34(1)(別冊)　2008.5 p1—24
○法理雑誌（正明社）〔1／〔明7.7〕〕目次（藤元直樹）
　　「参考書誌研究」（国立国会図書館主題情報部編）(65)　2006.10 p1—154
◎法律学経済学内外論叢（大阪 宝文館）〔1(1)—5(6)／明35.2—明39.12〕総目録（櫻田忠衞）
　　「経済資料調査論の構築—京都大学経済学部での試み」　文理閣　2011.2 p181—191
○法律実務研究（東京弁護士会）〔1—18／昭61.2—平15.3〕既刊目次
　　「法律実務研究」（東京弁護士会編）(19)　2004.3 p305—324
○法律実務研究（東京弁護士会）〔1—19／昭61.2—平16.3〕既刊目次
　　「法律実務研究」（東京弁護士会編）(20)　2005.3 p243—263

○法律実務研究（東京弁護士会）〔1―20／昭61.2―平17.3〕既刊目次
　　「法律実務研究」（東京弁護士会編）（21）　2006.3 p313―334
○法律実務研究（東京弁護士会）〔1―21／昭61.2―平18.3〕既刊目次
　　「法律実務研究」（東京弁護士会編）（22）　2007.3 p135―157
○法律実務研究（東京弁護士会）〔1―22／昭61.2―平19.3〕既刊目次
　　「法律実務研究」（東京弁護士会編）（23）　2008.3 p213―236
○法律実務研究（東京弁護士会）〔1―23／昭61.2―平20.3〕既刊目次
　　「法律実務研究」（東京弁護士会編）（24）　2009.3 p263―287
○法律実務研究（東京弁護士会）〔1―24／昭61.2―平21.3〕既刊目次
　　「法律実務研究」（東京弁護士会編）（25）　2010.3 p355―380
◎法令資料通信→法図連通信（法律関係資料連絡会→『法図連通信』等編集委員会編　国立国会図書館調査及び立法考査局→法律図書館連絡会）〔1―9／昭40.6―昭51.11〕→〔10―37／昭53.2―平17.10〕目次総覧（法図連50年誌編集委員会）
　　「法律図書館連絡会50年史 1955-2005」　法律図書館連絡会　2006.10 p188―198
◎POETRY（ポエトリー編集部→MINORITYの会→POETRY編集部）〔1―16／昭30.5―不明〕目次（名木橋忠大）
　　「戦後詩誌総覧 6」（和田博文ほか）　日外アソシエーツ　2010.2 p297―307
◎ポエトロア（小山書店）〔1―9／昭27.10―昭33.9〕総目次
　　「戦後詩誌総覧 5」（和田博文ほか）　日外アソシエーツ　2009.11 p425―446
◎朴ノ木〔1―2／昭8.4―昭8.7〕総目次（加治幸子）
　　「創作版画誌の系譜―総目次及び作品図版」　中央公論美術出版　2008.1 p821―823
○北奥文化（五所川原　北奥文化研究会）総目次
　　「北奥文化」（30）　2009.12
○北斎研究（東京北斎会→葛飾北斎美術館→墨田区文化振興財団,葛飾北斎美術館→墨田区文化振興財団編　東京古美術会→上総博物館友の会,東京北斎会→東京古美術会→東京北斎会→東洋書院→東京美術）〔1―46／昭47.6―平23.1〕既刊号総目次
　　「北斎研究」（墨田区文化振興財団編）（46）　2011.1 p68―76
○北斎研究（東京北斎会→葛飾北斎美術館→墨田区文化振興財団,葛飾北斎美術館→墨田区文化振興財団編　東京古美術会→上総博物館友の会,東京北斎会→東京古美術会→東京北斎会→東洋書院→東京美術）〔1―50／昭47.6―平24.11〕既刊

号総目次
「北斎研究」(墨田区文化振興財団編)(50) 2012.11 p84―93ほか
◎牧神(牧神社)〔2―24／昭5.2―昭7.9〕総目次(加治幸子)
「創作版画誌の系譜―総目次及び作品図版」 中央公論美術出版 2008.1 p411―417
○北大史学(札幌 北大史学会)〔1―49／昭26.12―平21.12〕総目録
「北大史学」(50) 2010.12.20 p131―144
◎ぼくたちの未来のために〔1―30／昭27.11―昭33.1〕総目次
「戦後詩誌総覧 8」(和田博文ほか) 日外アソシエーツ 2010.8 p817―832
○北東アジア文化研究(鳥取女子短期大学北東アジア文化総合研究所→鳥取短期大学北東アジア文化総合研究所編 鳥取女子短期大学→鳥取短期大学)〔1―30／平7.3―平21.10〕総目次
「北東アジア文化研究」(鳥取短期大学北東アジア文化総合研究所編)(30) 2009.10 p85―94
○北陸石仏の会研究紀要(砺波 北陸石仏の会)〔1―8／平8.11―平17.12〕目次
「北陸石仏の会研究紀要」(9) 2008.6 p53―55
○保健医療社会学論集(日本保健医療社会学会)〔1―19(2)／平2―平20〕総目次
「保健医療社会学論集」(日本保健医療社会学会機関誌編集委員会編)20(1) 2009 p79―85
○保健医療社会学論集(日本保健医療社会学会)〔1―20(2)／平2―平21〕総目次
「保健医療社会学論集」(日本保健医療社会学会機関誌編集委員会編)21(1) 2010 p76―83
○鉾田の文化(鉾田市(茨城県) 鉾田市郷土文化研究会)〔1―29〕目次
「鉾田の文化」(30) 2006.5
○ホスピスケアと在宅ケア(神戸 日本ホスピス・在宅ケア研究会)〔10―17／平14―平21〕総目次
「ホスピスケアと在宅ケア」18(1)通号48 2010.4 p81―87
○**Hospitality**(高崎 日本ホスピタリティ研究会→日本ホスピタリティ協会→日本ホスピタリティ学会→日本ホスピタリティ・マネジメント学会)〔1―10／平5.11―平15.8〕目次
「Hospitality：日本ホスピタリティ・マネジメント学会誌」(11) 2004.3 p185―192
○**Hospitality**(高崎 日本ホスピタリティ研究会→日本ホスピタリティ協会→日

本ホスピタリティ学会→日本ホスピタリティ・マネジメント学会）〔1―11／平5.11―平16.3〕目次
　　「Hospitality：日本ホスピタリティ・マネジメント学会誌」(12)　2005.3
　　　p197―205
○**Hospitality**（高崎　日本ホスピタリティ研究会→日本ホスピタリティ協会→日本ホスピタリティ学会→日本ホスピタリティ・マネジメント学会）〔1―12／平5.11―平17.3〕目次
　　「Hospitality：日本ホスピタリティ・マネジメント学会誌」(13)　2006.3
　　　p235―244
○**Hospitality**（高崎　日本ホスピタリティ研究会→日本ホスピタリティ協会→日本ホスピタリティ学会→日本ホスピタリティ・マネジメント学会）〔1―13／平5.11―平18.3〕目次
　　「Hospitality：日本ホスピタリティ・マネジメント学会誌」(14)　2007.3
　　　p186―195
○**Hospitality**（高崎　日本ホスピタリティ研究会→日本ホスピタリティ協会→日本ホスピタリティ学会→日本ホスピタリティ・マネジメント学会）〔1―14／平5.11―平19.3〕目次
　　「Hospitality：日本ホスピタリティ・マネジメント学会誌」(15)　2008.3
　　　p175―186
○**Hospitality**（高崎　日本ホスピタリティ研究会→日本ホスピタリティ協会→日本ホスピタリティ学会→日本ホスピタリティ・マネジメント学会）〔1―15／平5.11―平20.3〕目次
　　「Hospitality：日本ホスピタリティ・マネジメント学会誌」(16)　2009.3
　　　p167―179
○**Hospitality**（高崎　日本ホスピタリティ研究会→日本ホスピタリティ協会→日本ホスピタリティ学会→日本ホスピタリティ・マネジメント学会）〔1―16／平5.11―平21.3〕目次
　　「Hospitality：日本ホスピタリティ・マネジメント学会誌」(17)　2010.3
　　　p189―208
○**Hospitality**（高崎　日本ホスピタリティ研究会→日本ホスピタリティ協会→日本ホスピタリティ学会→日本ホスピタリティ・マネジメント学会）〔1―17／平5.11―平22.3〕目次
　　「Hospitality：日本ホスピタリティ・マネジメント学会誌」(18)　2011.3

ほすひ

　　　　p231—252
○ほすぴたるらいぶらりあん（旭川　日本病院ライブラリー協会）〔90—107／平13
　—平17〕記事総目次
　　　「ほすぴたるらいぶらりあん」（日本病院ライブラリー協会編）30（3・4）通号
　　　107　2005.10　p285—304
　　　（付）著者名索引
○ほすぴたるらいぶらりあん（旭川　日本病院ライブラリー協会）〔108—127／平
　18.3—平22.12〕総目次
　　　「ほすぴたるらいぶらりあん」（日本病院ライブラリー協会編）35（4）通号127
　　　2010.12　p259—279
　　　（付）著者名索引
◎保存科学（東京国立文化財研究所→文化財研究所東京文化財研究所）〔1—45／昭
　39.3—平18.3〕総目次（東京文化財研究所）
　　　「東京文化財研究所七十五年史」　中央公論美術出版　2008.4　p815—833
○武尊通信（伊勢崎　群馬歴史民俗研究会）〔1—100／昭54.4—平16.12〕総目次
　　　「武尊通信」（100）　2004.12
○北海学園大学工学部研究報告（札幌　北海学園大学工学部）〔1—30／昭47.2—平
　15.2〕総索引
　　　「北海学園大学工学部研究報告」（31）　2004.2　巻末14p
○北海学園大学工学部研究報告（札幌　北海学園大学工学部）〔1—31／昭47.2—平
　16.2〕総索引
　　　「北海学園大学工学部研究報告」（32）　2005.2　巻末15p
○北海学園大学工学部研究報告（札幌　北海学園大学工学部）〔1—32／昭47.2—平
　17.2〕総索引
　　　「北海学園大学工学部研究報告」（33）　2006.2　巻末15p
○北海学園大学工学部研究報告（札幌　北海学園大学工学部）〔1—33／昭47.2—平
　18.2〕総索引
　　　「北海学園大学工学部研究報告」（34）　2007.2　巻末16p
○北海学園大学工学部研究報告（札幌　北海学園大学工学部）〔1—34／昭47.2—平
　19.2〕総索引
　　　「北海学園大学工学部研究報告」（35）　2008.2　巻末16p
○北海学園大学工学部研究報告（札幌　北海学園大学工学部）〔1—35／昭47.2—平
　20.2〕総索引

「北海学園大学工学部研究報告」(36)　2009.2　巻末17p
○北海学園大学工学部研究報告（札幌　北海学園大学工学部）〔1—36／昭47.2—平21.2〕総索引
「北海学園大学工学部研究報告」(37)　2010.2　巻末18p
○北海学園大学工学部研究報告（札幌　北海学園大学工学部）〔1—37／昭47.2—平22.2〕総索引
「北海学園大学工学部研究報告」(38)　2011.2　巻末18p
○北海学園大学工学部研究報告（札幌　北海学園大学工学部）〔1—38／昭47.2—平23.2〕総索引
「北海学園大学工学部研究報告」(39)　2012.2　巻末19p
○北海学園大学工学部研究報告（札幌　北海学園大学工学部）〔1—39／昭47.2—平24.2〕総索引
「北海学園大学工学部研究報告」(40)　2013.2　巻末19p
○北海学園大学人文論集（札幌　北海学園大学人文学会）〔1—40／平5.11—平20.7〕総目次
「北海学園大学人文論集」(40)　2008.7　p81—95
○北海学園大学人文論集（札幌　北海学園大学人文学会→北海学園大学人文学部）〔1—50／平5.11—平23.11〕総目次
「北海学園大学人文論集」(50)　2011.11　p77—95
◎北海教育評論（札幌　北海教育評論社）総目次・索引（谷口一弘）
「『北海道教育新聞』『北海教育評論』総目次・索引」　北海道出版企画センター　2005.11　441p　A5
◎北海史論（旭川　北海道学芸大学旭川分校史学研究室→北海道教育大学旭川分校史学研究室）〔1—20／昭30.2—平12.11〕論文総覧
「歴史学紀要論文総覧」　日外アソシエーツ　2007.9　p639643
◎北海道医療大学心理科学部研究紀要（北海道医療大学心理科学部紀要委員会編　札幌　北海道医療大学心理科学部）〔1—2／平18.3.31—平19.3.31〕論文総覧
「心理学紀要論文総覧」　日外アソシエーツ　2008.10　p553—554
◎北海道医療大学心理科学部心理臨床・発達支援センター研究（北海道医療大学心理臨床・発達支援センター研究編集委員会編　札幌　北海道医療大学心理科学部）〔1(1)—3(1)／平16.9.21—平19.3.20〕論文総覧
「心理学紀要論文総覧」　日外アソシエーツ　2008.10　p554

ほつか

○北海道環境科学研究センター所報（札幌 北海道環境科学研究センター）〔18―34／平3―平19〕調査研究報告一覧
　　「北海道環境科学研究センター所報」(35)　2009.8 p89―94
○北海道環境科学研究センター所報→環境科学研究センター所報（札幌 北海道環境科学研究センター→北海道立総合研究機構環境・地質研究本部環境科学研究センター）〔18―36／平3―平22〕→〔37／平23〕調査研究報告一覧
　　「環境科学研究センター所報」(所報編集委員会編)(2)　2012 p55―61
◎北海道教育新聞総目次・索引（谷口一弘）
　　「『北海道教育新聞』『北海教育評論』総目次・索引」 北海道出版企画センター　2005.11 441p A5
○北海道経済（札幌 北海道経済研究所）〔平10.10―平16.12〕総目次
　　「北海道経済」(467)　2005.3 p23―32
○北海道経済（札幌 北海道経済研究所）〔平17.1―平18.5〕総目次
　　「北海道経済」(481)　2006.6 p27―29
○北海道子ども学研究（札幌 北海道子ども学会）〔1―9／平9.3―平17.8〕総目次
　　「北海道子ども学研究」(10)　2006 p131―136
◎北海道史研究協議会会報（札幌 北海道史研究協議会）〔1―77／昭42―平17〕総目次（札幌北海道史研究協議会）
　　「北海道の歴史と文化―その視点と展開」 北海道出版企画センター　2006.9 p517―533
○北海道児童相談所研究紀要（札幌 北海道民生部→北海道生活福祉部→北海道中央児童相談所）〔1―29／昭42.10―平21.3〕執筆者一覧
　　「研究紀要」(30)　2011.3 p137―143
○北海道児童相談所研究紀要→研究紀要（北海道中央児童相談所）（札幌 北海道中央児童相談所）〔1―24／昭42.10―平11.3〕→〔25―29／平13.3―平21.3〕総目次
　　「研究紀要」(北海道中央児童相談所編)(30)　2011.3 p137―143
　　　（付）執筆者一覧
○北海道小学新聞（北海道小学新聞社）〔3(2)―6(7)／大13.2―昭2.4〕総目次（谷暎子）
　　「ヘカッチ：日本児童文学学会北海道支部機関誌」(2)通号11　2007.5 p53―62
　　　（注）欠号あり
○北海道女性史研究（旭川 北海道女性史研究会）「昭47.7―平16.6」(桑原真人)

「地域と経済」(6)　2009.3　p91―107
北海道水産試験場研究報告(余市町(北海道)　北海道立総合研究機構水産研究本部)
　　⇨北海道立水産試験場研究報告
○北海道地区自然災害科学資料センター報告(札幌　北海道大学大学院工学研究科北海道地区自然災害科学資料センター)〔1―19／昭62.3―平17.2〕目次一覧
　　「北海道地区自然災害科学資料センター報告」(20)　2007.2　p59―64
○北海道東海大学北方生活研究所所報→NR＋(旭川　北海道東海大学北方生活研究所)〔1―29／昭57―平16〕→〔30―32／平16―平18〕総目次(大矢二郎)
　　「NR＋」(33)　2008.3　p72―80
◎北海道の保育(北海道保育問題研究協議会)〔1―30／昭59.2―平19.10〕総目次(谷暎子)
　　「ひびき合いの保育研究―北海道保問研55年の歩み 1953‐2008」(北海道保育問題研究協議会編著)　新読書社　2009.6　p323―344
○北海道の林木育種(江別　北海道林木育種協会)〔41(1)―50(2)／平10―平19〕総目次
　　「北海道の林木育種」50(2)　2007　p26―33
◎北海道文学館報(札幌　北海道文学館→北海道立文学館)〔1―90／昭42.6―平24.9〕総目次(岡野裕之)
　　「文学館出版物内容総覧：図録・目録・紀要・復刻・館報」　日外アソシエーツ　2013.4　p23―37
○北海道立水産試験場研究報告→北海道水産試験場研究報告(余市町(北海道)　北海道立中央水産試験場→北海道立総合研究機構水産研究本部)〔71―77／平18.10―平22.3〕→〔78―80／平22.9―平23.12〕総目次
　　「北海道水産試験場研究報告」(北海道立総合研究機構水産研究本部編)(71-80)(総目次・(1-80)主題別目録・著者索引)　2012　p1―41
　　(付)主題別目録・著者索引 第1号～第80号
○北海道立北方民族博物館研究紀要(網走　北海道立北方民族博物館)〔1―15／平4.3.25―平18.3.28〕総目次
　　「北海道立北方民族博物館研究紀要」(北海道立北方民族博物館編)(15)　2006.3　p121―126
○北國新聞(金沢　北国新聞社)記事年表(森英一)
　　「金沢大学教育学部紀要 人文科学・社会科学編」(金沢大学教育学部編)

（54）　2005.2 p92―79
○北方詩人 第5次〔1―15／昭31.6―昭37.1〕総目次ほか（菅野俊之）
　　「文献探索」（文献探索研究会編）（2007）　2008.3 p148―163
◎ホームサイエンス（大阪（財）食品化学研究所）〔1―8／昭21.11.1―昭22.6〕総目次
　　「大阪文藝雑誌総覧」（浦西和彦,増田周子,荒井真理亜著）　和泉書院　2013.2 p367―368
　　（注）欠号：2―8
◎ホームズの世界（日本シャーロック・ホームズ・クラブ）〔1―33／昭54―平22〕
　　「「ホームズの世界」収録論文日英対訳総覧」　日本シャーロック・ホームズクラブ　2011.12 91p A5
◎ボランティア白書（「ボランティア白書」編集委員会編　日本青年奉仕協会）〔1990―2001／平2.2―平13.3〕目次
　　「近代雑誌目次文庫 81 社会学編 31」　ゆまに書房　2013.3 p50―55
◎ポリタイア〔1(1)―7(1)／昭43.1―昭49.3〕内容細目
　　「文芸雑誌内容細目総覧―戦後リトルマガジン篇」（日外アソシエーツ編,勝又浩監修）　日外アソシエーツ,紀伊國屋書店〔発売〕　2006.11 p526―536
◎ポリタイア〔復刊〕（檀一雄→ポリタイア同人会編　圭書房→白川書院）〔1(1)―1(3)／昭50.12―昭52.5〕内容細目
　　「文芸雑誌内容細目総覧―戦後リトルマガジン篇」（日外アソシエーツ編,勝又浩監修）　日外アソシエーツ,紀伊國屋書店〔発売〕　2006.11 p558―559
◎彫りと摺り〔1―8／昭6.9―昭8.6〕総目次（加治幸子）
　　「創作版画誌の系譜―総目次及び作品図版」　中央公論美術出版　2008.1 p533―544
○本郷（吉川弘文館）〔1―50／平7.1―平16.3〕内容別総索引
　　「本郷」（50）　2004.3 p35―42
○本郷（吉川弘文館）〔51―100／平16.5―平24.7〕内容別総索引
　　「本郷」（100）　2012.7 p45―54
○翻訳と歴史（榊原貴教編　ナダ出版センター）〔1―60／平12.7―平24.6〕総目次
　　「翻訳と歴史」（60）　2012.6 p126―133

【ま】

○間〔1—17／昭30.6.1—昭40.9.15〕総目次(服部幸雄，児玉竜一，飯島満)
　「歌舞伎：研究と批評」(歌舞伎学会編)(通号34)　2005.1 p36—47
◎毎日文藝〔明42.7—明43.3〕抄(大屋幸世)
　「日本近代文学書誌書目抄」　日本古書通信社　2006.3 p1—24
◎毎日文壇〔明42.1—明42.7〕抄(大屋幸世)
　「日本近代文学書誌書目抄」　日本古書通信社　2006.3 p1—24
○埋文写真研究(奈良 埋蔵文化財写真技術研究会)〔1—20／平2—平20〕総目次
　「文化財写真研究」(文化財写真技術研究会編)(1)　2010.7 p84—91
◎マヴォ(長隆舎書店→マヴォ出版部)〔1—7／大13.7—大14.8〕総目次(加治幸子)
　「創作版画誌の系譜—総目次及び作品図版」　中央公論美術出版　2008.1
　　p132—139
◎前橋文学館報(前橋 萩原朔太郎記念水と緑と詩のまち前橋文学館)〔1—36／平7.3—平24.3〕総目次(岡野裕之)
　「文学館出版物内容総覧：図録・目録・紀要・復刻・館報」　日外アソシエーツ　2013.4 p195—200
○町田地方史研究(町田 町田地方史研究会)〔1—19／昭50—平20〕総目次
　「町田地方史研究」(20)　2010.8 p150—160
○町田地方史研究(町田 町田地方史研究会)総目次
　「町田地方史研究会会報」(19)　2010.11
○松浦武四郎研究会会誌(札幌〔松浦武四郎研究会〕事務局)〔38・39—50／平15.1.18—平18.12.25〕既刊目次
　「松浦武四郎研究会会誌」(53)　2008.6
　　(注)「会報」の改題
○松浦武四郎研究会会誌(札幌〔松浦武四郎研究会〕事務局)〔1—55／昭59.4.20—平21.6.20〕既刊目次
　「松浦武四郎研究会会誌」(56)　2009.12
　　(注)「会報」の改題
○マッセOsaka研究紀要(大阪 大阪府市町村振興協会おおさか市町村職員研修研究センター)〔1—9／平10.3—平18.3〕総目次
　「マッセOsaka研究紀要」(大阪府市町村振興協会おおさか市町村職員研修研

究センター編)(9)　2006.3　巻末3p
○マッセOsaka研究紀要(大阪　大阪府市町村振興協会おおさか市町村職員研修研究センター)〔1—10／平10.3—平19.3〕総目次
　　「マッセOsaka研究紀要」(大阪府市町村振興協会おおさか市町村職員研修研究センター編)(11)　2008.3　p111—114
○マッセOsaka研究紀要(大阪　大阪府市町村振興協会おおさか市町村職員研修研究センター)〔1—11／平10.3—平20.3〕総目次
　　「マッセOsaka研究紀要」(大阪府市町村振興協会おおさか市町村職員研修研究センター編)(12)　2009.3　p95—98
○マッセOsaka研究紀要(大阪　大阪府市町村振興協会おおさか市町村職員研修研究センター)〔1—12／平10.3—平21.3〕総目次
　　「マッセOsaka研究紀要」(大阪府市町村振興協会おおさか市町村職員研修研究センター編)(13)　2010.3　p67—71
○マッセOsaka研究紀要(大阪　大阪府市町村振興協会おおさか市町村職員研修研究センター)〔1—13／平10.3—平22.3〕総目次
　　「マッセOsaka研究紀要」(大阪府市町村振興協会おおさか市町村職員研修研究センター編)(14)　2011.3　巻末3p
○マッセOsaka研究紀要(大阪　大阪府市町村振興協会おおさか市町村職員研修研究センター)〔1—14／平10.3—平23.3〕総目次
　　「マッセOsaka研究紀要」(大阪府市町村振興協会おおさか市町村職員研修研究センター編)(15)　2012.3　p111—116
○マッセOsaka研究紀要(大阪　大阪府市町村振興協会おおさか市町村職員研修研究センター)〔1—15／平10.3—平24.3〕総目次
　　「マッセOsaka研究紀要」(大阪府市町村振興協会おおさか市町村職員研修研究センター編)(16)　2013.3　p151—156
◎松本清張記念館(北九州　松本清張記念館)〔1—40／平11.3—平24.8〕総目次(岡野裕之)
　　「文学館出版物内容総覧:図録・目録・紀要・復刻・館報」　日外アソシエーツ　2013.4　p1034—1039
◎松本清張研究(北九州　松本清張記念館)〔創刊準備号—13／平11.3—平24.3〕総目次(岡野裕之)
　　「文学館出版物内容総覧:図録・目録・紀要・復刻・館報」　日外アソシエーツ　2013.4　p1030—1031

○**松浦党研究**(松浦党研究連合会編 佐世保 芸文堂)〔1—31／昭55.5—平20.6〕目次一覧
　　「松浦党研究」(松浦党研究連合会編)(別冊)　2008.6
○**まつり**(愛西 まつり同好会)〔1—67／昭36.1—平17.Win.〕総目次
　　「まつり」(別冊)　2006.5
○**まつり通信**(愛西 まつり同好会)〔521—540〕索引
　　「まつり通信」(541)　まつり同好会　2009.5 p6—7
○**マテシス・ウニウェルサリス**(草加 獨協大学外国語学部言語文化学科→獨協大学国際教養学部言語文化学科)〔1(1)—11(2)／平11.12—平22.3〕バックナンバー目次一覧
　　「マテシス・ウニウェルサリス」12(1)　2010.11 p195—217
○**マテリアルインテグレーション**(京都 ティー・アイ・シィー)〔12—25／平11—平24〕総目次
　　「マテリアルインテグレーション」26(1)通号289　2013.1 p30—61
○**マテリアルライフ→マテリアルライフ学会誌**(マテリアルライフ学会)〔1(1)—12(4)／平1.3—平12.10〕→〔13(1)—20(2)／平13.1—平20.6〕総目次
　　「マテリアルライフ学会誌」20(2)　2008.6 p99—111
　マテリアルライフ学会誌(マテリアルライフ学会)
　　⇨マテリアルライフ
○**マドモアゼル**(小学館)〔1(1)—4(12)／昭35.1—昭38.12〕総目次(管原とよ子)
　　「叙説 Ⅲ：文学批評」(敍説舎編)通号3　2008.12 p44—89
○**マドモアゼル**(小学館)〔5(1)—9(3)／昭39.1—昭43.3〕総目次ほか(管原とよ子)
　　「叙説 Ⅲ：文学批評」(敍説舎編)通号4　2009.11 p180—212
○**学びバンク掲載記事**
　　「りゅうぎん調査」(441)　りゅうぎん総合研究所　2006.7 p15—18
○**学ぶと教えるの現象学研究**(宮城教育大学学校教育講座教育学研究室編 東京大学教育学部→東京大学大学院教育学研究科教育創発学コース)〔1—10／昭62—平16〕総目次
　　「学ぶと教えるの現象学研究」(10)　2004.3 p149—153
○**学ぶと教えるの現象学研究**(宮城教育大学学校教育講座教育学研究室編 東京大学教育学部→東京大学大学院教育学研究科教育創発学コース)〔1—11／昭62—平18〕総目次

「学ぶと教えるの現象学的研究」(11)　2006.3 p191—196
○**学ぶと教えるの現象学研究**（宮城教育大学学校教育講座教育学研究室編　東京大学教育学部→東京大学大学院教育学研究科教育創発学コース）〔1—13／昭62—平21〕総目次
「学ぶと教えるの現象学研究」(13)　2009.3 p149—155
◎**魔法**（現地社→山雅房）〔1—7／昭23.2—昭25.2〕総目次
「戦後詩誌総覧 4」（和田博文ほか）　日外アソシエーツ　2009.6 p418—424
◎**まるめろ**〔1—3／昭3.8—昭3.12〕総目次（加治幸子）
「創作版画誌の系譜―総目次及び作品図版」　中央公論美術出版　2008.1 p269—272
○**マレーシアレポート**（大阪　国際経済労働研究所）〔平20.夏—平20.冬〕総目次
「マレーシアレポート」（国際経済労働研究所編）2(1)通号4　2009.春 p67—68
○**マレーシアレポート**（大阪　国際経済労働研究所）〔平20.夏—平21.春〕総目次
「マレーシアレポート」（国際経済労働研究所編）2(2)通号5　2009.夏 p84—86
○**マレーシアレポート**（大阪　国際経済労働研究所）〔平20.秋—平21.夏〕総目次
「マレーシアレポート」（国際経済労働研究所編）2(3)通号6　2009.秋 p79—81
○**マレーシアレポート**（大阪　国際経済労働研究所）〔平20.夏—平23.春・夏〕総目次
「マレーシアレポート」（国際経済労働研究所編）4(2)通号13　2011.秋・冬 p69—76
◎**マンガ史研究**（つくば　マンガ史研究会）〔1—2／平6.10—平7.11〕総目次（竹内オサム）
「マンガ研究ハンドブック」　竹内長武研究室　2008.3 p217
◎**マンガ史研究**（つくば　マンガ史研究会）〔1—12／平14.5—平19.10〕総目次（竹内オサム）
「マンガ研究ハンドブック」　竹内長武研究室　2008.3 p226—229
◎**漫画主義**（北条書房）〔1—13／昭42.3—昭53.6〕総目次（竹内オサム）
「マンガ研究ハンドブック」　竹内長武研究室　2008.3 p200—202
◎**漫画批評大系**〔創刊準備号—15／昭50.7—昭56.12〕総目次（竹内オサム）
「マンガ研究ハンドブック」　竹内長武研究室　2008.3 p202—204
◎**漫狂**〔0—2／昭53.10—昭54.11〕総目次（竹内オサム）

「マンガ研究ハンドブック」　竹内長武研究室　2008.3 p210
○満洲映画（日文版）(新京　「満洲映画」発行所)〔1(1)―3(7)／昭12.12―昭14.7〕総目次（鈴木大樹［編］）
　　「植民地文化研究：資料と分析」(「植民地文化研究」編集委員会編）(12)
　　　　2013 p135―145
○満洲行政（満洲行政学会）〔1―8(1)／昭9.12―昭16.1〕文化系主要目次（西田勝）
　　「植民地文化研究：資料と分析」(「植民地文化研究」編集委員会編）(7)
　　　　2008 p146―154
○満洲芸文通信（満洲芸文連盟）〔2(6)―2(9)／昭18.7―昭18.10〕細目
　　「植民地文化研究：資料と分析」(「植民地文化研究」編集委員会編）(3)
　　　　2004.7 p93―104
○満洲新聞（新京　満洲新聞社）〔9229―9400／昭13.10.11―昭14.3.31〕文芸主要目次（斎藤秀昭［編］）
　　「植民地文化研究：資料と分析」(「植民地文化研究」編集委員会編）(6)
　　　　2007 p126―136
○満洲新聞（新京　満洲新聞社）〔9401―9552／昭14.4.1―昭14.8.31〕文芸主要目次（齋藤秀昭［編］）
　　「植民地文化研究：資料と分析」(「植民地文化研究」編集委員会編）(7)
　　　　2008 p155―166
○満洲新聞（新京　満洲新聞社）〔9553―9764／昭14.9.1―昭15.3.31〕文芸主要目次（齋藤秀昭［編］）
　　「植民地文化研究：資料と分析」(「植民地文化研究」編集委員会編）(8)
　　　　2009 p108―117
○満洲新聞（新京　満洲新聞社）〔9765―9946／昭15.4.1―昭15.9.30〕文芸主要目次（齋藤秀昭［編］）
　　「植民地文化研究：資料と分析」(「植民地文化研究」編集委員会編）(9)
　　　　2010 p128―137
○満洲新聞（新京　満洲新聞社）〔9947―10669／昭15.10.1―昭17.9.30〕文芸主要目次（齋藤秀昭［編］）
　　「植民地文化研究：資料と分析」(「植民地文化研究」編集委員会編）(10)
　　　　2011 p142―151
○満洲新聞（新京　満洲新聞社）〔10430―11023／昭17.2.1―昭18.9.21〕文芸主要目次（齋藤秀昭［編］）

「植民地文化研究：資料と分析」(「植民地文化研究」編集委員会編)(11)
　　2012 p136—145
○満洲新聞(新京 満洲新聞社)〔10820—11241／昭18.3.1—昭19.4.30〕文芸主要目次(齋藤秀昭[編])
　「植民地文化研究：資料と分析」(「植民地文化研究」編集委員会編)(12)
　　2013 p119—124
○満洲文話会通信(大連市→新京特別市 満洲文話会)〔37—40／昭15.9.15—昭15.12.15〕細目
　「植民地文化研究：資料と分析」(「植民地文化研究」編集委員会編)(3)
　　2004.7 p105—115,58
○満洲文話会通信(大連市→新京特別市 満洲文話会)〔41—45／昭16.1.15—昭16.5.15〕細目
　「植民地文化研究：資料と分析」(「植民地文化研究」編集委員会編)(4)
　　2005.7 p168—179
○満族史研究(満族史研究会)〔1—10／平14.5—平23.12〕総目次
　「満族史研究」(11)　2012.12 p59—67
○満族史研究通信(東洋文庫清代史研究室満族史研究会)〔1—10／平3.11—平13.4〕総目次
　「満族史研究」(10)　2011.12 p127—138
○満蒙実業彙報(大連 大連商業會議所)〔9—30／大5.4—大6.12〕記事目録(吉田建一郎)
　「News letter」(19)　近現代東北アジア地域史研　2007.12 p34—55
○萬葉(大阪 萬葉学会)〔1—200／昭26.10—平20.3〕通巻目次
　「萬葉」(萬葉学会編)(201)　2008.6 p48—84
○万葉古代学研究所年報(明日香村(奈良県) 奈良県万葉文化振興財団万葉古代学研究所)〔1—9／平15.3—平23.3〕目次
　「万葉古代学研究所年報」(奈良県万葉文化振興財団万葉古代学研究所編)
　　(10)　2012.3 p168—174

【み】

◎三重史学(久居 三重史学会,三重大学学芸学部歴史研究会近世史部会→三重史学会)〔1—18・19／昭34.3—昭51.4〕論文総覧

「歴史学紀要論文総覧」　日外アソシエーツ　2007.9　p651—654
◎**三重大史学**（津　三重大学人文学部考古学・日本史研究室）〔1—6／平13.3—平18.3〕論文総覧
「歴史学紀要論文総覧」　日外アソシエーツ　2007.9　p655
◎**みをつくし**（神戸　ぐろりあそさえて）〔1 (1)—1 (2)／昭4—昭5〕総目次（早稲田大学図書館）
「「軟文学研究・みをつくし」総目次」　雄松堂フイルム出版　2004.7　22p　A5
○**御影史学論集**（神戸　御影史学研究会）〔8—28〕総目次
「御影史学論集」（御影史学研究会［編］）通号29　2004.10　p20,32,56,68,71
○**御影史学論集**（神戸　御影史学研究会）〔8—29〕総目次
「御影史学論集」（御影史学研究会［編］）通号30　2005.10　p48,59,67,69,78,82,83
○**御影史学論集**（神戸　御影史学研究会）〔8—30〕総目次
「御影史学論集」（御影史学研究会［編］）通号31　2006.10　p27,42,53,67,76,90—91
○**御影史学論集**（神戸　御影史学研究会）〔1—31〕総目次
「御影史学論集」（御影史学研究会［編］）通号32　2007.12　p20,34,46,91—92,130,145,154,157
○**御影史学論集**（神戸　御影史学研究会）〔1—32〕総目次
「御影史学論集」（御影史学研究会［編］）通号33　2008.10　p31—32,52,70,101—102,106,109,119
○**御影史学論集**（神戸　御影史学研究会）〔1—33〕総目次
「御影史学論集」（御影史学研究会［編］）通号34　2009.10　p8,28,38,57,75—76,90,95,99
○**御影史学論集**（神戸　御影史学研究会）〔12—34〕総目次
「御影史学論集」（御影史学研究会［編］）通号35　2010.10　p24,36,58,98,103
○**御影史学論集**（神戸　御影史学研究会）〔6—35〕総目次
「御影史学論集」（御影史学研究会［編］）通号36　2011.10　p7—8,22,48,67～68,109,113
○**御影史学論集**（神戸　御影史学研究会）〔4—37〕総目次
「御影史学論集」（御影史学研究会［編］）通号38　2013.10　p65—66,118,130,200,212,271,305,313,315,331,341

みしま

○三島由紀夫研究（鼎書房）〔1—9／平17.11—平22.1〕総目次
　　「三島由紀夫研究」(10)　2010.11　p216—221
○水資源・環境研究（水資源・環境学会）〔1—19／昭62—平18〕索引
　　「水資源・環境研究」(20)　水資源・環境学会　2007　p171—181
○水処理技術（大阪　日本水処理技術研究会）〔1—12〕総目次
　　「水処理技術」46(12)　2005.12　p593—596
◎ミステリー（宝石社）〔5(2)—5(5)／昭39.2—昭39.5〕総目次（山前譲）
　　「探偵雑誌目次総覧」　日外アソシエーツ　2009.6　p498—500
○水と土（農業土木技術研究会）〔121—159／平12—平22.3〕総目次
　　「水と土」（農業土木技術研究会〔編〕）(159)　2010.3　p18—29
○水の文化（ミツカン水の文化センター）〔1—29／平11.1—平20.6〕総目次
　　「水の文化：ミツカン水の文化センター機関誌」(30)　2008.11　p4—5
　みずほ年金レポート（みずほ年金研究所）
　　⇨安田年金レポート
◎未成年（文圃堂書店→未成年發行所）〔1(1)—9／昭10.5—昭12.1〕総目次ほか（早稲田大図書館）
　　「しれえね・地平線・基調・黙示・リラ・葡萄園・青銅時代・三田文芸陣・季節の展望・素質・新三田派・七人・朱門・紅(簿)・偽画・未成年総目次」
　　雄松堂アーカイブズ　2009.4　p229—246
◎三十日（野田書房）〔昭13.1—昭13.8〕細目（大屋幸世）
　　「日本近代文学書誌書目抄」　日本古書通信社　2006.3　p46—53
◎三十日　随筆雑誌（三十日編輯部）〔1(1)—2(1)／昭23.9—昭24.1〕細目（大屋幸世）
　　「日本近代文学書誌書目抄」　日本古書通信社　2006.3　p111—116
○三田演説筆記（報知社）〔1／明8.5〕目次（藤元直樹）
　　「参考書誌研究」（国立国会図書館主題情報部編）(65)　2006.10　p1—154
◎三鷹市山本有三記念館館報（三鷹　三鷹市山本有三記念館）〔1—7／平21.4—平24.9〕総目次（岡野裕之）
　　「文学館出版物内容総覧：図録・目録・紀要・復刻・館報」　日外アソシエーツ　2013.4　p610
○三田学会雑誌〔1(1)—99(3)／明42.2—平18.10〕総目次
　　「三田学会雑誌」100(1)　2007.4　p205—427

○三田國文(「三田國文」編集委員会編 三田國文の会)〔1—50／昭58.1—平21.12〕総目次
　　「三田國文」(「三田國文」編集委員会編)(50)　2009.12 p79—90
◎三田詩人(三田詩人会)〔1—9／昭35.2—昭38.6〕総目次
　　「戦後詩誌総覧 7」(和田博文ほか)　日外アソシエーツ　2010.5 p552—547
○三田社会学(三田社会学会)〔1—10／平8.夏—平17.夏〕総目次
　　「三田社会学」(三田社会学会編)(10)　2005.夏 p168—174
◎三田文學(三田文学会→三田文学会,慶應義塾大学出版会〔発売〕)〔創刊号・創刊100年記念号／明43—平22〕総目次
　　「三田文學総目次—付・執筆者索引 創刊号・創刊100年記念号」(三田文学会編)　三田文学会,慶應義塾大学出版会〔発売〕　2013.3
　　　(付)執筆者索引
◎三田文芸陣(春陽堂→三田文藝陣社)〔1(1)—2(8)／大14.7—大15.8〕総目次ほか(早稲田大図書館)
　　「しれえね・地平線・基調・黙示・リラ・葡萄園・青銅時代・三田文芸陣・季節の展望・素質・新三田派・七人・朱門・紅(箒)・偽画・未成年総目次」　雄松堂アーカイブズ　2009.4 p105—119
○道(宗教団体日本教会→道会)〔223—282／昭2.1—昭6.12〕総目次ほか(中島志郎)
　　「大倉山論集」(54)　2008.3 p433—484
○道(宗教団体日本教会→道会)〔283—442・443／昭7.1—昭20.5〕総目次ほか(中島志郎)
　　「大倉山論集」(55)　2009.3 p333—407
○みちしるべ(尼崎 尼崎郷土史研究会)〔25—40／平9.3—平24.3〕総目次
　　「みちしるべ：尼崎郷土史研究会々報」(尼崎郷土史研究会［編］)(40)　2012.3 p52—54
○道経塾(柏 モラロジー研究所)〔31—40〕主要記事一覧
　　「道経塾」(モラロジー研究所 編)7(4)　2005.12 p80—81
○道経塾(柏 モラロジー研究所)〔51—60／平19.11—平21.5〕主要記事一覧
　　「道経塾」(モラロジー研究所 編)10(6)60　2009.5 p60—61
◎港〔1—5／大15.12—昭2.7〕総目次(加治幸子)
　　「創作版画誌の系譜—総目次及び作品図版」　中央公論美術出版　2008.1 p219—222

○みねぶんか(美祢 美祢市郷土文化研究会)〔1—34〕総目次
　「みねぶんか」(美祢市郷土文化研究会編)(35)　2004.9 p26—33
◎みほんりん 三浦綾子記念文学館館報〔1—29／平10.5—平24.8〕総目次(岡野裕之)
　「文学館出版物内容総覧：図録・目録・紀要・復刻・館報」 日外アソシエーツ　2013.4 p60—65
○宮城県農業短期大学学術報告(仙台 宮城県農業短期大学)〔1—53／昭29.3—平17.12〕総目次
　「宮城県農業短期大学学術報告」(53)　2005.12 p109—155
○宮城県農業短期大学紀要(仙台 宮城県農業短期大学)〔1—13／昭41.4—平15.12〕総目次
　「宮城県農業短期大学学術報告」(53)　2005.12 p157—160
○宮城工業高等専門学校研究紀要(名取 宮城工業高等専門学校)〔31—41／平6—平16〕総目次
　「宮城工業高等専門学校研究紀要」(41)　2005 p179—188
◎宮教考古(仙台 宮城教育大学考古学研究会)〔1—7／昭48.2—昭50.3〕論文総覧
　「歴史学紀要論文総覧」 日外アソシエーツ　2007.9 p656
　　(注)欠号：1—4
○宮崎県地域史研究(宮崎 宮崎県地域史研究会)〔1—20／平8.6—平18.7〕総目録
　「宮崎県地域史研究」(宮崎県地域史研究会編)(20)　2006.7 p28—33
宮崎県都城市市史編さんだより(都城 都城市)
　⇨市史編さんだより
○宮崎公立大学人文学部紀要(宮崎公立大学図書広報部会編 宮崎 宮崎公立大学)〔1—11(1)／平6.3—平16.3〕通巻目次
　「宮崎公立大学人文学部紀要」(宮崎公立大学図書広報部会編)12(1)　2004 巻末8p
○宮崎公立大学人文学部紀要(宮崎公立大学図書広報部会編 宮崎 宮崎公立大学)〔1—12(1)／平6.3—平17.3〕通巻目次
　「宮崎公立大学人文学部紀要」(宮崎公立大学図書広報部会編)13(1)　2005 巻末9p
○宮崎公立大学人文学部紀要(宮崎公立大学図書広報部会編 宮崎 宮崎公立大学)〔1—13(1)／平6.3—平18.3〕通巻目次
　「宮崎公立大学人文学部紀要」(宮崎公立大学図書広報部会編)14(1)　2006

巻末10p
○宮崎公立大学人文学部紀要（宮崎公立大学図書広報部会編　宮崎　宮崎公立大学）
　〔1—14（1）／平6.3—平19.3〕通巻目次
　　「宮崎公立大学人文学部紀要」（宮崎公立大学図書広報部会編）15（1）　2007
　　　巻末11p
○宮崎公立大学人文学部紀要（宮崎公立大学図書広報部会編　宮崎　宮崎公立大学）
　〔1—15（1）／平6.3—平20.3〕通巻目次
　　「宮崎公立大学人文学部紀要」（宮崎公立大学図書広報部会編）16（1）　2008
　　　巻末12p
○宮崎公立大学人文学部紀要（宮崎公立大学図書広報部会編　宮崎　宮崎公立大学）
　〔1—16（2）／平6.3—平21.3〕通巻目次
　　「宮崎公立大学人文学部紀要」（宮崎公立大学図書広報部会編）17（1）　2009
　　　巻末13p
○宮崎公立大学人文学部紀要（宮崎公立大学図書広報部会編　宮崎　宮崎公立大学）
　〔1—17（1）／平6.3—平22.3〕通巻目次
　　「宮崎公立大学人文学部紀要」（宮崎公立大学図書広報部会編）18（1）　2010
　　　巻末14p
○宮崎公立大学人文学部紀要（宮崎公立大学図書広報部会編　宮崎　宮崎公立大学）
　〔1—18（1）／平16.3—平23.3〕通巻目次
　　「宮崎公立大学人文学部紀要」（宮崎公立大学図書広報部会編）19（1）　2011
　　　巻末15p
○宮崎公立大学人文学部紀要（宮崎公立大学図書広報部会編　宮崎　宮崎公立大学）
　〔1—19（1）／平6.3—平24.3〕通巻目次
　　「宮崎公立大学人文学部紀要」（宮崎公立大学図書広報部会編）20（1）　2012
　　　巻末16p
○ミュージアム知覧紀要・館報（知覧町（鹿児島県）→南九州　ミュージアム知覧→
　知覧町教育委員会→南九州市教育委員会）〔1—10／平7—平17〕バックナンバー
　目次
　　「ミュージアム知覧紀要・館報」（南九州市教育委員会文化財課　編, ミュージ
　　　アム知覧［監修］）（11）　2007.3
○ミュージアム知覧紀要・館報（知覧町（鹿児島県）→南九州　ミュージアム知覧→
　知覧町教育委員会→南九州市教育委員会）〔1—11／平7—平19〕バックナンバー
　目次

「ミュージアム知覧紀要・館報」(南九州市教育委員会文化財課 編, ミュージアム知覧〔監修〕)(12)　2010.3 p56(1)
○ミュージアム知覧紀要・館報(知覧町(鹿児島県)→南九州 ミュージアム知覧→知覧町教育委員会→南九州市教育委員会)〔1—12／平7—平22〕バックナンバー目次
　　「ミュージアム知覧紀要・館報」(南九州市教育委員会文化財課 編, ミュージアム知覧〔監修〕)(13)　2013.3 p44—45
◎明日(日本人民文学会編　大旗社→公友社)〔1(1)—2(11)／昭22.8—昭23.12〕細目(大屋幸世)
　　「日本近代文学書誌書目抄」　日本古書通信社　2006.3 p128—138
○みよし地方史(三次市　三次市地方史研究会)〔55—62／平13.2—平15.11.20〕総目次
　　「みよし地方史」(63)　2004.3
○みよし地方史(三次市　三次市地方史研究会)〔64—75／平16.8.25—平20.3.25〕総目次
　　「みよし地方史」(76)　2008.8 p12—13
○みよし地方史(三次市　三次市地方史研究会)〔76—81／平20.8.1—平22.3.10〕目次
　　「みよし地方史」(82)　2010.7
◎未來(吉田庄蔵編　潮流社)〔1—2／昭23.7—昭23.11〕内容細目
　　「文芸雑誌内容細目総覧—戦後リトルマガジン篇」(日外アソシエーツ編, 勝又浩監修)　日外アソシエーツ, 紀伊國屋書店〔発売〕　2006.11 p193—194
○民間雑誌(慶応義塾出版社)〔1—12／明7.2—明8.6〕目次(藤元直樹)
　　「参考書誌研究」(国立国会図書館主題情報部編)(65)　2006.10 p1—154
○民事訴訟雑誌〔1—50／昭29—平16〕総目次
　　「民事訴訟雑誌」(日本民事訴訟法学会編)通号50　2004 p290—314
○民事訴訟雑誌〔46—55／平12—平21〕総目次
　　「民事訴訟雑誌」(日本民事訴訟法学会編)通号55　2009 p258—267
○民衆史研究(民衆史研究会)〔51—70／平8.5—平17.10〕総目次
　　「民衆史研究」(70)　2005.11 p74—80
○民衆史研究会会報(民衆史研究会)〔44—60／平9—平17〕総目次
　　「民衆史研究会会報」(60)　民衆史研究会　2005.12 p10—11

◎民衆の芸術（庶民社→民衆の藝術社）〔1（1）―1（5）／大7.7―大7.11〕総目次ほか（早稲田大図書館）
　　「民衆の芸術・ダムダム・大学左派・十月・集団・総目次」　雄松堂アーカイブズ　2009.4 p1―14
○民主教育（日本経国社→（株）白田書院）〔2（3）―3（4）／昭22.5―昭23.9〕目次（奥泉栄三郎）
　　「戦後教育史研究」（明星大学戦後教育史研究センター編）（22）　2008.12 p126―133
◎民主社会主義研究（民主社会主義研究会議）〔1―62／昭35.4―昭40.5〕目次
　　「近代雑誌目次文庫　81　社会学編　31」　ゆまに書房　2013.3 p56―70
○民俗音楽→民俗音楽研究（日本民俗音楽学会事務局→日本民俗音楽学会）〔1―10／昭61.12―平3.6〕→〔11―29／平4.4―平16.3〕掲載一覧（小野寺節子）
　　「民俗音楽研究」（30）　日本民俗音楽学会　2005.3 p99―110
　民俗音楽研究（日本民俗音楽学会）
　　⇨民俗音楽
○民族詩壇執筆者索引（岩佐昌暲）
　　「海外事情研究」（熊本学園大学付属海外事情研究所）37（2）75　2010.2 p151―173
　民俗と風俗（名古屋　日本風俗史学会中部支部）
　　⇨研究紀要（衣の民俗館）
○民俗文化（近畿大学民俗学研究所）（東大阪　近畿大学民俗学研究所）〔10―20／平10.3―平20.3〕総目録
　　「民俗文化」（近畿大学民俗学研究所編）（20）　2008.3 p319―329
○民俗文化（近畿大学民俗学研究所）（東大阪　近畿大学民俗学研究所）〔1―20／平1.3―平20.3〕総目録
　　「民俗文化」（近畿大学民俗学研究所編）（21）　2009.3 p334―359
○民俗文化研究（相模原　民俗文化研究所）〔1―4／平12.9―平15.7〕総目次
　　「民俗文化研究」（5）　2004.7 巻末2p
○民俗文化研究（相模原　民俗文化研究所）〔1―5／平12.9―平16.7〕総目次
　　「民俗文化研究」（6）　2005.8 巻末2p
○民俗文化研究（相模原　民俗文化研究所）〔1―6／平12.9―平17.8〕総目次
　　「民俗文化研究」（7）　2006.8 巻末2p
○民俗文化研究（相模原　民俗文化研究所）〔1―7／平12.9―平18.8〕総目次

「民俗文化研究」(8)　　2007.8　p313—315
○**民俗文化研究**(相模原　民俗文化研究所)〔1—8／平12.9—平19.8〕総目次
「民俗文化研究」(9)　　2008.8　p237—240
○**民俗文化研究**(相模原　民俗文化研究所)〔1—9／平12.9—平20.8〕総目次
「民俗文化研究」(10)　　2009.8　巻末4p
○**民俗文化**(滋賀民俗学会)(高島　滋賀民俗学会)〔484—507／平16.1—平17.12〕総目次
「民俗文化」(510)(号外)　　2006.3

【む】

◎**椋鳩十文学記念館館報**(加治木町(鹿児島県)　椋鳩十文学記念館)〔1—48／平2.6—平18.2〕総目次(岡野裕之)
「文学館出版物内容総覧：図録・目録・紀要・復刻・館報」　日外アソシエーツ　2013.4　p1087—1090
◎**無限**(政治公論社「無限」編集部→株式会社無限編集部)〔1—37／昭34.5—昭50.10〕目次(西村将洋)
「戦後詩誌総覧 6」(和田博文ほか)　日外アソシエーツ　2010.2　p308—409
◎**夢香山　徳田秋聲記念館館報**(金沢　徳田秋聲記念館)〔1—4／平21.3—平24.3〕総目次(岡野裕之)
「文学館出版物内容総覧：図録・目録・紀要・復刻・館報」　日外アソシエーツ　2013.4　p680
○**武庫川学院教育研究所研究レポート→武庫川女子大学教育研究所研究レポート**(武庫川女子大学教育研究所編　西宮　武庫川学院)〔1—8／昭63.9—平4.3〕→〔9—32／平5.3—平16.7〕掲載論文総目次
「武庫川女子大学教育研究所研究レポート」(武庫川女子大学教育研究所編)(33)　　2005.3　p165—171
○**武庫川学院教育研究所研究レポート→武庫川女子大学教育研究所研究レポート**(武庫川女子大学教育研究所編　西宮　武庫川学院)〔1—8／昭63.9—平4.3〕→〔9—34／平5.3—平17.11〕掲載論文総目次
「武庫川女子大学教育研究所研究レポート」(武庫川女子大学教育研究所編)(35)　　2006.3　p123—130
○**武庫川学院教育研究所研究レポート→武庫川女子大学教育研究所研究レポート**

（武庫川女子大学教育研究所編　西宮　武庫川学院）〔27—36／平14.1—平18.11〕
掲載論文総目次
　　「武庫川女子大学教育研究所研究レポート」（武庫川女子大学教育研究所編）
　　　　(37)　　2007.3　p233—236
○武庫川学院教育研究所研究レポート→武庫川女子大学教育研究所研究レポート
（武庫川女子大学教育研究所編　西宮　武庫川学院）〔29—38／平15.2—平20.3〕
掲載論文総目次
　　「武庫川女子大学教育研究所研究レポート」（武庫川女子大学教育研究所編）
　　　　(39)　　2009.3　p116—119
○武庫川学院教育研究所研究レポート→武庫川女子大学教育研究所研究レポート
（武庫川女子大学教育研究所編　西宮　武庫川学院）〔30—39／平15.10—平21.3〕
掲載論文総目次
　　「武庫川女子大学教育研究所研究レポート」（武庫川女子大学教育研究所編）
　　　　(40)　　2010.3　p135—138
○武庫川学院教育研究所研究レポート→武庫川女子大学教育研究所研究レポート
（武庫川女子大学教育研究所編　西宮　武庫川学院）〔31—40／平16.3—平22.3〕
掲載論文総目次
　　「武庫川女子大学教育研究所研究レポート」（武庫川女子大学教育研究所編）
　　　　(41)　　2011.3　p99—102
○武庫川学院教育研究所研究レポート→武庫川女子大学教育研究所研究レポート
（武庫川女子大学教育研究所編　西宮　武庫川学院）〔32—41／平16.7—平23.3〕
掲載論文総目次
　　「武庫川女子大学教育研究所研究レポート」（武庫川女子大学教育研究所編）
　　　　(42)　　2012.3　p129—132
○武庫川学院教育研究所研究レポート→武庫川女子大学教育研究所研究レポート
（武庫川女子大学教育研究所編　西宮　武庫川学院）〔33—42／平17.3—平24.3〕
掲載論文総目次
　　「武庫川女子大学教育研究所研究レポート」（武庫川女子大学教育研究所編）
　　　　(43)　　2013.3　p131—134
武庫川女子大学教育研究所研究レポート（武庫川女子大学教育研究所編　西宮　武庫川学院）
　　⇨武庫川学院教育研究所研究レポート
○武庫川女子大学教育研究所研究レポート（武庫川女子大学教育研究所編　西宮

武庫川学院)〔1—30／昭63.9—平15.10〕掲載論文総目次
「武庫川女子大学教育研究所研究レポート」（武庫川女子大学教育研究所編）
　　(31)　2004.3　p85—91
◎武庫川女子大学発達臨床心理学研究所紀要（西宮　武庫川女子大学発達臨床心理学研究所）〔1（通巻14）—8（通巻21）／平11.12.31—平18.12.25〕論文総覧
「心理学紀要論文総覧」　日外アソシエーツ　2008.10　p561—566
　（注）「武庫川女子大学幼児教育研究所紀要」の改題
◎武庫川女子大学幼児教育研究所紀要（西宮　武庫川女子大学幼児教育研究所）〔1—13／昭57.3—平10.12.31〕論文総覧
「心理学紀要論文総覧」　日外アソシエーツ　2008.10　p566—567
　（注）「武庫川女子大学発達臨床心理学研究所紀要」と改題
○武蔵丘短期大学紀要（武蔵丘短期大学図書委員会紀要分科会編　吉見町（埼玉県）武蔵丘短期大学）〔1—18／平5—平22〕掲載論文総目次
「武蔵丘短期大学紀要」（武蔵丘短期大学図書委員会紀要分科会編）(19)
　　2011　p221—223
○武蔵工業大学環境情報学部情報メディアセンタージャーナル（横浜　武蔵工業大学環境情報学部情報メディアセンター）〔1—9／平12.4—平20.4〕目次
「東京都市大学環境情報学部情報メディアセンタージャーナル」(10)　2009.4　p143—151
　（注）「東京都市大学環境情報学部情報メディアセンタージャーナル」と改題
○武蔵大学人文学会雑誌（武蔵大学人文学会）〔31—40／平11—平21〕総目次
「武蔵大学人文学会雑誌」（武蔵大学人文学会編）41（3・4）通号162・163
　2010.3　p408—385
○武蔵野音楽大学研究紀要（武蔵野音楽大学）〔32—41／平12—平21〕総目次
「武蔵野音楽大学研究紀要」（武蔵野音楽大学紀要委員会編）(41)　2009
　p129—134
　（付）執筆者索引
◎武蔵野（今古堂）（今古堂）〔1—3／明25.3.23—明25.7.23〕総目次
「復刻版　武蔵野　全三冊」（日本近代文学館編, 紅野敏郎解説）　雄松堂出版
　2004.9　巻末1p
◎武蔵野女子大学心理臨床センター紀要（西東京　武蔵野女子大学心理臨床センター紀要編集委員会）〔1—2／平13.5—平14.12〕論文総覧
「心理学紀要論文総覧」　日外アソシエーツ　2008.10　p568

（注）「武蔵野大学心理臨床センター紀要」と改題
○武蔵野女子大学短期大学部紀要（西東京　武蔵野女子大学短期大学部紀要編集委員会）〔1―5／平12―平16〕総目次
　　「武蔵野女子大学短期大学部紀要」(5)　2004 p57―58
◎武蔵野大学心理臨床センター紀要（西東京　武蔵野大学心理臨床センター紀要編集委員会）〔3／平15.12〕論文総覧
　　「心理学紀要論文総覧」　日外アソシエーツ　2008.10 p569
　　　（注）「武蔵野女子大学心理臨床センター紀要」の改題
○武蔵野文庫〔1―60／昭30.2―平24.12〕論文タイトルほか
　　「武蔵野文庫」（武蔵野書院）(60)　2012.12 p30―42
○武蔵野（武蔵野文化協会）（小金井　武蔵野会→武蔵野文化協会）〔1(1)―80(1・2)／大7.7.7―平16.6.25〕総目次
　　「武蔵野」80(1・2)通号339・340　2004.6 p1―131
　　　（付）事業名別一覧：p133―179
○武蔵野（武蔵野文化協会）（小金井　武蔵野会→武蔵野文化協会）〔1(1)―80(1・2)／大7.7.7―平16.6.25〕索引
　　「武蔵野」85(1・2)通号348・349　2010.9
　　　（注）筆者・人名別索引，詩歌作者別索引，項目別索引
○武蔵野（武蔵野文化協会）（小金井　武蔵野会→武蔵野文化協会）〔80(1・2)―83(2)／平16.6.25―平19.5.30〕総目録補遺
　　「武蔵野」85(1・2)通号348・349　2010.9 p480―482
○Mouseion 立教大学博物館研究（立教大学学校・社会教育講座）〔1―56／昭32.11―平22.12〕目次一覧
　　「Mouseion 立教大学博物館研究」（立教大学学校・社会教育講座）(57)　2011.12 p48―63
◎むつごま〔1―9／昭13.10―昭14.9〕総目次（加治幸子）
　　「創作版画誌の系譜―総目次及び作品図版」　中央公論美術出版　2008.1 p1005―1009
◎陸奥駒〔1―20／昭8.1―昭10.12〕総目次（加治幸子）
　　「創作版画誌の系譜―総目次及び作品図版」　中央公論美術出版　2008.1 p780―802
○陸奥史談（弘前　陸奥史談会）〔1―56／昭10―平14〕総目録
　　「陸奥史談」(57)　2006.10

むつの

○陸奥の友（陸奥の友社）〔1―12／大7.12―大8.11〕細目
　「郷土作家研究」(30)　青森県郷土作家研究会　2005.6　p65―80
◎無名鬼（「無名鬼」発行所）〔1―21／昭39.10―昭50.10〕総目次
　「戦後詩誌総覧 7」(和田博文ほか)　日外アソシエーツ　2010.5　p558―570
◎無名鬼〔1―追悼号／昭39.10―昭50.10〕内容細目
　「文芸雑誌内容細目総覧―戦後リトルマガジン篇」(日外アソシエーツ編，勝又浩監修)　日外アソシエーツ，紀伊國屋書店〔発売〕　2006.11　p462―467
◎村の版画〔1―19／大14.1―昭9.2〕総目次(加治幸子)
　「創作版画誌の系譜―総目次及び作品図版」　中央公論美術出版　2008.1　p143―165
○村山民俗（天童　村山民俗の会）〔1―19／昭63―平17〕総目次(事務局)
　「村山民俗」(20)　2006.7　p119―123
○室蘭　室蘭地方史研究会誌(室蘭地方史研究会)〔1―39〕総目次
　「茂呂瀾」(室蘭地方史研究会編)(40)　2006.2

【め】

○名桜大学紀要（名護　名桜大学）〔1―15／平7―平21〕総目次
　「名桜大学紀要」(名桜大学編)(16)　2010　p383―416
　　（付）英語文
◎明月記研究（明月記研究会）〔1―10／平8.11―平17.12〕総目次(明月記研究会)
　「明月記研究提要」　八木書店　2006.11　巻末2―9
◎明治維新史研究（明治維新史学会）(明治維新史学会)〔1―7／平16.12―平23.1〕論文リスト(明治維新史学会)
　「明治維新史研究の今を問う―新たな歴史像を求めて」　有志舎　2011.7　p290―293
◎明治維新史研究（吉川弘文館）〔1―9／平4.4―平22.2〕論文リスト(明治維新史学会)
　「明治維新史研究の今を問う―新たな歴史像を求めて」　有志舎　2011.7　p284―289
◎明治学院大学心理学紀要(明治学院大学心理学会)〔15―17／平17.3.31―平19.3.31〕論文総覧
　「心理学紀要論文総覧」　日外アソシエーツ　2008.10　p573―574

(注)「心理学紀要」の改題
◎明治学院大学心理学部付属研究所紀要(明治学院大学心理学部付属研究所)〔3—5／平17.3—平19.3〕論文総覧
　　「心理学紀要論文総覧」　日外アソシエーツ　2008.10 p574—575
　　(注)「明治学院大学心理臨床センター研究紀要」の改題
◎明治学院大学心理臨床センター研究紀要(明治学院大学心理臨床センター)〔1—2／平15.3—平16.3〕論文総覧
　　「心理学紀要論文総覧」　日外アソシエーツ　2008.10 p575—576
　　(注)「明治学院大学心理学部付属研究所紀要」と改題
◎明治学院大学大学院心理学研究科心理学専攻紀要(心理学専攻編集委員編　明治学院大学大学院文学研究科・心理学研究科心理学専攻→明治学院大学大学院心理学研究科心理学専攻)〔10—12／平17.3.19—平19.3.12〕論文総覧
　　「心理学紀要論文総覧」　日外アソシエーツ　2008.10 p577—578
　　(注)「明治学院大学大学院文学研究科心理学専攻紀要」の改題
◎明治学院大学大学院文学研究科心理学専攻紀要(心理学専攻編集委員編　明治学院大学大学院文学研究科心理学専攻)〔1—9／平8.2.29—平16.3.18〕論文総覧
　　「心理学紀要論文総覧」　日外アソシエーツ　2008.10 p578—580
　　(注)「明治学院大学大学院心理学研究科心理学専攻紀要」と改題
○明治月刊(開物新社)〔1—5／明1.9—明2.5〕目次(藤元直樹)
　　「参考書誌研究」(国立国会図書館主題情報部編)(65)　2006.10 p1—154
○明治大学教養論集(明治大学教養論集刊行会)〔1—403／昭28.6—平18.3〕総目次
　　「明治大学教養論集」(明治大学教養論集刊行会[編])通号1-403(総目次)
　　　2006.3 p1—121
　　(付)執筆者総索引
◎明治大学考古学博物館館報(明治大学考古学博物館)〔1—10／昭61.3—平7.3〕論文総覧
　　「歴史学紀要論文総覧」　日外アソシエーツ　2007.9 p66—668
◎明治大学心理社会学研究(明治大学文学部心理社会学科)〔1—2／平18.2.28—平19.2.28〕論文総覧
　　「心理学紀要論文総覧」　日外アソシエーツ　2008.10 p581
○明治大学図書館報([明治大学図書館])〔昭10.5—昭11.3〕総目次
　　「明治大学図書館史年譜稿　図書の譜別冊」(明治大学図書館120年史編集委員会編)　明治大学図書館　2008.3 p151—154

めいし

○**明治大学図書館報**（［明治大学図書館］）〔1（1）―74／昭53.10―平14.3〕総目次
　　「明治大学図書館史年譜稿　図書の譜別冊」（明治大学図書館120年史編集委員会編）　明治大学図書館　2008.3　p155―185
○**明七雑誌**（衆医会議所）〔1―3／明9.1―明9.3〕目次（藤元直樹）
　　「参考書誌研究」（国立国会図書館主題情報部編）（65）　2006.10　p1―154
○**明治文学研究**（明治文学談話会）〔2（1）―2（10）／昭10.1―昭10.10〕内容細目（鈴木一正）
　　「時空」（27）　時空の会　2006.11　p43―46
○**明星大学研究紀要　人文学部**（青梅→日野　明星大学青梅校→明星大学日野校）〔1―39／昭40―平15〕総目次
　　「明星大学研究紀要　人文学部」（明星大学人文学部研究紀要編集委員会編）　（40）　2004.3　p201―220
　明星大学研究紀要　人文学部・日本文化学科（日野　明星大学日野校）
　　⇨明星大学研究紀要　日本文化学部・言語文化学科
　明星大学研究紀要　造形芸術学部・造形芸術学科（青梅　明星大学青梅校）
　　⇨明星大学研究紀要　日本文化学部・生活芸術学科
○**明星大学研究紀要　日本文化学部・言語文化学科→明星大学研究紀要　人文学部・日本文化学科**（日野　明星大学日野校）〔10―18／平14―平22〕→〔19／平23〕目次
　　「明星大学研究紀要　人文学部・日本文化学科」（20）　2012　p195―214
○**明星大学研究紀要　日本文化学部・生活芸術学科→明星大学研究紀要　日本文化学部・造形芸術学科→明星大学研究紀要　造形芸術学部・造形芸術学科**（青梅　明星大学青梅校）〔1―8／平5―平12〕→〔9―13／平13―平17〕→〔14―20／平18―平24〕総索引
　　「明星大学研究紀要　造形芸術学部・造形芸術学科」（明星大学造形芸術学部造形芸術学科［編］）（21）　2013　p65―75
　明星大学研究紀要　日本文化学部・造形芸術学科（青梅　明星大学青梅校）
　　⇨明星大学研究紀要　日本文化学部・生活芸術学科
○**明星大学社会学研究紀要**（日野　明星大学人文学部人間社会学科）〔1―30／昭56.3―平22.3〕総目次
　　「明星大学社会学研究紀要」（明星大学社会学研究紀要編集委員会編）（30）　2010.3　p55―72
　　（付）著者名索引

◎明星大学心理学年報(日野 明星大学心理学研究室)〔1—25／昭58.3.20—平19.3.20〕論文総覧
　　「心理学紀要論文総覧」　日外アソシエーツ　2008.10　p582—587
○明星大学研究紀要 理工学部→明星大学理工学部研究紀要(日野 明星大学)〔1—34／昭40—平10〕→〔35—39／平11—平15〕総索引
　　「明星大学理工学部研究紀要」(40)　2004　p155—170
　明星大学理工学部研究紀要(日野 明星大学)
　　⇨明星大学研究紀要 理工学部
◎明大アジア史論集(明治大学東洋史談話会)〔1—10／平9.3—平17.3〕論文総覧
　　「歴史学紀要論文総覧」　日外アソシエーツ　2007.9　p668—671
○明六雑誌(明六社)〔1—43／〔明7.3〕—〔明8.11〕〕目次(藤元直樹)
　　「参考書誌研究」(国立国会図書館主題情報部編)(65)　2006.10　p1—154
○明六雑誌(明六社)〔1—43／明7.4—明8.11〕総目次
　　「明六社」(大久保利謙著)　講談社　2007.10　p81—92
　　(付)執筆者索引
○明六雑誌(明六社)執筆者略年譜(山室信一ほか)
　　「明六雑誌 中」　岩波書店　2008.6　p395—435
○明六雑誌(明六社)記事索引(中野目徹)
　　「明六雑誌 下」　岩波書店　2009.8　巻末37—39
　めさまし新聞(見光社)
　　⇨自由燈
◎目白大学心理カウンセリングセンター年報(目白大学心理カウンセリングセンター)〔1—4／平15.3.1—平18.3.1〕論文総覧
　　「心理学紀要論文総覧」　日外アソシエーツ　2008.10　p588—589
◎目白大学心理学研究(目白大学心理学研究編集委員会編 目白大学)〔1—3／平17.3.30—平19.3.30〕論文総覧
　　「心理学紀要論文総覧」　日外アソシエーツ　2008.10　p589—590
○芽だち〔1—38／昭27.6—昭34.8〕総目次(楠田剛士)
　　「九大日文」(九州大学日本語文学会「九大日文」編集委員会編)通号15　2010.3.31　p14—40
○メディア教育研究(千葉 メディア教育開発センター)〔1(1)1—4(2)8／平16.12—平20.2〕バックナンバーリスト
　　「メディア教育研究」5(1)　2008　p131—139

469

【も】

○蒙疆文学（日本語版）（張家口　蒙疆文藝懇話會）〔1（2），1（4），1（6），2（1）—2（4）〕目次（阿莉塔）
　　「九大日文」（九州大学日本語文学会「九大日文」編集委員会編）通号5
　　　2004.12.1　p385—409
○蒙疆文学（日本語版）（張家口　蒙疆文藝懇話會）〔1（5），2（5）—2（9），3（1・2），3（4）—3（5）〕目次（阿莉塔）
　　「九大日文」（九州大学日本語文学会「九大日文」編集委員会編）通号6
　　　2005.6.1　p80—86
○蒙疆文学（日本語版）（張家口　蒙疆文藝懇話會）〔1（1），1（3）〕目次（阿莉塔）
　　「九大日文」（九州大学日本語文学会「九大日文」編集委員会編）通号8
　　　2006.10.1　p105—107
○莽草雑誌（自主社）〔1—5／明9.8—明9.9〕目次（藤元直樹）
　　「参考書誌研究」（国立国会図書館主題情報部編）（65）　2006.10　p1—154
○もうひとつの世界へ（ロゴス）〔1—18／平17.11—平20.12〕主要目次
　　「もうひとつの世界へ」（18）　2008.12　p68—63
◎茂吉記念館だより（上山　斎藤茂吉記念館）〔1—14／平10.9—平23.12〕総目次（岡野裕之）
　　「文学館出版物内容総覧：図録・目録・紀要・復刻・館報」　日外アソシエーツ　2013.4　p150—152
○木材保存（日本木材保存協会）〔1—139／昭50—平16〕総目次
　　「木材保存」30（6）通号139　2004　p284—316
◎黙示（黙示編輯部→黙示社）〔1（1）—4（3），2次1（1）—2（2）／昭9.10—昭14.6〕総目次ほか（早稲田大図書館）
　　「しれえね・地平線・基調・黙示・リラ・葡萄園・青銅時代・三田文芸陣・季節の展望・素質・新三田派・七人・朱門・紅（等）・偽画・未成年総目次」　雄松堂アーカイブズ　2009.4　p31—55
◎木版〔1—4／昭3.3—昭5.10〕総目次（加治幸子）
　　「創作版画誌の系譜—総目次及び作品図版」　中央公論美術出版　2008.1　p253—256
○木簡研究（奈良　木簡学会）〔26—30／平16—平20〕総目次

「木簡研究」(30)　2008　p316—334
○目耕余録(吉松四郎ほか)〔1—9／明8.5—明8.9〕目次(藤元直樹)
　　「参考書誌研究」(国立国会図書館主題情報部編)(65)　2006.10 p1—154
○モノグラフ〔1—3／平6.3—平16.3〕刊行一覧
　　「経済研究所年報」(成城大学経済研究所[編])(26)　2013.4 p177
◎桃山歴史・地理(京都　京都学芸大学史学会→京都教育大学史学会)〔2—40／昭33.3—平17.12〕論文総覧
　　「歴史学紀要論文総覧」　日外アソシエーツ　2007.9 p223—228
○もやい：長崎人権・学(長崎　長崎県部落史研究所→長崎人権研究所)〔1—57・58／昭55.10—平21.3〕総目次
　　「もやい：長崎人権・学」(長崎人権研究所編)(59)　2009.10 p1—82
○モラロジー研究(モラロジー研究所)〔1—69／昭48.10—平24.8〕既刊目録
　　「モラロジー研究」(70)　2013.2 p173—195
◎森鷗外全集月報(筑摩書房)〔1—8／昭40.4—昭40.11〕全目次
　　「鷗外全集刊行会版『鷗外全集』資料集」(鷗出版編集室編)　鷗出版　2009.10 p234
　　(付)題名索引・執筆者索引
○盛岡大学紀要(滝沢村(岩手県)　盛岡大学)〔1—22／昭56—平17.3〕著者別目次一覧
　　「盛岡大学紀要」(23)　2006.3 p124—133
○盛岡大学紀要(滝沢村(岩手県)　盛岡大学)〔1—23／昭56—平18.3〕著者別目次一覧
　　「盛岡大学紀要」(24)　2007.3 p113—123
○盛岡大学紀要(滝沢村(岩手県)　盛岡大学)〔1—24／昭56—平19.3〕著者別目次一覧
　　「盛岡大学紀要」(25)　2008.3 p83—93
○盛岡大学紀要(滝沢村(岩手県)　盛岡大学)〔1—25／昭56—平20.3〕著者別目次一覧
　　「盛岡大学紀要」(26)　2009.3 p67—78
○もりやま(守山郷土史研究会)〔21—30／平14—平23〕総目次ほか
　　「もりやま」(31)　2012.1 p186—193
○門〔1—8／昭4.1—昭15.12〕目次ほか(佐々木靖章)

「文献探索」(文献探索研究会編)(2005)　2006.5 p108—117
○文書館紀要(さいたま　埼玉県立文書館)〔1—20／昭63—平19〕目次総索引
　「文書館紀要」(20)　2007.3 p43—46
○文書館報(浦和　埼玉県立浦和図書館→埼玉県立文書館)〔1—10／昭47—昭58〕目次総索引
　「文書館紀要」(20)　2007.3 p41—42
○モンテッソーリ教育(日本モンテッソーリ協会)〔1—40／昭43.7—平19〕総目次
　「モンテッソーリ教育」(日本モンテッソーリ協会「モンテッソーリ教育」編集委員会編)(40)　2007 p168—199
○文部時報(文部省調査普及局編　帝国地方行政学会)〔824—865／昭21.1.25—昭24.10.10〕目次(奥泉栄三郎)
　「戦後教育史研究」(明星大学戦後教育史研究センター編)(23)　2009.12 p95—142
○文部省雑誌(文部省)〔1—9,1—27,1—20,1—8／明6.?—明9.3〕目次(藤元直樹)
　「参考書誌研究」(国立国会図書館主題情報部編)(65)　2006.10 p1—154

【や】

○焼津市史研究(焼津　焼津市)〔1—9／平12.3—平20.3〕総目次
　「焼津市史研究」(焼津市総務部市史編さん室編)(9)　2008.3 p93—94
八尾市立歴史民俗資料館研究紀要(八尾　八尾市文化財調査研究会)
　⇨研究紀要(八尾市立歴史民俗資料館)
○薬史学会通信(日本薬史学会)〔1—36／昭60—平16〕総目次
　「薬史学雑誌」39(1)　2004 p187—217
○薬史学雑誌(日本薬史学会)〔1—38／昭41—平15〕総目次
　「薬史学雑誌」39(1)　2004 p187—217
○八雲(焼津　小泉八雲顕彰会)〔1—21／昭63—平21〕総目次
　「八雲」(22)　2010 p77—82
○野菜茶業研究所研究報告(安濃町(三重県)　農業技術研究機構野菜茶業研究所→農業・生物系特定産業技術研究機構野菜茶業研究所)〔1—2／平14.3—平15.3〕総目次
　「野菜茶業研究所研究報告」(3)　2004.3 p219—230

○野菜茶業研究所研究報告(安濃町(三重県)　農業技術研究機構野菜茶業研究所→農業・生物系特定産業技術研究機構野菜茶業研究所)〔1—3／平14.3—平16.3〕総目次
　　「野菜茶業研究所研究報告」(4)　2005.3　p121—126
○野菜茶業研究所研究報告(安濃町(三重県)　農業技術研究機構野菜茶業研究所→農業・生物系特定産業技術研究機構野菜茶業研究所)〔1—4／平14.3—平17.3〕総目次
　　「野菜茶業研究所研究報告」(5)　2006.3　p157—163
○野菜・茶業試験場研究報告(安濃町(三重県)　農林水産省野菜・茶業試験場)〔6—16／平5.3—平13.3〕総目次
　　「野菜茶業研究所研究報告」(3)　2004.3　p213—228
○野州国文学(栃木　国学院大学栃木短期大学国文学会)〔1—79／昭42.12—平19.3〕既刊総目次
　　「野州国文学」(80)　2007.10　p61—81
　　(付)執筆者索引：p82—96
○野人〔1—終刊号／昭13.9—昭17.11〕総目次(佐々木靖章)
　　「文献探索人」(文献探索研究会編)(2010)　〔2010〕p52—57
◎安田女子大学心理教育相談研究(広島　安田女子大学心理教育相談室)〔1—6／平14.3.30—平19.3.31〕論文総覧
　　「心理学紀要論文総覧」　日外アソシエーツ　2008.10　p591—592
○安田年金レポート→DFKTB年金レポート→みずほ年金レポート(安田年金研究所→DFKTB年金研究所→みずほ年金研究所)〔1—100／平10.6—平24.1・2〕バックナンバー各号目次
　　「Mizuho pension report」(100)(別冊)　2012.1・2　100p　A4
○夜豆志呂(八代　八代史談会)〔1—151／昭41.12—平18.6〕総目録
　　「夜豆志呂」(八代史談会〔編〕)(152)　2006.10
○山形県地域史研究(山形　山形県地域史研究協議会)〔21—30／平8.3—平17.2〕総目録
　　「山形県地域史研究」(30)　2005.2
◎山形大学史学論集(山形　山形大学人文学部教養部歴史学研究室→山形大学人文学部歴史学宗教史・人類学研究室山形史学会)〔1—19／昭56.1—平11.2〕論文総覧
　　「歴史学紀要論文総覧」　日外アソシエーツ　2007.9　p677—679

（注）「山形大学歴史・地理・人類学論集」と改題
◎山形大学心理教育相談室紀要（山形　山形大学教育学部附属教育実践総合センター→山形大学教職研究総合センター心理教育相談室）〔1—5／平15.3.30—平19.3.31〕論文総覧
　　「心理学紀要論文総覧」　日外アソシエーツ　2008.10　p593—594
◎山形大学歴史・地理・人類学論集（山形　山形大学歴史・地理・人類学研究会）〔1—7／平12.3—平18.3〕論文総覧
　　「歴史学紀要論文総覧」　日外アソシエーツ　2007.9　p679—681
　　（注）「山形大学史学論集」の改題
○山形の民話（南陽　山形民話の会）〔1—126／昭48.5—平8.10〕総目録ほか（佐藤晃）
　　「山形短期大学紀要」（山形短期大学編）（39）　2007.3　p19—39
○山形保育専門学校研究紀要→羽陽学園短期大学紀要（天童　山形保育専門学校→羽陽学園短期大学）〔1(1)—1(2)／昭55—昭56〕→〔2(1)—8(4)／昭57—平22〕総目次
　　「羽陽学園短期大学紀要」8(4)　2010.2　p557—569
　　（注）「山形保育専門学校研究紀要」の改題
○山形方言（山形　山形県方言研究会）〔30—39／平10.3—平21.9〕目次
　　「山形方言」(40)　2010.10　p10—12
○山形民俗（山形　山形県民俗研究協議会）〔1—20／昭62.3—平18.10〕総目次
　　「山形民俗」（山形県民俗研究協議会〔編〕）(20)　2006.10　p80—86
○山口県神道史研究（山口　山口県神道史研究会）〔1—20／平1.6—平20.7〕総目次
　　「山口県神道史研究」（山口県神道史研究会編）通号21　2009.7　p113—126
○山口県地方史研究（山口　山口県地方史学会）〔1—100／昭29.11—平20.11〕総目次
　　「山口県地方史研究」(100)　2008.11　p100—149
　　（付）著者名索引
○山口国文（山口　山口大学文理学部国語国文学会→山口大学人文学部国語国文学会）〔20—29／平9.3—平18.3〕総目次
　　「山口国文」（山口大学人文学部国語国文学会編）(30)　2007.3　p137—142
◎山口大学教育学部研究論叢.第3部,芸能・体育・教育・心理（山口　山口大学教育学部）〔8—23／昭33.12.15—昭49.3.15〕論文総覧
　　「心理学紀要論文総覧」　日外アソシエーツ　2008.10　p613—618

(注)「山口大学教育学部研究論叢」より分離。「研究論叢.第3部, 芸術・体育・教育・心理/山口大学教育学部広報部編」と改題
◎山口大学心理臨床研究(山口 山口大学教育学部心理教育相談室)〔1―7／平13.3.31―平19.3.31〕論文総覧
　「心理学紀要論文総覧」 日外アソシエーツ 2008.10 p618―620
◎山口瞳通信〔1―6／平13.8―平18.8〕目次ほか(中野朗)
　「文献探索」(文献探索研究会編)(2007)　2008.3 p301―316
○やましろ(木津川 城南郷土史研究会)〔8―17／昭29.12―昭60.12〕総目次(橘尚彦)
　「やましろ」(19)　2004.8
○山手国文論攷→山手日文論攷(神戸 神戸山手女子短期大学日本語・日本文化学科)〔1―22／昭53.3―平13.3〕→〔23―25／平15.3―平19.3〕総目録
　「山手日文論攷」(26)　2007.3 p147―156
　山手日文論攷(神戸 神戸山手女子短期大学日本語・日本文化学科)
　　⇨山手国文論攷
◎大和文學(大和文学会→東井三代次編 養徳社)〔1―3／昭22.12―昭23.10〕内容細目
　「文芸雑誌内容細目総覧―戦後リトルマガジン篇」(日外アソシエーツ編, 勝又浩監修) 日外アソシエーツ, 紀伊國屋書店〔発売〕　2006.11 p165―166
○山梨県史だより(甲府 山梨県県民生活局→山梨県教育委員会県史編さん室)〔1―31／平3.3.25―平18.11.15〕総目次
　「山梨県史だより」(山梨県教育委員会県史編さん室編)(32)　2007.12
○山梨県立考古博物館・山梨県埋蔵文化財センター研究紀要(甲府 山梨県立考古博物館)〔1―19／昭58―平15.3〕執筆者一覧
　「山梨県立考古博物館・山梨県埋蔵文化財センター研究紀要」(20)　2004.3 巻頭2p
○山梨県立考古博物館・山梨県埋蔵文化財センター研究紀要(甲府 山梨県立考古博物館)〔1―20／昭58―平16.3〕執筆者一覧
　「山梨県立考古博物館・山梨県埋蔵文化財センター研究紀要」(21)　2005.3 巻末2p
○山梨県立考古博物館・山梨県埋蔵文化財センター研究紀要(甲府 山梨県立考古博物館)〔1―21／昭58―平17.3〕執筆者一覧
　「山梨県立考古博物館・山梨県埋蔵文化財センター研究紀要」(22)　2006.3

巻末2p
○山梨県立考古博物館・山梨県埋蔵文化財センター研究紀要（甲府　山梨県立考古博物館）〔1—22／昭58—平18.3〕執筆者一覧
　　「山梨県立考古博物館・山梨県埋蔵文化財センター研究紀要」(23)　2007.3　巻末3p
○山梨県立考古博物館・山梨県埋蔵文化財センター研究紀要（甲府　山梨県立考古博物館）〔1—23／昭58—平19.3〕執筆者一覧
　　「山梨県立考古博物館・山梨県埋蔵文化財センター研究紀要」(24)　2008.3　巻末3p
○山梨県立考古博物館・山梨県埋蔵文化財センター研究紀要（甲府　山梨県立考古博物館）〔1—24／昭58—平20〕執筆者一覧
　　「山梨県立考古博物館・山梨県埋蔵文化財センター研究紀要」(25)　2009　巻末2p
○山梨県立考古博物館・山梨県埋蔵文化財センター研究紀要（甲府　山梨県立考古博物館）〔1—25／昭58—平21〕執筆者一覧
　　「山梨県立考古博物館・山梨県埋蔵文化財センター研究紀要」(26)　2010　p67—68
○山梨県立考古博物館・山梨県埋蔵文化財センター研究紀要（甲府　山梨県立考古博物館）〔1—26／昭58—平22〕執筆者一覧
　　「山梨県立考古博物館・山梨県埋蔵文化財センター研究紀要」(27)　2011　巻末3p
○山梨県立考古博物館・山梨県埋蔵文化財センター研究紀要（甲府　山梨県立考古博物館）〔1—27／昭58—平23.3〕執筆者一覧
　　「山梨県立考古博物館・山梨県埋蔵文化財センター研究紀要」(28)　2012.3　巻末3p
◎山梨県立文学館館報（甲府　山梨県立文学館）〔1—88／平1.11—平24.9〕総目次（岡野裕之）
　　「文学館出版物内容総覧：図録・目録・紀要・復刻・館報」　日外アソシエーツ　2013.4　p725—739
◎山梨の文学（甲府　山梨県立文学館）〔1985—2005／昭60.3—平17.3〕総目次（岡野裕之）
　　「文学館出版物内容総覧：図録・目録・紀要・復刻・館報」　日外アソシエーツ　2013.4　p722—723

◎山の樹〔第二次〕（山の樹発行所）〔1―4／昭31.12―昭35.5〕目次（名木橋忠大）
　「戦後詩誌総覧 6」（和田博文ほか）　日外アソシエーツ　2010.2　p410―412
○山邊道（天理　天理大学国語国文学会）〔1―50／平9.3―平19.2〕号別目次
　「山邊道」（天理大學國語國文學會編）（50）　2007.2　p42―58
　　（付）執筆者別総目次
◎山村学園短期大学紀要（山村学園短期大学教務委員会編　鳩山町（埼玉県）　山村学園短期大学コミュニケーション学科保育学科）〔14―18／平14.12.20―平19.3.31〕論文総覧
　「心理学紀要論文総覧」　日外アソシエーツ　2008.10　p622―623
　　（注）「山村女子短期大学紀要」の改題
◎山村女子短期大学紀要（山村女子短期大学教務委員会編　鳩山町（埼玉県）　山村女子短期大学国際文化科）〔1―13／平1.12.4―平13.12.20〕論文総覧
　「心理学紀要論文総覧」　日外アソシエーツ　2008.10　p624―626
　　（注）「山村学園短期大学紀要」と改題
○山脇学園短期大学紀要（山脇学園短期大学）〔1―46／昭38―平20〕総目録
　「山脇学園短期大学紀要」（紀要編集委員会編）（47）　2009　p135―149

【ゆ】

○ユアサ時報（高槻　湯浅電池→ユアサコーポレーション）〔65―96／昭63―平16〕総目次
　「Yuasa jiho」（96）　2004.3　p43―61
○URC都市科学（福岡　福岡都市科学研究所）〔1―58／平1.3―平16.冬〕目次
　「URC都市科学」（福岡都市科学研究所編）（59）　2004　p77―100
◎ゆうかり〔1―30／昭6.1―昭10.8〕総目次（加治幸子）
　「創作版画誌の系譜―総目次及び作品図版」　中央公論美術出版　2008.1　p455―493
○遊戯史研究（大阪　遊戯史学会事務局）〔創刊準備号―15／昭63.11―平15.11〕総目次
　「遊戯史研究」（遊戯史研究編集部編）（16）　2004.11　p128―136
○遊戯史研究（大阪　遊戯史学会事務局）〔創刊準備号―16／昭63.11―平16.11〕総目次
　「遊戯史研究」（遊戯史研究編集部編）（17）　2005.11　p84―87

ゆうき

○**遊戯史研究**（大阪 遊戯史学会事務局）〔創刊準備号—17／昭63.11—平17.11〕総目次
　　「遊戯史研究」（遊戯史研究編集部編）（18）　2006.11　p70—73
○**遊戯史研究**（大阪 遊戯史学会事務局）〔創刊準備号—18／昭63.11—平18.11〕総目次
　　「遊戯史研究」（遊戯史研究編集部編）（19）　2007.11　p64—67
○**遊戯史研究**（大阪 遊戯史学会事務局）〔創刊準備号—19／昭63.11—平19.11〕総目次
　　「遊戯史研究」（遊戯史研究編集部編）（20）　2008.11　p58—62
○**遊戯史研究**（大阪 遊戯史学会事務局）〔創刊準備号—20／昭63.11—平20.11〕総目次
　　「遊戯史研究」（遊戯史研究編集部編）（21）　2009.11　p82—86
○**遊戯史研究**（大阪 遊戯史学会事務局）〔創刊準備号—21／昭63.11—平21.11〕総目次
　　「遊戯史研究」（遊戯史研究編集部編）（22）　2010.11　p105—109
○**遊戯史研究**（大阪 遊戯史学会事務局）〔創刊準備号—22／昭63.11—平22.11〕総目次
　　「遊戯史研究」（遊戯史研究編集部編）（23）　2011.11　p63—67
○**遊戯史研究**（大阪 遊戯史学会事務局）〔創刊準備号—23／昭63.11—平23.11〕総目次
　　「遊戯史研究」（遊戯史研究編集部編）（24）　2012.11　p76—80
○**遊戯史研究**（大阪 遊戯史学会事務局）〔創刊準備号—24／昭63.11—平24.11〕総目次
　　「遊戯史研究」（遊戯史研究編集部編）（25）　2013.10　p56—60
○**有機農業研究**（日本有機農業学会編 コモンズ）〔1(1)／平21.12〕総目次
　　「有機農業研究」（日本有機農業学会編）2(1)　2010　p50—55
○**有機農業研究**（日本有機農業学会編 コモンズ）〔1(1)—2(1)／平21—平22〕総目次
　　「有機農業研究」（日本有機農業学会編）2(2)　2010　p80—85
○**有機農業研究年報**（日本有機農業学会編 コモンズ）〔1—7／平13.12—平19.12〕目次
　　「有機農業研究年報」（日本有機農業学会編）（8）　2008.12　p212—218

○有機農業研究年報（日本有機農業学会編　コモンズ）〔1—8／平13.12—平20.12〕
　総目次
　　「有機農業研究」（日本有機農業学会編）1(1)　2009.12　p91—98
○有機農業研究年報（日本有機農業学会編　コモンズ）〔1—8／平13.12—平20.12〕
　総目次
　　「有機農業研究」（日本有機農業学会編）2(1)　2010　p50—55
○有機農業研究年報（日本有機農業学会編　コモンズ）〔1—8／平13.12—平20.12〕
　総目次
　　「有機農業研究」（日本有機農業学会編）2(2)　2010　p80—85
◎ゆうとぴあ（岩谷書店）〔1(1)—2(3)／昭21.9—昭22.9〕総目次（早川芳枝）
　　「戦後詩誌総覧　2」（和田博文ほか）　日外アソシエーツ　2008.12　p3—10
○郵便史研究（郵便史研究会）〔1—22／平7.12—平18.10〕目録
　　「郵便史研究：郵便史研究会紀要」（郵便史研究会編）(23)　2007.4　p54—56
○郵便史研究（郵便史研究会）〔1—31／平7.12—平23.3〕総目次
　　「郵便史研究：郵便史研究会紀要」（郵便史研究会編）(32)　2011.9　p43—50
◎有加利樹（再刊）〔1—3／昭4.12—昭5.7〕総目次（加治幸子）
　　「創作版画誌の系譜—総目次及び作品図版」　中央公論美術出版　2008.1
　　p343—346
○油空圧→フルードパワー（日本油空圧工業会→日本フルードパワー工業会）〔11
　(1)—13(2)／平9.7—平11.5〕→〔13(3)—20(1)／平11.9—平17〕総目次
　　「フルードパワー」20(2)　2006　p174—188
○檮原史談（檮原町文化協会）〔1—31〕目次一覧（編集部）
　　「檮原　文芸・史談」（檮原町教育委員会編）(35)　2010.11
由良大和古代文化研究協会研究紀要（橿原　由良大和古代文化研究協会）
　⇨研究紀要（由良大和古代文化研究協会）

【よ】

○洋学史研究（洋学史研究会）〔1—25／昭59.3—平20.4〕総目次
　　「洋学史研究」(25)　2008.4　p132—145
○洋学史研究（洋学史研究会）〔1—30／昭59.3—平25.4〕総目次
　　「洋学史研究」(30)　2013.4　p132—148

ようき

◎妖奇(オール・ロマンス社)〔1(1)―6(10)／昭22.7―昭27.10〕総目次(山前譲)
  「探偵雑誌目次総覧」 日外アソシエーツ 2009.6 p274―289
◎洋酒天国(洋酒天国社)〔1―61／昭31.4.10―昭39.2.15〕総目次
  「『洋酒天国』とその時代」(小玉武著) 筑摩書房 2007.5 p365―388
◎洋酒天国(洋酒天国社)〔1―61／昭31.4.10―昭39.2.15〕総目次
  「『洋酒天国』とその時代」(小玉武著) 筑摩書房(筑摩文庫) 2011.8 p438―465
○幼少児健康教育研究(日本幼少児健康教育学会)〔11―14／平14―平19〕目録
  「幼少児健康教育研究」15(1) 2009.3 p106―108
◎羊土〔1―2／昭6.6―昭7.12〕総目次(加治幸子)
  「創作版画誌の系譜―総目次及び作品図版」 中央公論美術出版 2008.1 p525―528
○陽明学(二松学舎大学陽明学研究所→二松学舎大学東アジア学術総合研究所陽明学研究部)〔1―19／平1.3―平19.3〕総目次
  「陽明学」(20) 2008 p239―247
○余暇学研究(余暇ツーリズム学会→日本余暇学会)〔1―15／平10.3―平24.3〕目次
  「余暇学研究」(16) 2013.3 p102―109
○横浜開港資料館紀要(横浜 横浜開港資料館)〔1―24／昭58.3―平19.3〕目次一覧
  「横浜開港資料館紀要」(25) 2007.3 p216―207
○横浜経済研究所時報→経済と貿易(横浜 横浜経済研究所→横浜市立大学経済研究所)〔1―44・45／昭8.1―昭24.9〕→〔46・47―189／昭25.2―平17.3〕総目次
  「経済と貿易」(190) 2005.3 p1―35
○横浜西区郷土史研究会会報(横浜西区郷土史研究会)〔1―30／平1.11.1―平20.4.1〕総目次
  「横浜西区郷土史研究会会報」(30) 2008.4
○横光利一研究(横光利一文学会)〔1―9／平15.2―平23.3〕内容一覧
  「横光利一研究」(10) 2012.3 p155―159
○吉野路(下市町(奈良県) 樋口昌徳)〔90―100／平13.8―平16.2〕総目次
  「吉野路」(樋口昌徳 著)(100) 2004.2
○寄せ場(日本寄せ場学会,れんが書房新社〔発売〕)総目次
  「寄せ場:日本寄せ場学会年報」(年報編集委員会編)(21) 2008.6 p102―

112

◎米沢史学（米沢 米沢史学会（山形県立米沢女子短期大学日本史学科内））〔1—22／昭60.3—平18.6〕論文総覧
　　「歴史学紀要論文総覧」 日外アソシエーツ　2007.9　p673—676
◎ヨーロッパ文化史研究（仙台 東北学院大学ヨーロッパ文化研究所，東北学院大学大学院文学研究科ヨーロッパ文化史専攻）〔1—7／平12.3—平18.3〕論文総覧
　　「歴史学紀要論文総覧」 日外アソシエーツ　2007.9　p455—457
○よろん（日本世論調査協会）〔1—100／昭25.4—平19.10〕目次総覧
　　「よろん：日本世論調査協会報」（別冊）　2007.10　p4—79

【ら】

○らいぶ 明治大学図書館だより（明治大学図書館）〔1—42／平4.1—平14.4〕総目次
　　「明治大学図書館史年譜稿 図書の譜別冊」（明治大学図書館120年史編集委員会編）明治大学図書館　2008.3　p186—192
○らいぶ 明治大学図書館報（明治大学図書館）〔1—12／平14.7—平18.12〕総目次
　　「明治大学図書館史年譜稿 図書の譜別冊」（明治大学図書館120年史編集委員会編）明治大学図書館　2008.3　p193—196
○酪農学園大学紀要（江別 酪農学園大学）〔1（1）—28（1）／昭36—平15〕総目録
　　「酪農学園大学紀要 自然科学編」（酪農学園大学，酪農学園大学短期大学部編）28（2）通号54　2004.4　巻末57p
○酪農学園大学紀要（江別 酪農学園大学）〔1（1）—29（1）／昭36—平16〕総目録
　　「酪農学園大学紀要 自然科学編」（酪農学園大学，酪農学園大学短期大学部編）29（2）通号56　2005.4　巻末60p
○酪農学園大学紀要（江別 酪農学園大学）〔1（1）—30（1）／昭36—平17〕総目録
　　「酪農学園大学紀要 自然科学編」（酪農学園大学，酪農学園大学短期大学部編）30（2）通号58　2006.4　巻末64p
○酪農学園大学紀要（江別 酪農学園大学）〔1（1）—30（1）／昭36—平18〕総目録
　　「酪農学園大学紀要 自然科学編」（酪農学園大学，酪農学園大学短期大学部編）31（2）通号60　2007.4　巻末66p
○酪農学園大学紀要（江別 酪農学園大学）〔1（1）—32（1）／昭36—平19〕総目録
　　「酪農学園大学紀要 自然科学編」（酪農学園大学，酪農学園大学短期大学部

らしお

　　　編）32（2）通号62　2008.4　巻末69p
○ラジオ歌謡研究（秋田　日本ラジオ歌謡研究会）〔1—3／平19.6—平21.9〕目次一覧
　　「ラジオ歌謡研究」（4）　2010.9　p127—129
○ラジオ歌謡研究（秋田　日本ラジオ歌謡研究会）〔1—4／平19.6—平22.9〕目次一覧
　　「ラジオ歌謡研究」（5）　2011.9　p138—141
○ラジオ歌謡研究（秋田　日本ラジオ歌謡研究会）〔1—5／平19.6—平23.9〕目次一覧
　　「ラジオ歌謡研究」（6）　2012.9　p126—130
◎裸像（書院ユーゴー）〔1（1）—2（1）／昭15.7.30—昭16.1.30〕総目次
　　「大阪文藝雑誌総覧」（浦西和彦, 増田周子, 荒井真理亜著）和泉書院　2013.2　p324
○**Labio 21**（日本実験動物協会）〔1—24／平12.7—平18.4〕総索引
　　「Labio 21」（情報専門委員会編）(1-24)（総索引）　2000—2006　p7—4
○**Labio 21**（日本実験動物協会）〔25—48／平18.7—平24.4〕総索引
　　「Labio 21」（情報委員会編）(25-48)（総索引）　2006.7—2012.4　p3—14
○らん（関西造船協会）〔55—65／平14.4—平16.10〕記事表題集
　　「らん」（66）　2005.1　p53—65

【り】

◎リアリズム（霜多正次編　リアリズム研究会）〔1—8／昭33.10—昭36.12〕内容細目
　　「文芸雑誌内容細目総覧—戦後リトルマガジン篇」（日外アソシエーツ編, 勝又浩監修）日外アソシエーツ, 紀伊國屋書店〔発売〕　2006.11　p315—317
　　（注）「現実と文学」と改題
○理学療法ジャーナル（医学書院）〔36—40／平14—平18〕総目次
　　「理学療法ジャーナル」40（13）（増刊）　2006.12　巻末1—51
　　（付）著者索引
○理化少年（日本少年理化學會, 電氣日報社〔発売〕）〔1（1）—1（5）／大7〕総目次（菊地圭子）
　　「ヘカッチ：日本児童文学学会北海道支部機関誌」（3）通号12　2008.5　p101

—114
○陸上競技研究（日本学生陸上競技連合）〔51—60／平14.12—平17.3〕総目次
　　「陸上競技研究」（日本学生陸上競技連合［編］）2005（1）通号60　2005.3 p61
　　　—63
○陸上競技研究（日本学生陸上競技連合）〔61—70／平17.6—平19.9〕総目次
　　「陸上競技研究」（日本学生陸上競技連合［編］）2007（3）通号70　2007.9 p61
　　　—63
○陸上競技研究（日本学生陸上競技連合）〔71—80／平19.12—平22.3〕総目次
　　「陸上競技研究」（日本学生陸上競技連合［編］）2010（1）通号80　2010.3 p61
　　　—63
○陸上競技研究（日本学生陸上競技連合）〔81—90／平22.6—平24.9〕総目次
　　「陸上競技研究」（日本学生陸上競技連合［編］）2012（3）通号90　2012.9 p61
　　　—63
○六朝學術學會報（六朝学術学会）〔1—9／平11.10—平20.3〕総目次
　　「六朝學術學會報」（六朝学術学会編）（10）　2009.3 p173—182
◎理工サーキュラー（日本大学理工学部広報委員会）〔1—145／昭46.7—平22.Sum.〕目次一覧
　　「日本大学理工学部90年史 2」（日本大学理工学部90年史編纂委員会編）　日本大学理工学部　2010.10 p164—182
○**Regional**（奈良　奈良県立同和問題関係史料センター）〔1—10／平18.5—平20.9〕総目次
　　「Regional」（10）　2008.9 p45—46
◎立教経済学研究（立教大学→立教大学経済学研究会）〔1（1）—61（4）／昭13.3—平20.3〕目次一覧
　　「立教大学経済学部100年史」（立教大学経済学部編纂委員会編）　立教大学経済学部　2008.12 p267—309
◎立教社会福祉研究（立教大学社会福祉研究所）〔1—20／昭53.2—平13.3〕目次
　　「近代雑誌目次文庫 81 社会学編 31」　ゆまに書房　2013.3 p71—74
◎立教大学経済学会会誌（立教大学経済学会）〔3（2）—3（4）／昭8.11—昭9.6〕目次一覧
　　「立教大学経済学部100年史」（立教大学経済学部編纂委員会編）　立教大学経済学部　2008.12 p262—263
◎立教大学経済学会誌（立教大学経済学会）〔13—18／昭9.10—昭15.2〕目次一覧

りつき

  「立教大学経済学部100年史」(立教大学経済学部編纂委員会編)　立教大学経済学部　2008.12　p263—264
◎**立教大学経済学会報**(立教大学経済学会)〔1(1)—3(1)／昭6.11—昭8.6〕目次一覧
  「立教大学経済学部100年史」(立教大学経済学部編纂委員会編)　立教大学経済学部　2008.12　p262
○**立教大学神学年報**(立教大学キリスト教学会)〔1—6／昭28—昭33〕総目次
  「キリスト教学」(51)　2009.12　p273
   (注)「キリスト教学」と改題
○**立教大学神学年報**(立教大学キリスト教学会)〔1—6／昭28—昭33〕総目次
  「キリスト教学」(52)　2010　p272
   (注)「キリスト教学」と改題
○**立教大学神学年報**(立教大学キリスト教学会)〔1—6／昭28—昭33〕総目次
  「キリスト教学」(53)　2011　p209
   (注)「キリスト教学」と改題
○**立教大学神学年報**(立教大学キリスト教学会)〔1—6／昭28—昭33〕総目次
  「キリスト教学」(54)　2012　p211
   (注)「キリスト教学」と改題
◎**立教大学心理学研究**(立教大学心理学研究編集委員会編　立教大学文学部心理学科→立教大学心理学研究室)〔42—49／平12.3.31—平19.3.31〕論文総覧
  「心理学紀要論文総覧」　日外アソシエーツ　2008.10　p627—629
   (注)「立教大学心理学科研究年報」の改題
◎**立教大学心理学科研究年報**(立教大学文学部心理学科)〔11—41／昭43.3.20—平11.3.31〕論文総覧
  「心理学紀要論文総覧」　日外アソシエーツ　2008.10　p629—634
   (注)「立教大学心理・教育学科研究年報」より分離。「立教大学心理学研究」と改題
◎**立教大学心理・教育学科研究年報**(立教大学文学部心理学研究室・教育学研究室)〔1—10／昭32.6.25—昭41.12.20〕論文総覧
  「心理学紀要論文総覧」　日外アソシエーツ　2008.10　p635—637
   (注)「立教大学心理学科研究年報」「立教大学教育学科研究年報」に分割
○**立教大学日本文学**(立教大学日本文学会)〔51—99／昭58.12—平19.12〕総目次(後藤隆基,滝上裕子,瀧本健作)
  「立教大学日本文学」(100)　2008.7　p130—160

◎立教大学臨床心理学研究（立教大学臨床心理学研究編集委員会編 新座 立教大学現代心理学研究科臨床心理学専攻）〔1／平19.3.31〕論文総覧
　「心理学紀要論文総覧」　日外アソシエーツ　2008.10 p637
○立教日本史論集（立教大学日本史研究会）〔1—10／昭55.1—平18.1〕総目次
　「立教日本史論集」（立教大学日本史研究会）（10）　2006.1 p67—68
◎立教日本史論集（立教大学日本史研究会）〔1—10／昭55.1—平18.1〕論文総覧
　「歴史学紀要論文総覧」　日外アソシエーツ　2007.9 p730—731
○力行〔1—5（10）／明32.2—明40.10〕総目次（和田敦彦）
　「早稲田大学大学院教育学研究科紀要」（早稲田大学大学院教育学研究科編）（22）　2011 p147—171
○力行世界（日本力行會→力行世界社）〔10（1）120—140／大2.1—大4.12〕総目次（和田敦彦）
　「早稲田大学大学院教育学研究科紀要」（早稲田大学大学院教育学研究科編）（22）　2011 p147—171
○立正（武蔵野　日本国体学会, 立正）〔755—765／昭61.1—昭61.11・12〕総目次
　「国体文化：日本国体学会機関誌：里見日本文化学研究所発表機関：立正教団発表機関」（日本国体学会, 立正教団）（1068）　2013.5 p42—43
○立正（武蔵野　日本国体学会, 立正）〔766—776／昭62.1—昭62.11・12〕総目次
　「国体文化：日本国体学会機関誌：里見日本文化学研究所発表機関：立正教団発表機関」（日本国体学会, 立正教団）（1069）　2013.6 p52—55
○立正（武蔵野　日本国体学会, 立正）〔777—787／昭63.1—昭63.11・12〕総目次
　「国体文化：日本国体学会機関誌：里見日本文化学研究所発表機関：立正教団発表機関」（日本国体学会, 立正教団）（1071）　2013.8 p50—53
○立正（武蔵野　日本国体学会, 立正）〔788—798／昭64.1—平1.11・12〕総目次
　「国体文化：日本国体学会機関誌：里見日本文化学研究所発表機関：立正教団発表機関」（日本国体学会, 立正教団）（1072）　2013.9 p44—47
○立正（武蔵野　日本国体学会, 立正）〔799—809／平2.1—平2.11・12〕総目次
　「国体文化：日本国体学会機関誌：里見日本文化学研究所発表機関：立正教団発表機関」（日本国体学会, 立正教団）（1073）　2013.10 p54—57
○立正（武蔵野　日本国体学会, 立正）〔810—821／平3.1—平3.11・12〕総目次
　「国体文化：日本国体学会機関誌：里見日本文化学研究所発表機関：立正教団発表機関」（日本国体学会, 立正教団）（1074）　2013.11 p54—57

りつし

○立正(武蔵野 日本国体学会, 立正)〔822—833／平4.1—平4.12〕総目次
　　「国体文化：日本国体学会機関誌：里見日本文化学研究所発表機関：立正教団発表機関」(日本国体学会, 立正教団)(1075)　2013.12 p46—49
○立正学園女子短期大学研究紀要→立正女子大学短期大学部研究紀要→文教大学女子短期大学部研究紀要(立正学園女子短期大学→立正女子大学短期大学部→茅ケ崎 文教大学女子短期大学部)〔1—11／昭33.3—昭42.12〕→〔12—19／昭43.12—昭50.12〕→〔20—47／昭51.12—平16.1〕総目次
　　「文教大学女子短期大学部研究紀要」(47)　2004.1 p39—64
◎立正考古(立正大学考古学研究会)〔5—43／昭28—平18.3〕論文総覧
　　「歴史学紀要論文総覧」　日外アソシエーツ　2007.9 p743—748
◎立正史学(立正大学史学会)〔7—100／昭11.2—平18.9〕論文総覧
　　「歴史学紀要論文総覧」　日外アソシエーツ　2007.9 p748—764
　　(注)「史學論叢」の改題
◎立正史学会報(立正大学史学会)〔1／昭46.12〕論文総覧
　　「歴史学紀要論文総覧」　日外アソシエーツ　2007.9 p764
立正女子大学短期大学部研究紀要(立正女子大学短期大学部)
　　⇨立正学園女子短期大学研究紀要
◎立正西洋史(立正大学西洋史研究会)〔1—23／昭53.4—平19.2〕論文総覧
　　「歴史学紀要論文総覧」　日外アソシエーツ　2007.9 p764—769
◎立正大学史学会会報(立正大学史学会)〔1—4／昭7.2—昭8.2〕論文総覧
　　「歴史学紀要論文総覧」　日外アソシエーツ　2007.9 p770
　　(注)「史学論叢」と改題
○立正大学社会福祉研究所年報(熊谷 立正大学社会福祉研究所)〔1—5／平11.3—平15.3〕既刊号目次
　　「立正大学社会福祉研究所年報」(6)　2004.3 巻末2p
○立正大学社会福祉研究所年報(熊谷 立正大学社会福祉研究所)〔1—6／平11.3—平16.3〕既刊号目次
　　「立正大学社会福祉研究所年報」(7)　2005.3 巻末3p
○立正大学社会福祉研究所年報(熊谷 立正大学社会福祉研究所)〔1—7／平11.3—平17.3〕既刊号目次
　　「立正大学社会福祉研究所年報」(8)　2006.3 巻末4p
○立正大学社会福祉研究所年報(熊谷 立正大学社会福祉研究所)〔1—8／平11.3—平18.3〕既刊号目次

「立正大学社会福祉研究所年報」(9)　　2007 p170―173
○立正大学社会福祉研究所年報(熊谷 立正大学社会福祉研究所)〔1―10／平11.3―平20.3〕既刊号目次
　　「立正大学社会福祉研究所年報」(11)　　2009 p92―95
○立正大学社会福祉研究所年報(熊谷 立正大学社会福祉研究所)〔1―11／平11.3―平21.3〕既刊号目次
　　「立正大学社会福祉研究所年報」(12)　　2010 p132―135
○立正大学社会福祉研究所年報(熊谷 立正大学社会福祉研究所)〔1―12／平11.3―平22.3〕既刊号目次
　　「立正大学社会福祉研究所年報」(13)　　2011 p97―101
○立正大学社会福祉研究所年報(熊谷 立正大学社会福祉研究所)〔1―13／平11.3―平23.3〕既刊号目次
　　「立正大学社会福祉研究所年報」(14)　　2012 p99―104
○立正大学社会福祉研究所年報(熊谷 立正大学社会福祉研究所)〔1―14／平11.3―平24.3〕既刊号目次
　　「立正大学社会福祉研究所年報」(15)　　2013 p164―169
○立正大学人文科学研究所年報(立正大学人文科学研究所)〔1―47／昭39.3―平22.3〕既刊号目次
　　「立正大学人文科学研究所年報」(47)　　2009 p58―76
◎立正大学心理学研究所紀要(立正大学心理学研究所)〔1―4／平15.3.20―平18.3.20〕論文総覧
　　「心理学紀要論文総覧」　日外アソシエーツ　2008.10 p638―639
○立正大学心理学研究年報(立正大学心理学部)〔1―3／平22―平24〕論文題目一覧
　　「立正大学心理学研究年報」(立正大学心理学部, 立正大学大学院心理学研究科 編)(3)　2012 p122―124
　　　(注)「立正大学心理学部研究紀要」と「立正大学心理学研究年報」の合併改題
◎立正大学心理学部研究紀要(立正大学心理学部)〔1―4／平15.3.25―平18.3.31〕論文総覧
　　「心理学紀要論文総覧」　日外アソシエーツ　2008.10 p639―640
　　　(注)「立正大学大学院心理学研究科研究紀要」と合併,「立正大学心理学研究年報」と改題
○立正大学心理学部研究紀要(立正大学心理学部)〔1―7／平15―平21〕論文題目

りつし

一覧
「立正大学心理学研究年報」(立正大学心理学部,立正大学大学院心理学研究科編)(3)　2012　p122―124
(注)「立正大学大学院心理学研究科研究紀要」と合併,「立正大学心理学研究年報」と改題

◎立正大学心理・教育学研究(立正大学心理・教育学会)〔1―6／平15.3.25―平17.9.25〕論文総覧
「心理学紀要論文総覧」　日外アソシエーツ　2008.10　p640―641

◎立正大学大学院心理学研究科研究紀要(立正大学大学院心理学研究科)〔1―2／平18.3.15―平19.3.15〕論文総覧
「心理学紀要論文総覧」　日外アソシエーツ　2008.10　p641―642

◎立正大学哲学・心理学会紀要(立正大学哲学・心理学会)〔2―28／昭44―平14.3.20〕論文総覧
「心理学紀要論文総覧」　日外アソシエーツ　2008.10　p642―646
(注)「立正大学哲学会紀要」の改題

◎立正大学哲学会紀要(立正大学哲学会)〔1／昭39.12.1〕論文総覧
「心理学紀要論文総覧」　日外アソシエーツ　2008.10　p646
(注)「立正大学哲学・心理学会紀要」と改題

○立命館言語文化研究(京都　立命館大学国際言語文化研究所)〔11(1)―15(4)／平11.6―平16.3〕総目次
「立命館言語文化研究」(立命館大学国際言語文化研究所［編］)16(4)　2005.3　p321―352
(付)執筆者索引

○立命館言語文化研究(京都　立命館大学国際言語文化研究所)〔16(1)―20(4)／平16.6―平21.3〕総目次
「立命館言語文化研究」(立命館大学国際言語文化研究所［編］)21(1)通号97　2009.8　p261―293
(付)執筆者索引

◎立命館産業社会論集(京都　立命館大学産業社会学会)〔1―108／昭40.12―平13.6〕目次
「近代雑誌目次文庫　81　社会学編　31」　ゆまに書房　2013.3　p75―100

◎立命館大学考古学論集(京都　立命館大学考古学論集刊行会)〔1―4／平9.12―平17.5〕論文総覧

「歴史学紀要論文総覧」　日外アソシエーツ　2007.9 p772—776
○**リテラシー史研究**（リテラシー史研究会）〔1—2／平20—平21〕総目次
　　「リテラシー史研究」（リテラシー史研究会編）（3）　2010　巻末2p
○**リテラシー史研究**（リテラシー史研究会）〔4—5／平23—平24〕総目次
　　「リテラシー史研究」（リテラシー史研究会編）（6）　2013.1　巻末2p
○**リハビリテーション研究**（日本障害者リハビリテーション協会）〔110—119／平14.3—平16.6〕総目次（特集）
　　「リハビリテーション研究」（119）　2004.6　裏表紙1
○**リハビリテーション研究**（日本障害者リハビリテーション協会）〔110—119／平14.3—平16.6〕総目次（特集以外）
　　「リハビリテーション研究」（120）　2004.9　裏表紙1
○**リハビリテーション研究**（日本障害者リハビリテーション協会）〔120—129／平16.9—平18.12〕総目次（特集）
　　「リハビリテーション研究」（129）　2006.12　裏表紙1
○**リハビリテーション研究**（日本障害者リハビリテーション協会）〔120—129／平16.9—平18.12〕総目次（特集以外）
　　「リハビリテーション研究」（130）　2007.3　裏表紙1
○**リハビリテーション研究**（日本障害者リハビリテーション協会）〔120—130／平16.9—平19.3〕総目次（特集以外）
　　「リハビリテーション研究」（131）　2007.6　裏表紙1
○**リハビリテーション研究**（日本障害者リハビリテーション協会）〔120—131／平16.9—平19.6〕総目次（特集以外）
　　「リハビリテーション研究」（132）　2007.9　裏表紙1
○**リハビリテーション研究**（日本障害者リハビリテーション協会）〔121—132／平16.12—平19.9〕総目次（特集以外）
　　「リハビリテーション研究」（133）　2007.12　裏表紙1
○**リハビリテーション研究**（日本障害者リハビリテーション協会）〔122—133／平17.3—平19.12〕総目次（特集以外）
　　「リハビリテーション研究」（134）　2008.3
○**リハビリテーション研究**（日本障害者リハビリテーション協会）〔124—133／平17.9—平19.12〕総目次（特集）
　　「リハビリテーション研究」（134）　2008.3
○**リハビリテーション研究**（日本障害者リハビリテーション協会）〔124—133／平

17.9—平19.12〕総目次（特集以外）
　　「リハビリテーション研究」(135)　2008.6　裏表紙1
○リハビリテーション研究（日本障害者リハビリテーション協会）〔125—134／平17.9—平20.3〕総目次（特集以外）
　　「リハビリテーション研究」(136)　2008.9　裏表紙1
○リハビリテーション研究（日本障害者リハビリテーション協会）〔126—136／平18.3—平20.9〕総目次（特集）
　　「リハビリテーション研究」(137)　2008.12　裏表紙1
○リハビリテーション研究（日本障害者リハビリテーション協会）〔127—137／平18.6—平20.12〕総目次（特集）
　　「リハビリテーション研究」(138)　2009.3　裏表紙1
○リハビリテーション研究（日本障害者リハビリテーション協会）〔128—138／平18.9—平21.3〕総目次（特集）
　　「リハビリテーション研究」(139)　2009.6　裏表紙1
○リハビリテーション研究（日本障害者リハビリテーション協会）〔129—139／平18.12—平21.6〕総目次（特集）
　　「リハビリテーション研究」(140)　2009.9　裏表紙1
○リハビリテーション研究（日本障害者リハビリテーション協会）〔130—140／平19.3—平21.9〕総目次（特集）
　　「リハビリテーション研究」(141)　2009.12　裏表紙1
○リハビリテーション研究（日本障害者リハビリテーション協会）〔131—141／平19.6—平21.12〕総目次（特集）
　　「リハビリテーション研究」(142)　2010.3　裏表紙1
○リハビリテーション研究（日本障害者リハビリテーション協会）〔132—142／平19.9—平22.3〕総目次（特集）
　　「リハビリテーション研究」(143)　2010.6　裏表紙1
○リハビリテーション研究（日本障害者リハビリテーション協会）〔133—143／平19.12—平22.6〕総目次（特集）
　　「リハビリテーション研究」(144)　2010.9　裏表紙1
○リハビリテーション研究（日本障害者リハビリテーション協会）〔134—144／平20.3—平22.9〕総目次（特集）
　　「リハビリテーション研究」(145)　2010.12　裏表紙1
○リハビリテーション研究（日本障害者リハビリテーション協会）〔135—145／平

20.6—平22.12〕総目次（特集）

　　「リハビリテーション研究」(146)　2011.3　裏表紙1
○リハビリテーション研究（日本障害者リハビリテーション協会）〔136—146／平20.9—平23.3〕総目次（特集）

　　「リハビリテーション研究」(147)　2011.6　裏表紙1
○リハビリテーション研究（日本障害者リハビリテーション協会）〔134—147／平20.12—平23.6〕総目次（特集）

　　「リハビリテーション研究」(148)　2011.9　裏表紙1
○リハビリテーション研究（日本障害者リハビリテーション協会）〔138—148／平21.3—平23.9〕総目次（特集）

　　「リハビリテーション研究」(149)　2011.12　裏表紙1
○リハビリテーション研究（日本障害者リハビリテーション協会）〔139—149／平21.6—平23.12〕総目次（特集）

　　「リハビリテーション研究」(150)　2012.3　裏表紙1
○リハビリテーション研究（日本障害者リハビリテーション協会）〔140—150／平21.9—平24.3〕総目次（特集）

　　「リハビリテーション研究」(151)　2012.6　裏表紙1
○リハビリテーション研究（日本障害者リハビリテーション協会）〔141—151／平21.12—平24.6〕総目次（特集）

　　「リハビリテーション研究」(152)　2012.9　裏表紙1
○リハビリテーション研究（日本障害者リハビリテーション協会）〔142—152／平22.3—平24.9〕総目次（特集）

　　「リハビリテーション研究」(153)　2012.12　裏表紙1
○リハビリテーション研究（日本障害者リハビリテーション協会）〔143—153／平22.6—平24.12〕総目次（特集）

　　「リハビリテーション研究」(154)　2013.3　裏表紙1
○リハビリテーション研究（日本障害者リハビリテーション協会）〔144—154／平22.9—平25.3〕総目次（特集）

　　「リハビリテーション研究」(155)　2013.6　裏表紙1
○リハビリテーション研究（日本障害者リハビリテーション協会）〔145—155／平22.12—平25.6〕総目次（特集）

　　「リハビリテーション研究」(156)　2013.9　裏表紙1
○リハビリテーション研究（日本障害者リハビリテーション協会）〔146—156／平

23.3―平25.9〕総目次（特集）
　　「リハビリテーション研究」(157)　2013.12　裏表紙1
◎リブニュース「この道ひとすじ」（リブ新宿センター）〔1―16／昭47.10.1―昭51.2.10〕
　　「リブニュース　この道ひとすじ―リブ新宿センター資料集成」（リブ新宿センター資料保存会編）インパクト出版会　2008.4　p8―12
◎龍〔1―2／昭16.4―昭16.12〕総目次（加治幸子）
　　「創作版画誌の系譜―総目次及び作品図版」　中央公論美術出版　2008.1　p1045―1046
◎龍（開明社）（開明社）〔1(1)―1(5)／昭23.4―昭23.9〕細目（大屋幸世）
　　「日本近代文学書誌書目抄」　日本古書通信社　2006.3　p162―165
◎琉球大学考古学研究集録（西原町（沖縄県）　琉球大学法文学部考古学研究室）〔1―2／平11.10―平12.12〕論文総覧
　　「歴史学紀要論文総覧」　日外アソシエーツ　2007.9　p782
◎琉球大学文理学部紀要　社会篇（那覇　琉球大学文理学部）〔8―11／昭39.6―昭42.3〕論文総覧
　　「歴史学紀要論文総覧」　日外アソシエーツ　2007.9　p783
　　（注）「琉球大学文理学部紀要　人文・社会」より分離。「琉球大学法文学部紀要　社会篇」と改題
◎琉球大学文理学部紀要　人文科学編（那覇　琉球大学文理学部）〔1―2／昭31.6―昭32.8〕論文総覧
　　「歴史学紀要論文総覧」　日外アソシエーツ　2007.9　p784
　　（注）「琉球大学文理学部紀要　人文・社会」と改題
◎琉球大学文理学部紀要　人文・社会（那覇　琉球大学文理学部）〔3―7／昭33.6―昭38.6〕論文総覧
　　「歴史学紀要論文総覧」　日外アソシエーツ　2007.9　p784―785
　　（注）「琉球大学文理学部紀要　人文科学編」の改題。「琉球大学文理学部紀要　人文篇」「琉球大学文理学部紀要　社会篇」に分割
◎琉球大学法文学部紀要　史学・地理学篇（那覇→城村（沖縄県）→西原町（沖縄県）　琉球大学法文学部）〔18―37／昭50.3―平6.3〕論文総覧
　　「歴史学紀要論文総覧」　日外アソシエーツ　2007.9　p786―788
　　（注）「琉球大学法文学部紀要　社会篇」より分離。「琉球大学法文学部紀要　地域・社会科学系篇」に合併改題

◎琉球大学法文学部紀要　社会編(那覇　琉球大学法文学部)〔12—17／昭43.4—昭49.3〕論文総覧
　　「歴史学紀要論文総覧」　日外アソシエーツ　2007.9　p789—790
　　　(注)「琉球大学文理学部紀要　社会篇」の改題。「琉球大学法文学部紀要　社会学篇」「琉球大学法文学部紀要　史学・地理学篇」に分割
◎琉球大学法文学部紀要　地域・社会科学系篇(西原町(沖縄県)　琉球大学法文学部)〔1—3／平7.3—平9.3〕論文総覧
　　「歴史学紀要論文総覧」　日外アソシエーツ　2007.9　p790—791
　　　(注)「琉球大学法文学部紀要　社会学篇」「琉球大学法文学部紀要　史学・地理学篇」の合併改題。「人間科学」に合併改題
○竜谷教学(京都　竜谷教学会議)〔31—40／平8.6—平17.3〕総目次一覧
　　「竜谷教学」(40)　2005.3　p286—290
◎龍谷史壇(京都　龍谷大学史学会)〔2(1)4—125)／昭4—平18〕論文総覧
　　「歴史学紀要論文総覧」　日外アソシエーツ　2007.9　p807—825
　　　(注)「龍谷大学史学会会報」の改題
◎龍谷大学史学会会報(京都　龍谷大学史学会)〔1—3／昭3.7—昭4.3〕論文総覧
　　「歴史学紀要論文総覧」　日外アソシエーツ　2007.9　p825—826
　　　(注)「龍谷史壇」と改題
○陸大月刊(陸大月刊社)〔1(1)—3(7)／昭10—昭12〕目次(細井和彦)
　　「立命館東洋史學」(34)　2011　p23—99
◎琉大史学(那覇→中城村→那覇市西原町　琉球大学史学会)〔1—16／昭44.8—平1.11〕論文総覧
　　「歴史学紀要論文総覧」　日外アソシエーツ　2007.9　p791—794
○流通経済大学法学部流経法學(龍ケ崎　流通経済大学法学部)〔1—19／平14—平23〕総目次
　　「流通経済大学法学部流経法學」(法学部学術研究委員会編) 11(1)通号20
　　　2011.9　p5—22
○流通経済大学流通情報学部紀要(竜ケ崎　流通経済大学流通情報学部)〔1(1)—16(2)／平9.3—平24.3〕論文等一覧
　　「流通経済大学流通情報学部紀要」(流通情報学部学術研究委員会編) 17(1)
　　　通号32　2012.6　p325—332
　流通経済大学論集(竜ケ崎　流通経済大学経済学部)
　　⇨流通経済論集

○流通経済論集→流通経済大学論集（竜ケ崎　流通経済大学経済学部）〔1(1)—10(2)35／昭41.9—昭50.10〕→〔10(3)36—40(3)150／昭51.2—平18.1〕刊行年次別目次
　　「流通経済大学論集」（経済学部学術研究委員会編）40(4)通号151　2006.3
　　　p71—99
○流通経済論集→流通経済大学論集（竜ケ崎　流通経済大学経済学部）〔1(1)—10(2)35／昭41.9—昭50.10〕→〔10(3)36—40(3)150／昭51.2—平18.1〕執筆者別索引
　　「流通経済大学論集」（経済学部学術研究委員会編）40(4)通号151　2006.3
　　　p100—131
○流通経済論集→流通経済大学論集（竜ケ崎　流通経済大学経済学部）〔1(1)—10(2)35／昭41.9—昭50.10〕→〔10(3)36—40(3)150／昭51.2—平18.1〕専門分野別索引
　　「流通経済大学論集」（経済学部学術研究委員会編）40(4)通号151　2006.3
　　　p132—157
○流通問題研究→物流問題研究（竜ヶ崎　流通経済大学物流科学研究所）〔1—34／昭55.9—平11.12〕→〔35—50／平12.7—平20.3〕総目次
　　「物流問題研究」(50)　2008.3 p79—86
○流動（流動出版）〔昭44—昭56〕特集および連載記事一覧
　　「メディア史研究」（メディア史研究会編）(34)　2013.9 p64—80
◎留東学報〔1(1)—3(5)／昭10.7—昭12.5〕目次（大里浩秋ほか）
　　「留学生派遣から見た近代日中関係史」　御茶の水書房　2009.2 p193—207
◎龍舫（大阪　龍舫社）〔1—6／大12.10.1—大13.4.1〕総目次
　　「大阪文藝雑誌総覧」（浦西和彦, 増田周子, 荒井真理亜著）　和泉書院　2013.2
　　　p85—86
○良寛（新潟　全国良寛会, 考古堂書店〔発売〕）〔1—50／昭57.5—平18.12〕主要目次
　　「良寛」（「良寛」編集委員会編）(50)　2006.12 p140—143
◎猟奇〔1(1)—5(5)／昭3.5—昭7.5〕総目次（山前譲）
　　「探偵雑誌目次総覧」　日外アソシエーツ　2009.6 p41—54
◎遼　司馬遼太郎記念館会誌（東大阪　司馬遼太郎記念財団）〔1—45／平13.10—平24.10〕総目次（岡野裕之）
　　「文学館出版物内容総覧：図録・目録・紀要・復刻・館報」　日外アソシエー

ツ　2013.4　p809―819
○霊山史談（［霊山（福島県）］霊山町郷土史研究会）〔1―9／昭57.6―平10.5〕目次
　　「霊山史談」(10)　2005.11
◎緑樹夢〔2―3／昭5.9―昭6〕総目次（加治幸子）
　　「創作版画誌の系譜―総目次及び作品図版」　中央公論美術出版　2008.1
　　p432―435
◎リラ（リラの花詩社, 文武堂書店〔発売〕）〔1／大9.10〕総目次ほか（早稲田大図書館）
　　「しれえね・地平線・基調・黙示・リラ・葡萄園・青銅時代・三田文芸陣・季節の展望・素質・新三田派・七人・朱門・紅（等）・偽画・未成年総目次」　雄松堂アーカイブズ　2009.4　p57―65
◎理論と方法〔1(1)―16(1)／昭61.11―平13.3〕目次
　　「近代雑誌目次文庫　81　社会学編　31」　ゆまに書房　2013.3　p101―112
○林業と薬剤（林業薬剤協会）〔101―200／昭62.9―平24.6〕総目次
　　「林業と薬剤　総目次101-200」　林業薬剤協会　2013.3　17p　B5
◎臨床教育心理学研究（臨床教育心理学編集委員会編　西宮　関西学院大学臨床教育心理学会）〔14―33(1)／昭63.3.25―平19.3.25〕論文総覧
　　「心理学紀要論文総覧」　日外アソシエーツ　2008.10　p74―79
　　（注）「臨床教育心理学研究年報」の改題
◎臨床心理学研究（東京国際大学大学院臨床心理学研究科紀要編集委員会編　東京国際大学）〔1―5／平15.3.1―平19.3.31〕論文総覧
　　「心理学紀要論文総覧」　日外アソシエーツ　2008.10　p310―311
◎臨床心理学の諸領域（金沢大学文学部臨床心理学研究室編　金沢　臨床心理学の諸領域刊行会）〔1―9／昭57.7.20―平6.3.31〕論文総覧
　　「心理学紀要論文総覧」　日外アソシエーツ　2008.10　p71―73
◎臨床心理学：福岡女学院大学大学院紀要（福岡　福岡女学院大学大学院人文科学研究科「臨床心理学」紀要編集委員会）〔1―4／平16.3.31―平19.3.31〕論文総覧
　　「心理学紀要論文総覧」　日外アソシエーツ　2008.10　p520―521
◎臨床発達心理学研究（聖心女子大学心理教育相談所）〔3―6／平16.12.25―平19.12.25〕論文総覧
　　「心理学紀要論文総覧」　日外アソシエーツ　2008.10　p248―249
　　（注）「聖心女子大学心理教育相談所紀要」の改題

【る】

◎ルネサンス（暁書房）〔1（1）—3（2）／昭21.5—昭23.6〕総目次
　「戦後詩誌総覧 4」（和田博文ほか）日外アソシエーツ　2009.6 p425—432

【れ】

◎零度（ゼロクラブ→零度発行所）〔1—10／昭24.6—昭28.1〕総目次
　「戦後詩誌総覧 5」（和田博文ほか）日外アソシエーツ　2009.11 p447—453
○礼拝音楽研究（キリスト教礼拝音楽学会）〔1—4／平13—平16〕目次
　「礼拝音楽研究」（キリスト教礼拝音楽学会学会誌編集委員会編）（5）　2006.3
　　p105—108
○礼拝音楽研究（キリスト教礼拝音楽学会）〔1—5／平13—平17〕目次
　「礼拝音楽研究」（キリスト教礼拝音楽学会学会誌編集委員会編）（6）　2007.3
　　p137—138
○礼拝音楽研究（キリスト教礼拝音楽学会）〔1—6／平13—平18〕目次
　「礼拝音楽研究」（キリスト教礼拝音楽学会学会誌編集委員会編）（7）　2007
　　p70—73
○礼拝音楽研究（キリスト教礼拝音楽学会）〔1—7／平13—平19〕目次
　「礼拝音楽研究」（キリスト教礼拝音楽学会学会誌編集委員会編）（8）　2008
　　p46—50
○礼拝音楽研究（キリスト教礼拝音楽学会）〔1—8／平13—平20〕目次
　「礼拝音楽研究」（キリスト教礼拝音楽学会学会誌編集委員会編）（9）　2009
　　p113—117
○礼拝音楽研究（キリスト教礼拝音楽学会）〔1—9／平13—平21〕目次
　「礼拝音楽研究」（キリスト教礼拝音楽学会学会誌編集委員会編）（10）　2010
　　p98—103
○礼拝音楽研究（キリスト教礼拝音楽学会）〔1—10／平13—平22〕目次
　「礼拝音楽研究」（キリスト教礼拝音楽学会学会誌編集委員会編）（11）　2012.
　　3 p69—74
○礼拝音楽研究（キリスト教礼拝音楽学会）〔1—11／平13—平23〕目次
　「礼拝音楽研究」（キリスト教礼拝音楽学会学会誌編集委員会編）（12）　2012

p65—71
○礼拝と音楽（日本キリスト教団出版局）〔100—120／平11—平16〕総目次
　「礼拝と音楽」(121)　通号122　2004.Spr.　p50—51
○礼拝と音楽（日本キリスト教団出版局）過去記事
　「礼拝と音楽」(126)　日本キリスト教団出版局　2005.Sum p41—43
○礼拝と音楽（日本キリスト教団出版局）〔100—149／平11—平23〕総目次
　「礼拝と音楽」(150)　通号152　2011.Sum.　p79—87
○黎明館調査研究報告（鹿児島　鹿児島県歴史資料センター黎明館）〔補説—19／昭59—平18〕総目次
　「黎明館調査研究報告」(鹿児島県歴史資料センター黎明館〔編〕)(20)　2007 p1—5
◎歴研ニュース（歴史学研究会）〔1—10／昭23.12—25.8〕掲載証言一覧
　「証言 戦後歴史学への道―歴史学研究会創立80周年記念」（歴史学研究会編）
　　歴史学研究会, 青木書店〔発売〕　2012.12　p363—364
◎歴史遺産研究（山形　東北芸術工科大学歴史遺産学科）〔1—3／平15.6—平17.8〕論文総覧
　「歴史学紀要論文総覧」　日外アソシエーツ　2007.9 p461
◎歴史科学（明治大学歴史科学研究会）〔1／昭24.9〕論文総覧
　「歴史学紀要論文総覧」　日外アソシエーツ　2007.9 p671
○歴史科学（大阪　大阪歴史科学協議会）〔151—200／平10.2—平22.4〕総目録
　「歴史科学」(200)　2010.4 p83—97
◎歴史学月報（歴史学研究会）〔1—40／昭25.11—昭29.1〕掲載証言一覧
　「証言 戦後歴史学への道―歴史学研究会創立80周年記念」（歴史学研究会編）
　　歴史学研究会, 青木書店〔発売〕　2012.12　p364—365
◎歴史学研究（歴史学研究会→岩波書店→青木書店）〔1—900／昭8.11—平24.12〕掲載証言一覧
　「証言 戦後歴史学への道―歴史学研究会創立80周年記念」（歴史学研究会編）
　　歴史学研究会, 青木書店〔発売〕　2012.12　p361—363
◎歴史学研究会会報→歴史学研究月報（歴史学研究会）〔1—34／昭34.8—昭37.9〕
　→〔35—632／昭37.11—平24.8〕掲載証言一覧
　「証言 戦後歴史学への道―歴史学研究会創立80周年記念」（歴史学研究会編）
　　歴史学研究会, 青木書店〔発売〕　2012.12　p365—372

れきし

歴史学研究月報(歴史学研究会)
 ⇨歴史学研究会会報
◎歴史学研究報告(東京大学教養学部歴史学研究室)〔1―22／昭27.4―平6.3〕論文総覧
 「歴史学紀要論文総覧」 日外アソシエーツ 2007.9 p443―446
◎歴史学・地理学年報(福岡 九州大学教養部)〔1―18／昭52.3―平6.3〕論文総覧
 「歴史学紀要論文総覧」 日外アソシエーツ 2007.9 p214―216
○歴史教育・社会科教育年報(歴史教育者協議会編 三省堂)〔2000年版―2009年版〕総目次
 「歴史地理教育」(歴史教育者協議会編)(757)(増刊) 2010.3 p84―87
◎歴史研究(岡崎 愛知学芸大学歴史学会→愛知教育大学歴史学会)〔1―52／昭28.12―平18.3〕論文総覧
 「歴史学紀要論文総覧」 日外アソシエーツ 2007.9 p6―15
◎歴史研究(柏原 大阪教育大学歴史学研究室)〔1―43／昭38.11―平17.3〕論文総覧
 「歴史学紀要論文総覧」 日外アソシエーツ 2007.9 p55―62
◎歴史研究(大阪府立大学歴史研究会編 堺 大阪府立大学歴史研究会→大阪府立大学)〔1―37／昭32.2―平11.6〕論文総覧
 「歴史学紀要論文総覧」 日外アソシエーツ 2007.9 p71―76
○歴史春秋(会津史学会編 会津若松 歴史春秋社)〔1―69／昭43―平21.春〕総目録
 「歴史春秋」(会津史学会編)(70) 2009.10
◎歴史人類(桜村→つくば 筑波大学歴史・人類学系→筑波大学大学院人文社会科学研究科歴史・人類学専攻)〔1―34／昭51.3―平18.3〕論文総覧
 「歴史学紀要論文総覧」 日外アソシエーツ 2007.9 p376―381
◎歴史地理学調査報告(つくば 筑波大学歴史・人類学系歴史地理学研究室編 村上郷土研究グループ→筑波大学歴史地理学教室→筑波大学歴史・人類学系歴史地理学研究室)〔1―12／昭57.9―平18.3〕論文総覧
 「歴史学紀要論文総覧」 日外アソシエーツ 2007.9 p381―384
○歴史地理教育(歴史教育者協議会)〔601―750／平11.11―平21.10〕総目次
 「歴史地理教育」(歴史教育者協議会編)(757)(増刊) 2010.3 p11―83,1～327
  (付)項目別索引・執筆者索引
○歴史と構造(名古屋 南山大学大学院文化人類学研究室)〔1―32／昭46―平16.3〕

総目録
　　　「南山考人」(南山考古文化人類学研究会編)(33)　2005.3 p133—137
○歴史と地理　世界史の研究(山川出版社)〔101—200〕総目録
　　　「歴史と地理」(山川出版社編)通号576　2004.8 p1—61
◎歴史の広場(京都　大谷大学日本史の会)〔1—9／平10.5—平19.2〕論文総覧
　　　「歴史学紀要論文総覧」　日外アソシエーツ　2007.9 p89—90
◎歴史文化社会論講座紀要(京都　京都大学大学院人間・環境学研究科歴史文化社会論講座)〔1—3／平16.1—平18.3〕論文総覧
　　　「歴史学紀要論文総覧」　日外アソシエーツ　2007.9 p248
◎暦象(松阪　暦象詩社)〔1—80／昭26.10—昭50.8〕目次(水谷真紀)
　　　「戦後詩誌総覧 6」(和田博文ほか)　日外アソシエーツ　2010.2 p413—476
◎歴史論(明治大学近世近代史研究会)〔1—8／昭39.6—昭62.9〕論文総覧
　　　「歴史学紀要論文総覧」　日外アソシエーツ　2007.9 p671—672
○歴文だより：栃木県歴史文化研究会会報(宇都宮　栃木県歴史文化研究会事務局)〔1—50／平3—平16〕総目録
　　　「歴文だより：栃木県歴史文化研究会会報」(栃木県歴史文化研究会事務局編)(50)　2004.1
◎列島(知加書房)〔1—12／昭27.3—昭30.3〕総目次
　　　「戦後詩誌総覧 5」(和田博文ほか)　日外アソシエーツ　2009.11 p454—472
○レファレンス(国立国会図書館調査及び立法考査局)〔601—700／平13.2—平21.5〕総索引
　　　「レファレンス」59(5)通号700　2009.5 巻末1—49

【ろ】

Law ＆ Technology(民事法情報センター)
　　⇨L ＆ T
○**Law ＆ Technology**(民事法研究会)〔21—30／平15.10—平18.1〕総索引
　　　「Law ＆ technology：L ＆ T」(32)　2006.7 巻末1—13
○**Law ＆ Technology**(民事法研究会)〔31—40／平18.4—平20.7〕総索引
　　　「Law ＆ technology：L ＆ T」(42)　2009.1 巻末1—13
○**Law and practice**(早稲田大学大学院法務研究科臨床法学研究会)〔1／平19.

ろうあ

3〕総目次

「Law and practice」(2)　2008.4　巻末1p

○**Law and practice**(早稲田大学大学院法務研究科臨床法学研究会)〔1―2／平19.3―平20.4〕総目次

「Law and practice」(3)　2009.4　巻末1p

○**Law and practice**(早稲田大学大学院法務研究科臨床法学研究会)〔1―3／平19.3―平21.4〕総目次

「Law and practice」(4)　2010.4　巻末2p

○**Law and practice**(早稲田大学大学院法務研究科臨床法学研究会)〔1―4／平19.3―平22.4〕総目次

「Law and practice」(5)　2011.4　巻末2p

○**Law and practice**(早稲田大学大学院法務研究科臨床法学研究会)〔1―5／平19.3―平23.4〕総目次

「Law and practice」(6)　2012.4　巻末3p

○**Law and practice**(早稲田大学大学院法務研究科臨床法学研究会)〔1―6／平19.3―平24.4〕総目次

「Law and practice」(7)　2013.4　巻末4p

○**聾教育**(全国聾啞学校職員連盟)〔2／昭24.12〕目次ほか(奥泉栄三郎)

「戦後教育史研究」(明星大学戦後教育史研究センター編)(25)　2011.12　p119

(注)「特殊教育」と改題

◎**ろう教育科学**(柏原　ろう教育科学会)〔1(1)1―50(4)204／昭34.6―平21.1〕総目次(ろう教育科学会)

「聴覚障害教育の歴史と展望」　風間書房　2012.3　p423―472

○**労政時報**(労務行政研究所→労務行政)〔3474―3614／平13―平15〕総目次

「労政時報」(労務行政研究所編)(号外)　2004.2.6　p2―113

○**労政時報**(労務行政研究所→労務行政)〔3521―3644／平14―平16〕総目次

「労政時報」(労務行政研究所編)(号外)　2005.2.11　p1―116

○**労政時報**(労務行政研究所→労務行政)〔3568―3668／平15―平17〕総目次

「労政時報」(労務行政研究所編)(号外)　2006.2.10　p1―120

○**労政時報**(労務行政研究所→労務行政)〔3615―3692／平16―平18〕総目次

「労政時報」(労務行政研究所編)(号外)　2007.2.9　p1―120

○**労政時報**（労務行政研究所→労務行政）〔3645―3716／平17―平19〕総目次
　「労政時報」（労務行政研究所編）（号外）　2008.2.22 p1―126
○**労政時報**（労務行政研究所→労務行政）〔3669―3740／平18―平20〕総目次
　「労政時報」（労務行政研究所編）（号外）　2009.2.13 p1―130
○**労政時報**（労務行政研究所→労務行政）〔3693―3764／平19―平21〕総目次
　「労政時報」（労務行政研究所編）（号外）　2010.2.12 p1―136
○**労政時報**（労務行政研究所→労務行政）〔3765―3788／平20―平22〕総目次
　「労政時報」（労務行政研究所編）（号外）　2011.2.25 p1―138
◎**労働運動研究**（労働運動研究所）〔1―380／昭44.11―平13.6〕目次
　「近代雑誌目次文庫 81 社会学編 31」　ゆまに書房　2013.3 p113―224
◎**労働運動史研究**（労働旬報社）〔1―63／昭31.5―昭55.10〕目次
　「近代雑誌目次文庫 82 社会学編 32」　ゆまに書房　2013.7 p1―19
○**労働社会学研究**（東信堂）〔1―4／平11.1―平15.3〕バックナンバー紹介
　「労働社会学研究」（日本労働社会学会編）（5）　2004.3 p221―222
○**労働社会学研究**（東信堂）〔1―5／平11.1―平16.3〕バックナンバー紹介
　「労働社会学研究」（日本労働社会学会編）（6）　2005.3 p116―118
○**労働社会学研究**（東信堂）〔1―6／平11.1―平17.3〕バックナンバー紹介
　「労働社会学研究」（日本労働社会学会編）（7）　2006.3 p90―92
○**労働社会学研究**（東信堂）〔1―7／平11.1―平18.3〕バックナンバー紹介
　「労働社会学研究」（日本労働社会学会編）（8）　2007.3 p88―91
○**労働社会学研究**（東信堂）〔1―8／平11.1―平19.3〕バックナンバー紹介
　「労働社会学研究」（日本労働社会学会編）（9）　2008.3 p174―177
○**労働社会学研究**（東信堂）〔1―9／平11.1―平20.3〕バックナンバー紹介
　「労働社会学研究」（日本労働社会学会編）（10）　2009.3 p194―198
○**労働社会学研究**（東信堂）〔1―10／平11.1―平21.3〕バックナンバー紹介
　「労働社会学研究」（日本労働社会学会編）（11）　2010.6 p80―83
○**労働社会学研究**（東信堂）〔1―11／平11.1―平22.3〕バックナンバー紹介
　「労働社会学研究」（日本労働社会学会編）（12）　2011.3 p108―111
○**労働社会学研究**（東信堂）〔1―12／平11.1―平23.3〕バックナンバー紹介
　「労働社会学研究」（日本労働社会学会編）（13）　2012.3 p116―120
○**労働社会学研究**（東信堂）〔1―13／平11.1―平24.3〕バックナンバー紹介
　「労働社会学研究」（日本労働社会学会編）（14）　2013.6 p150―154

ろうと

◎**労働者福祉研究**(日本労働者福祉研究協会)〔1—51／昭48.5—平13.6〕目次
「近代雑誌目次文庫 82 社会学編 32」 ゆまに書房 2013.7 p20—31
◎**労働福祉**(労働福祉共済会)〔8(9)—36(3)／昭32.9—昭60.3〕目次
「近代雑誌目次文庫 82 社会学編 32」 ゆまに書房 2013.7 p32—141
◎**労働問題研究**(東大阪 近畿大学労働問題研究所)〔1—32／昭50.4—平3.3〕目次
「近代雑誌目次文庫 82 社会学編 32」 ゆまに書房 2013.7 p142—149
◎**老年社会科学**(日本老年社会科学会, ワールドプランニング〔発売〕)〔1—23(2)／昭54.10—平13.6〕目次
「近代雑誌目次文庫 82 社会学編 32」 ゆまに書房 2013.7 p150—165
○**6・3教室**((社)新教育協会)〔1(1)—3(10)／昭22.7—昭24.10〕目次ほか(奥泉栄三郎)
「戦後教育史研究」(明星大学戦後教育史研究センター編)(25) 2011.12 p127—140
○**ロシア史研究**(ロシア史研究会)〔60—79／平9.3—平18〕目次
「ロシア史研究」(80) 2007 p91—99
○**ロシア史研究**(ロシア史研究会)〔80—89／平19—平24〕目次
「ロシア史研究」(90) 2012 p149—152
○**ロシア・ソビエト研究**(箕面 大阪外国語大学ロシア語研究室)〔1—17／昭36—平5〕総目次
「ロシア・東欧研究」(大阪外国語大学ヨーロッパ1講座編)(12) 2007.9 p129—146
○**ロシア・東欧研究**(箕面 大阪外国語大学ヨーロッパ1講座)〔1—12／平9—平19〕総目次
「ロシア・東欧研究」(大阪外国語大学ヨーロッパ1講座編)(12) 2007.9 p129—146
◎**ロシア・東欧史研究**(ロシア・東欧史研究編集委員会編 立正大学西洋史研究会)〔1—10／昭62.7—平3.11〕論文総覧
「歴史学紀要論文総覧」 日外アソシエーツ 2007.9 p770—771
(注)欠号:4—9
ロシア・ユーラシア経済─研究と資料(ユーラシア研究所)
⇨ロシア・ユーラシア経済調査資料
○**ロシア・ユーラシア経済調査資料**(ユーラシア研究所)〔835—870／平14.1—平16.12〕総目次

「ロシア・ユーラシア経済調査資料」(870)　2004.12　p40—46
○ロシア・ユーラシア経済調査資料→ロシア・ユーラシア経済―研究と資料（ユーラシア研究所）〔871—894／平17.1—平18.12〕→〔895—905／平19.1—平19.12〕総目次
「ロシア・ユーラシア経済」(905)　2007.12　p45—50
◎ロシナンテ（ロシナンテ詩話会）〔1—19／昭30.4—昭34.3〕目次（水谷真紀）
「戦後詩誌総覧 6」（和田博文ほか）　日外アソシエーツ　2010.2　p477—490
◎路上〔処女号／大2.12〕総目次（加治幸子）
「創作版画誌の系譜―総目次及び作品図版」　中央公論美術出版　2008.1　p59—60
◎ロック（筑波書林）〔1(1)—4(3)／昭21.3—昭24.8〕総目次（山前譲）
「探偵雑誌目次総覧」　日外アソシエーツ　2009.6　p114—120
◎六軒丁中世史研究（仙台　東北学院大学中世史研究会）〔1—11／平5.6—平17.12〕論文総覧
「歴史学紀要論文総覧」　日外アソシエーツ　2007.9　p457—460
○**Romazi sekai**（(財)日本のローマ字社）〔37(1・2)—39(8)／昭22.3—昭24.8〕目次ほか（奥泉栄三郎）
「戦後教育史研究」（明星大学戦後教育史研究センター編）(25)　2011.12　p119—127
（注）欠号あり
○論攷（神戸　神戸女子短期大学学会→神戸女子短期大学）〔1(1)1—49／昭29—平16〕総目録
「論攷：神戸女子短期大学紀要」（神戸女子短期大学編）(50)　2005.3.1　p179—210
○論衡雑誌（自省社）〔1—5／明9.11—明9.12〕目次（藤元直樹）
「参考書誌研究」（国立国会図書館主題情報部編）(65)　2006.10　p1—154
○論樹（八王子　東京都立大学大学院人文科学研究科国文学専攻近代文学ゼミ→論樹の会）〔1—20／昭62.3—平18.12〕総目次
「論樹」（論樹の会編）(21)　2008.12　p59—65
○論集きんせい（近世史研究会）〔1—30／昭53.5—平20.5〕総目録（近世史研究会）
「論集きんせい」(30)　2008.5　p81—86
◎論集上代文学（万葉七曜会編　笠間書院）〔1—29／昭45.11—平19.4〕総目次
「論集上代文学」（万葉七曜会編）(30)　2008.7　p275—284

◎ろんすたあ〔1／昭41.7〕総目次
　「戦後詩誌総覧 8」（和田博文ほか）　日外アソシエーツ　2010.8　p836―837
○論叢児童文化（くさむら社）〔1―50／平12.秋季―平25.冬季〕執筆者別総目録
　「論叢児童文化」(50)　2013.冬季　p67―72
○論叢松下幸之助（京都　PHP総合研究所第一研究本部→PHP総合研究所経営理念研究本部）〔1―11／平16.4―平21.4〕総目次
　「論叢松下幸之助」(PHP総合研究所経営理念研究本部編)(12)　2009.7　p77―78

【わ】

○若桜（講談社）〔1―2(5)／昭19.5―昭20.5〕総目次（五島慶一）
　「三田国文」(45)　2007.9　p93―111
○和歌文学研究（和歌文学会）〔1―100／昭31.3―平22.6〕分類総目録
　「和歌文学研究」（和歌文学会編）(100)　2010.6　p71―100
　（付）執筆者索引
◎わが町三原（三原　みはら歴史と観光の会）〔1―240／平3.4―平23.3〕目次ほか
　「廿周年記念誌」　みはら歴史と観光の会　2012.5　p113―324
○和歌山地方史研究（和歌山地方史研究会）〔1―60／昭55.12―平23.3〕総目録
　「和歌山地方史研究」(63)　2012.10　p31―55
○和算研究→数学史研究〔1―11／昭34.4―昭36.10〕→〔12―200／昭37.4―平21.1―3〕総目録（小寺裕）
　「数学史研究」（日本数学史学会編）通号201　2009.4―6　p39―75
○和紙文化研究（和紙文化研究会）〔1―15／平5.12―平19.12〕バックナンバー
　「和紙文化研究」（和紙文化研究編集委員会編）(16)　2008.11　p64―66
○和紙文化研究（和紙文化研究会）〔1―19／平5.12―平23.12〕バックナンバー
　「和紙文化研究」（和紙文化研究編集委員会編）(20)　2012.11　p86―87
○早稲田古書店街連合目録→古本共和国〔1―2／昭61.9―昭62.9〕→〔3／昭63.9〕総目次（中野綾子）
　「リテラシー史研究」（リテラシー史研究会編）(3)　2010　p77―89
◎早稲田詩人クラブ会報（早稲田詩人クラブ）〔8―11／昭35.6―昭35.11〕目次（鈴木貴宇）

「戦後詩誌総覧 6」（和田博文ほか）　日外アソシエーツ　2010.2　p506—508
◎早稲田詩人〔第一次〕（早稲田詩人会）〔1—18／昭29.2—昭35.10〕目次（鈴木貴宇）
「戦後詩誌総覧 6」（和田博文ほか）　日外アソシエーツ　2010.2　p491—502
◎早稲田詩人〔第二次〕（早稲田詩人会）〔1—9／昭36.5—不明〕目次（鈴木貴宇）
「戦後詩誌総覧 6」（和田博文ほか）　日外アソシエーツ　2010.2　p503—505
○早稲田実業学校研究紀要→早実研究紀要（国分寺　早稲田大学系属早稲田実業学校）〔1—35／昭40.12—平13〕→〔36—40／平14.3—平18.3〕
「早実研究紀要」（早実研究紀要編集委員会編）（40号別冊）　2006.3　57p　B5
◎早稲田心理学年報（早稲田大学文学部心理学会）〔1—32／昭44.2.15—平12.3.25〕論文総覧
「心理学紀要論文総覧」　日外アソシエーツ　2008.10　p649—657
◎早稲田大学教育学部学術研究　教育・社会教育・教育心理・体育編（早稲田大学教育学部〔編〕　早稲田大学教育会）〔19—40／昭45.12.20—平3.12.31〕論文総覧
「心理学紀要論文総覧」　日外アソシエーツ　2008.10　p658—663
　（注）「早稲田大学教育学部学術研究.人文科学・社会科学篇」より分離。「学術研究.教育・社会教育・体育学編」「学術研究.教育心理学編」に分割
◎早稲田大学大学院文学研究科紀要（早稲田大学大学院文学研究科）〔1—32／昭31.2—昭62.1〕論文総覧
「歴史学紀要論文総覧」　日外アソシエーツ　2007.9　p889—898
　（注）「早稲田大学大学院文学研究科紀要　哲学・史学編」「早稲田大学大学院文学研究科紀要　文学・芸術学編」に分割。「早稲田大学大学院文学研究科紀要　別冊」が派生
◎早稲田大学大学院文学研究科紀要　第4分冊（早稲田大学大学院文学研究科）〔41—51／平8.2—平18.2〕論文総覧
「歴史学紀要論文総覧」　日外アソシエーツ　2007.9　p899—904
　（注）「早稲田大学大学院文学研究科紀要　哲学・史学編」より分離
◎早稲田大学大学院文学研究科紀要哲学・史学編（早稲田大学大学院文学研究科）〔33—40／昭63.1—平7.2〕論文総覧
「歴史学紀要論文総覧」　日外アソシエーツ　2007.9　p904—907
　（注）「早稲田大学大学院文学研究科紀要」より分離。「早稲田大学大学院文学研究科紀要　第1分冊」「早稲田大学大学院文学研究科紀要　第4分冊」に分割。
○早稲田大学図書館紀要（早稲田大学図書館）〔1—56／昭34.12—平21.3〕記事索引

わつか

  「早稲田大学図書館紀要」(紀要編集委員会)(56)　2009.3 p184—213
○稚内北星学園大学紀要(稚内　稚内北星学園大学)〔1—3／平13.3—平15.3〕総目次
  「稚内北星学園大学紀要」(稚内北星学園大学編)(4)　2004.3 p96—98
○稚内北星学園大学紀要(稚内　稚内北星学園大学)〔1—6／平13.3—平16.3〕総目次
  「稚内北星学園大学紀要」(稚内北星学園大学編)(5)　2004.3 p94—97
○稚内北星学園大学紀要(稚内　稚内北星学園大学)〔1—5／平13.3—平17.3〕総目次
  「稚内北星学園大学紀要」(稚内北星学園大学編)(6)　2006.3 巻末5p
○稚内北星学園大学紀要(稚内　稚内北星学園大学)〔1—6／平13.3—平18.3〕総目次
  「稚内北星学園大学紀要」(稚内北星学園大学編)(7)　2007.3 巻末6p
○稚内北星学園大学紀要(稚内　稚内北星学園大学)〔1—7／平13.3—平19.3〕総目次
  「稚内北星学園大学紀要」(稚内北星学園大学編)(8)　2008.3 巻末7p
○稚内北星学園大学紀要(稚内　稚内北星学園大学)〔1—8／平13.3—平20.3〕総目次
  「稚内北星学園大学紀要」(稚内北星学園大学編)(9)　2009.3 巻末8p
○稚内北星学園大学紀要(稚内　稚内北星学園大学)〔1—9／平13.3—平21.3〕総目次
  「稚内北星学園大学紀要」(稚内北星学園大学編)(10)　2010.3 巻末9p
○稚内北星学園大学紀要(稚内　稚内北星学園大学)〔1—10／平13.3—平22.3〕総目次
  「稚内北星学園大学紀要」(稚内北星学園大学編)(11)　2011.3 巻末11p
○稚内北星学園大学紀要(稚内　稚内北星学園大学)〔1—11／平13.3—平23.3〕総目次
  「稚内北星学園大学紀要」(稚内北星学園大学編)(12)　2012.3 巻末12p
○稚内北星学園大学紀要(稚内　稚内北星学園大学)〔1—12／平13.3—平24.3〕総目次
  「稚内北星学園大学紀要」(稚内北星学園大学編)(13)　2013.3 巻末14p
◎鰐(鰐の会編　書肆ユリイカ→鰐の会)〔1—10／昭34.8—昭37.9〕目次(早川芳

枝)

　　「戦後詩誌総覧 6」(和田博文ほか)　日外アソシエーツ　2010.2 p509―512
◎笑い学研究(大阪　日本笑い学会)〔1―15／平6.7―平20.7〕論文目録(大阪日本笑い学会)

　　「笑いの世紀―日本笑い学会の15年」　創元社　2009.8 p378―386
○われらのうた〔1―56／昭29.11―昭38.6〕総目次(川口隆行, 山本昭宏)

　　「原爆文学研究」(原爆文学研究会編)(10)　2011.12 p138―185

【ABC】

Bulletin of the Geographical Survey Institute(Tsukuba Geographical Survey Institute, Ministry of Construction→Geographical Survey Institute, Ministry of Land, Infrastructure and Transport→Geographical Survey Institute, Ministry of Land, Infrastructure, Transport and Tourism)

　　⇨地理調査所報告

DFKTB年金レポート(DFKTB年金研究所)

　　⇨安田年金レポート

○**Etudes didactiques du FLE au Japon**(草加　Peka, Association des didacticiens japonais)〔1―19／平4―平22〕既刊総目録

　　「Etudes didactiques du FLE au Japon」(20)　2011 p72―84

　FOU(小倉　雙雅房→燎原社→FOUクラブ)

　　⇨鵬

◎**Hearty：金沢工業大学臨床心理センター報**(野々市町(石川県)　金沢工業大学臨床心理センター)〔1―3／平16.12.10―平19.3.25〕論文総覧

　　「心理学紀要論文総覧」　日外アソシエーツ　2008.10 p69―70

○**HELES journal**(札幌　北海道英語教育学会)〔1―8／平13―平20〕総目次

　　「HELES journal」(北海道英語教育学会編)(9)　2009 p116―120

○**IATSS review**(国際交通安全学会)〔1(1)―30(2)／昭50.9―平17.8〕総目次

　　「IATSS review」30通号122(増刊)　2005.9 p251―275

○**Informatio：江戸川大学の情報教育と環境**(流山　江戸川大学→江戸川大学情報研究所→江戸川大学)〔1―9／平15.3―平23.12〕総目次

　　「Informatio：江戸川大学の情報教育と環境」(江戸川大学情報環境研究所

［監修］)(10)　2013.3 p61—64
　JARUS（地域資源循環技術センター）
　　⇨集落排水
○JBBYかんさいNews〔1—10／平16.11—平19.12〕総目次（谷悦子）
　　「JBBY」(101)　2008.6 p76
○KHKだより→Safety ＆ tomorrow（危険物保安技術協会）〔1—53／昭59.8—平9.3〕→〔54—100／平9.7—平17.3〕総目次紹介
　　「Safety ＆ tomorrow」(100)　2005.3 p67—94
　　（注）「KHK時報」の改題
◎KOK キョート・オーサカ・コーベ（大阪　宝書房）〔1(1)—1(2)／昭21.10—昭21.11.15〕総目次
　　「大阪文藝雑誌総覧」（浦西和彦,増田周子,荒井真理亜著）　和泉書院　2013.2　p367
　　（注）欠号：1(1)
　KYB technical review（KYB）
　　⇨カヤバ技報
○Language education：江戸川大学語学教育研究所紀要（流山　江戸川大学,江戸川短期大学）〔1—10／平15.9—平24.3〕総目次
　　「Language education：江戸川大学語学教育研究所紀要」(11)　2013.3 p61—66
　Mizuho pension report（みずほ年金研究所）
　　⇨安田年金レポート
○MMPI研究・臨床情報交換誌（名古屋　MMPI新日本版研究会編集委員会）〔1—14／平7.10—平15.3〕総目次
　　「MMPI研究・臨床情報交換誌」(15)　2005.3 p26—28
○MMPI研究・臨床情報交換誌（名古屋　MMPI新日本版研究会編集委員会）〔1—15／平7.10—平17.3〕総目次
　　「MMPI研究・臨床情報交換誌」(16)　2006.3 p30—33
○MMPI研究・臨床情報交換誌（名古屋　MMPI新日本版研究会編集委員会）〔1—17／平7.10—平19.3〕総目次
　　「MMPI研究・臨床情報交換誌」(18)　2008.3 p27—30
○MMPI研究・臨床情報交換誌（名古屋　MMPI新日本版研究会編集委員会）〔1—18／平7.10—平20.3〕総目次

「MMPI研究・臨床情報交換誌」(19)　　2009.3 p63—66
○**MMPI研究・臨床情報交換誌**(名古屋 MMPI新日本版研究会編集委員会)〔1—19／平7.10—平21.3〕総目次
　　「MMPI研究・臨床情報交換誌」(20)　　2010.3 p30—34
○**MMPI研究・臨床情報交換誌**(名古屋 MMPI新日本版研究会編集委員会)〔1—20／平7.10—平22.3〕総目次
　　「MMPI研究・臨床情報交換誌」(21)　　2011.5 p26—30
○**MMPI研究・臨床情報交換誌**(名古屋 MMPI新日本版研究会編集委員会)〔1—21／平7.10—平23.5〕総目次
　　「MMPI研究・臨床情報交換誌」(22)　　2012.9 p31—35
○**Museum Kyushu：文明のクロスロード**(福岡 博物館等建設推進九州会議)〔1—81／昭56.1—平18.6〕総目次
　　「Museum Kyushu：文明のクロスロード」(Museum Kyushu編集委員会編) 21 (3) 通号81　2006.6
　NEC Tokin technical review(NECトーキン)
　　⇨Tokin technical review
○**NFIリサーチ・レビュー**(日興フィナンシャル・インテリジェンス)〔平19.5—平21.4〕掲載論文リスト
　　「NFIリサーチ・レビュー」(2009年4月)　〔2009〕p148—149
　　(注)「年金レビュー」の改題。以後電子資料
○**NIME研究報告**(千葉 メディア教育開発センター)〔1—40／平17.3—平20.3〕バックナンバーリスト
　　「メディア教育研究」5 (1)　　2008 p131—139
　Safety & tomorrow(危険物保安技術協会)
　　⇨KHKだより
○**SED**(東日本旅客鉄道構造技術センター)〔1—24／平5.11—平17.8〕総目次
　　「SED：Structural engineering data」(25)　　2005.11 p210—221
○**SED**(東日本旅客鉄道構造技術センター)〔1—29／平5.11—平〕総目次
　　「SED：Structural engineering data」(30)　　2008.5 p234—247
○**SED**(東日本旅客鉄道構造技術センター)〔1—34／平5.11—平22.5〕総目次
　　「SED：Structural engineering data」(35)　　2010.11 p104—120
○**SED**(東日本旅客鉄道構造技術センター)〔1—39／平5.11—平24.5〕総目次

「SED：Structural engineering data」(40)　2012.11 p162―181
○**SEIテクニカルレビュー**(大阪　住友電気工業)〔151―171／平9.9―平19.7〕総目次
「SEIテクニカルレビュー」(172)　2008.1　中扉1枚,p161―171
(注)「住友電気」の改題
○**Sensing and perception**(調布　電気通信大学大学院情報システム学研究科人間情報学講座)〔1―16／平6.3.15―平21.2.26〕総目次
「Sensing and perception」(16)　2009.2.26 p1―17
(注)「非接触計測と画像処理」の改題
○**Sociology today**(社会・意識・行動研究会→お茶の水社会学研究会)〔1―18／平2―平20〕総目次
「Sociology today」(Sociology today編集委員会編)(19)　2010 p35―43
○**Sprachwissenschaft Kyoto**(京都　京都ドイツ語学研究会)〔1―5／平14―平18〕総目次
「Sprachwissenschaft Kyoto」(6)　2007 p64―82
○**Stage sound journal**(日本舞台音響家協会)〔1―9／平12.2―平13.11〕総索引
「Stage sound journal」(日本舞台音響家協会編)10(49)　2010.3 p33―35
○**Stage sound journal**(日本舞台音響家協会)〔10―19／平14.1―平15.12〕総索引
「Stage sound journal」(日本舞台音響家協会編)11(50)　2010.5 p43―46
○**Stage sound journal**(日本舞台音響家協会)〔20―34／平16.2―平18.11〕総索引
「Stage sound journal」(日本舞台音響家協会編)11(52)　2010.9 p35―39
○**Stage sound journal**(日本舞台音響家協会)〔35―48／平19.3―平21.11〕総索引
「Stage sound journal」(日本舞台音響家協会編)11(53)　2010.11 p29―33
Structure painting(日本橋梁・鋼構造物塗装技術協会)
⇨鋼橋塗装
○**Tama University Journal**(多摩　多摩大学経営情報学部)〔1―3／平9.1―平9.11〕総目次
「経営・情報研究：多摩大学研究紀要」(多摩大学編)(13)　2009 p76
(注)「TIMIS JOURNAL」の改題
◎**Technical report**(上智大学心理学科)〔1／昭63.3.25〕論文総覧

「心理学紀要論文総覧」　日外アソシエーツ　2008.10 p241
○**TIMIS JOURNAL**（多摩　多摩大学経営情報学部）〔1―48／平1.9―平8.2〕総目次
　「経営・情報研究：多摩大学研究紀要」（多摩大学編）（13）　2009 p75―76
　　（注）「Tama University Journal」と改題
◎**Tohoku psychologica folia**（Sendai Dept. of Psychology, Faculty of Arts and Letters, Tohoku University）〔1(1)―65／昭8.3.31―平19.3.31〕論文総覧
　「心理学紀要論文総覧」　日外アソシエーツ　2008.10 p354―382
○**Tokin technical review→NEC Tokin technical review**（仙台　トーキン→NECトーキン）〔27―28／平12.9―平13.9〕→〔29―30／平14.9―平15.9〕総目次
　「NEC Tokin technical review」(31)　2004.9 p151
○**Traffic & business**（道路新産業開発機構）〔36―74／平6.Spr.＆Sum.―平16.Win.〕総目次
　「Traffic & business」(75)　2004.Spr.＆Sum.　57―64
◎**VILLON**（大阪　VILLON CLUB）〔1―9／昭27.11.1―昭29.5.12〕総目次
　「大阪文藝雑誌総覧」（浦西和彦, 増田周子, 荒井真理亜著）　和泉書院　2013.2 p531―534
○**WORT**（立教大学大学院文学研究科ドイツ文学専攻）〔1―29／昭54―平19〕総目次
　「Aspekt：立教大学ドイツ文学論集」（立教大学ドイツ文学研究室編）（増刊）　2008 p163―175
　YASUDA pension report（安田年金研究所）
　　⇨安田年金レポート

中西　裕（なかにし・ゆたか）1950年・東京都生。
日本図書館文化史研究会・日本出版学会・日本図書館情報学会・
日本図書館協会・日本シャーロック・ホームズ・クラブ　各会員
昭和女子大学教授 (図書館副館長)・元早稲田大学図書館司書
以下著編書・論文
『書誌年鑑 2001-2013』(13 冊)『日本雑誌総目次要覧 1994-2003』(2005)
『人物書誌索引 2001-2007』(2009)　『主題書誌索引 2001-2007』(2009)
『ホームズ翻訳への道 ― 延原謙評伝　普及版』(日本古書通信社 2010)
『情報サービス論及び演習』(共著　学文社　2012)
「シャーロック・ホームズと南方熊楠」(「ユリイカ 12.12」1980)
「早稲田大学図書館における和書遡及入力」(「現代の図書館 29.2」1991)
「小寺謙吉と小寺文庫寄贈の経緯」(「早稲田大学図書館紀要 35」1991)
「天岩屋神話と謡曲「絵馬」」(「学苑 817」2008)
「「ウォーナー・リスト」は図書館を空襲から護ったか」(「学苑 841」2010)
「最近の書誌図書関係文献」(「レファレンスクラブ」HP、2008.2- 毎月連載)

日本雑誌総目次要覧 2004-2013

2014 年 4 月 25 日　第 1 刷発行

編　者／中西　裕
発行者／大高利夫
発　行／日外アソシエーツ株式会社
　　　　〒143-8550 東京都大田区大森北 1-23-8　第 3 下川ビル
　　　　電話 (03)3763-5241（代表）　FAX(03)3764-0845
　　　　URL http://www.nichigai.co.jp/
発売元／株式会社紀伊國屋書店
　　　　〒163-8636 東京都新宿区新宿 3-17-7
　　　　電話 (03)3354-0131（代表）
　　　　ホールセール部（営業）　電話 (03)6910-0519

©Yutaka NAKANISHI 2014
電算漢字処理／日外アソシエーツ株式会社
印刷・製本／光写真印刷株式会社

不許複製・禁無断転載　　　《中性紙 H-三菱書籍用紙イエロー使用》
《落丁・乱丁本はお取り替えいたします》
ISBN978-4-8169-2467-5　　　Printed in Japan,2014

本書はディジタルデータでご利用いただくことができます。詳細はお問い合わせください。

日本雑誌総目次要覧1994-2003

深井人詩 中西裕 共編　A5・530頁　定価（本体24,000円＋税）　2005.7刊

1994～2003年に刊行の図書や雑誌に掲載された、雑誌総目次の目録。4,800種の雑誌の総目次・総索引5,600点を収録。学術雑誌、専門誌、同人誌、明治期から昭和初期の復刻雑誌など様々な分野・形態の総目次・総索引を一覧できる、雑誌記事調査に有効なツール。

参考図書解説目録2011-2013

B5・880頁　定価（本体23,800円＋税）　2014.3刊

2011～2013年に刊行された参考図書7,800冊を一覧できる図書目録。全ての図書に内容解説や目次情報を付与。NDCに沿った分類と、辞書・事典・書誌・索引・年鑑・年表・地図などの形式別排列で、目的の図書を素早く探し出すことができる。

書誌年鑑2013

中西裕編　A5・500頁　定価（本体19,800円＋税）　2013.12刊

2012年に国内で発行された書誌8,300件と書誌解説29件を収録。図書、図書の一部、雑誌掲載のもの、非売品も網羅。

白書統計索引2013

A5・920頁　定価（本体27,500円＋税）　2014.2刊

2013年刊行の白書111種に収載された表やグラフなどの統計資料17,000点の総索引。主題・地域・機関・団体などのキーワードから検索でき、必要な統計資料が掲載されている白書名、図版番号、掲載頁が一目でわかる。

日本出版文化史事典―トピックス1868-2010

A5・570頁　定価（本体14,095円＋税）　2010.12刊

1868年から2010年の、日本の出版文化に関するトピック5,538件を年月日順に掲載した記録事典。出版関連企業の創業、主要な文学作品の刊行や文学賞の受賞状況、業界動向など幅広いテーマを収録。

データベースカンパニー
日外アソシエーツ　〒143-8550　東京都大田区大森北1-23-8
TEL.(03)3763-5241　FAX.(03)3764-0845　http://www.nichigai.co.jp/